本书编委会

主　编

叶　林

副主编

钟　维

撰稿人：（以撰写章节为序）

叶　林	叶冬影	钟　维	张啸尘
王飞云	郑乃全	张　志	刘春彦
黄爱学	王湘淳	程红星	施廷博
张　冉	卓　婳	贺绍奇	李　磊

ZHONGHUA RENMIN GONGHEGUO
QIHUO HE YANSHENGPINFA
LIJIE YU SHIYONG

中华人民共和国

期货和衍生品法理解与适用

条文主旨 | 立法背景 | 条文解读 | 关联规范

叶 林 / 主 编
钟 维 / 副主编

中国法制出版社
CHINA LEGAL PUBLISHING HOUSE

本书作者及分工

（以撰写章节为序）

叶　林，中国人民大学法学院教授；叶冬影，中国人民大学法学院博士研究生。撰写第一章。

钟　维，中国人民大学法学院副教授。撰写第二章第一节。

张啸尘，中国金融期货交易所法律事务部总监；王飞云，中国金融期货交易所法律事务部高级经理。撰写第二章第二节。

郑乃全，北京中衍律师事务所主任。撰写第二章第三节。

张　志，郑州商品交易所法律事务部总监。撰写第三章。

刘春彦，同济大学法学院副教授。撰写第四章。

黄爱学，北方民族大学法学院教授。撰写第五章第五十九条至第六十八条。

王湘淳，中央财经大学法学院讲师。撰写第五章第六十九条至第七十八条。

程红星，中国金融期货交易所期货市场巡回审理协作部负责人。撰写第六章。

施廷博，中国金融期货交易所办公室（党委办公室）总监助理。撰写第七章。

张　冉，中国人民大学法学院博士研究生。撰写第八章，第十二章第一百二十五条至第一百三十九条。

卓　婳，中国人民大学法学院博士研究生。撰写第九章，第十二章第一百四十条至第一百五十四条，第十三章。

贺绍奇，中国政法大学民商经济法学院教授。撰写第十章。

李　磊，外交学院国际法系讲师。撰写第十一章。

序　言

全国政协委员、证监会原副主席　姜洋

2022年4月20日，业界期盼已久的期货和衍生品法终于颁布了，将于2022年8月1日起施行。此法的出台，是党中央、国务院坚定不移推进改革开放，促进期货和衍生品市场规范创新发展的成果；是我国立法机关、司法部门、监管机构、市场主体、行业协会、市场服务机构和广大利用期货市场和衍生品市场的实体企业多年来推动的结果。可贺可赞！

产生于20世纪90年代，经过30多年探索发展，中国期货市场从无到有，由小到大，尤其是党的十八大以来更是蓬勃发展，商品期货的交易总量连续多年位居全球第一。场外衍生品市场也持续平稳发展。随着资本实力、服务质量、规范水平和市场竞争力等方面取得了长足进步，期货和衍生品市场已逐渐成长为我国现代经济体系的重要组成部分，通过市场价格发现、风险管理功能，为服务实体经济添砖加瓦。

我国经济已由高速增长阶段转向高质量发展阶段。期货市场作为现代经济体系的重要组成部分，有能力、有条件为经济高质量发展做出更多、更大贡献。参与期货市场交易，是工商、能源、农业、金融等企业利用期货和衍生品市场进行定价、风险管理，提高经营管理水平，走高质量发展之路的一种好的选择。

当前，全球经济正经历百年未有之大变局。期货市场的高质量发展、可持续发展需要更加良好的环境。纵观30余年的发展历史，期货市场和衍生品市场运行质量和效率的提升，离不开规范的法治化建设保驾护航，其中法律的引领和保障尤为重要。

从20世纪90年代开始，我国正式开启了期货行业的立法工作，先后启动了四次起草工作。第一次、第二次期货立法起草工作启动时，市场自身发展的实践条件不充分，比如当时期货市场交易的产品仅有商品，没有金融；仅有期货，没有期权等。由于没有丰富而广泛的期货产品交易实践支撑，同时，场外衍生品市场也还没有发展起来，使得前两次期货立法在争论中被搁置了。党的十八大后，期货市场产品创新进入新时代，随着以

股指、国债期货等为代表的一批金融期货，以及以原油、铁矿石、铜、股指等为代表的场内期权产品相继上市，场外衍生品市场也得到长足发展，丰富多彩的实践活动变化，亟须法律提供保障。在这种背景下，第十二届全国人大财经委在2013年春天开始了第三次期货立法工作。十多年来期货市场相关的行政立法和司法实践，如《期货交易管理条例》，证监会部门规章和规范性文件，最高人民法院、最高人民检察院发布的期货市场有关司法解释等成果，成为这次人大立法参考的主要内容。结合大量调查研究和充分讨论，第十二届全国人大财经委期货法起草小组在2014年底形成了期货法的草稿，并于2017年11月在第十二届全国人大财经委全体会议获得通过。在此成果基础上，2018年，第十三届全国人大财经委继续开展了期货立法工作，对第十二届全国人大财经委起草的期货法草稿进行进一步的修改、充实、扩展和完善，并改名为期货和衍生品法草稿。2022年4月20日，《中华人民共和国期货和衍生品法》由第十三届全国人民代表大会常务委员会第三十四次会议通过。该法律根据中国衍生品市场发展的实际情况，在重点规范期货市场的同时，也照顾到最近几年来场外衍生品迅速发展的实际，对场外衍生品市场做了原则性的制度安排。另外，我们还看到在期货和衍生品法中，交易者制度、中央对手方结算、监测监控中心等几个在法律起草过程争论较大的问题，已经在条文中有了明确的肯定性表述。这体现出立法者对改革开放以来我国期货市场借鉴成熟市场经验，结合国情进行探索创新的实践成果的肯定。这一切将对期货市场风险控制水平和监管质量的提高，更好发挥市场功能，起到积极促进作用。

期货和衍生品法将场内场外衍生品纳入一部法律管理，即不仅将场内产品——期货、场内期权，还将场外产品——远期、场外期权、互换等一起纳入管理范围，对提升行业法治化、市场化和国际化具有重大意义。

一是提升期货和衍生品市场法治化水平。期货和衍生品法的出台补齐了我国金融法律制度体系。期货和衍生品市场的法治化程度进一步提高，有利于保障市场参与各方的合法权益，为实体经济能够利用价格发现、风险管理机制提供了制度支持，同时为期货市场对外开放以及跨境监管提供了法治保障。

二是促进行业的市场化程度。法律的出台，将极大地规范和促进期货和衍生品交易，促使其更好地发挥价格发现、风险管理和资源配置功能。能够增强交易者和套期保值者的市场信心，积极参与市场交易，使用市场定价并入市进行风险管理。对于活跃商品流通、防控金融风险、提高企业经营管理水平，增强市场竞争力，促进经济高质量发展具有重要意义。

三是提升行业的国际化水平。基本法律制度的确定能够推动我国期货市场对外开放和国际化进程，增强国际交易者对中国期货市场的信心，吸引更多的国际交易者参与中国期货市场，通过市场交易机制，形成中国在大宗商品贸易方面的定价影响力。

期货和衍生品法的落地，意义重大，影响深远。我国期货市场发展将进入新的历史阶段，站在新的起点上，在更高层次上服务好实体经济和社会生活。在此背景下，对期货和衍生品法进行全面解读，宣传解释工作需要紧紧跟上。通过释义解读，让更多的人了解这部法律是一项非常重要的工作，也是一桩很有意义的事情。不久前，中国人民大学法学院教授叶林先生联系我说，他正在组织一些专家学者，撰写期货和衍生品法的解读图书，想请我在书的前面写几句话。我回信说，积极支持，但希望把稿子给我看看。我很快便看到了书稿全文，40 万字。尽管在电脑上看起来还是很费劲，但我仍然坚持浏览了全部书稿。曾经，我和叶林教授一起参与了第十二届全国人大期货法草稿的起草工作，作为法学学者，他一直关注着期货立法的进程。叶林教授对证券法、期货法的研究在学界是有一定影响的，不然，第十二届全国人大财经委期货法起草领导小组不会聘请他担任顾问。他告诉我，2021 年 10 月期货和衍生品法“二读”后，他就组织专家学者开始了撰写《中华人民共和国期货和衍生品法理解与适用》一书的工作。十多人参与，半年左右工夫，并不是“急就章”。认真拜读书稿后，我觉得作者们是用了心的。该书有三个明显特点。

特点一，尊重我国期货立法的历史。行文中处处体现出我国期货立法过程。书里对 20 世纪 90 年代初期货市场建立以来的国务院相关部委规范性文件和规章、地方性法规、交易所规则、司法解释、行政法规、法律等，梳理得十分详尽。通过阅读法律条文的释义，可以让读者了解到这些不同层级、不同阶段我国期货市场法制建设的主要内容，这些释义呈现出了我国期货和衍生品市场立法由粗疏到精细、由限制到支持、由实践到理论、由具体到抽象的历史过程。字里行间缓缓流淌出学者专家们对这些历史碎片整理的专业精神和梳理功夫，为读者了解我国 30 多年的期货市场法制建设历程提供了一个很好的索引。值得一提的是，在立法背景中，该书屡屡运用《期货交易管理暂行条例》（已失效）、《期货交易管理条例》来阐述期货和衍生品法的大量条文，说明行政法规是制定期货和衍生品法的重要基础。

特点二，相关法律的对比性研究。通过期货市场和场外衍生品市场、证券市场和期货市场、国际市场和国内市场的对比，不仅画出了一幅国际、国内金融市场不同子市场之间的差别路线图，还比较了不同市场、不同地域的立法考虑。比如，在内幕交易问题上，比较了期货市场和证券市场的不同点，国际、国内期货市场在认定上的差异，期货市场和场外衍生品市场的区别等，引证的法规，集期货和衍生品市场法律法规和相关法律法规之大成。作者通过法学家的视野，对法律、法规、规章以及自律规则等多层次、多维度、广视角的对比，以期在法制层面拓宽读者的知识面。这种写法，有利于读者进行不同市场、不同地域之间的法律法规学理比较与思考。尤其对于教学和研究人员，通过阅读能够得到期货市场法律法规的汇集性索引指导，有利于教学和研究工作。

特点三，有比较强的学术味。从书的结构看，每一章以“本章概要”开始，随后是逐条解释。从法律条款的解释看，分为条文原文、条文主旨、立法背景、条文解读、关联规范等，强调逻辑、周延和扩展，俨然是做学问的架势。从撰写的严谨性看，对条文释义引证的论据都注明了原文出处和来源（全书共有引文400余条），这点实务人员往往容易忽略，体现了作者的学术功底。从罗列的不同观点看，体现出学术讨论的开放性。从撰写的作者看，16名作者中大学教师居多，来自中国人民大学、中国政法大学、同济大学、中央财经大学、北方民族大学、外交学院等研究期货法的教师占多数，还有少量在读博士研究生，相较而言，市场实务操作者则少了点。这种作者结构，难免在一些章节、一些条文的释义上露出对期货和衍生品市场实践了解不足的痕迹。

尽管叶林教授对我说：“这本书，更像是偏学术的解释，不像是严格意义上的适用解释，未必能很好地对接实务。”但瑕不掩瑜，这是一本帮助读者从多角度去理解期货和衍生品法不可多得的读物，值得关心期货和衍生品市场的人一读。

以上文字，是我学习《中华人民共和国期货和衍生品法理解与适用》一书的粗浅体会，仅为期货和衍生品业务上的一家之言，权当为序。

目　录

Contents

第一章　总　　则

第二章　期货交易和衍生品交易

第三章 期货结算与交割

第四章　期货交易者

第五章　期货经营机构

第六章 期货交易场所

第七章 期货结算机构

第八章　期货服务机构

第九章　期货业协会

第十章　监督管理

第十一章　跨境交易与监管协作

第十二章　法律责任

第十三章 附 则

附 录

第一章　总　　则

本章概要

本章总结了《期货交易管理条例》[1] 的实践经验，主要规范了期货交易，兼顾了我国衍生品市场的交易规则和监管实践，分别规定了期货和衍生品法（以下简称本法）的立法目的、适用范围、基础概念、基本原则、国家政策和监管体系等，目的在于统领本法其他各章的内容。首先，全面规定了本法的立法目的，界定了本法的适用范围，明确了与期货和衍生品及其交易相关的重要术语。其次，本法提炼了期货市场和衍生品交易的主要功能，明确了国家在期货市场和衍生品市场上的政策立场，指明了期货市场和衍生品市场的发展方向。最后，本法结合我国期货市场和衍生品市场的实践，坚持在期货市场实行集中统一的监管体制，在衍生品市场实行依法由国务院期货监督管理机构和国务院的授权部门按照职责分工监管的体制，从而避免监管上的交叉和空白。

第一条　【立法目的】[2] 为了规范期货交易和衍生品交易行为，保障各方合法权益，维护市场秩序和社会公共利益，促进期货市场和衍生品市场服务国民经济，防范化解金融风险，维护国家经济安全，制定本法。

---

① 国务院于 2007 年公布，并于 2012 年、2013 年、2016 年和 2017 年修订。

② 简要条文主旨为编者所加，下同。

【条文主旨】

本条是关于本法立法目的的规定。

【立法背景】

在法律文本第一条中规定立法目的，可以表明立法机关制定法律的根本目的和宗旨，有助于正确解释其他条文的含义，也符合我国立法惯例。《期货交易管理条例》第一条将期货交易法律的立法目的规定为“规范期货交易行为，加强对期货交易的监督管理，维护期货市场秩序，防范风险，保护期货交易各方的合法权益和社会公共利益，促进期货市场积极稳妥发展”。在起草期货和衍生品法中，有观点提出应当延续《期货交易管理条例》规定的目的①；有观点提出应当肯定期货和衍生品交易在促进国民经济发展中的作用，突出期货市场和衍生品市场服务国民经济的功能，特别重视防范和化解金融风险②；还有观点认为应当在坚持市场化、法治化和国际化的基础上，突出本法的保障法、规范法、促进法、创新法和平衡法的属性。③

最后，本法立法目的综合各观点，在《期货交易管理条例》的基础上，重申合法权益的保障，市场秩序和社会公共利益的维护，强调期货市场和衍生品市场服务国民经济的作用，明确防范化解金融风险，维护国家经济安全。

【条文解读】

我国立法机关在规定一部法律的目的时，通常采用“规范”、“保障（或保护）”、“维护”和“促进”的表述结构。

一、规范期货交易和衍生品交易行为

在理论上，衍生品交易是一个大概念，期货交易是一个小概念，期货

---

① 《关于〈中华人民共和国期货法（草案）〉的说明》，载中国人大网，http://www.npc.gov.cn/npc/c30834/202204/10506ad2849a4cbf8bd6ea5908ad27a1.shtml，最后访问时间：2022年5月20日。

② 《期货和衍生品法草案拟提请三审：明确防范化解金融风险》，载中国人大网，http://www.npc.gov.cn/npc/kgfb/202204/ae1afdbccc57406cb3ccca9f7cce7ce5.shtml，最后访问时间：2022年5月20日。

③ 《关于〈中华人民共和国期货法（草案）〉的说明》，载中国人大网，http://www.npc.gov.cn/npc/c30834/202204/10506ad2849a4cbf8bd6ea5908ad27a1.shtml，最后访问时间：2022年5月20日。

交易是衍生品交易中的一种具体类型。本法立法规划最初旨在规范期货交易和期货市场，后来决定扩张至其他衍生品交易。为了全面完整表达本法的调整范围，本条并列规定了期货交易与衍生品交易。本法第三条又分别规定期货交易和衍生品交易的概念，明确了期货交易和衍生品交易的并列使用关系。其中，期货和衍生品是期货交易场所或者金融机构设计的、由交易者进行交易的合约。由于该等合约通常挂钩于某种基础资产，期货和衍生品价格的波动与基础资产价格波动高度相关。交易者参与期货交易和衍生品交易，能够有效实现发现价格、管理风险和配置资源的目的。期货交易和衍生品交易，还可分为广、狭两义。在狭义上，期货交易和衍生品交易仅指交易者买卖合约的行为；在广义上，还包括与买卖相关的其他行为，例如，期货合约和其他衍生品的上市、经纪、结算和交割等。本条所称交易采用广义概念，不限于期货和衍生品的买卖。

二、保障各方合法权益

期货交易和衍生品交易是一种复杂交易，交易参与者众多。其中，交易者是参与期货交易或衍生品交易的主体，是期货交易和衍生品交易价格波动的直接受益者和受损者；期货经营机构是向交易者提供中介服务的主体，也是期货交易和衍生品交易的重要参与者；期货交易场所是期货交易的组织者和市场监管者；期货结算机构和期货服务机构是为期货交易提供服务的主体。上述主体在期货交易和衍生品交易中形成了错综复杂的法律关系。其中，既有基于自愿而形成的民商事关系，也有因自律监管而产生的特殊民商事关系，还有因行政监管而形成的行政关系。只有切实保护各方当事人的合法权益，才能鼓励各方参与期货交易和衍生品交易，发挥期货市场和衍生品市场发现价格、管理风险和配置资源的市场功能，维护期货市场和衍生品市场的健康发展。为了准确表达期货交易和衍生品交易的复杂性，本条采用了“保障各方合法权益”的表述。

三、维护市场秩序、社会公共利益和国家经济安全

市场秩序是由法律和行政法规等保障的、有序的秩序。就期货市场和衍生品市场而言，主要包括市场主体和产品的准入秩序、市场交易秩序、市场管理秩序等。在透明、有序、高效的期货市场和衍生品市场中，交易者有权根据自身判断从事交易，也必须遵守法律和行政法规。立法者应当尊重期货市场和衍生品市场的功能，努力向交易者提供交易所需要的重要规则。行政监管者应当依照法律和行政法规的规定，对市场主体及其交易加以约束和指导，自律监管者应当发挥自律监管职能。同时，为了确保期货市场和衍生品市场行稳致远，本法突出了市场秩序保障法和风险化解防范法的功能，高度关注社会公共利益和国家经济安全，避免过度投机对社会公众利益和国家经济安全造成不利影响。

四、促进期货市场和衍生品市场服务国民经济

国民经济是指一国范围内各社会生产部门、流通部门和其他经济部门所构成的互相联系的总体。服务国民经济即指以国民为本，增进本国国民经济的整体力量。我国期货市场是伴随国民经济发展而产生和发展的，它得益于国民经济的发展，并成为国民经济的重要组成部分，应当服务于国民经济。如果偏离了这一基本目标，期货市场和衍生品市场将失去存在的价值和依托。因此，期货市场和衍生品市场的发展，必须有其明确的发展目标，即服务国民经济。期货市场和衍生品市场作为我国市场形态的重要组成部分，具有发现价格、管理风险和配置资源的功能，它不仅是国家管理市场、发展国民经济的重要手段，还是一项重要的国家财富。期货市场和衍生品市场提供了一种有效的市场机制，通过提高市场透明度、提高市场运行效率，可以在满足市场主体需求的同时，实现服务国民经济的目的。

五、注意防范和化解金融风险

期货市场和衍生品市场是金融市场的重要组成部分，期货和衍生品价格波动不仅是期货市场和衍生品市场的常见现象，也会传导到并影响现货市场价格，还会影响其他金融市场的运行，必须注意防范和化解期货交易和衍生品交易诱发的金融风险。期货市场和衍生品市场的风险多种多样，既包括市场价格波动风险，也包括信用风险、流动性风险、操作性风险、结算风险等市场运行中的风险，本法主要关注后者。为了充分发挥期货市场和衍生品市场的功能，需要制定和实施防范金融风险的法律法规，减少或降低金融风险的发生概率，妥善处理金融风险对市场参与者带来的损害。

【关联规范】

《中华人民共和国证券法》第一条。

第二条　【适用范围】在中华人民共和国境内，期货交易和衍生品交易及相关活动，适用本法。

在中华人民共和国境外的期货交易和衍生品交易及相关活动，扰乱中华人民共和国境内市场秩序，损害境内交易者合法权益的，依照本法有关规定处理并追究法律责任。

【条文主旨】

本条是关于本法适用范围和空间效力的规定。

【立法背景】

《期货交易管理条例》第二条第一款和第八十五条从正反两个角度规定了该行政法规的适用范围。按照第二条第一款规定："任何单位和个人从事期货交易及其相关活动，应当遵守本条例"，该条第三款和第四款分别规定了标准化的期货合约和期权合约的含义，从而排除了对非标准化合约的调整。《期货交易管理条例》第八十五条进一步排除了不适用该条例的交易活动，即"不属于期货交易的商品或者金融产品的其他交易活动，由国家有关部门监督管理，不适用本条例"。可见，《期货交易管理条例》仅适用于具有标准化属性的期货合约和期权合约的交易。且《期货交易管理条例》系行政法规，其效力范围限定于我国境内。本法系全国人大常委会制定的法律，立法机关参考了证券法等法律，明确规定了本法的域外效力。

【条文解读】

任何法律都有其适用范围。在广义上，法律的适用范围，包括对事效力、对人效力、时间效力和空间效力。其中，对事效力相当于法律的调整对象或适用范围，即某部法律所规范的社会关系或事项；对人效力是指法律适用的主体范围；时间效力是指法律生效或终止的时间界限；空间效力是指法律生效的地域和空间。本条主要规定该法的对事效力和空间效力。

一、对事效力或适用范围

本条规定的事项限于"期货交易和衍生品交易及相关活动"。为了澄清该适用范围，该法第三条进一步规定了期货交易和衍生品交易的含义。在本法中，期货交易是指具有标准化属性的期货合约和期权合约的场内交易。衍生品交易是指期货交易以外的、不具有标准化合约的衍生品交易。此外，本法也适用于期货合约上市等相关活动。在判断相关活动的范围时，需要根据其与期货交易和衍生品交易的实质联系予以确定。例如，期货合约、期权合约产品的上市，期货和其他衍生品的交易结算、交割以及中介服务等，都与期货交易密切相关，应当归入期货交易和衍生品交易的相关活动之列；经营机构的中介服务、交易场所的组织活动、结算机构的活动，也是与期货交易和衍生品交易相关的活动，应当纳入本法的适用范围。

明确规定本法适用范围，有助于期货市场参与者清楚把握本法功能和定位，确定本法与证券法等法律的关系。例如，证券法第二条第一款规定："在中华人民共和国境内，股票、公司债券、存托凭证和国务院依法认定的其他证券的发行和交易，适用本法；本法未规定的，适用《中华人民共和国公司法》和其他法律、行政法规的规定。"据此规定，在我国境内的股票等证券的发行和交易，适用证券法及公司法等法律。与此相似，本条规定本法适用于"期货交易和衍生品交易及相关活动"，明确了与证券法等的关系。一方面，本法规范的是期货交易和衍生品交易，不包括股票、公司债券、存托凭证和国务院依法认定的其他证券的交易。另一方面，期货交易和衍生品交易不具有融资功能，不存在发行行为，本法仅规范期货交易和衍生品交易及相关活动。

二、空间效力

本条除规定本法的调整事项外，还特别规定了本法的空间效力。空间效力也称法律在空间上的适用范围，旨在确定某部法律在哪些地方发生效力。通常来说，空间效力分为域内效力和域外效力。其中，域内效力，与法律制定者的管辖范围一致，即在法律制定者的管辖范围内发生效力，本法是全国人大常委会制定的，其域内效力范围即为中华人民共和国境内。因此，本法第二条第一款明确规定其适用于"在中华人民共和国境内"的期货交易和衍生品交易及相关活动。

法律的域外效力，是指法律在制定者管辖范围以外发生效力。根据本条第二款，本法对在中华人民共和国境外的期货交易和衍生品交易及相关活动也有效力。需要指出，因域外国家和地区在其管辖地域内也享有立法权，有权制定适用于其管辖地域的法律，可以制定规范其管辖区域内的期货交易和衍生品交易的法律。因此，当一国国内法的空间范围超出了领土范围或者扩展到他国属地管辖范围时，就会出现法律冲突。本条在规定域外效力时，既重视域外国家和地区的立法权，也重视本法的立法目的，因而，对本法的域外效力作出特别规定。

本法针对域外效力作出特别规定，是有理论和实践依据的。期货交易和衍生品交易带有显著的国际性。交易者包括境内和境外交易者，期货交易和衍生品交易的基础资产可以是境内和境外资产，结算货币可能是人民币和外币，期货和衍生品的实物交割可能在境外港口或交割库，境内与境外期货和衍生品价格相互影响且与国际上的现货产品价格波动相关，本法需要考虑其域外适用和效力。本法同时规定域内和域外效力，一方面，适应了期货市场和衍生品市场对外开放和国际化的需求。另一方面，我国反垄断法第二条规定："中华人民共和国境内经济活动中的垄断行为，适用本法；中华人民共和国境外的垄断行为，对境内市场竞争产生排除、限制影响的，适用本法"；证券法第二条第四款规定："在中华人民共和国境外的证券发行和交易活动，扰乱中华人民共和国境内市场秩序，损害境内投资者合法权益的，依照本法有关规定处理并追究法律责任。"涉外民事关系法律适用法已针对涉外民事法律关系中的法律适用作出原则规定。这些立法为本法同时规定域内和域外效力提供了可资借鉴的立法经验。

本法在规定空间效力时，作出两方面限制：在适用条件上，本法遵循效果原则，即必须是在中华人民共和国境外的期货交易和衍生品交易及相关活动，"扰乱中华人民共和国境内市场秩序，损害境内交易者合法权益的"。其中，"扰乱中华人民共和国境内市场秩序"和"损害境内交易者合法权益"是选择关系，即无论是扰乱市场秩序，还是损害境内交易者合法权益，均应依照本法予以处理。在适用方式上，本法没有采用"适用本法"的表述，而采用"依照本法有关规定处理并追究法律责任"的表述。据此，在中华人民共和国境外的期货交易和衍生品交易及相关活动，并不当然和全部适用本法，本法仅适用于依照法律规定作出处理并追究法律责任的场合。在境外期货交易和衍生品交易中的品种上市、交易和组织、结算和交割等，应当依照本法第十一章确定其法律适用。

【关联规范】

《中华人民共和国证券法》第二条；《中华人民共和国涉外民事关系法律适用法》第二条。

第三条　【基本术语】本法所称期货交易，是指以期货合约或者标准化期权合约为交易标的的交易活动。

本法所称衍生品交易，是指期货交易以外的，以互换合约、远期合约和非标准化期权合约及其组合为交易标的的交易活动。

本法所称期货合约，是指期货交易场所统一制定的、约定在将来某一特定的时间和地点交割一定数量标的物的标准化合约。

本法所称期权合约，是指约定买方有权在将来某一时间以特定价格买入或者卖出约定标的物（包括期货合约）的标准化或非标准化合约。

本法所称互换合约，是指约定在将来某一特定时间内相互交换特定标的物的金融合约。

本法所称远期合约，是指期货合约以外的，约定在将来某一特定的时间和地点交割一定数量标的物的金融合约。

【条文主旨】

本条是关于期货和衍生品及交易的定义条款。

【立法背景】

期货和衍生品法是一部具有很强专业性的法律，采用了较多专业术语，仅从字面解释，普通人难以理解相关术语的含义和意义，在实践中容易出现分歧。外国在制定期货或衍生品法律时，通常在专门条款中规定主要的术语，《期货交易管理条例》第二条也规定了期货交易、期货合约和期权合约的基本含义，第八十一条具体解释了12个专业术语的含义。就专业术语作出定义和解释，有助于人们理解法律的内容，推进法律的实施。期货和衍生品法延续上述做法，扩充了基本术语的范围，第三条专门规定了期货交易、衍生品交易、期货合约、期权合约、互换合约和远期合约的含义，通过与本法第二条相配合，可以清楚地界定本法的适用范围。

【条文解读】

一、期货交易和衍生品交易的含义

本法规范的是期货交易和衍生品交易。为了清晰表达本法适用范围，本条第一款和第二款分别规定了期货交易和衍生品交易的含义。在理论上，衍生品和衍生品交易是相互对应的。衍生品（Derivative Products）是从商品、货币、利率、股票等传统金融工具交易中衍生出来的金融合约产品，主要包括远期合约、期货合约、期权合约、互换合约及其组合。衍生品交易则指以期货合约、期权合约、互换合约等为标的而从事的交易，具体包括期货交易、期权交易、互换合约交易及其组合交易，甚至包括远期交易。在这个意义上，期货合约或期权合约系衍生品的具体形态，期货交易只是衍生品交易的具体形式之一。由于衍生品及其交易是一个广义概念，期货合约及期货交易是衍生品及衍生品交易的具体形式，与远期合约、互换合约及其交易等相互对应。即期货合约及其交易是一组小概念，衍生品及其交易是一组大概念。

根据本条规定，期货交易和衍生品交易是并列概念。期货交易与衍生品交易的核心区别在于交易标的的标准化。期货交易“是指以期货合约或者标准化期权合约为交易标的的交易活动”。其中，期货合约是期货交易场所设计的标准化合约，当然具有标准化属性；期权合约既可以是期货交易场所设计的标准化合约，也可以是交易者自行设计的非标准化合约，但仅有标准化期权合约，才是本法所称期货交易的标的；非标准化期权合约是衍生品交易的标的。衍生品交易是以非标准化衍生品作为交易标的的交易活动，其中，既包括非标准化期权合约，也包括远期合约和互换合约。由于本法引入了合约标准化的标准，凡是标准化合约的交易，即为期货交易，至于该标准化合约是期货合约还是期权合约，在所不问；凡是具有非标准化属性的合约交易，即为衍生品交易，至于该非标准化合约为期权合约、远期合约或互换合约，在所不问。

在期货交易和衍生品交易发展历史中，由期货交易场所设计或推出标准化合约，是一个具有里程碑意义的事件。在此之前，金融商品交易系由交易者采用一对一方式达成的，交易双方可以直接磋商达成交易，也可以通过经纪商达成交易。因所交易的产品不具有标准化属性，交易双方需要具体约定交易标的的品种、单位数量、交付标准、单位价格、履约时间和地点等；即使双方达成合意，所约定的交易在履行中仍存在对手违约的风险。期货交易场所在成立后，部分交易延续了原有交易模式，尊重交易者自行商定交易条款，与此同时，期货交易场所设计了某些标准化的合约，订明除交易数量和价格以外的其他交易条件，供交易者从事交易之用，一旦交易双方就交易数量和价格达成协议，即视为采用标准化合约载明的事项，从而可以迅速完成交易。

二、期货和衍生品的具体类型

（一）期货合约

期货合约是期货交易场所统一制定、规定在将来某一特定时间和地点交割一定数量标的物的标准化合约。期货交易场所设计的期货合约应当载明合约名称、交易品种、交易单位、报价单位、最小变动价位、每日价格最大波动限制、合约交割月份、最后交割日、交割日期、交割品级、交割地点、交割方式、交易代码和上市交易所等。期货交易场所在设计期货合约时，必须选定期货合约所挂钩或连接的基础资产，按照基础资产的性质不同，期货合约可分为商品期货合约、金融期货合约和其他期货合约。如果与期货合约挂钩的基础资产是农产品或原油，即称其为农产品期货或原油期货；如果与期货合约挂钩的基础资产是股票或其他有价证券，即可称为股票期货或证券期货；如果与期货合约挂钩的基础资产是外汇或利率，则可称为外汇期货或利率期货；等等。

（二）期权合约

期权合约是权利人有偿取得并表明权利人在未来可以按照约定条件买入或卖出特定资产的权利。如果与期货合约挂钩的基础资产往往是某种货物或资产，交易者买入期货合约，即相当于有权在未来获得该种货物或者资产，期权合约则是约定未来订立买入或卖出货物或资产之权利的合约，在未来既有权买入或卖出标的资产，也有权放弃买入或卖出标的资产。就此而言，期权合约实乃“选择权合约”，交易者在支付权利金后，有权在未来买入或放弃买入。需要指出，期权合约可分为标准化期权合约和非标准化期权合约。其中，标准化期权合约，是指期货交易场所统一制定的、规定买方有权在将来某一时间以特定价格买入或卖出约定标的物（包括期权合约）的标准化合约，可以在期货交易场所进行交易。例如，上海证券交易所设计的上证 50ETF 期权合约，基本条款包括合约类型、合约单位、到期月份、行权价格、行权价格区间、合约编码、合约交易代码、合约简称和其他条款。非标准化期权合约，则由交易双方自行商定期权合约的各项条款，可再分为简单期权合约和复杂期权合约。简单期权合约仅载明权利人有权在未来一定期限内行使买入或卖出的权利，复杂期权合约往往同时载明权利人行使买入或卖出权利的其他条件。例如，我国在农产品领域中创设的“保险+期货”模式，就是保险公司、期货经营机构和农产品经营者签订、带有场外期权属性的合约。

（三）互换合约

又称“掉期合约”，是指约定在将来某一特定时间内相互交换某种资产的金融合约。例如，两个交易者按照商定条件，在约定的时间内交换一系列资产或现金流的合约。该交换的对象可以是不同种类的货币、债券，也可以是不同种类的利率、汇率、价格指数等。在金融市场中，利率互换合约和货币互换合约是两种常见的互换合约。如果合约规定交换的货币系同种货币，意味着一方交易者要向对方交易者支付固定利息，对方交易者则要支付一笔浮动利息，此为利率互换或利率掉期。如果合约规定交换对象是不同种类的货币，则为货币互换。例如，双方交易者商定在未来某个特定时间、按照商定的汇率互换两种货币，为货币互换。

（四）远期合约

远期合约作为期货合约的最初形态，出现在早期海上贸易阶段，按照当时的交易习惯，商品交易者可以商定按照约定价格买卖未来到岸的海上货物，出现了交易未来交付货物的做法。这种远期交货合同系由交易者自行商定货物品种、数量、价格、条件等要素的合约，远期交货合约的达成和履行，没有期货交易场所的介入，而是有赖于双方交易者之间的信任和信用。在此之后形成的远期合约，是买卖双方在指定的期限内按当日同意的价格买卖某种资产的现货合约协议，在目前主要包括远期利率合约和远期汇率合约等。期货交易场所成立后，遂在远期合约的基础上设计了期货合约，并介入期货合约交易的达成和履行，才最终出现了期货交易。

【关联规范】

《中华人民共和国证券法》第二条。

第四条 【国家政策】国家支持期货市场健康发展，发挥发现价格、管理风险、配置资源的功能。

国家鼓励利用期货市场和衍生品市场从事套期保值等风险管理活动。

国家采取措施推动农产品期货市场和衍生品市场发展，引导国内农产品生产经营。

本法所称套期保值，是指交易者为管理因其资产、负债等价值变化产生的风险而达成与上述资产、负债等基本吻合的期货交易和衍生品交易的活动。

【条文主旨】

本条是关于国家鼓励、支持期货市场和衍生品市场发展的政策规定。

【立法背景】

我国在20世纪90年代初开始建设期货市场，目前在郑州、大连、上海和广州组建了五家商品期货交易所，分别是郑州商品交易所、大连商品交易所、上海期货交易所、上海能源交易中心和广州期货交易所；另在上海组建了一家金融期货交易所，即中国金融期货交易所。上述期货交易场所既从事期货交易，也从事部分衍生品交易。此外，上海证券交易所和深圳证券交易所还开展与证券相关的部分期货交易，中国银行间市场交易商协会和中国外汇交易中心（全国银行间同业拆借中心）主要开展汇率和利率的互换业务或掉期业务，部分金融机构依法可以从事部分衍生品交易。《期货交易管理条例》建立了我国期货交易的主要规则，搭建了期货市场的监管框架，推动了我国期货市场的稳定发展。期货市场和衍生品市场是一个相对独立的市场形态，期货交易和衍生品交易遵循独特的市场规则，调整期货交易和衍生品交易的法律具有较强的专业性，不易为寻常百姓所知，一些人甚至存在对期货市场和期货市场的误解。本条明确了国家鼓励、支持期货市场和衍生品市场发展的政策导向，有助于兴利除弊，促进期货市场和衍生品市场的健康发展。

【条文解读】

一、明确国家支持期货市场健康发展的方向

在期货市场发展上，究竟采用限制政策还是允许及支持政策，各国立场和政策选择有所不同，不同政策选择又影响期货市场发展的广度和深度。本法明确提出期货市场具有发现价格、管理风险、配置资源的三大功能，指明了我国期货市场和衍生品市场的发展方向，有助于化解各方对期货和期货市场的顾虑，促进期货市场的健康发展。

（一）发现价格是期货市场的首要功能

由于价格是引导投资和生产经营的核心要素，发现价格遂成为期货市场的首要功能。发现价格是期货市场通过其运行机制形成预期价格的过程。期货市场将众多影响供求关系的因素汇集于期货交易场所内，通过交易者的公开竞争报价，形成了新的期货交易价格。期货市场发现的价格具有连续性、前瞻性和权威性，能够比较真实地反映商品和金融资产未来价格的变动趋势。期货价格形成后，又会立即向各地传播并影响到现货市场价格和供求关系，形成新的现货价格；现货价格在形成后，也会反过来影

响期货价格。在这种交互影响中，期货市场已经成为一个向交易者和生产经营者无偿提供定价基准的市场。

（二）管理风险是期货市场的重要功能

价格波动风险是商品交易中时间因素作用的结果，价格波动直接诱发交易者的损失和收益，必须妥当管理。价格风险无处不在，价格波动无法抵御，市场上一切动向都直接影响商品价格，同时也受到商品价格波动的影响。每个生产经营者都面临价格波动的客观现象。运行良好的期货市场，可以吸引大量交易者进入并从事交易，通过一定的交易机制，对价格波动风险进行分割、转移和再分配，将价格波动风险转移到愿意承担更多风险的交易者身上，降低不愿承担风险之交易者的风险。如此，交易者得以将风险控制和锁定在自身可以承受的范围之内，从而解除其后顾之忧。

（三）配置资源是期货市场的延伸功能

社会资源普遍带有稀缺性，这决定了应通过一定方式把有限资源合理分配到社会的各个领域中，以实现对社会资源的最佳利用，用最少的资源耗费，生产出最适用的商品和劳务，获取最佳效益。稀缺资源主要采用计划和市场两种配置形式。计划配置，即国家根据社会需要和可能，以计划配额、行政命令等统管资源和分配资源。市场配置则注重发挥生产经营者和市场的作用，由生产经营者根据市场供求关系和产品价格的变化，在竞争中实现生产要素的合理配置。计划配置和市场配置都是资源配置方式，社会主义市场经济，应当“使市场在资源配置中起决定性作用”①。期货市场在配置资源过程中，可以发现并通过特有信息传递机制，降低生产经营者搜寻信息的成本，还可以通过生产经营者的套期保值活动，理顺上下游产品生产和流动，更可以通过标准化合约及其交割机制，提高交易效率，降低履约成本，因此，其是资源配置中无可替代的重要工具。

二、鼓励套期保值等风险管理活动

按照交易者的交易目的和方式，可将期货交易分为投机交易和套期保值。在投机交易中，交易者根据自己对期货价格未来走势的判断，通过低买高卖的交易，获取期货价格波动的收益。在预期期货价格上涨时，交易者选择低价买入，并在高价时卖出；在预期期货价格下跌时，可以选择在高位卖出，再在低价时买入，借此谋取期货价格波动的收益。与此不同，若交易者在市场上持有一定的现货资产或头寸，在资产价格下跌时，交易者将面临价格下跌带来的风险。为了应对资产价格的涨跌风险，交易者可

① 《切实把思想统一到党的十八届三中全会精神上来》，载《人民日报》2014年1月1日。

以建立与现货头寸规模相当、期限相反、方向相反的期货头寸，对冲现货市场的价格波动风险，从而实现对资产价格波动风险的管理。

本法规定了国家鼓励交易者利用期货市场和衍生品市场从事套期保值的政策立场，并规定了套期保值的基本含义，即交易者为管理因其资产、负债等价值变化产生的风险而达成与上述资产、负债等基本吻合的期货交易和衍生品交易的活动。套期保值意味着交易者管理的资产等价格风险与其从事的期货交易和衍生品交易基本吻合，而非完全对应。与此同时，本法还规定期货监管机构将制定套期保值管理办法。需要指出，期货市场上的套期保值与投机交易是并存的，在鼓励套期保值的同时，就要认可交易者从事投机交易。投机者是风险偏好的交易者，愿意承担期货价格波动的风险，套期保值者是风险厌恶的交易者，愿意转移现货价格的波动风险，只有在两者并存时，才能更好地发现资产的价格，并将期货价格波动风险转移出去。

三、推动农产品期货市场和衍生品市场的发展

期货和期权，根据合约基础资产不同，可分为商品期货和金融期货。其中，商品期货主要包括农产品期货、金属期货和能源期货等，金融期货主要包括外汇期货、利率期货和股指期货等。在历史上，各种期货、期权品种是渐次出现的，商品期货是最主要的交易品种，农产品期货又是商品期货的最初和最主要类型，此后才逐渐发展出金属期货和能源期货等。20世纪70年代，随着布雷顿森林体系解体，固定汇率被浮动汇率所取代，汇率和利率波动频繁剧烈，遂出现了外汇期货、利率期货和股指期货等金融期货。

在诸多期货品种中，农产品期货既是最初出现的期货品种，也是最重要的期货品种。民以食为天，粮食等农产品是人民生活的物质基础，我国人口基数大，对粮食等农产品的需求旺盛；与此同时，粮食等农产品生产的季节性强，易受气候、耕地、自然灾害等环境的影响，农产品价格波动大，这不仅直接影响到农产品生产者的积极性，还会影响到农产品的产业链，最终会影响到消费者利益。为了确保粮食等农产品供给安全，党和政府长期重视“三农”问题。国家安全法已将粮食安全作为维护国家安全的重要任务之一，该法第二十二条规定“国家健全粮食安全保障体系，保护和提高粮食综合生产能力，完善粮食储备制度、流通体系和市场调控机制，健全粮食安全预警制度，保障粮食供给和质量安全”。

为了稳定粮食等农产品的生产和流通体系，促进粮食等农产品的发展，我国期货交易场所一直重视农产品期货的设计、上市和交易；与此同时，金融机构也在创新农产品的衍生品交易。我国近年来探索的“保险+期货”模式，就已经成为广大农业经营者所接受、国家政策大力支持的创新品种。“保险+期货”是基于为农业经营者提供价格避险工具发展起来的，主要涉及三个主体：投保主体、保险公司、期货经营机构。农业经营者或企业（即投保主体）向保险公司购买价格保险产品，保险公司向期货经营机构购买期权（一般为场外期权）转移风险，期货经营机构在期货市场上进行风险对冲操作，将风险转移至期货投机者。对于普通农户来说，与套期保值相比，“保险+期货”更易于理解，操作便利，需要的资金量较小。

【关联规范】

《中华人民共和国国家安全法》第二十二条。

第五条 【防范市场系统性风险】期货市场和衍生品市场应当建立和完善风险的监测监控与化解处置制度机制，依法限制过度投机行为，防范市场系统性风险。

【条文主旨】

本条是关于防范期货和衍生品市场系统性风险的规定。

【立法背景】

期货交易采用保证金，交易者只需按期货合约或期权合约价格的一定比率交纳少量资金作为履行期货合约的财力担保，便可参与期货合约或期权合约的买卖。保证金交易属于杠杆交易，这种方式有助于活跃市场，同时也难免带来特殊风险。我国从建立期货市场开始，就高度关注期货市场及其运行风险。《期货交易管理暂行条例》（已失效）和《期货交易管理条例》第一条均将“防范风险”作为规范宗旨。2006 年，我国成立了中国期货保证金监控中心，最初是为了避免期货经营机构挪用客户保证金，2015 年，该机构更名为中国期货市场监控中心后，负责期货市场统一开户、期货保证金安全监控、为期货投资者提供交易结算信息查询、期货市场运行监测监控、宏观和产业分析研究、期货中介机构监测监控、代管期货投资者保障基金、商品及其他指数的编制和发布、为监管机构和期货交易所等提供信息服务、期货市场调查、协助风险公司处置。[①] 本法总结了我国期货市场法治建设实践，第一条将“防范化解金融风险”作为立法目的之一，第五条则具体规定了风险监测、监控以及预防、化解机制，这对于稳定期货市场、预防和化解系统性风险，具有重要作用。

【条文解读】

一、期货市场风险的监测和监控

风险是可能造成损害的不确定性，源自某个风险源，再通过某些载体传导到其他事物上，或经由其他因素的放大，最终成为有害于社会的事物或状态。期货市场是一个高风险市场，从风险源的形成到风险的传递，再到风险造成损害，在时间上是递进的。同时，期货市场参与者较多，不同参与者在参与期货活动时所遇到的风险有别，不同风险源及其传导路径存在差异。为了防范期货市场风险，必须建立一个期货市场风险控制的制度框架，以尽早发现期货市场的风险源，控制期货市场风险的传递，合理处置期货市场风险造成的损害。

建立期货市场风险监测系统，目的在于及早发现风险源，运行良好的信息收集机制可以为监控和处置风险做好准备。首先，本法规定了期货交易场所会员和交易者报告制度。根据本法第二十七条，期货交易场所会员和交易者应当按照国务院期货监督管理机构的规定，报告有关交易、持仓、保证金等重大事项。其次，本法规定建立衍生品交易报告库制度。本法第三十六条规定，国务院授权的部门、国务院期货监督管理机构应当建立衍生品交易报告库，对衍生品交易标的、规模、对手方等信息进行集中收集、保存、分析和管理，并按照规定及时向市场披露有关信息。再次，本法规定要完善客户保证金存管制度。我国已建立了客户保证金存管监控体系，由专门机构对期货保证金每日进行监控，将交易场所的结算数据、期货公司的交易数据和保证金存管银行的资金数据三者进行逐日、逐笔稽核、对比，不仅能够及时发现并妥当处理客户保证金挪用问题，还能够及时发现异常交易。本法延续了这种做法，在第一百一十五条中规定“国务院期货监督管理机构应当建立健全期货市场监测监控制度，通过专门机构加强保证金安全存管监控”。最后，根据本法第八十五条，期货交易场所

① 《中国期货市场监控中心——职能介绍》，载中国期货市场监控中心网，http://www.cfmmc.cn/main/views/zxjs/index.html? id=hxyw，最后访问时间：2022 年 5 月 20 日。

应当加强对交易活动的风险控制和对会员以及期货交易场所工作人员的监督管理，依法履行“对期货交易进行实时监控和风险监测”。

二、期货市场风险化解处置机制

多数期货交易和衍生品交易都是在有组织的市场中进行的。在我国，商品期货和股指期货分别在商品期货交易所和金融期货交易所进行，衍生品既在银行间市场进行，有的也在柜台市场进行。以期货交易所和银行间市场为例，其贴近交易、了解风险，承担着一线监管职能，尤其是期货交易所已形成了不少套行之有效的风险管理制度。

首先，异常情况下的紧急措施。本法第八十七条第一款规定，期货交易场所应当加强对期货交易的风险监测，出现异常情况的，期货交易场所可以依照业务规则，单独或者会同期货结算机构采取下列紧急措施，并立即报告国务院期货监督管理机构：“（一）调整保证金；（二）调整涨跌停板幅度；（三）调整会员、交易者的交易限额或持仓限额标准；（四）限制开仓；（五）强行平仓；（六）暂时停止交易；（七）其他紧急措施。”异常情况消失后，期货交易场所应当及时取消紧急措施。

其次，突发性事件的处置措施。本法第八十九条第一款规定，因突发性事件影响期货交易正常进行时，为维护期货交易正常秩序和市场公平，期货交易场所可以按照本法和业务规则规定采取必要的处置措施，并应当及时向国务院期货监督管理机构报告。第二款规定，因前款规定的突发性事件导致期货交易结果出现重大异常，按交易结果进行结算、交割将对期货交易正常秩序和市场公平造成重大影响的，期货交易场所可以按照业务规则采取取消交易等措施，并应当及时向国务院期货监督管理机构报告并公告。

最后，期货交易者保障基金。我国原已建立期货交易者保障基金，并由中国期货市场监控中心管理。本法确认了期货交易者保障基金制度，并在第五十八条中明确规定，国家设立期货交易者保障基金。期货交易者保障基金的筹集、管理和使用的具体办法，由国务院期货监督管理机构会同国务院财政部门制定。

三、依法限制过度投机行为

交易者从事期货交易的最终目的是利用期货市场来获益或避险，其中，有的交易者是为了投机，有的是为了套期保值。期货市场作为一个发现价格和管理风险的市场，反映的是市场供求关系，必然存在价格波动风险。与价格波动风险不同，期货市场的运行风险是期货市场各构成要素诱发的风险，也是本法关注的核心。期货市场主要是由交易者、交易标的、交易保证金、交易组织者、结算机构、交易机制和监管机制等共同组成的运行体系，每个构成要素及其运行都会给期货市场运行带来风险。例如，投机者比重过高，可能给市场带来投机风险；期货合约设计不当，可能诱发操纵和结算风险；期货保证金过高或过低，会影响到市场交易效率；交易组织者和监管者的行为同样影响到交易秩序的稳定性。本法规范的是期货交易行为，保护的是各方主体的合法权益，应当重点关注期货市场运行中的风险。

限制过度投机的手段之一，是期货交易场所调整保证金比例。由于保证金具有杠杆功能，通过降低期货交易保证金比例，可以活跃市场，通过提高保证金比例，可以减少投机交易。持仓限额制度作为限制过度交易的另一手段，是指期货交易所为防范操纵市场价格的行为，防止期货市场风险过度集中于少数投资者，对会员及客户的持仓数量进行限制的制度。对于超过限额的，交易所可按规定强行平仓或提高保证金比例。这是交易所控制市场风险程度、防范风险扩大的重要措施。

四、防范系统性金融风险

期货市场的风险，按照其来源，可分为期货市场价格波动风险和期货市场运行风险。其中，期货市场价格波动风险主要是由期货市场供求关系决定的，且与交易者对未来价格走势的判断相关。按照风险的形成原因和影响程度，期货市场风险可分为系统性风险和非系统性风险。系统性风险，也称整体性风险或不可分散风险，“系统性风险是指单个或一系列的事件或行为对金融系统造成广泛的负面影响，进而影响经济的可能性”①，系统性风险不仅限于突发性的灾难事件，还可能表现为市场信任的逐渐侵蚀。例如，通货膨胀、能源危机、经济危机、自然灾害、宏观政策等因素，都属于影响期货市场的外部因素，系统性风险是期货市场本身难以控制的。非系统性风险，也称特定风险或可分散风险，是指影响某一期货品种或交易者之独特事件引起的风险。期货交易场所采用调整保证金、限制持仓规模等措施，期货结算机构实施有效的结算规则，交易者采用套期保值等交易策略，均可以降低非系统性风险。需要指出，系统性风险和非系统性风险是相对的，两者有时交织存在并相互影响。

【关联规范】

《中华人民共和国人民银行法》第二条。

---

① 国际证监会组织技术委员会、上海证券交易所资本市场研究所：《降低系统性风险——证券建构机构的角色》，载《证券法苑》（第15卷），法律出版社2015年版，第352~420页。

第六条　【守法和“三公”原则】期货交易和衍生品交易活动，应当遵守法律、行政法规和国家有关规定，遵循公开、公平、公正的原则，禁止欺诈、操纵市场和内幕交易的行为。

【条文主旨】

本条是关于守法原则和“三公”原则的规定。

【立法背景】

合法性原则是本法的指导思想和准则，也称守法原则，贯穿我国期货和衍生品法律的始终。《期货交易管理暂行条例》和《期货交易管理条例》确立了相似的基本原则，即“从事期货交易活动，应当遵循公开、公平、公正和诚实信用的原则。禁止欺诈、内幕交易和操纵期货交易价格等违法行为”。本法增加了期货和衍生品交易的守法原则，并将“诚实信用”的要求规定于第七条。

【条文解读】

一、遵守法律、行政法规和国家有关规定

当事人从事金融活动，都应当遵守法律、行政法规和国家有关规定。现货市场是双方达成交易后立即履行的市场。商业银行与借款人签订贷款合同并发放贷款，公司向投资者发行股票等，在这种市场中，由于双方在达成交易后立即履行，当事人面临的市场风险较低。在期货市场和衍生品市场中，当事人达成交易的日期和履行日期之间存在一个较长的时间间隔，在此期间，价格随时发生波动，这就为当事人从事投机或套期保值创造了机会。因此，期货市场和衍生品市场具有更高的风险，更应突出当事人守法原则。

为了保护交易者利益，确保金融市场的公平、有效和透明，减少金融市场的系统性风险，各国高度关注期货市场的立法，重视加强对金融市场的监管。与此同时，在金融市场上，金融产品、交易模式和交易规则不断创新，为了满足金融市场持续发展、变化的客观需求，立法机关可能难以及时修订法律和行政法规，因此，往往直接授权监管机关制定金融市场的

管理规定。从实际情况来看，监管机关已依照法定程序发布很多金融管制的规定和意见，有助于及时解决争议。因此，期货交易和衍生品交易所应当遵循的，不仅是法律和法规，还有依法制定的其他规定。例如，中国证监会已发布的规章，就包括《期货交易所管理办法》[①]《期货公司管理办法》[②]《期货从业人员管理办法》[③] 等。银保监会制定的《金融机构衍生产品交易业务管理暂行办法》[④] 等。鉴于此，本条特别规定“期货交易和衍生品交易活动，应当遵守……国家有关规定”。

二、遵循公开、公平、公正原则

“公开、公平、公正”被称为“三公”原则，通常认为，“三公”原则是期货市场和其他金融市场都应当遵循的原则。在我国，“三公”原则源于国务院 1993 年 4 月 22 日《股票发行与交易管理暂行条例》[⑤]，该条例第三条规定，“股票的发行与交易，应当遵循公开、公平和诚实信用的原则”。1998 年颁布的证券法第三条扩展为“证券的发行、交易活动，必须实行公开、公平、公正的原则”，现行证券法第三条规定为“证券的发行、交易活动，必须遵循公开、公平、公正的原则”。针对证券法规定的“三公”原则，应当从证券发行和交易的角度予以理解。在证券法中，证券是发行人依照法定程序向投资者出售的证券，具有筹集股权或债券融资的功能，因此，“三公”原则中的公开原则，首先指向的是发行人向投资者披露信息。需要指出，在期货市场和衍生品市场中，期货和衍生品只是交易对象，既不存在发行人，也不具有融资功能，在解释本法的“三公”原则时，应当结合期货市场和衍生品市场的特殊性作出解释。

公开主要是指信息公开，核心要求是市场信息的公开化，市场具有充分的透明度，披露应当真实、准确、完整和及时。就期货市场而言，公开原则主要包括以下含义：一是期货交易场所和衍生品交易场所必须公开其

---

① 《期货交易所管理办法》，载中国证券监督管理委员会网站，http：//wwww. csrc. gov. cn/csrc/c106256/c1653889/content. shtml，最后访问时间：2022 年 5 月 1 日。

② 《期货公司管理办法》，载中国证券监督管理委员会网站，http：//www. csrc. gov. cn/csrc/c101902/c1039264/content. shtml，最后访问时间：2022 年 5 月 1 日。

③ 《期货从业人员管理办法》，载中国证券监督管理委员会网站，http：//www. csrc. gov. cn/csrc/c106256/c1653933/content. shtml，最后访问时间：2022 年 5 月 1 日。

④ 《金融机构衍生产品交易业务管理暂行办法》，载中国银行保险监督管理委员会网站，http：//www. cbirc. gov. cn/cn/view/pages/govermentDetail. html? docId = 270440&itemId = 861&generaltype = 1，最后访问时间：2022 年 5 月 1 日。

⑤ 《股票发行与交易管理暂行条例》，载中国政府网，http：//www. gov. cn/zhengce/2020-12/25/content_ 5574619. htm，最后访问时间：2022 年 5 月 3 日。

组织交易的产品合约，如期货交易所公布的期货或期权合约，衍生品交易场所执行的主协议等。二是期货交易场所和衍生品交易场所，必须公布其交易规则，使得期货和衍生品交易者知晓相关交易应当遵循的规则。三是期货交易场所和衍生品交易场所，必须向市场及时披露信息，如期货交易所必须及时公布每一交易日的结算价、开盘价和收盘价，最高价和最低价，成交量和未平仓合约数量等有可能对期货交易产生影响的各种市场信息。就衍生品市场而言，衍生品交易场所应当公开其交易规则，公开衍生品交易的主协议，建立衍生品交易数据库并向市场及时披露有关信息。此外，期货交易所和期货经营公司必须执行客户交易指令，将会员和客户的交易指令全部纳入期货交易设计的期货交易软件系统，公开撮合，配对成交，严禁私下或场外交易。

公平是平等原则的具体体现，核心是交易者享受均等机会、免受歧视待遇，主要含义包括：一是期货交易参与者具有平等的法律地位，其合法权益能够得到平等保护；二是指期货交易参加者享有平等机会，可以平等竞争，按照公平统一的市场规则进行交易，交易者不因经济实力、地位和身份不同而受到不公平待遇；三是期货交易活动的组织者和监管者，必须致力于营造一个所有市场参与者都能够进行公平竞争的市场环境，不允许任何交易者有任何特权。

公正主要是指期货监督管理机构应当对被监管对象给予公平的对待，不能对个别关系人或单位给予特别的照顾。按照公正原则，期货监管机构和国务院授权的部门在监管中，应当制定体现公平公正精神的规章和政策，应当根据规定的权限，公正履行监管职责，依法对所有的期货违法行为进行公正的查处，对相关争议进行公正的处理，对所有的市场参与者给予公平的对待，期货交易所在履行一线监管职责时也应当贯彻公正原则。

三、禁止欺诈、操纵市场和内幕交易

本条不仅从正面规定了“三公”原则，还从反面规定了禁止欺诈、内幕交易和操纵期货交易价格[①]，从而更完整地表达了守法原则的内涵。

在期货市场中，欺诈主要表现为期货经营机构在接受客户委托代为进行期货交易的过程中，损害客户利益并谋取私利的行为。根据本法第七十八条，禁止期货经营机构从事下列损害交易者利益的行为：（1）向交易者作出保证其资产本金不受损失或者取得最低收益承诺；（2）与交易者约定分享利益、共担风险；（3）违背交易者委托进行期货交易；（4）隐瞒重要

① 姜洋主编：《期货市场新法规解释与适用》，法律出版社 2007 年版，第 56 页。

事项或者使用其他不正当手段，诱骗交易者交易；（5）以虚假或者不确定的重大信息为依据向交易者提供交易建议；（6）向交易者提供虚假成交回报；（7）未将交易者交易指令下达到期货交易场所；（8）挪用交易者保证金；（9）未依照规定在期货保证金存管机构开立保证金账户，或者违规划转交易者保证金；（10）利用为交易者提供服务的便利，获取不正当利益或者转嫁风险；（11）其他损害交易者权益的行为。

根据本法第十三条，内幕交易是指，期货交易和衍生品交易的内幕信息的知情人和非法获取内幕信息的人，在内幕信息公开前从事相关期货交易或者衍生品交易，明示、暗示他人从事与内幕信息有关的期货交易或者衍生品交易，或者泄露内幕信息。根据第十四条，本法所称内幕信息，是指可能对期货交易或者衍生品交易的交易价格产生重大影响的尚未公开的信息。期货交易的内幕信息包括：（1）国务院期货监督管理机构以及其他相关部门正在制定或者尚未发布的对期货交易价格可能产生重大影响的政策、信息或者数据；（2）期货交易场所、期货结算机构作出的可能对期货交易价格产生重大影响的决定；（3）期货交易场所会员、交易者的资金和交易动向；（4）相关市场中的重大异常交易信息；（5）国务院期货监督管理机构规定的对期货交易价格有重大影响的其他信息。

操纵是指单独或者与他人合谋利用资金优势、信息优势及其他手段，人为抬高、压低或者固定期货行情，引诱他人参与期货买卖的行为。根据本法第十二条，操纵期货市场手段主要包括：（1）单独或者合谋，集中资金优势、持仓优势或者利用信息优势联合或者连续买卖合约；（2）与他人串通，以事先约定的时间、价格和方式相互进行期货交易；（3）在自己实际控制的账户之间进行期货交易；（4）利用虚假或者不确定的重大信息，诱导交易者进行期货交易；（5）不以成交为目的，频繁或者大量申报并撤销申报；（6）对相关期货交易或者合约标的物的交易作出公开评价、预测或者投资建议，并进行反向操作或者相关操作；（7）为影响期货市场行情囤积现货；（8）在交割月或者临近交割月，利用不正当手段规避持仓限额，形成持仓优势；（9）利用在相关市场的活动操纵期货市场；（10）操纵期货市场的其他手段。

【关联规范】

《中华人民共和国民法典》第八条；《中华人民共和国证券法》第三条、第五条；《中华人民共和国期货和衍生品法》第十二条至第十六条、第七十八条。

第七条　【平等、自愿、有偿、诚信原则】参与期货交易和衍生品交易活动的各方具有平等的法律地位，应当遵守自愿、有偿、诚实信用的原则。

【条文主旨】

本条是关于期货交易参与者法律地位平等和遵守自愿、有偿、诚实信用原则的规定。

【立法背景】

期货交易和衍生品交易在本质上是民商事交易，在规范时，既要依法实行监管，又要尊重期货交易和衍生品交易的本质属性。我国民法典第四条至第七条分别规定了民事活动应当遵循的平等原则、自愿原则、公平原则和诚信原则，证券法第四条规定“证券发行、交易活动的当事人具有平等的法律地位，应当遵守自愿、有偿、诚实信用的原则”。也反映期货交易和衍生品交易的实质，本条参考民法典和证券法，规定了参与者地位平等以及自愿、有偿和诚实信用的原则。

【条文解读】

一、参与者法律地位平等

期货交易和衍生品交易的参与者，通常指期货交易者、期货经营机构、期货交易场所和结算机构，不包括期货市场和衍生品市场的自律组织和监督管理机构。此类参与者作为民法典规定的民事主体，虽具有不同功能，但都平等地具有民事权利能力和民事行为能力。期货交易参与者的功能不同，交易者主要是为套期保值或投机而从事交易，经营机构通过服务于期货交易者而获利，交易场所则是期货和衍生品交易市场的组织者。在尊重不同参与者之不同功能的同时，本条确认其具有平等的法律地位，这将夯实期货参与者享有机会平等、权利平等和保护平等的基础，有助于捍卫公开、公平、公正的原则，落实禁止欺诈、操纵市场和内幕交易的法律原则。

二、遵守自愿和有偿原则

本法在名称上突出了“期货”和“衍生品”的地位，在实质上，该法是期货交易者在从事以“期货”或“衍生品”为标的的交易时所要遵循的特别规范，因此，具有明显的交易法属性。期货交易和衍生品交易可分为衍生品协议交易和期货集中交易。在延伸品协议交易中，参与者往往要签订合同并形成明确的相对关系，参与者可以向对方当事人主张权利；在期货集中交易中，交易者之间虽不存在直接的交易关系，但与期货经营机构之间存在相对或合同关系，交易者有权要求经营机构承担合同义务。在这种合同关系中，应当贯彻自愿和有偿原则，任何人都不得强制他人从事交易。

三、诚实信用原则

期货交易是一个由多方主体参与、以众多合同相互连接并最终达成特定目的的复杂商事交易。期货交易者无法直接进入期货交易场所进行期货交易，往往要委托经营机构买入或卖出期货；在成交后，还要由结算机构办理期货交易的结算，最终则要由交割机构办理交割，形成了众多主体参与其中的复杂交易关系。其中，既有当事人自愿达成的合同关系，也有基于自律监管产生的特殊关系，还有因监管而产生的行政关系。因此，期货交易和衍生品交易虽然具有交易的色彩，但难以简单遵从“合同自由”原则，例如，期货交易者之间不存在直接交易的关系，而必须借由期货交易场所的参与，才能形成买卖双方的连接，因而，只借助合同关系的概念，无法厘清各方参与者的权利义务关系。为了确保各方参与者的合法权益，在调整各方当事人关系时，除应当尊重当事人达成的合同外，还必须突出“诚实信用”原则的调整功能，要求期货市场和衍生品市场参与者必须秉持善意原则，妥善处理与其他市场参与者之间的权利义务，不得滥用他人的信任与信赖。

【关联规范】

《中华人民共和国民法典》第四条、第七条；《中华人民共和国证券法》第四条。

第八条　【监督管理体制】国务院期货监督管理机构依法对全国期货市场实行集中统一监督管理。国务院对利率、汇率期货的监督管理另有规定的，适用其规定。

衍生品市场由国务院期货监督管理机构或者国务院授权的部门按照职责分工实行监督管理。

【条文主旨】

本条是关于期货市场和衍生品市场监管体制的规定。

【立法背景】

监管体制主要分为集中统一监管和分散监管两种模式。集中统一监管，是指由某个监管机构监管期货市场和衍生品市场，分散监管指期货市场由多个机构依照法律规定的职权分别实施监管。在分散监管中，因同时存在多个监管机构，难免出现多个监管部门交叉监管的问题。在美国历史上，出现过某些期货产品到底归属于证券交易委员会还是商品期货交易委员会监管的争议，但考虑到期货交易采用保证金交易的重要属性，最终建立了商品期货交易委员会统一监管期货市场的规则。我国《期货交易管理条例》已规定期货交易实行集中统一的监管体制，期货监督管理机构不仅监管商品期货，也监管国债期货等利率期货；汇率期货尚未上市，衍生品市场则分别由期货监督管理机构和人民银行监管。本条考虑到期货市场和衍生品市场监管的未来趋势，兼顾期货市场和衍生品市场监管的现实情况，分别对期货市场和衍生品市场监管体制作出规定。

【条文解读】

一、期货市场坚持集中统一监管

集中统一监管，即由国家规定的某个监管机构实行的监管。《期货交易管理条例》已明确采用期货市场集中统一监管体制，即由国务院期货监督管理机构负责期货市场的集中统一监管，本法第八条第一款延续了集中统一监管体制，即由国务院期货监督管理机构负责实行集中统一监管。期货市场系交易者从事期货合约或标准化期权合约交易的市场，在本条第一款第一句中，所称集中统一监管所针对的实乃以标准化合约为交易标的的市场。

本法第八条第一款第二句另就利率期货和汇率期货监管作出特别规定。利率期货和汇率期货既是重要的期货品种，又挂钩于利率或汇率，与国家的利率和汇率管理体制高度相关，因此，该句特别规定“国务院对利率、汇率期货的监督管理另有规定的，适用其规定”。按照该规定，在国务院针对利率或汇率期货监管作出另行规定的情况下，应当适用该规定；如果国务院未针对利率和汇率期货作出特别规定，仍应适用该集中统一监管的规定。全国人大宪法和法律委员会就提出，“还是应当对全国期货市场坚持集中统一监督管理，同时可授权国务院根据实际情况对利率、汇率期货的监督管理灵活调整”①，从而初步明确了对利率和汇率期货实行集中统一监管的原则和方向，但兼顾了利率期货和汇率期货监管的特殊性。

二、衍生品市场实行依法授权分工监管

衍生品交易和期货交易的结构不完全相同，但两者均属于“当前订约、未来履行”的交易方式，都存在特殊的履约风险，有必要采用相同或相似的风险控制机制，也应当坚持相同或相似的监管体制。在我国实践中，衍生品市场的交易品种即衍生品，系远期合约、互换合约和非标准化期权合约，大部分衍生品交易的主体是商业银行等金融机构，主要采用交易者之间一对一的协商模式，无需在集中交易场所进行交易；期货市场的交易品种系标准化合约，主要采用集中竞价的交易方式。因为衍生品交易和期货交易在交易主体、规则、方式上存在差别，在坚持集中统一监管体制的同时，应当适度考虑两者间的现实差异，尊重两者在监管方式上的差别。鉴于此，本法第八条第二款规定，衍生品市场由国务院期货监督管理机构或者国务院授权的部门按照职责分工实行监督管理。

依法分工监管的适用前提是，国务院就期货监督管理机构和授权的部门之间的职责作出明确的划分，重新划分期货监督管理机构和国务院授权的部门之间的职责分工，既要避免不同监管机构之间的职责重叠，又要避免在实践中出现监管空白或真空。采用依法分工监管，兼顾了期货市场和衍生品市场的监管分工架构，赋予了国务院根据实际情况调整分工的权力，配合本法第一百五十一条关于“本法规定的行政处罚，由国务院期货监督管理机构、国务院授权的部门按照国务院规定的职责分工作出决定；法律、行政法规另有规定的，适用其规定”的规定，避免了监管分工和行政处罚的错位，提升了监管的效能。

【关联规范】

《中华人民共和国证券法》第七条；《中华人民共和国人民银行法》第四条。

---

① 《全国人民代表大会宪法和法律委员会关于〈中华人民共和国期货法（草案）〉修改情况的汇报》，载中国人大网，http：//www.npc.gov.cn/npc/c30834/202204/10fe3f746fd245ff9dfc9e401345a088.shtml，最后访问时间：2022 年 5 月 1 日。

第九条 【自律管理】期货和衍生品行业协会依法实行自律管理。

【条文主旨】

本条是关于期货和衍生品市场自律管理的原则规定。

【立法背景】

我国于2000年成立了中国期货业协会[①]，该协会是依照《社会团体登记管理条例》[②]登记的全国期货行业自律性组织，具有非营利性的社会团体法人的资格。我国2007年《期货交易管理条例》首次专章规定了"期货业协会"，确认了期货业协会的自律性组织和社会团体法人的地位，明确提出了自律监管的概念。本法延续了原有规定。针对衍生品行业，我国于2007年9月3日成立了实施自律监管的中国银行间市场交易商协会，该协会注册为全国性的非营利性社会团体法人，并归属于中国人民银行监管[③]。

【条文解读】

一、行业协会的含义

本条采用的"期货和衍生品行业协会"，是一个概括的称谓，并不指向某个协会，而是泛指期货和衍生品行业依法设立的并实行自律监管的各种协会和组织。其中，在期货行业中，目前主要指中国期货业协会；在衍生品行业中，既包括银行间交易商协会，也包括对部分衍生品市场实行自律监管的中国期货业协会，更包括承担部分衍生品市场自律监管职能的证券业协会等。本法除在本条中规定了期货和衍生品行业协会实施自律监管外，另在第九章专章规定了"期货业协会"。

---

① 《协会简介》，载中国期货业协会网站，http：//www. cfachina. org/aboutassociation/associationintroduction/associationintroduction/，最后访问时间：2022年5月2日。

② 《社会团体登记管理条例》，载中国政府网，http：//www. gov. cn/zhengce/2020-12/26/content_ 5574295. htm，最后访问时间：2022年5月2日。

③ 《协会概况》，载中国银行间市场交易商协会网站，http：//nafmii. org. cn/fzlm/GYWM/201202/t20120227_ 4278. html，最后访问时间：2022年5月2日。

二、自律监管不同于行政监管

自律监管是行政监管的对称，指由自律组织依照法律和自律组织规则实施的监管。在行政监管中，监管机关监管须以法律或行政法规作出授权为前提，自律监管则以自律组织制定的规则为基础。为了实施自律监管，本法专章规定了“期货业协会”，明确规定期货业协会是行业自律组织，是社会团体法人，由会员大会、理事会组成，承担制定和实施行业自律规则，对会员之间、会员与交易者之间发生的纠纷进行调解，维护会员权利、组织业务培训、教育会员和从业人员、交易者教育和保护、信息安全自律管理、行业研究等职责。行业协会在实施自律监管时，既要监督检查会员执法情况，也要监督会员遵守自律规则的情况，并可以根据情况和规定，给予会员纪律处分或实施其他自律管理措施。

三、自律监管的功能

自律监管系以会员大会和自律规则为前提，自律组织除要遵守法律规定外，还可自行制定会员应当遵守的更高行为准则。会员虽未违反法律和行政法规，但违反自律规范的，自律组织有权依照协会规则作出纪律处分，从而督促会员更好地遵守行业规范，服务于客户和交易者。期货业协会按照章程和规定的程序，可以对会员及其从业人员作出纪律处分。这不仅惩戒了违反自律规则的行为人，还对其他会员和从业者形成警示，从而可以划清行为边界，推动行业健康发展。自律监管虽不是行政监管，不具有行政监管的强制力，但可以柔性地解决期货市场纠纷，发挥调整期货市场秩序的独特作用。

【关联规范】

《中华人民共和国证券法》第十一章。

第十条　【国家审计监督】国家审计机关依法对期货经营机构、期货交易场所、期货结算机构、国务院期货监督管理机构进行审计监督。

【条文主旨】

本条是关于期货和衍生品市场国家审计监督的特别规定。

【立法背景】

针对期货市场和衍生品市场参与者，我国以往主要采用社会审计和内部审计，《期货交易管理条例》未规定国家审计。现行证券法考虑到证券交易场所、证券公司、证券登记结算机构、证券监督管理机构等带有的金融属性，首次在第八条中规定“国家审计机关依法对证券交易场所、证券公司、证券登记结算机构、证券监督管理机构进行审计监督”。在期货市场和衍生品市场上，多数主体带有显著的金融性和公众性，其活动对金融市场有较大影响。本法参考证券法第八条规定，专条规定了期货市场和衍生品市场的国家审计。

【条文解读】

审计分为国家审计、社会审计和内部审计。依照审计法规定，国家审计是国务院或地方政府成立的审计机关依法对被审计对象的某些事项实施的强制审计活动。社会审计是注册会计师接受社会组织的委托，有偿开展并独立实施的专业审计服务活动。内部审计是社会组织内部的一种独立客观的监督和评价活动，它通过审查和评价经营活动及内部控制的适当性、合法性和有效性来促进社会组织目标的实现。国家审计应当执行审计法，社会审计的法律依据是会计法和注册会计师法，内部审计应当执行其他法律法规的规定。期货和衍生品法规定了适用于期货市场和衍生品市场的特殊国家审计。

一、国家审计的适用范围

审计法第二条规定了国家审计的对象和事项。国家审计适用于三种情形。（1）国务院各部门和地方各级人民政府及其各部门的财政收支，该种国家审计针对的是“政府部门”和“财政收支”，如果审计对象为政府部门以外的社会组织和个人等，或事项不涉及财政收支，则不属于该等情形。（2）国有的金融机构和企业事业组织的财务收支，其针对的是“国有”的金融机构和企业事业单位，非国有的金融机构和企业事业单位的审计，不属于该情形。（3）其他依照审计法规定应当接受审计的财政收支、财务收支，换言之，在其他情形下实施国家审计，应当依据审计法的规定予以确定。例如，我国审计法第二十二条第一款规定“审计机关对国有企业、国有金融机构和国有资本占控股地位或者主导地位的企业、金融机构的资产、负债、损益以及其他财务收支情况，进行审计监督”，随后第二款特别规定“遇有涉及国家财政金融重大利益情形，为维护国家经济安全，经国务院批准，审计署可以对前款规定以外的金融机构进行专项审计调查或者审计”。据此，即使不属于国有企业、国有金融机构和国有资本占控股或主导地位的企业和金融机构，但“涉及国家财政金融重大利益”且“为维护国家经济安全”，经“国务院批准”后，仍然应当实施国家审计。

二、特殊国家审计的审计机关和范围

本条采用“国家审计机关”的表述，审计法采用“审计机关”的词语。在解释上，“国家审计机关”存在广义和狭义两种含义。由于审计机关包括国务院审计署和地方各级人民政府设立的审计机关，在广义上，包括国务院审计署和地方各级审计机关。在狭义上，仅指国务院审计署，不包括地方各级审计机关。本法未界定“国家审计机关”的含义，因此，不排除地方审计机关成为本条所称的国家审计机关。

根据审计法规定，被审计单位主要是政府机关及其部门，以及国有性质的金融机构和企业事业单位，也包括审计法规定的其他被审计单位。本法在规定被审计单位时，采用了行业属性的标准，较审计法所列被审计单位的范围更大。在该条中，国务院期货监督管理机构，指作为国务院直属事业单位的中国证监会。期货经营机构、期货交易场所和期货结算机构，并不当然属于审计法规定的被审计单位，却属于本法规定的被审计单位。例如，期货经营机构，可以是国有控股的营利法人，也可以是非国有投资或者国有参股的营利法人，不属于审计法规定的被审计单位，却属于本法规定的被审计单位；期货交易场所，包括公司制营利法人和会员制非营利法人，期货结算机构，包括独立成立的期货结算法人，也包括附属于期货交易场所的、承担结算职能的非法人组织，它们均不是审计法规定的被审计单位，但属于本法规定的被审计单位。

三、国家审计的特殊适用

本条强调“依法……进行审计监督”。按照该规定，国家审计机关在对期货经营机构、期货交易场所、期货结算机构、国务院期货监督管理机构进行审计监督时，必须遵守审计法的规定。根据审计法规定，审计机关负责审计的事项通常是被审计单位的财政收支或者财务收支的真实、合法和效益，在特殊情况下，还可以是被审计对象的资产、负债、损益以及其他财务收支情况，以及资金管理使用和建设运营情况等。本法没有明确规定审计事项，不排除审计机关在实践中参照审计法规定的审计事项。

【关联规范】

《中华人民共和国证券法》第八条；《中华人民共和国审计法》第二条。

第二章　期货交易和衍生品交易

本章概要

本章是整部法律中较为重要的内容，下设三节。第一节作为期货交易和衍生品交易的一般规定，除了对交易的场所和方式予以明确之外，更重要的是将对操纵市场、内幕交易，以及编造、传播虚假或者误导性信息的禁止性规定，一体适用于场内和场外市场。第二节是关于期货交易的具体规则，对期货合约上市、交易账户实名制、程序化交易、保证金、持仓限额、实际控制关系报备、重大事项报告等重要制度进行了规定。第三节是关于衍生品交易的具体规则，也是本法涉及场外市场监管的最主要的专门规则。

第一节　一般规定

第十一条　【交易场所和方式】期货交易应当在依法设立的期货交易所或者国务院期货监督管理机构依法批准组织开展期货交易的其他期货交易场所（以下统称期货交易场所），采用公开的集中交易方式或者国务院期货监督管理机构批准的其他方式进行。

禁止在期货交易场所之外进行期货交易。

衍生品交易，可以采用协议交易或者国务院规定的其他交易方式进行。

【条文主旨】

本条是关于期货交易和衍生品交易的场所和方式的规定。

【立法背景】

《期货交易管理条例》第四条是对期货交易场所的规定："期货交易应当在依照本条例第六条第一款规定设立的期货交易所、国务院批准的或者国务院期货监督管理机构批准的其他期货交易场所进行。禁止在前款规定的期货交易场所之外进行期货交易。"该条中并不包含对期货交易方式的规定。第二条第二款是对期货交易的定义："本条例所称期货交易，是指采用公开的集中交易方式或者国务院期货监督管理机构批准的其他方式进行的以期货合约或者期权合约为交易标的的交易活动。"因此，该条例实际上是将对期货交易方式的规定放在了期货交易的定义条款中。

本法第三条第一款对期货交易定义中没有包括交易方式的表述。关于期货交易的场所和方式的规定被集中规定于本条中，同时还加入了对衍生品交易方式的规定。需要特别提示的是，本条没有对衍生品交易的场所作出规定，相关规定主要体现在本法第三十条。

【条文解读】

一、期货交易的场所

本条规定，期货交易应当在依法设立的期货交易所或者国务院期货监督管理机构依法批准组织开展期货交易的其他期货交易场所进行。据此，期货交易的场所主要包括两类：

一是期货交易所。本法第八十条第一款规定，我国期货交易所的设立、变更和解散，必须经过国务院期货监督管理机构批准。第八十一条规定，期货交易所应当在其名称中标明"商品交易所"或者"期货交易所"等字样，其他任何单位或者个人不得使用期货交易所或者其他可能产生混淆或者误导的名称。

二是未冠名"商品交易所"或者"期货交易所"，但是经国务院期货监督管理机构依法批准，可以组织开展期货交易的其他期货交易场所，如上海国际能源交易中心[①]，以及上市了上证50ETF期权合约和沪深300ETF期权合约的上海证券交易所，还有上市了沪深300ETF期权合约的深圳证券交易所。

二、禁止在期货交易场所之外进行期货交易

本条还规定禁止在期货交易场所之外进行期货交易。由于期货交易具有特殊的金融属性和风险属性，直接关系到经济金融安全和社会稳定，因此必须在经批准的特定交易场所，遵循严格的管理制度规范进行。[②]《国务院关于清理整顿各类交易场所切实防范金融风险的决定》[③] 要求，除依法经国务院或国务院期货监管机构批准设立从事期货交易的交易场所外，任何单位一律不得以集中竞价、电子撮合、匿名交易、做市商等集中交易方式进行标准化合约交易。根据《国务院办公厅关于清理整顿各类交易场所的实施意见》[④]，“集中交易方式”包括集合竞价、连续竞价、电子撮合、匿名交易、做市商等交易方式，但协议转让、依法进行的拍卖不在此列。“标准化合约”包括两种情形：一种是由交易场所统一制定，除价格外其他条款固定，规定在将来某一时间和地点交割一定数量标的物的合约；另一种是由交易场所统一制定，规定买方有权在将来某一时间以特定价格买入或者卖出约定标的物的合约。

三、期货交易的方式

期货交易可以采用公开的集中交易方式或者国务院期货监督管理机构批准的其他方式进行。

公开的集中交易方式主要包括集中竞价方式和做市商方式。集中竞价方式又分为集合竞价和连续竞价：集合竞价是指对在规定时间内接受的买卖申报一次性集中撮合的竞价方式，连续竞价是指对买卖申报逐笔连续撮合的竞价方式。做市商方式是指，经交易所认可的做市商，根据交易所相

---

① 上海国际能源交易中心股份有限公司是经中国证监会批准，由上海期货交易所发起设立的、面向期货市场参与者的国际交易场所，根据有关法律法规履行期货市场自律管理职能。参见上海国际能源交易中心网站，http：//www. ine. cn/about/simintro/，最后访问时间：2022年4月28日。

② 本法第八十五条规定，期货交易场所必须严格根据法律规定建立相应的业务规则，加强对交易活动的风险控制和对会员以及交易场所工作人员的监督管理。

③ 《国务院关于清理整顿各类交易场所切实防范金融风险的决定》，载中国政府网，http：//www. gov. cn/gongbao/content/2011/content_ 2010576. htm，最后访问时间：2022年4月28日。

④ 《国务院办公厅关于清理整顿各类交易场所的实施意见》，载中国政府网，http：//www. gov. cn/zhengce/content/2012-07/20/content_ 4326. htm? trs=1，最后访问时间：2022年4月28日。

关业务规则和做市商协议为指定品种的期货或期权合约提供双边报价等服务，不同的买方和卖方交易者通过做市商的双边报价而获得成交。

期货交易还可以采用国务院期货监督管理机构批准的其他方式。例如目前实践中各交易所规则认可的期货交易转现货交易（期转现交易）方式。在此种交易方式下，期货持仓可以通过期货转现货的方式了结。持有同一交割月份期货合约的双方，可以在达成现货买卖协议后，共同向交易所提出申请，将各自持仓按双方达成、符合有关实施细则规定的平仓价格由交易所代为平仓，同时双方按达成的现货买卖协议进行现货交换。

四、衍生品交易的方式

衍生品交易，可以采用协议交易或者国务院规定的其他交易方式进行。

协议交易方式是衍生品交易采用的主要方式。在协议交易中，交易双方既可以选择采用单笔交易签署单个协议的方式，也可以选择采用行业协会制定的各种主协议文本。目前，国际市场使用最广泛的是国际互换和衍生工具协会制定的 2002 年版主协议（ISDA 主协议）。国内市场最重要的主协议文本，包括由中国银行间市场交易商协会发布的《中国银行间市场金融衍生产品交易主协议（2009 年版）》[①]（NAFMII 主协议），以及由中国证券业协会、中国期货业协会和中国证券投资基金业协会联合发布的《中国证券期货市场衍生品交易主协议》[②]（SAC 主协议）。

衍生品交易还可以采用国务院规定的其他交易方式进行。与期货交易采用的其他交易方式可以由国务院期货监督管理机构批准不同，衍生品交易采用的其他交易方式只能由国务院规定。

【关联规范】

《中华人民共和国期货和衍生品法》第三条、第三十条、第八十条、第八十一条。

---

① 《中国银行间市场金融衍生产品交易主协议（2009 年版）》，载中国银行间市场交易商协会网站，http：//www. nafmii. org. cn/zlgl/bzxy/jrys/202111/P020211103623036535321. pdf，最后访问时间：2022 年 5 月 3 日。

② 《关于发布〈中国证券期货市场衍生品交易主协议〉的通知》，载中国期货业协会网站，http：//www. cfachina. org//governmentrules/selfdisciplinerules/businessspecificationclass/202007/t20200701_ 1270. html，最后访问时间：2022 年 5 月 3 日。

第十二条　【禁止操纵市场】任何单位和个人不得操纵期货市场或者衍生品市场。

禁止以下列手段操纵期货市场，影响或者意图影响期货交易价格或者期货交易量：

（一）单独或者合谋，集中资金优势、持仓优势或者利用信息优势联合或者连续买卖合约；

（二）与他人串通，以事先约定的时间、价格和方式相互进行期货交易；

（三）在自己实际控制的账户之间进行期货交易；

（四）利用虚假或者不确定的重大信息，诱导交易者进行期货交易；

（五）不以成交为目的，频繁或者大量申报并撤销申报；

（六）对相关期货交易或者合约标的物的交易作出公开评价、预测或者投资建议，并进行反向操作或者相关操作；

（七）为影响期货市场行情囤积现货；

（八）在交割月或者临近交割月，利用不正当手段规避持仓限额，形成持仓优势；

（九）利用在相关市场的活动操纵期货市场；

（十）操纵期货市场的其他手段。

【条文主旨】

本条是关于禁止操纵期货市场或者衍生品市场的规定。

【立法背景】

一、立法沿革

在《期货交易管理条例》中，有关禁止操纵的具体规定体现在第七十条。该条位于第七章“法律责任”中，将有关操纵行为构成要件、具体类型的规则与有关法律责任的规则混合规定在一个条文中。本法将反操纵的具体规则从操纵行为的法律责任规则中分离出来，并置于期货交易和衍生品交易的一般规定中。

二、适用范围

与《期货交易管理条例》的反操纵规则仅适用于期货市场操纵不同，本法将反操纵规则的适用范围扩展到包括期货市场和衍生品市场操纵。

三、操纵行为的形态

在《期货交易管理条例》的反操纵规则之下，要认定行为人构成操纵，必须证明行为人操纵了期货交易价格或者期货交易量，即必须具备结果要件。在比较法上，美国、欧盟、新加坡的期货和衍生品市场反操纵规则均将意图操纵形态纳入法律的调整范围。我国 2019 年修订的证券法第五十五条亦规定："禁止任何人以下列手段操纵证券市场，影响或者意图影响证券交易价格或者证券交易量……"在参考比较法和我国证券法修订经验的基础上，本法将意图操纵形态引入反操纵规则中，使其同时规范实际操纵和意图操纵两种形态。

四、操纵行为的对象

我国先前有关期货市场操纵的各种法规对操纵行为构成要件的表述是不统一的。从《期货交易管理条例》第七十条第一句冒号前"任何单位或者个人有下列行为之一，操纵期货交易价格的……"的表述来看，操纵行为的对象在整体上被界定为"期货交易价格"，但从该条具体列举的前四种行为类型来看，只有第一种行为的操纵对象是"期货交易价格"，而第二种和第三种行为的操纵对象既包括"期货交易价格"也包括"期货交易量"。第四种行为的目的被表述为"影响期货市场行情"，但所谓"期货市场行情"除了期货交易价格以外，是否包括期货交易量或其他指标，并不明确。作为对具体列举的兜底性规定，第五种被表述为"国务院期货监督管理机构规定的其他操纵期货交易价格的行为"，严格来说，如果国务院期货监督管理机构根据此项授权对其他操纵行为类型进行补充规定，所规定的只能是操纵期货交易价格的行为，而不能是操纵期货交易量或其他指标的行为。但是在中国证监会发布的《关于〈期货交易管理条例〉第七十条第五项"其他操纵期货交易价格行为"的规定》① 中，所补充规定的操纵对象同样不统一。其中第二条、第三条、第四条的操纵对象既包括"期货交易价格"也包括"期货交易量"，而第五条、第六条的操纵对象只有"期货交易价格"。

---

① 《关于〈期货交易管理条例〉第七十条第五项"其他操纵期货交易价格行为"的规定》，载中国证券监督管理委员会网站，http：//www.csrc.gov.cn/csrc/c106256/c1654008/content.shtml，最后访问时间：2022 年 4 月 28 日。

与《期货交易管理条例》和中国证监会补充规定中操纵对象的不统一相比，刑法第一百八十二条第一款在形式上将操纵对象统一表述为既包括“交易价格”也包括“交易量”。2019 年修订的证券法也在第五十五条将操纵行为对市场的影响表述为包括“证券交易价格或者证券交易量”。

为了改变先前法规中对操纵对象表述不一致的状况，本法将操纵行为的对象表述为“期货交易价格或者期货交易量”。这样与刑法和证券法的表述也统一了。

五、对操纵行为类型的列举

由于前述《期货交易管理条例》第七十条列举的操纵行为类型非常有限，仅包括连续交易操纵、约定交易操纵、洗售操纵和囤积操纵等情形，无法涵盖实践中行为人可能采用的操纵手段。因此基于该条第五项的授权，中国证监会制定了《关于〈期货交易管理条例〉第七十条第五项“其他操纵期货交易价格行为”的规定》。其中第二条规定了虚假申报操纵：“不以成交为目的，频繁申报、撤单或者大额申报、撤单，影响期货交易价格或者期货交易量，并进行与申报方向相反的交易或者谋取相关利益的，构成操纵。”第三条规定了蛊惑操纵：“编造、传播虚假信息或者误导性信息，影响期货交易价格或者期货交易量，并进行相关交易或者谋取相关利益的，构成操纵。”第四条规定了抢帽子操纵：“对合约或合约标的物作出公开评价、预测或者投资建议，影响期货交易价格或者期货交易量，并进行与其评价、预测或者投资建议方向相反的期货交易的，构成操纵。”第五条规定了挤仓操纵：“在临近交割月或者交割月，利用不正当手段规避持仓限制，形成持仓优势，影响期货交易价格的，构成操纵。”

从资本市场监管和执法的角度来看，市场间的关联性为跨市场操纵提供了新的可能性，也增加了发现和调查市场操纵的难度。① 在立法上，就需要为查处跨市场操纵提供相应的法律依据。2019 年修订的证券法第五十五条第一款第七项将“利用在其他相关市场的活动操纵证券市场”规定为操纵证券市场的一种手段。这是从证券市场角度对跨市场操纵行为所作的表述，只包含跨市场操纵中以证券市场为目标市场的情形。而以期货和衍生品市场为目标市场的跨市场操纵，则需要在期货和衍生品法中予以明确规定。

---

① Technical Committee of the International Organization of Securities Commissions, *Investigating and Prosecuting Market Manipulation* 2-3 (2000), https://www.iosco.org/library/pubdocs/pdf/IOSCOPD103.pdf.（国际证监会组织技术委员会：《市场操纵的调查与起诉》，第 2~3 页）

因此，本法在对操纵行为类型的列举方面，吸收了前述《期货交易管理条例》第七十条、中国证监会《关于〈期货交易管理条例〉第七十条第五项“其他操纵期货交易价格行为”的规定》和证券法第五十五条第一款第七项的经验，明确规定了连续交易操纵、约定交易操纵、洗售操纵、蛊惑操纵、虚假申报操纵、抢帽子操纵、囤积操纵、挤仓操纵和跨市场操纵等具体的操纵行为类型。

【条文解读】

一、禁止操纵期货市场或者衍生品市场

本条第一款规定，任何单位和个人不得操纵期货市场或者衍生品市场。据此，本法所禁止的既包括单位也包括个人实施的操纵市场行为。并且，作为本法的概括性反操纵条款，其调整范围既包括期货市场操纵，也包括衍生品市场操纵。

二、期货市场操纵的形态及构成要件

根据本条第二款“影响或者意图影响期货交易价格或者期货交易量”的表述，实际操纵和意图操纵两种形态都可以构成违反本条的操纵行为。就实际操纵形态而言，必须证明行为人实施了该款所列举的操纵行为类型，并且影响了期货交易价格或者期货交易量。就意图操纵形态而言，则必须证明行为人实施了该款所列举的操纵行为类型，并且具备影响期货交易价格或者期货交易量的意图。

三、期货市场操纵的手段与行为类型

针对期货市场操纵，本条第二款列举了连续交易操纵、约定交易操纵、洗售操纵、蛊惑操纵、虚假申报操纵、抢帽子操纵、囤积操纵、挤仓操纵、跨市场操纵和其他手段操纵等具体的操纵手段。操纵行为的类型化一般而言也是以所采用的手段为标准的，因此这些也就是本法所明确规定的操纵行为类型。

（一）连续交易操纵

连续交易操纵，是指行为人通过单独或者合谋，集中资金优势、持仓优势或者利用信息优势联合或者连续买卖合约的手段进行操纵。

资金优势，是指行为人为买卖合约所集中的资金相对于市场上一般交易者所能集中的资金具有数量上的优势。执法人员可以对行为人在行为期间动用的资金量及其所占相关合约的成交量的比例、同期市场交易活跃程度以及交易者参与交易状况等因素综合地分析判断，认定行为人是否具有资金优势。

持仓优势，是指行为人持有合约相对于市场上一般投资者而言具有数量上的优势。执法人员可以对行为人在行为期间持仓总量及其所占相关合约的市场持仓总量的比例、同期相关合约的交易者持仓状况等因素综合分析判断，认定行为人是否具有持仓优势。

信息优势，是指行为人相对于市场上一般交易者对相关合约及其相关事项的重大信息具有获取或者了解更易、更早、更准确、更完整的优势。其中的重大信息，是指能够对具有一般市场知识的理性交易者的交易决策产生影响的事实或评价。

联合买卖，是指两个以上行为人，约定在某一时段内一起买入或卖出某种合约。行为人之间形成决议或决定或协议的，应认定行为人具有联合买卖的意图。行为人之间虽没有决议、决定或协议，但行为人之间在资金、股权、身份等方面具有关联关系的，一般可以认定行为人具有联合买卖的意图。符合下列情形之一的，一般可认定为联合买卖：（1）两个以上行为人按照事先的约定，在某一时段内一起买入或者相继买入某种合约的；（2）两个以上行为人按照事先的约定，在某一时段内一起卖出或者相继卖出某种合约的；（3）两个以上行为人按照事先的约定，在某一时段内其中一个或数个行为人一起买入或相继买入而其他行为人一起卖出或相继卖出某种合约的。

连续买卖，是指行为人在某一时段内连续买卖某种合约。在一个交易日内交易某一合约两次以上，或在两个交易日内交易某一合约三次以上的，即构成连续买卖。联合买卖和连续买卖，包括未成交的买卖申报，不限于实际成交的买入或卖出交易。

（二）约定交易操纵

约定交易操纵，是指行为人通过与他人串通，以事先约定的时间、价格和方式相互进行期货交易的手段进行操纵。

与他人串通，是指两个以上行为人为了操纵证券市场，达成共同的意思联络。

以事先约定的时间、价格和方式相互进行期货交易，是指两个以上行为人共同实施的、由一方做出交易委托，而另一方依据事先的约定做出时间相近、价格相近、数量相近、买卖方向相反的委托，双方相互之间进行的期货交易。

约定的时间，是指两个以上行为人约定的进行交易的时间。买入申报和卖出申报在时间上相近，就可以构成约定交易的时间要件的充分条件。

约定的价格，是指两个以上行为人约定的进行交易的申报价格。买入申报和卖出申报在价格上相近，就可以构成约定交易的价格要件的充分条件。

约定的方式，是指两个以上行为人约定的进行交易的申报数量和买卖申报方向。买入申报和卖出申报在数量上相近，就可以构成约定交易的申报数量要件和买卖申报方向要件的充分条件。

（三）洗售操纵

洗售操纵，是指行为人通过在自己实际控制的账户之间进行期货交易的手段进行操纵。

洗售的主要特征是行为人单独行动，不需要他人配合；采取的主要手段是以自己为交易对象，从事不真正转手的自买自卖活动，以影响期货交易价格和交易量。[①] 自己实际控制的账户，是指行为人具有管理、使用或处分权益的账户，主要包括下列账户：（1）行为人以自己名义开设的实名账户；（2）行为人以他人名义开设的账户；（3）行为人虽然不是账户的名义持有人，但通过投资关系、协议或者其他安排，能够实际管理、使用或处分的他人账户。

（四）蛊惑操纵

蛊惑操纵，是指行为人通过利用虚假或者不确定的重大信息，诱导交易者进行期货交易的手段进行操纵。

蛊惑操纵的典型做法，是行为人进行期货交易时，利用虚假或者不确定的重大信息，诱导交易者在不了解事实真相的情况下做出交易决定，影响期货交易价格或交易量，以便通过期待的市场波动，取得经济上的利益。行为人通常在编造、传播或者散布虚假或者不确定的重大信息之前买入或卖出相关期货；而在编造、传播、散布虚假或者不确定的重大信息及价格发生波动之后卖出或买入相关期货。行为人可以是虚假或者不确定的重大信息的编造者，也可以是其传播者或者散布者。

（五）虚假申报操纵

虚假申报操纵，是指行为人通过不以成交为目的，频繁或者大量申报并撤销申报的手段进行操纵。

行为人在申报时不以成交为目的，可结合申报、撤单情况及其他行为特征综合判断。在满足行为特征的情况下，行为人存在少量成交或者部分成交的，不影响对“不以成交为目的”的认定。

在行为模式上，行为人不以成交为目的地频繁申报、撤单或者大量申

---

① 姜洋主编：《期货市场新法规解释与适用》，法律出版社 2007 年版，第 277~278 页。

报、撤单，制造虚假的市场深度表象，或者意图制造人为的价格涨跌方向，并通常会进行与原申报方向相反的交易或者谋取相关利益。

对于是否“频繁”，可结合行为人撤单次数及其占同期市场总撤单次数比例、各次撤单的时间间隔等综合判断。对于是否“大量”，可结合行为人涉案期间单笔撤单量、撤单总量、撤单总量占申报总量比例、撤单量占同时段市场总撤单量比例，特定时段撤单量占申报量比例等综合判断。

（六）抢帽子操纵

抢帽子操纵，是指行为人通过对相关期货交易或者合约标的物的交易作出公开评价、预测或者投资建议，并进行反向操作或者相关操作的手段进行操纵。

在行为模式上，行为人通常会先行持有相关合约对相关期货交易或者合约标的物的交易作出公开评价、预测或者投资建议，影响期货交易价格或者期货交易量，并通常会进行与其评价、预测或者投资建议方向相反的期货交易。行为人作出公开评价、预测或者投资建议的方式包括但不限于通过报刊、电台、电视台等传统媒体，网站、平台账号等电子网络媒体，或利用传真、短信、电子信箱、电话、软件等工具。但行为人依据有关法律、行政法规、规章或有关业务规则的规定，已经公开做出相关预告的，不视为抢帽子操纵。

（七）囤积操纵

囤积操纵，是指行为人为影响期货市场行情通过囤积现货的手段进行操纵。按照操纵的方向，囤积操纵可以分为“多逼空”和“空逼多”两种情形。

“多逼空”在现实当中较为常见，是指行为人在持有支配性期货多头头寸的同时，通过人为的手段直接或间接地实现对相关现货的控制或支配性地位，在交割期到来之时，持有期货空头头寸的交易者因为无法在现货市场取得足够数量的现货以进行交割，为避免承担违约责任，而被迫以行为人设定的价格来对所持期货头寸进行平仓的情形。① 通常而言，操纵者可以通过实际取得现货的供应或与现货供货商串通，以减少或阻止现货流入市场，或将可交割现货商品由交运地点运走等方式，来控制或影响可交割现货商品的供应。②

相对而言，“空逼多”出现的情况较少，其目的是通过向期货市场大量

① 叶林主编：《期货期权市场法律制度研究》，法律出版社 2017 年版，第 169 页。

② 刘凤元：《现货市场与衍生品市场跨市监管研究》，载《证券市场导报》2007 年第 9 期。

交割现货而压低期货价格。[①] 美国商品期货交易委员会在其曾发起的打击原油期货价格操纵的执法行动中查处的案件即为典型案例。2011 年 5 月 24 日，美国商品期货交易委员会针对美国某能源公司、英国某石油公司和瑞士某能源公司和两名交易员向法院提起民事诉讼。诉状中指控，自 2007 年底至 2008 年 4 月，上述三家机构伙同两名被告交易员购入数以百万桶计现货头寸，以控制供应紧张的某中间基原油，“即使他们并无对原油的商业需求”。推升油价后，他们向市场投放囤积的原油，令油价急挫，自己则因提前设置空单而入账丰厚利润。两名交易员及其所属交易机构在 2008 年以操纵市场方式获利 5000 万美元。[②]

（八）挤仓操纵

挤仓操纵，是指行为人通过在临近交割月或者交割月，利用不正当手段规避持仓限额，形成持仓优势的手段进行操纵。

挤仓操纵的典型做法是，在行为人以外的原因导致市场上可交割供应严重不足的情况下，行为人趁机加以利用并取得期货市场的控制地位或支配性头寸。在交割期到来之时，持有相反期货头寸的交易者因为无法在现货市场取得足够数量的现货商品以进行交割，而被迫以行为人设定的高价来对所持期货头寸进行平仓。[③] 与囤积操纵不同，挤仓操纵中的可交割供应商品的短缺不是由行为人的积极行为导致的，而是因干旱、洪涝灾害等气候条件导致农作物减产、过度出口、正常商业用途的储藏和交通中断等客观原因造成。[④] 在实践中，行为人通常会采取分仓或者其他不正当手段规避限仓规定，获取相对于其他交易者的持仓优势。因此，本法通过行为外观来进行区分，即行为人通过在交割月或者临近交割月，利用不正当手段规避持仓限额，形成持仓优势的，才构成挤仓操纵。

（九）跨市场操纵

跨市场操纵，是指行为人利用在相关市场的活动操纵期货市场。本条第二款第九项所规范的是以期货市场为目标市场的价格关联型跨市场操纵。

本来意义上的跨市场操纵，是指操纵的行为和结果涉及两个或两个以

---

① 钟维：《跨市场操纵的行为模式与法律规制》，载《法学家》2018 年第 3 期。

② 卜晓明：《监管部门重拳出击，美国严打原油期货价格操纵》，载《现代金报》2011 年 5 月 26 日。

③ 叶林主编：《期货期权市场法律制度研究》，法律出版社 2017 年版，第 170 页。

④ 杜惟毅、张永开：《期货市场操纵行为的类型及认定标准研究》，载黄红元、徐明主编：《证券法苑》（第 9 卷），法律出版社 2013 年版，第 740 页。

上具有直接价格影响关系的市场的操纵形式。市场之间的“直接价格影响关系”，是指市场之间须具备通过合约设计、交易机制、价格决定关系等形式建立的联系。现实中跨市场操纵行为的典型形态可以归纳为两种，一种是市场力量型跨市场操纵，另一种是价格关联型跨市场操纵。[①] 本条第二款第七项和第八项规定的囤积和挤仓属于市场力量型跨市场操纵。这两种操纵手段均利用了期现货市场间的连接点——交割条款，因而本身包含跨市场因素。而第九项规定的是以期货市场为目标市场的价格关联型跨市场操纵。

价格关联型跨市场操纵，是指行为人以某种手段造成一个市场的价格变动，从而影响另一个关联市场的价格的操纵形态。例如，当行为人持有的衍生品合约的结算价格与另一个市场的资产价格绑定时，他就可以通过在结算日操纵相关市场的资产价格，从而影响衍生品合约的结算价格。在价格关联型操纵中，其中一个市场有可能只是手段市场，而另一个市场则是目标市场。行为人通常会先行在目标市场持有相当规模的头寸，之后通过连续交易、约定交易、洗售、散布虚假信息等方式操纵手段市场的价格，通过两个市场间的价格关联性传导至目标市场，使目标市场的价格向有利于其所持有头寸的方向运动。在价格关联型操纵中，具体的操纵行为可能同时发生在两个市场，也可以只发生在手段市场，甚至可能导致在手段市场中的亏损，而盈利则主要来自于目标市场。只要盈利大于亏损，行为人实施的跨市场操纵就是有利可图的。当然，也有在两个市场中都盈利的情况。[②]

（十）其他手段操纵

行为人操纵期货市场的手段不限于前面明确列举的九种，任何能够实现其影响期货交易价格或者期货交易量目的的手段均属于“操纵期货市场的其他手段”。

【关联规范】

《中华人民共和国证券法》第五十五条；《中华人民共和国刑法》第一百八十二条。

---

① 钟维：《跨市场操纵的行为模式与法律规制》，载《法学家》2018 年第 3 期。

② 钟维：《跨市场操纵的行为模式与法律规制》，载《法学家》2018 年第 3 期。

第十三条　【禁止内幕交易】期货交易和衍生品交易的内幕信息的知情人和非法获取内幕信息的人，在内幕信息公开前不得从事相关期货交易或者衍生品交易，明示、暗示他人从事与内幕信息有关的期货交易或者衍生品交易，或者泄露内幕信息。

【条文主旨】

本条是关于禁止期货和衍生品内幕交易的规定。

【立法背景】

一、立法沿革

在《期货交易管理条例》中，有关禁止内幕交易的具体规定体现在第六十九条。该条位于第七章“法律责任”中，将有关内幕交易构成要件、具体类型的规则与有关法律责任的规则混合规定在一个条文中，从立法技术角度而言并不妥当。因此，本法将反内幕交易规则从内幕交易的法律责任规则中分离出来，并置于期货交易和衍生品交易的一般规定中。此外，本法将内幕交易禁止规范的适用范围扩展为同时包括期货和衍生品市场。

二、禁止期货和衍生品市场内幕交易的理由

在历史上，学术界有过关于内幕交易的辩论。尽管那些认为内幕交易有益的理论如今已经不复存在，[①] 但对学术史的考察在理解规制内幕交易的理论形成方面仍然具有特别的意义。赞成内幕交易一方的观点以亨利·曼尼教授为代表，他认为内幕交易的机会对公司经营者和创业者来说是一种回报激励机制，而且其他投资者观察到内幕人买入股票会跟风买入而推动股价逐渐上涨，股价波动就不会像突然公布消息那样剧烈，因此有益于市场的整体发展。[②] 而反对内幕交易的观点主要有两方面的理论基础，一是违反信托义务理论，二是不正当利用理论。[③]

内幕交易理论产生于证券市场，其最初的理论模型便是公司所有权和

---

① 需要注意的是，支持内幕交易的观点通常都来自经济学视角，而非法学层面的论述。

② ［美］H. 曼尼：《为内幕交易辩护》，载《哈佛商业评论》第 44 卷（1966 年）。

③ ［英］理查德·亚历山大：《内幕交易与洗钱》，范明志、孙芳龙等译，法律出版社 2011 年版，第 15~22 页。

经营权分离背景下公司内部人利用内幕信息从事的交易行为。因此，仔细审视过去关于内幕交易正反两方面的理论，可以看出它们都是以发行人为中心，且主要适用于证券市场。比如曼尼教授的理论主要就是从内幕交易对人们从事证券市场业务的作用入手，特别关注在公司经理及相关人层面的影响；而反对内幕交易的理论，也都是从公司管理者的信托法地位或公司财产权保护的角度进行的阐释。然而期货市场内幕交易具有其自身特点，期货市场的内幕信息通常产生于国民经济或交易市场本身，单个公司的经营信息通常不会成为期货市场内幕信息的来源，而公司管理者等有机会接触到公司信息的人员也就不会因此而成为内幕交易的主体。美国商品期货交易委员会在 1984 年发布的题为“利用重大未公开信息进行期货交易的性质、程度和影响”的报告中也指出，期货市场存在利用重大非公开信息进行交易的行为，但是不存在证券市场上以发行人为中心的内幕信息。① 所以那些以发行人为中心的，有关证券市场内幕交易的理论也就无法用于期货市场内幕交易。

禁止期货和衍生品市场内幕交易的理由主要来自三个方面：一是内幕交易显失公平。公平是市场交易的基本法则，如果一些人通过内幕交易获利，那么实际上是对他人利益的非法掠夺，交易结果显失公平。二是保持交易者信心。交易者是市场的基础，如果市场缺乏公平，没有内幕信息的交易者在市场上就如同与“出老千”的人进行赌博，内幕交易盛行导致普通的市场参与者发现他们的手气甚至不比在公平的赌场中更好，那么将无人再愿意参与市场交易。三是维护期货和衍生品市场的形成机制。期货和衍生品交易实际上是一个风险和利益的转移过程，套期保值者把风险和相应的利益转移出去，而投机者根据自己对市场的判断，把这些风险和可能获得巨大利益的机会承接下来。通过交易的达成，双方各取所需，期货和衍生品市场才得以建立。但是内幕交易破坏了这一市场机制形成的基础，即对风险和利益归属判断的或然性。基于这三个方面的理由，就需要强有力的法律制度和监管来恢复市场的公平、信心与秩序。②

三、比较法上的内幕交易禁止规范

比较法上，许多国家都对期货和衍生品市场中的内幕交易行为设置了禁止性规定，并通过这些规定对内幕交易的概念作出了定义，或对内幕交

① 李明良、李虹：《期货市场内幕交易的内涵：以美国为中心的考察》，载黄红元、徐明主编：《证券法苑》（第 13 卷），法律出版社 2014 年版，第 276~293 页。

② 钟维：《期货市场内幕交易：理论阐释与比较法分析——兼论我国期货法之内幕交易制度的构建》，载《广东社会科学》2015 年第 4 期。

易的行为类型进行了列举。

比如韩国《资本市场法》第 173 条之二规定，内幕交易行为是指内幕人泄露、利用或者让他人利用场内衍生商品及其基础资产的买卖或者其他交易的有关信息的行为。新加坡《证券期货法》第 219 条、第 220 条规定，内幕交易的行为类型包括：认购、买卖或签订合约以认购或买卖该等证券[①]；促使他人认购、买卖或签订合约以认购或买卖该等证券；知道或有理由知道他人将会为或可能会为前述两种行为时，与其进行或促使他人与其进行信息交流。在证明内幕交易行为时，无须证明行为人故意使用内幕信息。德国《证券交易法》第 14 条规定，内幕交易的行为类型包括：为自营业务或为第三方账户或代表第三方，利用内幕信息收购或处理内幕证券[②]；未获授权将内幕信息披露给第三方或让第三方使用；基于内幕信息推荐或影响第三方收购或处理内幕证券。

规定得最细致和完整的是美国，根据美国《商品交易法》第 4c 条、第 4j 条，《期监会规章》第 1. 59 节、第 41. 27 节、第 155. 2 节，内幕交易的行为类型包括：在内幕信息尚未以可以使交易公众普遍知晓的方式发布以前，利用基于身份或雇佣关系获取的内幕信息为自己或他人进行交易；以协助他人利用内幕信息进行交易的意图将基于身份或雇佣关系获取的内幕信息泄露给他人；明知是内幕信息而获取并利用该等信息进行交易；明知是内幕信息而盗用、侵占或滥用，并利用该等信息进行交易，或以协助他人利用内幕信息进行交易的意图向他人泄露该等信息；场内经纪商进行的双重交易。

【条文解读】

一、内幕交易的构成要件

本条是期货和衍生品内幕交易的禁止规范，对内幕交易的构成要件作出了规定。内幕交易的构成要件包括：（1）行为主体为内幕人，包括内幕信息的知情人和非法获取内幕信息的人；（2）相关信息为内幕信息，即可

---

① 新加坡《证券期货法》此处的“证券”在外延上包含了期权合约、期货合约及其他衍生工具，合约的基础资产包括债券、股票、商业信托中的单位、集合投资计划中的单位，以及这些金融工具的指数。

② 根据德国《证券交易法》第 12 条，以下金融工具为“内幕证券”：经许可在德国交易所交易的，或者被列入受管制市场或自由交易市场的；经许可在欧盟成员国或欧洲经济区域条约国境内的有组织市场上交易的；其价格直接或间接取决于前两项所指的金融工具的。因此，德国《证券交易法》中的“内幕证券”包含了期货等衍生品。

能对期货交易或者衍生品交易的交易价格产生重大影响的尚未公开的信息；（3）在内幕信息公开前不得从事相关期货交易或者衍生品交易，明示、暗示他人从事与内幕信息有关的期货交易或者衍生品交易，或者泄露内幕信息。

二、内幕人

（一）内幕信息的知情人

根据本法第十五条规定，内幕信息的知情人，是指由于经营地位、管理地位、监督地位或者职务便利等，能够接触或者获得内幕信息的单位和个人。期货交易的内幕信息知情人包括：（1）期货经营机构、期货交易场所、期货结算机构、期货服务机构的有关人员；（2）国务院期货监督管理机构和其他有关部门的工作人员；（3）国务院期货监督管理机构规定的可以获取内幕信息的其他单位和个人。

（二）非法获取内幕信息的人

根据《最高人民法院、最高人民检察院关于办理内幕交易、泄露内幕信息刑事案件具体应用法律若干问题的解释》[①] 第二条、第三条规定，非法获取内幕信息的人包括：（1）利用窃取、骗取、套取、窃听、利诱、刺探或者私下交易等手段获取内幕信息的；（2）内幕信息知情人员的近亲属或者其他与内幕信息知情人员关系密切的人员，在内幕信息敏感期内，从事或者明示、暗示他人从事，或者泄露内幕信息导致他人从事与该内幕信息有关的证券、期货交易，相关交易行为明显异常，且无正当理由或者正当信息来源的；（3）在内幕信息敏感期内，与内幕信息知情人员联络、接触，从事或者明示、暗示他人从事，或者泄露内幕信息导致他人从事与该内幕信息有关的证券、期货交易，相关交易行为明显异常，且无正当理由或者正当信息来源的。

上述后两种情况中的“相关交易行为明显异常”，要综合以下情形，从时间吻合程度、交易背离程度和利益关联程度等方面予以认定：（1）开户、销户、激活资金账户或者指定交易（托管）、撤销指定交易（转托管）的时间与该内幕信息形成、变化、公开时间基本一致的；（2）资金变化与该内幕信息形成、变化、公开时间基本一致的；（3）买入或者卖出与内幕信息有关的合约时间与内幕信息形成、变化和公开时间基本一致的；（4）买

① 《最高人民法院、最高人民检察院关于办理内幕交易、泄露内幕信息刑事案件具体应用法律若干问题的解释》，载中华人民共和国最高人民法院网站，https：//www.court.gov.cn/fabu-xiangqing-4034.html，最后访问时间：2022 年 4 月 28 日。

入或者卖出与内幕信息有关的合约时间与获悉内幕信息的时间基本一致的；（5）买入或者卖出合约行为明显与平时交易习惯不同的；（6）买入或者卖出合约行为，或者集中持有合约行为与公开信息反映的基本面明显背离的；（7）账户交易资金进出与该内幕信息知情人员或者非法获取人员有关联或者利害关系的；（8）其他交易行为明显异常的情形。

三、内幕信息

根据本法第十四条，内幕信息是指可能对期货交易或者衍生品交易的交易价格产生重大影响的尚未公开的信息。期货交易的内幕信息包括：（1）国务院期货监督管理机构以及其他相关部门正在制定或者尚未发布的对期货交易价格可能产生重大影响的政策、信息或者数据；（2）期货交易场所、期货结算机构作出的可能对期货交易价格产生重大影响的决定；（3）期货交易场所会员、交易者的资金和交易动向；（4）相关市场中的重大异常交易信息；（5）国务院期货监督管理机构规定的对期货交易价格有重大影响的其他信息。

四、禁止的内幕交易行为

（一）禁止从事内幕交易的时间范围

内幕信息自形成至公开的期间属于“内幕信息敏感期”，在内幕信息公开前的该期间内，内幕信息的知情人和非法获取内幕信息的人不得从事相关交易或特定行为。行为人在内幕信息敏感期内从事相关期货交易或者衍生品交易，明示、暗示他人从事与内幕信息有关的期货交易或者衍生品交易，或者泄露内幕信息，可以认定其知悉并且利用了内幕信息。

（二）禁止的内幕交易行为类型

本条规定的内幕交易行为类型包括三种：

第一，从事相关期货交易或者衍生品交易。此种行为方式包括：（1）以本人名义，直接或委托他人从事相关期货交易或者衍生品交易。（2）以他人名义从事相关期货交易或者衍生品交易。具有下列情形之一的，可认定为以他人名义买卖证券：一是直接或间接提供资金给他人从事相关期货交易或者衍生品交易，且该他人持仓之利益或损失，全部或部分归属于本人；二是对他人的持仓具有管理、使用和处分的权益。

第二，明示、暗示他人从事与内幕信息有关的期货交易或者衍生品交易。在此种行为方式中，行为人自己并未直接或间接从事相关交易，也未向他人泄露内幕信息的内容，而是明示、暗示他人自己掌握内幕信息，让他人从事有关的期货交易或者衍生品交易。

第三，泄露内幕信息。行为人将内幕信息泄露给他人即构成此种行为。接收内幕信息者属于非法获取内幕信息的人，如果其在内幕信息公开前从事相关期货交易或者衍生品交易，明示、暗示他人从事与内幕信息有关的期货交易或者衍生品交易，或者泄露内幕信息，则也构成内幕交易。

五、抗辩事由

本法没有规定内幕交易的抗辩事由。可适用于期货和衍生品内幕交易的抗辩事由通常有以下几种：（1）交易行为与内幕信息无关；（2）行为人有正当理由相信内幕信息已公开；（3）事先不知道泄露内幕信息的人是内幕人或泄露的信息为内幕信息；（4）按照事先订立的书面合同、指令、计划从事相关交易的；（5）依据已被他人披露的信息而交易的；（6）交易具有其他正当理由或者正当信息来源的。

【关联规范】

《中华人民共和国期货和衍生品法》第十四条、第十五条；《中华人民共和国证券法》第五十条、第五十三条；《最高人民法院、最高人民检察院关于办理内幕交易、泄露内幕信息刑事案件具体应用法律若干问题的解释》第一条至第四条。

第十四条　【内幕信息】本法所称内幕信息，是指可能对期货交易或者衍生品交易的交易价格产生重大影响的尚未公开的信息。

期货交易的内幕信息包括：

（一）国务院期货监督管理机构以及其他相关部门正在制定或者尚未发布的对期货交易价格可能产生重大影响的政策、信息或者数据；

（二）期货交易场所、期货结算机构作出的可能对期货交易价格产生重大影响的决定；

（三）期货交易场所会员、交易者的资金和交易动向；

（四）相关市场中的重大异常交易信息；

（五）国务院期货监督管理机构规定的对期货交易价格有重大影响的其他信息。

【条文主旨】

本条是关于内幕信息的规定。

【立法背景】

一、立法沿革

在《期货交易管理条例》中，对内幕信息的界定体现在第八十一条第十一项："内幕信息，是指可能对期货交易价格产生重大影响的尚未公开的信息，包括：国务院期货监督管理机构以及其他相关部门制定的对期货交易价格可能发生重大影响的政策，期货交易所作出的可能对期货交易价格发生重大影响的决定，期货交易所会员、客户的资金和交易动向以及国务院期货监督管理机构认定的对期货交易价格有显著影响的其他重要信息。"该条位于第八章"附则"中，是对该条例中出现的各种专业术语的解释。本法将内幕信息的认定规范重新定位为期货和衍生品内幕交易的认定规则之一，并完善了对内幕信息内涵和类型的表述。

二、比较法上对内幕信息的界定

许多域外立法都对期货和衍生品市场中的内幕信息进行了规定。

根据美国《商品交易法》第4c条和《期监会规章》第1.59节，内幕信息应当具有重大性和非公开性两项特征：（1）重大信息是指可能影响或易于影响州际商业中的任何商品价格、远期交割的任何商品价格或任何互换价格，若向公众公开，会被理性人认为对于其决定是否在合约市场进行特定商品权益交易具有重要意义的信息，包括但不限于与自律组织会员、联网交易所会员或其客户或期权客户的目前或预期的现货、期货或期权持仓、交易策略或财务状况有关的信息；与自律组织或联网交易所的监管行动或拟采取监管行动有关的信息。（2）非公开信息是指不以公众交易人通常能够获取信息的渠道传播的信息，包括两种情况：一是未被主动公开，即掌握或生成该等信息的联邦政府部门或机关，或者国会或司法部门尚未以可以使交易公众普遍知晓的方式发布该等信息；二是未被被动公开，即该等信息未在刑事、民事听审或行政听证中披露，亦未在国会、行政部门或政府问责办公室主持开展的报告、听证、审计或调查程序中披露。

根据新加坡《证券期货法》第215条、第216条、第219条，内幕信息是指并非可以被普遍性获得，但如果该信息被普遍性获得，任何理性人会认为该信息对证券[①]的价格或价值具有重要影响的信息：（1）所谓“可普遍获得的信息”包括已经可以观察到内容的事实；该信息在某种程度上可能被某种证券的普通证券投资人所注意或可能注意到，而该信息可能会影响到该证券的价格或价值，并且信息被公开后，对该信息进行的传播已经过了一段合理期间；从上述两项中做出的或归纳出的演绎、结论或推论。（2）所谓“对证券的价格或价值的重大影响”是指，如果某信息将会成为或可能会影响普通证券投资人对是否进行证券认购或买卖做出决定，一个理性人会认为该信息对证券的价格或价值具有重大影响。

根据英国《金融服务与市场法》第 118 条，内幕信息是指市场用户通常无法接触到的信息，但如果能够被该市场的一般用户获得，则将被或可能将被该人视为对决定该类投资的交易条款有关。

根据德国《证券交易法》第 13 条，内幕信息是指涉及内幕证券[②]（一个或更多）发行人或内幕证券本身的、不为公众所了解的、一旦公开可能对交易所或内幕证券的市场价格产生重大影响的任何特定信息（包括可合理预期将来会存在的情形）。专业投资者做出投资决定时考虑的信息亦有为内幕信息的可能性。以下不为公众所知的信息亦为内幕信息：与第三方购买或出售金融工具的指令有关的信息；与价格取决于商品或贵金属的交易所价格或市场价格的，且市场参与者根据不确定市场的公认市场习惯可能愿意接受的衍生品有关的信息。

【条文解读】

一、内幕信息的内涵

内幕信息，是指可能对期货交易或者衍生品交易的交易价格产生重大影响的尚未公开的信息。据此，内幕信息应当具有重大性和未公开性。

需要注意的是，内幕信息对期货交易或者衍生品交易的交易价格的重大影响性，逻辑上应当是一个判断性要件，而非结果性要件。也就是说，从一个理性投资者的认知来看，该信息会对市场价格产生重大影响，且会

---

① 新加坡《证券期货法》中的“证券”在外延上包括期权合约、期货合约及其他衍生工具，合约的基础资产包括债券、股票、商业信托中的单位，集合投资计划中的单位，以及这些金融工具的指数。

② 根据德国《证券交易法》第 12 条，以下金融工具为“内幕证券”：经许可在德国交易所交易的，或者被列入受管制市场或自由交易市场的；经许可在欧盟成员国或欧洲经济区域条约国境内的有组织市场上交易的；其价格直接或间接取决于前两项所指的金融工具的。因此，德国《证券交易法》中的“内幕证券”包含了期货等衍生品。

影响普通交易者的交易决定，那么该信息即具有重大影响性，而并不要求该信息造成了影响市场价格的重大结果。内幕信息的重大影响性应当是一个判断性的要件，即影响的是理性市场参与者的交易判断，而并不要求造成市场价格波动的结果。[①] 在这一点上其他国家法律也有类似规定，比如美国《商品交易法》第4c条和《期监会规章》第1.59节，新加坡《证券期货法》第215条、第216条、第219条和英国《金融服务与市场法》第118条。交易者所利用的内幕信息，并不一定会造成市场价格波动的后果。市场环境纷繁复杂，这一内幕信息的作用可能被其他市场信息造成的影响所抵消，也可能被其他交易者进行的大宗反向交易所抵消，而且通常难以证明内幕信息的公开与市场价格波动具有因果关系。因此，重大影响性这一要件并不要求一定得到市场价格波动的事实的验证，只要求该信息是能影响普通交易者做出交易决定的重要信息即可。

内幕信息的公开，是指内幕信息在国务院期货监督管理机构指定的报刊、网站等媒体披露，或者在期货交易场所的网站和符合国务院期货监督管理机构规定条件的媒体发布，或者被一般交易者能够接触到的全国性报刊、网站等媒体揭露，或者被一般交易者广泛知悉和理解。内幕信息一旦公开，就不再属于内幕信息。

二、内幕信息的类型

内幕交易理论产生于证券市场，其最初的理论模型便是公司所有权和经营权分离背景下公司内部人利用内幕信息从事的交易行为。因此，证券市场内幕交易是以发行人为中心的。然而，期货交易与证券交易在很多方面都存在差异，比如就交易标的而言，证券是一种证权型的交易标的，而期货是一种合约型的交易标的；就交易程序而言，证券存在发行环节，而期货不存在发行环节；就交易功能而言，证券交易的功能主要在于投融资，而期货交易的功能主要在于风险管理和价格发现。[②] 因此，本法所列举的期货交易内幕信息不同于证券法。

具体而言，本法规定的期货交易的内幕信息包括：（1）国务院期货监督管理机构以及其他相关部门正在制定或者尚未发布的对期货交易价格可能产生重大影响的政策、信息或者数据；（2）期货交易场所、期货结算机构作出的可能对期货交易价格产生重大影响的决定；（3）期货交易场所会

---

① 钟维：《期货市场内幕交易：理论阐释与比较法分析——兼论我国期货法之内幕交易制度的构建》，载《广东社会科学》2015年第4期。

② 叶林、钟维：《核心规制与延伸监管：我国〈期货法〉调整范围之界定》，载《法学杂志》2015年第5期。

员、交易者的资金和交易动向；（4）相关市场中的重大异常交易信息；（5）国务院期货监督管理机构规定的对期货交易价格有重大影响的其他信息。

与《期货交易管理条例》对内幕信息的规定进行对比，本法列举的前三种和第五种内幕信息类型都有迹可循。其中，第五种将“认定”改为“规定”，要求国务院期货监督管理机构必须事先规定，取消了其事后认定的自由裁量权。第四种是本法新增的。将“相关市场中的重大异常交易信息”作为列举的内幕信息之一，值得进一步研究的问题在于，第一，如果其他相关市场中的重大异常交易信息是内幕信息，那么本市场中的重大异常交易信息能否构成内幕信息；第二，对于交易者自己造成异常交易而言，一旦被认定为内幕信息，对其就会产生“披露或戒绝交易”的义务，是否符合市场和交易规律。对此种内幕信息类型的认识，仍有待于在实践中进一步深化。

【关联规范】

《中华人民共和国证券法》第五十二条。

第十五条　【内幕信息知情人】本法所称内幕信息的知情人，是指由于经营地位、管理地位、监督地位或者职务便利等，能够接触或者获得内幕信息的单位和个人。

期货交易的内幕信息的知情人包括：

（一）期货经营机构、期货交易场所、期货结算机构、期货服务机构的有关人员；

（二）国务院期货监督管理机构和其他有关部门的工作人员；

（三）国务院期货监督管理机构规定的可以获取内幕信息的其他单位和个人。

【条文主旨】

本条是关于内幕信息知情人的规定。

【立法背景】

一、立法沿革

在《期货交易管理条例》中，对内幕信息知情人的界定体现在第八十一条第十二项：“内幕信息的知情人员，是指由于其管理地位、监督地位或者职业地位，或者作为雇员、专业顾问履行职务，能够接触或者获得内幕信息的人员，包括：期货交易所的管理人员以及其他由于任职可获取内幕信息的从业人员，国务院期货监督管理机构和其他有关部门的工作人员以及国务院期货监督管理机构规定的其他人员。”该条位于第八章“附则”中，是对该条例中出现的各种专业术语的解释。本法将内幕信息知情人的认定规范重新定位为期货和衍生品内幕交易的认定规则之一，并完善了对内幕信息知情人内涵和类型的表述。

二、比较法上对内幕信息知情人的界定

要在法律上对期货和衍生品市场中的内幕信息知情人穷尽列举是一件难度比较大的事情。从比较法的角度来看，历史上美国对期货市场中内幕信息知情人范围的界定经历了一个随着实践而不断发展变化的过程。最初这个范围仅限于商品期货交易委员会的委员、雇员或代理人，随着时间的推移，这一范围不断扩大，如今综合美国《商品交易法》第 4c 条、第 4j 条、第 9 条和美国《期监会规章》第 1. 59 节、第 41. 27 节、第 155. 2 节的规定，美国期货市场中的内幕信息知情人主要包括：联邦政府任何部门或机关的雇员或代理人，或国会议员或雇员，或司法官员或工作人员；商品期货交易委员会的委员或雇员或代理人；商品交易所、注册期货协会、结算组织等自律组织的员工、理事会成员、委员会成员或者顾问；场内经纪商；其他非法获取并利用、泄露或协助他人利用内幕信息的人。

韩国《资本市场法》第 173 条之二规定，内幕信息知情人是指，因其职务之便获知能够影响衍生商品市场价格的信息的下列人员以及从这些人员处获取该信息的人员：对能够影响场内衍生商品市价的政策进行构思、制定或者执行的人员；对能够影响场内衍生商品市价的信息进行生产或者管理的人员；从事场内衍生商品的基础资产的中介、流通或者检查相关业务的人员。德国《证券交易法》第 15b 条规定，内幕信息知情人包括金融工具的发行人及为发行人行事或代表发行人行事的人员，并且应维持对为其工作的、作为职责的一部分而获知内幕信息的人员的登记。

【条文解读】

对证券内幕交易规制的理由主要来源于公司管理人对公司的信义义务，禁止其利用基于职务所获取的公司信息交易本公司股票来牟取不当利益。因此，证券内幕交易的主体以上市公司内部的管理人员为主，此外还包括管理机关、交易所、中介机构等有可能掌握证券市场内幕信息的人员。但是，由于期货市场内幕信息通常并不来源于某个特定的公司，其在源头上就与证券市场存在不同。[①] 与证券内幕交易不同，公司管理者等有机会接触到公司信息的人员通常不会因此而成为期货内幕交易的主体。因此，本法对期货交易内幕信息知情人的界定和列举不同于证券法，而与该法中“内幕信息以外的其他未公开的信息”的知情人的范围接近。[②]

本法所称内幕信息知情人，是指由于经营地位、管理地位、监督地位或者职务便利等，能够接触或者获得内幕信息的单位和个人。从事期货业务的期货经营机构、期货服务机构的有关人员在掌握各种影响期货价格的信息方面具有得天独厚的优势（职务、经营便利），期货交易场所、期货结算机构的相关人员，以及国务院期货监督机构和其他有关部门的工作人员本身的职责和所在单位在期货市场中的法律地位决定了其能够知悉和掌握内幕信息。[③] 因此，本法规定的期货交易的内幕信息知情人包括：（1）期货经营机构、期货交易场所、期货结算机构、期货服务机构的有关人员；（2）国务院期货监督管理机构和其他有关部门的工作人员；（3）国务院期货监督管理机构规定的可以获取内幕信息的其他单位和个人。

【关联规范】

《中华人民共和国证券法》第五十一条、第五十四条。

---

① 叶林、钟维、邹启钊：《期货市场内幕交易：理论基础与构成要件》，载曹越主编：《期货及衍生品法律评论》（第2卷），法律出版社2020年版，第68~69页。

② 根据证券法第五十四条，“内幕信息以外的其他未公开的信息”的知情人包括证券交易场所、证券公司、证券登记结算机构、证券服务机构和其他金融机构的从业人员、有关监管部门或者行业协会的工作人员。

③ 唐波：《中国期货市场法律制度研究》，北京大学出版社2010年版，第159页、第165页。

第十六条　【禁止编造、传播虚假或者误导性信息】 禁止任何单位和个人编造、传播虚假信息或者误导性信息，扰乱期货市场和衍生品市场。

禁止期货经营机构、期货交易场所、期货结算机构、期货服务机构及其从业人员，组织、开展衍生品交易的场所、机构及其从业人员，期货和衍生品行业协会、国务院期货监督管理机构、国务院授权的部门及其工作人员，在期货交易和衍生品交易及相关活动中作出虚假陈述或者信息误导。

各种传播媒介传播期货市场和衍生品市场信息应当真实、客观，禁止误导。传播媒介及其从事期货市场和衍生品市场信息报道的工作人员不得从事与其工作职责发生利益冲突的期货交易和衍生品交易及相关活动。

【条文主旨】

本条是关于禁止编造、传播虚假信息或者误导性信息的规定。

【立法背景】

《期货交易管理条例》第三十九条规定："任何单位或者个人不得编造、传播有关期货交易的虚假信息，不得恶意串通、联手买卖或者以其他方式操纵期货交易价格。"第六十七条第三款规定："任何单位或者个人编造并且传播有关期货交易的虚假信息，扰乱期货交易市场的，依照本条第一款、第二款的规定处罚。"而第六十七条第一款、第二款是对期货公司欺诈客户行为的处罚规定。可见，《期货交易管理条例》是将编造、传播有关期货交易虚假信息视为欺诈行为，但是相关规定比较简单。

2019 年修订的证券法第五十六条对证券市场中禁止编造、传播虚假信息或者误导性信息作出了规定。本条未延续《期货交易管理条例》的做法，而是在立法逻辑和条文表述上均借鉴了证券法的经验，但同时根据期货和衍生品市场的特点作出了一些修改。

【条文解读】

在条文的逻辑结构上，本条第一款是一般条款，第二款和第三款是针对特定主体的特殊条款。

本条第一款概括性地禁止任何单位和个人编造、传播虚假信息或者误导性信息，扰乱期货市场和衍生品市场。这是因为，随着互联网等信息传播技术的不断发展，能够通过编造、传播虚假信息或者误导性信息，从而扰乱期货市场和衍生品市场的主体不再限于类似第二款和第三款中规定的那些具有特定身份和地位的单位和个人。现实中诸如“网络大V”“金融网红”“带货主播”等，都是普通人通过互联网社交媒体等建立较大社会影响力的典型例子。因此，将该款的主体规定为包括“任何单位和个人”，具有现实的必要性。

本条第二款规定，禁止期货经营机构、期货交易场所、期货结算机构、期货服务机构及其从业人员，组织、开展衍生品交易的场所、机构及其从业人员，期货和衍生品行业协会、国务院期货监督管理机构、国务院授权的部门及其工作人员，在期货交易和衍生品交易及相关活动中作出虚假陈述或者信息误导。该款规定的机构及其工作人员基于其业务和职能本身就会知晓或发布与期货交易和衍生品交易的相关信息，且其发布的信息具有更强的公信力，也会对市场造成更大的影响。因此该款作出特别规定，禁止这些特殊主体在期货交易和衍生品交易及相关活动中作出虚假陈述或者信息误导。

本条第三款规定，各种传播媒介传播期货市场和衍生品市场信息应当真实、客观，禁止误导。传播媒介及其从事期货市场和衍生品市场信息报道的工作人员不得从事与其工作职责发生利益冲突的期货交易和衍生品交易及相关活动。传播媒介能够使信息在较大范围得到迅速传播，而且市场参与者通常会信赖甚至依赖于各种传播媒介发布的信息。如果传播媒介作出信息误导，那么就会对市场造成很大影响。该款对传播媒介的要求比一般主体更高，除了禁止误导外，还要求其在传播期货市场和衍生品市场信息时做到真实、客观，这也是其特殊属性所决定的。此外，传播媒介及其从事期货市场和衍生品市场信息报道的工作人员如果从事与其工作职责发生利益冲突的期货交易和衍生品交易及相关活动，就有可能会影响其报道的客观性，或者其有可能利用信息报道工作实施期货和衍生品市场违法行为。因此，有必要禁止这些主体的此种利益冲突交易。

【关联规范】

《中华人民共和国证券法》第五十六条。

第二节　期货交易

第十七条　【品种上市机制】 期货合约品种和标准化期权合约品种的上市应当符合国务院期货监督管理机构的规定，由期货交易场所依法报经国务院期货监督管理机构注册。

期货合约品种和标准化期权合约品种的中止上市、恢复上市、终止上市应当符合国务院期货监督管理机构的规定，由期货交易场所决定并向国务院期货监督管理机构备案。

期货合约品种和标准化期权合约品种应当具有经济价值，合约不易被操纵，符合社会公共利益。

【条文主旨】

本条是关于期货合约品种和标准化期权合约品种上市的规定。

【立法背景】

一、我国期货、期权品种上市制度的历史沿革

我国期货、期权品种上市经历了由地方政府、期货交易所决定，到由证监会批准，再到证监会牵头的联合审批制，最后到本法规定的新品种上市注册制度的演变过程。

20 世纪 90 年代初期，受经济利益驱动，加上市场缺乏监管，各类期货交易所数量迅猛增加，到 1993 年下半年达 50 多家，[①] 各个交易所盲目上市期货品种，导致期货品种过滥，有些品种风险频发，严重干扰了正常的经济秩序。

1993 年 11 月，以国务院下发《关于坚决制止期货市场盲目发展的通知》[②] 为标志，开始了对期货市场的第一次整顿，限制新品种上市，对一些发生

---

① 中国期货业协会编：《期货及衍生品基础》，中国财政经济出版社 2018 年版，第 10 页。

② 《关于坚决制止期货市场盲目发展的通知》，载中国政府网，http：//www.gov.cn/zhengce/content/2016-01/27/content_ 5036630.htm，最后访问时间：2022 年 4 月 24 日。

严重风险事件的品种采取暂停交易等措施，并停止了金融期货试点，规定未经相关部门批准，一律不得从事金融期货业务和外汇期货交易。经过整顿，期货交易所数量压缩至15家，但仍有一些不适合开展期货交易的商品被作为期货品种。1994年4月，《国务院办公厅转发国务院证券委关于停止钢材、食糖、煤炭期货交易请示的通知》[①] 明确规定，“各交易所今后一律不得自行决定上市新的期货品种。新品种上市要经过充分的论证后，报中国证券监督管理委员会审批”。

1998年8月，以《国务院关于进一步整顿和规范期货市场的通知》为标志，[②] 开始了对期货市场的第二次整顿，交易所的数量减少至3家，23个商品期货品种被取消，保留下来的品种也要求重新设计合约，经证监会审核批准后再上市交易，并授权证监会根据市场需要调整上市品种。1999年实施的《期货交易管理暂行条例》（已失效）总结期货市场整顿工作经验，规定期货交易所上市、中止、取消或者恢复期货交易品种应当经证监会批准，首次在法律层面建立了期货品种上市制度。

2007年，在将《期货交易管理暂行条例》修订为《期货交易管理条例》时，根据实践情况对期货品种上市制度进行了完善，增加一款规定“国务院期货监督管理机构批准期货交易所上市新的交易品种，应当征求国务院有关部门的意见”。实践中，期货交易所上市品种需由交易所向中国证监会提出申请，中国证监会征求国家相关部委、现货管理部门以及有关地方的意见，无异议后再报国务院批准，国务院综合各方面反馈最终做出同意或者不同意的批示，实际上为一种联合审批制或国务院审批制。

二、对品种上市联合审批制的评价

从上述发展历史可以看出，我国长期以来实行的期货品种上市审批制度是有客观历史原因的。一是我国期货市场是在计划经济向市场经济转轨的过程中、在现货市场价格体系不完善的情况下发展起来的，为了避免在体制转型时期推出条件不成熟的交易品种。二是在期货市场发展初期，需要提高交易所的约束能力、行为规范和风险意识，以避免贪求品种数量的无序竞争。以政府行政审批为主导的上市制度能制止滥设新品种的现象，

---

① 《国务院办公厅转发国务院证券委关于停止钢材、食糖、煤炭期货交易请示的通知》，载中国政府网，http.//www.gov.cn/zhengce/content/2016-10/18/content_5120656.htm，最后访问时间：2022年4月24日。

② 《国务院关于进一步整顿和规范期货市场的通知》，载《中华人民共和国国务院公报》1998年第20期。

维护了正常的金融秩序。

但随着我国期货市场的规范化发展，联合审批机制一定程度上影响了期货市场的运行效率和自主创新，使得期货市场不能充分发挥套期保值和价格发现功能，进而影响了我国期货市场国际竞争力的提升和市场化发展的进程。主要表现在：一是期货品种上市审批周期不明确。目前我国的期货新品种上市基本采取一事一议的机制，缺乏与之相应的明确的制度规范，市场对于期货新品种能否获批、何时获批没有明确的预期，进而也不利于激发交易所的自主创新意识，削弱了期货市场的自主创新能力。二是审批机构过多。行业、地区以及部门利益的存在和争论，使得在征求国务院各行业主管部门意见的过程中，只要有任何一个相关部门反对，新品种的上市就有可能会被搁浅，不能充分满足市场需求。

三、立法过程中的不同意见

期货、期权品种上市制度直接影响期货市场服务实体经济的效率，在效率和风险防控之间寻求平衡是关键。在具体制度设计中，如何在国务院期货监督管理部门和期货交易所之间配置品种上市的决定权，是最为核心的问题。本法起草过程中，社会各方对于期货品种上市应弱化行政力量主导、坚持市场化的方向具有广泛共识，讨论点在于对我国国情市情的认识以及对改革力度和节奏的把握。具体有以下几种观点：

1. 优化品种上市审批制。明确国务院期货监督管理机构为新品种上市，以及品种中止、恢复、终止上市的唯一审批机构，新品种上市不再实行联合审批制。

2. 实行品种上市核准制。期货交易场所向国务院期货监督管理机构提出申请，由国务院期货监督管理机构对期货新品种的开发及期货新品种符合相关法律规定的条件进行合规性审核。

3. 实行品种上市注册制。期货交易场所自主决定期货新品种的上市，并在国务院期货监督管理机构注册或备案。国务院期货监督管理机构进行事后监管，如认为新品种上市后损害了社会公共利益或者引发了系统性风险的，可以行使否决权，暂停或取消相关品种上市。

4. 实行品种上市分类管理。根据上市交易品种的具体情况实行分类管理，国务院期货监督管理机构可制定上市品种分类管理目录，对市场化程度高、不影响国计民生的小品种实行注册制，期货交易场所可以自主决定上市，报期货监管部门注册或备案；对关系国计民生的大宗商品和金融期货品种的上市，实行审批制。[①]

四、境外品种上市制度比较

（一）美国

在美国，期货新品种上市有两种方式：一种是经过期货交易所自我认证程序；另一种是经过美国商品期货交易委员会（CFTC）的审核程序。目前，美国期货市场还在交易的品种合约中，绝大多数是通过交易所自我认证程序上市交易的，经过CFTC审核程序上市的品种合约占比很小。（1）交易所自我认证程序。交易所自我认证程序的本质是CFTC赋予了交易所对新品种的交易规则和条件是否符合美国《商品交易法》以及CFTC相关规则进行实质审查的权力。在交易所自我认证程序下，根据CFTC规则规定，交易所只需要在品种上市前10天内向CFTC提交书面材料，证明新品种符合美国《商品交易法》和CFTC相关规则的要求，且未违反公共政策即可。具体而言，美国《商品交易法》罗列了交易所和交易所挂牌产品必须遵守的23条核心原则，CFTC规则对美国《商品交易法》的各个核心原则作了进一步解释，交易所的责任就是对照这些规定进行合法合规性审查。从法律规定来看，只要交易所提交的材料满足要求，原则上CFTC应当同意品种上市。实践中，评价新品种合约是否符合核心原则很大程度上需要进行主观判断，而按照美国《商品交易法》，这种主观判断的最后审决权仍然在CFTC手中。（2）CFTC审核程序。并非所有品种都可适用交易所自我认证程序，对于美国《商品交易法》列举的基本农产品，对其合约和规则修改后的新品种合约上市，必须经过CFTC审核批准后才能上市。对于美国《商品交易法》列举的基本农产品之外的期货品种上市，交易所基于保证交易安全和防范法律风险等考虑，也可以选择自愿报审，提交新产品材料要求CFTC进行事前审核，CFTC应在90天内完成审核。

从历史上看，美国期货品种上市制度经历了无需审批、严格审批、注册（备案）制三个阶段。（1）无需审批阶段。从19世纪40年代美国期货市场开始自发形成，到20世纪70年代120多年的时期内，政府未介入期货品种的上市，由期货交易所自主开发挂牌交易新品种。（2）严格审批阶段。以美国期货市场从各期货交易所自律监管向联邦政府统一监管过渡为背景，1974年美国《商品交易委员会法》开始实施，CFTC于1975年出台了1号管理指引，规定对新品种上市实行审批制度，品种上市的审核权收

---

① 以上观点为王飞云在期货法立法小组工作期间，对行业机构、期货交易所、监管部门等各方所提立法需求意见的梳理汇总。

归至美国联邦政府。[①] 期货交易所在每上市一项新产品之前，必须先向CFTC阐明该合约是能够用来进行风险对冲或实现价格发现的，即符合“经济目的”的标准要求。（3）注册制阶段。对品种上市的严格审批使美国期货市场在国际竞争中处于不利地位，在此背景下，2000年美国《商品期货现代化法》取消了审批制度，对新品种上市实行注册制，交易所可根据自己的需要上市新品种，只需上市前向CFTC提交注册材料。但同时，CFTC保留了推翻期货交易所上市新品种的权力，只要CFTC证明该品种上市可能会违反美国《商品交易法》的规定即可。

（二）欧洲

欧盟有关期货品种上市制度主要体现在欧盟指令中，各成员国再将这些指令转化为国内法。欧盟层面确立了期货品种上市的基本标准，并将审核期货品种上市的权力下放给成员国与受监管市场，同时规定当某金融工具不再符合受监管市场规则时，受监管市场运营者可以暂停或终止该金融工具的交易，但可能对投资者利益或市场运行造成重大损害的除外。[②]

以德国为例，德国《证券交易法》和《交易所法》将期货品种上市的决定权赋予了交易所，具体由交易所的管理委员会负责批准合约的上市并决定交易的开始、暂停和中止。管理委员会在评判某种产品是否具备上市条件时，考虑的因素偏重市场需求和风险。[③] 总体来看，德国的新品种上市机制较为灵活，这也为德国的欧洲期货交易所（EUREX）参与全球期货市场竞争提供了优势条件。

（三）日本

日本实行期货新品种上市“无害论”，交易所根据发展需要可以先行试验上市任何期货新品种，经过两年试运行并论证对社会无害之后，再报政府主管部门批准正式上市，由此简化上市程序，提高了市场效率。[④]

（四）新加坡

新加坡实行新品种上市审批制。根据新加坡《证券期货法》规定，新

---

① 叶林主编：《期货期权市场法律制度研究》，法律出版社2017年版，第54页。

② 《欧盟议会与欧盟理事会关于金融工具市场的第2004/39/EC号指令》第40条、第41条，载欧洲议会网站，https：//eur-lex. europa. eu/legal-content/EN/TXT/？uri=CELEX%3A02004L0039-20040430，最后访问时间：2022年4月24日。

③ 上海期货交易所“境外期货法制研究”课题组编著：《德国期货市场法律规范研究》，中国金融出版社2007年版，第154~155页。

④ 上海期货交易所“期货法立法研究”课题组：《“期货法”立法研究》（上册），中国金融出版社2013年版，第226页。

加坡期货主管部门享有批准期货品种上市和终止的权力。[①] 实践中，期货交易所上市新品种必须经过新加坡金融管理局的批准，政府由此将品种上市权把握在自己手中。

（五）印度

印度区分全国性期货交易所和区域性期货交易所，实行不同的期货品种上市机制：一是对 3 家全国性的期货交易所，品种上市几乎不受限制，交易所仅需将新品种上报远期市场委员会进行核准，远期市场委员会在收到上报材料后 1 至 2 个月内进行审核，原则上都会同意。二是对区域性交易所，虽然也可以在全国市场开展业务，但其新品种上市前必须先获得政府监管机构批准。监管机关根据市场和风险情况，有权在必要的情况下撤销任何已上市品种合约。[②] 总体来看，印度的品种上市机制较为宽松，更加注重事后监管，这也是近年来印度期货市场迅猛发展的重要原因之一。

【条文解读】

一、新品种上市制度

该条明确新品种的上市实行注册制度。期货品种挂牌上市是期货交易得以进行的前提基础，品种上市制度直接影响期货市场服务实体经济的效率。本条规定期货新品种上市由期货交易场所报经国务院期货监督管理机构注册，调整了《期货交易管理条例》规定的联合审批制，是落实期货市场市场化改革方向和简政放权要求的体现。期货品种上市的注册与股票发行的注册有所区别，股票是金融资产，本身具有价值，摘牌退市后可以转到场外市场交易；期货是标准化合约，摘牌就丧失价值。

根据上市过程中政府权力介入的程度，一般将品种上市机制分为审批制、注册制、核准制三种。审批制是指交易所在开发新品种时，只有经监管机构审查通过后才能上市，审批制带有干预色彩，容易忽视市场需求。注册制是指交易所享有自主决定品种上市的权利，相应也承担提供合适品种的义务，注册制强调最大限度发挥市场功能，避免对市场的干预。核准制介于审批制与注册制之间，是指在规则中明确新品种上市的实质条件和程序，监管机构依据规则对上市品种进行合规性审查，只要新品种具备上市的法定条件就可以上市。

---

① 新加坡《证券期货法》，载新加坡金融管理局网，https：//sso. agc. gov. sg/Act/SFA2001，最后访问时间：2022 年 4 月 24 日。

② 叶林主编：《期货期权市场法律制度研究》，法律出版社 2017 年版，第 58~59 页。

从境外市场来看，各国的品种上市制度各不相同，但总体上各国政府对期货品种上市都会把关，只是具体方式和程度因市场所处的主客观环境不同而有所区别，各国基本都不同程度地保留了监管机构依法否决或者撤销、中止品种上市的权力。品种上市机制需符合一国国情市情，不能完全照搬照抄境外经验，也不可能一蹴而就，因此本条授权监管机构制定新品种上市的具体规定，就注册的方式、条件、程序等进行细化。

二、品种中止、恢复和终止上市制度

该条明确期货交易场所有权决定品种的中止、恢复和终止上市，仅需向国务院期货监督管理机构备案即可。交易场所通常会对交易不活跃甚至“名存实亡”的期货品种予以中止或者终止上市，以减少品种的维护成本。与新品种上市相比，已上市品种的中止、恢复和终止上市对市场的实质性影响较小，因此本条规定品种的中止、恢复、终止上市仅需向监管机构备案，并授权监管机构制定具体规定。

三、品种上市条件

（一）品种上市的原则性条件

本条规定了期货品种上市应满足的原则性条件，包括：

1. 品种具有经济价值。不是任何品种都适合开展期货交易，开展期货交易需要具备易于标准化、市场规模足够大、价格形成市场化等条件。在新品种的选择上，需要从多个维度进行评价，例如要从产业地位的角度看新品种的重要性，从现货市场的角度看新品种是否具备发挥功能作用的条件，最终以是否能够对实体经济发挥积极作用为标准，而不能以上市后是否交易量大作为选择品种的标准。美国曾有一个著名案例，1955 年两名商人通过大量囤货成功操纵了芝加哥商业交易所的洋葱期货市场，美国商品交易管理局认为洋葱易变质的特征使其容易成为价格操纵的对象，因此洋葱不宜作为期货交易品种，国会为此通过了洋葱期货法案，禁止对洋葱进行期货交易。①

2. 合约不易被操纵。新品种上市直接体现为合约的挂牌交易，因此需要从合约设计这个新品种的源头防范风险，合约交易单位的大小、交易时间、价格波动限制幅度、交割制度设计等，都可能影响合约的科学性，需要防止不合理的合约设计，加强抗操纵性。

3. 符合社会公共利益。期货市场是一个公众市场，涉及众多市场参与者，对行业发展也具有重大影响。上市新品种应当有利于现货市场的稳定

---

① 《美国衍生品市场监管体制的变迁及启示》，载期货日报网，http：//www.qhrb.com.cn/articles/204503，最后访问时间：2022 年 4 月 19 日。

运行和健康发展，有利于完善相关产业的市场价格形成机制，有利于增强相关行业的风险管理能力，有利于完善金融市场体系，确保期货市场服务于国民经济发展。

（二）不同期货品种的上市条件

实践中，不同期货品种的上市一般需满足如下条件：

1. 以大宗商品为标的物的期货品种合约。需满足：现货市场化程度高，现货价格通过充分竞争形成，不存在影响市场平稳运行的价格管制；现货规模较大，可供交割量充足，便于组织交割；标准化，易于检验、检疫；易于存储和运输；没有明显的不可控制因素、风险以及影响市场稳定运行的制度障碍；如现金交割，需存在连续、权威、市场普遍接受的现货价格作为结算价格的依据等。

2. 以货币、有价证券、利率、汇率等为标的物的期货品种合约。需满足：标的市场化程度高，不存在影响市场平稳运行的价格管制；标的规模较大，如需实物交割，则可供交割量充足；标的具有良好的流动性、连续性、抗操纵性；没有明显的不可控制因素、风险以及影响市场稳定运行的制度障碍等。

3. 以指数或者其他利益为标的物的期货品种合约。需满足：具有成熟的基础资产市场；指数编制权威、科学、透明、合法、合规；指数标的具有良好的流动性、连续性、抗操纵性；没有明显的不可控制因素风险以及影响市场稳定运行的制度障碍等。

4. 以商品、货币、有价证券、利率、汇率、指数或者其他利益为标的物的期权合约、期货期权合约等新型交易工具。需满足：基础资产为期货合约，或者基础资产已经或拟同步开展期货交易；基础资产具有良好的流动性、连续性、抗操纵性等。

【关联规范】

《期货交易所管理办法》第一百零三条。

第十八条　【账户实名制】 期货交易实行账户实名制。交易者进行期货交易的，应当持有证明身份的合法证件，以本人名义申请开立账户。

任何单位和个人不得违反规定，出借自己的期货账户或者借用他人的期货账户从事期货交易。

【条文主旨】

本条是关于期货交易账户实名制的规定。

【立法背景】

一、账户实名制的重要意义

交易者的期货账户是期货监管机构管理的对象，严格账户管理对于维护市场正常交易秩序有着重要的作用。我国期货市场发展初期管理不够规范，一些交易者使用以他人名义开立的“麻袋账户”或者通过获取密码的方式使用他人账户，扰乱了期货市场正常秩序，甚至从事违法交易行为。还有一些期货公司为开拓业务，将其私下掌控的其他交易者的账户交给一些“大户”操作，以多赚取佣金等。期货交易实行账户实名制，对遏制违法违规交易行为、规范期货市场发展具有重要作用。具体而言：

第一，实名制交易是建设期货市场诚信体系的基础。实名制交易保证了交易者资料的真实性、准确性和完整性，有利于提高期货市场的信用水平，增强期货市场透明度和公开性，促进期货市场规范有序地发展。

第二，实名制交易有利于保护交易者利益。实名制交易要求期货经营机构严格审查交易者的真实身份，防止化名、借名等情况的发生，从而保护了真实交易者的利益。实名制也为落实交易者适当性制度提供了基础条件。

第三，实名制交易有利于加强市场监管，有效防范违法违规行为的发生。实名制使交易所和监管机构能够清楚掌握每一个账户的情况，并通过开户人姓名与银行结算账户的一致性要求，提高了期货市场账户的真实性、有效性和规范性，为监控查处市场操纵、内幕交易等行为提供了便利条件，对违法违规等行为产生强大威慑力，也有利于防范市场风险和“洗钱”等金融犯罪行为。

二、账户实名制的责任主体

交易者是遵守账户实名制的义务主体。在开户环节，客户必须以真实身份进行开户，不得以多种身份重复开户。个人客户应当本人亲自办理开户手续，签署开户资料，不得委托他人代为办理；单位客户应当出具单位客户的授权委托书、开户代理人的有效身份证明文件和其他开户证件。期货经纪合同、期货结算账户中客户姓名或者名称应与其有效身份证明文件中的姓名或者名称一致，客户需在客户资料中真实、完整、准确地填写客户信息。在使用环节，交易者必须以实名开立的账户进行交易，不得以化名、借名等方式交易，也不得出借自己账户或者借用他人账户进行期货交易。

期货经营机构是落实账户实名制的重要主体。期货经营机构是连接分散交易者和交易场所集中市场的中枢环节，与客户直接发生法律关系。期货经营机构作为期货账户的开户代理机构，应当承担客户管理责任，成为落实期货账户实名制的第一道关口。在开户环节，期货经营机构承担审核义务，为客户开立账户需核实客户真实身份，核对客户期货结算账户户名与其有效身份证明文件中姓名或者名称一致，采集并留存客户影像资料，确保开户资料的合规、真实、准确和完整。期货经营机构不得与不符合实名制要求的客户签署期货经纪合同，也不得为未签订期货经纪合同的客户申请交易编码。在使用环节，期货经营机构不得将交易者的账户提供给他人使用。

中国期货市场监控中心承担着我国期货市场统一开户职能。中国期货市场监控中心已建立了期货市场的统一开户系统，对交易者的资料进行复核，在技术层面保障了实名制的落实，彻底解决了期货市场的账户管理问题。目前，期货公司为客户申请、注销各期货交易所交易编码，以及修改与交易编码相关的客户资料，都必须统一通过监控中心办理。期货交易所对期货市场客户开户实行自律管理，实践中，交易者的每笔订单均需附加客户交易编码，期货交易所借此实现对每笔订单以及其所形成的头寸最终归属客户的识别，并利用交易编码实时对客户交易指令做前端检查，实时发现客户持仓违规等信息，压实实名制。

【条文解读】

一、账户实名制

期货交易实名制是期货市场平稳健康发展的重要组成部分，它从制度上保证了账户的真实有效性，提高了整个期货市场的透明度和公开性，有利于落实“看穿式监管”要求，防范违法违规行为，保护交易者利益，对于整个期货市场关系重大。期货账户实名制包括开户实名制和使用实名制两个环节。在开户环节，交易者必须以本人名义和真实身份开立账户；在使用环节，交易者必须以实名开立的账户进行交易，不得以化名、借名等方式交易，不得出借或者借用账户进行期货交易。

二、开户实名制

交易者应当持有证明本人身份的合法证件，以本人名义申请开立账户。对不同类型交易者的身份证明文件要求有所不同，中国期货市场监控中心在其制定的《期货市场统一开户业务操作指引》《特殊单位客户统一开户业务操作指引》[①] 中进行了明确：（1）境内个人客户的有效身份证明文件为中华人民共和国居民身份证。（2）境内单位客户的有效身份证明文件为加载统一社会信用代码的营业执照。（3）合格境外机构投资者和人民币合格境外机构投资者等特殊单位客户的有效身份证明文件为特殊机构代码赋码通知单。

随着我国期货市场特定品种对外开放不断推进，境外交易者逐步参与我国期货市场交易。对境外交易者同样适用实名制要求，同一境外交易者只能按照一种类型身份开户，不得以多重国籍、多重身份重复开户。根据中国期货市场监控中心制定的《境外交易者统一开户业务操作规则》[②]，境外交易者开户所需的身份证明文件分为有效身份证明文件和参考身份证明文件。有效身份证明文件为必备文件，参考身份证明文件应当至少提供一个。具体包括：（1）境外个人交易者，有效身份证明文件为所在国护照，参考身份证明文件为驾照、社保证件、纳税证件、当地身份证或者其他参考证件。（2）港、澳地区个人交易者，有效身份证明文件为港澳永久性居民身份证；台湾地区个人交易者，有效身份证明文件为台湾居民来往大陆通行证。参考身份证明文件为驾照、社保证件、纳税证件、台湾身份证、港澳居民来往内地通行证、港澳台居民居住证或者其他参考证件。（3）境外单位交易者和港、澳、台地区单位交易者，有效身份证明文件为注册国（或者地区）的机构成立证明文件，参考身份证明文件为注册国（或者地区）的纳税证件，无纳税证件的提交相关证明文件或者说明，并提供相关证明文件或者说明的中文版翻译。（4）境外和港、澳、台地区产品，有效身份证明文件为产品合同，参考身份证明文件为产品纳税证件、产品境外监管机构备案证明、产品说明、产品发行人（如有）和管理人说明等。（5）在中国永久居留的境外个人交易者，有效身份证明文件为外国人永久居留证，参考身份证明文件为所在国护照、驾照、社保证件、纳税证件、当地身份证或者其他参考证件，其中所在国护照为必须提供的参考身份证明证件。

---

① 《期货市场统一开户业务操作指引》《特殊单位客户统一开户业务操作指引》，载中国期货市场监控中心网站，http：//www.cfmmc.com/main/views/a/20210806/29754.html，最后访问时间：2022 年 4 月 25 日。

② 《境外交易者统一开户业务操作规则》，载中国期货市场监控中心网站，http：//www.cfmmc.com/main/views/a/20210806/29754.html，最后访问时间：2022 年 4 月 25 日。

三、使用实名制

任何单位和个人不得违反规定出借自己的期货账户或者借用他人的期货账户从事期货交易。有观点认为只要本人的期货账户由他人代为操作即可认定违反了该规定，期货账户内的资金来源及盈亏归属在所不问；也有观点认为如仅将期货账户借给他人使用，而账户内的资金、盈亏均归属于本人，他人仅代为操作，则不应属于该条规制范围。① 从立法目的来看，主要是因操纵市场、对敲等违法交易行为通常是借由他人期货账户的行为来实现的，因此立法禁止账户出借和借用行为有利于阻断此类违法违规行为，由此观之，上述第二种观点更契合立法意图。

【关联规范】

《期货市场客户开户管理规定》第三条、第九条、第十条、第十二条、第十四条；《期货公司监督管理办法》第六十二条；《期货市场统一开户业务操作指引》。

第十九条 【入场交易主体】 在期货交易场所进行期货交易的，应当是期货交易场所会员或者符合国务院期货监督管理机构规定的其他参与者。

【条文主旨】

本条是关于入场交易主体资格的规定。

【立法背景】

从世界各国期货市场的惯例来看，只有会员或者其他符合条件的参与者才能直接进入期货交易场所交易，其他交易者必须通过会员等中介机构才能进行交易。从立法沿革来看，2007 年《期货交易管理条例》规定“在期货交易所进行期货交易的，应当是期货交易所会员”，而会员必须是国内的企业或者其他经济组织，由此使得境外主体无法直接入场交易。

① 以上观点为王飞云在期货法立法小组工作期间，对行业机构、期货交易所、监管部门等各方所提立法需求意见的梳理汇总。

2012 年修订《期货交易管理条例》时，为适应推出原油期货的实践需要，考虑到原油期货需要有实力较强的境外投资者直接进入交易所交易，以扩大交易规模，提高我国原油期货交易的国际化程度和增强定价能力，为此增加了一款规定“符合规定条件的境外机构，可以在期货交易所从事特定品种的期货交易。具体办法由国务院期货监督管理机构规定”。中国证监会据此制定了《境外交易者和境外经纪机构从事境内特定品种期货交易管理暂行办法》，明确境外交易者满足下列条件并经期货交易所批准的，可以直接入场交易：所在国（地区）具有完善的法律和监管制度；财务稳健，资信良好，具备充足的流动资本；具有健全的治理结构和完善的内部控制制度，经营行为规范；期货交易所规定的其他条件。

【条文解读】

本条是关于有权在期货交易场所进行交易的主体范围的规定。有以下两层含义：

1. 要进入期货交易场所从事期货交易，必须首先成为期货交易场所的会员，或者是符合规定的其他参与者。我国期货交易所有会员制和公司制两种组织形式，无论是何种形式的期货交易所都对会员进行严格把关，只有满足交易所规定的条件并经交易所批准后才能成为交易所的会员。会员通常具备比较强的经济实力、健全的内部控制机制以及专业的期货业务人员，能够将期货交易中的各类风险降到最低，从而在最大程度上维护整个期货市场的平稳运行。各个期货交易所都在其章程或业务规则中明确了会员的入场交易权利，并对会员进行持续管理。从会员类型看，包括期货公司会员和非期货公司会员，非期货公司会员只能从事自营交易。

随着社会经济、对外开放程度以及期货行业本身的发展，会员之外的其他主体也会有直接进入交易场所交易的需求和能力。为此，本条还引入了“其他参与者”的概念，授权国务院期货监督管理机构对“其他参与者”进行具体规定。目前，上海国际能源交易中心的“境外特殊参与者”就作为非会员而具备直接入场交易的资格，属于本条规定的“符合国务院期货监督管理机构规定的其他参与者”。

2. 除上述两类主体之外的其他交易者不能直接在期货交易场所进行期货交易。对于大多数交易者而言，只能通过委托期货经营机构会员这一中介的方式参与期货交易。这是因为期货交易场所的容量有限，如果数量众多的交易者都直接进入期货交易场所进行期货交易，期货交易场所将进行大量的甄别和认定工作，不论是从时间、人员和系统建设等条件上，都无法胜任。且各类交易者的交易经验、资金实力、风控水平等良莠不齐，如都允许直接进入期货交易场所进行期货交易，不利于维护市场稳定。

【关联规范】

《境外交易者和境外经纪机构从事境内特定品种期货交易管理暂行办法》第五条。

第二十条　【交易指令】交易者委托期货经营机构进行交易的，可以通过书面、电话、自助终端、网络等方式下达交易指令。交易指令应当明确、具体、全面。

【条文主旨】

本条是关于交易指令下达方式和对交易指令要求的规定。

【立法背景】

国际上期货交易的指令有很多种，包括市价指令、限价指令、止损指令、停止限价指令、触价指令、限时指令、长效指令、套利指令、取消指令等，丰富的交易指令有利于满足交易者的多元化交易策略和交易需求。其中，市价指令和限价指令是最为常见的交易指令。市价指令是指不限定价格、按照当时市场上可执行的报价成交的指令，市价指令只能与限价指令撮合成交。市价指令的好处是有利于提高交易者的成交概率，方便交易者交易，但不能保证成交价格的最优性；当市场波动剧烈、期货价格跳动较大时，使用市价指令可能使交易者承受较高的交易冲击成本。限价指令是指按照限定价格或者更优价格成交的指令，交易者下达指令时必须指明具体的价位。限价指令的特点是可以按照交易者的预期价格或者更好价格成交，但成交速度较慢，在期货价格变动较快时甚至无法成交，使交易者失去有利的市场交易机会。

在 20 世纪 90 年代期货市场整顿阶段，基于当时的市场环境考虑，我国期货交易所一度仅有限价指令和取消指令，没有市价指令。但限价指令更适合严格规范环境下的期货市场，随着两次清理整顿结束期货市场进入规范发展阶段，需要引入更敏感开放的交易指令系统。目前，郑州商品交易所、大连商品交易所、中国金融期货交易所已引入了市价指令，郑州商品交易所和大连商品交易所还引入了跨期套利指令和跨品种套利指令等。总体来看，我国期货市场的交易指令类型正在不断丰富，但与境外发达市场相比仍显单薄，需要进一步引入灵活多样的交易指令以满足市场需求。

【条文解读】

一、交易指令下达方式

作为期货经营机构客户的交易者，通过委托期货经营机构下单的方式进行期货交易，客户在每笔交易前均需向期货经营机构下达交易指令。指令下达方式有多种，包括但不限于书面、电话、自助终端、网络等，随着未来技术发展还可能出现新的指令下达方式。客户在开户签订期货经纪合同时，需要与期货经营机构就下达交易指令的方式进行具体约定，如果在合同中未作约定或者约定不明确的，期货经营机构不能证明其所进行的交易是依据客户交易指令进行的，对该交易造成客户的损失，期货经营机构应当承担赔偿责任，但客户予以追认的除外。

以书面下单的，客户需填写书面交易指令单，填好后签字交期货经营机构，再由期货经营机构将指令发至交易所参与交易。以电话下单的，客户通过电话直接将指令下达到期货经营机构，再由期货经营机构将指令发至交易所参与交易，期货经营机构须将客户的指令同步录音，以备查证。以网络下单的，客户通过互联网或局域网，使用期货经营机构配置的网上下单系统进行下单。目前，我国以互联网下单的方式占比最大，客户进入下单系统后，需输入自己的客户号与密码，经确认后即可输入指令，指令通过互联网或局域网传到期货经营机构后，通过专线传到交易所主机进行撮合成交，客户可以在期货经营机构的下单系统获得成交回报。期货经营机构须将客户的指令以适当方式保存，以备查证。

二、对交易指令的要求

交易指令的内容一般包括期货交易的品种及合约月份、交易方向、数量、价格、开平仓等。该条要求交易者的交易指令必须明确、具体、全面，这就要求交易者应当先熟悉和掌握有关的交易指令，然后再进行具体交易。就期货经营机构而言，不但严禁越权下单，还必须严格按照客户的指令下单，不得在客户指令不明确、存在歧义的情况下下单。如果交易指令有瑕疵，期货经营机构应当进行弥补，不能弥补的，原则上不能进行操作。

就交易指令不明确所产生的期货纠纷，2003 年 7 月开始施行的《最高人民法院关于审理期货纠纷案件若干问题的规定》[①] 明确了期货经营机构和客户之间的责任分担：客户下达的交易指令数量和买卖方向明确，没有有效期限的，应当视为当日有效；没有成交价格的，应当视为按市价交易；没有开平仓方向的，应当视为开仓交易。客户下达的交易指令没有品种、数量、买卖方向，期货经营机构却未予拒绝而进行交易造成客户损失的，由期货经营机构承担赔偿责任，客户予以追认的除外。

【关联规范】

《最高人民法院关于审理期货纠纷案件若干问题的规定》第十八条至第二十三条。

第二十一条　【程序化交易】通过计算机程序自动生成或者下达交易指令进行程序化交易的，应当符合国务院期货监督管理机构的规定，并向期货交易场所报告，不得影响期货交易场所系统安全或者正常交易秩序。

【条文主旨】

本条是关于程序化交易规范的原则性规定。

【立法背景】

一、程序化交易对市场的影响

程序化交易是伴随 20 世纪 90 年代以来，世界各交易所不断深入的电子化改革而诞生的，应当说程序化交易是信息技术进步与市场竞争的自然结果和必然趋势。从世界范围来看，机构投资者越多的市场程序化交易占比越高，例如美国绝大多数的期货交易都是通过电子下单来执行的。程序化交易的出现对期货市场影响巨大，甚至一定程度上改变了原有的交易和获利模式。

程序化交易对市场有以下积极作用：一是降低了交易成本。程序化交

---

① 《最高人民法院关于审理期货纠纷案件若干问题的规定》，载最高人民法院网站，https://www.court.gov.cn/fabu-xiangqing-282631.html，最后访问时间：2022 年 4 月 25 日。

易通过分拆订单等方式使交易成本最优，并减少了大额订单对市场的冲击成本。二是提高了交易效率。程序化交易的换手率较高，增加了市场深度，提升了流动性，并降低了盘中波动和匹配时间，提高价格发现效率。三是简化了操作流程。程序化交易主要依托计算机系统进行决策和执行，大大减少了人为操作，简化了流程。

程序化交易也给市场带来以下风险：一是技术风险。程序化交易加重了系统的冲击负载，软硬件的设计缺陷和故障、系统的资源瓶颈等可能会在瞬间成为引爆点。二是操作风险。程序化交易往往会在短期内下达一系列交易指令，如果操作失误可能导致较大的市场波动。三是市场波动风险。在交易策略趋同的情况下，自动执行程序和交易策略之间的相互作用会迅速侵蚀流动性，加剧市场波动甚至引发系统性风险，如 2010 年美股“闪电崩盘”事件。四是公平性问题。程序化交易者多为具有资金、信息优势的机构投资者，程序化交易又增加了其技术优势，拉大了与普通投资者的差距。

程序化交易对市场影响的这种两面性对监管提出了全新要求，各国监管机构也都认识到程序化交易的“双刃剑”效应，对程序化交易的监管注重趋利避害。

二、欧美对程序化交易的规制

（一）美国

美国监管机构最初对程序化交易采取宽松态度，直到 2010 年 5 月 6 日美国市场“闪电崩盘”事件发生后，[①] 开始加强对程序化交易的监管。在法律层面，美国期监会（CFTC）于 2013 年 9 月发布的《自动化交易环境下风险控制和系统安全防护相关概念》，阐述对自动化交易的监管见解，向市场传递信号。2015 年 12 月，CFTC 发布的《自动化交易监管规则》草案征求市场意见，该草案规定的监管范围为“算法交易”，并从交易者、金融中介、交易所三个层面构建了分层风险控制框架，具体包括主体登记注册、前端风险控制、事后信息披露、算法程序接入测试、源代码数据库的准入等多项监管措施。市场认为该草案规定的分层风险控制框架过于冗余、监管措施过于严格，对草案反对意见强烈。

2020 年 6 月 CFTC 撤销了《自动化交易监管规则》草案，公布了《电子交易风险管理原则》草案，并于同年 12 月通过实施。《电子交易风险管理原则》在监管理念和方式上与《自动化交易监管规则》草案有很大不

---

① 王飞云：《美国首例高频交易操纵刑诉案宣判》，载《检察风云》2015 年第 24 期。

同。一是将监管范围从“算法交易”扩展至“电子化交易”，把所有通过电子方式向交易所提交订单的交易都纳入其中。二是从规则监管转为原则监管，以交易所为核心设定了三项风险控制原则。该三项原则为：（1）交易所层面应当制定相关交易规则，事前预防与电子化交易相关的市场扰乱（market disruption）和系统异常（system anomalies）；（2）以交易所为基础，对所有电子化订单进行前端风险控制；（3）交易所的电子交易平台发生重大市场扰乱行为的，事后应当立即报告 CFTC。总体来看，《电子交易风险管理原则》赋予了交易所较大的自主性和灵活性，受到市场的普遍欢迎。①

（二）欧盟

在欧盟层面，2018 年 1 月生效的《金融工具市场指令Ⅱ》（MiFID Ⅱ）对算法交易监管进行了规定，主要包括四部分内容：一是明确了算法交易的定义，并将高频交易定义为算法交易的一种；二是规定了高频交易的报备义务，算法交易者应当告知监管机构及交易平台其从事算法交易；三是规定了对进行算法交易的投资公司的组织要求，涉及风控措施、档案存储、做市义务和直连服务等方面；四是明确了对交易场所的要求和义务，涉及交易系统、做市业务、电子标记、报单成交率和费用等方面。此外，还规定监管机构可以要求算法交易者进行报告，报告内容包括对算法交易策略性质的描述、交易参数的详细信息、合规及风控措施等。②

以德国为例，2013 年德国在当时尚未生效的 MiFID Ⅱ框架下，颁布实施了《高频交易法》，这是第一部专门针对程序化交易的监管法律。与 MiFID Ⅱ一样，德国《高频交易法》首先明确了算法交易和高频交易的定义，并进一步规定了各方主体的权利义务。主要包括：一是算法交易和高频交易者的注册义务，其需申请获得德国联邦金融监管局（BaFin）授予的业务许可证；二是交易所应当设置过度使用费、报单成交率，采用熔断机制和合适的最小变动价位；三是 BaFin 有权要求相关参与者提供信息或者禁止某些算法交易策略。③

---

① 《CFTC 电子化交易的相关风险原则》，载期货日报网，http：//www. qhrb. com. cn/articles/282620，最后访问时间：2022 年 3 月 1 日。

② 《金融工具市场指令Ⅱ》，载欧洲议会网站，https：//eur-lex. europa. eu/legal-content/EN/TXT/？ uri=CELEX%3A32014L0065&qid=1650819679209，最后访问时间：2022 年 4 月 24 日。

③ 张启明：《欧洲算法交易和高频交易监管现状——解析德国高频交易综合法案》，载《中国期货》2016 年第 5 期。

三、我国对程序化交易的管理

2015 年，证监会曾组织起草《证券期货市场程序化交易管理办法（征求意见稿）》,[①] 并公开征求意见。该办法按照“严格管理、限制发展、趋利避害、不断规范”的指导思想，拟加强对程序化交易的监管，对程序化交易的定义、申报核查管理制度、接入管理要求、指令审核机制、差异化收费、规范境外服务器使用、主机托管服务等进行了规定。但基于市场发展还不够充分、监管实践不足等多方面考虑，该办法目前并未发布实施。

目前，我国对程序化交易的管理以各期货交易所为主，主要包括以下内容：在市场准入方面，实行程序化交易报备制度，具体采取客户通过期货公司主动报备和交易所问询报备相结合的方式开展，报送内容包括程序化交易者的身份信息、交易策略、系统接入、合规操作等相关信息。在收费制度方面，通过增加程序化交易的成本，以经济手段规范交易者的交易行为，如《大连商品交易所结算管理办法》第三十八条规定大连商品交易所对棕榈油期货合约交易收取申报费[②]，中国金融期货交易所也对股指期货合约交易收取申报费[③]。交易所还可以考虑根据程序化交易的撤单频率、成交撤单比等情况，采取超额收费费率。在日常监管方面，各期货交易所在异常交易行为监管规则中，把采取程序化交易方式下达交易指令或通过计算机程序自动批量下单、快速下单，可能影响交易所系统安全或者正常交易秩序的行为认定为异常交易行为，并可采取相关自律管理措施。

四、高频交易

从交易速度和下单频率的角度来看，程序化交易可分为高频程序化交易和非高频程序化交易。高频交易的交易决策生成及执行完成往往以毫秒为单位，较之非高频程序化交易对交易系统安全和市场交易秩序的影响更大。同时，因高频交易自身的特性，更容易被用来作为市场操纵和违规交易的手段，典型的如幌骗行为（spoofing）、分层铺单（Layering）、抢跑（front running）行为等，因此也更受监管关注。

---

① 《证券期货市场程序化交易管理办法（征求意见稿）》，载中国证监会网站，http：//www.csrc.gov.cn/csrc/c101836/c1021934/content.shtml，最后访问时间：2022 年 4 月 25 日。

② 《关于对棕榈油期货合约交易收取申报费的通知》，载大连商品交易所网，http：//www.dce.com.cn/dalianshangpin/ywfw/jystz/ywtz/6251866/index.html，最后访问时间：2022 年 5 月 20 日。

③ 《中国金融期货交易所收费一览表》，载中国金融期货交易所网，http：//www.cffex.com.cn/zjssf/20190508/23701.html，最后访问时间：2022 年 5 月 20 日。

从我国来看，总体上高频交易仍处于起步阶段，但未来可能会被更广泛运用，在期货市场对外开放的大环境下，海外市场知名高频交易商业已开始进入我国期货市场。我国对高频交易的规制既要参考国际最佳实践，更要立足于我国期货市场的生态条件，不能照搬照抄境外制度。以美国市场为比较对象，中美高频交易面临的环境存在以下显著不同：一是交易主体专业化程度不同。美国高频交易的主体是具备专业投资技术和强大资金实力的机构投资者，我国利用高频交易软件进行交易的投资者规模仍然较小。二是市场结构不同。美国为分隔市场，我国为统一市场，因此利用分割市场结构以及为获取流动性回扣而进行的高频交易在我国无法适用。三是行情发布方式不同。美国为逐笔行情发布，我国为切片式行情发布，因此利用获取信息时间优势的“抢跑”行为在我国适用空间有限。四是系统连接方式不同。美国高频交易者可以直连接入交易系统，我国客户的交易委托必须经过期货经营机构系统的前端检查，从而降低了高频交易的速度。五是报撤单限制不同。美国较为宽松，我国各家交易所对报撤单数量都设有严格限制，因此报撤单的频率和速度实际远低于美国市场。六是交易策略不同。上述不同使得在美国常用的结构性策略、趋势性策略在我国市场结构下使用空间十分有限，目前我国以被动做市性策略、套利性策略为主。

【条文解读】

一、程序化交易的含义

程序化交易，泛指以计算机程序代替人工做出交易决策或者下达交易指令的交易，也被称为“自动化交易”。程序化交易本质上是一种交易手段，被广泛应用于证券、期货市场。本条所指程序化交易，与证券法第四十五条规定的“程序化交易”在内涵与外延上基本一致。①

与“程序化交易”相关的概念还有量化交易（Quantitative trading）、算法交易（Algorithmic trading）、高频交易（High-frequency trading）等。量化交易是一种市场策略，它依赖于数学和统计模型来识别和执行交易机会；算法交易是一种限定的、确定的问题解决方法，它利用各类市场信息快速评估市场状态并进行交易，适合作为计算机程序实现，强调的是交易决策主体为计算机；高频交易指通过高速交易大量小单指令，在交易标的微小的价格变化中获利的交易行为，通常会采用套利策略、做市策略等。

---

① 程合红主编：《〈证券法〉修订要义》，人民出版社 2020 年版，第 89 页。

尽管这些概念在理论上有所差别，但都需要通过使用计算机程序来实施完成交易，因此在实践中往往混用。

二、程序化交易的规制

与境外成熟市场相比，程序化交易在我国尚处于起步阶段，对程序化交易的管理也处于探索阶段，因此在本法起草工作早期，未将程序化交易纳入本法规制，而留由下位法和自律规则进行规范。2015 年股市波动中，程序化交易被认为是推动市场波动的原因之一，加之某国际贸易有限公司通过高频程序化交易软件操纵市场非法获利等事件，引发了监管机构和舆论的极大关注，由此开始考虑在法律层面对程序化交易进行规制。

对程序化交易的监管逻辑存在两种不同思路：一种是参考德国模式，在法律层面规定程序化交易的定义和范围，并将程序化交易监管重点放在高频交易方面；另一种是考虑到程序化交易的发展日新月异，在法律中规定程序化交易的定义和范围不能适应市场变化，更宜采取向期货交易场所报告的方式来加强监管的灵活性。综合考虑程序化交易的复杂性和发展需要后，本法原则规定了向期货交易场所的报告制度，并进一步授权监管机构规范程序化交易，为建立程序化交易的识别制度，以及信息阀、信息量收费、减速带等管理制度留出空间，在鼓励市场创新的同时维护市场的公平与稳定。在本法起草过程中，最高人民法院、最高人民检察院也在研究制定《关于办理操纵证券、期货市场刑事案件适用法律若干问题的解释》,[1] 该解释在制定中曾将“违反规定滥用技术优势进行期货交易”作为操纵市场的具体类型，但考虑到技术优势属于中性概念，本身也不具有危害性，最终正式出台的该解释删除了这一表述。本法也采纳这一立场，将程序化交易视为中性的交易方式。

【关联规范】

《中华人民共和国证券法》第四十五条。

---

① 《关于办理操纵证券、期货市场刑事案件适用法律若干问题的解释》，载最高人民法院网站，https：//www. court. gov. cn/fabu-xiangqing-167222. html，最后访问时间：2022 年 4 月 20 日。

第二十二条　【保证金制度】期货交易实行保证金制度，期货结算机构向结算参与人收取保证金，结算参与人向交易者收取保证金。保证金用于结算和履约保障。

保证金的形式包括现金，国债、股票、基金份额、标准仓单等流动性强的有价证券，以及国务院期货监督管理机构规定的其他财产。以有价证券等作为保证金的，可以依法通过质押等具有履约保障功能的方式进行。

期货结算机构、结算参与人收取的保证金的形式、比例等应当符合国务院期货监督管理机构的规定。

交易者进行标准化期权合约交易的，卖方应当缴纳保证金，买方应当支付权利金。

前款所称权利金是指买方支付的用于购买标准化期权合约的资金。

【条文主旨】

本条是关于保证金分级收取、保证金形式、期权权利金等的规定。

【立法背景】

保证金制度是期货市场最核心的风险管理制度，也是整个期货市场效率和风险管理之间平衡的关键，当日无负债结算、强行平仓等风控制度都是围绕保证金制度建立的。保证金交易方式由芝加哥期货交易所在 1865 年首创，通过资金的杠杆作用大大降低了交易成本，被认为是现代期货市场的开端，也是区分现货交易与期货交易的重要标志。①

与《期货交易管理条例》相比，本条未规定保证金的归属。《期货交易管理条例》规定，“期货交易所向会员收取的保证金，属于会员所有”“期货公司向客户收取的保证金，属于客户所有”，这一规定延续自 1999 年的《期货交易管理暂行条例》（已失效）。在业务实践中，会员向结算机构交纳的保证金大部分来源于其向客户收取的保证金，即会员将其客户交纳的保证金再以会员自身名义交至结算机构，《期货交易管理条例》关于

① 中国期货业协会编：《期货及衍生品基础》，中国财政经济出版社 2018 年版，第 4 页。

保证金所有权的表述，导致同一笔保证金上存在两个所有权的问题，与传统“一物一权”原则有所冲突，理论上存在较大争议。本法起草过程中，曾有观点提出以资金来源界定保证金的归属，即仍规定客户向会员交纳的保证金为客户所有，但对会员向结算机构交纳的保证金进行区分，源于客户交纳的部分为客户所有，源于会员自有资金交纳的部分为会员所有，从而重塑保证金的所有权结构①。从《期货交易管理条例》关于该条的立法目的看，规定保证金的归属意在保护客户和会员的利益：一是防止期货公司会员挪用客户的保证金，或者结算机构挪用会员的保证金；二是避免结算机构或者期货公司会员发生破产情形时，保证金被作为其破产财产用于向其他债权人履行债务；三是避免因结算机构或期货公司会员的原因，导致客户保证金被司法查封、扣押、冻结。考虑到本法第四十条对保证金专户存放和封闭运行进行了规定，第四十三条对结算财产的破产保护和免予司法查封、冻结、扣押或强制执行进行了规定，已能够有效解决上述问题；而关于保证金的利息归属，实践中则已通过当事人的合同约定或行业惯例得到了很好解决。因此，本法基于务实原则和问题导向，不再纠缠于保证金的权属，而重在规范保证金的收取和使用流程，对保证金的归属不再作规定。

【条文解读】

期货交易的保证金制度，是指期货交易中的买方和卖方必须按合约价值的一定比率缴纳保证金，用于结算和履约保障。

一、保证金的分级收取

保证金的分级收取与管理，对于期货市场的风险管理具有重要意义。一般而言，由结算机构向其会员收取保证金，作为会员的期货经营机构向其客户收取保证金，前者称为会员保证金，后者称为客户保证金。中国金融期货交易所实行分级结算制度，其全面结算会员还要向交易会员收取保证金。从保证金标准来看，会员向客户收取的保证金标准不得低于结算机构向会员收取的保证金。市场实务中，会员为防范结算风险，大多会向客户收取高于结算机构标准的保证金。从法律关系来看，结算机构与会员、会员与客户之间是两组相对独立的交易及结算关系。

二、保证金的作用是保障结算和履约

保证金的保障作用可以分两个阶段来看：一是保障合约存续期间的每

---

① 以上观点为王飞云在期货法立法小组工作期间，对行业机构、期货交易所、监管部门等各方所提立法需求意见的梳理汇总。

日结算。我国期货交易实行当日无负债结算，结算机构根据合约价值变动情况，每个交易日会对保证金账户当天的盈亏进行计算和资金划转。在该阶段，保证金是会员和客户持仓得以存续的担保，如果在规定时间内保证金不能达到规定标准，其持仓即面临被强行平仓的风险。二是保障合约到期后的交割履行。期货合约到期后，对未平仓合约需进行实物交割或者现金交割，在此阶段保证金起到担保交割正常完成的功能，如发生交割违约，保证金可用于交割违约的罚款或赔偿金。

我国期货交易所将保证金分为结算准备金和交易保证金。结算准备金是结算参与人在结算机构专用结算账户中预先准备的资金，是未被合约占用的保证金；交易保证金是结算参与人存入结算机构专用结算账户中确保履约的资金，是已被合约占用的保证金。期货交易所规定了结算准备金的最低余额标准，并明确结算参与人应以其自有资金缴纳。期货合约买卖双方成交后，交易所按照持仓合约价值的一定比率或规定的其他方式向双方收取交易保证金。一般情况下，交易所按买入和卖出的持仓量分别收取交易保证金，但考虑到有的期货品种之间具有较强的相关性，为节约市场参与者的资金成本，交易所对满足一定条件的同品种或跨品种双向持仓，可以按照交易保证金单边较大者进行收取。

境外市场一般将保证金分为初始保证金（Initial Margin）和变动保证金（Variation Margin）。初始保证金指交易者在最初开仓时必须存入的资金。为了确保保证金账户的资金余额不出现负值，交易所还设置了维持保证金（Maintenance Margin），维持保证金水平通常低于初始保证金水平。如果保证金账户的余额小于维持保证金水平，交易者会被要求追加保证金，将保证金账户内的资金补足到初始保证金的水平，这一追加资金被称为变动保证金。①

三、保证金的范围

保证金的作用是保障履约，很大程度上具有担保的功能属性，因此理论上任何具有价值的物品都可以作为保证金。但期货市场对流动性有很高的要求，当日无负债结算更是要求保证金的形式具有价值稳定、易于变现的特点，因此本条规定除现金外，国债、股票、基金份额、标准仓单等流动性强的有价证券也可以作为保证金。目前在我国的市场实践中，期货交易所接受国债和标准仓单作为保证金。从经济和效率的角度看，放宽保证

---

① ［加拿大］约翰·赫尔：《期权、期货及其他衍生产品》（第 8 版），王勇、索吾林译，机械工业出版社 2011 年版，第 20 页。

金的形式，有利于降低交易成本，提高资金使用效率，境外期货市场还广泛接受银行信用证、银行保函、专业担保计划、实物黄金、黄金凭证等非现金抵押品作为保证金。考虑到未来的市场发展，本条还授权国务院期货监督管理机构规定其他财产作为保证金的形式。

为保障资金流动性防范结算风险，我国对有价证券作为保证金的比例、折扣率等进行了限制性规定。《期货交易所管理办法》规定，有价证券作为保证金的金额不得高于会员在期货交易所专用结算账户中的实有货币资金的4倍，并将有价证券的基准计算价值、折扣率等授权交易所自行规定。目前，各期货交易所都规定有价证券的折后金额不高于其市值的80%，对于期货交易的相关亏损、费用、货款和税金等款项，必须以货币资金支付，不能以有价证券支付。

四、有价证券等作为保证金的法律模式

该条明确有价证券作为保证金可以通过质押这一法律模式实现，是对当前市场实践的法律确认。期货交易所在业务实务中，已通过其业务规则、与市场参与者订立合同等方式构建了有价证券作为保证金的质押模式。以中国金融期货交易所的国债作为保证金业务为例，其在业务规则中规定，“结算会员的客户、受托交易会员以有价证券作为保证金的，视为同意结算会员将其有价证券提交交易所作为保证金。交易会员的客户以有价证券作为保证金的，视为同意交易会员将其有价证券提交结算会员作为保证金，并同意结算会员将其有价证券提交交易所作为保证金。会员、客户以有价证券作为保证金的，视为授权交易所委托托管机构对其申报账户内的对应有价证券进行划转或者质押登记处理。有价证券的划转、质押登记以及管理等相关业务按照托管机构有关规定办理”“交易所按照会员的申请，委托中央结算公司进行国债质押登记，中央结算公司对国债进行质押登记后视为办理完成”①。中国金融期货交易所规定的这种层层出质的模式，法律关系上即为转质押，客户的债券无需作账户间的划转，由债券登记托管机构在客户的有价证券托管账户内作有价证券质押登记公示，中国金融期货交易所据此即获得完整效力的担保物权。值得一提的是，转质押模式在理论上存在层层登记、层层解押的缺点，影响市场效率，但在当前我国有价证券的登记结算已高度电子化的背景下，该问题在实务中并不突出。

---

① 《中国金融期货交易所结算会员结算业务细则》，载中国金融期货交易所网，http：//www.cffex.com.cn/zgjrqhjysjshyjsywxz/，最后访问时间：2022年5月20日。

作为国债托管机构的中央国债登记结算公司也在其规则中规定了质押的流程："（1）委托非结算会员进行期货交易的投资者将债券作为期货保证金的，由投资者发起质押，非结算会员进行确认；再由非结算会员发起质押，结算会员进行确认；再由结算会员发起质押，交易所进行确认；（2）委托结算会员进行期货交易的投资者将债券作为期货保证金的，由投资者发起质押，结算会员进行确认；再由结算会员发起质押，交易所进行确认；（3）非期货公司结算会员将债券作为期货保证金的，由非期货公司发起质押，交易所进行确认。"[①]同时，还对质押的解除流程进行了明确。

从境外市场来看，有价证券作为保证金既有基于质押模式的制度设计，也有基于所有权转移模式的制度设计，各国通常根据自身整体的法律制度体系予以取舍，或者两者兼容并将选择权赋予期货结算机构。该条在认可质押模式的同时，也为所有权转移等其他"具有履约保障功能的"法律模式预留了空间，以适应未来业务发展需要。草案征求意见过程中，有意见提出在质押的基础上，增加列举"所有权转移"或"让与担保"。考虑到民法典未明确列举让与担保等非典型担保方式，而是通过"其他具有担保功能的合同"为各种新型担保方式提供了空间，本条的规定业已为其他法律模式预留了空间；同时，我国期货市场目前也没有通过"所有权转移"或者"让与担保"方式开展有价证券作为保证金业务的实践，因此最终未增加列举。

五、场内期权交易的保证金制度

场内期权也有保证金制度，对场内期权的买方而言，需要支付权利金（premium），也称期权费、期权价格，买方在支付权利金后只有权利没有义务，因此无需再缴纳保证金。对卖方而言，通过该交易获得了权利金，同时承担了满足买方行权时的相应义务，因此需要如期货交易一样缴纳保证金，以保障在买方选择行权时能够履行合约。

【关联规范】

《期货交易所管理办法》第六十八条至第七十五条。

---

① 参见《中央国债登记结算有限责任公司债券作为期货保证金业务操作指引》第 5.1 条，载中央结算公司网站，https：//www.chinabond.com.cn/cb/cn/sczy/ywzy/dbpfw/20200303/153808744.shtml，最后访问时间：2022 年 4 月 24 日。

第二十三条　【持仓限额】期货交易实行持仓限额制度，防范合约持仓过度集中的风险。

从事套期保值等风险管理活动的，可以申请持仓限额豁免。

持仓限额、套期保值的管理办法由国务院期货监督管理机构制定。

【条文主旨】

本条是关于持仓限额及其豁免制度的规定。

【立法背景】

一、美国期货市场的持仓管理制度

持仓管理制度在美国期货市场经过百余年的发展，已形成一个较为完善的体系。该体系主要由持仓限额、持仓合并和持仓豁免三部分内容组成：一是持仓限额。指由 CFTC 或期货交易场所规定交易者持仓量的最高数额。除了持仓限额外，还规定了持仓责任报告（Position accountability），作为持仓限额的一种替代手段。持仓责任报告，指当交易者的持仓超过了持仓责任报告的水平后，需向交易所报告其持仓、交易策略等信息，适用于无持仓限额管理的期货品种。二是持仓合并。指按照“所有权原则”和“控制权原则”，对同一交易者（实际控制人）的所有持仓进行合并计算，以避免交易者（实际控制人）通过分仓、分账户等形式逃避持仓限额监管。三是持仓豁免。指在得到 CFTC 或交易所批准的情况下交易者的持仓可以突破限额。豁免对象主要包括三类情形：善意套期保值持仓限额豁免、风险管理持仓限额豁免和套利持仓豁免。[1]

美国针对不同类型的期货品种采取不同的持仓管理模式，包括 CFTC 和期货交易场所两个层面。大体可分为三种情形：一是由 CFTC 直接设定期货品种的持仓限额水平，也被称为联邦限仓。对于少数几种核心期货品

① 周鹏举：《美国期货市场限仓制度研究》，载《期货及衍生品法律评论》（第 2 卷），法律出版社 2020 年版，第 205 页。

种，CFTC 直接设定持仓限额的具体数值，[①] 如 CBOT 的玉米期货合约，交易所只能执行不高于 CFTC 规定的限额水平。二是 CFTC 授权交易所自主设定期货品种的持仓限额水平，也被称为交易所限仓。对于核心品种之外的多数期货品种，CFTC 仅规定限额水平的基本计算方法，授权交易所自主设定持仓限额的具体水平，并对交易所的相关规则措施进行定期检查。三是 CFTC 授权交易所自主决定是否采用持仓限额手段。对于一些满足流动性要求的非交割月期货品种合约，CFTC 没有规定持仓限额要求，交易所可以自主决定是采用持仓限额的管理方式，还是采用持仓责任报告的管理方式。例如对主要货币对外汇合约，交易所可以选择采用持仓责任报告的管理方式。[②]

从发展历程来看，美国对限仓制度的修订经历了较长过程，其间不乏各种争议。1917 年为防止第一次世界大战期间食品市场被操纵，美国在玉米期货合约上引入了 50 万蒲式耳的持仓额度限制，这是持仓限额制度的开端。1936 年的美国《商品交易法》构建了限仓及其豁免制度的整体框架，授权监管机构在法律列举的 9 个农产品品种范围内实施持仓限额，其后持仓限额管理逐步推广至更多的期货品种。随着 20 世纪 70 年代金融衍生品的出现和发展，为适应全新的交易理念和策略，CFTC 完善了套期保值行为的定义，推出持仓责任报告制度。2000 年《美国商品期货现代化法案》正式将持仓责任报告作为持仓限额的替代手段。总体来看，随着期货基础资产范围的扩展和技术进步，美国期货市场持仓管理的逻辑和方法也在不断演进，呈现出以下趋势：一是从规则监管转向原则监管。随着期货市场日益复杂，CFTC 对持仓限额从基于条文的规则监管逐步进化到基于经济意义的原则监管，监管的灵活性不断提升。二是持仓豁免的范围不断扩大。随着期货市场从商品到金融的演进，套期保值的含义不断扩展，并在传统的“善意套期保值持仓限额豁免”基础上增加了“风险管理持仓限额豁免”，[③] 能够涵盖现货替代、阿尔法策略等诸多新型交易方式，满足交易者多样化的风险管理需求。三是监管权从 CFTC 向交易所过渡。以《1982 年期货交易法》为标志，持仓限额及其豁免权逐步由监管机构向交易所让

---

① 传统的核心期货品种有 9 个，均为农产品期货，且是对所有月份的合约都执行联邦限仓。最新一次修订是在 2020 年，新增核心期货品种 16 个，除农产品期货外还涵盖了能源和金属期货品种，但对这些新增的期货品种仅在交割月合约上执行联邦限仓。

② 贺楠：《美国期货市场限仓制度的发展》，载《中国证券期货》2018 年第 1 期。

③ CFTC 于 1987 年发布金融期货套期保值条款扩展指引（52 FR 34633），规定使用金融期货进行风险管理也可以申请持仓限额豁免。

渡，持仓责任报告发展为与持仓限额居于同等重要地位的核心制度，交易所进行持仓管理的自主性不断提升。

二、目前我国的持仓管理制度

与美国期货市场相比，我国的持仓限额制度设计有以下特点：一是我国持仓限额按照单边持仓计算，美国主要期货产品采用多空轧差之后的净持仓计算，因此即使境内交易所和美国交易所持仓限额水平相同，交易者实际可持有的合约数量也可能相差较大。二是我国目前多采用对期货、期权产品分别限仓的方式，美国则将期货、期权视为一个整体来评估其持仓规模对整个市场的影响，并对期货、期权进行合并限仓。三是我国对所有期货品种均实行持仓限额制度，还没有类似于美国的持仓责任报告制度作为替代。

在持仓限额豁免方面，目前我国期货市场实行套期保值审批制度，由交易者向期货交易所提交申请材料，交易所根据市场情况以及申请人的申请材料、资信状况、交易情况等进行额度审批。交易者的套期保值持仓不得超过其获批的额度，并应当按照套期保值方案执行，满足期现匹配管理要求，实践中对套期保值、期现匹配等的认定较为严格。期货经营机构应当督促其客户合法合规使用套期保值额度，持续开展风险教育。交易所对套期保值额度使用情况进行监督管理，并有权根据市场情况和申请人的情况对套期保值额度进行调整。从各期货交易所的规定来看，套期保值交易者不仅可以突破持仓限额、交易限额的一般规定，交易所还可以对套期保值交易的保证金、手续费采取优惠措施，对日内过度交易、自成交、频繁报撤、大额交易等异常交易行为进行豁免。但总体来看，突破持仓限额仍是申请套期保值交易的主要目的。除了套期保值制度，交易所还建立了套利制度、做市商制度，规定套利交易、做市商可以突破持仓限额相关规定的限制。

【条文解读】

对持仓进行管理是期货市场的一项基础性风险管理设计，各国期货市场普遍实施了持仓限额制度和针对套期保值等的持仓豁免制度。持仓限额制度保障了期货市场的健康运行，持仓豁免制度则保障了期货市场风险管理功能的正常发挥。考虑到随着期货市场的发展，持仓限额制度、套期保值等持仓豁免制度也需要进行调整，本条仅进行原则性规定，授权国务院期货监督管理机构制定具体的管理办法，进一步明确持仓限额管理的主体、对象、方式等要件。

一、持仓限额制度

持仓限额是指对期货交易者、会员的持仓量规定的最高数额。对持仓量进行限额的目的是抑制市场过度投机，防范持仓过度集中带来的风险。具体而言：一是防范操纵市场价格的风险。市场交易者对市场的影响力随其持仓量的增加而增大，如果交易者的持仓规模大到可以影响期货价格，则可能出于营利目的扭曲期货价格，引发操纵价格的风险。二是防范实物交割的逼仓风险。逼仓属于操纵市场行为的一种，主要发生在采取实物交割的期货品种上，分为“多逼空”和“空逼多”两种。实践中逼仓风险多是“多逼空”造成的，在期货多头持仓较大的情况下，到期交割时如可交割标的不足，期货空头为避免违约只能不计成本地进行平仓，导致价格扭曲。三是防范集中度风险。在持仓集中度较大的情形下，即使持仓较大的交易者没有操纵市场的主观故意，也可能造成扰乱市场秩序的后果。集中度风险主要表现为两种情形：一是因交易者持仓较大，可能使其平仓行为在客观上导致市场价格偏离的结果；二是在持仓较大的交易者违约时，结算机构可能无法及时以合理的价格了结其持仓。从风险源头看，操纵市场价格风险和集中度风险是源自期货市场本身流动性不足，逼仓风险是源自标的现货市场的存量不足或者流动性不足。通常来讲，对一般月合约设置持仓限额的主要功能是防范因期货市场流动性不足带来的操纵市场价格风险和集中度风险，对交割月合约设置持仓限额的功能更侧重防范因现货市场规模不足带来的逼仓风险。

持仓限额水平的设定通常会考虑期货市场流动性、合约交割方式、标的现货市场规模等综合因素，对不同期货品种合约设置不同的持仓限额。从境外成熟市场来看，往往对实行实物交割的商品期货的持仓限额管理更为严格，而对实行现金交割的金融期货的持仓限额管理较为宽松，甚至对抗操纵性强、流动性好的部分金融期货合约，例如宽基指数期货合约，不设持仓限额。目前，我国期货市场实行严格的持仓限额制度，对所有期货品种合约都设置了持仓限额，同时为防止期货交易者利用他人账户通过分仓等方式逃避持仓限额管理，对实际控制账户间的持仓进行合并计算。根据合约月份不同，实行实物交割的期货品种一般会区分一般月合约和（临近）交割月合约，分别设置持仓限额水平，其中（临近）交割月合约的限额设置更为严格。我国对持仓限额按照单边持仓进行计算，由期货交易所设置各期货品种合约的具体持仓限额水平。

二、持仓豁免制度

限制交易者的持仓额度能够有效抑制过度投机和防范市场操纵，但同时也可能妨碍期货市场风险管理和价格发现功能的正常发挥，产生负面作用。为此，各国期货市场普遍实施了与持仓限额相配套的持仓限额豁免制度。本条规定“从事套期保值等风险管理活动的，可以申请持仓限额豁免”，为建立以套期保值为核心的持仓豁免制度提供了法律依据。

【关联规范】

《期货交易所管理办法》第七十九条。

第二十四条　【实际控制关系】期货交易实行交易者实际控制关系报备管理制度。交易者应当按照国务院期货监督管理机构的规定向期货经营机构或者期货交易场所报备实际控制关系。

【条文主旨】

本条是关于实际控制关系报备管理制度的规定。

【立法背景】

一、目前我国实际控制关系账户的管理模式

目前，我国期货市场对实际控制关系账户实行“主动申报+强制认定”的管理模式：一方面，交易者是实际控制关系报备的直接义务主体，应当按交易所规定的实际控制关系情形进行比照，存在相关情形的主动进行申报。具体而言，交易者是期货经营机构的客户的，在申请开户时如拟开立的账户与其他账户存在实际控制关系，则交易者负有向期货经营机构如实披露的义务，再由期货经营机构向中国期货市场监控中心报告；交易者是交易所的自营会员的，则由交易者直接向交易所进行报备。同时，期货经营机构需履行对客户实际控制关系账户的管理职责，充分告知客户有关实际控制关系账户管理的规定，对客户实际控制关系账户的申报和变更进行管理，并对客户报备的内容保密。目前，中国期货市场监控中心建立了统一受理期货经营机构报送材料的实控报备程序，并与各交易所建立账户信息共享机制。另一方面，如果交易所在日常监管中发现具有疑似实际控制关系但未报备的账户，则通过询问等方式提示交易者进行报备。如果交易者不承认其间存在实际控制关系或者拒不报备的，交易所根据相关证据认为其符合实际控制关系认定规则、交易行为具有一定程度关联性的，可以

对实际控制关系账户进行强制认定，将其并入一个实际控制关系账户组，并可以对交易者隐瞒实际控制关系的行为采取自律管理措施。如果交易所暂时无法认定实际控制关系的，可以将其列入重点监控名单。

从实际控制关系认定的后果来看，无论是交易者主动申报还是被交易所强制认定，其实际控制关系账户组内的账户都要合并计算，适用单个交易者的持仓限额标准、交易限额标准和异常交易标准。因此，实际控制关系的认定直接关系到交易者的切身利益，各期货交易所就实际控制关系账户管理都制定有专门规则。

二、期货交易所关于实际控制关系的规定

目前，我国各期货交易所都在业务规则中列举了构成实际控制关系的具体情形，一般包括：(1) 行为人作为他人的控股股东；(2) 行为人作为他人的开户授权人、指定下单人、资金调拨人、结算单确认人或者其他形式的委托代理人；(3) 行为人作为他人的法定代表人、主要合伙人、董事、监事、高级管理人员等，或者行为人与他人的法定代表人、主要合伙人、董事、监事、高级管理人员等一致的；(4) 行为人与他人之间存在配偶关系；(5) 行为人与他人之间存在父母、子女、兄弟姐妹等关系，且对他人期货账户的日常交易决策具有决定权或者重大影响；(6) 行为人通过投资关系、协议、融资安排或者其他安排，对他人期货账户的日常交易决策具有决定权或者重大影响；(7) 行为人对两个或者多个他人期货账户的日常交易决策具有决定权或者重大影响；(8) 中国证监会或者交易所认定的其他情形。

【条文解读】

实际控制是指任何单位或者个人对其他单位或者个人的期货账户具有管理、使用、收益或者处分等权限，从而对其他单位或者个人的交易决策拥有决定权的行为或事实。

实际控制关系账户管理是期货市场重要的制度安排，旨在避免交易者通过分仓、分账户等形式逃避监管，对维护市场秩序具有重要作用。该条规定对实际控制关系账户实行报备管理，并授权国务院期货监督管理机构制定具体办法，进一步明确相关管理主体、报备方式等事项。

【关联规范】

《期货公司监督管理办法》第六十二条。

第二十五条 【期货交易收费】期货交易的收费应当合理，收费项目、收费标准和管理办法应当公开。

【条文主旨】

本条是关于期货交易收费的原则性规定。

【立法背景】

在期货交易的各个环节都会发生有偿服务的收费问题，费用的项目、标准直接关系到交易者进行期货交易的成本，影响交易者参与期货交易的意愿，与期货市场价格发现和套期保值等功能的有效发挥也密切相关。因此，期货交易收费项目是否确定、收费标准的高低，对能否建立高效的期货市场有重要影响，关系到我国期货市场和期货服务业的竞争力。

从收费的主体来看，期货交易的收费包括期货交易场所向会员收取的费用、期货结算机构向结算参与人收取的费用、期货经营机构向客户收取的费用等。从收费项目来看，收费项目一般包括会员的席位费、交易手续费、交割手续费、变更手续费、有价证券作为保证金业务手续费、过户费、转托管费等，不同期货品种的具体收费项目和标准也有所差异，期货交易所通过其业务规则或通知予以明确并向市场公开。根据市场情况调整收费项目和标准，也是对期货市场进行调控、防范市场风险的重要手段，比如可以通过调高收费标准来抑制过度投机交易，防止市场过热。

【条文解读】

本条规定了收费合理和收费公开两项基本原则。具体有以下含义：

一、收费合理

期货交易活动中，需要由期货交易场所、期货结算机构、期货经营机构等为交易者提供相应服务，按照有偿原则，上述主体在提供服务的基础上收取合理费用也是国际惯例。该条规定的“收费应当合理”，是指期货交易场所、期货结算机构、期货经营机构等收取的费用应当按照提供服务的成本、市场需求、交易者承受能力等因素综合分析确定，在能够覆盖所产生成本确保维持服务质量的基础上，不得过高从而侵蚀交易者的收益。同时，期货经营机构等也不得以低收费为手段开展恶性竞争，破坏正常的市场秩序。

二、收费公开

期货交易的收费项目、标准和办法必须向社会公开并统一执行，未公开的项目不得收取费用，这也是市场交易中诚实信用原则的体现。期货交易活动中收取的费用，本质上属于民事行为，收费项目和标准应当以双方按照法律规定自主协商为原则。从立法沿革来看，《期货交易管理条例》基于防止垄断地位优势或者收费上恶性竞争的考虑，规定"期货交易的收费项目、收费标准和管理办法由国务院有关主管部门统一制定并公布"，具体涉及期货监督管理部门、物价、财税等多个部门，[①] 市场主体收费的灵活性不足。本法为落实"放管服"的精神要求，放松了行政干预，不再作此规定，尽可能为市场主体提供便利，这与证券法第四十三条在立法精神上一致。

【关联规范】

《中华人民共和国证券法》第四十三条。

第二十六条 【交易确定性】依照期货交易场所依法制定的业务规则进行的交易，不得改变其交易结果，本法第八十九条第二款规定的除外。

【条文主旨】

本条是关于期货交易结果的确定性的规定。

【立法背景】

期货交易的效力与传统民事法律行为的效力存在一些区别。按照一般合同原理，合同效力可以被认定为无效或可变更可撤销，例如存在违反法律、行政法规的强制性规定，违背公序良俗，恶意串通损害他人利益等情形的，合同无效；合同一方当事人在订立合同时，存在受他方欺诈、胁迫、乘人之危或者存在重大误解、显失公平情形的，可以请求变更或者撤

① 陈欣：《〈期货交易管理条例〉解读》，北京大学出版社2007年版，第118页。

销合同。但期货交易基于自身的集中性、系统性，以及交易对手的匿名性等特征，上述传统民事行为效力理论应进行限制性适用，保障期货交易效力的确定性和最终性原则。

【条文解读】

在正常情况下，期货交易一经达成不得改变交易结果，以确保期货交易的确定性。期货交易是一种匿名的多对多交易，交易中的任何一方均不知各自的对手方是谁，且期货交易还具有高效率、高流动性、价格瞬息万变等特点。这要求期货交易必须具有一定的稳定性，一旦按照相关规定完成交易，交易的效力必须得到确认，不得随意更改。如允许随意更改，一方面在匿名的集中交易机制下客观上较难实现，另一方面将导致整个市场交易秩序的混乱，影响到众多交易者的利益。因此，为维护交易的稳定性、高效率，交易结果的确定性、最终性是各国普遍认可的基本原则，只要是按照交易所业务规则达成的交易，一般应当予以确认。当然，虽然交易结果不得改变，但存在过错的一方应承担相应民事责任。

在特殊情况下，期货交易场所可以取消交易，以保障期货交易的公平性。本条将重大异常交易下的取消交易作为交易确定性原则的例外情况，是期货交易的一种纠错机制。在出现不可抗力、意外事件、技术故障等突发性事件的情形下，可能使期货交易的结果出现重大异常，导致期货交易的价格、数量甚至品种严重违背交易者的真实意图，从结果来看往往对期货交易正常秩序和市场公平造成重大影响，这些重大异常的交易被称为错误交易或者错单交易。从境外成熟资本市场来看，为尽量减少错误交易对利益相关者和期货市场整体的不利影响，多数都通过法律或者期货交易所的业务规则，规定错误交易的取消制度，作为对交易确定性原则的补充和例外。[①] 应当强调的是，取消交易是期货交易的一种例外情形，只有当交易后果产生严重的不公平时，交易所才能够采取这样的措施。交易所在采用时应当非常慎重，且应严格按照规定的标准和程序进行。

【关联规范】

《中华人民共和国证券法》第一百一十七条。

---

① 李明良、普丽芬：《金融期货市场错单交易处理制度研究》，载《期货及衍生品法律评论》（第 1 卷），法律出版社 2018 年版，第 214~221 页。

第二十七条　【报告义务】期货交易场所会员和交易者应当按照国务院期货监督管理机构的规定，报告有关交易、持仓、保证金等重大事项。

【条文主旨】

本条是关于期货交易场所会员和交易者报告义务的规定。

【立法背景】

目前，我国期货市场已建立大户持仓报告制度和风险警示制度，对会员和交易者的报告义务进行了规定。大户持仓报告制度，是指期货交易场所会员或者客户的持仓达到持仓报告标准的，会员或者客户应当向期货交易场所报告。报告事项可以包括持仓量、保证金、可动用资金、资金来源、实际控制关系账户、交割意愿及交割数量、持有现货相关信息等。风险警示制度，是指期货交易场所认为必要的，可以要求会员和客户报告情况，并可以采取其他措施，以警示和化解风险。例如，当出现期货价格异常、会员或客户的交易或持仓异常、资金异常、涉嫌违规、会员涉及司法调查、交易所接到涉及会员或客户的投诉等情形的，交易场所可以要求会员或客户报告情况。

【条文解读】

期货市场是高风险市场，监管机构为实现对期货市场的有效监管，在一些情况下需要及时、全面掌握市场上的重要信息，以有效研判、防范和化解市场风险。为此，该条规定期货交易场所会员和交易者有报告交易、持仓、保证金等重大事项信息的义务，进一步丰富了监管机构、自律组织等的监管手段，增强了监管机构、自律组织等的信息收集和风险研判能力。

我国期货市场现行的大户持仓报告制度和风险警示制度都对会员和客户的报告义务进行了规定，但这两项制度的报告对象均为期货交易所，不包括监管机构和其他自律组织，且大户报告的门槛通常比较高，在一些情况下可能无法满足监管需要。因此，本条对会员和交易者的报告义务进行了原则性的规定，并授权国务院期货监督管理机构制定具体规定，进一步明确报告的对象、情形、范围、内容、时效、方式等要件。

【关联规范】

《期货交易所管理办法》第八十条、第八十六条。

第二十八条　【信贷、财政资金】任何单位和个人不得违规使用信贷资金、财政资金进行期货交易。

【条文主旨】

本条是关于信贷资金、财政资金禁止违规入市的规定。

【立法背景】

1996 年中国人民银行《关于禁止金融机构进入期货市场的通知》规定“任何金融机构不得出具期货交易资金保函，不得以任何形式为期货交易担保。严禁用银行贷款或拆入资金支持期货交易”。[①] 1999 年《期货交易管理暂行条例》（已失效）规定“任何单位或者个人不得使用信贷资金、财政资金进行期货交易”，对信贷资金、财政资金入市采取绝对禁止的态度，这与当时需要巩固期货市场清理整顿的成果密切相关。但从境外成熟市场来看，并不绝对禁止信贷资金和财政资金等相关资金进入期货市场，相反这些资金的进入不但不会带来风险，还可以增强期货市场的流动性，并在正确的操作中带来稳健的收益。为此，伴随我国金融市场风险控制体系的不断健全，2007 年《期货交易管理条例》改为不得违规使用，对使用信贷资金、财政资金进行期货交易的要求进行了调整。

在立法过程中有观点提出，虽然从法律规定看只是禁止信贷资金、财政资金违规进入期货市场，但国家并未进一步明确违反哪些规定属于违规使用信贷资金、财政资金的情形，导致实务中信贷资金、财政资金进入期货市场时顾虑重重，长期徘徊在期货市场之外，不利于企业特别是国企参

---

① 《关于禁止金融机构进入期货市场的通知》，载中国人民银行网站，http：//www.pbc.gov.cn/bangongting/135485/135495/135499/2833606/index.html，最后访问时间：2022 年 4 月 21 日。

与期货市场进行套期保值管理，为此建议删除该条文。[①] 考虑到本法明确规定了国家鼓励利用期货和衍生品市场从事套期保值等风险管理活动，已向社会传达了支持各类企业、各类资金在合法合规前提下参与期货交易的信号，上述观点提到的困难属于实践操作和认知理念的问题，需在发展实践中逐步完善解决。同时，2015 年股市波动期间，存在信贷资金通过各种创新工具和渠道以加杠杆的方式违规进入股市、期市的现象，这些资金在一定程度上加大了市场波动，带来风险，保留该条规定仍有其现实意义。

【条文解读】

该条延续了《期货交易管理条例》的规定，并与证券法在立法精神上保持一致。

一、禁止信贷资金违规入市

信贷资金是指由金融机构依法发放的各种贷款，借款人从金融机构借贷的资金应当按照规定的用途使用，不得擅自改变用途从事期货交易。目前很多银行贷款合同中载有资金不能用于期货交易的条款，借款人有此类行为的，银行有权终止贷款合同。银行违反审慎经营规则，导致信贷资金违规流入期货市场的，银保监机构可依据《银行业监督管理法》给予行政处罚。[②] 这是因为期货市场为杠杆交易，风险较大，将信贷资金投入期货市场很可能全部亏损，难以偿还信贷资金，造成金融机构的不良贷款，加大金融系统风险。

但另一方面，又有利用信贷资金进行期货套期保值的现实需求。信贷资金用于企业现货生产经营的同时用于套期保值，将使企业经营更加稳健，信贷资金更加安全，甚至在境外成熟市场，银行在为贷款人提供贷款时，为保证贷款人有能力按时还贷，提高银行信贷资金的安全性，往往在贷款协议中要求贷款人利用期货等工具，对信贷资金偿还风险进行对冲。例如，银行会要求进出口企业对将来的外汇收益在期货市场进行保值，防止汇率波动影响企业预期利润，进而影响还贷能力。[③] 同时，商业银行也

---

① 该观点为王飞云在期货法立法小组工作期间梳理的，由市场机构、期货交易所等在调研座谈中提出的观点。

② 嘉银保监罚决字〔2018〕1 号，载中国银保监会网站，http://www.cbirc.gov.cn/branch/zhejiang/view/pages/common/ItemDetail.html?docId=208083&itemId=1196&generaltype=0，最后访问时间：2022 年 4 月 25 日。

③ 姜洋主编：《期货市场新法规解释与适用》，法律出版社 2007 年版，第 171 页。

可以使用信贷资金参与期货交易进行套期保值。为此，该条只是禁止违规使用信贷资金进行期货交易，允许合规使用信贷资金进行期货交易。

二、禁止财政资金违规入市

财政资金是指国家各级财政部门代表国家管理并按照财政资金管理法规使用的资金，一般情况下是政府用来安排预算支出、进行市场宏观调控的重要资金，不能擅自改变用途，更不能投放于风险较大的期货市场，导致财政资金损失。但如果政府基于特定目的，按照有关规定将财政资金用于期货市场也是允许的，例如，国家物资储备部门为防止储备物资价值下降，可以在符合相关规定的前提下，通过期货市场进行套期保值或风险管理。再如，由财政资金参与的“保险+期货”模式在服务国家脱贫攻坚战略、助力农业高质量发展中发挥了重要作用。为此，该条只是禁止违规使用财政资金进行期货交易，允许合规使用财政资金进行期货交易。

【关联规范】

《中华人民共和国证券法》第五十九条。

第二十九条　【报告禁止交易行为】期货经营机构、期货交易场所、期货结算机构、期货服务机构等机构及其从业人员对发现的禁止的交易行为，应当及时向国务院期货监督管理机构报告。

【条文主旨】

本条是关于对禁止性交易行为的报告义务的规定。

【立法背景】

2021年7月，中办、国办公布的《关于依法从严打击证券违法活动的意见》，释放了对证券期货市场违法行为“零容忍”的强烈信号。期货市场的违法交易行为往往具有很强的隐蔽性，提升对违法行为线索的发现能力，有赖于发挥各方市场主体的合力，这也是有效高效打击违法犯罪行为的必然要求。本法落实从严打击资本市场违法行为的精神要求，并借鉴证券法修订的成果，规定了期货经营机构、期货交易场所、期货结算机构、期货服务机构等机构及其从业人员对发现的禁止交易行为负有报告的义务。

目前，我国期货市场已构建起了“五位一体”的监督管理体系，期货交易所是其中重要一方，承担着对期货市场进行一线监管的重要职责。期货交易所对在履职过程中发现的会员及其客户、指定交割仓库、期货保证金存管银行及期货市场其他参与者的违规行为，在其自律监管职责范围内进行查处；涉嫌违法行为的，期货交易所需按规定向中国证监会报告。同时，期货公司业已建立了客户交易行为管理制度，发现客户交易指令涉嫌违法违规或者出现交易异常的，应当及时向期货交易所、期货保证金安全存管监控机构及住所地的中国证监会派出机构报告。会计师事务所、律师事务所、资产评估机构、期货保证金存管机构、交割库、信息技术服务机构等期货服务机构及其工作人员，基于其工作职责也具有发现违法行为的优势条件，负有报告的义务。

【条文解读】

期货市场的违法行为通常存在专业性高、隐蔽性强、涉及金额大等特点，而期货经营机构、期货交易场所、期货结算机构、期货服务机构等机构及其从业人员具有较强的专业知识且贴近市场一线，更有机会发现有关期货交易的违法行为。因此，为形成发现、查处期货市场违法行为的合力，该条规定这些主体在发现有本法规定的禁止性交易行为时，有义务向期货监督管理机构报告，充分发挥有关市场主体的监督作用。本法规定的禁止性交易行为主要包括：操纵期货市场，内幕交易，编造、传播虚假信息或者误导性信息扰乱市场，期货经营机构从事损害交易者利益的行为，出借或者借用他人账户从事期货交易等。

【关联规范】

《中华人民共和国证券法》第六十一条；《期货交易所管理办法》第九十三条；《期货公司监督管理办法》第六十七条。

第三节　衍生品交易

第三十条　【衍生品交易场所】依法设立的场所，经国务院授权的部门或者国务院期货监督管理机构审批，可以组织开展衍生品交易。

组织开展衍生品交易的场所制定的交易规则，应当公平保护交易参与各方合法权益和防范市场风险，并报国务院授权的部门或者国务院期货监督管理机构批准。

【条文主旨】

本条是关于组织开展衍生品交易场所的规定。

【立法背景】

一、国际背景

2009年9月24日、25日，二十国集团（G20）领导人在匹兹堡召开会议，会后发表了G20领导人声明（G20 Leaders Statement），其中特别提到："完善场外衍生品市场。所有标准化的场外衍生品合约，如合适，都应在交易所或电子交易平台进行交易，并最迟在2012年底前通过中央对手方进行清算。场外衍生品交易协议应向交易登记机构报告。非集中清算的交易应受到更高的资本要求。我们要求金融稳定委员会及其相关成员定期评估执行情况，以及是否足以提高衍生品市场的透明度，减轻系统性风险，并防止市场滥用。"① 本条是在相关背景下孕育而生的，目的是对于组

---

① 原文为："Improving over-the-counter derivatives markets：All standardized OTC derivative contracts should be traded on exchanges or electronic trading platforms，where appropriate，and cleared through central counterparties by end-2012 at the latest. OTC derivative contracts should be reported to trade repositories. Non-centrally cleared contracts should be subject to higher capital requirements. We ask the FSB and its relevant members to assess regularly implementation and whether it is sufficient to improve transparency in the derivatives markets，mitigate systemic risk，and protect against market abuse." 载G20信息中心网站，http：//www.g20.utoronto.ca/2009/2009communique0925.html#system，最后访问时间：2022年2月8日。

织开展衍生品交易的场所设立准入要求，加强对衍生品交易市场的监管，增强市场的透明度，防范系统性金融风险，规制市场的交易行为。

二、场外衍生品市场的特点与国内发展现状

本法所称的“衍生品交易”是对应于场外衍生品交易的法律概念。场外衍生品，也被称为“柜台交易衍生品”（Over the counter Derivatives），其交易的主要特征是交易双方互为交易对手方所开展的一对一的交易，一般是采用协议的方式进行，交易双方可以对协议进行协商和修改，相比期货交易，场外衍生品交易更加灵活，定制化协议更能满足客户的个性化需求，可以实现更加精准的风险管理，但由于其个性化特征，场外衍生品交易的流动性相比期货交易低，交易成本也相对较高。随着场外衍生品交易市场的发展，衍生品交易协议的标准化程度不断提高。为了降低交易成本，提高交易效率和便捷度，有专门的市场主体向市场交易者提供标准化的交易文本，场外衍生品协议标准化有利于提高衍生品交易的数量和扩大其规模，增加市场流动性，但同时也带来了一系列市场风险和问题。正因如此，二十国集团要求标准化的场外衍生品协议入场进行交易，并要求场外衍生品交易协议向交易报告库报告，以提高场外衍生品市场交易的透明度。中国境内场外衍生品市场发展情况与境外发达金融市场国家有所区别，中国境内场外衍生品市场起步较晚，市场主体对场外衍生品交易的认知有限。因此，中国有组织的场外衍生品交易市场先得到迅速发展，如银行间交易市场，中证机构间报价系统场外衍生品市场等。立法部门正是根据国内的现状并借鉴国际的经验，对组织开展衍生品交易的业务活动进行法律规范，设置市场准入，通过市场组织者引导衍生品交易有序开展。

三、“三公”市场建设的法律保障

本条确立了组织开展衍生品的场外制定交易规则时应遵守的基本原则。组织开展衍生品交易的场所在提供衍生品交易市场服务时，应向市场参与者提供一个公开、公平、公正的市场，切实地保护市场参与者的合法权益。本条的规定为组织开展衍生品交易的场所提供了上位法的规定和基本要求，防止市场组织者、关联方及个别市场参与者滥用市场，损害市场参与者的合法权益，进而损害市场的公允性，影响市场价格发现和风险管理等功能的正常发挥。此外，本条要求组织开展衍生品交易的场所制定的交易规则应具备防范市场风险的功能，明确交易规则应包含关于防范市场风险的具体内容，以维护市场的正常运行，避免发生系统性金融风险。

四、关于交易规则批准的现行规定

证券法第一百一十五条第一款规定：“证券交易所依照法律、行政法规和国务院证券监督管理机构的规定，制定上市规则、交易规则、会员管理规则和其他有关业务规则，并报国务院证券监督管理机构批准。”此外，《期货交易管理条例》第十三条规定，期货交易所制定或者修改章程、交易规则，应当经国务院期货监督管理机构批准。

【条文解读】

一、什么是“组织开展衍生品交易”

“组织开展衍生品交易”是指为市场交易主体提供衍生品交易场所的市场服务。组织开展是一项具体的业务行为，市场组织者通过提供市场交易规则、交易设施以及相关市场服务，组织市场交易主体进行衍生品交易，形成公开、公平、公正及诚实信用的衍生品交易市场。一般情况下，市场组织者不应参与其所组织市场的交易活动。

二、主体资格限制

本条对“组织开展衍生品交易”的主体范围进行了限制，并非任何人都具备申请“组织开展衍生品交易”的业务资格，只有“依法设立的场所”才有资格申请开展该项业务，其他市场主体是不具备申请的资格的。所谓“场所”，实际是指已组织开展其他交易的市场组织者，而非指某一具体的交易地点，如依法设立的证券交易所、期货交易所、外汇交易中心、中证机构间报价市场股份有限公司等交易场所。

三、行政许可

本条明确规定了组织开展衍生品交易需要经过行政部门的审批，并非任何依法设立的场所都可以组织开展衍生品交易，未经许可开展衍生品交易将可能构成非法经营的行为。条文明确规定了国务院期货监督管理机构作为审批部门，同时为新的部门创设审批权制定了法律依据，允许国务院授权其他部门行使审批权。这是立法机关出于中国衍生品交易市场现状的考虑所作出的法律安排。根据本条对组织开展衍生品交易主体资格限制的规定，目前依法设立的交易场所主要是证券、期货交易所，由中国证监会进行监管，因此明确了国务院期货监督管理机构作为审批部门，以方便对市场集中统一监管。与此同时，鉴于本法未对衍生品交易的规范和监管管理进行具体规定，授权国务院根据本法的原则进行具体规定。在未对衍生品市场实行统一监管的现状下，具体的监管办法未出台前，将衍生品交易的监管问题留给国务院通过行政法规一并予以解决。如从降低监管成本、减少监管套利、提高市场效率等方面考虑，由同一机构进行集中统一监管将是更好的方式。

四、交易规则

本条适用的主要问题在于交易规则的范围，本法未对交易规则进行明确的定义。交易规则可从广义和狭义两方面进行解释。广义的交易规则是指组织衍生品交易的场所制定的所有业务规则，包括交易、结算、风险控制、市场参与者、违规处理等业务规范性文件。狭义的交易规则仅指场所制定的最高的原则性规则，不包括项下具体实施的业务细则。因此，对于交易规则的解释还有待国务院通过行政法规进行明确规定。

本条确立了交易规则审批的一般性原则，即组织开展衍生品交易的场所制定的交易规则应当公平保护交易参与各方合法权益和防范市场风险。国务院授权的部门或国务院期货监督管理机构应按照该原则对交易规则进行审核批准。

五、法律责任

违反本条的规定，未经批准组织开展衍生品交易的，将依照本法第一百三十六条第一款的规定，没收违法所得，并处以违法所得一倍以上十倍以下的罚款；没有违法所得或者违法所得不足一百万元的，处以一百万元以上一千万元以下的罚款。对直接负责的主管人员和其他直接责任人员给予警告，并处以二十万元以上二百万元以下的罚款。

【关联规范】

《中华人民共和国证券法》第一百一十五条；《机构间私募产品报价与服务系统管理办法（试行）》① 第一条、第二条、第十八条、第四十四条；《银行间人民币外汇市场交易规则》② 第一条、第二条、第三条。

---

① 《关于发布修订后〈机构间私募产品报价与服务系统管理办法（试行）〉的通知》，载中国证券业协会网站，https：//www. sac. net. cn/tzgg/201506/t20150626_ 123253. html，最后访问时间：2022 年 5 月 3 日。

② 《关于发布〈银行间人民币外汇市场交易规则〉的通知》，载中国外汇交易中心网站，https：//www. chinamoney. com. cn/dqs/rest/cm－s－security/dealPath？ path＝Jnw5ofpjlbE%253DuZ9TuHgZHBAAf1R6YB58X8alDQzgsJFr2hci71tCc1isRnaP2ndc0NNaeY2Cb6mQs%252BFq4kL9VywxxtT448rx4g%253D%253D&cp＝rdgz&ut＝FiL3p0OrMKDrp2okcFUKcXbCtS7FBFI9f7Cj2/Om-Skw/ZwLiSlE/7aony4WfAqsrZQbQMmKxeGg5%0AM63w75SKYhedTqL%2BOeDDdhgG3un251KGddadXW6tq%2BPtoA1nO0Rxt18TTq1cfZ4dytvY4aFByPYI%0AD2E8ycz5rgrXFUFClVY－%0A&sign－Q/d8solfMh3GOoMI5WmGUaZA1ukiCpO5sMwap9ByMZnt4tsJZeSkX6Wq1v3lRrKsnQLcWdAPun00%0ALsYa5AtcTZpCs2CvuKf8xTKL5JKkAphGIIEbpsADAhjeg2dCZIBVMUOFd2LaiLvRLJLML9AfJTc/%0AI44XV2MvFkyyEBuTLsA＝%0A，最后访问时间：2022 年 5 月 3 日。

第三十一条　【金融机构】金融机构开展衍生品交易业务，应当依法经过批准或者核准，履行交易者适当性管理义务，并应当遵守国家有关监督管理规定。

【条文主旨】

本条是关于金融机构开展衍生品交易业务的规定。

【立法背景】

一、关于金融机构开展衍生品交易业务的法律与监管现状

本法出台前，我国未有法律、行政法规对金融机构开展衍生品交易业务进行统一规定。监管层面，金融监督管理部门对其所监管的金融机构开展衍生品交易业务均采取较为审慎的监管态度。中国银行保险监督管理委员会通过其部门规章和部门规范性文件对银行业金融机构和保险业金融机构开展场外衍生品交易业务设立了许可准入的规定。中国证券监督管理委员会对其所监管的证监公司、基金管理公司、期货公司及其子公司开展场外衍生品业务通过行业自律监管备案的方式进行监督管理。

2021 年 12 月 3 日，为规范衍生品业务，促进境内衍生品市场健康发展，保障各方合法权益，防范系统性风险，中国人民银行会同银保监会、证监会、外汇局起草了《关于促进衍生品业务规范发展的指导意见（征求意见稿）》并向社会公开征求意见。[①] 该征求意见稿规定，金融机构开展衍生品业务应当遵守银保监会、证监会的相关管理规定，完成必要的准入等程序。金融机构办理人民币对外汇衍生品业务，还应当遵守国家外汇管理局的有关规定。非金融机构不得向公众发行具有衍生品业务特征的产品或提供衍生品交易服务，相关金融管理部门及其授权的自律组织另有规定的除外；此外，还规定了金融机构开展柜台对客衍生品业务的客户要求以及客户适当性管理义务。虽然该征求意见稿征求意见结束后尚未发布，但由于其是金融监管部门共同起草的指导意见文件，可以间接体现金融监管部门对所监管的金融机构开展场外衍生品交易业务的监管现状、态

---

① 《人民银行 银保监会 证监会 外汇局就〈关于促进衍生品业务规范发展的指导意见（征求意见稿）〉公开征求意见的通知》，载中国人民银行网站，http：//www.pbc.gov.cn/tiaofasi/144941/144979/3941920/4406767/index.html，最后访问时间：2022 年 5 月 1 日。

度和预期。

二、关于“适当性管理义务”的司法审判实践

根据最高人民法院《全国法院民商事审判工作会议纪要》[①] 的规定，适当性义务是指卖方机构在向金融消费者推介、销售场外衍生品等高风险等级金融产品时，必须履行的了解客户、了解产品、将适当产品销售给适合的金融消费者等义务。在推介、销售高风险等级金融产品时，适当性义务的履行是“卖者尽责”的主要内容，也是“买者自负”的前提和基础。如金融机构未尽适当性义务导致金融消费者遭受损失，金融消费者可以请求金融机构承担赔偿责任。金融机构应对其是否履行适当性义务承担举证责任。如金融机构违反适当性义务，但根据金融消费者的既往投资经验、受教育程度等事实可以证明适当性义务的违反并未影响金融消费者做出自主决定的，金融机构可主张由金融消费者自负投资风险，人民法院将依法予以支持。

【条文解读】

一、金融机构开展衍生品交易业务准入规定

本条明确规定了金融机构开展衍生品交易业务应当依法经过批准或者核准，统一了金融机构开展衍生品交易业务的准入性要求。对于什么是“开展衍生品交易业务”，本条并未明确规定。参考《关于促进衍生品业务规范发展的指导意见（征求意见稿）》[②]，金融机构开展衍生品交易业务可以包括金融机构在银行间市场等有组织场外市场开展的衍生品业务，金融机构与境内企业、个人等通过柜台开展的互为交易对手的一对一场外交易等柜台对客衍生品业务。但对于金融机构开展衍生品交易经纪业务是否属于本条所规定的开展衍生品交易业务的范畴，有待国务院出台具体办法予以明确。

本条并未就除金融机构外的市场主体开展衍生品交易业务实行准入性规定，也未明确禁止其他机构开展衍生品交易业务。因此，关于非金融机构主体开展衍生品交易业务的规范和监管，还有待国务院制定具体办法予以明确。本条仅是对金融机构开展衍生品业务实行许可制度，防范金融机

---

① 《全国法院民商事审判工作会议纪要》，载最高人民法院网站，https：//www. court. gov. cn/zixun-xiangqing-199691. html，最后访问时间：2022 年 4 月 30 日。

② 《人民银行 银保监会 证监会 外汇局就〈关于促进衍生品业务规范发展的指导意见（征求意见稿）〉公开征求意见的通知》，载中国人民银行网站，http：//www. pbc. gov. cn/tiaofasi/144941/144979/3941920/4406767/index. html，最后访问时间：2022 年 5 月 1 日。

构因开展衍生品交易业务所导致的系统性金融风险。

二、交易者适当性管理义务

本法引入了“交易者”的概念，对于衍生品交易者，本法并未进行具体的规定，也未借鉴期货交易者的分类方式对衍生品交易者进行分类规定，只是原则性规定了交易者适当性管理义务，具体内容还将由国务院或国务院金融监管部门进行规定。

三、法律责任

金融机构违反本条的规定，未经批准或者核准开展衍生品交易的，将依照本法第一百三十六条第一款的规定，没收违法所得，并处以违法所得一倍以上十倍以下的罚款；没有违法所得或者违法所得不足一百万元的，处以一百万元以上一千万元以下的罚款。对直接负责的主管人员和其他直接责任人员给予警告，并处以二十万元以上二百万元以下的罚款。

【关联规范】

《银行业金融机构衍生产品交易业务管理暂行办法》① 第八条；《中国银保监会信托公司行政许可事项实施办法》② 第四十六条；《保险资金参与金融衍生品产品交易办法》③ 第七条、第八条。

第三十二条　【单一协议制度】衍生品交易采用主协议方式的，主协议、主协议项下的全部补充协议以及交易双方就各项具体交易作出的约定等，共同构成交易双方之间一个完整的单一协议，具有法律约束力。

---

① 《银监会修订发布〈银行业金融机构衍生产品交易业务管理暂行办法〉》，载中国银行保险监督管理委员会网站，http：//www.cbirc.gov.cn/cn/view/pages/ItemDetail.html? docId=3827&itemId=915&generaltype=0，最后访问时间：2022年5月1日。

② 《中国银保监会发布〈中国银保监会信托公司行政许可事项实施办法〉》，载中国银行保险监督管理委员会网站，http：//www.cbirc.gov.cn/cn/view/pages/ItemDetail.html? docId=944455&itemId=915&generaltype=0，最后访问时间：2022年5月1日。

③ 《中国银保监会办公厅关于印发保险资金参与金融衍生产品交易办法等三个文件的通知》，载中国银行保险监督管理委员会网站，http：//www.cbirc.gov.cn/cn/view/pages/govermentDetail.html? docId=912893&itemId=861&generaltype=1，最后访问时间：2022年5月1日。

【条文主旨】

本条是关于单一协议制度的规定。

【立法背景】

单一协议制度，英文名为“Single Agreement”，是国际场外衍生品市场的基础性制度之一，与终止净额结算制度、瑕疵资产制度构成采用主协议方式的衍生品交易的制度框架。目前，国内市场发布的主协议版本主要包括《中国银行间市场金融衍生产品交易主协议（2009 年版）》[①]《中国证券期货市场衍生品交易主协议》[②] 等合同范本，文本中均对单一协议作了约定。例如，《中国银行间市场金融衍生产品交易主协议（2009 年版）》第一条规定，交易双方关于金融衍生产品交易的协议由以下部分构成：1.《中国银行间市场金融衍生产品交易主协议（2009 年版）》（简称“主协议”）；2.《中国银行间市场金融衍生产品交易主协议补充协议（2009 年版）》（简称“补充协议”，若有）；3. 交易有效约定。上述三部分文件构成交易双方之间单一和完整的协议（简称“本协议”）。

通过单一协议机制安排，可以提高双方的交易效率，为终止净额结算提供前提和基础，降低对手方的信用风险。通过立法确认单一协议条款的法律约束力，使主协议项下的多笔交易按一个协议来处理，可以避免交易一方进入破产程序后破产管理人选择性履行对破产一方有利或拒绝履行对破产一方不利的某一笔或几笔交易的行为（cherry picking），极大降低了破产一方对守约方产生的信用风险，从而防范系统性金融风险。

【条文解读】

一、适用情形

本条明确规定了采用主协议方式进行的衍生品交易适用单一协议制度。场外衍生品交易的方式有多种，采用主协议方式是其中的一种，交易

---

① 《中国银行间市场金融衍生产品交易主协议（2009 年版）》，载中国银行间市场交易商协会网站，http：//www.nafmii.org.cn/zlgl/bzxy/jrys/202111/P020211103623036535321.pdf，最后访问时间：2022 年 5 月 3 日。

② 《关于发布〈中国证券期货市场衍生品交易主协议〉的通知》，载中国期货业协会网站，http：//www.cfachina.org//governmentrules/selfdisciplinerules/businessspecificationclass/202007/t20200701_1270.html，最后访问时间：2022 年 5 月 3 日。

双方也可以采用单笔交易签署单个协议的方式进行交易。如非采取主协议的方式，便不存在主协议项下的伞型协议体系，也就不存在协议一方挑拣履行权的问题，单一协议制度失去了适用的条件。因此，本条适用的前提是交易双方先就衍生品交易达成主协议交易方式的真实意思表示，如交易双方并未达成一致，则任何一方无法就双方之间签署的多笔交易主张适用本条的规定，进而也不适用终止净额结算的安排。

二、主协议是否备案不作为本条适用的前提条件

本条只规定了适用情形为采用主协议方式进行的衍生品交易，并未要求主协议的制定主体、备案要求等具体条件。虽然本法第三十三条规定："本法第三十二条规定的主协议等合同范本，应当按照国务院授权的部门或者国务院期货监督管理机构的规定报送备案。"但是，该条并未明确规定主协议备案作为本条适用的前提条件。交易双方采用未备案的主协议合同范本所进行的衍生品交易应可受到单一协议制度的保护。这与目前司法审判实践基本相符。

本条重点调整的是交易方式，非主协议的具体表现形式。因此，不论主协议是由境外主体或境内主体制定，还是由交易主体自行制定或第三方提供，都不影响本条的适用。当然，从交易安全性角度考虑，鼓励市场主体使用经备案的主协议等合同范本进行衍生品交易，更易得到司法的确认和保护。

【关联规范】

《中华人民共和国企业破产法》第十八条。

第三十三条　【主协议备案】本法第三十二条规定的主协议等合同范本，应当按照国务院授权的部门或者国务院期货监督管理机构的规定报送备案。

【条文主旨】

本条是关于衍生品交易使用主协议等合同范本备案的规定。

【立法背景】

一、主协议备案的必要性及程序

本法制定过程中，部分境内外业界人士对主协议备案要求提出了以下意见：一是认为衍生品交易使用的主协议等合同范本无需进行备案，主协议等合同范本只是交易者所使用的参考模板，交易双方最终签署的合同文本与合同范本可能有所不同，备案并无实际的意义，而且不是国际通行做法，建议取消备案的要求；二是希望备案程序能具体明确、公开且具有可操作性，不应增加市场主体不必要的成本或不当的负担。

二、未经备案主协议的法律适用

衍生品交易实务中，交易双方会通过签署自制的主协议等合同范本开展衍生品交易。市场主体特别关注在该种情形下所开展的衍生品交易是否同样可以适用本法关于衍生品交易的相关规定，例如是否可以适用单一协议、终止净额结算和履约保障等相关制度。

【条文解读】

一、报送备案主体

本条虽未明确规定谁负责将主协议等合同范本报送国务院授权的部门或者国务院期货监督管理机构备案，但本条将备案具体规则授权国务院授权的部门或者国务院期货监督管理机构制定。因此，报送备案主体、程序等具体备案规则有待相关金融管理部门制定具体办法。

场外衍生品交易一直以来主要是市场主体以一对一的交易方式进行。2008 年金融危机以后，各国开始加强场外衍生品市场的监管，要求场外衍生品入场，通过市场交易设施执行衍生品交易。我国市场采用的主协议等合同范本主要是由相关市场的行业协会制定发布，供市场参与者从事衍生品交易使用。现有的交易场所主要提供交易系统供市场参与者进行衍生品交易，并不制定和发布主协议等合同范本，而是直接要求市场参与者使用其他主体所制定的主协议等合同范本。目前，我国组织衍生品交易的场所并不制定主协议等合同范本。因此，本法正式实施之后，组织衍生品交易的场所执行交易采用的主协议等合同范本将可能由实际发布的单位向相关主管部门报送备案，这与现行实践相吻合。而对于非场内执行的交易主协议范本，可能由提供主协议的一方进行报送备案，但如果提供主协议一方处于境外等不便利情形，应该允许其交易对手方进行报送备案。总体的备案程序应当遵循公开、便捷、节约的基本原则。

二、报送备案的文件类型

本条规定了报送备案对象是主协议等合同范本，而非双方所约定的具体交易内容，相关交易信息将向交易报告库报送。重点规定了主协议等合同范本向国务院授权的部门或国务院期货监督管理机构备案，这一规定与目前的实际操作基本一致。例如，中国银行间市场交易商协会就其制定的《中国银行间市场金融衍生产品交易主协议（2009 年版）》报送了中国人民银行和国家外汇管理局备案。

考虑到交易实践的发展变化，本条在主协议后增加“等”字以留有必要的调整空间，除主协议范本外，国务院授权的部门或者国务院期货监督管理机构可以规定补充协议、履约保障协议、交易确认书、定义文件等相关合同范本报送备案。

【关联规范】

《中国人民银行公告〔2009〕第 4 号》第一条；《中国银行间市场交易商协会公告〔2009〕第 5 号》[①]。

第三十四条　【履约保障】进行衍生品交易，可以依法通过质押等方式提供履约保障。

【条文主旨】

本条是关于衍生品交易履约保障的规定。

【立法背景】

一、国际背景

2011 年，二十国集团发布戛纳峰会最终声明，一致同意增加关于未中央清算衍生品交易实施保证金要求的新改革措施，并通过巴塞尔银行监管

① 《中国银行间市场交易商协会公告〔2009〕第 5 号》，载中国银行间市场交易商协会网站，http：//www. nafmii. org. cn/ggtz/gg/201204/t20120406_ 11841. html，最后访问时间：2022 年 5 月 1 日。

委员会（BCBS）和国际证监会组织（IOSCO）制定全球统一保证金要求标准。[①]该措施有利于降低衍生品交易所导致的系统性风险，同时促进衍生品交易的中央清算，防止出现由于不同国家监管政策不同所引起的监管套利，实现全球衍生品交易市场的公平竞争。

2015 年 3 月，巴塞尔银行监管委员会和国际证监会组织联合发布了《未中央清算衍生品保证金要求》（Margin requirements for non-centrally cleared derivatives），该文件规定了未中央清算衍生品交易初始保证金（Initial Margin）和变动保证金（Variation Margin）适用主体和适用衍生品工具的范围、计算方法和合格担保品等内容，还就初始保证金的处置、关联机构之间衍生品交易的保证金要求适用、跨境衍生品交易中不同国家之间制度的协调以及分阶段实施保证金要求等进行了规定。

目前，美国、欧盟、日本、瑞士、加拿大等国家和地区已制定了衍生品交易保证金要求的相关规定。

二、履约保障与保证金要求

除期货交易外，我国尚未对衍生品交易统一规定强制保证金要求。本法也未对场外衍生品交易明确规定保证金交易要求。本条对衍生品交易的履约保障进行了基础性规定。使用“履约保障”这一概念主要是为了将衍生品交易的履约担保和一般民事担保进行区分，对衍生品交易中所创设的保障措施赋予商事特别法的立法保护。履约保障的概念更为宽泛，包括国际衍生品交易中常见的所有权转让式履约保障方式和中央对手方对衍生品交易进行中央清算等履约保障方式。

立法过程中，境内外市场主体希望将转让式履约保障等方式明确在本法中予以规定，以增强法律适用的确定性。但有意见认为，转让式履约保障是期货衍生品市场里很大的基本制度，但这个制度是英国法的概念，在中国法里没有对应的概念，在中国法里把这些概念直接引进来确实需要一些制度的衔接，所以就用了履约保障概念来涵盖所有的转让式履约、让与担保等。[②]

---

① Cannes Summit Final Declaration—Building Our Common Future：Renewed Collective Action for the Benefit of All（戛纳峰会最后宣言——建设我们的共同未来：为所有人的利益重新采取集体行动），载 G20 信息中心网站，http：//www. g20. utoronto. ca/2011/2011-cannes-declaration-111104-en. html，最后访问时间：2022 年 5 月 1 日。

② 王翔：《期货立法原则和进程》，载新浪网，https：//finance. sina. com. cn/money/future/fmnews/2021-12-05/doc-ikyakumx2168135. shtml，最后访问时间：2021 年 12 月 5 日。

【条文解读】

一、适用范围

本条的规定适用于衍生品交易，从法律层面对场外金融衍生品交易所采用的履约保障机制进行特别规定。本法第三条第二款规定："本法所称衍生品交易，是指期货交易以外的，以互换合约、远期合约和非标准化期权合约及其组合为交易标的的交易活动。"只有符合该定义的交易所采用的履约保障方式才会受到本法的保护。值得注意的是，本条未将适用的衍生品交易限定在由组织开展衍生品交易的场所开展的衍生品交易，而是包括所有场外一对一的衍生品交易。

二、履约保障方式

本条只明确规定了质押方式，同时用"等"字为其他履约保障方式预留空间。本法通过"履约保障"的表述旨在建立一种中国法下衍生品交易履约保障体系，将中国境内的担保制度与适用于衍生品交易的国际通行担保机制相结合。虽未明确规定境外通行的转让式履约保障方式，但通过本条设立了原则性规定，增加本法适用的灵活性。之后，相关履约保障方式可以通过国务院制定行政法规或司法机关结合具体审判实践出台相关司法解释予以进一步明确。

三、强制保证金交易要求

本法未就未中央清算衍生品交易规定强制保证金要求，是否会由国务院通过制定具体办法进行规定，还有待观察。

【关联规范】

《中华人民共和国民法典》第四百二十五条、第四百四十四条；《最高人民法院关于适用〈中华人民共和国民法典〉有关担保制度的解释》① 第六十八条、第七十条；《中国银监会关于印发衍生工具交易对手违约风险资产计量规则的通知》② 第三条、第八条、第九条。

---

① 《最高人民法院关于适用〈中华人民共和国民法典〉有关担保制度的解释》，载最高人民法院网站，https://www.court.gov.cn/fabu-xiangqing-282721.html，最后访问时间：2022年5月3日。

② 《中国银监会关于印发衍生工具交易对手违约风险资产计量规则的通知》，载中国银行保险监督管理委员会网站，http://www.cbirc.gov.cn/cn/view/pages/govermentDetail.html?docId=272543&itemId=861&generaltype=1，最后访问时间：2022年5月3日。

第三十五条　【终止净额结算制度】依法采用主协议方式从事衍生品交易的，发生约定的情形时，可以依照协议约定终止交易，并按净额对协议项下的全部交易盈亏进行结算。

依照前款规定进行的净额结算，不因交易任何一方依法进入破产程序而中止、无效或者撤销。

【条文主旨】

本条是关于终止净额结算制度的规定。

【立法背景】

一、终止净额结算

终止净额结算是金融衍生品交易中交易双方签署的主协议所约定的主要内容，是整个主协议的核心机制，主协议也因此常被称为净额协议，具体是指当发生主协议约定的违约或终止事件，守约方向违约方发送通知终止主协议项下所有的交易，或依照双方的约定在特定情形下主协议项下所有的交易自动终止，被提前终止的所有交易按双方约定的方式计算提前终止款项并将双方互为给付的金额进行轧差形成单向给付净额，由负有给付义务的一方向另一方进行支付。值得注意的是，终止净额结算中的“终止”是指将主协议项下的每笔未完成的交易进行终止而不是终止整个主协议，而“净额”是基于主协议框架下所有交易的给付以及相关利息、费用等给付总体轧差所形成的单一方向给付金额。

终止净额结算机制的协议安排，不仅适用于主协议项下的每笔金融衍生产品交易，也适用于与衍生品交易相关的履约保障安排，例如所有权转让式履约保障协议。当触发提前终止事件时，主协议项下的所有权转让式履约保障协议也将进行相应终止并形成相应的给付，与其他被终止的交易所形成的给付一并轧差计算。

二、立法意义

（一）提供法律确定性

本条的制定为衍生品交易中所设计的终止净额结算机制提供了法律确定性，以确保终止净额结算机制在交易对手方破产前或破产后都可以得到执行，特别是当交易对手方进入破产程序时。从立法和司法角度看，终止净额结算的合同约定与我国法律强制性规定并无冲突。企业破产法、民法典均支持抵销权，民法典合同编承认当事人意思自治，并规定："合同权利义务终止，不影响合同中结算和清理条款的效力。"司法部门认为，金融市场中的净额结算规则一贯以合同法关于抵销的法律规定为基本依据，净额结算不适用企业破产法关于破产抵销权的限制性规定，即便在债务人破产的情况下，亦不能得出管理人有挑拣履行权的结论。司法实践中，也未有过否定净额结算合同安排的案例。[①] 但本条的制定确定了终止净额结算的法律效力，同时也可避免抵销权无法适用情形的发生。当交易对手方进入破产程序时，该条可以保证守约方正常行使提前终止未完成交易的权利，防止破产管理人挑拣履行交易，从而使主协议得到正常的履行。

（二）促进衍生品市场发展

终止净额结算制度的确立，一是有利于促进境内市场主体积极利用场外衍生品进行风险管理，提高市场主体信贷能力；二是降低金融衍生品交易对手方的信用风险，防止市场出现"多米诺骨牌效应"，增强金融系统的稳定性和韧性，保护国家金融安全；三是降低交易成本（保证金和监管资本计提），提高市场交易效率和流动性，提高境内金融衍生品市场国际竞争力；四是促进国内金融机构和其他市场主体进入国际金融市场开展交易。

【条文解读】

一、适用范围

本条所规定的终止净额结算制度仅适用于依法采用主协议方式进行衍生品交易的情形，并不是所有具有终止净额结算规则设计的协议都可以得到本法的保护。除此之外，本条对交易方式也作出了明确规定，必须是采用主协议方式。只有基于这样的单一主协议交易架构，才可以对项下所有衍生品交易依照主协议中约定的情形进行终止，并按照净额对协议项下的全部交易盈亏进行结算。

如出现主协议项下一笔或多笔非衍生品交易时，是否可以适用终止净额结算，本法并未进行明确的规定。按照国际通行的做法，主协议项下如出现一笔或多笔的非衍生品交易，该交易并不会影响终止净额结算对其他

---

① 《中国银保监会有关部门负责人就〈关于衍生工具交易对手违约风险资产计量规则有关问题的通知〉答记者问》，载中国银行保险监督管理委员会网站，http：//www.cbirc.gov.cn/cn/view/pages/ItemDetail.html？docId=1020671&itemId=915&generaltype=0，最后访问时间：2022年2月5日。

衍生品交易的适用以及单一主协议的有效性。对于主协议项下的非衍生品交易，虽无法直接受到终止净额结算制度的保护，也不被认为是单一协议构成的一部分，但仍可以按照双方协议的具体规定进行解除或终止，所形成的给付可以通过抵销权的方式与其他衍生品交易终止净额结算形成的给付进行轧差，形成最终的净额。不涉及交易对手方进入破产程序的情形时，支付抵销安排一般可得到法律的支持，反之则可能会受到破产程序的影响而无法通过净额方式进行结算。

此外，特别注意本条在采用主协议方式前规定了“依法”，这里的“依法”，应包括所采用的主协议等合同范本已按照国务院授权的部门或者国务院期货监督管理机构的规定报送备案，以及国务院对衍生品交易及相关活动所制定的具体规范和监督管理规定。

二、净额结算法律效力

本条第二款规定，依照前款规定的净额结算，不因交易任何一方依法进入破产程序而中止、无效或撤销。本款进一步明确，当交易一方进入破产程序时，依据终止净额结算规则所进行的终止交易及提前终止净额款的计算等行为不因交易一方进入破产程序而被破产管理人提出中止、无效或撤销，终止净额结算的行为和程序受到本法的保护。但是，如经过终止净额结算所形成的对于进入破产程序的一方的债权仅可以作为一般的债权进行保护，无法就该债权享有优先受偿的权利，更无法以该债权主张抵销对于进入破产程序一方所负担的其他一般债务。如终止净额款项上设立了担保品，可就担保品享有优先受偿的权利。因此，依据终止净额结算规则计算形成的净额款项并无对抗破产程序的优先受偿性。

三、金融机构进入处置程序情形

由于商业银行、证券公司、保险公司及期货公司等金融机构的经营状况可能会产生系统性金融风险，为了防止系统性金融风险的发生，保护公众的投资权益和资金安全，各国金融监管部门都对所监管机构规定了相关处置机制。当金融机构出现重大经营风险时，金融监管机构对发生的重大风险的金融机构采取接管、托管等处置措施，金融机构便进入处置程序。一旦金融机构被金融监管机构依法采取处置程序，金融机构已进行的衍生品交易是否会受到相应的影响，本法并未就此进行明确的规定。依据本条的规定，如金融机构进入处置程序属于协议所规定的终止的情形，交易对手方可以通过终止净额结算降低金融机构的信用风险。

国际上就金融机构进入处置程序发布了相关指引性文件，赋予金融监管机构对金融机构的相关处置权力，其中包括金融监管机构有权临时中止金融机构的交易对手方行使提前终止交易的合同权利，该权力的行使当且仅当金融机构的交易对手方仅因为金融机构进入处置程序而提出终止，双方的交易并未受到相关影响。与此同时，该中止权力的行使受到时间上的限制，一般规定为2个工作日，经过该期限后，交易对手方可依据协议的约定行使提前终止交易的权利并对所终止的交易进行净额结算。如果金融机构出现迟延支付、交付保证金等情形，交易对手方仍可依据双方协议的约定行使提前终止交易的权利，不受金融机构处置程序的影响。

现行的企业破产法仅规定了国务院金融监督管理机构依法对出现重大经营风险的金融机构采取接管、托管等措施的，可以向人民法院申请中止以该金融机构为被告或者被执行人的民事诉讼程序或者执行程序，未规定对金融机构交易对手方提前行使终止交易的合同权利进行中止的处置权力。中国银保监会曾表示将积极推动立法进程，在商业银行法、银行业监督管理法、期货和衍生品法、企业破产法等立法工作中，进一步推动明确和完善监管机构对交易对手提前终止合同权利的“暂停”权力。①

【关联规范】

《中华人民共和国民法典》第五百六十八条；《中华人民共和国企业破产法》第一百三十四条。

第三十六条　【交易报告库】国务院授权的部门、国务院期货监督管理机构应当建立衍生品交易报告库，对衍生品交易标的、规模、对手方等信息进行集中收集、保存、分析和管理，并按照规定及时向市场披露有关信息。具体办法由国务院授权的部门、国务院期货监督管理机构规定。

【条文主旨】

本条是关于衍生品交易报告库的规定。

---

① 《中国银保监会有关部门负责人就〈关于衍生工具交易对手违约风险资产计量规则有关问题的通知〉答记者问》，载中国银行保险监督管理委员会网站，http：//www.cbirc.gov.cn/cn/view/pages/ItemDetail.html? docId=1020671&itemId=915&generaltype=0，最后访问时间：2022年2月5日。

【立法背景】

2009 年，二十国集团（G20）匹兹堡峰会领导人声明中明确提出，场外衍生品交易协议应向交易报告库（trade repository）报告。该要求是为了解决场外衍生品市场不透明的问题，防止场外衍生品市场出现系统性金融风险。金融稳定委员会（Financial Stability Board，FSB）于 2021 年发布的一项有关场外衍生品市场改革实施报告中公布了全球可用交易报告库及类交易报告库的情况表，包括交易报告库及类交易报告库的名称、住所地、许可开展业务的 FSB 成员国以及报告衍生品交易标的资产类型①。截至 2021 年 9 月底，中国共有两家交易报告库和两家类交易报告库进入 FSB 所公布的表格，分别是中国期货市场监控中心（China Futures Market Monitoring Center，CFMMC）、中证报价系统（China Securities Internet System，CSIS）、中国外汇交易中心（China Foreign Exchange Trade System，CFTES）和中国银行间交易商协会（National Association of Financial Market Institutional Investors，NAFMII）。②

中国期货市场监控中心有限责任公司（China Futures Market Monitoring Center Co.，Ltd）（简称中国期货监控，原中国期货保证金监控中心，于 2015 年 4 月正式更名）是经国务院同意，中国证监会决定设立，于 2006 年 3 月成立的非营利性公司制法人。其股东单位有上海期货交易所、中国金融期货交易所、郑州商品交易所以及大连商品交易所，注册资本 13.65 亿元。③ 中国期货市场监控中心的业务接受中国证监会的指导、监督和管理。目前开展交易报告库业务所涉场外衍生品标的资产以商品和权益为主，报告主体为期货公司风险管理子公司，以报告主体所有场外衍生品交易为报送范围，不晚于 T+1 日报送 T 日交易信息。

中证机构间报价系统股份有限公司（以下简称中证报价）由中国证监会于 2013 年批准设立，主要负责私募产品备案登记与风险监测工作。2014 年，受中国证券业协会委托，中证报价负责运营场外业务交易报告系统，对场外衍生品业务等进行监测监控。2021 年 7 月，证监会批复同意证券业

---

① FSB 交易报告库报告衍生品标的资产类型总分为商品（Commodity），信用（Credit），权益（Equity），外汇（Foreign Exchange）和利率（Interest Rate）五大类。

② 《对衍生品相关条文的法理解读》，载中国期货市场监控中心网站，http：//www.cfmmc.com/main/views/a/20220516/32645.html，最后访问时间：2022 年 5 月 20 日。

③ 《职能介绍》，载中国期货市场监控中心网站，http：//www.cfmmc.com/main/views/zxjs/index.html，最后访问时间：2022 年 5 月 3 日。

协会委员中证报价建设运营场外业务交易报告库，同意证券业协会委托中证机构间报价系统股份有限公司具体实施场外业务交易报告库建设运营工作，并依托场外业务交易报告库开展场外证券及衍生品业务的交易报告、风险监测、数据统计分析等工作。2021 年 7 月，证监会批复同意证券业协会委托中证机构间报价系统股份有限公司具体实施场外业务交易报告库建设运营工作，并依托场外业务交易报告库开展场外证券及衍生品业务的交易报告、风险监测、数据统计分析等工作。① 中证报价是新入 FSB 交易报告库名单的机构，目前主要以股票、股票指数、大宗商品等标的资产为基础的场外衍生品交易为报告内容，报告主体为证券公司。除中国证券业协会另有规定外，证券公司应当不晚于 T+5 日，向中证报价交易报告库报送 T 日签订的主协议、补充协议信息；应当不晚于 T+1 日，向交易报告库报送 T 日场外期权交易信息；应当不晚于 T+5 日，向交易报告库报送 T 日收益互换交易信息；应当于每月前 5 个交易日报送上月场外衍生品总体业务情况，每季度结束后 15 个交易日内报送公司合规部门关于上季度审查意见以及场外衍生品业务开展合规情况说明；每年 4 月 30 日前报送上一年度场外衍生品业务年度报告。②

根据 FSB 所公布的数据，中国外汇交易中心③和中国银行间交易商协会作为类交易报告库，分别提供以信用为标的资产和以信用、外汇、利率为标的资产的场外衍生品交易的交易报告库服务。

【条文解读】

一、交易报告库监管机制

本条仅规定了国务院授权的部门、国务院期货监督管理机构负责建立衍生品交易报告库并授权国务院授权的部门、国务院期货监督管理机构制定具体办法。从本条规定可知，与目前我国交易报告库现状相衔接，本法未就交易报告库规定统一的监管部门，将依照本法确立的衍生品市场监管

① 《中证报价成金融稳定委员会认可的交易报告库》，载证券时报网，https：//www.stcn.com/stock/djjd/202112/t20211206_ 3937088.html，最后访问时间：2022 年 5 月 8 日。

② 《中证机构间报价系统股份有限公司交易报告库报送规则——场外衍生品业务》，载机构间私募产品报价与服务系统，https：//rpt.interotc.com.cn/ReportSys/information/preView?id=347，最后访问时间：2022 年 2 月 5 日。

③ 经查询国家企业信用信息公示系统，中国外汇交易中心已于 2015 年 11 月 30 日更名为“中国金融交易中心”，于 2021 年 12 月 31 日再次更名为“中国金融交易中心有限责任公司”。由于 FSB 报告中使用的是原中国外汇交易中心的英文名称，因此仍沿用“中国外汇交易中心”，未使用其最新的中文名称。

机制，由国务院授权的部门和国务院期货监督管理机构按照职责分工建立相关的交易报告库。

二、交易报告库职责

本条规定了交易报告库的基本职能是对衍生品交易标的、规模、对手方等信息进行集中收集、保存、分析和管理，并按照规定及时向市场披露有关信息。为了提高场外衍生品市场的透明度，通过交易报告库对集中处理的信息按照规定进行公开，可以起到发现市场价格和防范滥用市场行为的积极作用，也加强了对场外衍生品市场的监控和监测。对于谁应向交易报告库报送交易数据，报送的方式、报送的具体内容以及如何避免重复报送等具体问题，将由国务院授权的部门和国务院期货监督管理机构进行规定。

【关联规范】

《中国外汇交易中心章程》第七条；《中国银行间交易商协会章程》① 第八条；《中国期货市场监控中心交易报告库（CFMMC-TR）信息披露规则》②；《中证机构间报价系统股份有限公司交易报告库信息报送规则——场外衍生品业务》。

第三十七条　【集中结算】衍生品交易，由国务院授权的部门或者国务院期货监督管理机构批准的结算机构作为中央对手方进行集中结算的，可以依法进行终止净额结算；结算财产应当优先用于结算和交割，不得被查封、冻结、扣押或者强制执行；在结算和交割完成前，任何人不得动用。

依法进行的集中结算，不因参与结算的任何一方依法进入破产程序而中止、无效或者撤销。

---

① 《关于公布〈中国银行间市场交易商协会章程〉（修订稿）的公告》，载中国银行间交易商协会网站，http：//www. nafmii. org. cn/xhzc/xhzc/202107/P020210713512132716260. pdf，最后访问时间：2022 年 5 月 3 日。

② 《中国期货市场监控中心交易报告库（CFMMC-TR）信息披露规则》，载中国期货市场监控中心网，http：//www. cfmmc. com/upload/20210125/20210125142558101. pdf，最后访问时间：2022 年 5 月 20 日。

【条文主旨】

本条是关于中央对手方集中结算的相关规定。

【立法背景】

中央对手方集中结算是一种结算机制，实践中也被称为“中央清算”或“集中清算”，英文为“Centrally Clearing”。中央对手方集中结算通常是由合格的结算机构作为中央对手方（Central Counterparty，CCP）介入已成交的某一交易中，通过合约更替的方式，成为该交易买方的卖方和卖方的买方，以净额结算的方式，为交易提供集中履约保障。通过中央对手方集中结算，有利于管理交易对手方的信用风险，避免因市场中某一交易主体发生破产等信用违约事件导致违约风险蔓延，预防和降低系统性金融风险。

2009 年，二十国集团（G20）在匹兹堡峰会上达成关于所有标准化的场外衍生品合约通过中央对手方进行集中清算的改革意见。目前，美国、英国、欧盟、新加坡等国家和地区已就标准化的场外衍生品合约由中央对手方进行集中清算制定了法律和相关监管规定，强制要求满足条件的场外衍生品交易进行中央清算，同时根据交易参与者和产品的不同进行了除外规定。中国尚未有法律法规明确要求场外衍生品交易进行强制中央清算。

【条文解读】

一、强制集中结算

本条未对衍生品交易规定强制集中结算，交易者可以选择是否将衍生品交易提交由国务院授权的部门或者国务院期货监督管理机构批准的结算机构作为中央对手方进行集中结算。

二、本条适用范围

本条适用于由国务院授权的部门或者国务院期货监督管理机构批准的结算机构作为中央对手方进行集中结算的所有衍生品交易，不论该衍生品交易是在有组织的衍生品交易场所进行执行成交，还是由交易双方自行成交，或是在金融机构柜台所发生的交易。

三、结算财产

采用中央对手方集中结算的方式，通常会实行结算保证金制度，交易方需按照作为中央对手方的结算机构的业务规则缴纳交易保证金、权利金等结算财产，用于结算和交割。本条重点规定了通过中央对手方集中结算的衍生品交易所涉及的结算财产受法律特别保护，明确结算财产应当优先用于结算和交割，不得被查封、冻结、扣押或强制执行，在结算和交割完成前，任何人不得动用。

四、合格中央对手方

从本条的规定可知，并非所有通过中央对手方集中结算的衍生品交易所使用的结算财产都可以得到本法的保护。本条通过对作为中央对手方的主体要求限制了本条的适用情形，明确规定由国务院授权的部门或者国务院期货监督管理机构批准的结算机构作为中央对手方所提供的集中结算服务中所涉及的结算财产才会得到本法优先保护的权利。因此，未经批准的结算机构作为中央对手方向市场主体提供衍生品交易集中结算服务时，市场主体所提供用于履约保障的结算财产将无法得到本法的特别保护，只能适用其他民商事法律予以调整。

本条间接为在中国境内提供衍生品交易中央对手方集中结算业务设置了市场准入要求，本法虽未禁止其他结算机构作为中央对手方为衍生品交易提供集中结算业务，但因用于集中结算的财产无法得到本法特别保护，将使该类结算机构失去市场竞争力，也就间接地促使拟开展衍生品交易集中结算业务的结算机构向国务院授权的部门或国务院期货监督管理机构申请许可。

如果境外结算机构拟向境内市场主体提供衍生品交易中央对手方集中结算服务的，为获取本法的法律保护，建议向国务院授权的部门或国务院期货监督管理机构申请许可。至于具体许可条件和批准程序还有待国务院制定行政法规予以明确规定。

五、集中结算与终止净额结算

本条明确规定，经批准的结算机构作为中央对手方对衍生品交易进行集中结算的，可以依法进行终止净额结算。当作为中央对手方的结算机构介入所提供的衍生品交易中成为所有卖方的买方和所有买方的卖方时，体现了结算的集中性。当作为中央对手方的结算机构与同一交易对手方进行履约结算时，二者之间则可能存在多笔衍生品交易，如交易对手方发生违约事件或终止事件时，结算机构可依法对该交易对手方的所有衍生品交易进行终止净额结算。如交易对手方进入破产程序，作为中央对手方的结算机构可以提出终止净额结算，对其与该交易对手方之间所有未完成的交易提前终止并进行净额计算形成一方应向另一方支付的款项。如中央对手方是给付方，进入破产程序的交易对手方可向作为中央对手方的结算机构行使债权，结算机构应支付终止净额款项。如进入破产程序的交易对手方是给付方，作为中央对手方的结算机构可以向其主张债权。如交易对手方提供了用于履约保障的结算财产，中央对手方可就该结算财产行使优先受偿权，该结算财产不得被查封、冻结、扣押或者强制执行，在结算和交割完成前，任何人不得动用。如交易对手方的结算财产不足以偿还债务，中央对手方可就享有的债权申报破产债权，按照破产清算程序实现债权。

六、集中结算的法律效力

本条第二款规定，依法进行的集中结算，不因参与结算的任何一方依法进入破产程序而中止、无效或者撤销。该规定既保障了破产一方进入破产程序之前所提交的衍生品交易集中结算结果的法律确定性，明确了结算结果不因一方破产程序而被宣布无效或撤销；同时也赋予了结算机构按照法律法规和业务规则对破产一方进行集中结算的行为，不因破产程序而遭到中止。

本条为结算机构依法进行的集中结算提供了法律保障，但需要特别注意的是，本条所提供的法律保护限于结算机构依法进行的集中结算，如结算机构违法进行集中结算的，将无法得到本法的保护。

【关联规范】

《最高人民法院关于审理期货纠纷案件若干问题的规定》第五十九条；《最高人民法院关于审理期货纠纷案件若干问题的规定（二）》第三条；《期货交易所管理办法》第八十一条；《境外交易者和境外经纪机构从事境内特定品种期货交易管理暂行办法》第十五条；《中国人民银行关于建立场外金融衍生产品集中清算机制及开展人民币利率互换集中清算业务有关事宜的通知》第一条；《银行间市场清算所股份有限公司集中清算业务规则》[①] 第二条、第三条、第四条、第六条。

第三十八条　【授权国务院制定办法】对衍生品交易及相关活动进行规范和监督管理的具体办法，由国务院依照本法的原则规定。

---

① 《关于发布〈银行间市场清算所股份有限公司集中清算业务规则〉的通知》（清算所发〔2020〕33 号），载上海清算所网，https：//www.shclearing.com.cn/cpyyw/ywgz/202003/t20200324_ 657326.html，最后访问时间：2022 年 5 月 20 日。

【条文主旨】

本条是关于授权国务院制定衍生品交易及相关活动规范和监督管理具体办法的规定。

【立法背景】

由于本法重点规范期货市场，兼顾调整场外衍生品市场，除期货交易和衍生品交易通用性规定外，本法只对场外衍生品市场进行了原则性的规定，确立了单一协议、履约保障、终止净额结算、交易报告库、中央对手方集中结算等场外衍生品市场的基础性制度，为中国场外衍生品市场的发展和对外开放提供了基础法律依据。有鉴于此，本条授权国务院依照本法的原则规定制定行政法规，以使适用于场外衍生品市场的基本制度得以具体地推行和实施。

【条文解读】

本条授权国务院制定的具体办法包括衍生品交易及其相关活动的规范和监督管理两大方面的内容。虽本法对于衍生品交易确立了基础性制度，但具体实施还需要更为具体的规范予以调整。本法确定了衍生品市场的监管机制，未对衍生品交易及相关活动的具体监督管理办法予以规定。国务院期货监督管理机构和国务院授权的部门之间对于衍生品交易监管职责的划分和监管管理还有待国务院通过制定具体办法予以明确。

本条规定，国务院制定衍生品交易及相关活动规范和监管管理的具体办法应当符合本法的原则，国务院应以本法的总则、期货交易和衍生品交易一般性规定、法律责任的规定为上位依据进行规定。

【关联规范】

《中华人民共和国立法法》第六十五条。

【案例评析】

对“衍生品交易”的规范是本法相对于《期货交易管理条例》而言最大的特点。为帮助读者理解相关内容，以下特设置一个案例评析，以提供一个实践的视角。

一、案情简介①

2011年9月15日，某银行与某公司签订主协议，约定：双方按照主协议的规定进行场外衍生品交易，并按确认书的具体内容履行付款或交付义务。任何一方取消、否认、放弃或拒绝全部或部分之本主协议、由该方签订和交付之任何确认书或由此等确认书证明之任何交易，或对本主协议、上述确认书或交易之有效性提出异议，构成该方之违约事件［第5（a）（ii）（2）条］。违约方之违约事件发生且在持续之中，另一方得以通知期不超过二十天之通知向违约方通知有关违约事件，并指定不早于通知生效之日期为有关所有未完成之交易之提前终止日［第6（a）条］。如提前终止日系因违约事件产生，提前终止款项等于“为未违约方就每一项终止交易或一组终止交易（视情况而定）决定之结算款项（无论是正数还是负数）相当于终止货币之金额”与“为积欠未违约方之未付款项相当于终止货币之金额”之和减去“积欠违约方之未付款项相当于终止货币之金额”，如该提前终止款项为正数，应由违约方向未违约方支付，如该提前终止款项为负数，未违约方应向违约方支付该金额之绝对值……按本条支付之款项系对亏损之合理预先估计而非违约金，支付该数额之目的系为补偿交易之未能实现及保障未来损失之风险［第6（e）条］。在出现违约方或发生任何其他终止事件而所有未完成交易成为受影响交易时，付款人应向收款人支付之任何提前终止款项将按未违约方之选择（无需事先通知违约方）下用于扣减抵销收款人应向付款人支付之任何其他款项，于任何其他款项以此方式抵销时，此等其他款项之付款义务将被立即全部解除，未违约方将通知另一方根据约定所为之任何抵销［第6（f）条］。如提前终止款项于提前终止日到期，该款项将以终止货币与自该提前终止日（包括当日）至该款项实际支付之日（不包括当日）期间按适用之结算利率计算之利息，（于判决之前及之后）一并支付，利息将按每日复式利率以及实际过期的日数计算［第9（h）条］。违约方将依请求，向另一方赔偿并报销其一切合理的开支（包括律师费、签署费及印花税）并使其免受损害，该等开支系因该方因执行和保障违约方为一方当事人之本协议或任何信用支持文件下之权利所产生或因任何交易提前终止而产生之费用，包括但不限于催收费用（第11条）。决定方将以善意并按合理之商业程序确定任何

① 上海金融法院（2020）沪74民终533号民事判决书，载中国裁判文书网，https://wenshu.court.gov.cn/website/wenshu/181107ANFZ0BXSK4/index.html?docId=d92389466bd846de9e5fac7200e1b30e，最后访问时间：2022年5月3日。

结算款项，以达到合理之商业效益。决定方可为任何一组终止交易或一笔终止交易确定结算款项。每笔结算款项应在提前终止日确定，或如以该日为之在商业上非合理可行者，亦可按提前终止日之后商业上合理之日确定。在决定结算款项时不应考虑有关某一笔终止交易或一组终止交易之未付款项和律师费及实付费用，决定方可在确定结算款项时参考任何有关信息，包括但不限于以下一类或多类信息：（i）一个或多个第三方提供之有关替换交易之（确定或参考性的）报价，第三方在提供这些报价时可以考虑决定方在提供报价时之信用状况以及决定方与提供报价之第三方间之任何有关文件，包括信用支持文件之条款；（ii）一个或多个第三方提供之相关市场数据之资料，包括但不限于相关利率、价格、收益率、收益率曲线、波动性、利差、相关性以及相关市场之其他相关市场数据；（iii）源于内部之（包括源于决定方之任何关系人）以上（i）款和（ii）款所述类型之资料，但该资料应是决定方在评估同类交易之日常商务过程中使用之同类资料；根据以上（i）款提供报价或根据以上（ii）款提供市场数据之第三方可包括但不限于相关市场之交易商、相关产品之最终使用者、资料销售者、经纪商以及市场资料之其他来源。确定结算款项合理之商业程序可包括：（1）适用按以上（ii）款由第三方提供之相关市场数据或适用按以上（iii）款源自内部之资料、订价或其他评估模式，唯该等数据、资料、定价或模式亦系在决定结算款项时，决定方在日常商业过程中评估与第三方进行类似交易时所采用者；（2）根据一笔终止交易或一组终止交易之类型、复杂性、规模和数量对该笔或该组终止交易适用不同之评估办法（第 14 条）。

2014 年 2 月，某公司签署《布伦特原油-买入绩效互换》交易条款（以下简称 2 月份交易条款），载明：本文件仅作讨论之用，并不构成任何要约、建议或诱导任何人士订立任何交易或采纳任何对冲、交易或投资策略。参考条款并不全面，亦不是最终的，受限于最终的交易条款、确认书或者其他文件的规定。如果最初的交易条款和后续的交易条款存在不一致，则以最近被确认或者签署的交易条款为准来解释该不一致。如果交易条款与已经签署的确认书不一致，则以已经签署的确认书为准。

2014 年 3 月 7 日，双方签订《布伦特原油-买入绩效互换》及对应的《交易确认书》（以下简称 3 月份交易条款），双方约定于 2014 年 8 月 1 日至 2015 年 2 月 28 日间的七个公历月间（每个公历月为一个计算期间）就布伦特原油开展互换交易：（1）每一计算期间的名义数量为 20000 桶，总计 140000 桶；（2）某银行于每个计算期间的相应支付日向某公司支付固定金额 20000 美元；（3）双方以每桶布伦特原油 93 美元为执行价格，以单个计算期间内每一定价日商品参考价格的未加权算术平均值为评估价格，在每个计算期间的结算日就浮动金额依如下安排结算：当评估价格等于或高于执行价格，则双方之间不产生另行支付的金额；当评估价格低于执行价格，则某公司向某银行支付的美元金额为（执行价格-评估价格）×名义数量。另约定不依赖和非投机目的两条附加条款：不依赖，指交易一方向对方声明：（a）其并未从对方处获取任何就本交易在法律、税务、法规、会计等方面的建议或依赖于任何该等建议，且（b）就本交易而言，（i）其有能力（通过内部或根据独立的专业建议）对该交易作出评估，并遵照自身决定达成本交易，且（ii）其已理解本交易的所有条款、条件及所含风险并愿意（在财务及其他方面）承担该等风险。非投机目的，指在达成本交易之日时，某公司向某银行声明（或应视为声明）：某公司达成本交易是出于管理其借款或投资，对其资产、负债或与其经营范围相关的业务避险之目的，而非为了进行投机活动。在《风险确认》中，某公司向某银行确认及承认：某公司已经基于自身的判断对是否订立交易以及交易是否合适或适当作了最终决定，且对于其认为需要取得其他咨询以协助其作出本决定的，其已经取得自身顾问的所有额外意见。对于相关交易，某银行已向某公司充分披露了协议和交易的风险，包括：（1）交易和协议之条款和固有风险的描述；及（2）可能会导致其遭受与交易和协议有关的任何损失的主要因素的描述。某公司已阅读上述之风险警告，完全明白可能因交易和协议引起的全部风险，包括但不限于最差情况下其潜在的损失；其有能力承受可能因交易和协议引起的全部风险，包括但不限于最差情况下其潜在的损失；其具有与本交易直接相关基础资产或基础负债（以下简称基础敞口），并且该基础敞口为进行本交易的真实需求背景；其进行本交易的目的是对冲或者避险而不是投机，且上述对冲或者避险的目的完全符合本交易条款中交易目的部分的规定。

同日，某银行与某公司的授权交易员齐某就系争交易内容进行确认，某银行特别就布伦特原油价格跌破执行价格的亏损风险向某公司进行说明，某公司最终确认进行系争交易。主协议、3 月份交易条款签订后，某银行与某公司依约履行了四期互换交易。

2014 年 5 月 28 日、9 月 17 日，某银行与某公司的授权交易员齐某通话，就系争交易向某公司提示油价下跌风险。某公司均表示了解且希望按原约定 3 月份交易条款执行。

2014 年 11 月 11 日，某公司出具《关于终止布伦特原油-买入绩效互换的函》，要求提前终止2月签署的《布伦特原油-买入绩效互换》协议，否认2014年11月10日后互换交易的效力，并表示不再承担11月10日后的损失。

2014年11月27日，某银行向某公司发出《提前终止通知》，指定2014年12月2日为主协议项下所有未完成交易的提前终止日。

2014年12月2日，某银行向某盛、某某尔、某某莱、法国某某银行、英国某某石油发送电子邮件，就系争交易拟于2015年2月28日提前终止所需的平仓成本发送询价函。五家市场交易商回复电子邮件中的报价分别为：某盛报价1167000美元，某某尔报价1161000美元，某某莱报价1170651美元，法国某某银行报价1227600美元，英国某某石油报价1151140美元。

2014年12月3日，某银行向某公司发出《提前终止金额计算报告》及其附件，载明：要求某公司支付提前终止款项1456840美元，提前终止金额在本报告生效日起的第二个本地工作日到期（以下简称支付到期日），要求某公司在支付到期日支付以上提前终止款项加上到期应付的利息。附件中载明：（1）终止交易结算款项的终止货币等值额为1189000美元，与五家市场交易商市场报价剔出最高价和最低价之后的算数平均数金额1166217美元相近；（2）某公司欠某银行的未付款项的终止货币等值额为267840美元；（3）某银行欠某公司的未付款项的终止货币等值额为0美元。根据主协议约定，提前终止款项等于（1）、（2）、（3）的总和，应由某公司支付给某银行。

2014年12月11日，某银行从某公司的人民币账户和美元账户中分别扣除人民币185597.62元（按2014年12月10日牌价折合30328.89美元）和97950.14美元。

2015年6月8日，某银行向某仲裁委员会提交仲裁申请书，某仲裁委员会根据某银行与某公司签订的主协议中仲裁条款及某银行提交的仲裁申请书受理主协议争议仲裁案，并于2016年6月26日作出（2016）中国贸仲京（沪）裁字第×××号裁决书，认定以市场报价1166217美元作为终止交易结算款项的终止货币等值额，以1305777.97美元作为某公司尚欠提前终止款项本金。

2016年12月2日，中国银行业监督管理委员会北京监管局办公室出具《关于对某公司反映问题回复的函》，载明：某银行是获准经营从事金融衍生产品交易业务（其中包括大宗商品衍生产品）的机构，其在和某公司的交易相关文件中就业务细节及交易产品的风险情况做出了说明，某公司对此进行了确认。

某银行向上海市浦东新区人民法院提起诉讼，请求：1. 判令某公司向某银行支付互换交易项下欠付的提前终止款项 1328560.97 美元，以及自 2014 年 12 月 2 日至其实际支付结算款项之日止的利息；以上暂计人民币 9660823.15 元。2. 判令某公司承担某银行支出的律师费人民币 20 万元。3. 判令某公司承担某银行支出的仲裁费人民币 106938 元。4. 判令某公司负担本案全部的诉讼费用、保全费。

一审法院判决支持某银行分行诉讼请求。

某公司不服一审判决，提起上诉。

二、核心问题

案涉场外衍生品交易协议法律效力；某公司发函终止协议是否构成违约事件；提前终止净额款项的性质和计算。

三、法院裁判要旨

（一）一审法院审理程序的合法性审查

首先，在管辖问题上，某公司在一审阶段提出管辖权异议后，一审法院已作出驳回裁定，并经法院二审裁定维持，管辖权业已确定，二审法院不再重复审查。

其次，对于某公司提起的反诉，法院可以审查是否属于应当合并审理的范围，且即便未予受理，该公司亦有权提起另案诉讼，故一审法院未受理反诉并未实际影响某公司的诉讼权利。

最后，涉案所有协议，包括主协议、交易条款、交易确认书等均由某公司和某银行签订，某银行分行并非合同相对方。某银行分行仅在《提前终止通知》和《提前终止金额计算报告》加盖公章，但该两份文件落款处均署名为某银行，对此，某银行认可该两份文件的效力，某公司亦未对该两份文件代表某银行意思表示提出异议。另外，某公司发函的对象也是渣打银行，并未因某银行分行工作人员参与部分事务而对合同相对方有所误解，故一审法院未予追加第三人并无不当。

（二）涉案交易协议的效力

某公司在签署 3 月份交易条款同日签署确认书，该确认书是对 3 月份交易条款的确认，对于 2 月份交易条款，某公司未曾签署相应确认书，也从未实际履行过，故 2 月份交易条款并未发生法律效力。本案系争主协议、3 月份交易条款均系双方当事人的真实意思表示，且内容不违反法律和行政法规的效力性强制性规定，也不存在其他导致合同无效的事由，故一审法院上述合同合法有效，当事人理应恪守。

某公司上诉称，某银行未尽到适当性义务，未将合适的产品销售给适合的消费者。二审法院认为，所谓金融消费者，是指为满足个人或家庭生活消费需要、购买金融机构金融产品或接受金融服务的自然人。卖方机构在向金融消费者推介、销售高风险等级金融产品中必须履行了解客户、了解产品、将适当的产品（或者服务）销售（或者提供）给适合的金融消费者等义务。本案中，某公司作为经营油类产品的企业，进行涉案衍生品交易，并非出于个人或家庭消费需要，不属于金融消费者的范畴，故对其该项上诉理由，不予支持。

虽然某公司不属于金融消费者，但基于金融衍生品交易的复杂性和其自身所隐含的风险，金融机构在与客户缔约时也应评估交易对手的适合度，并向客户充分披露风险。在案证据显示，某公司从事油类销售业务，基于我国国内油价与国际油价的接轨制度，国际油价波动对国内油类销售业务可能产生影响，故该公司具有与涉案交易直接相关的基础资产。某公司还签署了《风险确认》，确认其已基于自身判断对是否订立交易以及交易是否合适或适当作了最终决定，某银行已充分披露了协议和交易的风险，某公司已阅读上述风险警告，完全明白可能因交易和协议引起的全部风险，包括但不限于最差情况下其潜在的损失，同时，还确认其具有与本交易直接相关基础资产或基础负债，进行本交易的目的是对冲或避险。故某银行在缔约过程中已履行了相应的客户审查及风险提示义务。

在涉案产品设计的公平性问题上，衍生品交易是合同当事人对未来的不确定性进行博弈，在金融机构对产品交易结构、蕴含风险进行充分揭示的情况下，当事人应对交易过程中可能产生的收益或亏损有一定的预期，并在此基础上自主作出商业判断。同时，作为风险管理工具，衍生交易下的盈亏与现货交易中的损益之间存在对冲关系，故也不应仅从涉案交易本身的盈亏判断合同的公平性。

此外，某公司还主张，某银行存在强制搭售行为，但对此并未提供有效证据予以证明，二审法院难以采信。

综上分析，涉案交易协议系双方当事人真实意思表示，并不违反法律、行政法规的禁止性规定，已经成立并合法有效，当事人均应恪守合同约定。

（三）某公司发函终止协议是否构成违约事件

根据主协议约定，任何一方取消、否认、放弃或拒绝全部或部分之主协议、由该方签订和交付之任何确认书或由此等确认书证明之任何交易，或对主协议、上述确认书或交易之有效性提出异议，构成该方之违约事件。某公司在互换交易依约履行4期后，向某银行发函要求提前终止并解除互换交易，否认2014年11月10日之后互换交易的效力并表示不再履行合同义务，构成主协议项下的违约事件。某银行据此确定双方之间互换交易的提前终止日并要求某公司支付提前终止款项及其利息的主张，具有合同依据，一审法院予以支持。

某公司主张，其要求终止的2月份交易条款，因其并未生效，该行为并不会导致3月份交易条款的直接终止。二审法院认为，有相对人的意思表示的解释，应当按照所使用的词句，结合相关条款、行为的性质和目的、习惯以及诚信原则，确定意思表示的含义。从某公司《关于终止布伦特原油-买入绩效互换的函》的具体内容看，函中虽将协议签署时间记载为2月，但同时也明确表示，认同并履行2014年11月10日以前的合约约定，2014年11月10日之后的协议不再生效，故其目的在于终止正在进行的互换交易，否定剩余3期互换约定的效力，而非要终止一份未生效的协议。现双方当事人对实际履行的协议为3月份交易条款并无争议，故某公司向某银行出具此函应理解为要求终止3月份交易条款，构成主协议第5（a）（ii）（2）条项下的违约事件，某银行得依据第6（a）条约定享有违约事件发生后提前终止之权利。某公司该项上诉理由并无事实依据，法院难以采信。

（四）提前终止款项的性质和计算

双方在合同中约定的提前终止款项系对亏损之合理预先估计而非违约金，支付该数额之目的系为补偿交易之未能实现及保障未来损失之风险，故某公司关于提前终止款项作为违约金应按照实际损失来确定的抗辩没有事实和法律依据，一审法院不予支持。该提前终止款项的金额，仲裁庭已根据相关市场报价作出了认定，该金额尚属合理，一审法院予以认同。关于提前终止款项利息，某银行主张适用的利率相等于某银行取得有关资金之须支付资金成本（以年利率计）加1%，应采用隔夜融资利率上浮1%等于年化1.1017%作为利率，具有合同依据，一审法院予以采纳。

主协议第6（e）（v）条约定："按第6（e）条支付之款项系对亏损之合理预先估计而非违约金。支付该数额之目的系为补偿交易之未能实现及保障未来损失之风险。"掉期交易中，交易双方对具体违约责任触发交易提前终止的合约安排实质上属于继续性合同的约定解除。违约事件下提前终止应付额包括终止款项和未付款项两部分，其中未付款项的清偿属于对已发生并确定之债务的履行，而提前终止款项即为交易违约方在合同解除后对非违约方应承担的违约责任，也就是赔偿非违约方因交易提前解除而遭受之损失。

《中华人民共和国合同法》① 第一百一十三条第一款规定，当事人一方不履行合同义务或者履行合同义务不符合约定，给对方造成损失的，损失赔偿额应当相当于因违约所造成的损失，包括合同履行后可以获得的利益，但不得超过违反合同一方订立合同时预见到或者应当预见到的因违反合同可能造成的损失。ISDA 主协议的出台为场外衍生品交易提供了适用于国际市场的标准化合约，并作为国际惯例和国内行业规则在衍生品交易实践中被广泛采用并为交易参与方所熟知。因此，若交易协议中实际采用了 ISDA 主协议的相关规定，则应当认为交易各参与方对协议中所列违约责任的承担具有一定的预期。

根据主协议的规定，在违约事件发生后，非违约方应当以通知的形式，根据协议就所有受到影响的未到期交易指定一个提前终止日。不论有关的违约事件、终止事件是否仍持续，该提前终止日将于指定的日期生效，并以此提前终止日为基准，使相应的未到期交易被提前终止。本案中，某银行于 2014 年 11 月 27 日发出提前终止通知，并指定 2014 年 12 月 2 日为提前终止日，符合双方合同约定。

关于提前终止款项的计算方法，根据主协议第 14 条的约定，计算方将以诚实信用原则，并按合理之商业程序确定任何结算款项，以达到合理之商业效益。计算方可参考任何有关信息，包括但不限于第三方提供的有关替换交易之报价，第三方提供的相关市场数据资料等。本案中，某银行向行业内数家第三方咨询了有关替代交易的报价，并结合其他市场信息计算了提前终止款项。一审法院以市场报价的平均数作为提前终止款项计算的依据，并不违反双方合同约定，且低于某银行计算的金额，实际减轻了债务人的负担，可予维持。

某银行自愿放弃关于利息的诉讼请求，系其对自身权利的处分，与法不悖，二审法院予以准许，并据此对一审判决作出相应变更。

此外，某公司还以提起另案行政诉讼为由申请中止审理。二审法院认为，银保监会已就某公司的投诉作出了处理，该公司提起行政诉讼系向银保监会申请信息公开，故本案并不必须以该案审理结果为依据，不属于《中华人民共和国民事诉讼法》第一百五十条所规定的中止诉讼的情形，因此，对某公司的该项请求，二审法院不予支持。

二审判决：驳回上诉请求，因某银行自愿放弃关于利息的诉讼请求，

① 本书选取的案件适用裁判当时有效的法律，以下不再赘述。

判决将一审判决变更为，某公司应支付某银行 1305777. 97 美元。

四、专家评析

本案属于本法出台前场外衍生品交易纠纷较为典型的案例，案涉争议焦点集中了场外衍生品交易中常见的争议问题。场外衍生品交易协议结构较为复杂，一般由交易主协议、补充协议、交易确认书以及履约保障协议书等一系列文书构成，协议的效力经常成为原被告双方争议的焦点。根据本法第三十二条的规定，本案所涉单一主协议应当具有法律约束力，与本案主审法院的法律适用结果上并无区别，但所依据的法律规定却有所不同。

关于本案提前终止款项的性质和计算，本法虽明确规定终止净额结算制度，认可单一主协议下的终止净额结算机制，但未就提前终止净额款项的性质和计算作出具体规定。因此，本法的出台对该问题并不会产生直接影响，本案主审法院按照双方协议的约定予以确认，符合尊重当事人意思自治的民法基本原则。

第三章　期货结算与交割

本章概要

本章对于期货交易的结算与交割义务的基本概念与制度进行了规定。在期货交易的结算方面，明确期货结算实行当日无负债制度，保证金专户存管制度，保证金不足时的强平制度及委托结算制度。对于发生结算违约的情形，规定了可以动用的财务资源，以保证结算正常完成。在期货交割方面，规定了期货交割结合约与标准化期权行权和履约，明确了期货交割方式、标准仓单的定义和登记、实物交割地点等内容，并对不得限制交割总量、交割违约时对标准仓单等的处置进行了规定。此外，为了保证结算和交割财产优先用于期货履约，明确规定了结算和交割财产不得被查封、冻结、扣押或者强制执行，依法进行的结算和交割不因参与结算的任何一方进入破产而中止、无效或者撤销等，确立了结算最终性的原则。

第三十九条　【当日无负债结算制度】期货交易实行当日无负债结算制度。在期货交易场所规定的时间，期货结算机构应当在当日按照结算价对结算参与人进行结算；结算参与人应当根据期货结算机构的结算结果对交易者进行结算。结算结果应当在当日及时通知结算参与人和交易者。

【条文主旨】

本条是关于当日无负债结算制度的规定。一是明确期货交易均应实行当日无负债结算；二是对当日无负债结算制度的主要内容予以规定；三是期货结算机构和结算参与人的通知义务。

【立法背景】

一、立法沿革

当日无负债结算制度是期货市场防范风险的基础性制度。在我国期货市场建立的初期，期货交易采用的是每日结算制度。1999 年《期货交易管理暂行条例》（已失效）第四十条规定："期货交易的结算，由期货交易所统一组织进行。期货交易所实行每日结算制度。期货交易所应当在当日收市后及时将结算结果通知会员。期货经纪公司根据期货交易所的结算结果对客户进行结算，并应当将结算结果及时通知客户。"

2007 年《期货交易管理条例》进行了完善，第三十七条规定，期货交易的结算，由期货交易所统一组织进行。期货交易所实行当日无负债结算制度。期货交易所应当在当日及时将结算结果通知会员。期货公司根据期货交易所的结算结果对客户进行结算，并应当将结算结果按照与客户约定的方式及时通知客户。客户应当及时查询并妥善处理自己的交易持仓。这是当日无负债结算概念首次在立法中出现。与《期货交易管理暂行条例》规定的每日结算制度相比，一方面，概念中出现"无负债结算"的表述，强调了期货交易的结算应包含根据结算结果进行资金划转的环节；另一方面，每日结算制度中强调了期货交易所通知会员结算结果的时间点在"当日收市后"，而当日无负债结算制度中相应时间点不限制在该交易日收市之后，对当日多次结算提供了依据。之后《期货交易管理条例》虽经过历次修订，但都保持了当日无负债结算制度的表述。

二、立法过程中的讨论

在立法过程中，各种观点主要包括：一是是否对应该当日无负债结算中清算的具体内容进行描述；二是是否强调当日无负债结算制度下对应收应付款项实行净额一次划转；三是结算时间如何规定。①

对于第一个问题，在立法过程中曾列举规定应对合约盈亏、保证金以及手续费、税金等费用进行清算。考虑到随着期货业务的创新发展，当日无负债结算制度涉及的具体费用可能会有相应的调整，不在法律条文中规

① 以上观点为王飞云在期货法立法过程中，参加中国财富管理 50 人论坛（CWM50）2021 年 5 月 16 日组织召开"期货法草案意见征求与期货市场高质量发展"专题研讨会，对监管部门、自律机构、立法机关、司法机关等各方所提立法需求意见的梳理汇总。

定当日无负债结算制度涉及的费用类型有利于法律的稳定性。同时，期货与场内期权当日无负债结算涉及的费用并不相同，难以在一个条文中作出规定。因此，法律最终稿删去了一读稿中曾出现的“上述费用”等内容，没有在正式法律中进行一一列举。

对于第二个问题，一种观点认为，当日无负债结算制度与股票市场的结算制度存在本质区别。前者不仅每日计算交易盈亏，而且对所有应收应付款项以净额方式进行资金划转；而后者仅对盈亏进行清算，不实际进行资金划转。为了突出当日无负债结算制度的本质特征，应当在法律条文中规定期货结算机构每日对应收应付款项实行净额一次划转。这一观点有一定的道理，但是考虑到法律条文应当简洁易懂并为创新业务的发展留足空间，因此，最终删除资金“净额”一次划转的规定，具体的资金划转安排留待更具体的规则进行规定。

对于第三个问题，虽然结算一般发生在交易结束以后，但规定“在期货交易场所规定的时间”，是因为目前各期货交易所施行了“夜盘”交易，所谓的交易日已经突破了自然日的限制，有利于符合实践；也为结算机构每日多次进行结算等业务解除了限制，使期货结算机构将结算参与人的资金风险控制在更短的时间之内，有利于为业务创新留下空间。

【条文解读】

一、“当日无负债”的含义

当日无负债是一种结算制度，又称为逐日盯市，是指在期货交易场所规定的时间（一般是每日交易结束后），期货结算机构按照结算价计算结算参与人所有合约的盈亏、保证金及手续费、税金等费用，对应收应付款项实行净额一次划转，相应增加或者减少结算参与人的结算准备金；结算参与人再根据期货结算机构的结算结果对交易者进行结算。

二、当日无负债结算的重要意义

当日无负债结算制度是期货交易的基础制度之一，对于防范信用风险具有重要意义。对于中央对手方（CCP）来说，信用风险是指交易对手在到期时或将来任何时候均无法完全清偿其金融债务的风险。① 期货结算机构作为中央对手方（CCP），持有结算参与者人的敞口头寸，而敞口头寸的

① 参见支付结算体系委员会/国际清算银行、国际证监会组织编：《金融市场基础设施原则》，中国人民银行支付结算司译，中国金融出版社 2013 年版，第 37 页。

市值波动即会导致信用风险。[①] 一旦交易一方亏损而其保证金账户中的资金不足以承担履约责任，期货结算机构则需要提供履约保障。为了防范这一风险，期货结算机构在当日按照结算价对结算参与人进行结算，持续保障结算参与人结算准备金余额不低于规定的最低标准。对于结算准备金不足的结算参与人，期货结算机构将通知其在规定时限内追加保证金，否则将启动违约处置机制，采用暂停开仓交易、强行平仓、处置担保品等措施。可以说，当日无负债结算制度是防范期货高杠杆交易所带来的系统性风险的基石。

三、《金融市场基础设施原则》对当日无负债结算的要求

支付结算体系委员会和国际证监会组织发布的《金融市场基础设施原则》（PFMI）原则4“信用风险”部分要求，中央对手方（CCP）应当尽可能化解和管理信用风险。其中，为了防止信用风险的不断累积，CCP应当对敞口头寸进行盯市，并且要求每个参与者至少每日出资覆盖头寸损失的净值。[②] 原则6“保证金”亦指出，中央对手方（CCP）应至少每天对参与人头寸进行盯市，以限制现实风险敞口的产生。[③] 我国期货市场采取的当日无负债制度，符合PFMI关于CCP管理信用风险的要求。当日无负债结算能够限制风险敞口的不断累积，并将潜在的信用风险敞口控制在每日盈亏轧差后的净额内，是各国期货市场防范和化解信用风险的通行做法。

四、通知义务

期货结算机构应当将结算结果通知结算参与人，结算参与人应当将结算结果通知交易者，上述通知义务均属于法定义务。有关通知时间应当按照期货交易场所业务规则规定的时间执行，一般应在当日交易结束后及时通知结算参与人和交易者，以便于交易者及时进行自行平仓、追加保证金和资金划转等操作。除非发生不可抗力、意外事件、重大技术故障、重大人为差错等突发性事件，结算和通知行为都应当在交易日的当日完成。

五、相关问题

（一）清算与结算

在立法过程中，曾规定“在期货交易场所规定的交易时间，期货结算

---

① 参见支付结算体系委员会/国际清算银行、国际证监会组织编：《金融市场基础设施原则》，中国人民银行支付结算司译，中国金融出版社2013年版，第41页。

② 参见支付结算体系委员会/国际清算银行、国际证监会组织编：《金融市场基础设施原则》，中国人民银行支付结算司译，中国金融出版社2013年版，第43~47页。

③ 参见支付结算体系委员会/国际清算银行、国际证监会组织编：《金融市场基础设施原则》，中国人民银行支付结算司译，中国金融出版社2013年版，第52页。

机构应当按照结算价对结算参与人所有合约的盈亏、保证金以及手续费、税金等费用进行清算，对应收应付的款项实行净额一次划转”。这里，能看出“清算”与“结算”的概念不同。一般来讲，“清算”是指根据预先设定的规则，期货结算机构通过相关系统，按照结算价对结算参与人名义下所有合约的盈亏及各项费用进行计算，形成明细账目，确定各方交收义务；而“结算”是指在完成清算的基础上，期货结算机构根据清算结果，对所有结算参与人的应收应付款项进行净额划转。

（二）当日无负债结算与保证金制度

尽管当日无负债结算是期货交易的基础制度，但它不是期货交易独有的制度。当日无负债结算本质上是对保证金进行管理的一种方式，以持续保障交易主体的结算保证金余额不低于规定的最低数额，从而维持无负债交易。①

此外，正因为采用当日无负债结算制度，才导致期货交易中的保证金制度与普通民事交易的保证金制度产生显著差异：一是期货交易者需要根据持仓量大小随时追加保证金，保证金的金额处于变动状态，而普通民事交易中保证金一般是确定的；二是在期货交易中未及时追加保证金即被视为根本违约，而普通民事交易中未及时交付保证金不一定是根本违约。②

（三）结算参与人制度

本条提到期货结算机构对结算参与人结算、结算参与人对交易者结算的结算机制，与本法第九十五条所述结算参与人制度相联系。结算参与人是指获得期货结算机构结算参与人资格，直接接入期货结算机构系统参与结算的主体。在我国期货市场，结算参与人制度与期货交易所的会员制度相关。在全员结算模式下，期货交易所的全体会员均为结算参与人；在分级结算模式下，期货交易所的会员又分为结算会员和非结算会员，仅结算会员作为结算参与人。

【关联规范】

《中华人民共和国期货和衍生品法》第八十九条、第九十三条、第九十五条；《最高人民法院关于审理期货纠纷案件若干问题的规定》第四十八条。③

---

① 綦敏、任超：《大宗商品变相期货交易认定：基于交易合约的审视》，载《南方金融》2019年第6期。

② 吴越：《现货与期货交易的界分标准与法律规制》，载《中国法学》2020年第2期。

③ 《最高人民法院关于审理期货纠纷案件若干问题的规定》，载最高人民法院网站，http：//gongbao. court. gov. cn/Details/314348315137c034cbb7b5b2fe1493. html，最后访问时间：2022年5月2日。

第四十条　【保证金、权利金】期货结算机构、结算参与人收取的保证金、权利金等，应当与其自有资金分开，按照国务院期货监督管理机构的规定，在期货保证金存管机构专户存放，分别管理，禁止违规挪用。

【条文主旨】

本条是关于保证金、权利金管理的规定。旨在明确对期货结算机构、结算参与人收取的保证金、权利金等的存管要求，核心是与其自有资金分开，并存放于期货保证金存管机构，实行专户存放，禁止挪用。

【立法背景】

1993 年《期货经纪公司登记管理暂行办法》第七条规定，期货经纪公司应当依法从事经营活动，遵循公开、公平和诚实信用的原则，并遵守以下规则：……（二）在登记主管机关指定的金融机构开设客户保证金的专用账户，并与自有资金分离存放……

1999 年《期货交易管理暂行条例》（已失效）第三十六条规定，期货交易应当严格执行保证金制度。期货交易所向会员、期货经纪公司向客户收取的保证金，不得低于中国证监会规定的标准，并应当与自有资金分开，专户存放。期货交易所向会员收取的保证金，属于会员所有；期货交易所除用于会员的交易结算外，严禁挪作他用。期货经纪公司向客户收取的保证金，属于客户所有；期货经纪公司除按照中国证监会的规定为客户向期货交易所交存保证金、进行交易结算外，严禁挪作他用……

2007 年《期货交易管理条例》第二十九条规定，期货交易应当严格执行保证金制度。期货交易所向会员、期货公司向客户收取的保证金，不得低于国务院期货监督管理机构、期货交易所规定的标准，并应当与自有资金分开，专户存放。期货交易所向会员收取的保证金，属于会员所有，除用于会员的交易结算外，严禁挪作他用。期货公司向客户收取的保证金，属于客户所有，除下列可划转的情形外，严禁挪作他用：（一）依据客户的要求支付可用资金；（二）为客户交存保证金，支付手续费、税款；（三）国务院期货监督管理机构规定的其他情形。

【条文解读】

一、有中国特色的期货保证金存管模式

期货保证金是结算参与人交给期货结算机构、交易者交给结算参与人的资金，用作其履行期货合约的担保。期货结算机构向结算参与人收取的保证金属于结算参与人所有，结算参与人向交易者收取的保证金属于交易者所有。期货保证金一方面在交易结算环节中发挥履约保障功能，另一方面还在当日无负债结算环节中用于结算。保证金的存管安全不仅关系到市场参与者的权益保障，且对期货市场的稳定运行具有重要意义。

我国期货市场早期的期货保证金存管，采用期货公司的统一账户管理。期货公司在银行设立公司统一账户存放自有资金和客户保证金，账户资金的出入均由期货公司管理。此种模式下，期货公司挪用、占用客户保证金等事件屡有发生。期货保证金存管安全无法保障，对期货市场参与者的合法权益造成伤害，也是导致当时期货市场的公信力不高、诉讼频发的主要原因。

经过20世纪90年代的清理整顿，保证金存管安全问题得到明显改善。从中国期货市场的实际出发，我国逐步建成了有中国特色的期货保证金封闭管理模式。一是分户存放。期货结算机构、结算参与人自有资金和收取的保证金分别专户存放。与股票资金三方存管模式不同，期货交易中客户保证金仍存放在期货公司账户中，但期货公司应当将客户保证金与期货公司自有资金分户存放。二是封闭运行。根据《期货公司保证金封闭管理办法》第十条规定，期货保证金实行封闭运行管理，期货公司必须将客户保证金存放于经期货结算机构指定的期货保证金存管银行开立的保证金账户。保证金可以在期货公司保证金账户、期货公司在期货结算机构指定的存管银行网点开立的专用资金账户、期货公司在期货结算机构的资金账户之间划转。上述账户共同构成保证金封闭圈，保证金只能在封闭圈内划转、封闭运行。① 三是建立保证金安全监控制度。设立中国期货市场监控中心，以它为核心，各交易所、存管银行、期货公司密切配合，构建了一套期货保证金存管监控系统。每日核对期货交易所、存管银行、期货公司的客户交易和资金数据，监控客户资金安全，发现异常时迅速预警。通过

① 《期货公司保证金封闭管理办法》，载中国证券监督管理委员会网站，http://www.csrc.gov.cn/csrc/c101950/c1416970/content.shtml，最后访问时间：2022年5月2日。

以上述三方数据核对为核心的信息监控管理模式，确保了资金的封闭运行和安全，杜绝了挪用客户保证金的可能，切实保障了期货市场参与者的合法权益，夯实了期货市场稳定健康发展的基础。

二、期货保证金存管机构

本条所称“期货保证金存管机构”，是指从事保证金存取业务的期货保证金存管银行等机构。存管机构由期货结算机构指定，接受期货结算机构的监督管理。期货结算机构对于申请成为存管机构的资格条件有较为严格的要求，一般为具有相当业务规模的全国性金融机构，具备充足的财务资源、良好的公司治理和内部控制体系，以及稳健的技术系统。《金融市场基础设施原则》（PFMI）原则16“托管风险与投资风险”部分也要求，金融基础设施应当将自有资产和参与者资产保存在受监管的单位，这些单位需要具备稳健的会计实践、保管程序和内部控制，全面保护其自有资产和参与者资产。① 我国期货市场对存管银行的资格管理和监督，体现了PFMI对托管人进行筛选和监管，从而控制托管风险的原则。

三、禁止违规挪用保证金

根据本条，期货结算机构、结算参与人收取的保证金、权利金等，禁止被违规挪用。封闭运行的期货保证金仅能用于期货交易的履约担保、交易结算，以及客户出金。根据《期货公司保证金封闭管理办法》第十三条、第十四条，期货公司收取手续费、利息等，支付席位费、电话费等费用，以及期货公司为满足客户在不同交易所之间的交易需求以自有资金临时补充结算准备金的，可以在专用自有资金账户和保证金账户之间划转。上述情况不构成“违规挪用”。

《期货交易管理条例》《期货公司监督管理办法》② 《期货交易所管理办法》③ 等行政法规、部门规章规定了违规挪用保证金的责任和处罚。在挪用保证金数额巨大，造成严重后果的情形下，则适用刑法有关挪用犯罪行为的规定。由于行为主体的身份不同，可能构成挪用资金罪、挪用公款罪。前者是指期货交易所、期货经纪公司或者其他金融机构的工作人员，利用职务上的便利，挪用客户保证金；后者是指期货交易所、期货经纪公

---

① 参见支付结算体系委员会/国际清算银行、国际证监会组织编：《金融市场基础设施原则》，中国人民银行支付结算司译，中国金融出版社2013年版，第96页。

② 《期货公司监督管理办法》，载中国证券监督管理委员会网站，http：//www.csrc.gov.cn/csrc/c106256/c1654011/content.shtml，最后访问时间：2022年5月2日。

③ 《期货交易所管理办法》，载中国证券监督管理委员会网站，http：//www.csrc.gov.cn/csrc/c106256/c1653889/content.shtml，最后访问时间：2022年5月2日。

司或者其他国有金融机构的工作人员，以及期货交易所、国有商业银行、期货经纪公司或者其他国有金融机构委派到非国有机构从事公务的人员，挪用保证金的情况。

根据刑法学理论，“挪用”是指使用人或者单位没有任何使用资金的合理理由与正当依据，属于“无权使用”而“使用”。其中的“使用”，主要是指对资金的支配，至于资金的具体用途则不影响挪用的性质，只是量刑依据。① 因此，不按照保证金法定或约定的用途对保证金进行支配的行为，就是挪用保证金，即可构成挪用资金罪或者挪用公款罪。

【关联规范】

《中华人民共和国刑法》第一百八十五条；《期货交易所管理办法》第六十八条；《期货公司监督管理办法》第八十四条；《期货公司保证金封闭管理办法》第二条；《境外交易者和境外经纪机构从事境内特定品种期货交易管理暂行办法》第九十九条；《最高人民法院关于审理期货纠纷案件若干问题的规定》第五十五条。

第四十一条 【强行平仓】结算参与人的保证金不符合期货结算机构业务规则规定标准的，期货结算机构应当按照业务规则的规定通知结算参与人在规定时间内追加保证金或者自行平仓；结算参与人未在规定时间内追加保证金或者自行平仓的，通知期货交易场所强行平仓。

交易者的保证金不符合结算参与人与交易者约定标准的，结算参与人应当按照约定通知交易者在约定时间内追加保证金或者自行平仓；交易者未在约定时间内追加保证金或者自行平仓的，按照约定强行平仓。

以有价证券等作为保证金，期货结算机构、结算参与人按照前两款规定强行平仓的，可以对有价证券等进行处置。

① 参见王飞跃：《论挪用之“用”》，载《法学论坛》2018年第5期。

【条文主旨】

本条是关于结算参与人、交易者出现保证金不足时，对其强行平仓及处置有价证券保证金的规定。

【立法背景】

一、立法沿革

1999 年《期货交易管理暂行条例》（已失效）第四十一条规定，期货交易所会员的保证金不足时，该会员必须追加保证金。会员未在期货交易所统一规定的时间内追加保证金的，期货交易所应当将该会员的期货合约强行平仓，强行平仓的有关费用和发生的损失由该会员承担。期货经纪公司在客户保证金不足而客户又未能在期货经纪公司统一规定的时间内及时追加时，应当将该客户的期货合约强行平仓，强行平仓的有关费用和发生的损失由该客户承担。

2007 年《期货交易管理条例》第三十八条规定，期货交易所会员的保证金不足时，应当及时追加保证金或者自行平仓。会员未在期货交易所规定的时间内追加保证金或者自行平仓的，期货交易所应当将该会员的合约强行平仓，强行平仓的有关费用和发生的损失由该会员承担。客户保证金不足时，应当及时追加保证金或者自行平仓。客户未在期货公司规定的时间内及时追加保证金或者自行平仓的，期货公司应当将该客户的合约强行平仓，强行平仓的有关费用和发生的损失由该客户承担。此后《期货交易管理条例》历次修订均保留本条规定。

二、立法过程中的讨论

一是是否需要将保证金标准加以区分，如本条所述“期货结算机构业务规则规定标准的”和“结算参与人与交易者约定标准的”。有观点认为，只要保证金不符合上述两种标准的任意一种的，均属于保证金不足；但从未来市场发展的角度考虑，不宜将保证金不足的标准区分得过于严格。也有观点认为，期货交易中实际上存在“期货结算机构业务规则规定标准的”和“结算参与人与交易者约定标准的”，为了减少穿仓风险，结算参与人与交易者通常约定高于期货结算结构规定标准的保证金标准。因此，这两种保证金标准法律性质也存在本质不同，法律应当对约定保证金进行明确。立法机关从我国期货市场实际出发，特别是为组合保证金、多样化保证金等保证金制度改革预留空间，以提高市场资金使用效率，同时，为了满足交易者的保证金个性化需求，提升结算参与人的综合服务水平和风险管理能力，最终没有采用保证金不足的表述，而采用保证金不符合规定或者约定标准的表述。

二是是否对强行平仓的损失和费用的分配进行明确规定。一种观点认为，强行平仓发生的费用和损失分配问题属于民事责任承担问题，需要在法律法规层面作出规定，期货交易场所无权自行作出规定。期货立法中明确强行平仓发生的费用和损失分配，有助于减少纠纷。另一种观点认为，强行平仓意味着结算参与人或交易者的保证金不足，结算参与人或交易者必然存在某种程度的过错。相关费用和损失按照民法典过错责任的有关规定处理即可。此次立法采取了第二种观点，没有在法律中明确规定强行平仓有关费用和损失的承担。

三是在保证金不足时处置作为保证金的有价证券，是否有必要规定具体的处置方式。一种观点认为，期货交易中作为保证金的有价证券流动性较好，规定可直接变卖有利于迅速处置担保物。另一种观点认为，有价证券作为保证金本质上是有价证券的权利质押，民法典对质押财产的处理方式规定了拍卖、变卖和协议折价三种方式，规定直接变卖有排除其他处置方式的问题。同时，根据《最高人民法院关于适用〈中华人民共和国民法典〉有关担保制度的解释》第四十五条的规定，当事人可以约定债务人不履行债务或发生约定情形时，担保物权人可以直接拍卖、变卖担保物。但如果无法自行拍卖、变卖的，担保物权人只能请求法院拍卖、变卖担保物，而不能直接进行私力救济。这主要是为了确保拍卖、变卖程序合法进行，防止自行处置损害社会秩序。[①] 民法典及其司法解释已经对担保物的处置作出了详细的规定。从节约立法资源的角度来看，期货法也不适宜再对担保物的处置作出规定。此外，从《中央国债登记结算有限责任公司担保品违约处置业务指引（试行）》[②] 等其他金融规范来看，在债券质押式回购等业务中，作为担保品的有价证券的处置方式也是规定为拍卖、变卖、协议折价三种。因此，在立法过程中曾出现的“对有价证券等直接变卖处置”的规定，在正式法律中被删除。[③]

---

① 最高人民法院民事审判第二庭：《最高人民法院民事担保制度司法解释理解与适用》，人民法院出版社 2020 年版。

② 《中央国债登记结算有限责任公司担保品违约处置业务指引（试行）》，载中央国债登记结算有限责任公司网站，http：//www. ccdc. com. cn/ccdc/cn/business/c151147787/c151149240/c151152681/20190617/151785648. shtml，最后访问时间：2022 年 5 月 2 日。

③ 以上观点为王飞云在期货法立法过程中，参加中国财富管理 50 人论坛（CWM50）2021 年 5 月 16 日组织召开“期货法草案意见征求与期货市场高质量发展”专题研讨会，对监管部门、自律机构、立法机关、司法机关等各方所提立法需求意见的梳理汇总。

【条文解读】

强行平仓，是指在期货交易中，当出现规定或约定的特殊事由时，由期货交易场所强行对结算参与人，或由结算参与人强行对交易者的部分或全部持仓进行反向的对冲平仓操作。本条规定的强行平仓的适用前提，是结算参与人、交易者的保证金不足，且未按照通知在规定或约定时间内予以补足。此种情况下，结算参与人、交易者已经构成结算违约。期货结算机构作为中央对手方，承担为期货交易提供集中履约担保的责任，其通知期货交易场所对违约的结算参与人采取强行平仓措施，可以通过减少违约结算参与人敞口头寸的方式，第一时间释放被合约占用保证金，直至保证金能够覆盖所有未平仓合约。只有在违约结算参与人的全部持仓均被处置后仍无法完成结算的情况下，中央对手方才需要动用保证金之外的结算担保金、风险准备金，甚至是自有资金等财务资源。结算机构代为履约后，其作为中央对手方，控制风险的能力将削弱。因此，本条规定结算参与人的保证金不符合标准时，该结算参与人必须追加保证金或者自行平仓。同样地，在交易者的保证金不符合与结算参与人的约定标准时，交易者必须要追加保证金或者自行平仓。

《金融市场基础设施原则》（PFMI）原则 13“参与者违约规则与程序”要求，金融基础设施（FMI）应当具备违约规则和程序，确保参与者违约时 FMI 能够继续履行义务；违约程序中应当包括以审慎和有序的方式，管理和轧平违约参与者的头寸及变卖可用的担保品。[①] 强行平仓是场内市场处置违约者头寸最为便捷、快速的方式，在市场行情波动较大的情况下，也能起到防止风险扩大的作用。

关于保证金不足时采取的强行平仓措施的法律性质，主要有三种观点：一是强行平仓是一种权利。理由是在结算参与人或交易者保证金不足且不追加保证金的情形下，会出现期货结算机构或结算参与人用自有资金代其完成结算的情形，实际上是结算参与人或交易者将本应自己承担的风险转移给期货结算机构或结算参与人。这是对期货结算机构或结算参与人权利的损害，因此强行平仓实际上是期货结算机构或结算参与人为保障自身资金安全的一种权利。二是强行平仓是一种义务。理由是期货市场是一个高风险和高杠杆的市场，结算参与人或交易者保证金不足且不按时追加

---

① 参见支付结算体系委员会/国际清算银行、国际证监会组织编：《金融市场基础设施原则》，中国人民银行支付结算司译，中国金融出版社 2013 年版，第 84 页。

可能导致穿仓，影响期货市场的结算安全甚至诱发金融系统性风险。因此，强行平仓是一种义务，在出现规定情形时，期货结算机构或结算参与人必须采取强行平仓的手段。三是权利义务分情形转换。理由是期货市场存在期货结算机构规定的保证金标准，同时结算参与人和交易者还会约定保证金标准，且约定标准一般比规定标准高。在保证金低于规定标准时，由于规定保证金标准是期货结算机构经过测算得出的覆盖交易风险、保障结算安全的最低标准，是风险管理的底线，此时从稳定金融秩序和维护社会公共利益出发，强行平仓是一种义务。当保证金低于约定标准而高于规定标准时，强行平仓是一种权利，而不是必须采取的措施，此时由结算参与人决定是否采取措施，从而保证市场交易的灵活性。相较而言，第三种观点更为符合期货交易的实践，有利于在意思自治和维护社会公共利益之间保持平衡。司法实践中，也基本上按照这种理念分配有关强行平仓的法律责任。

【关联规范】

《最高人民法院关于审理期货纠纷案件若干问题的规定》第三十六条至第四十一条。

第四十二条　【结算违约处置】结算参与人在结算过程中违约的，期货结算机构按照业务规则动用结算参与人的保证金、结算担保金以及结算机构的风险准备金、自有资金等完成结算；期货结算机构以其风险准备金、自有资金等完成结算的，可以依法对该结算参与人进行追偿。

交易者在结算过程中违约的，其委托的结算参与人按照合同约定动用该交易者的保证金以及结算参与人的风险准备金和自有资金完成结算；结算参与人以其风险准备金和自有资金完成结算的，可以依法对该交易者进行追偿。

本法所称结算担保金，是指结算参与人以自有资金向期货结算机构缴纳的，用于担保履约的资金。

【条文主旨】

本条是关于结算违约处理的规定，旨在明确发生结算违约时期货结算机构、结算参与人按照规则或者约定动用的财务资源，以保证结算正常完成。

【立法背景】

一、立法沿革

1999 年《期货交易管理暂行条例》（已失效）第四十四条规定，会员在期货交易中违约的，先以该会员的保证金承担违约责任；保证金不足的，期货交易所应当以风险准备金和自有资金代为承担违约责任，并由此取得对该会员的相应追偿权。客户在期货交易中违约的，期货经纪公司比照前款规定执行。

2007 年《期货交易管理条例》第四十条规定，会员在期货交易中违约的，期货交易所先以该会员的保证金承担违约责任；保证金不足的，期货交易所应当以风险准备金和自有资金代为承担违约责任，并由此取得对该会员的相应追偿权。客户在期货交易中违约的，期货公司先以该客户的保证金承担违约责任；保证金不足的，期货公司应当以风险准备金和自有资金代为承担违约责任，并由此取得对该客户的相应追偿权。第四十一条规定，实行会员分级结算制度的期货交易所，应当向结算会员收取结算担保金。期货交易所只对结算会员结算，收取和追收保证金，以结算担保金、风险准备金、自有资金代为承担违约责任，以及采取其他相关措施；对非结算会员的结算、收取和追收保证金、代为承担违约责任，以及采取其他相关措施，由结算会员执行。《期货交易管理条例》此后历次修订均保留本条内容未变。

二、立法过程中的讨论

本法立法过程中，对本条的讨论主要在于在动用结算担保金完成结算的情形下，是否赋予期货结算机构追偿权。一种观点认为，结算担保金是结算参与人以自有资金缴纳的，具有共同担保的性质，结算担保金所有权仍然属于结算参与人，因此动用结算担保金完成结算时，期货结算机构没有追偿权。另一种观点则认为，应当赋予期货结算机构追偿权。主要理由是结算参与人众多，存在信息不对称和难以统一行动等问题，由期货结算机构统一行使追偿权，有利于保障未违约结算参与人的权利。同时，根据

《期货交易所管理办法》第七十六条规定，期货交易所对结算担保金有管理使用权。由期货结算机构行使追偿权是管理使用权的应有之义。最终，考虑到结算担保金所有权归结算参与人所有，期货结算机构动用结算担保金完成结算的，后续可以依据业务规则要求结算参与人将结算担保金余额补足，性质不等同于追偿，本条没有规定期货结算机构的追偿权。①

【条文解读】

一、结算违约的情形

结算违约，是指结算参与人、交易者无法履行合约义务，不能按时完成结算的情况。具体而言，结算参与人的违约，是指违反结算机构规则，不能在规则规定的时间内按规定标准交足保证金，或者无法达到最低结算准备金要求；交易者的违约，是指违反与结算参与人的约定，不能在约定时间内按照约定标准交足保证金。此外，如果结算参与人或者交易者因为破产、解散、停业，以及财产被征收、扣押或司法执行等原因，在期货市场中丧失继续履约的能力，也会构成结算违约。

二、用于违约处置的财务资源

发生结算违约时，妥善处置违约、保障结算安全的措施主要有两方面：一是及时高效处置违约者的持仓头寸，将违约损失降到最小；二是针对违约产生的结算资金不足，应当具有充分的财务资源作为补充，避免违约风险扩散。本法第四十一条关于保证金不足时强行平仓的规定，就是对结算违约情况下用强行平仓的方式快速处置违约者头寸的规定。而本条则是对违约时动用的保障性财务资源的规定。

期货结算机构作为中央对手方，承担为期货交易提供集中履约担保的职责，当结算参与人发生违约时，应当具有充足的财务资源用以处理违约，保证期货结算的正常进行。本条规定列举了期货结算机构在处理违约时使用的财务资源类型，分别为结算参与人的保证金、结算担保金以及期货结算机构的风险准备金和自有资金。本条既赋予期货结算机构动用上述财务资源的权利，也明确指出期货结算机构有动用自身的风险准备金及自有资金以保障完成结算的义务。类似地，结算参与人有代交易者履约的义务，在交易者保证金不足时，需要使用自身的风险准备金和自有资金

① 以上观点为王飞云在期货法立法过程中，参加中国财富管理 50 人论坛（CWM50）2021 年 5 月 16 日组织召开“期货法草案意见征求与期货市场高质量发展”专题研讨会，对监管部门、自律机构、立法机关、司法机关等各方所提立法需求意见的梳理汇总。

完成结算。

三、“违约瀑布”

结算机构拥有的保障性财务资源及其处理违约时的偿付顺序，一般被称为“违约瀑布”（Default Waterfall）。以芝加哥商业交易所（CME）为例，其“违约瀑布”的设计为：第一层是违约参与者的所有可用资源；第二层是 CME 用于履约保障的自有资金；第三层是其他未违约参与者交纳的担保基金；第四层是 CME 的评估权。评估权是指在上述资金仍不能保障履约的情况下，CME 有权对非违约参与者征收的资金①。

需要注意的是，本条虽然规定了期货结算机构在处理结算违约时可以动用财务资源类型，但是未对动用结算违约有关财务资源的顺序进行明确的限定。原则上，处理违约会先用尽违约者自身具有的财务资源，再使用其他财务资源。在法律没有做出限定的情况下，期货结算机构可以通过业务规则作出进一步的细化规定。在《金融市场基础设施原则》（PFMI）原则 4“信用风险”中，建议结算机构处理违约时使用的财务资源及顺序为：违约参与者的初始保证金、违约参与者交纳的担保基金、一定比例的结算机构自有资金、其他参与者交纳的担保基金以及清算机构用以应对违约风险的其他财务资源。②

四、“追偿”的法律意义

作为中央对手方，期货结算机构在期货结算中担任的不是担保角色，而是直接以自己的名义介入结算，成为期货合同的直接主体，结算参与人与期货结算机构发生期货合同关系，而结算参与人之间不具有期货合同关系，无权向对方主张权利。因此，当某一结算参与人发生违约时，期货结算机构履行的是自身的中央对手方义务，保障期货交易顺利进行，而不是代为承担违约责任。同时，期货结算机构可以直接向违约的结算参与人追究违约责任。

五、“结算担保金”的含义

目前，我国期货结算机构的结算模式可以分为全员结算和会员分级结算。如前所述，会员分级结算是指会员分为结算会员和非结算会员，结算会员具有与期货结算机构进行结算的资格，非结算会员不具有与期货结算机构进行结算的资格。在这种情况下，结算担保金是指在实行会员分级结

---

① CME“违约瀑布”介绍，载 CME 网站，https：//www. cmegroup. com/clearing/risk-management/financial-safeguards. html，最后访问时间：2022 年 5 月 2 日。

② 参见支付结算体系委员会/国际清算银行、国际证监会组织编：《金融市场基础设施原则》，中国人民银行支付结算司译，中国金融出版社 2013 年版，第 44 页。

算制度的期货结算机构中，由结算参与人缴存的，用于应对结算参与人违约风险的共同担保资金。

【关联规范】

《中华人民共和国期货和衍生品法》第一百一十六条；《最高人民法院关于审理期货纠纷案件若干问题的规定》第四十八条、第四十九条。

第四十三条　【结算和交割财产优先用于履约】期货结算机构依照其业务规则收取和提取的保证金、权利金、结算担保金、风险准备金等资产，应当优先用于结算和交割，不得被查封、冻结、扣押或者强制执行。

在结算和交割完成之前，任何人不得动用用于担保履约和交割的保证金、进入交割环节的交割财产。

依法进行的结算和交割，不因参与结算的任何一方依法进入破产程序而中止、无效或者撤销。

【条文主旨】

本条是关于保障期货结算和交割财产优先用于履约的规定，是对结算最终性原则的保障。

【立法背景】

一、立法沿革

2003年《最高人民法院关于审理期货纠纷案件若干问题的规定》第五十九条规定，期货交易所、期货公司为债务人的，人民法院不得冻结、划拨期货公司在期货交易所或者客户在期货公司保证金账户中的资金。有证据证明该保证金账户中有超出期货公司、客户权益资金的部分，期货交易所、期货公司在人民法院指定的合理期限内不能提出相反证据的，人民法院可以依法冻结、划拨该账户中属于期货交易所、期货公司的自有资金。第六十条规定，期货公司为债务人的，人民法院不得冻结、划拨专用结算账户中未被期货合约占用的用于担保期货合约履行的最低限额的结算准备金；期货公司已经结清所有持仓并清偿客户资金的，人民法院可以对结算准备金依法予以冻结、划拨。期货公司有其他财产的，人民法院应当依法先行冻结、查封、执行期货公司的其他财产。

2011 年《最高人民法院关于审理期货纠纷案件若干问题的规定（二）》[①]规定了会员在期货交易所保证金账户中的资金和有价证券不得被冻结和扣划，客户在期货公司保证金账户中的资金和有价证券，非结算会员在结算会员保证金账户中的资金和有价证券不得被冻结、扣划。但是在自有资金与保证资金发生混同，保证资金超出保证金标准时，可以被冻结、扣划。

二、立法过程中的讨论

本条规定了期货结算机构依规收取的保证金等资产不得被查封、冻结、扣押或者强制执行。针对客户依约存放于期货经纪机构中的交易保证金，是否也需要明确规定，非因客户本身的债务或者法律规定的其他情形，不得被查封、冻结、扣划或者强制执行？一种观点认为，应当作出上述规定。理由是证券法第一百三十一条对客户的交易结算资金和证券作出了类似规定。另一种观点认为，“在结算和交割完成之前，任何人不得动用用于担保履约和交割的保证金、进入交割环节的交割财产”的规定已经能够满足实践需要。同时，最高人民法院关于审理期货纠纷案件的司法解释已对期货客户保证金的查封、冻结、扣押作出了详细规定。最终，该规定没有明确规定客户交易保证金的查封、冻结、扣押和强制执行问题。[②]

【条文解读】

一、规范的意义

本条是结算和交割财产安全保护的规定，确立了期货交易履约优先的重要原则，同时也是对结算最终性的保障，旨在确保期货结算和交割的顺利完成，防范期货交易风险扩散，避免造成系统性风险。对于期货结算机构依照业务规则提取的保证金、权利金、结算担保金、风险准备金等资产，不得被查封、冻结、扣押或者强制执行。保证金、权利金和结算担保金归属于结算参与人和交易者，在期货结算机构作为债务人时，上述财产自然不应当被查封、冻结、扣押和强制执行；即使结算参与者、交易者作

---

① 《最高人民法院关于审理期货纠纷案件若干问题的规定（二）》，载最高人民法院网站，http：//gongbao. court. gov. cn/Details/10a16e3c8d7eba14a2b19574d4bda5. html，最后访问时间：2022 年 5 月 2 日。

② 以上观点为王飞云在期货法立法过程中，参加中国财富管理 50 人论坛（CWM50）2021 年 5 月 16 日组织召开“期货法草案意见征求与期货市场高质量发展”专题研讨会，对监管部门、自律机构、立法机关、司法机关等各方所提立法需求意见的梳理汇总。

为债务人时，为防止期货交易风险外溢，上述财产也不允许被查封、冻结、扣押和强制执行。风险准备金属于期货结算机构自有资金，是用于处置期货市场结算和交割风险而提留的专项基金，在期货结算机构作为债务人时，也不应被查封、冻结、扣押和强制执行。

参照国外立法实践，无论是期货结算机构，还是结算参与人或者交易者，任何一方进入破产程序，对于依法进行的结算和交割，均不适用破产法有关规定，不得中止、无效或者撤销。

立法作出的破产财产保护规定，是利益衡量的结果。在期货结算机构、结算参与人、交易者为债务人或者破产方时，存在两个互相冲突的利益，一个是债权顺利实现的利益，一个是期货结算、交割顺利进行的利益。对于利益冲突，可以根据利益位阶理论来对利益进行排序。在确定利益位阶时需要考虑多方面因素，其中应当考虑其所涉及社会成员的数量及对其利益影响的程度。如果某种利益关系到更多的社会成员，对社会的可持续发展重要程度更高，则顺位就会更加靠前。同时，与经济秩序的联系密切性也是考量的重要因素，与稳定的经济秩序联系越密切，其受到优先保护的可能性就越大。[①] 期货结算机构作为中央对手方，在承担集中履约担保职责的同时，自身信用风险也在积聚。一旦个别参与人由于其他债务纠纷或者破产清算，使得进入结算交割环节的财产被挪作他用，或被司法机关等权力机关查封、冻结、扣押或者强制执行，就有可能导致期货结算机构无法向其他对手方履行结算义务，严重打乱正常的结算和交割秩序，甚至造成期货交易的中断。金融系统的高度相关性会使上述风险进一步蔓延和传导，引发系统性风险，最终导致善意交易者的合法权益遭到损害。因此，期货立法针对这种情况做出了特殊制度安排，保证进入结算和交割程序的保证金等资产不受破产、司法强制措施等法律风险影响，优先用于期货结算和交割的履约。

本条贯彻了系统性风险重要于个别信用风险的理念，要求结算参与人优先履行已成交的期货交易的相关结算交收义务，通过对进入结算和交割环节的资产进行有效的法律保护，最大限度地避免因个别违约给整个结算体系带来损失和风险，保障期货市场的安全平稳运行。

二、结算最终性原则

《金融市场基础设施原则》（PFMI）确定的金融基础设施（FMI）需遵守的主要原则之一就是结算最终性原则（settlement finality）。根据 PFMI 原

---

① 王利明：《民法上的利益位阶及其考量》，载《法学家》2014 年第 1 期。

则 8，结算最终性原则是指 FMI 及其参与者根据相关合约条款，对资产或金融工具的转让或债务的清偿是不可撤销的、无条件的。[①] 具体到期货交易中，结算最终性原则体现为期货交易指令一旦达成，双方之间履约（包括违约安排）就是无条件的、不可撤销或变更的。PFMI 进一步指出，FMI 应当具备清晰的法律基础以支持结算最终性，尤其需要考虑参与者破产情形下，破产参与者的期货交易具有最终性，不得被有关部门撤销或认定无效。而部分司法辖区破产法中的“零点原则”，即撤销支付系统中已完成结算的支付的规定，应当被排除。[②] 长期以来，由于企业破产法第十八条关于破产管理人选择权的规定，以及第三十一条、第三十二条关于破产管理人撤销权等的规定，导致期货市场结算最终性的落实始终存在一定的不确定性，受到境内外市场参与者和学者的关注。虽然《期货交易管理条例》《期货公司监督管理办法》及《最高人民法院关于审理期货纠纷案件若干问题的规定》等规范中，均有为结算最终性提供支持的依据，但是上述行政法规、部门规章等文件的法律位阶较低，适用上无法优先于企业破产法。

本次立法通过明确规定依法进行的结算和交割不因参与结算的任一方破产而中止、无效或者撤销，以及正在修改中的破产法中的有关规定，均对结算最终性作出了法律确认，能够保障期货结算等金融结算行为的稳定和安全，同时，也解决了部分境外交易者对于相关民事权利稳定的担忧，有利于稳健推动我国期货市场的对外开放。

【关联规范】

《最高人民法院关于审理期货纠纷案件若干问题的规定》第六十条、第六十一条；《最高人民法院关于审理期货纠纷案件若干问题的规定（二）》第三条至第八条。

---

① 参见支付结算体系委员会/国际清算银行、国际证监会组织编：《金融市场基础设施原则》，中国人民银行支付结算司译，中国金融出版社 2013 年版，第 68~69 页。

② PFMI 原则 1.6：为了明确系统中关键金融风险转移的时点（包括交易不可撤销的时点），FMI 应当具备清晰的法律基础来界定 FMI 中结算最终性的发生时点。FMI 尤其应当考虑参与者破产时应采取的行动。关键的问题在于破产参与者的交易具有最终性还是能被清算机构和有关部门视为无效或可废止。例如，破产法中的“零点原则”在一些国家具备撤销支付系统中已完成结算的支付的效力。因为这种可能性会导致信用和流动性的危机，所以破坏结算最终性的“零点原则”应当被排除。相关司法管辖区的法律应当支持 FMI 与参与者和结算银行就结算最终性达成的法律协议条款。

第四十四条　【期货交割】期货合约到期时，交易者应当通过实物交割或者现金交割，了结到期未平仓合约。

在标准化期权合约规定的时间，合约的买方有权以约定的价格买入或者卖出标的物，或者按照约定进行现金差价结算，合约的卖方应当按照约定履行相应的义务。标准化期权合约的行权，由期货结算机构组织进行。

【条文主旨】

本条是关于期货交割了结合约与标准化期权行权和履约的规定。

【立法背景】

1999 年《期货交易管理暂行条例》（已失效）第四十二条规定，期货交易的交割，由期货交易所统一组织进行。期货交易所不得限制实物交割总量。交割仓库由期货交易所指定。期货交易所应当与交割仓库签订协议，明确双方的权利和义务。第七十条第一款第五项规定，“交割”，是指期货合约到期时，根据期货交易所的规则和程序，交易双方通过该期货合约所载商品所有权的转移，了结到期未平仓合约的过程。

根据 2007 年《期货交易管理条例》第八十五条第一款第五项，交割是指合约到期时，按照期货交易所的规则和程序，交易双方通过该合约所载标的物所有权的转移，或者按照规定结算价格进行现金差价结算，了结到期未平仓合约的过程。与上述暂行条例相比，增加了现金交割方式，同时对合约所载标的物进行了扩展，涵盖了股票、国债等有价证券。此后《期货交易管理条例》历次修订均未对本条作出修改。

【条文解读】

一、期货交割方式

期货合约的了结，包括平仓、期转现和交割等方式。期货合约到期前，交易者可以通过平仓和期转现了结未到期合约；期货合约到期后，交易者应当通过交割的方式，了结到期未平仓合约。期货交割的方式分为实物交割和现金交割。

目前，我国已上市的商品期货品种以及国债期货均实行实物交割，股指期货实行现金交割。实物交割的重要作用就在于连接期货市场和现货市场，是促使期货价格与现货价格随着合约到期日的临近而回归、趋同的制度保障。如果期货价格与现货价格之间出现较大的偏差，就会产生套利机会，最终通过市场交易促使期现货市场价格趋同。需要说明的是，商品期货并非不能采用现金交割，境外许多成熟商品期货品种就采用现金交割方式。但前提是要有公允、透明且不易被操纵的现货价格发布机制作为基础。

二、标准化期权行权与履约

期权与期货一样，本质是法律上的合同。[①] 从作为合同内容的权利义务的视角看，期货合约属于双务合同，合同双方当事人各自享有权利并负有义务，除非合同按照约定的条件提前终止，在未来的特定时间完成对特定标的物的买卖行为。而期权合约项下双方当事人之间的权利义务某种程度上是不完全对等的。期权买方支付权利金后，有权在合约规定的时间，以约定价格买入或者卖出特定标的物，或者按照规定的结算价格进行现金差价结算，这就是期权买方行使权利。而期权卖方在收取权利金后，则有义务配合履行，这就是期权卖方的履约。当然，期权买方也可以选择放弃行使权利。不过，期权买方一旦选择行使权利，则会在期权买卖双方之间形成新的双务合同关系，例如看涨期权买方选择行使权利，则买方有义务按行权价格支付金钱，卖方有义务让渡标的资产的所有权。

【关联规范】

《中华人民共和国期货和衍生品法》第三条。

第四十五条　【交割方式】期货合约采取实物交割的，由期货结算机构负责组织货款与标准仓单等合约标的物权利凭证的交付。

期货合约采取现金交割的，由期货结算机构以交割结算价为基础，划付持仓双方的盈亏款项。

本法所称标准仓单，是指交割库开具并经期货交易场所登记的标准化提货凭证。

---

① 刘燕：《金融衍生交易的法律解释——以合同为中心》，载《法学研究》2012年第1期。

【条文主旨】

本条是关于实物交割、现金交割具体方式以及标准仓单的登记的规定。

【立法背景】

一、立法沿革

关于标准仓单的定义，按照 1999 年《期货交易管理暂行条例》（已失效）第七十条第九项规定，仓单是指交割仓库开出并经期货交易所认定的标准化提货凭证。2007 年《期货交易管理条例》第八十五条第九项规定，仓单是指交割仓库开具并经期货交易所认定的标准化提货凭证。自此，标准仓单成为期货市场的专有概念，是商品期货交割过程中最主要的财产权利凭证。

关于标准仓单的登记效力，1999 年《期货交易所管理办法》第六十九条规定，标准仓单由指定交割仓库签发并经期货交易所注册后生效。标准仓单可以转让，转让双方须在期货交易所登记。未经登记，标准仓单的转让行为无效。该条不仅规定了标准仓单注册生效，并且规定标准仓单转让必须在期货交易所登记，不登记的不发生转让的物权效力。但 2002 年《期货交易所管理办法》删去了该条规定，仅规定期货交易所的交易规则应当载明标准仓单的生成、流转、管理以及注销等规则，但并未对标准仓单流转未经期货交易所登记的后果作出规定。2007 年《期货交易所管理办法》又删去了“期货交易所的交易规则应当载明标准仓单的生成、流转、管理以及注销等规则”的规定。

标准仓单的规定之所以会发生上述变化，部分原因在于其他法律对仓单作出了规定。例如 1999 年合同法中“仓储合同”一节对仓单的定义、生成、内容、转让作出了规定，2007 年物权法对仓单质押作出了规定。上述法律均没有对标准仓单作出特别规定。考虑到合同权利义务、物权变动等属于基础民事法律制度的内容，应当由法律作出规定，因此《期货交易管理条例》《期货交易所管理办法》等行政法规、部门规章不再对标准仓单的注册、转让、出质等作出具体规定。但在实践中，标准仓单的注册、转让、出质、注销等已形成了闭环，均由期货交易所进行全周期的管理。

二、立法过程中的讨论

在立法过程中，针对本条的讨论集中在是否需要明确标准仓单未经登记不发生转让等物权变动效力的规定。

一种观点认为，民法典已经对仓单的出具、转让、出质等作出了规定，本法不宜重复规定。同时根据国务院印发的《关于实施动产和权利担保统一登记的决定》①，自 2020 年 1 月 1 日起，仓单质押登记由当事人通过中国人民银行征信中心动产融资统一登记公示系统（中登网）自助办理。另一种观点认为，民法典对于物权转让、权利质押等均有“法律另有规定的除外”等但书条款，本法作为商事特别法对标准仓单的注册、转让、出质、注销等登记效力作出特别规定不违反民法典，反而有利于我国大宗商品仓单市场基础性制度建设的完善。同时，由于中登网实行的是自愿登记原则，并不对登记事项的真实性进行审核，由此产生的出质登记可能会导致多头登记，不符合动产融资担保统一登记的目的，还可能导致交割商品货权争议，给期货交割带来风险。而重复质押登记还会给标准仓单质押融资、标准仓单作为保证金等业务带来风险，影响期货结算的秩序。第二种观点考虑了标准仓单业务的实际情况。立法机关最终采取了折中处理的方式，虽然没有关于未经登记法律后果的规定，但把标准仓单定义中经期货交易场所“认定的”改为“登记的”，首次在法律层面明确了期货交易场所的标准仓单法定登记地位，对保障交割商品的权属安全、确认仓单质押的优先权、促进仓单融资和大宗商品流转效率，均提供了有力的法律基础。有关登记效力问题，有待市场实践和司法实践的成熟，在法律中进一步完善。后续，中登网与期货交易场所的标准仓单登记系统间需要进一步建立对接通道，实现互核互查，避免可能影响期货结算交割正常进行的风险状况，真正实现动产和权利担保统一登记的目标。

【条文解读】

一、实物交割与现金交割

实物交割，是指期货合约到期时，根据期货交易场所的规则和流程，买卖双方通过该期货合约所载商品、有价证券等标的物所有权的转移，如标准仓单、国债的划转，货物的交付等，同时支付相应价款，以了结未平仓合约的交割方式。实物交割在交割过程中将涉及物的所有权转移，最终交付的是商品或有价证券等本身。

现金交割是指期货合约到期时，根据交割结算价格计算未平仓合约的盈亏，以现金划付持仓双方盈亏款项（轧差），最终了结期货合约的交割方式。现金交割只需要用现金进行结算，不涉及商品或有价证券等的所有

① 《国务院关于实施动产和权利担保统一登记的决定》，载中国政府网，http：//www.gov.cn/zhengce/content/2020-12/29/content_ 5574773.htm，最后访问时间：2022 年 5 月 2 日。

权转移。交割结算价一般以交易结算价为基础，按一定期间计算得出算术平均价。我国目前采用现金交割的主要是股指期货。从境外实践来看，采用现金交割的主要为金融和商品指数期货、电力等无体物期货、碳排放等权益类期货，以及流动性较强的商品期货。

二、货款和凭证的交付

本条规定的实物交割，由期货结算机构负责组织货款和标的物权利凭证的交付。期货结算机构是作为交割结算的组织方，不同于交易结算环节中作为中央对手方与结算参与人进行的净额结算。在交割配对之后，合同的主体发生变化，从交易阶段由期货结算机构与所有交易者分别建立合同关系、作为所有买方的卖方和所有卖方的买方，在交割阶段就转变为买方和卖方交易者之间的直接的买卖合同关系。期货结算机构按照业务规则进行交割配对，将持有到期未平仓合约的买方和卖方交易者进行匹配，形成一对一的交割关系。由此也可以看出，在完成交割配对之后，期货结算机构不再作为该笔交易的中央对手方，履约担保责任也相应终止。

三、标准仓单的法律属性

本条对于标准仓单法律属性的表述包括“权利凭证”和“标准化提货凭证”，并未明确属于物权凭证抑或债权凭证。一般认为，标准仓单中的仓库仓单，具有物权和债权的双重属性。首先，标准仓单持有人具有请求提取对应保管货物的权利，标准仓单具有债权属性没有异议。同时，标准仓单转让后，对应货物的所有权也随之转让给标准仓单受让人，对标准仓单的处分行为直接有效于仓单记载的标的物，这又体现了标准仓单的物权属性。对此，本法第四十七条也有确认之意。标准仓单具有债权凭证和物权凭证的双重属性，可以从民法典第二百二十七条和第二百二十八条关于指示交付和占用改定的规定得以解释支撑。标准仓单中的厂库仓单较为特殊，因为存在生产加工的因素，主要体现为债权凭证。

四、期货交易场所负责标准仓单登记

本条规定标准仓单由交割库开具并经期货交易场所登记，可见期货交易场所登记是标准仓单生效的必要前提。物权公示方式分为登记、占有和交付。登记的公示效力最强，占有次之，交付最弱。传统民法认为，不动产物权以登记为公示原则，动产物权以占有和交付为公示原则。而标准仓单更适合以登记为公示方式。这是因为，一是在我国标准仓单早已实现电子化，作为一种无纸化的有价证券，只适合以登记作为公示方式，实际上也不可能按传统物权法的规定进行占有、交付；二是以记载大宗商品为主的标准仓单已经高度标准化，有关登记内容更加规范；三是登记的公示效力最强，能够较好地起到定纷止争的作用。期货交易追求效率和安全，标准仓单物权变动以登记为公示方式无疑是最好的选择。

实践中，商品期货交易所在长期组织大宗商品的期货交易、结算、交割过程中，投入大量人力、物力、财力，建立了较为成熟的电子化标准仓单管理系统和交割仓库管理制度，对标准仓单的注册、转让、作为保证金、质押、注销等各个环节进行全过程监督和管理，并实现了便捷化的查询功能。通过立法赋予其标准仓单的权属登记和担保登记职能，有利于我国统一动产和权利担保登记体系的构建，对完善金融基础设施，加快建设全国统一大市场，均具有重大意义。

【关联规范】

《中华人民共和国民法典》第四百四十条至第四百四十二条、第四百四十六条；《中国人民银行动产和权利担保统一登记办法》[①] 第一条。

第四十六条 【实物交割】期货交易的实物交割在期货交易场所指定的交割库、交割港口或者其他符合期货交易场所要求的地点进行。实物交割不得限制交割总量。采用标准仓单以外的单据凭证或者其他方式进行实物交割的，期货交易场所应当明确规定交割各方的权利和义务。

【条文主旨】

本条是关于实物交割的地点和方式的规定，并明确了实物交割不得限制交割总量。

【立法背景】

一、立法沿革

关于期货交易实物交割双方的权利义务，1999 年《期货交易管理暂行

① 《中国人民银行动产和权利担保统一登记办法》，载中国人民银行网站，http：//www. pbc. gov. cn/goutongjiaoliu/113456/113469/4435531/index. html，最后访问时间：2022 年 5 月 2 日。

条例》（已失效）第四十二条第二款规定："交割仓库由期货交易所指定。期货交易所应当与交割仓库签订协议，明确双方的权利和义务。"2007 年《期货交易管理条例》以及此后历次修订均未对上述规定进行修改。

关于实物交割不得限制交割总量，2008 年《关于进一步加强商品期货实物交割监管工作的通知》[①] 明确指出，期货交易所一律取消对实物交割总量进行控制的规定，期货交易所应当确保交割库容满足市场需要。1999 年《期货交易管理暂行条例》第四十二条第一款规定，期货交易所不得限制实物交割总量。2007 年《期货交易管理条例》以及此后历次修订均保留了此项规定。期货交易所不得限制实物交割总量成为实物交割一贯遵循的基本准则。

关于实物交割的方式，《期货交易管理条例》和《期货交易所管理办法》仅对标准仓单交割作出规定。本法新增了除采用标准仓单外的单据凭证或者以其他方式进行实物交割的规定，以及关于实物交割地点的规定。

二、立法过程中的讨论

在实践中，实物交割中各方的责任往往是通过期货交易所具体规则进行细化的。在起草过程中，讨论了一个重要问题，司法解释中规定的期货交易所对交割仓库造成的标准仓单持有人损失承担连带责任，是否应该写入正式法律。根据《最高人民法院关于审理期货纠纷案件若干问题的规定》第四十七条第一款的规定，期货交易所应当承担连带责任。从司法解释出台的历史背景来看，这一规定通过强制期货交易所承担连带责任为交割仓库增信，促进期货交易所加强对交割仓库的管理，客观上对我国早期期货市场的发展起到了重要推动作用。但随着市场的发展，该连带责任规定也存在如下问题：一是与民法典规定不相符。民法典第一百七十八条第三款规定，连带责任由法律规定或者当事人约定。有学者指出，法定的连带责任是一种较为严厉的责任分配方式，它与"人为自己的行为负责"的民法原理相矛盾，在保险制度高度发达的当今社会，连带责任不宜泛化。[②]因此，对此处的法律应该作狭义的理解，司法解释无权直接规定连带责任。二是这一规定与期货交易所的性质不符。自行组织交易和结算的期货交易所作为中央对手方，其在实物交割环节买卖双方已经配对后，不应继

---

① 《关于进一步加强商品期货实物交割监管工作的通知》，载中国证券监督管理委员会网站，http://www.csrc.gov.cn/csrc/c101909/c1040402/content.shtml，最后访问时间：2022 年 5 月 2 日。

② 黄薇：《中华人民共和国民法典释义及适用指南》（上册），中国民主法制出版社 2020 年版，第 273~275 页。

续履行中央对手方职责。实物交割与期货合约交易和结算不同：期货交易所在期货合约交易和结算环节扮演中央对手方的角色，是为了提高市场流动性，保障履约，便利投资者进入和退出期货市场，促进期货市场功能的发挥；而在实物交割环节不存在期货合约买卖，无须期货交易所作为中央对手方提供流动性。[①] 三是这一规定容易引发道德风险，即标准仓单持有人因为有期货交易所承担连带责任而对自己的权利保护失去起码的注意义务，甚至怠于行使权利。同时，随着期货市场品种的增多、对外开放的扩大，期货交易所的资产也难以完全覆盖标准仓单所对应的大宗商品灭失风险。如果法律强制期货交易所承担连带责任，会导致期货交易所为防止连带责任而过于强调交割库资质要求和财产担保，亦会影响可供交割量乃至市场功能的发挥。因此，法律没有吸纳司法解释中有关连带责任的规定。在本法颁布后，可以通过司法解释的适时修改解决这一问题。当然，期货交易所通过制定业务规则为交割仓库承担连带的或者补充性的赔偿责任，或者通过商业保险分散有关交割商品灭失、查封等风险，则属于民法上意思自治的范畴，具有相应的合法性和合理性，也符合境外成熟市场的通行做法。

【条文解读】

一、实物交割不得限制交割总量

实物交割是连接期货市场与现货市场的桥梁，是促进期货价格向现货价格回归的重要环节。限制实物交割总量可能会造成以下负面效果：一是会破坏期货交易者的交易预期。如果限制实物交割总量，交易者将无法确定到交割月份自己能否进行实物交割，难以根据风险管理需求运用期货进行套期保值等。二是限制实物交割总量会促使期现货价格趋同，从而导致市场价格扭曲，期货市场功能无法得到有效发挥。因此，期货交易场所不得对实物交割总量进行限制，并且在交割规则设计和交割库选择等方面，尽可能保证可供交割量的充足。同时，还应当监测交割商品的供应，以防止市场紊乱。

二、除标准仓单交割外的其他实物交割

本条规定除采用标准仓单以外的单据凭证或者采用其他方式进行实物交割的，期货交易场所应当明确规定交割各方的权利和义务。在实践中，

---

① 王艺璇：《论我国期货交易所在实物交割中的法律责任》，载《法律适用》2021 年第 12 期。

标准仓单交割仅是实物交割方式的一种，期货交易场所根据业务需要也采用其他实物交割方式。目前，我国期货交易所根据不同期货品种的特征和实际，设计了提单交割、车板交割、船板交割等方式。在采用标准仓单交割时，货款和标准仓单在交割结算时完成划付，交割各方的权利义务较为明确，在提货时货物的数量和质量违约责任等在相关司法解释中都有明确规定。但是对于采用标准仓单以外的单据凭证或者其他方式进行的实物交割，情况较为复杂，容易引起争议。因此，需要对货物保存、交付、交割结算等各个环节中各方的权利义务及违约处理，在期货交易场所的规则中予以明确，做到实物交割流程清晰、权责明确，保障实物交割的顺利进行。

【关联规范】

《最高人民法院关于审理期货纠纷案件若干问题的规定》第四十二条至第四十七条。

第四十七条　【交割违约处置】 结算参与人在交割过程中违约的，期货结算机构有权对结算参与人的标准仓单等合约标的物权利凭证进行处置。

交易者在交割过程中违约的，结算参与人有权对交易者的标准仓单等合约标的物权利凭证进行处置。

【条文主旨】

本条规定在发生交割违约时，期货结算机构、结算参与人有权对违约人标准仓单等合约标的物权利凭证进行处置。

【立法背景】

一、立法沿革

关于交割违约及相关处置，《期货交易管理条例》和《期货交易所管理办法》等行政法规、部门规章均未作出具体规定，主要在相关司法解释和期货交易所的业务规则中进行规定。

2003 年的《最高人民法院关于审理期货纠纷案件若干问题的规定》第

四十四条规定："在交割日，卖方期货公司未向期货交易所交付标准仓单，或者买方期货公司未向期货交易所账户交付足额货款，构成交割违约。构成交割违约的，违约方应当承担违约责任；具有合同法第九十四条第（四）项规定情形的，对方有权要求终止交割或者要求违约方继续交割。征购或者竞卖失败的，应当由违约方按照交易所有关赔偿办法的规定承担赔偿责任。"① 第四十五条规定："在期货合约交割期内，买方或者卖方客户违约的，期货交易所应当代期货公司、期货公司应当代客户向对方承担违约责任。"

二、立法过程中的讨论

关于期货结算机构、结算参与人处置违约方的权利凭证，是否以"代为履约"为前提，从实践来看，交割违约发生后，处置方式包括代为继续履约或者赔偿守约方损失，后者如支付一定比例的违约金，采取何种具体处置方式由期货结算机构业务规则规定较为适宜。即便依据规则采用征购、竞卖等方式继续履约，也可能因为征购、竞卖失败，无法实现代为履约的目标，仍需要用赔偿损失的方式处理。因此，在发生交割违约的情况时，处置违约方的权利凭证，有可能用于代为履约，也有可能用于赔偿守约方损失。因此，法律不再规定"代为履约"是处置违约者权利凭证的前提。

【条文解读】

一、实物交割中的交割违约问题

在实物交割中，对买方而言，交割违约是指在规定交割期限内未支付货款或支付货款不足；对卖方而言，交割违约是指在规定交割期限内未交付符合合约要求的标准仓单，或者未按期货交易场所关于标准仓单交割之外的实物交割方式的规定，履行相应的权利凭证交付或者实物交付的义务。

关于交割违约的处置，法律明确了期货结算机构在实物交割中的有关职责。首先，期货结算机构有单方面对标准仓单等合约标的物权利凭证进行处置的权利，处置的方法包括但不限于变卖、拍卖和折价等，具体由相关业务规则进行明确。其次，法律没有规定期货结算结构在交割环节负有履约担保责任。在结算环节，期货结算机构作为中央对手方，成为期货合约的直接当事人，与结算参与人进行净额结算。而在交割过程中，通过交

① 本条所引合同法对应民法典第五百六十三条第一款第四项。

割配对，交割买卖双方形成一对一的合同关系，此合同以标的物现货的交付和支付对应货款为相应权利义务，期货结算机构不是合同主体。在本法第四十五条中，对于期货结算机构在交割活动中的法定义务也有明确规定，即负责组织货款与标准仓单等合约标的物权利凭证的交付，并无保证交割合同履行的责任。根据《金融市场基础设施原则》（PFMI）原则 10 “实物交割”的要求，金融基础设施的规则应当明确其在实物交割中的义务是仅发起实物交割，还是有可能向参与者补偿实物交割中产生的损失。[①] 这也说明上述规定并不要求期货结算机构对于实物交割承担履约保证责任，而是由期货结算机构在其业务规则中对于交割违约的处理方式作出明确的规定。

目前，根据我国各期货交易场所的交易规则，对于交割违约的处置主要有两种方式：一是采用征购、竞卖的方式，尽量保证交割的继续履行。首先期货交易场所要求结算参与人在交易方发生交割违约时，代其履约。如果买方结算参与人交割违约，期货交易场所会代替买方支付货款，并将取得的标准仓单在市场上采用竞卖的方式售出；如果卖方结算参与人交割违约，期货交易场所将在市场上采用征购方式取得标准仓单，交付给买方。违约的结算参与人不仅要承担全部损失和费用，还需要支付违约金并受到其他处罚。如果征购、竞卖失败，违约方按照期货交易所规则直接支付一定比例的违约金。二是采用直接支付交割违约金的方式，补偿守约方的损失。类似地，期货交易场所会要求结算参与人在交易者发生交割违约时，代其履约。如果结算参与人交割违约，应当直接支付一定比例的交割违约金给守约方，不再采用征购、竞卖方式继续履约。此时，只有违约方不能支付违约金时，才有可能发生处置标准仓单等合约标的物权凭证的行为。鉴于采用上述第二种方式较为常见，因此本条的适用场景也有待实践的检验。

《最高人民法院关于审理期货纠纷案件若干问题的规定》第四十五条规定：“在期货合约交割期内，买方或者卖方客户违约的，期货交易所应当代期货公司、期货公司应当代客户向对方承担违约责任。”随着法律的出台，可以预见司法解释也将作出一定调整，以结算机构的交割违约规则为主，即业务规则规定结算机构是否代为履约，以及发生交割违约时，是支付交割违约金，还是代替违约方继续履约。

---

① 支付结算体系委员会/国际清算银行、国际证监会组织编：《金融市场基础设施原则》，中国人民银行支付结算司译，中国金融出版社 2013 年版，第 74 页。

二、现金交割中交割违约的问题

对于现金交割而言，期货结算机构按照交割结算价格对结算参与人所有持仓的盈亏进行清算和划转，只要结算参与人本身具有符合规定的保证金，就不会出现交割违约的情况。如果结算参与人保证金不符合规定标准，则可以按照保证金不足违约的规定予以处理，不需要对交割违约作特殊规定。

【关联规范】

《最高人民法院关于审理期货纠纷案件若干问题的规定》第四十四条、第四十五条。

第四十八条　【委托结算】不符合结算参与人条件的期货经营机构可以委托结算参与人代为其客户进行结算。不符合结算参与人条件的期货经营机构与结算参与人、交易者之间的权利义务关系，参照本章关于结算参与人与交易者之间权利义务的规定执行。

【条文主旨】

本条对委托结算作出规定，明确了不符合结算参与人条件的期货经纪机构的结算安排及相关权利义务的参照适用规则。

【立法背景】

2007年《期货交易管理条例》（已修改）确定了期货交易所可以采取分级结算模式，其中第八条第二款规定，期货交易所可以实行会员分级结算制度。实行会员分级结算制度的期货交易所会员由结算会员和非结算会员组成。

2007年《期货交易所管理办法》（已修改）对分级结算作出具体规定。根据该办法第六十五条的规定，实行会员分级结算制度的期货交易所会员由结算会员和非结算会员组成。结算会员具有与期货交易所进行结算的资格，非结算会员不具有与期货交易所进行结算的资格。期货交易所对结算会员结算，结算会员对非结算会员结算，非结算会员对其受托的客户结算。

此后《期货交易管理条例》和《期货交易所管理办法》历次修订上述条款均未变化。

2015 年《境外交易者和境外经纪机构从事境内特定品种期货交易管理暂行办法》[①] 第十五条第一款规定，境外交易者、境外经纪机构应当根据期货交易所的规定委托具有结算资格的期货公司或者其他机构进行结算，并适用《期货交易管理条例》第二十九条、第三十四条、第三十五条、第三十七条对客户和期货公司的规定。

【条文解读】

本条所称“不符合结算参与人条件的期货经营机构”主要包括两种情况：一是会员分级结算制度下，作为非结算会员的期货经纪机构；二是直接参与境内特定品种期货交易的境外经纪机构。

一、分级结算制度

分级结算制度是指期货结算机构会员中只有一部分会员具有直接与期货结算机构进行结算的资格，期货结算机构只对具有结算资格的会员进行结算（该部分会员被称为结算会员，即本法所称结算参与人），不对不具有结算资格的会员进行结算（该部分会员被称为非结算会员）。非结算会员需要由结算会员为其结算。与会员分级结算制度相对的是全员结算制度，是指期货交易所全体会员均为结算会员，可以直接与期货结算机构进行结算。目前我国只有中国金融期货交易所采用会员分级结算，其他期货交易所均采用全员结算。

与期货市场不同，我国证券市场统一实行分级结算制度。《证券登记结算管理办法》[②] 第四十三条规定，证券和资金结算实行分级结算原则。证券登记结算机构负责办理证券登记结算机构与结算参与人之间的集中清算交收；结算参与人负责办理结算参与人与客户之间的清算交收。

实行分级结算的主要目的是防范结算风险、提高结算效率。在分级结算制度下，通过对结算会员实行准入制度的方式，可以对其财务指标、内部治理、风险控制和技术系统等方面提出较高要求，在保证金之外进一步

---

① 《境外交易者和境外经纪机构从事境内特定品种期货交易管理暂行办法》，载中国证券监督管理委员会网站，http：//www.csrc.gov.cn/csrc/c106256/c1653998/content.shtml，最后访问时间：2022 年 5 月 2 日。

② 《证券登记结算管理办法》，载中国证券监督管理委员会网站，http：//www.csrc.gov.cn/csrc/c106256/c1654023/content.shtml，最后访问时间：2022 年 5 月 2 日。

收取用于担保履约的结算担保金，使期货结算机构能够更加有效地控制结算风险。此外，分级结算减少了直接与期货结算机构进行结算的机构数量，也有助于提高结算效率。

二、“参照适用”的含义

本条规定了不符合结算参与人条件的期货经营机构与结算参与人、交易者之间的权利义务关系，参照本章关于结算参与人与交易者之间权利义务的规定执行。一般而言，法律中的“参照适用”应为法律效果的参引，而不包括相应规范事实构成。同时，对法律效果的参引并非全部参引，仅能就最相近的行为的法律后果进行参引，并且要审慎进行连续参照适用。具体到本条：一是不符合结算参与人条件的期货经营机构与结算参与人之间的权利义务，参照本章关于结算参与人与交易者的规定，不符合结算参与人条件的期货经营机构应比照其中的“交易者”；二是不符合结算参与人条件的期货经营机构与交易者之间的权利义务，参照本章关于结算参与人与交易者的规定，不符合结算参与人条件的期货经营机构应比照其中的“结算参与人”；三是对于非结算参与人与交易者之间就权利义务关系存在的特殊问题，应当谨慎参照适用本章关于结算参与人与交易者之间权利义务的规定。

【关联规范】

《最高人民法院关于审理期货纠纷案件若干问题的规定（二）》第五条、第七条。

第四章　期货交易者

本章概要

本章是关于期货交易者的规定。为保障期货交易者的合法权益，作出一系列规定：一是界定了期货交易者的内涵及外延，明确了期货交易者从事期货交易的方式，并且赋予期货交易者查询权，同时要求期货经营机构、期货交易场所、期货结算机构和期货服务机构承担保密义务；二是建立了期货交易者适当性制度；三是要求参与期货交易的组织建立内部控制制度和风险控制制度；四是确立了解决期货纠纷的强制调解制度和代表人诉讼制度；五是确立了期货交易者保障基金制度。

第四十九条　【期货交易者】期货交易者是指依照本法从事期货交易，承担交易结果的自然人、法人和非法人组织。

期货交易者从事期货交易，除国务院期货监督管理机构另有规定外，应当委托期货经营机构进行。

【条文主旨】

本条是关于期货交易者的规定。

【立法背景】

1999年5月25日国务院第18次常务会议通过并自1999年9月1日起施行的《期货交易管理暂行条例》（已失效），将参与期货交易的当事方称为“客户”。2007年2月7日国务院第168次常务会议通过并自2007年4

月 15 日起施行的《期货交易管理条例》（已修改），在沿用《期货交易管理暂行条例》“客户”的基础上，在第五十四条第一款中规定“国家根据期货市场发展的需要，设立期货投资者保障基金”。

2007 年 4 月 19 日，中国证监会和财政部共同发布并自 2007 年 8 月 1 日起施行的《期货投资者保障基金管理暂行办法》[①]（已修改）第一条规定：“为保护期货投资者的合法权益，根据《期货交易管理条例》，制定本办法。”2016 年 11 月 8 日中国证监会、财政部将《期货投资者保障基金管理暂行办法》修改为《期货投资者保障基金管理办法》[②]，并沿用第一条规定：“为保护期货投资者的合法权益，根据《期货交易管理条例》，制定本办法。”

2016 年 12 月 12 日，中国证监会发布并自 2017 年 7 月 1 日起施行的《证券期货投资者适当性管理办法》（以下简称《适当性管理办法》）[③]，再次明确了期货交易投资者的法律地位。

与上述规范相比，期货和衍生品法将期货投资者改为期货交易者。这不仅是立法概念的转换，也是立法理念的重大变化。美国《商品交易法》同样采取了交易者概念，其原因在于投资“都是建立在别人的劳动之上的”，因此在美国的期货市场立法中并没有投资者的概念，都是交易者。

【条文解读】

一、期货交易者的定义

根据我国“民商合一”的立法体例以及民法典第二条的规定，期货交易者从事期货交易，属于民法典调整的平等主体之间的财产关系。在适用本法的同时，还可以适用民法典的规定。从事期货交易并承担交易结果的期货交易者具体可以分为：

1. 自然人。从事期货交易的自然人应当符合民法典关于民事权利能力和民事行为能力的要求。

2. 法人。从事期货交易的法人应当符合民法典关于法人的规定。民法典第五十七条规定，法人是具有民事权利能力和民事行为能力，依法独立

---

① 《期货投资者保障基金管理暂行办法》，载中国证券监督管理委员会网站，http：//www. csrc. gov. cn/csrc/c101902/c1039263/content. shtml，最后访问时间：2022 年 5 月 4 日。

② 《期货投资者保障基金管理办法》，载中国证券监督管理委员会网站，http：//www. csrc. gov. cn/csrc/c106256/c1654035/content. shtml，最后访问时间：2022 年 5 月 4 日。

③ 《证券期货投资者适当性管理办法》，载中国证券监督管理委员会网站，http：//www. csrc. gov. cn/csrc/c101950/c1048083/content. shtml，最后访问时间：2022 年 5 月 4 日。

享有民事权利和承担民事义务的组织。第六十条规定，法人以其全部财产独立承担民事责任。民法典把法人分为营利法人、非营利法人和特别法人。营利法人是以取得利润并分配给股东等出资人为目的成立的法人，除非有特别法（如证券法）规定外，都可以从事期货和衍生品交易。营利法人包括有限责任公司、股份有限公司和其他企业法人等。非营利法人是为公益目的或者其他非营利目的成立，不向出资人、设立人或者会员分配所取得利润的法人，包括事业单位、社会团体、基金会、社会服务机构等，非营利法人通常不能参与期货和衍生品交易，本法没有禁止国家机关参与期货交易。特别法人是指机关法人、农村集体经济组织法人、城镇农村的合作经济组织法人、基层群众性自治组织法人。其中机关法人、基层群众性自治组织法人不能从事期货交易，农村集体经济组织法人、城镇农村的合作经济组织法人可以从事期货和衍生品交易。农民专业合作社法第二条规定，农民专业合作社，是指在农村家庭承包经营基础上，农产品的生产经营者或者农业生产经营服务的提供者、利用者，自愿联合、民主管理的互助性经济组织。第五条规定，农民专业合作社依照本法登记，取得法人资格。农民专业合作社对由成员出资、公积金、国家财政直接补助、他人捐赠以及合法取得的其他资产所形成的财产，享有占有、使用和处分的权利，并以上述财产对债务承担责任。第七条第一款规定，国家保障农民专业合作社享有与其他市场主体平等的法律地位。国家通过法律和政策鼓励农民专业合作社等组织参与期货交易，如本法第四条第三款规定，“国家采取措施推动农产品期货市场和衍生品市场发展，引导国内农产品生产经营”。乡村振兴促进法第六十四条也规定，国家健全多层次资本市场，多渠道推动涉农企业股权融资，发展并规范债券市场，促进涉农企业利用多种方式融资；丰富农产品期货品种，发挥期货市场价格发现和风险分散功能。2021 年中央一号文件《中共中央、国务院关于全面推进乡村振兴加快农业农村现代化的意见》提出发挥“保险+期货”在服务乡村产业发展中的作用。2022 年中央一号文件《中共中央、国务院关于做好 2022 年全面推进乡村振兴重点工作的意见》提出优化完善“保险+期货模式”。2022 年是第七次将“保险+期货模式”写入中央一号文件。

3. 非法人组织。非法人组织包括个人独资企业、合伙企业、不具有法人资格的专业服务机构等。个人独资企业法第二条规定，个人独资企业是指依照本法在中国境内设立，由一个自然人投资，财产为投资人个人所有，投资人以其个人财产对企业债务承担无限责任的经营实体。第九条第二款规定，个人独资企业不得从事法律、行政法规禁止经营的业务；从事法律、行政法规规定须报经有关部门审批的业务，应当在申请设立登记时提交有关部门的批准文件。合伙企业法第二条第一款规定，合伙企业是指自然人、法人和其他组织依照本法在中国境内设立的普通合伙企业和有限合伙企业。因此，除非特别法规定，个人独资企业、合伙企业可以从事期货和衍生品交易。

二、委托交易

期货交易者从事期货交易，通常以委托期货经营机构的方式进行，双方应签署《期货经纪合同》。《期货经纪合同》由中国期货业协会提供范本，双方可以对其进行修改；《股票期权经纪合同》由交易所等自律组织提供范本。根据民法典规定的精神，《期货经纪合同》与行纪合同相似，可以参照民法典第三编第二分编典型合同中第二十五章行纪合同的规定。根据本条规定，如果国务院期货监督管理机构另有规定的，按照国务院期货监督管理机构的规定执行，亦即可以不委托期货经营机构进行期货交易。

【关联规范】

《中华人民共和国民法典》第一百二十五条；《中华人民共和国期货和衍生品法》第五十条。

第五十条　【期货交易者适当性制度】期货经营机构向交易者提供服务时，应当按照规定充分了解交易者的基本情况、财产状况、金融资产状况、交易知识和经验、专业能力等相关信息；如实说明服务的重要内容，充分揭示交易风险；提供与交易者上述状况相匹配的服务。

交易者在参与期货交易和接受服务时，应当按照期货经营机构明示的要求提供前款所列真实信息。拒绝提供或者未按照要求提供信息的，期货经营机构应当告知其后果，并按照规定拒绝提供服务。

期货经营机构违反第一款规定导致交易者损失的，应当承担相应的赔偿责任。

【条文主旨】

本条是关于期货交易者适当性制度的规定。

【立法背景】

一、立法沿革

1939 年美国全国证券交易商协会的自律组织规则中首创投资者适当性管理制度，之后被欧盟、英国、日本等国家和地区所移植。在我国资本市场上，证券市场最先引入投资者适当性制度。2008 年 6 月，国务院颁布的《证券公司监督管理条例》（已修改）第二十九条规定："证券公司从事证券资产管理业务、融资融券业务，销售证券类金融产品，应当按照规定程序，了解客户的身份、财产与收入状况、证券投资经验和风险偏好，并以书面和电子方式予以记载、保存。证券公司应当根据所了解的客户情况推荐适当的产品或者服务……"根据客户的特征推荐适当的证券或者服务成为证券公司的合规基础义务。2009 年 6 月 30 日，中国证监会发布的《创业板市场投资者适当性管理暂行规定》[①]（已废止）要求证券公司必须了解投资者身份、财产收入状况、证券投资经验、风险偏好等相关信息；必须向投资者充分揭示市场风险，并签订《创业板市场投资风险揭示书》。2009 年 7 月 1 日，深圳证券交易所发布的《创业板市场投资者适当性管理实施办法》[②] 对中国证监会《创业板市场投资者适当性管理暂行规定》进行贯彻执行。创业板成为我国最早全面实施投资者适当性制度的市场。[③]

在期货市场，2010 年 2 月 5 日，证监会发布《关于建立股指期货投资者适当性制度的规定（试行）》[④]。2013 年 8 月 2 日，证监会发布《关于

---

① 《创业板市场投资者适当性管理暂行规定》，载中国证券监督管理委员会网站，http：//www. csrc. gov. cn/csrc/c101802/c1019818/content. shtml，最后访问时间：2022 年 5 月 4 日。

② 《关于发布〈深圳证券交易所创业板市场投资者适当性管理实施办法〉的通知》，载深圳证券交易所网站，http：//www. szse. cn/disclosure/notice/general/t20090702_ 500246. html，最后访问时间：2022 年 5 月 4 日。

③ 《创业板投资者权益保护"先行一步、步步为赢"》，载证券日报，http：//www. zqrb. cn/toufu/jianguandongtai/2019-10-26/A1572023154152. html，最后访问时间：2022 年 5 月 20 日。

④ 《关于建立股指期货投资者适当性制度的规定（试行）》，载中国证券监督管理委员会网站，http：//www. csrc. gov. cn/csrc/c101902/c1039246/content. shtml，最后访问时间：2022 年 5 月 4 日。

修改〈关于建立股指期货投资者适当性制度的规定（试行）〉的决定》[①]，要求中国金融期货交易所应当根据“将适当的产品销售给适当的投资者”的核心原则，从投资者的经济实力、金融期货产品认知能力、投资经历等方面，制订投资者适当性制度的具体标准和实施指引，并报中国证监会备案；要求期货公司应当建立健全内控、合规制度，严格落实投资者适当性制度；要求自然人投资者应当全面评估自身的经济实力、产品认知能力、风险控制能力、生理及心理承受能力等，审慎决定是否参与股指期货交易；要求法人投资者及其他经济组织从事股指期货交易业务，应当根据自身的经营管理特点和业务运作状况，建立健全内部控制和风险管理制度，对自身的内部控制和风险管理能力进行客观评估，审慎决定是否参与股指期货交易。2016 年 12 月 12 日中国证监会发布《适当性管理办法》，以部门规章的形式对证券和期货投资者适当性管理进行集中统一规定。《适当性管理办法》自 2017 年 7 月 1 日起施行。《适当性管理办法》适用于向投资者销售公开或非公开发行的证券、公开或非公开募集的证券投资基金和股权投资基金（含创业投资基金）、公开或非公开转让的期货及其他衍生证券，或者为投资者提供相关业务服务的各种证券市场行为，全面构建了我国投资者适当性制度。

2015 年 4 月 3 日中国期货业协会发布《期货公司资产管理业务投资者适当性评估程序》[②]（已废止），对期货公司从事资产管理业务投资者适当性评估程序进行规范。2017 年 6 月 28 日，中国期货业协会发布《期货经营机构投资者适当性管理实施指引（试行）》[③]。根据中国证监会《适当性管理办法》规定，要求期货经营机构应当高度重视适当性管理工作，要求建立健全适当性管理制度，结合自身实际进一步细化和完善相关程序、方法、标准和流程，切实履行好适当性义务。各期货经营机构应当加强制度建设、人员配备和技术准备。

2018 年 4 月 27 日，中国人民银行、银保监会、证监会、外汇局《关

---

① 《关于修改〈关于建立股指期货投资者适当性制度的规定（试行）〉的决定》，载中国证券监督管理委员会网站，http://www.csrc.gov.cn/csrc/c101902/c1039229/content.shtml，最后访问时间：2022 年 5 月 4 日。

② 《关于发布〈期货公司资产管理业务投资者适当性评估程序〉的通知》，载中国期货业协会网站，http://www.cfachina.org//aboutassociation/associationannouncement/201504/t20150403_12220.html，最后访问时间：2022 年 5 月 4 日。

③ 《关于发布实施〈期货经营机构投资者适当性管理实施指引（试行）〉的通知》，载中国期货业协会网站，http://www.cfachina.org//aboutassociation/associationannouncement/201706/t20170628_12516.html，最后访问时间：2022 年 5 月 4 日。

于规范金融机构资产管理业务的指导意见》[①] 中指出，资产管理业务是指银行、信托、证券、基金、期货、保险资产管理机构、金融资产投资公司等金融机构接受投资者委托，对受托的投资者财产进行投资和管理的金融服务。金融机构为委托人利益履行诚实信用、勤勉尽责义务并收取相应的管理费用，委托人自担投资风险并获得收益。金融机构发行和销售资产管理产品，应当坚持“了解产品”和“了解客户”的经营理念，加强投资者适当性管理，向投资者销售与其风险识别能力和风险承担能力相适应的资产管理产品。禁止欺诈或者误导投资者购买与其风险承担能力不匹配的资产管理产品。金融机构不得通过拆分资产管理产品的方式，向风险识别能力和风险承担能力低于产品风险等级的投资者销售资产管理产品。金融机构应当加强投资者教育，不断提高投资者的金融知识水平和风险意识，向投资者传递“卖者尽责、买者自负”的理念，打破刚性兑付。

2019 年 11 月 8 日，最高人民法院印发的《全国法院民商事审判工作会议纪要》“五、关于金融消费者权益保护纠纷案件的审理”中指出，审理金融产品发行人、销售者以及金融服务提供者与金融消费者之间因销售各类高风险等级金融产品和为金融消费者参与高风险等级投资活动提供服务而引发的民商事案件中，必须坚持“卖者尽责、买者自负”原则，将金融消费者是否充分了解相关金融产品、投资活动的性质及风险并在此基础上作出自主决定作为应当查明的案件基本事实，依法保护金融消费者的合法权益，规范卖方机构的经营行为，推动形成公开、公平、公正的市场环境和市场秩序。进而对适当性义务内容、法律适用规则、责任主体、举证责任分配、告知说明义务、损失赔偿数额和免责事由进行了具体规定。

二、建立交易者适当性制度的意义

交易者适当性制度是指，期货经营机构向期货交易者提供服务时，应当按照规定充分了解交易者的基本情况、财产状况、金融资产状况、交易知识和经验、专业能力等相关信息；如实说明服务的重要内容，充分揭示交易风险；提供与交易者上述状况相匹配的服务。

期货交易者适当性制度具有以下三个功能：第一，预防性保护期货交易者。期货交易者适当性制度更突出了期货经营机构及从业人员负有的期

---

① 《中国人民银行、中国银行保险监督管理委员会、中国证券监督管理委员会、国家外汇管理局联合发布〈关于规范金融机构资产管理业务的指导意见〉》，载中国人民银行网站，http：//www. pbc. gov. cn/goutongjiaoliu/113456/113469/3529600/index. html，最后访问时间：2022 年 5 月 8 日。

货交易者适当性审查义务和期货服务的匹配义务，在期货交易发生前预防因提供期货服务与期货投资者承受能力错位给其带来损害的可能性。第二，促进期货经营机构合法合规经营。期货交易者适当性制度从义务内容、履行程序和法律后果等方面，对期货经营机构及从业人员科以审查义务和法律责任，督促期货经营机构合法合规经营。符合本法第六十条设立的期货公司，应当具备良好的公司治理结构、健全的风险管理制度和完善的内部控制制度。第三，差异化保护机制。期货交易者适当性制度要求对期货交易者实行差异化保护，根据本法的规定，期货交易者分为普通交易者与期货经营机构，并给予两项特别保护。一是实体法上的举证责任倒置。普通交易者与期货经营机构发生纠纷的，期货经营机构应当证明其行为符合法律、行政法规以及国务院期货监督管理机构的规定，不存在误导、欺诈等情形。期货经营机构不能证明的，应当承担相应的赔偿责任。二是强制调解制度。交易者与期货经营机构等发生纠纷的，双方可以向行业协会等申请调解。普通交易者与期货经营机构发生期货业务纠纷并提出调解请求的，期货经营机构不得拒绝。2016 年《适当性管理办法》第七条第二款规定，普通投资者在信息告知、风险警示、适当性匹配等方面享有特别保护。

【条文解读】

本条第一款包括三项内容：第一项，期货经营机构应当充分了解期货交易者。期货经营机构向交易者提供服务时，应当按照规定充分了解交易者的基本情况、财产状况、金融资产状况、交易知识和经验、专业能力等相关信息。第二项，期货经营机构向期货交易者如实说明服务的重要内容，充分揭示交易风险。上述说明和揭示义务是民法典第六条“民事主体从事民事活动，应当遵循公平原则，合理确定各方的权利和义务”、第七条“民事主体从事民事活动，应当遵循诚信原则，秉持诚实，恪守承诺”的体现，属于民法典合同编规定的先合同义务。所谓先合同义务，又称前合同义务或先契约义务，是指在订立合同的过程中，合同生效之前所发生的，应由合同双方当事人各自承担的法律义务。先合同义务是建立在民法诚实信用、公平原则基础上的一项法律义务，是诚实信用、公平原则的具体化。第三项，提供与交易者上述状况相匹配的服务。

本条第二款规定了期货交易者的义务和期货经营机构的权利。第一，交易者在参与期货交易和接受服务时，应当按照期货经营机构明示的要求提供前款所列真实信息。第二，交易者拒绝提供或者未按照要求提供信息的，期货经营机构应当告知其后果，并按照规定拒绝提供服务。

本条第三款是关于期货经营机构赔偿责任的规定。如何赔偿损失，可以依据民法典第一千一百六十五条的规定。如果交易者是普通交易者，根据本法第五十一条第二款“普通交易者与期货经营机构发生纠纷的，期货经营机构应当证明其行为符合法律、行政法规以及国务院期货监督管理机构的规定，不存在误导、欺诈等情形。期货经营机构不能证明的，应当承担相应的赔偿责任”。应该适用民法典第一千一百六十五条第二款“依照法律规定推定行为人有过错，其不能证明自己没有过错的，应当承担侵权责任”的规定。如果期货交易者是专业交易者，应该适用民法典第一千一百六十五条第一款“行为人因过错侵害他人民事权益造成损害的，应当承担侵权责任”的规定。

【关联规范】

《中华人民共和国证券法》第八十八条；《中华人民共和国期货和衍生品法》第一百三十五条第一款；《全国法院民商事审判工作会议纪要》第五条；《期货公司监督管理办法》第五十六条；《关于规范金融机构资产管理业务的指导意见》；《期货经营机构投资者适当性管理实施指引（试行）》第一条至第六条、第十五条、第十八条、第二十条、第二十二条、第二十三条、第二十四条。

第五十一条　【交易者分类及普通交易者特殊保护】 根据财产状况、金融资产状况、交易知识和经验、专业能力等因素，交易者可以分为普通交易者和专业交易者。专业交易者的标准由国务院期货监督管理机构规定。

普通交易者与期货经营机构发生纠纷的，期货经营机构应当证明其行为符合法律、行政法规以及国务院期货监督管理机构的规定，不存在误导、欺诈等情形。期货经营机构不能证明的，应当承担相应的赔偿责任。

【条文主旨】

本条是关于交易者分类及普通交易者特殊保护的规定。

【立法背景】

立法沿革和立法理由参见第五十条相关内容。

【条文解读】

第一款包含两项内容，一是根据财产状况、金融资产状况、交易知识和经验、专业能力等因素，交易者可以分为普通交易者和专业交易者；二是授权国务院期货监督管理机构制定专业交易者的标准。

第二款规定了普通交易者与期货经营机构发生纠纷的，实行过错推定，由期货经营机构承担举证责任。民法典第一千一百六十五条第二款规定："依照法律规定推定行为人有过错，其不能证明自己没有过错的，应当承担侵权责任。"本法即为民法典第一千一百六十五条第二款规定的法律。过错推定，也称过失推定，是指在损害事实发生后，基于某种客观事实或条件而推定行为人具有过错，从而减轻或者免除受害人对过失的举证责任，并由被推定者证明自己没有过错。如果行为人不能推翻该过错之推定，即证明自己没有过错，则须承担侵权责任。[①] 过错推定产生之初被认为是诉讼法上的一种证据规则，但是随着现代侵权行为法对过失越来越广泛地运用，它对民事权利的得丧变更所产生的影响也越来越大，过失推定已经成了实体法规则。[②] 本款即为明证。过错推定将原本由普通交易者负担的证明被告具有过错的举证责任转移给了被告，即由被告证明自己没有过错，因此其依然是过错责任。过错推定属于可以推翻的法律上的事实（非真实的事实）推定，是可以反驳的法律上的事实推定。作为被告的期货经营机构可以通过提出证据推翻法律上对其过错的推定。期货经营机构可以通过证据证明其行为符合法律、行政法规以及国务院期货监督管理机构的规定，不存在误导、欺诈等情形时才有可能承担侵权赔偿责任。普通交易者还必须证明其存在的损失。因为民法典第一千一百六十五条第一款规定行为人因过错侵害他人民事权益造成损害的，应当承担侵权责任。"没有损害就没有赔偿"，只有期货经营机构不能证明不存在误导、欺诈等情形时，才应当承担相应的赔偿责任。

---

① 程啸：《侵权责任法》（第三版），法律出版社 2021 年版，第 119 页。

② 邱聪智：《从侵权行为归责原理之变动论危险责任之构成》，中国人民大学出版社 2006 年版，第 81 页。

【关联规范】

《中华人民共和国证券法》第八十九条；《证券期货投资者适当性管理办法》第七条、第十条、第十一条；《期货经营机构投资者适当性管理实施指引（试行）》第七条、第十六条、第二十八条。

第五十二条 【内部控制制度和风险控制制度】参与期货交易的法人和非法人组织，应当建立与其交易合约类型、规模、目的等相适应的内部控制制度和风险控制制度。

【条文主旨】

本条是关于参与期货交易的法人和非法人组织应当建立内部控制制度和风险控制制度的规定。

【立法背景】

一般来说，期货市场爆发期货交易者的风险事件的原因往往是期货交易者没有建立、没有完善的内部控制制度和风险控制制度。《期货交易管理条例》主要规定了期货公司的业务管理规则、风险管理制度等，专注于期货公司及其分支机构的内部控制，而没有对参与期货交易的法人和非法人组织应当建立内部控制制度和风险控制制度的规定。在证券法中，也仅要求设立证券公司时有完善的风险管理与内部控制制度。

本法之所以要求参与期货交易的法人和非法人组织，应当建立与其交易合约类型、规模、目的等相适应的内部控制制度和风险控制制度，主要有以下几个方面考虑：第一，基于参与期货交易的法人和非法人组织的正常生产经营方面的考虑，不管是否参与期货交易，作为经营主体的法人和非法人组织都要建立自己的内部控制制度和风险控制制度。第二，参与期货交易的法人和非法人组织，更需要建立内部控制制度和风险控制制度。这是因为制定期货和衍生品法的目的是维护市场秩序和社会公共利益，促进期货市场和衍生品市场服务国民经济，防范化解金融风险，维护国家经济安全。期货市场本身是管理风险的市场机制，期货交易者参与期货交易自身不能成为风险源。国家支持期货市场健康发展，发挥发现价格、管理风险、配置资源的功能。国家鼓励利用期货市场和衍生品市场从事套期保值等风险管理活动。期货市场和衍生品市场应当建立和完善风险的监测监控与化解处置制度机制，依法限制过度投机行为，防范市场系统性风险。因此，参与期货交易的法人和非法人组织建立与其交易合约类型、规模、目的等相适应的内部控制制度和风险控制制度，是实现其套期保值和参与投机的必然要求。我国已有多家期货交易所，上市品种众多，且随着社会主义市场经济的不断发展，国家统一市场建设不断推进，还将有更多的品种上市。如果每一个参与期货交易的法人和非法人组织都建立了与其交易合约类型、规模、目的等相适应的内部控制制度和风险控制制度，必将推动我国期货市场市场化、法治化和国际化，获取更多的全球大宗商品的定价权。

【条文解读】

随着现代企业管理模式的发展，内部控制逐渐由早期的会计控制延伸到控制企业所有的日常经营与决策，大大减少了企业的经营风险，舞弊行为也得到了控制。风险控制制度是指风险管理者采取各种措施和方法，消灭或减少风险事件发生的各种可能性，或风险控制者减少风险事件发生时造成的损失，金融的核心是风险控制。风险控制的四种基本方法是：风险回避、损失控制、风险转移和风险保留。

实务中一般认为，内部控制是由企业董事会、监事会、经理层和全体员工实施的、旨在实现控制目标的过程。内部控制的目标是合理保证企业经营管理合法合规、资产安全、财务报告及相关信息真实完整，提高经营效率和效果，促进企业实现发展战略。企业建立与实施内部控制一般应当遵循下列原则：（1）全面性原则。内部控制应当贯穿决策、执行和监督全过程，覆盖企业及其所属单位的各种业务和事项。（2）重要性原则。内部控制应当在全面控制的基础上，关注重要业务事项和高风险领域。（3）制衡性原则。内部控制应当在治理结构、机构设置及权责分配、业务流程等方面形成相互制约、相互监督，同时兼顾运营效率。（4）适应性原则。内部控制应当与企业经营规模、业务范围、竞争状况和风险水平等相适应，并随着情况的变化及时加以调整。（5）成本效益原则。内部控制应当权衡实施成本与预期效益，以适当的成本实现有效控制。

【关联规范】

《中华人民共和国证券法》第一百二十八条。

第五十三条　【从业人员等禁止参与期货交易】期货经营机构、期货交易场所、期货结算机构的从业人员，国务院期货监督管理机构、期货业协会的工作人员，以及法律、行政法规和国务院期货监督管理机构规定禁止参与期货交易的其他人员，不得进行期货交易。

【条文主旨】

本条是关于相关机构从业人员禁止参与期货交易的规定。

【立法背景】

之所以禁止部分人员参加期货交易，是因为这些人员参加期货交易有悖于其身份，存在利益冲突，可能损害期货交易者的合法权益，同时也可能为与公务员法、法官法、检察官法中关于公务员、法官、检察官等特殊主体不得参与营利性活动的规定保持一致。另外授予国务院期货监督管理机构一定的自由裁量权，可以规定禁止参与期货交易的其他人员。禁止相关机构从业人员参与期货交易最早可见诸《期货交易管理暂行条例》（已失效）第三十条规定。该条规定下列单位和个人不得从事期货交易，期货经纪公司不得接受其委托为其进行期货交易：（1）金融机构、事业单位和国家机关；（2）中国证监会的工作人员；（3）期货市场禁止进入者；（4）未能提供开户证明文件的单位；（5）中国证监会规定不得从事期货交易的其他单位和个人。《期货交易管理条例》《期货交易所管理办法》和《期货公司监督管理办法》不断进行了细化完善。

【条文解读】

本条内容规定两种情形的人员不得进行期货交易。

第一种情形是，本法明确列举的期货经营机构、期货交易场所、期货结算机构的从业人员，国务院期货监督管理机构、期货业协会的工作人员。

第二种情形又包含两种情形，一是法律、行政法规的规定。公务员法第五十九条规定："公务员应当遵纪守法，不得有下列行为：……（十六）违反有关规定从事或者参与营利性活动，在企业或者其他营利性组织中兼任职务……”法官法第二十二条：“法官不得兼任人民代表大会常务委员会的组成人员，不得兼任行政机关、监察机关、检察机关的职务，不得兼任企业或者其他营利性组织、事业单位的职务，不得兼任律师、仲裁员和公证员。”检察官法第四十七条第一款规定：“检察官有下列行为之一的，应当给予处分；构成犯罪的，依法追究刑事责任：……（九）违反有关规定从事或者参与营利性活动，在企业或者其他营利性组织中兼任职务的……”二是国务院期货监督管理机构规定禁止参与期货交易的其他人员。这种情形需要国务院期货监督管理机构制定行政规章予以明确规定。

但是需要注意的是，本法并没有将参与期货交易定义为营利性活动，因此，上述人员能否参与期货交易有待相关法律明确规定。

【关联规范】

《中华人民共和国证券法》第四十条、第四十二条；《中华人民共和国期货和衍生品法》第一百三十一条。

第五十四条　【交易者查询权】交易者有权查询其委托记录、交易记录、保证金余额、与其接受服务有关的其他重要信息。

【条文主旨】

本条是关于交易者查询权的规定。

【立法背景】

保障交易者查询委托记录、交易记录、保证金余额及与其接受服务有关的其他重要信息的权利其实在于保护其知情权。而且，为了保障交易者的知情权，期货公司有义务及时通知客户。例如，《期货交易管理条例》第三十三条规定，期货交易的结算，由期货交易所统一组织进行。期货交易所实行当日无负债结算制度。期货交易所应当在当日及时将结算结果通知会员。期货公司根据期货交易所的结算结果对客户进行结算，并应当将结算结果按照与客户约定的方式及时通知客户。客户应当及时查询并妥善处理自己的交易持仓。该条规定意味着，期货公司根据期货交易所的结算结果对客户进行结算，并应当将结算结果按照其与客户约定的方式及时通知客户，之后，客户应当及时查询并妥善处理自己的交易持仓。《期货公司监督管理办法》第六十八条亦有类似规定。但根据上述规范，交易者查询的内容仅限于“结算结果”。

与《期货交易管理条例》和《期货公司监督管理办法》相比，本法扩展了交易者的查询内容，扩展至委托记录、交易记录、保证金余额、与其接受服务有关的其他重要信息。

【条文解读】

本条规定借鉴了证券法第一百三十七条的规定，交易者有权查询其委托记录、交易记录、保证金余额、与其接受服务有关的其他重要信息。与证券法第一百三十七条不同的是，其规定证券公司负有建立客户信息查询制度的义务，确保客户能够查询其账户信息、委托记录、交易记录以及其他与接受服务或者购买产品有关的重要信息。而本法本条是明确授予了交易者查询其委托记录、交易记录、保证金余额、与其接受服务有关的其他重要信息的权利。同时本法第六十五条第一款规定，期货经营机构应当依法经营，勤勉尽责，诚实守信。期货经营机构应当建立健全内部控制制度，采取有效隔离措施，防范经营机构与客户之间、不同客户之间的利益冲突。该条规定亦包含了期货经营机构负有建立客户信息查询制度的义务，确保客户能够查询其账户信息、委托记录、交易记录以及其他与接受服务或者购买产品有关的重要信息。

交易者有权查询的内容包括委托记录、交易记录、保证金余额、与其接受服务有关的其他重要信息。该规定意味着接受查询的主体不仅包括期货公司，还包括期货交易场所、期货结算机构、保证金存管机构和期货服务机构等。凡是“与其接受服务有关的其他重要信息”都可以查询，因此查询的范围可能包括期货经纪业务、期货交易咨询业务、期货做市交易业务和资产管理业务中“有关的其他重要信息”。

【关联规范】

《中华人民共和国证券法》第一百三十七条。

第五十五条　【信息保密和不得泄露商业秘密义务】 期货经营机构、期货交易场所、期货结算机构、期货服务机构及其工作人员应当依法为交易者的信息保密，不得非法买卖、提供或者公开交易者的信息。

期货经营机构、期货交易场所、期货结算机构、期货服务机构及其工作人员不得泄露所知悉的商业秘密。

【条文主旨】

本条是关于相关机构及工作人员为交易者信息保密，不得非法买卖、提供或者公开交易者的信息，以及相关机构及工作人员不得泄露所知悉的商业秘密的规定。

【立法背景】

本条为新增内容，在《期货交易管理条例》《期货交易所管理办法》《期货公司监督管理办法》中未见完整的规定。民法典和个人信息保护法对于个人信息保护从民事保护角度作了规定。刑法以及最高人民法院、最高人民检察院发布的《关于办理侵犯公民个人信息刑事案件适用法律若干问题的解释》（2017 年 6 月 1 日施行）从刑事惩罚角度对个人信息保护作出了规定。反不正当竞争法对保护商业秘密作出了规定。

因此，本条规定对交易者的信息保密，不得非法买卖、提供或者公开交易者的信息，不得泄露所知悉的商业秘密三项内容是商业社会的基本逻辑，符合我国民法立法、刑法立法的规定。本法是从行业法角度予以强调。

【条文解读】

本条借鉴了证券法第四十一条，行文表述一致。

第一款明确规定期货经营机构、期货交易场所、期货结算机构、期货服务机构四类机构及其工作人员负有两项义务：一是应当依法为交易者的信息保密，此为积极的义务；二是不得非法买卖、提供或者公开交易者的信息，此为消极的义务。

第二款明确规定期货经营机构、期货交易场所、期货结算机构、期货服务机构四类机构及其工作人员负有一项义务，即不得泄露所知悉的商业秘密，此为消极的义务。

根据本法第九十八条的规定，期货服务机构包括会计师事务所、律师事务所、资产评估机构、期货保证金存管机构、交割库、信息技术服务机构等。因此，这些期货服务机构还应该遵守行业的相关法律、行政法规。例如，会计师事务所及其工作人员需要遵守注册会计师法，律师事务所及其工作人员需要遵守律师法等。

【关联规范】

《中华人民共和国证券法》第四十一条；《中华人民共和国民法典》第一百一十一条；《中华人民共和国个人信息保护法》第二条；《中华人民共和国反不正当竞争法》第九条第二款。

第五十六条　【强制调解】 交易者与期货经营机构等发生纠纷的，双方可以向行业协会等申请调解。普通交易者与期货经营机构发生期货业务纠纷并提出调解请求的，期货经营机构不得拒绝。

【条文主旨】

本条是关于交易者与期货经营机构等发生纠纷的，双方可以向行业协会等申请调解，以及普通交易者与期货经营机构发生期货业务纠纷并提出调解请求的，期货经营机构不得拒绝的规定。

【立法背景】

根据民法典和民事诉讼法的规定，解决民事纠纷的方式主要有四种，和解、调解、诉讼和仲裁。《期货经营机构投资者适当性管理实施指引（试行）》第四十一条规定，经营机构应当将适当性纠纷处理纳入本机构的投诉管理办法，明确纠纷的处理机制。投资者提出调解的，经营机构应当积极配合，优先通过协商解决争议。《适当性管理办法》第三十四条第一款规定，经营机构应当妥善处理适当性相关的纠纷，与投资者协商解决争议，采取必要措施支持和配合投资者提出的调解。2016 年 5 月 25 日最高人民法院及中国证监会联合发布《关于在全国部分地区开展证券期货纠纷多元化解机制试点工作的通知》。2018 年 11 月 13 日，在总结前述工作经验的基础上，最高人民法院及中国证监会发布《关于全面推进证券期货纠纷多元化解机制建设的意见》，决定在全国联合开展证券期货纠纷多元化解机制建设工作，在目标建立、健全有机衔接、协调联动、高效便民的证券期货纠纷多元化解机制，依法保护投资者的合法权益，维护公开、公平、公正的资本市场秩序，促进资本市场的和谐健康发展等方面开展工作。工作内容包括加强调解组织管理、健全诉调对接工作机制、强化纠纷多元化解机制保障落实。

【条文解读】

一、解决纠纷的多元方式

在我国，调解可以由人民法院在诉讼中进行，也可以由当事人双方邀请第三人进行。本条第一句规定，双方可以向行业协会等申请调解。本条规定还意味着相关的行业协会，应当根据《关于全面推进证券期货纠纷多元化解机制建设的意见》的规定，建立相应的证券期货调解组织建设。证券期货调解组织是指由证券期货监管机构、行业组织等设立或实际管理的调解机构，应当具有规范的组织形式、固定的办公场所及调解场地、专业的调解人员和健全的调解工作制度。中国证券监督管理委员会负责证券期货调解组织的认定和管理工作，定期商最高人民法院后公布。

根据本条规定，调解的过程和调解的结果必须坚持《关于全面推进证券期货纠纷多元化解机制建设的意见》确定的基本原则：一是依法公正原则。充分尊重投资者的程序选择权，严格遵守法定程序。调解工作的开展不得违反法律的基本原则，不得损害国家利益、社会公共利益和第三人合法权益。二是灵活便民原则。着眼于纠纷的实际情况，灵活确定纠纷化解的方式、时间和地点，尽可能地方便投资者，降低当事人解决纠纷的成本。调解工作应当明确办理时限，提高工作效率，不得久调不决。三是注重预防原则。发挥调解的矛盾预防和源头治理功能，推动健康投资文化、投资理念、投资知识的传播。人民法院、证券期货监管机构及调解组织要加强信息共享，防止矛盾纠纷积累、激化。

根据《关于全面推进证券期货纠纷多元化解机制建设的意见》关于“建立诉调对接工作机制”的规定，自然人、法人和非法人组织之间因证券、期货、基金等资本市场投资业务产生的合同和侵权责任纠纷，均属调解范围。证券期货监管机构、调解组织的非诉讼调解、先行赔付等，均可与司法诉讼对接。经调解组织主持调解达成的调解协议，具有民事合同性质。经调解员和调解组织签字盖章后，当事人可以申请有管辖权的人民法院确认其效力。当事人申请确认调解协议的案件，按照民事诉讼法和相关司法解释的规定执行。经人民法院确认有效的具有明确给付主体和给付内容的调解协议，一方拒绝履行的，对方当事人可以申请人民法院强制执行。经人民法院委派调解并达成调解协议、当事人申请司法确认的，由委派调解的人民法院依法受理。

二、强制调解

本条第二句赋予普通交易者要求期货经营机构必须调解不得拒绝的权利，理由在于，普通交易者与期货经营机构相比，通常处于弱者地位。

【关联规范】

《中华人民共和国证券法》第九十四条。

第五十七条　【期货民事赔偿诉讼代表人诉讼】交易者提起操纵市场、内幕交易等期货民事赔偿诉讼时，诉讼标的是同一种类，且当事人一方人数众多的，可以依法推选代表人进行诉讼。

【条文主旨】

本条是关于期货民事赔偿诉讼代表人诉讼的规定。

【立法背景】

由于代表人诉讼在诉讼法上具有节约诉讼成本和减少诉累、统一裁判规则、解决集体性纠纷、有效威慑侵权者的比较优势，本条借鉴了证券法第九十五条第一款的内容，新增期货民事赔偿诉讼代表人诉讼的规定。

2021 年 7 月 31 日，《最高人民法院关于证券纠纷代表人诉讼若干问题的规定》[①] 发布，该司法解释的施行有助于推动证券纠纷代表人诉讼制度

---

① 《最高人民法院关于证券纠纷代表人诉讼若干问题的规定》，载最高人民法院网站，https：//www.court.gov.cn/fabu-xiangqing-245501.html，最后访问时间：2022 年 5 月 4 日。

付诸实践，便利投资者提起和参加诉讼，降低投资者的维权成本，保护投资者的合法权益，有效惩治资本市场违法违规行为，对于完善资本市场基础制度、全面深化资本市场改革、维护资本市场健康稳定和良好生态具有十分重要的意义。该司法解释细化了证券法第九十五条的相关规定，确立了高效、透明、便捷、低成本的审理原则，整体分为传统加入制的普通代表人诉讼和声明退出制的特别代表人诉讼，系统规定了代表人诉讼中的立案登记、先行审查、代表人选定、调解协议确认、诉讼审理与判决、上诉制度、效力扩张、执行与分配等各项重要操作流程内容。其中，对公众普遍关注的特别代表人诉讼的集中管辖、启动程序、权利登记、当事人声明退出、投保机构诉讼义务、诉讼费用、财产保全等作出了专门规定，解决了特别代表人诉讼中的诸多实践难题，有力保障了证券集体诉讼制度的真正落地实施。此外，该司法解释还注重保护投资者的诉讼权利和程序利益，强化人民法院的实体审查，发挥司法监督制约作用。

《最高人民法院关于证券纠纷代表人诉讼若干问题的规定》具有以下优势：第一，集中管辖。既可以确保代表人诉讼这种新型诉讼机制有效运转，也有利于统一裁判尺度。第二，权利登记公告的双重功能。第三，投资者加入与退出代表人诉讼的两种模式。一是“默示加入+明示退出”模式，适用于中证中小投资者服务中心和中国证券投资者保护基金有限责任公司等投资者保护机构提起或参加的证券纠纷代表人诉讼；二是“明示加入+明示退出”模式，适用于证券普通代表人诉讼。只有向人民法院登记权利的投资者才是适格原告，登记权利即为加入的意思表示。第四，证券纠纷代表人诉讼中的两种优先机制。即证券纠纷代表人诉讼优先于非证券纠纷代表人诉讼、证券特别代表人诉讼优先于证券普通代表人诉讼。第五，证券纠纷代表人诉讼中判决效力的扩张。

《最高人民法院关于证券纠纷代表人诉讼若干问题的规定》可以为期货市场纠纷借鉴期货纠纷代表人诉讼制度的建立提供参考。不过鉴于证券市场与期货市场具有不同的交易的底层逻辑和交易机制，本条只借鉴了证券法第九十五条第一款的内容，但是对证券法第九十五条第二款、第三款并未移植。司法实践中，期货市场并没有出现集体性的期货纠纷案件，证券市场的中证中小投资者服务中心和中国证券投资者保护基金有限责任公司等投资者保护机构，是否有权或者有能力从事期货交易，需要继续研究。因此，有待最高人民法院制定关于期货纠纷代表人诉讼相关问题的规定，并且需要研究建立或者赋予中证中小投资者服务中心和中国证券投资者保护基金有限责任公司等交易者保护机构以新的职责，以实现本条规定的代表人诉讼的功能。

【条文解读】

本条规定依法推选代表人进行诉讼，需要符合以下几个条件：一是交易者提起操纵市场、内幕交易等期货民事赔偿诉讼。不仅包括本法第十二条操纵市场，第十三条、第十四条和第十五条内幕交易民事侵权的赔偿案件，还包括第十六条规定的编造、传播虚假信息或者误导性信息，扰乱期货市场和衍生品市场的民事损害赔偿案件，因为第一百二十七条第四款规定，编造、传播有关期货交易、衍生品交易的虚假信息，或者在期货交易、衍生品交易中作出信息误导，给交易者造成损失的，应当依法承担赔偿责任。二是诉讼标的是同一种类，且当事人一方人数众多的。三是可以依法推选代表人进行诉讼。如果交易者不推选代表人，自己仍然有权根据民事诉讼法的规定进行诉讼。

【关联规范】

《中华人民共和国证券法》第九十五条。

第五十八条　【期货交易者保障基金】国家设立期货交易者保障基金。期货交易者保障基金的筹集、管理和使用的具体办法，由国务院期货监督管理机构会同国务院财政部门制定。

【条文主旨】

本条是关于期货交易者保障基金的规定。

【立法背景】

一、立法沿革

1999年5月25日，国务院第18次常务会议通过并自1999年9月1日起施行的《期货交易管理暂行条例》（已失效），将参与期货交易的当事方称为“客户”。2007年2月7日国务院第168次常务会议通过并自2007年4月15日起施行的《期货交易管理条例》，在沿用《期货交易管理暂行条例》“客户”的基础上，在第五十四条第一款（2012年修订后的《期货交易管理条例》第五十一条）中规定“国家根据期货市场发展的需要，设立期货投资者保障基金”。期货投资者由此正式成为我国期货市场的法律概念。

2007年4月19日，中国证监会和财政部联合发布并自2007年8月1日起施行的《期货投资者保障基金管理暂行办法》（已修改）[①] 第一条规定：“为保护期货投资者的合法权益，根据《期货交易管理条例》，制定本办法。”在2010年3月15日，中国证监会发布《关于期货交易所、期货公司缴纳期货投资者保障基金有关事项的规定》（已修改）。

2016年11月8日，中国证监会和财政部将《期货投资者保障基金管理暂行办法》修改为《期货投资者保障基金管理办法》[②]，并沿用《期货投资者保障基金管理暂行办法》第一条“为保护期货投资者的合法权益，根据《期货交易管理条例》，制定本办法”的规定。同日，中国证监会发布《关于修改〈期货交易所、期货公司缴纳期货投资者保障基金有关事项的规定〉的决定》。

二、立法理由

为保护期货交易者的合法权益，在期货公司严重违法违规或者风险控制不力等导致保证金出现缺口，可能严重危及社会稳定和期货市场安全时，补偿交易者保证金的损失，维护市场秩序。

【条文解读】

根据本法，我们认为2016年11月8日中国证监会和财政部修订后的《期货投资者保障基金管理办法》会进一步修改为《期货交易者保障基金管理办法》，该办法明确规定：（1）保障基金的法律性质；（2）交易者在期货交易活动中因市场波动或者交易品种价值本身发生变化所导致损失由交易者自行负担的市场理念；（3）保障基金按照取之于市场、用之于市场的筹集使用原则；（4）保障基金由中国证监会集中管理、统筹使用的原

① 《期货投资者保障基金管理暂行办法》，载中国证券监督管理委员会网站，http://www.csrc.gov.cn/csrc/c101902/c1039263/content.shtml，最后访问时间：2022年5月5日。

② 《期货投资者保障基金管理办法》，载中国证券监督管理委员会网站，http://www.csrc.gov.cn/csrc/c106256/c1654035/content.shtml，最后访问时间：2022年5月5日。

则；（5）保障基金的管理和运用遵循公开、合理、有效的原则；（6）保障基金使用遵循保障交易者合法权益和公平救助原则。

【关联规范】

《中华人民共和国证券法》第一百二十六条；《期货投资者保障基金管理办法》；《证券投资者保护基金管理办法》。

第五章　期货经营机构

本章概要

期货经营机构包括期货公司以及从事期货业务的其他机构。期货经营机构的主要主体是期货公司。期货公司的设立、变更以及业务等属于行政许可事项。期货监管机构依照法定条件、法定程序和审慎监管原则对期货公司的设立进行审查。期货公司经监管机构核准可以从事期货经纪、期货交易咨询、期货做市交易以及其他期货业务。未经监管机构核准，任何单位和个人不得设立或者变相设立期货公司，经营或者变相经营期货业务。期货公司的董事、监事和高级管理人员应当具备相应的能力条件和品行条件。期货经营机构应合法合规、诚实守信，健全内部控制制度，防范利益冲突，尽到注意义务和忠实义务。监管机构对期货经营机构及其分支机构的经营条件、风险管理、内部控制、保证金存管、合规管理、风险监管指标、关联交易等进行监管，并可以区分情形采取相应的监管措施。

第五十九条　【期货经营机构定义】期货经营机构是指依照《中华人民共和国公司法》和本法设立的期货公司以及国务院期货监督管理机构核准从事期货业务的其他机构。

【条文主旨】

本条是关于期货业务经营主体类型的规定。

【立法背景】

期货交易是多个主体参与的复杂交易关系。除了期货交易者和期货交易场所之外，还需要期货公司以及其他机构等期货经营机构提供相应的服务。期货公司是从事期货业务的专门机构和主要主体。期货公司经过监管机构核准可以从事期货经纪、期货交易咨询、期货做市交易等期货业务。专门从事期货经纪业务的期货公司也被称为期货经纪公司。通常而言，期货公司经营的期货业务具有多元化趋势。期货公司还可以根据我国证券投资基金法等法律、行政法规的规定从事资产管理业务。另外，其他机构经过监管机构核准也可以从事相应的期货业务，包括期货交易咨询机构等。

我国立法上对期货经营机构类型和业务的调整经历了一个发展过程。1999 年国务院颁布的行政法规《期货交易管理暂行条例》（已失效）将期货经营机构主要限定为“期货经纪公司”，期货业务也局限于经纪业务。该条例第二十四条规定：“期货经纪公司接受客户委托，以自己的名义为客户进行期货交易，交易结果由客户承担。”第二十五条规定：“期货经纪公司除接受客户委托，从事期货交易所上市期货合约的买卖、结算、交割及相关服务业务外，不得从事其他业务。期货经纪公司不得从事或者变相从事期货自营业务。”2007 年国务院颁布的《期货交易管理条例》（已修改）对“期货公司”作出明确规定，不再局限为“期货经纪公司”，期货业务范围得到拓展。根据第十七条的规定，期货公司除申请经营境内期货经纪业务外，还可以申请经营境外期货经纪、期货交易咨询以及监管机构规定的其他期货业务。同时，期货公司不得从事或者变相从事期货自营业务。

各国对期货公司业务范围的规定并不完全相同，特别是在实现金融混业经营的国家，其业务范围已经远远超越单纯的期货经纪业务。但是，传统的期货公司作为专门从事期货业务的机构，一般认为其业务领域包括以下几个方面：（1）期货经纪业务；（2）期货自营业务；（3）期货咨询业务；（4）资产管理业务。期货佣金商是代理金融机构、商业机构和社会公众等进行期货交易的主体，并从经纪业务中收取佣金。期货佣金商是期货交易所的会员，同时也是非会员参加期货交易的中介。场内经纪人即出市代表，代理任何其他人在期货交易所内执行任何类型的期货指令。介绍经纪人主要是指期货佣金商的“代理人”或“居间人”。交易顾问主要是指通过直接或间接方式为他人提供是否进行期货交易、如何进行交易和管理资金等方面建议的主体。

【条文解读】

一、期货经营机构的类型

期货经营机构的主要主体是期货公司。即经营期货业务的专门机构只能采取公司形式，不能采取合作、合伙或独资等企业形式。公司是现代企业的典型形态。经营期货业务的专门机构采取公司形式是其他国家通行的做法，有利于建立现代化的经营机制和促进期货公司的发展。期货公司设立的依据是我国公司法和本法。期货公司的设立和业务都实行行政许可制度。期货公司属于金融机构，区别于普通公司。根据法律规定，其设立需要经过主管机构的许可，即设立许可。期货公司设立后从事期货业务还需要主管机构根据业务类型分别颁发期货业务许可证，即业务许可。根据规定，从事期货业务的“其他机构”并未明确组织形态。这是因为“其他机构”从事期货业务只是一种业务许可，并不涉及主体的设立许可。

期货公司的设立必须依照公司法和本法的规定，采取公司形式。主要原因在于：（1）产权清晰。明确了公司与投资者之间的财产关系，产权明晰，股东作为出资者按投入公司的资本享有所有者的资产收益、重大决策和选择管理者等权利；公司享有由股东投资形成的全部法人财产权，依法享有民事权利，承担民事义务。（2）责任明确。股东以其出资额为限对公司承担责任，公司以其全部资产对公司的债务承担责任，公司以其全部法人财产自主经营，自负盈亏。公司的合法权益得到保护。（3）治理规范。公司一般设立股东会、董事会、监事会。各机构之间权责分明，通过科学管理，形成制衡关系。期货公司作为经营期货业务的金融机构，其自身的组织和行为是否规范对期货市场的稳定和发展影响重大，因而应当采取公司形式，接受公司法和本法的严格规范。

二、期货公司的具体形式

我国公司法既是行为法也是组织法。作为行为法，它要对公司的设立、经营、变更、终止和清算等进行规范。作为组织法，它要对公司的章程、资本制度、权利能力和行为能力、组织机构、股东权利义务以及公司债权人等主体之间的关系等进行规定。我国公司法规定了有限责任公司和股份有限公司两种类型的公司，因而期货公司可以采取有限公司和股份公司两种形式。具体采取哪一种公司形式，可以由设立期货公司的发起人根据公司的业务范围、经营规模和发展战略自行决定。

有限公司是指不通过发行股票，而由 50 人以内的投资者投资设立的企业法人。其主要特征表现在：（1）设立方式仅为发起设立，即在设立时由发起人认购全部出资。有限公司不能向社会公众募集资本，通常适合中小型企业。（2）股东人数受到限制。在我国，除一人公司和国有独资公司外，有限公司由 2 个以上 50 个以下股东共同出资设立。（3）同时具有资合性和人合性。有限公司的设立和运行以股东之间的信赖为基础。（4）资本不划分为股份，具有封闭性特征，股东对外转让股权受到一定的限制。根据公司法的规定，股东向公司股东以外的人转让其出资，须经全体股东过半数同意，在同等条件下，其他股东有优先购买权。（5）内部机构的设置具有灵活性。一般情形下设立股东会、董事会、监事会。股东人数较少和规模较小的，可以不设董事会，只设执行董事，不设监事会，只设一名至二名监事。国有独资公司不设股东会，由国家授权的投资机构或者部门授权董事会行使股东会的部分职权。

股份公司是全部注册资本由等额股份构成并可以通过发行股票筹集资本，公司以其全部资产对公司债务承担责任的企业法人。其主要特征表现在：（1）设立方式包括发起设立和募集设立。募集设立又可以分为公募和私募。向社会公众公开募集属于公开发行，需要满足证券法的相关规定。（2）股东人数没有最高数量限制，但是发起人不得超过法律规定的最高限额。（3）公司的设立以资本为基础，是典型的资合公司。公司股权分散，规模一般较大，具有较强的经营优势。（4）公司的资本分成等额股份，股东的股权凭证是股票。虽然股东转让其股票不受限制，但是发起人和公司高层次管理人员在法律限定的期限内不得转让所持有的本公司的股份。符合条件的股份制期货公司可以经过核准到证券交易所和新三板发行股票，募集资金，并挂牌交易。股票上市交易或挂牌交易的公司的经营状况要向社会公开披露，接受社会监督。另外，符合条件的期货公司也可以发行债券募集资金。（5）股票上市交易或挂牌交易后，公司存在被其他市场主体控制、收购或者合并的风险。（6）所有权与经营权分离，有利于公司自主经营，公司的合法权益得到保护。

【关联规范】

《中华人民共和国公司法》第二条。

第六十条　【设立期货公司条件】设立期货公司，应当具备下列条件，并经国务院期货监督管理机构核准：

（一）有符合法律、行政法规规定的公司章程；

（二）主要股东及实际控制人具有良好的财务状况和诚信记录，净资产不低于国务院期货监督管理机构规定的标准，最近三年无重大违法违规记录；

（三）注册资本不低于人民币一亿元，且应当为实缴货币资本；

（四）从事期货业务的人员符合本法规定的条件，董事、监事和高级管理人员具备相应的任职条件；

（五）有良好的公司治理结构、健全的风险管理制度和完善的内部控制制度；

（六）有合格的经营场所、业务设施和信息技术系统；

（七）法律、行政法规和国务院期货监督管理机构规定的其他条件。

国务院期货监督管理机构根据审慎监管原则和各项业务的风险程度，可以提高注册资本最低限额。

国务院期货监督管理机构应当自受理期货公司设立申请之日起六个月内依照法定条件、法定程序和审慎监管原则进行审查，作出核准或者不予核准的决定，并通知申请人；不予核准的，应当说明理由。

【条文主旨】

本条是关于期货公司设立条件和设立许可的规定。

【立法背景】

对期货公司设立严格的市场准入制度是各国通行的做法。期货公司作为连接期货市场和投资者的桥梁，是期货市场的主要参与者和重要中介组织，其设立是否规范，对于保障投资者的合法权益和维护期货市场秩序至关重要。我国期货市场的实践证明，没有规范的期货公司，没有健全的期货公司监管机制，就不可能有健康稳定、秩序良好、运行安全的期货市场。期货公司的设立要与期货市场的规模、期货业务量的大小以及促进经济发展的需要相适应。盲目设立和发展期货公司只会加剧期货市场的无序竞争，有损市场秩序。实行市场准入制度，可以防止信誉不好、资产不良、内部组织机构不健全和缺乏具有法定资格的经营管理人员的经营主体进入期货市场，有利于净化市场环境，保障市场秩序，具有防范市场风险的作用。

期货公司市场准入制度主要包括期货公司的设立条件以及监管机构的许可制度。期货公司作为经营期货业务的金融机构，其主要业务是经纪、自营和交易咨询和资产管理等期货业务，具有高流动性和高风险性等特点，需要有符合规定的公司章程、注册资本、股权关系、经营管理人员、内部管理机制、经营设施等必要的经营条件。期货公司同时受到公司法和本法的规范和调整，因而期货公司的设立条件既要满足公司法的一般规定，又要符合本法的特别规定。期货公司属于金融机构，其注册资本制度经历了一个发展过程。《期货交易管理条例》第十六条第二款规定，“股东应当以货币或者期货公司经营必需的非货币财产出资，货币出资比例不得低于85%”。根据本法规定，期货公司股东只能采用货币方式出资，不能采用非货币方式出资。

期货公司设立的行政许可是指期货监管机构对申请人提出的设立期货公司的申请，不仅要求申请人依照法定程序提交法律规定的各种申请文件，还要对其提交的申请文件的真实性、准确性和完整性进行实质审查，对符合法定条件的设立申请，予以批准，不符合法定条件的设立申请，不予批准的管理制度。经过批准同意设立的期货公司发起人可以向登记机关申请颁发营业执照，取得主体资格。根据“证照分离”改革即“先照后证”的相关规定[①]，期货公司取得主体资格后，还需要向期货监管机构申请经营许可，取得期货业务经营资格。

【条文解读】

一、期货公司设立的条件

设立期货公司，必须符合规定的条件：

第一，有符合法律、行政法规规定的公司章程。公司章程是公司设立的最基本条件和最重要的法律文件，具有法定性、真实性、自治性和公开性的基本特征。公司章程规定公司的性质、宗旨、经营范围、组织机构、议事规则、权利义务分配等。公司章程是公司对内进行管理的依据。公司依公司章程，享有各项权利，并承担各项义务。同时，公司章程也是国家

---

① 《国务院关于在全国推开“证照分离”改革的通知》（国发〔2018〕35号），载中国政府网，http://www.gov.cn/zhengce/content/2018-10/10/content_5329182.htm，最后访问时间：2022年4月30日。

对公司进行监督管理的主要依据。我国公司法明确规定了公司章程的法律效力以及有限公司和股份公司的必要记载事项、任意记载事项。

第二，主要股东及实际控制人具有良好的财务状况和诚信记录，净资产不低于国务院期货监督管理机构规定的标准，最近三年无重大违法违规记录。根据中国证监会2019年颁布的《期货公司监督管理办法》第一百二十三条第一项的规定，期货公司的主要股东是指持有期货公司5%以上股权的法人、非法人组织或者自然人。根据公司法第二百一十六条第三项的规定，“实际控制人，是指虽不是公司的股东，但通过投资关系、协议或者其他安排，能够实际支配公司行为的人”。期货公司主要股东为法人或非法人组织的，实收资本和净资产均不低于人民币1亿元。具有良好的财务状况是指净资产不低于实收资本的50%，或有负债低于净资产的50%，不存在对财务状况产生重大不确定影响的其他风险；具备持续盈利能力，持续经营3个以上完整的会计年度，最近3个会计年度连续盈利；没有较大数额的到期未清偿债务等。期货公司主要股东为自然人的，个人金融资产（银行存款、股票、债券、基金份额、资产管理计划、银行理财产品、信托计划、保险产品、期货权益等）不低于人民币3000万元；信誉良好，不存在对所投资企业经营失败或重大违法违规行为负有直接责任未逾3年的情形。间接持有期货公司5%以上股权的自然人应当符合前款规定。“最近三年无重大违法违规记录”是指主要股东近3年未因重大违法违规行为受到行政处罚或者刑事处罚；未因涉嫌重大违法违规正在被有权机关立案调查或者采取强制措施；没有较大数额的到期未清偿债务等。良好的“诚信记录”是指主要股东近3年作为公司（含金融机构）的股东或者实际控制人，未有滥用股东权利、逃避股东义务等不诚信行为。

第三，注册资本不低于人民币1亿元，且应当为实缴货币资本。注册资本是指公司章程规定的全体股东或发起人认缴的出资额或认购的股本总额，并在公司登记机关依法登记。实缴资本为认缴资本的对称，是指公司成立时股东实际缴纳的出资总额。我国公司法第二十六条、第八十条对公司资本制度作出一般规定。期货公司属于金融机构。期货公司的资本金应与其所经营的期货业务相适应，其注册资本和缴纳方式不同于普通公司，由法律作出特别规定。根据规定，期货公司只能采取货币（人民币）的方式出资，不得采取非货币方式，而且注册资本总额不得少于人民币1亿元。在缴纳方式方面，期货公司设立时注册资本必须实际缴纳到位，并经过验资。期货公司不得采取认缴或者分期缴纳方式出资。另外，本法授权国务院期货监督管理机构根据审慎监管原则和各项业务的风险程度，可以提高注册资本最低限额。上述规定对于保证期货公司具备相应的经营能力和责任能力具有重要意义。

第四，从事期货业务的人员符合本法规定的条件，董事、监事和高级管理人员具备相应的任职条件。由于期货市场的高风险性、较强的专业性和技术性以及期货公司的经营活动对期货市场健康发展的重大影响，对期货公司的管理人员和业务人员的任职条件都作出明确规定是各国通行的做法。“从事期货业务的人员”是指在期货公司中任职并具体经办公司业务的各类人员。“高级管理人员”是指期货公司的总经理、副总经理、首席风险官，财务负责人以及实际履行上述职务的人员。“具备相应的任职条件”主要包括积极条件、消极条件以及分类条件三个方面的内容。“积极条件”主要包括具有诚实守信的品质、良好的职业道德和履行职责所必需的经营管理能力；具有从事期货、证券等金融业务或者法律、会计业务3年以上经验，或者经济管理工作5年以上经验，或者具有相关学科教学、研究的高级职称；具有专科以上学历或者本科以上学历并取得学士学位；熟悉期货法律、行政法规和中国证监会的规定，具备期货专业能力；具有期货从业人员资格等。“消极条件”是指不得担任期货公司董事、监事和高级管理人员的情形，如因违法行为或者违纪行为被解除职务、被撤销资格、被开除的有关人员未满一定的年限；因重大违法违规行为受到金融监管部门的行政处罚，执行期满未逾3年；自被中国证监会或者其派出机构认定为不适当人选之日起未逾2年；国家机关工作人员和法律、行政法规规定的禁止在公司中兼职的其他人员等。[①] “分类条件”主要是指对董事长、监事会主席、独立董事及其以外的期货公司董事、监事、总经理、副总经理、首席风险官、财务负责人等分别规定了不同的积极条件和消极条件。例如，担任期货公司财务负责人的，应当具有会计师以上职称或者注册会计师资格；独立董事不得与所任职期货公司存在可能妨碍其作出独立、客观判断的关系。

第五，有良好的公司治理结构、健全的风险管理制度和完善的内部控制制度。上述三个方面相互联系，共同作用，不可分割，但各有侧重。“有良好的公司治理结构”主要是指期货公司根据公司法的规定设立相应的组织机构并保持有序运行的状态。期货公司股东会应当按照公司法和公

---

① 《期货公司董事、监事和高级管理人员任职管理办法》，载中国证券监督管理委员会网站，http：//www.csrc.gov.cn/csrc/c106256/c1653888/content.shtml，最后访问时间：2022年5月20日。

司章程，对职权范围内的事项进行审议和表决。股东会每年应当至少召开一次会议。期货公司股东应当按照出资比例或者所持股份比例行使表决权。期货公司应当设立董事会，并按照公司法的规定设立监事会或监事，切实保障监事会和监事对公司经营情况的知情权。期货公司可以设立独立董事，期货公司的独立董事不得在期货公司担任董事会以外的职务，不得与本期货公司存在可能妨碍其作出独立、客观判断的关系。“健全的风险管理制度”主要是指期货公司设立风险管理部门或者岗位，管理和控制期货公司的经营风险。期货公司应设立合规审查部门或者岗位，审查和稽核期货公司经营管理的合法合规性。期货公司可以按照规定，运用自有资金投资于股票、投资基金、债券等金融类资产，与业务相关的股权以及期货监管机构规定的其他业务，但不得从事法律禁止的业务。期货公司与其控股股东、实际控制人在业务、人员、资产、财务等方面应当严格分开，独立经营，独立核算。期货公司应当设首席风险官，对期货公司经营管理行为的合法合规性、风险管理进行监督、检查。首席风险官发现涉嫌占用、挪用客户保证金等违法违规行为或者可能发生风险的，应当立即向住所地期货监管机构派出机构和公司董事会报告。“完善的内部控制制度”主要是指期货公司合理设置业务部门及其职能，建立岗位责任制度，不相容岗位应当分离。交易、结算、财务业务应当由不同部门和人员分开办理。

第六，有合格的经营场所、业务设施和信息技术系统。经营场所、业务设施和信息技术系统是期货公司从事经营活动和开展期货业务的物质基础。为了保障期货公司经营活动的正常进行以及期货市场的交易安全，期货公司必须满足物理设施要求。合格的经营场所、业务设施和信息技术系统主要包括与期货公司及其营业部、分公司等分支机构相适应的营业厅、电子信息处理系统、报价系统、与期货交易场所主机联网的电脑终端及其他必要的交易设施等。

第七，法律、行政法规和国务院期货监督管理机构规定的其他条件。该规定属于兜底规定。例如，《期货公司监督管理办法》第十条规定：“非金融企业入股期货公司成为主要股东或者控股股东、第一大股东的，除应当符合本办法第七条、第九条规定的相关条件外，还应当具备下列条件：（一）符合国家关于加强非金融企业投资金融机构监管的有关规定和相关指导意见；（二）中国证监会根据审慎监管原则规定的其他条件。”第十四条规定：“外资持有股权的期货公司，应当按照法律、行政法规的规定，向国务院商务主管部门和外汇管理部门申请办理相关手续。”另外，期货公司的主要股东、控股股东、第一大股东为境外股东的，还需要符合相关规定。

二、期货公司设立的程序

期货公司的设立大致可以分为如下环节：（1）发起人提出申请。发起人应该按照法律、行政法规以及期货监管机构规定的条件和程序向期货监管机构提出设立申请。（2）监管机构审查。期货监管机构应当自受理期货公司设立申请之日起6个月内进行审查。审查的依据和要素主要包括法定条件、法定程序和审慎监管原则。（3）监管机构作出决定。经过审查，符合法定条件的作出核准的决定，并通知申请人；不符合法定条件的，作出不予核准的决定，通知申请人，并向申请人说明理由。（4）向登记机关申请颁发营业执照。期货监管机构作出核准决定的，发起人可以向登记机关提出申请，由登记机关颁发营业执照，取得经营主体资格。（5）向期货监管机构申请业务许可，获得期货业务从业资格。期货监管机构根据法律规定的条件向期货公司颁发相应的业务许可证。

【关联规范】

《期货公司监督管理办法》第六条、第七条、第八条。

第六十一条　【期货公司名称】期货公司应当在其名称中标明“期货”字样，国务院期货监督管理机构另有规定的除外。

【条文主旨】

本条是关于期货公司名称的规定。

【立法背景】

期货公司名称是期货公司在从事期货业务等行为时表彰自身身份并区别于其他经营主体而使用的名称。根据民法原理，商事主体对其名称享有名称权，具有排他性。期货公司名称在学理上属于商业名称。国务院颁布的《企业名称登记管理规定》将其称为“企业名称”。通常而言，商业名称是区别此经营主体与彼经营主体的外在标志。在商事活动中，商事主体需要使自己区别于其他经营主体以维护其自主经营权和商事交易特性。商业名称的这一功能为商事主体在商业活动中提供了个性化识别符号。同时，期货公司也是区别于其他不同性质和经营业务的商事主体的重要手段。期货公司属于金融机构，其业务属于金融业务，便于进行市场区分。商业名称属于商事主体的无形资产，具有重要的经济价值。

通常而言，商业名称的选定遵循两种立法主义，即严格主义和自由主义。严格主义又称真实主义，是指商事主体选定的商业名称必须与其名称或者营业内容相一致，不符合或不一致的，不予认可或无法完成登记，且不能转让或者继承。自由主义，是指商事主体的商业名称由当事人自由选择，法律原则上不进行干预或限制。事实上，无论是严格主义还是自由主义的立法例，在确定商业名称时都享有一定的自由，同时受到一定的限制。通常认为，我国商业名称的选定实行严格主义，同时对金融机构名称的选定和使用作出特别规定。商业名称不仅要符合一般规范要求，而且要符合特别规定要求。对期货公司的名称信息和准入监管是通常做法。规范商业名称登记管理，有利于保护经营主体的合法权益，优化营商环境，维护经济社会秩序。

国务院颁布的《企业名称登记管理规定》第六条规定："企业名称由行政区划名称、字号、行业或者经营特点、组织形式组成。跨省、自治区、直辖市经营的企业，其名称可以不含行政区划名称；跨行业综合经营的企业，其名称可以不含行业或者经营特点。"第十二条规定："企业名称冠以'中国'、'中华'、'中央'、'全国'、'国家'等字词，应当按照有关规定从严审核，并报国务院批准。国务院市场监督管理部门负责制定具体管理办法。企业名称中间含有'中国'、'中华'、'全国'、'国家'等字词的，该字词应当是行业限定语。使用外国投资者字号的外商独资或者控股的外商投资企业，企业名称中可以含有'（中国）'字样。"第二十条规定："企业登记机关在办理企业登记时，发现企业名称不符合本规定的，不予登记并书面说明理由。企业登记机关发现已经登记的企业名称不符合本规定的，应当及时纠正。其他单位或者个人认为已经登记的企业名称不符合本规定的，可以请求企业登记机关予以纠正。"

【条文解读】

一、期货公司名称的意义

期货公司的名称，是指依法经公司登记机关核准登记，用于表明公司的设立地或行政区划、体现自身特点的文字组合、业务范围以及相应的组织形式，是该公司与其他经营主体相区别的商业标志。公司名称的规范使用能够体现公司自身的特殊价值，彰显自身经营特色。[1] 期货公司作为具有法人资格的民事主体必须要有自己的特定名称，必须以自己的名义从事经营活动，依法行使权利和履行义务，并承担法律后果。

二、期货公司名称的构成

期货公司的名称一般由四部分文字组成：一是，期货公司的设立地名称或行政区划名称，如北京、上海、深圳等。二是，体现期货公司自身特点的文字组合，其核心是“字号”。三是，期货公司的业务范围，如标明“期货”字样，体现期货公司的行业性特征，以加强市场监管。四是，期货公司的组织形式，如有限责任公司、股份有限公司等。期货公司在确定自己的名称时必须遵守法律、行政法规的规定。

三、期货公司名称的禁止情形

期货公司名称的登记和使用应不得违背相关规定。例如，本法第六十三条规定，未经期货监管机构核准，任何单位或个人不得以经营为目的使用“期货”“期权”或者其他可能产生混淆或者误导的名称。此外，《企业名称登记管理规定》第十一条规定：“企业名称不得有下列情形：（一）损害国家尊严或者利益；（二）损害社会公共利益或者妨碍社会公共秩序；（三）使用或者变相使用政党、党政军机关、群团组织名称及其简称、特定称谓和部队番号；（四）使用外国国家（地区）、国际组织名称及其通用简称、特定称谓；（五）含有淫秽、色情、赌博、迷信、恐怖、暴力的内容；（六）含有民族、种族、宗教、性别歧视的内容；（七）违背公序良俗或者可能有其他不良影响；（八）可能使公众受骗或者产生误解；（九）法律、行政法规以及国家规定禁止的其他情形。”

【关联规范】

《企业名称登记管理规定》第六条、第十一条、第二十一条。

第六十二条　【重大事项变更】期货公司办理下列事项，应当经国务院期货监督管理机构核准：

（一）合并、分立、停业、解散或者申请破产；

---

① 段威：《企业名称规范论：制度价值与规范路径》，载《中国政法大学学报》2022年第1期。

（二）变更主要股东或者公司的实际控制人；

（三）变更注册资本且调整股权结构；

（四）变更业务范围；

（五）国务院期货监督管理机构规定的其他重大事项。

前款第三项、第五项所列事项，国务院期货监督管理机构应当自受理申请之日起二十日内作出核准或者不予核准的决定；前款所列其他事项，国务院期货监督管理机构应当自受理申请之日起六十日内作出核准或者不予核准的决定。

【条文主旨】

本条是关于期货公司重大事项变更的监管规定。

【立法背景】

与期货公司的设立一样，加强对期货公司各类事项变更的监管对于维护期货市场秩序以及保护债权人和客户利益等具有重要意义。因而期货公司事项变更属于期货监管机构监管的范畴。期货公司事项变更可以分为重大事项变更和一般事项变更。期货公司的合并、分立、停业、解散或者申请破产、变更主要股东或者公司的实际控制人以及变更注册资本且调整股权结构属于重大事项变更，应经过期货监管机构核准。期货公司的非主要股东、法定代表人、董事、高级管理人员、住所或营业场所等事项的变更属于一般事项变更，应向住所地期货监管机构派出机构进行备案。

根据《期货公司监督管理办法》① 第三十八条的规定，期货公司设立、变更、停业、解散、破产、被撤销期货业务许可或者其分支机构设立、变更、终止的，期货公司应当在期货监管机构指定的媒体上公告。因此，期货公司重大事项的变更经过期货监管机构核准后，向公司登记机关申请变更。期货公司未经许可进行重大事项变更的，不仅不具有法律效力，还需要承担相应的法律责任，包括行政责任和民事责任等。

① 《期货公司监督管理办法》，载中国证券监督管理委员会网站，http：//www.csrc.gov.cn/csrc/c106256/c1654011/content.shtml，最后访问时间：2020 年 4 月 30 日。

【条文解读】

一、期货公司事项变更的含义

依据本条的规定，期货公司下列事项的变更，必须经国务院证券监督管理机构批准：

1. 合并。是指期货公司与其他公司进行资产重组，合并设立新公司，或者吸收合并其他公司，或者被其他公司吸收合并。

2. 分立。是指期货公司将其财产作相应分割，设立几家新公司。原公司保留的，相应核减其注册资本，经核减后的公司注册资本不得低于法定注册资本限额。

3. 停业。是指期货公司因遭遇不可抗力等正当事由而在一定期限内暂停营业。期货公司停业应符合持续性经营规则。

4. 解散。是指期货公司自行决定不再从事经营活动，经清算和注销，终止其法人资格。

5. 申请破产。是指期货公司因不能支付到期债务和资不抵债时，由债权人或期货公司等诉请法院宣告破产并依破产程序偿还债务。狭义的破产仅指破产清算，广义的破产还包括重整与和解。

6. 变更主要股东或者公司的实际控制人。期货公司主要股东，是指持有期货公司 5% 以上股权的法人、非法人组织或者自然人。实际控制人，是指虽不是公司的股东，但通过投资关系、协议或者其他安排，能够实际支配公司行为的人。

7. 变更注册资本且调整股权结构。是指期货公司改变其依法经核准登记注册的资本额，增加或者减少注册资本，并且导致股权结构变动。股权结构是指股份公司总股本中，不同性质的股份所占的比例及其相互关系。其中，股权结构是公司治理结构的基础，公司治理结构则是股权结构的具体运行形式。

8. 变更业务范围。是指期货公司改变其经国务院证券监督管理机构依法核定的经纪、做市交易、交易咨询、资产管理等业务，扩大或者缩小其业务范围。

9. 国务院期货监督管理机构规定的其他重大事项。此项属于兜底规定，如《期货公司监督管理办法》规定的重大事项。

二、期货公司事项变更的程序

变更注册资本且调整股权结构以及国务院期货监督管理机构规定的其他重大事项，符合规定条件的，国务院期货监督管理机构应当自受理申请之日起20日内作出核准的决定；不符合规定条件的，作出不予核准的决定。

申请合并、分立、停业、解散或者申请破产、变更主要股东或者公司的实际控制人、变更业务范围，符合规定条件的，国务院期货监督管理机构应当自受理申请之日起60日内作出核准的决定，不符合规定条件的，作出不予核准的决定。

【关联规范】

《期货公司监督管理办法》第三十八条。

第六十三条　【业务许可】 期货公司经国务院期货监督管理机构核准可以从事下列期货业务：

（一）期货经纪；

（二）期货交易咨询；

（三）期货做市交易；

（四）其他期货业务。

期货公司从事资产管理业务的，应当符合《中华人民共和国证券投资基金法》等法律、行政法规的规定。

未经国务院期货监督管理机构核准，任何单位和个人不得设立或者变相设立期货公司，经营或者变相经营期货经纪业务、期货交易咨询业务，也不得以经营为目的使用“期货”、“期权”或者其他可能产生混淆或者误导的名称。

【条文主旨】

本条是关于期货公司业务范围以及业务许可的规定。

【立法背景】

期货业务的多元化是各国立法的通行做法。本法关于期货业务的规定相比于原有立法更为完善。《期货交易管理条例》第十七条第一款规定：“……期货公司除申请经营境内期货经纪业务外，还可以申请经营境外期货经纪、期货投资咨询以及国务院期货监督管理机构规定的其他期货业务。”根据本法规定，期货公司可以根据自身经营需要从事相应的期货业务，包括不同种类的期货业务，以进一步适应专业化、差异化发展的需要。期货公司是期货市场的主要经营主体，既要保障其经营的可持续性，也要确保其经营的规范性。从事多种期货业务的期货公司可以根据不同业务范围实现其业务收益，从而保障其经营的可持续性以及进一步发展。然而，不同期货业务面临不同的市场风险，需要满足相应的规范要求。另外，期货公司还可以利用自身经营优势从事其他业务，如资产管理业务等。

理论上而言，期货公司可以经过期货监管机构核准从事期货经纪、期货交易咨询、期货做市交易、资产管理等业务。但期货公司的业务范围和业务活动应与其注册资本、治理结构、内部控制、合规管理、风险管理等情况相适应。《期货公司监督管理办法》对不同的期货业务分别规定了不同的条件，体现了审慎监管和分类监管原则。期货业务属于许可业务。近年来，个别单位或个人变相设立期货公司或变相开展期货交易。由于没有建立完善的风险管理制度，也没有纳入严格的监督管理，客户资金的安全难以得到有效监管，风险隐患大，严重地扰乱了期货市场秩序，必须加大监管力度。《期货交易管理条例》第十七条第三款规定：“期货公司不得从事或者变相从事期货自营业务。”本法明确规定，未经国务院期货监督管理机构核准，任何单位和个人不得设立或者变相设立期货公司，不得经营或者变相经营期货业务，也不得以经营为目的使用“期货”“期权”或者其他可能产生混淆或者误导的名称。上述情形可统称为“变相期货”，实质上违反了关于期货公司或期货业务的监管规定。

事实上，我国期货市场经历了试点、整顿到逐步规范的过程。[①] 针对期货市场暴露出的系列问题，中央出台了系列文件进行清理和整顿，如《国务院关于清理整顿各类交易场所切实防范金融风险的决定》（国发〔2011〕38 号）[②]、《国务院办公厅关于清理整顿各类交易场所的实施意见》（国办发〔2012〕37 号）[③] 关于变相期货交易的判断和认定，2007 年《期货交

① 黄爱学：《论我国期货法的调整范围》，载《学术交流》2014 年第 1 期。

② 《国务院关于清理整顿各类交易场所切实防范金融风险的决定》（国发〔2011〕38 号），载中国政府网，http：//www. gov. cn/zwgk/2011-11/24/content_ 2002092. htm，最后访问时间：2022 年 4 月 30 日。

③ 《国务院办公厅关于清理整顿各类交易场所的实施意见》（国办发〔2012〕37 号），载中国政府网，http：//www. gov. cn/zwgk/2012-07/20/content_ 2187828. htm，最后访问时间：2022 年 4 月 30 日。

易管理条例》（已修改）第八十九条第一款规定："任何机构或者市场，未经国务院期货监督管理机构批准，采用集中交易方式进行标准化合约交易，同时采用以下交易机制或者具备以下交易机制特征之一的，为变相期货交易：（一）为参与集中交易的所有买方和卖方提供履约担保的；（二）实行当日无负债结算制度和保证金制度，同时保证金收取比例低于合约（或者合同）标的额20%的。"

【条文解读】

一、期货公司的基本业务类型

本条规定，期货公司经国务院期货监督管理机构核准可以从事下列期货业务：

1. 期货经纪。是指期货公司接受客户委托、按照客户的指令、以自己的名义为客户进行期货交易并收取交易手续费的中介业务活动。期货经纪业务是随着集中交易制度的实行而产生和发展起来的。

2. 期货交易咨询。是指期货公司接受客户委托，向客户提供风险管理、分析研究、咨询意见等服务。

3. 期货做市交易。"做市"是指期货公司以自有资金为卖而买以及为买而卖的方式连接买卖双方，从而保证和维持交易市场的流动性。由于期货公司以自有资金进行期货买卖面临市场风险，因而期货公司本身必须具有一定的经济实力，并建立严格的风险控制制度。从事期货做市交易的期货公司也被称为做市商。其主要功能在于提供双边报价，保障和增加期货交易的连续性。

4. 其他期货业务。该项属于兜底规定，根据期货市场的发展需要确定，如期货自营业务、与期货交易有关的财务顾问等。

二、期货公司的资产管理业务

资产管理业务也是金融机构从事的一项重要业务。资产管理是指委托人将自己的资产交给受托人，由受托人为委托人提供理财服务的行为。期货公司可以利用自身的业务优势为投资者提供资产管理服务。为了实现投资者收益的最大化，期货公司作为资产的管理者将投资者的财产进行专业化管理，包括投资于实体企业以及购买股票、债券、投资基金份额等证券。本条规定，期货公司从事资产管理业务的，应当符合证券投资基金法等法律、行政法规的规定。因此，符合条件的期货公司可以根据我国证券投资基金法、证券法、信托法、公司法等法律、行政法规的规定发行投资基金产品，并作为基金管理人为投资者提供资产管理服务。

三、变相期货的禁止

期货公司的设立和期货业务的开展属于行政许可事项，应经过期货监管机构的核准。因此，没有经过期货监管机构的核准设立期货公司和从事期货业务都属于非法。此外，现实中，极个别单位和个人为了规避法律监管，存在变相设立期货公司或变相从事期货经纪业务和期货交易咨询业务的情形。通常而言，“变相设立期货公司”主要是指公司名称不使用“期货”或“期权”字样但实际为从事期货业务而设立公司；“变相从事期货经纪业务”主要是指未经期货监管机构许可接受客户委托并采用期货运行机制进行合约交易的经纪行为；“变相从事期货交易咨询业务”主要是指未经期货监管机构许可接受期货交易者委托为其提供风险管理、分析研究和咨询意见等服务的行为。上述不同情形的“变相期货”本质上均违反了本法关于期货公司或期货业务的监管规定。

严格来说，前述所指“变相期货”的具体情形较为复杂，中国证监会对“变相期货交易”的认定作出了具体规定，可以作为本法关于“变相期货”规定情形的认定参照。判断变相期货交易应根据期货交易最核心的特征进行认定。就目的要件而言，主要是以标准化合约为交易对象，允许交易者以对冲平仓方式了结交易，而不以实物交收为目的或者不必交割实物。就形式要件而言，变相期货交易一般有如下特征：

第一，交易对象为标准化合约。所谓标准化合约，是指除价格、交货地点、交货时间等条款外，其他条款相对固定的合约。交易者将此类合约作为交易对象，订立合约时，并非全额付款，而是只缴纳商品价值的一定比率作为保证金，即可买入或者卖出：合约订立后，允许交易者不实际履行，而可通过反向操作、对冲平仓方式，了结自己的权利义务。

第二，交易方式为集中交易。所谓集中交易，是指由现货市场安排众多买方、卖方集中在一起进行交易（包括但不限于人员集中、信息集中、商品集中），并未促成交易提供各种设施及便利安排。集中交易又可细分为集合竞价、连续竞价、电子撮合、匿名交易、做市商机制等交易方式。具体分述如下：

（1）集合竞价是指买卖双方按照自己所能接受的心理价格自行进行买卖申报，由现货市场电子交易系统对全部有效申报进行一次集中撮合的处理过程。

（2）连续竞价是指现货市场按照“价格优先、市场优先”等原则形成成交价，如当最高买价与最低卖价相同时，该价格为成交价；当买价高于卖价时，报价在先一方的卖方价格为成交价。

（3）电子撮合是指众多的买方和卖方同时通过电子交易系统进行撮合配对、点选成交或其他方式促成合约成立的交易方式。

（4）匿名交易是指对于一项交易标的物，交易者完全不需要知道对手方的身份、年龄、信用状况等除价格外的交易信息而进行的交易。由于该交易标的物可以剥离其所有者的影响而独立存在，因此极大地提高了其标准化和流动性水平，从而成为资本市场特有的交易方式，但是因其具有不同于现货交易的一般规律，不宜为商品现货市场所采用。

（5）做市商机制是指具备一定实力和信誉的法人、其他经济组织等，不断地向买卖双方提供报价，并按照自身提供的报价付出资金或商品与之成交，从而为市场提供即时性和流动性，并通过买卖价差获取利润而形成的交易制度。由于做市商买卖商品的目的并不是获取商品的所有权，而主要是低买高卖，提供流动性，这一目的与现货交易的初衷完全不符，故做市商机制不宜作为现货市场的交易制度。

第六十四条　【董事、监事、高级管理人员任职资格】 期货公司的董事、监事、高级管理人员，应当正直诚实、品行良好，熟悉期货法律、行政法规，具有履行职责所需的经营管理能力。期货公司任免董事、监事、高级管理人员，应当报国务院期货监督管理机构备案。

有下列情形之一的，不得担任期货公司的董事、监事、高级管理人员：

（一）存在《中华人民共和国公司法》规定的不得担任公司董事、监事和高级管理人员的情形；

（二）因违法行为或者违纪行为被解除职务的期货经营机构的董事、监事、高级管理人员，或者期货交易场所、期货结算机构的负责人，自被解除职务之日起未逾五年；

（三）因违法行为或者违纪行为被吊销执业证书或者被取消资格的注册会计师、律师或者其他期货服务机构的专业人员，自被吊销执业证书或者被取消资格之日起未逾五年。

【条文主旨】

本条是关于董事、监事、高级管理人员任职资格的规定。

【立法背景】

董事、监事和高级管理人员等是期货公司的高层次管理人员，共同组成公司的管理层，负责公司的经营管理，有权依照法律和公司章程的规定，处理公司经营管理中的重大问题。他们的素质如何，能否忠实地履行自己的职责，不仅关乎期货公司的正常运行，而且牵涉期货市场的稳定与发展。面对高风险的期货市场，期货公司作为主要的参与者和重要的中介组织，其抵抗风险能力如何，不仅事关自身经营安全，同时还直接涉及交易者或投资者的利益。因此，基于期货市场的高风险性、较强的专业性和技术性以及期货公司的经营活动对期货市场健康发展的重大影响，需要明确期货公司管理人员的任职条件。当然，不同的岗位有不同的职责和要求，因而具体的任职条件存在差异。期货公司的董事、监事、高级管理人员除必须满足相应的任职条件外，还必须对其加以监管。因此本条规定，期货公司任免董事、监事、高级管理人员，应当报国务院期货监督管理机构备案。

董事、监事和高级管理人员的任职条件包括积极条件和消极条件。一方面，期货公司的董事、监事和高级管理人员必须能够胜任本职工作，具有履职的品行和能力条件。因此本条规定，期货公司的董事、监事、高级管理人员，应当正直诚实、品行良好，熟悉期货法律、行政法规，具有履行职责所需的经营管理能力。另一方面，为了使公司的管理层能够依照法律和公司章程的规定，忠实地履行自己的职责，防止有违法犯罪行为或者经营劣迹的人进入公司的管理层，许多国家和地区都在总结长期实践经验的基础上，区别不同情况，对期货公司的董事、监事、经理的任职资格作了必要的限制性规定。从规范我国期货公司运行的实际需要出发，为避免个别公司违反规定对有犯罪前科特别是因经济犯罪被判处过刑罚的人另行起用，以致重新犯罪，以及公司的高级管理人员不依法履行自己的职责，造成公司破产或者被关闭后又易地任职等情况，本条对期货公司董事、监事、经理的任职资格作出具体的限制性规定。

【条文解读】

根据本条规定，董事、监事和高级管理人员的任职条件包括积极条件和消极条件。

一、董事、监事和高级管理人员任职的积极条件

董事、监事和高级管理人员任职的积极条件是指必须具备的条件，否则难以胜任相应的工作。积极条件主要包括品行条件和能力条件，二者须同时具备。通常而言，品行是对一个人道德品质、思想观念、认识水平及其所表现的行为的一种评价。品行端正是对一个人的积极评价和肯定认可。品行端正是董事、监事、高级管理人员任职的首要条件，必须满足相应的要求，具体包括诚实守信、遵纪守法、遵守职业道德等。业务能力条件包括熟悉专业方面的法律法规、期货专业知识、具有经营管理能力等。

二、董事、监事和高级管理人员任职的消极条件

董事、监事和高级管理人员任职的消极条件是指不得具有的情形，否则不得担任相应的职务。根据规定，有下列情形之一的，不得担任期货公司的董事、监事、高级管理人员：

（1）存在我国公司法规定的不得担任公司董事、监事和高级管理人员的情形。根据我国公司法第一百四十六条第一款的规定，不得担任公司的董事、监事、高级管理人员的情形包括：无民事行为能力或者限制民事行为能力；因贪污、贿赂、侵占财产、挪用财产或者破坏社会主义市场经济秩序，被判处刑罚，执行期满未逾五年，或者因犯罪被剥夺政治权利，执行期满未逾五年；担任破产清算的公司、企业的董事或者厂长、经理，对该公司、企业的破产负有个人责任的，自该公司、企业破产清算完结之日起未逾三年；担任因违法被吊销营业执照、责令关闭的公司、企业的法定代表人，并负有个人责任的，自该公司、企业被吊销营业执照之日起未逾三年；个人所负数额较大的债务到期未清偿。

（2）因违法行为或者违纪行为被解除职务的期货经营机构的董事、监事、高级管理人员，或者期货交易场所、期货结算机构的负责人，自被解除职务之日起未逾五年。已经在期货公司等期货经营机构担任董事、监事、高级管理人员，或者期货交易场所、期货结算机构的负责人，因违法行为或者违纪行为被解除职务，自被解除职务之日起未逾五年的，不得担任期货公司的董事、监事、高级管理人员。

（3）因违法行为或者违纪行为被吊销执业证书或者被取消资格的注册会计师、律师或者其他期货服务机构的专业人员，自被吊销执业证书或者被取消资格之日起未逾五年。注册会计师、律师或者其他期货服务机构的专业人员，如果因违法行为或者违纪行为被吊销执业证书或者被取消资

格，自被吊销执业证书或者被取消资格之日起未逾五年，不得担任期货公司的董事、监事、高级管理人员。

【关联规范】

《中华人民共和国公司法》第一百四十六条。

第六十五条　【内部控制】期货经营机构应当依法经营，勤勉尽责，诚实守信。期货经营机构应当建立健全内部控制制度，采取有效隔离措施，防范经营机构与客户之间、不同客户之间的利益冲突。

期货经营机构应当将其期货经纪业务、期货做市交易业务、资产管理业务和其他相关业务分开办理，不得混合操作。

期货经营机构应当依法建立并执行反洗钱制度。

【条文主旨】

本条是关于期货经营机构内部控制和防范利益冲突的规定。

【立法背景】

“利益冲突”（Conflict of Interests）及其相关规则是英美衡平法中重要的法律原理。利益冲突的核心是受托人利益与委托人利益之间的冲突。基于这种利益冲突，产生了平衡委托人和受托人之间利益关系的“信义义务”（Fiduciary duty）原理。在代理关系、信托关系等法律关系中，基于委托人与受托人之间的信任和信赖，法律通常赋予受托人以信义义务。这种义务超出了普通法中关于一般注意义务的要求。例如，负有信义义务的受托人在为委托人提供服务时，应充分、及时披露利益冲突的情形。信义义务不允许受托人将委托人置于一个与自己职责或利益相冲突的地位。

一般而言，利益冲突的根源有如下几个方面：[①] 第一，施加不当影响。金融机构及其从业人员可能在经济利益的驱使下从事不符合客户最佳利益

---

① ［英］J.-P 凯西、［英］K·兰诺：《〈欧盟金融工具市场法规〉与革命》，剑桥大学出版社 2009 年版，第 61 页。

的交易活动。这些经济诱因既可能来自金融机构之外的市场主体，也可能来自要求金融机构给予优惠待遇的客户。第二，客户信息的滥用。由于金融机构和从业人员可以接触众多客户的私人信息或商业秘密。在经济利益的驱使下，金融机构就有可能利用私密信息来谋取非法利益。第三，职务上的冲突。金融机构的从业人员可以兼任多种职务，同时从事多种业务活动。例如，由于在各个职能部门任职，因而需要参加不同的报告会以及参与需要保持独立的业务活动等。这些因素的存在既可能对相关客户造成损失，也可能使与这些有关的客户利益受到影响。第四，违背忠实义务。个别金融机构或从业人员将自身利益凌驾于客户利益之上，或者将此客户的利益凌驾于彼客户的利益之上，或者从根本上漠视各方当事人的利益。这些冲突原因也同样体现于金融机构与投资者的投资服务关系之中。在这种法律关系中，金融机构接受投资者的委托，以其专业知识和技能为投资者提供投资服务。

期货经营机构由于各业务之间产生的冲突是多样的，在现实中这些冲突就表现为各种违法违规行为，如混合操作、挪用资金、不当劝诱、过度交易等。[①] 如何对其进行规制或者控制就极为重要。一般而言，内部控制是指一系列政策、规则、制度、措施、程序、方法等因素的总和。这些因素相互配合、互为补充，形成了一个完整的动态运行体系。这些制度主要在于规范和约束金融机构的行为，从而为保护投资者利益建立一种控制机制。随着综合性金融机构业务的发展，国际自律组织和各国都颁布了一系列规范性文件，对于利益冲突的规制已经形成了较为体系化的规定。期货经营机构内部控制目标是保证合法合规经营，防止道德风险，保障客户财产安全，保证交易信息真实、准确、完整，从而维持正常的交易秩序，促进交易市场的健康发展。

【条文解读】

一、期货经营机构内部控制和防范利益冲突的意义

期货经营机构作为商事主体和营利组织，在经营过程中必须遵守法律、法规和监管规则，诚实守信，尽到注意义务和忠实义务，以自己的业务优势为客户提供专业服务，保障客户的合法权益。但是对期货经营机构自身而言，具有追求利益最大化的内在动力和天然驱动力。处于专业优势和信息优势等经营优势的期货经营机构有可能利用自身的优势地位损害客

① 黄爱学：《金融商品交易反欺诈制度研究》，法律出版社 2012 年版，第 94 页。

户权益为自己谋取非法利益，因而必须建立相应的内部控制制度以防范利益冲突。

二、期货经营机构内部控制的含义

期货经营机构内部控制制度，是指期货经营机构为了保证其各项业务的规范运作，实现其既定的工作目标，防范出现经营风险而设立的各种控制机制和一系列内部运作控制程序、措施和方法的总称。内部控制制度包括内部控制机制和内部控制文本制度两个方面。内部控制机制是指期货经营机构的内部组织、组织结构及其相互之间的制约关系；内部控制文本制度是指期货经营机构为规范自身的经营行为、防范风险而制订的一系列业务操作程序、管理办法和各项措施的总称。建立和完善内部控制机制应遵循健全性原则、合理性原则、相互制约原则。制定内部控制文本制度应遵循有效性原则、权威性原则、稳健性原则、全面性原则、及时性原则、相互制约原则。主要的业务部门之间和关键的工作岗位之间相互制约、相互监督，监督部门与执行部门分开，直接的操作人员与直接的控制人员适当分开。

三、期货经营机构混合操作的禁止

混合操作是指具有综合业务资质的金融机构等将自营业务、经纪业务、资产管理等业务不加以区分、混合地进行操作的行为。这种行为源于金融机构同时具有经纪业务、自营业务、资产管理等多种业务所产生的利益冲突。混合操作损害了客户利益，破坏了公平交易秩序，这是混合操作的危害性所在。为了遏制和预防这种行为，许多国家和地区均通过建立金融机构内部控制制度对利益冲突进行规制，包括资产隔离、业务分开、记录保存、定期检查等。期货经营机构应按照规定建立完善的客户保证金和自有资金的管理办法，明确规定其各自的用途和资金划拨的严格控制程序。

四、期货经营机构的反洗钱规定

为了预防洗钱活动，规范反洗钱监督管理行为和金融机构的反洗钱工作，维护金融秩序，根据反洗钱法和中国人民银行法等有关法律、行政法规，中国人民银行发布《金融机构反洗钱和反恐怖融资监督管理办法》（中国人民银行令〔2021〕第3号），自2021年8月1日起施行。[①] 根据规

① 《金融机构反洗钱和反恐怖融资监督管理办法》，载中国人民银行网站，http://www.pbc.gov.cn/tiaofasi/144941/144957/4232619/index.html，最后访问时间：2022年4月30日。

定，金融机构应当开展洗钱和恐怖融资风险自评估，并根据风险状况和经营规模建立内部控制制度和相应的风险管理政策，进一步明确金融机构反洗钱组织机构、人力资源保障、反洗钱信息系统、反洗钱审计机制等要求。金融机构应当按照规定建立健全反洗钱和反恐怖融资内部控制制度，评估洗钱和恐怖融资风险，建立与风险状况和经营规模相适应的风险管理机制，搭建反洗钱信息系统，设立或者指定部门并配备相应人员，有效履行反洗钱和反恐怖融资义务。

【关联规范】

《期货公司监督管理办法》第五十六条。

第六十六条　【经纪业务及行为规范】 期货经营机构接受交易者委托为其进行期货交易，应当签订书面委托合同，以自己的名义为交易者进行期货交易，交易结果由交易者承担。

期货经营机构从事经纪业务，不得接受交易者的全权委托。

【条文主旨】

本条是关于期货经营机构经纪业务及行为规范的规定。

【立法背景】

在期货经纪活动中，客户委托期货商从事期货交易，只是一般程序性的授权，如授权期货商代理执行其下达的指令，将指令传达到交易场所成交，代理进行交割申请等，而并非对期货商处理其实体权利的授权。客户的实体权利主要包括资金调拨权、指令下达权、交易确认权等，全权委托就是客户将上述权利授予期货商来实施。期货商接受客户全权委托进行期货交易，易发生风险，弊端很多，客户的利益难以真正得到保障。现实中个别期货商为赚取客户的佣金，放任或鼓励工作人员为客户大量下单，即炒单（Churning）。它是指经纪商诱导客户进行不必要的金融商品买卖或者在客户的账户上翻炒（Turnover）金融商品的行为。其手法多种多样，包括销售后迅速买入，在所有客户账户之间过户，让一个客户卖出的同时让另一个客户买入等。这种行为以多获取佣金为目的，没有考虑客户的利益。对于客户而言，金融商品交易应当以客户的投资目标、财产状况、投资经验以及教育背景，来确定适当的交易数量、交易价格和交易频率，为此，作为受托人的经纪商便负有忠于客户利益，并进行适当交易的义务。佣金是经纪商的主要收入来源之一，佣金的多少取决于客户金融商品买卖的交易量和交易频率，二者是影响佣金收入的重要因素。一定时间内交易量越大，交易频率越高，其佣金收入也就越多。这也是经纪商或其工作人员实施诱导客户过量交易，以至于在客户的账户上翻炒金融商品的利益原因所在。

期货市场是面向社会公众和众多交易者的金融市场，具有涉众性、高风险、高信用要求的特殊行业属性。从某种程度上而言，从事金融专业人员的职业操守和自律要求是维系期货市场健康运行和保障其商业信誉的基础，期货业的违法违规行为相较于一般市场主体而言具有更为严重的不良影响和后果，因而立法规范对期货业作出了严格的执业禁止性限定。另外，期货市场秩序对其他金融市场秩序及社会安全稳定具有重大影响。期货商掌握一定的行业内信息和客户交易信息，且与交易者存在信息不对称、利益并非完全一致之情形，若允许期货商接受全权委托，极易引发操纵市场、内幕交易、利用客户账户和资金翻炒金融产品、为获取高额佣金频繁交易从而损害投资者利益等违反金融市场公开、公平、公正之交易原则，破坏交易秩序和交易安全，进而导致整个金融市场秩序的混乱，因而从维护金融市场的安全稳定和交易秩序等角度出发，相关法律规范均对期货商在从事经纪业务时接受全权委托予以禁止。

【条文解读】

一、期货经营机构与客户之间的书面委托

期货经营机构办理经纪业务首先要与客户订立受托契约，明确双方的权利义务，然后才能按照客户的委托要求代客户进行期货买卖，这是期货商从事经纪业务的必经程序。为了方便客户办理委托，期货商有义务备置期货买卖委托书供客户使用。所谓期货买卖委托书，是一种统一制订的具有固定格式和内容的标准协议书，目的在于规范客户与期货商之间的委托与受托行为，方便期货买卖的撮合、成交、清算、交割等。期货买卖委托书按照客户买进与卖出期货的不同要求可以分为两种，即购买委托书和出售委托书。期货买卖委托应当记载以下主要事项：（1）委托人的姓名（名称）、住所以及账号、身份证号；（2）委托的时间和委托的有

效期限；（3）期货的种类和名称、买进或者卖出的期货的数量以及买卖限价；（4）委托人和期货商经办人员的签章；（5）其他事项。除此之外，期货买卖委托书还应当附注有关说明，如未填明有效期限的视为“当日有效”等。

二、期货经营机构与客户之间的经纪关系

经纪业务是指期货经营机构接受客户委托，按照客户要求，代理客户买卖期货的业务。经纪业务是随着集中交易制度的实行而产生和发展起来的。期货经纪商，是指接受客户委托、代客户买卖期货并以此收取佣金的中间人。期货经纪商以代理人的身份从事期货交易，与客户是委托代理关系。期货经纪商必须遵照客户发出的委托指令进行期货买卖，并尽可能以最有利的价格使委托指令得以执行，但经纪商并不承担交易中的价格风险。期货经纪商向客户提供服务以收取佣金作为报酬。双方的经纪关系表现为，客户是授权人、委托人，期货经纪商是代理人、受托人。期货经纪业务是一种代理活动，期货经纪商不以自己的资金进行期货买卖，也不承担交易中期货价格涨跌的风险，而是充当期货买方和卖方的代理人，发挥着沟通买卖双方以及按一定的要求和规则迅速、准确地执行指令并代办手续，同时尽量使买卖双方按自己意愿成交的媒介作用，因此具有中介性的特点。如果期货经纪商无故违反委托人的指示，在处理委托事务中使委托人遭受损失，经纪商应承担赔偿责任。

三、期货经营机构经纪业务全权委托的禁止

全权委托是指客户出于投资获利的愿望，在委托期货经纪商代其买卖期货时，对期货的买进或者卖出，以及买卖期货的种类、数量和价格不加以任何限制，完全由期货经纪商代为决定。在全权委托的情况下，期货经纪商有较大的自主权，可以凭借自身的业务优势，根据期货市场的行情变化，自主决定买进或者卖出期货，以及买卖期货的种类、数量和价格，因此，能够较为有效地创造成交机会，取得较为理想的成交结果，减少和避免客户的损失。但是由于期货市场受社会、经济等各个方面因素的影响大，行市多变难测，即使具有丰富交易经验和较强专业能力的期货经纪商也难免出现判断失误，况且不是所有的期货经纪商及其从业人员都能忠实地履行受托义务，个别人员甚至利用客户的授权为自己谋取私利。由此可知，由全权委托导致客户和期货经纪商之间的纠纷难以避免，给客户造成的损害也较为严重。因此，本法明确规定，期货经营机构接受客户委托从事经纪业务，不得接受交易者的全权委托。

为了防止过度投机和保护交易者的利益，许多国家和地区对期货交易中的全权委托都采取了限制或者禁止措施。实践中有以下几种行为构成全权委托：（1）客户与期货商签订经纪协议，由期货商具体负责交易操作，客户享有保底收益，不承担交易风险；（2）签署期货经纪合同时，客户授权期货商的从业人员为指令下达人，可以代客户直接下达指令；（3）期货商要求或客户主动在空白交易指令单上签字或盖章，并将这种指令单交给期货商或其从业人员使用；（4）参与“期货基金”，客户与期货商签署协议，由期货商具体负责交易操作，并约定双方按照一定比例共享收益、共担风险。《最高人民法院关于审理期货纠纷案件若干问题的规定》第十七条规定，期货公司接受客户全权委托进行期货交易的，对交易产生的损失，承担主要赔偿责任，赔偿额不超过损失的80%，法律、行政法规另有规定的除外。

【关联规范】

《最高人民法院关于审理期货纠纷案件若干问题的规定》第十七条。

第六十七条　【受托义务】期货经营机构从事资产管理业务，接受客户委托，运用客户资产进行投资的，应当公平对待所管理的不同客户资产，不得违背受托义务。

【条文主旨】

本条是关于期货经营机构从事资产管理业务时对客户负有受托义务的规定。

【立法背景】

资产管理，俗称委托理财，是近年来资本市场兴起的一种金融业务。委托理财是指个人或企业接受客户委托，通过投资行为对客户资产进行有效管理和运作，在严格遵守客户委托意愿的前提下，在尽可能确保客户委托资产安全的基础上，实现资产保值增值的一项业务。委托理财目前已经成为重要的金融产品，涉及多种金融领域，既是一种独立的法律关系，也是一种新型的金融财产管理制度。金融机构为投资者进行资产管理，在一定意义上对促进金融创新和发展资本市场、满足社会主体投融资需求、改善社会融资结构等方面起到了积极作用，但在实践中也要注意防范部分业务发展不规范、多层嵌套、刚性兑付、规避金融监管和宏观调控等问题。

“保底条款”是人们对各种委托理财合同中委托人向受托人作出的保证本金不受损失以及超额分成、保证本息最低回报、超额归受托人等约定的统称。从委托代理制度的构建来说，根据权责相当原则，受托人不需要对委托人承担任何保底责任，除非受托人违背委托人的意志而应承担背信责任。如果要求受托人向委托人承担保底责任，并且与委托人共享利益，势必会导致双方的委托代理关系演变为投资合作关系，从而改变双方的法律关系性质。委托理财的实质是委托人投资，投资的本质特征是必然存在一定的风险，否则就不是投资关系而是借贷关系。而作为实际的投资者，如果因保底条款而不承担风险，则与投资的本质相悖。从社会效果看，保底条款使受托方接受全部风险的同时，将增大其在资本市场上交易行为的投机性，必然对资本市场造成冲击，不利于资本市场的健康发展。

长期以来，期货商的盈利模式都比较单一，基本上都是以收取手续费为主要收入来源。为了改变期货行业从传统的单一经营模式向高端服务以及增值服务领域转变，期货业需要创新和拓展金融业务。期货商可以利用其在衍生品市场领域的专业特长和比较优势，提供以期货对冲和套利为主的资产管理服务，满足投资者的多元化金融需求。而且，有利于进一步提高期货商中介服务能力，借鉴国际成熟市场发展的一般经验，引导期货商为实体经济和各类投资者提供优质服务。为了加强对金融机构资产管理业务的监管，规范市场行为，强化风险管控，中国证监会先后颁布了 2012 年《期货公司资产管理业务试点办法》[①]（已废止）、《证券期货经营机构私募资产管理业务运作管理暂行规定》[②] 等规范性文件。为规范金融机构资产管理业务，统一同类资产管理产品监管标准，有效防控金融风险，更好地服务实体经济，经国务院同意，中国人民银行、中国银行保险监督管理委员会、中国证券监督管理委员会、国家外汇管理局联合印发了《关于规范金融机构资产管理业务的指导意见》（银发〔2018〕106 号）。[③]

---

① 《期货公司资产管理业务试点办法》，载中国证券监督管理委员会网站，http：//www. csrc. gov. cn/csrc/c101902/c1039235/content. shtml，最后访问时间：2022 年 4 月 30 日。

② 《证券期货经营机构私募资产管理业务运作管理暂行规定》，载中国证券监督管理委员会网站，http：//www. csrc. gov. cn/csrc/c101939/c1045349/content. shtml，最后访问时间：2022 年 4 月 30 日。

③ 《关于规范金融机构资产管理业务的指导意见》，载中国政府网，http：//www. gov. cn/zhengce/zhengceku/2018-12/31/content_ 5433072. htm，最后访问时间：2022 年 4 月 30 日。

资产管理业务作为金融业务，属于特许经营行业，必须根据其金融属性纳入相应的监管范围。根据相关规定，在期货领域，资产管理业务是期货经营机构的表外业务，期货经营机构开展资产管理业务时不得承诺保本保收益。当出现兑付困难时，期货经营机构不得以任何形式为投资者垫资兑付。期货经营机构不得在表内开展资产管理业务，不得为投资者承担市场风险。期货经营机构在自身从事投资业务以及管理多只资产管理产品时，不得进行混合操作，并应公平对待不同客户的资产，确保客户的资金安全。期货经营机构可以与委托人在合同中事先约定收取合理的业绩报酬，业绩报酬计入管理费，须与资管产品一一对应并逐个结算，不同资管产品之间不得相互串用。资产管理产品按照募集方式的不同，分为公募产品和私募产品。公募产品面向不特定社会公众公开发行。公开发行的认定标准依照证券法的规定执行。私募产品面向合格投资者通过非公开方式发行。2019 年修订的证券法将公募型“资产管理产品”纳入“证券”范围进行调整，并接受相应的监管。

【条文解读】

一、期货经营机构从事资产管理业务的意义

混业经营已经成为金融市场的发展趋势，期货业务范围不断扩大，包括期货经纪、期货自营、期货做市交易、期货交易咨询、资产管理以及与期货交易活动有关的财务顾问等业务。期货经营机构可以在充分利用自身经营优势从事自营业务、经纪业务的同时，帮助客户管理多种资产管理产品。期货经营机构在风险管理方面，拥有相对丰富的经验和条件，可以充分发挥风险管理的专业优势，为产业客户设计更具个性化的风险管理产品，更好地帮助客户管理资产，以实现保值增值的目的。

二、期货经营机构资产管理中的公平原则

公平原则是民商事交易的基本原则，主要是指市场主体公平竞争、公平交易，交易规则、交易机会和交易环境具有公平性，兼顾各方利益诉求，交易主体的合法权益受到平等保护，平等地享有权利和履行义务，以实现社会正义。主要包括如下方面：第一，交易主体的法律地位平等。无论是个人还是单位，无论是国内投资者还是境外投资者，都是平等的交易主体，都平等地参加交易活动。第二，交易主体的交易机会平等。市场主体都有平等参与金融商品交易的机会，并能够获得公正对待。经营机构不得设置歧视性条件，不得利用优势地位损害投资者合法权益。第三，对于投资者实行特别保护。相对于期货经营机构而言，除专业投资者外，普通

投资者在资金实力、投资经验以及专业知识等方面都明显处于弱势地位，因而应建立特殊规则加大对普通投资者的保护力度。

期货经营机构在开展资产管理业务中，通过滚动发行、集合运作、分离定价的方式，对募集资金进行资金池运作。在这种运作模式下，多只资产管理产品对应多项资产，每只产品的收益来自哪些资产无法辨识，风险也难以衡量。而且，资产管理产品存在流动性风险。为了防止金融风险，应当建立严格的防火墙，严格执行业务分立和资金分立制度，不得混合操作。根据相关规定，期货经营机构应当建立健全并有效执行资产管理业务管理制度，加强对资产管理业务的交易监控，防范业务风险，确保公平交易。期货经营机构应当对资产管理业务进行集中管理，其人员、业务、场地应当与其他业务部门相互独立，并建立业务隔离墙制度。资产管理业务投资经理、交易执行、风险控制等岗位必须相互独立，并配备专职业务人员，不得相互兼任。

三、期货经营机构对客户的受托义务

根据信托法原理，在期货经营机构对客户资产具有控制权和处分权的情况下，期货经营机构在资产管理中一方面要为客户实现利益最大化，另一方面又要为其自身获取经济利益，这样就形成了期货经营机构对客户利益和其自身利益的利益冲突地位。在这种情况下，为保护客户利益，期货经营机构对客户负有受托义务。在英美法系，受托义务通常被称为信义义务。之所以对某人加以信义义务，是因为其处于一个特殊的情形中，主要是指信任和信赖关系可以产生信义义务。① 通常情况下，一方对另一方处于信赖地位，而另一方对其能够进行控制和影响，则双方存在信义关系。一般而言，信义义务是指一方当事人在特定关系范围内为另一方当事人的利益而行为的义务。信义义务人对受益人的义务已经超过了单纯的公平和诚实。受益人的利益优先于受托人自身的利益。② 受托人的义务包括忠实义务和注意义务。忠实义务是指财产管理人在处理受托事务时须以受益人之利益为唯一考量，不得利用职务便利为自己或他人谋取非法利益。注意义务，亦称为勤勉义务，是指受托人为了实现受益人的利益最大化在技能和谨慎方面所必须履行的义务。受托人违反受托义务造成客户损失应承担损害赔偿责任。

---

① ［美］弗雷德里克·马克·格迪克：《未推荐证券的适用性索赔和购买：经纪—交易商责任的代理理论》，载《亚利桑那州法律杂志》（2005 年）。

② ［美］詹姆斯·M. 菲舍尔：《理解救济法》，马修本德出版社 2000 年版，第 613 页。

【关联规范】

《证券期货经营机构私募资产管理业务运作管理暂行规定》第十一条。

第六十八条　【违法担保】期货经营机构不得违反规定为其股东、实际控制人或者股东、实际控制人的关联人提供融资或者担保，不得违反规定对外担保。

【条文主旨】

本条是关于期货经营机构为他人提供融资或者担保的限制性规定。

【立法背景】

期货经营机构为其股东、实际控制人或者股东、实际控制人的关联人提供融资或提供关联担保，或者提供非关联担保，可能造成经营资产的减少，损害期货经营机构、投资者和债权人利益，并严重影响期货经营机构的正常经营活动，因而必须作出相应限制。期货经营机构应当依据相关规定采取隔离措施，防范利益冲突。现实中，期货经营机构的大股东、实际控制人有可能滥用控制权，通过融资或担保方式直接或间接损害期货经营机构的利益。例如，2017 年 5 月 3 日，因山西某期货公司为其实际控制人刘某的个人借款提供担保，导致该期货公司账户被人民法院冻结，严重影响该期货公司的正常经营，给投资者利益造成重大风险，中国证监会山西监管局对该期货公司给予警告，并处以 10 万元的罚款，对董事长刘某给予警告，并处以 5 万元的罚款。①

《期货交易管理暂行条例》（已失效）欠缺相关内容。2007 年修订的《期货交易管理条例》（已修改）第十七条第四款规定："期货公司不得为其股东、实际控制人或者其他关联人提供融资，不得对外担保。"《期货公司监督管理办法》第四条规定："期货公司的股东、实际控制人和其他关联人不得滥用权利，不得占用期货公司资产或者挪用客户资产，不得侵

---

① 《证监会对 6 宗案件作出行政处罚》，载中国证券监督管理委员会网站，http：//www. csrc. gov. cn/csrc/c100028/c1001530/content. shtml，最后访问时间：2022 年 4 月 30 日。

害期货公司、客户的合法权益。”相比较而言，本法的规定更为全面和严谨。

【条文解读】

一、期货经营机构为他人提供融资或担保的含义

期货公司以及其他从事期货业务的持牌机构等期货经营机构向他人融资或担保，法律并不禁止，但为他人融资或担保可能会损害期货经营机构的利益。期货经营机构为其股东、实际控制人或者股东、实际控制人的关联人提供融资或者担保应遵守法律、法规和监管规则等相关规定。“实际控制人”，是指虽不是公司的股东，但通过投资关系、协议或者其他安排，能够实际支配公司行为的人。“融资”是指期货经营机构通过投资或借贷等方式直接转出资金。“担保”主要是指通过保证、抵押、质押或其他担保方式保障债的履行。根据我国民法典第三百八十八条的规定，担保的方式包括担保物权和担保合同。担保物权包括抵押权和质权等，适用物权的相关规定。担保合同包括抵押合同、质押合同和其他具有担保功能的合同，适用合同的相关规定。

二、期货经营机构提供关联担保的决议

无论是融资还是担保均需遵守相关规定，不得滥用权利损害期货经营机构的合法权益。根据我国公司法第十六条第二款和第三款的规定，期货经营机构为股东或者实际控制人提供担保（关联担保）的，必须经股东会或者股东大会决议，不得由董事会决议。而且，上述股东或者受上述实际控制人支配的股东，负有回避相关决议的法定义务，不得参加相关事项的表决。该项表决由出席会议的其他股东所持表决权的过半数通过。

三、期货经营机构提供非关联担保的决议

期货经营机构可以为利害关系人之外的人提供担保（非关联担保），但也需遵守法律、法规和监管规则等相关规定。我国公司法第十六条第一款规定：“公司向其他企业投资或者为他人提供担保，依照公司章程的规定，由董事会或者股东会、股东大会决议；公司章程对投资或者担保的总额及单项投资或者担保的数额有限额规定的，不得超过规定的限额。”因此，期货经营机构为他人提供担保，应依照公司章程的规定，由董事会或者股东会、股东大会决议；公司章程对担保的总额或者担保的数额有限额规定的，不得超过规定的限额。

四、期货经营机构提供担保的效力

关于公司为他人提供担保的合同效力问题，审判实践中裁判尺度不统

一，严重影响了司法公信力，最高人民法院 2019 年发布的《全国法院民商事审判工作会议纪要》作出了相应的规定。[1] 根据规定，法定代表人未经授权擅自为他人提供担保的，构成越权代表，人民法院应当根据相关法律关于法定代表人越权代表的规定，区分订立合同时债权人是否善意分别认定合同效力：债权人善意的，合同有效；反之，合同无效。在债权人善意的判断标准上，要区分关联担保和非关联担保适用债权人的审核义务。总体而言，债权人对公司机关决议内容的审查一般限于形式审查，只要求尽到必要的注意义务即可，标准不宜太过严苛。公司以机关决议系法定代表人伪造或者变造、决议程序违法、签章（名）不实、担保金额超过法定限额等事由抗辩债权人是非善意的，人民法院一般不予支持。但是，公司有证据证明债权人明知决议系伪造或者变造的除外。

【关联规范】

《期货公司监督管理办法》第四条。

第六十九条　【期货从业人员】 期货经营机构从事期货业务的人员应当正直诚实、品行良好，具备从事期货业务所需的专业能力。

期货经营机构从事期货业务的人员不得私下接受客户委托从事期货交易。

期货经营机构从事期货业务的人员在从事期货业务活动中，执行所属的期货经营机构的指令或者利用职务违反期货交易规则的，由所属的期货经营机构承担全部责任。

【条文主旨】

本条是关于期货经营机构从业人员的资格以及其因职务行为或利用职务违反期货交易规则的责任承担的规定。

---

① 《全国法院民商事审判工作会议纪要》，载最高人民法院网站，https：//www.court.gov.cn/zixun-xiangqing-199691.html，最后访问时间：2022 年 4 月 30 日。

【立法背景】

本条提出了对期货从业人员的“正直诚实、品行良好”等要求，与我国民商法诚实信用的基本原则以及《期货交易管理条例》第三条的规定基本一致。民法典第七条规定了诚实信用原则，该原则要求行为人诚实守信，不损害他人和社会的利益，其中“诚实”二字要求行为人应当具有正直的品质，而信用则是相对人可以对其信赖。①《期货交易管理条例》第三条规定：“从事期货交易活动，应当遵循公开、公平、公正和诚实信用的原则。禁止欺诈、内幕交易和操纵期货交易价格等违法行为。”

此外，《期货交易管理条例》第六十三条规定：“国务院期货监督管理机构、期货交易所、期货保证金安全存管监控机构和期货保证金存管银行等相关单位的工作人员，应当忠于职守，依法办事，公正廉洁，保守国家秘密和有关当事人的商业秘密，不得利用职务便利牟取不正当的利益。”其中的“依法办事、公正廉洁”以及“不得利用职务便利牟取不正当的利益”也与本条有相通之处。

【条文解读】

本条的立法意义在于：首先，规定了期货经营机构从业人员应有诚实信用等特质，这有助于保障期货交易活动的公平与公正；其次，要求期货经营机构从事相关业务的人员具备应有的专业能力，这也是对期货交易活动公正性的保证；最后，对期货经营机构的从业人员在执行所属期货经营机构的指令或利用职务违反期货交易规则时的责任承担作出规定，为受侵害人可向何种主体主张损害赔偿提供了法条依据。

一、针对期货从业人员的资格规定

《期货从业人员资格管理规则》第二条规定：“本规则所称机构是指《办法》第三条规定的从事期货经营业务的机构；从业人员是指《办法》第四条规定的期货从业人员……”② 2007 年中国证券监督管理委员会发布的《期货从业人员管理办法》第四条所称“期货从业人员”包括：（1）期货公司的管理人员和专业人员；（2）期货交易所的非期货公司结算会员中

---

① 参见陈甦主编：《民法总则评注》，法律出版社 2017 年版，第 45 页。

② 《期货从业人员资格管理规则》，载中国期货业协会网站，http：//www. cfachina. org//businessprocess/ qualificationmanagement/ qualificationannouncement/202007/t20200730_ 8793. html，最后访问时间：2022 年 4 月 22 日。

从事期货结算业务的管理人员和专业人员；（3）期货投资咨询机构中从事期货投资咨询业务的管理人员和专业人员；（4）为期货公司提供中间介绍业务的机构中从事期货经营业务的管理人员和专业人员；（5）中国证监会规定的其他人员。① 因此，在期货交易所、期货公司以及其他经营期货业务的机构从事期货业务的管理人员和专业人员，均在本条所指“期货经营机构从事期货业务的人员”范畴之内。期货从业人员是受期货经营机构雇用从事期货交易，不能私下接受客户的单独委托。

《期货从业人员资格管理规则》第四条规定：“协会对从业人员实行从业资格管理制度。机构应聘用具有从业资格考试合格证明且符合《办法》第十条、第十二条规定的人员从事期货业务，并为其办理从业申请，取得从业资格。未取得从业资格的人员，不得在机构中开展期货业务活动。在期货监管机构、自律机构以及其他承担期货监管职能的专业监管岗位任职8年以上的人员，申请期货公司高级管理人员任职资格的，可以免试取得期货从业人员资格。”第十条规定：“机构不能为非本单位员工申请从业资格；不得任用无从业资格的人员从事期货业务活动。”② 相关条文均是对期货从业人员的专业资格限制，期货经营机构的从业人员除须具备基本的正直诚信等品质以外，还须符合期货从业人员的资格限制。

二、期货从业人员因职务行为或利用职务违反期货交易规则的责任承担

（一）承担责任的主体

《最高人民法院关于审理期货纠纷案件若干问题的规定》第八条规定：“期货公司的从业人员在本公司经营范围内从事期货交易行为产生的民事责任，由其所在的期货公司承担。”③ 民法典第一千一百九十一条第一款规定：“用人单位的工作人员因执行工作任务造成他人损害的，由用人单位承担侵权责任。用人单位承担侵权责任后，可以向有故意或者重大过失的

---

① 《期货从业人员管理办法》，载中国证券监督管理委员会网站，http://www.csrc.gov.cn/csrc/c106256/c1653933/content.shtml，最后访问时间：2022年5月8日。

② 《期货从业人员资格管理规则》，载中国期货业协会网站，http://www.cfachina.org//businessprocess/qualificationmanagement/qualificationannouncement/202007/t20200730_8793.html，最后访问时间：2022年4月22日。

③ 《最高人民法院关于审理期货纠纷案件若干问题的规定》，载中华人民共和国最高人民法院公报网站，http://gongbao.court.gov.cn/Details/314348315137c034cbb7b5b2fe1493.html?sw=%e6%9c%80%e9%ab%98%e4%ba%ba%e6%b0%91%e6%b3%95%e9%99%a2%e5%85%b3%e4%ba%8e%e5%ae%a1%e7%90%86%e6%9c%9f%e8%b4%a7%e7%ba%a0%e7%ba%b7%e6%a1%88%e4%bb%b6%e8%8b%a5%e5%b9%b2%e9%97%ae%e9%a2%98%e7%9a%84%e8%a7%84%e5%ae%9a，最后访问时间：2022年4月23日。

工作人员追偿。”本条统一将从业人员“执行所属的期货经营机构的指令或者利用职务违反期货交易规则的”责任后果归于该人员所属期货经营机构承担。依据传统民法理论，期货经营机构作为责任承担主体的原理主要在于对职务行为的定性和处理，本条“执行所属的期货经营机构的指令”一般认为应当属于“职务行为”的范畴，因而由单位履行替代责任。有疑问的是，“利用职务违反期货交易规则”的行为是否也属于“职务行为”的范围，从而也归责于期货经营机构。

（二）职务行为的认定

期货经营机构的从业人员的行为究竟是职务行为还是个人行为，可以参照民法典第一百七十条关于职务代理的规定。在司法实践中，对职务行为的定性可以结合以下四个标准：第一，名义标准。即该期货从业人员的行为是否有期货经营机构的授权，是否以“工作”或“职务”的名义实施。第二，时间和空间标准。行为发生在工作时间或工作场所是重要的判断标准，但满足这一标准并不必然构成职务行为，譬如在工作时间及场所内做与职务并不相关的事情不属于职务行为。第三，利益标准。倘若从业人员的行为虽未得到期货经营机构的同意，但实际上是为了机构的利益且客观上机构获得了此种利益，则该从业人员的行为可以被视为职务行为。第四，该从业人员的行为与其职务之间具有相当的关联程度。但是，即便符合以上四种情况也可能不属于职务行为，如从事的是法律法规明令禁止的行为以及期货经营机构明确禁止从业人员所为的行为，或者系属谋取私利的行为。[①]“利用职务违反期货交易规则”的行为应当属于前述“职务行为的例外”，即原则上应当由该从业人员自行承担责任。因此，期货和衍生品法的这一规定在期货领域扩张了职务行为的内涵。

【关联规范】

《中华人民共和国民法典》第一百七十条、第一千一百九十一条；《证券、期货投资咨询管理暂行办法》第十二条、第十三条；《期货交易所管理办法》第九十九条；《最高人民法院关于审理期货纠纷案件若干问题的规定》第八条。

---

① 黄祥青：《2019 年上海市第一中级人民法院案例精选》，人民法院出版社 2020 年版，第 206~208 页。

第七十条　【持续性经营规则】 国务院期货监督管理机构应当制定期货经营机构持续性经营规则，对期货经营机构及其分支机构的经营条件、风险管理、内部控制、保证金存管、合规管理、风险监管指标、关联交易等方面作出规定。期货经营机构应当符合持续性经营规则。

【条文主旨】

本条是关于国务院期货监督管理机构应针对期货经营机构及其分支机构制定持续性经营规则的规定，以便为投资者提供规则保障。

【立法背景】

本条内容沿袭《期货交易管理条例》第五十四条规定："国务院期货监督管理机构应当制定期货公司持续性经营规则，对期货公司的净资本与净资产的比例，净资本与境内期货经纪、境外期货经纪等业务规模的比例，流动资产与流动负债的比例等风险监管指标作出规定；对期货公司及其分支机构的经营条件、风险管理、内部控制、保证金存管、关联交易等方面提出要求。"① 期货公司是从事期货经营业务的重要主体，也是主要的期货经营机构。既往条文多采用"期货公司"之表述，未能将除期货公司外的其他期货经营机构纳入规制的范畴。本条对规制的主体扩展至所有期货经营机构，在参照既往条文时，应当明确该类针对期货公司的条文实际上同样适用于其他期货经营机构。近年来，我国期货市场整体运行情况良好，对国民经济发展的促进作用越来越显著。但因违规经营、风险控制不力等原因，少数期货公司产生保证金缺口，影响我国期货交易市场的健康发展。为促进期货市场的稳妥发展，加强对投资者的保护，本条延续《期货交易管理条例》的主要内容，要求国务院期货监督管理机构制定相应的期货公司持续性经营规则，并对期货公司及其分支机构提出有关经营条件、风险管理、内部控制、保证金存管以及关联交易等方面的要求。

---

① 《期货交易管理条例》，载中国政府网，http：//www.gov.cn/zhengce/2020-12/27/content_ 5574482.htm，最后访问时间：2022 年 4 月 23 日。

【条文解读】

"持续性经营规则"主要涉及期货公司的净资本与净资产比例、净资本与境内期货经纪、境外期货经纪等业务规模的比例，以及流动资本与流动负债的比例等风险监督指标的内容。

2019 年中国证券监督管理委员会发布的《期货公司监督管理办法》第十六条规定："期货公司申请金融期货经纪业务资格，应当具备下列条件：（一）申请日前 2 个月风险监管指标持续符合规定标准；（二）具有健全的公司治理、风险管理制度和内部控制制度，并有效执行；（三）符合中国证监会期货保证金安全存管监控的规定……"，第二十二条规定："期货公司股东应当秉承长期投资理念，依法行使股东权利，履行股东义务，督促期货公司完善治理结构、风险管理与内部控制制度，实现持续、健康发展。"上述规定均属于本条要求的期货监督管理机构对期货公司及其分支机构作出的规定。具体而言，完善治理结构包括董事会、监事会等的安排与运行，而内部控制则是指期货公司根据具体的环境变化，对期货公司经营与管理过程中的风险进行识别控制等，为实现经营目标提供保障。

【关联规范】

《中华人民共和国证券法》第一百三十条；《期货公司监督管理办法》第十六条、第二十二条。

第七十一条　【信息、资料报送】期货经营机构应当按照规定向国务院期货监督管理机构报送业务、财务等经营管理信息和资料。国务院期货监督管理机构有权要求期货经营机构及其主要股东、实际控制人、其他关联人在指定的期限内提供有关信息、资料。

期货经营机构及其主要股东、实际控制人或者其他关联人向国务院期货监督管理机构报送或者提供的信息、资料，应当真实、准确、完整。

【条文主旨】

本条是关于期货经营机构应当及时报送经营管理信息和资料的规定。

【立法背景】

本条内容沿袭了《期货交易管理条例》第四十八条“期货交易所、期货公司及其他期货经营机构、期货保证金安全存管监控机构，应当向国务院期货监督管理机构报送财务会计报告、业务资料和其他有关资料。对期货公司及其他期货经营机构报送的年度报告，国务院期货监督管理机构应当指定专人进行审核，并制作审核报告。审核人员应当在审核报告上签字。审核中发现问题的，国务院期货监督管理机构应当及时采取相应措施。必要时，国务院期货监督管理机构可以要求非期货公司结算会员、交割仓库，以及期货公司股东、实际控制人或者其他关联人报送相关资料”之规定以及第四十九条“国务院期货监督管理机构依法履行职责，进行监督检查或者调查时，被检查、调查的单位和个人应当配合，如实提供有关文件和资料，不得拒绝、阻碍和隐瞒；其他有关部门和单位应当给予支持和配合”之规定。①

【条文解读】

期货经营机构应当依规定向国务院期货监督管理机构报送经营管理信息和资料，涉及该期货经营机构的业务、财务等内容。本条也是国务院期货监督管理机构要求期货经营机构及其主要股东、实际控制人、其他关联人等按时报送真实、准确、完整信息资料的法律依据。本条规定的“其他关联人”包括期货公司及其董事、监事、高级管理人员及其他工作人员，期货公司控股、参股或者实际控制的企业，为期货公司提供相关服务的会计师事务所、律师事务所、资产评估机构等中介服务机构等。国务院期货监督管理机构有权要求上述人员或企业在指定的期限内提供有关信息、资料。期货经营机构及其主要股东、实际控制人或者其他关联人向国务院期货监督管理机构报送或者提供的信息、资料，应当真实、准确、完整，不得有虚假记载、误导性陈述或者重大遗漏。其中，真实是指报送的信息、

---

① 《期货交易管理条例》，载中国政府网，http：//www. gov. cn/zhengce/2020－12/27/content_ 5574482. htm，最后访问时间：2022 年 4 月 23 日。

资料不含虚假的内容，是客观事实的真实反映；准确是指报送的信息、资料与真实的情况完全一致；而完整则是指该信息、资料是对期货市场的正确分析，从而基于此可以得出正确的分析和结论。[①]

【关联规范】

《中华人民共和国证券法》第一百三十八条；《期货公司监督管理办法》第一百条。

第七十二条　【重大事件报告义务】期货经营机构涉及重大诉讼、仲裁，股权被冻结或者用于担保，以及发生其他重大事件时，应当自该事件发生之日起五日内向国务院期货监督管理机构提交书面报告。

期货经营机构的控股股东或者实际控制人应当配合期货经营机构履行前款规定的义务。

【条文主旨】

本条规定了期货经营机构的重大事件报告义务以及期货经营机构的控股股东或实际控制人对该期货经营机构履行前款规定的配合义务。

【立法背景】

本条关于期货经营机构的重大事项报告义务的规定沿袭了2017年修改的《期货交易管理条例》第六十条“期货公司涉及重大诉讼、仲裁，或者股权被冻结或者用于担保，以及发生其他重大事件时，期货公司及其相关股东、实际控制人应当自该事件发生之日起5日内向国务院期货监督管理机构提交书面报告”的规定。本条相较于该条例第六十条，将规制的主体扩展至所有期货经营机构，增加了关于期货经营机构的控股股东或实际控制人配合义务的规定。

---

① 王瑞贺主编：《中华人民共和国证券法释义》，法律出版社2020年版，第278页。

【条文解读】

期货经营机构发生重大诉讼、仲裁，股权被冻结或用于担保等重大事件可能产生风险，因此，应该及时向国务院期货监督管理机构报告，报告为书面形式。本条对这一书面报告义务的时间规定为“自该事件发生之日起五日内”。

对于“其他重大事件”的理解，可以参照《中华人民共和国证券法》第八十条第二款的规定，即重大事件可能包括：（1）公司的经营方针和经营范围的重大变化；（2）公司的重大投资行为，公司在一年内购买、出售重大资产超过公司资产总额百分之三十，或者公司营业用主要资产的抵押、质押、出售或者报废一次超过该资产的百分之三十；（3）公司订立重要合同、提供重大担保或者从事关联交易，可能对公司的资产、负债、权益和经营成果产生重要影响；（4）公司发生重大债务和未能清偿到期重大债务的违约情况；（5）公司发生重大亏损或者重大损失；（6）公司生产经营的外部条件发生的重大变化；（7）公司的董事、三分之一以上监事或者经理发生变动，董事长或者经理无法履行职责；（8）持有公司百分之五以上股份的股东或者实际控制人持有股份或者控制公司的情况发生较大变化，公司的实际控制人及其控制的其他企业从事与公司相同或者相似业务的情况发生较大变化；（9）公司分配股利、增资的计划，公司股权结构的重要变化，公司减资、合并、分立、解散及申请破产的决定，或者依法进入破产程序、被责令关闭；（10）涉及公司的重大诉讼、仲裁，股东大会、董事会决议被依法撤销或者宣告无效；（11）公司涉嫌犯罪被依法立案调查，公司的控股股东、实际控制人、董事、监事、高级管理人员涉嫌犯罪被依法采取强制措施；（12）国务院证券监督管理机构规定的其他事项；等等。此外，《中华人民共和国证券法》第八十一条也有类似规定，可以作为期货经营机构重大事件的参照标准。

期货经营机构的控股股东或实际控制人有义务配合期货经营机构履行前款的书面报告义务。《期货公司监督管理办法》第一百条规定：“中国证监会及其派出机构可以要求下列机构或者个人，在指定期限内报送与期货公司经营相关的资料：（一）期货公司及其董事、监事、高级管理人员及其他工作人员；（二）期货公司股东、实际控制人或者其他关联人；（三）期货公司控股、参股或者实际控制的企业；（四）为期货公司提供相关服务的会计师事务所、律师事务所、资产评估机构等中介服务机构。报送、提供或者披露的资料、信息应当真实、准确、完整，不得有虚假记载、误导性陈述或者重大遗漏。”① 期货经营机构的控股股东或实际控制人应当对书面报告的义务积极配合。

【关联规范】

《中华人民共和国证券法》第八十条、第八十一条；《期货公司监督管理办法》第一百条。

第七十三条 【期货经营机构经营风险】 期货经营机构不符合持续性经营规则或者出现经营风险的，国务院期货监督管理机构应当责令其限期改正；期货经营机构逾期未改正的，或者其行为严重危及该期货经营机构的稳健运行、损害交易者合法权益的，或者涉嫌严重违法违规正在被国务院期货监督管理机构调查的，国务院期货监督管理机构可以区别情形，对其采取下列措施：

（一）限制或者暂停部分业务；

（二）停止核准新增业务；

（三）限制分配红利，限制向董事、监事、高级管理人员支付报酬、提供福利；

（四）限制转让财产或者在财产上设定其他权利；

（五）责令更换董事、监事、高级管理人员或者有关业务部门、分支机构的负责人员，或者限制其权利；

（六）限制期货经营机构自有资金或者风险准备金的调拨和使用；

（七）认定负有责任的董事、监事、高级管理人员为不适当人选；

（八）责令负有责任的股东转让股权，限制负有责任的股东行使股东权利。

---

① 《期货公司监督管理办法》，载中国政府网，http：//www.gov.cn/zhengce/zhengceku/2019-11/14/content_ 5452010.htm，最后访问时间：2022 年 4 月 22 日。

对经过整改符合有关法律、行政法规规定以及持续性经营规则要求的期货经营机构，国务院期货监督管理机构应当自验收完毕之日起三日内解除对其采取的有关措施。

对经过整改仍未达到持续性经营规则要求，严重影响正常经营的期货经营机构，国务院期货监督管理机构有权撤销其部分或者全部期货业务许可、关闭其部分或者全部分支机构。

【条文主旨】

本条是关于期货经营机构及其分支机构不符合持续性经营规则或出现经营风险时的处理措施的规定。

【立法背景】

本条内容沿袭《期货交易管理条例》第五十五条规定："期货公司及其分支机构不符合持续性经营规则或者出现经营风险的，国务院期货监督管理机构可以对期货公司及其董事、监事和高级管理人员采取谈话、提示、记入信用记录等监管措施或者责令期货公司限期整改，并对其整改情况进行检查验收。期货公司逾期未改正，其行为严重危及期货公司的稳健运行、损害客户合法权益，或者涉嫌严重违法违规正在被国务院期货监督管理机构调查的，国务院期货监督管理机构可以区别情形，对其采取下列措施：（一）限制或者暂停部分期货业务；（二）停止批准新增业务；（三）限制分配红利，限制向董事、监事、高级管理人员支付报酬、提供福利；（四）限制转让财产或者在财产上设定其他权利；（五）责令更换董事、监事、高级管理人员或者有关业务部门、分支机构的负责人员，或者限制其权利；（六）限制期货公司自有资金或者风险准备金的调拨和使用；（七）责令控股股东转让股权或者限制有关股东行使股东权利。对经过整改符合有关法律、行政法规规定以及持续性经营规则要求的期货公司，国务院期货监督管理机构应当自验收完毕之日起 3 日内解除对其采取的有关措施。对经过整改仍未达到持续性经营规则要求，严重影响正常经营的期货公司，国务院期货监督管理机构有权撤销其部分或者全部期货业务许可、关闭其分支机构。"本条吸收了《期货交易管理条例》的主要内容，将规制的主体扩展至所有期货经营机构，并进一步明确了改正的义务主体为期货经营机构，并删除了对董事、监事和高级管理人员采取监管措施的规定。

【条文解读】

本条是关于国务院期货监督管理机构针对期货经营机构不符合持续性经营规则或出现经营风险时，可以对该期货经营机构采取的监督管理措施作出分类、分步骤的规定。处理措施既包括初步不符合持续性经营规则或出现经营风险时，国务院期货监督管理机构可采取的责令限期整改，也包括期货经营机构逾期未改正时，国务院期货监督管理机构可采取的一系列措施。

针对“出现经营风险”的情形，《期货公司分类监管规定》[①] 第八条、第十六条、第二十五条、第二十九条等详细规定了期货公司的风险管理能力和评价分类等级。现行条文对规制的主体扩展至所有期货经营机构，在参照既往条文时，应当明确该类针对期货公司的条文实际上同样适用于其他的期货经营机构。第八条规定：“期货公司的风险管理能力主要根据公司治理、内部控制、资本管理、业务管理、客户管理、信息技术管理等6类评价指标，按照《期货公司风险管理能力评价指标与标准》（见附件）进行评价，体现期货公司对各类风险的管理和控制能力。”具体的评价扣分标准参见第十六条：“期货公司在评价期内发生以下情形时，按照以下原则进行扣分：（一）风险监管指标未达到监管标准的，每次扣2分；风险监管指标预警的，每次扣0.5分；（二）期货保证金重大预警，经核实为期货公司原因的，每次扣1分；期货保证金一般预警，经核实为期货公司原因的，每次扣0.25分；（三）违规使用自有资金，或者为股东、实际控制人或者其他关联人提供融资，对外担保的，每次扣2分；（四）允许客户在保证金不足的情况下进行开仓交易的，每次扣2分；（五）未经资金和持仓验证，允许客户直接连入交易所进行期货交易的，每次扣2分；（六）因期货公司风险控制不到位导致的错单和穿仓损失金额超过当期提取的风险准备金额10%的，扣1分；（七）审计报告及审阅报告被出具非标准审计意见或审阅意见的，每次扣3分；（八）任用不具有期货从业资格的人员从事期货业务的，每人次扣0.1分，最高扣2分；任用不具备任职条件的投资经理从事资产管理业务的，每人次扣0.5分；任用不具备任

---

① 《期货公司分类监管规定》，载中国证券监督管理委员会网站，http：//www.csrc.gov.cn/csrc/c101902/c1039211/content.shtml，最后访问时间：2022年5月2日。

职条件的董事、监事、高级管理人员的，每人次扣 2 分；（九）董事长、高级管理人员存在 3 个月以上缺位的，每人次扣 2 分；董事（含独立董事）、监事（含监事会主席）不符合公司章程规定，存在 3 个月以上缺位的，每人次扣 0.25 分；（十）未履行法规要求的许可程序擅自变更股权的，每次扣 10 分；（十一）信息技术评级未达到一类等级要求，扣 10 分；达到一类等级要求但未达到应该达到的更高等级要求，扣 5 分；（十二）未按规定使用分类评价结果的，每次扣 1 分。”

针对前述规则的风险管理能力评价计分高低，期货公司可以分为不同的级别并对应相应的评价。《期货公司分类监管规定》第二十五条规定："根据期货公司评价计分的高低，将期货公司分为 A（AAA、AA、A）、B（BBB、BB、B）、C（CCC、CC、C）、D、E 等 5 类 11 个级别。（一）A 类公司风险管理能力、服务实体经济能力、市场竞争力、持续合规状况的综合评价在行业内最高，能够较好控制业务风险；（二）B 类公司风险管理能力、服务实体经济能力、市场竞争力、持续合规状况的综合评价在行业内较高，能够控制业务风险；（三）C 类公司风险管理能力、服务实体经济能力、市场竞争力、持续合规状况的综合评价在行业内一般，风险管理能力与业务规模基本匹配；（四）D 类公司风险管理能力、服务实体经济能力、市场竞争力、持续合规状况的综合评价在行业内较低，潜在风险可能超过公司可承受范围；（五）E 类公司潜在风险已经变为现实风险，已被采取风险处置措施。”其中，被评价为 D、E 类的期货公司，应当属于本条规定的“出现经营风险”的情形，国务院期货监督管理机构可以对该类公司采取责令限期改正的监督管理措施。第二十九条对何谓“D 类期货公司”，列举了如下情形：“期货公司在评价期内存在以下情形的，市场竞争力不予加分，并将公司类别下调 3 个级别；情节严重的，评为 D 类：（一）股东虚假出资或抽逃出资；（二）超范围经营；（三）占用、挪用客户资产；（四）资产管理业务严重违规，引发重大风险或造成恶劣影响；（五）风险管理子公司违法违规经营，引发重大风险或造成恶劣影响；（六）参与或为期货配资等非法期货活动提供便利；（七）恶意规避监管，包括向监管部门报送虚假材料、不配合现场检查或调查、隐藏违规事实等。期货公司在自评时，若不如实标注存在问题，存在遗漏、隐瞒等情况，将在应扣分事项上加倍扣分。”具体评价指标参见下表。

期货公司风险管理能力评价指标与标准①

评价指标	序号	评价标准
1. 公司治理	1.01	期货公司与控股股东、实际控制人在业务、人员、资产、财务等方面严格分开，独立经营，独立核算
	1.02	期货公司与股东及其他关联方不存在不当关联交易，期货公司资产未被关联方占用，客户合法权益未受关联方侵害
	1.03	期货公司股东会、董事会、监事会制度健全，有效履行职责，股权转让期间的公司治理符合监管规定
	1.04	董事、监事、高级管理人员资质及任免符合监管要求，不存在提供虚假信息、隐瞒重大事项、拒绝配合监管、擅离职守等情况
	1.05	首席风险官享有充分的知情权和独立的检查权，能够按规定履行职责
	1.06	期货公司及其相关方能够按规定向监管部门履行报告报备义务，报送的数据信息真实、准确、完整、及时，提交的材料不存在虚假记载、误导性陈述或重大遗漏
2. 内部控制	2.01	建立健全并有效执行各项内部管理制度和流程，能够有效隔离不同业务之间的风险
	2.02	部门设置与人员安排符合相关规定，财务、交易、结算、风险控制、合规等各项职能有效运转
	2.03	从业人员管理制度完备，能够有效约束从业人员执业行为
	2.04	分支机构业务范围符合监管规定，营业部“四统一”有效执行
	2.05	依法依规使用自有资金，股权投资决策程序规范，不存在与业务无关的股权投资
	2.06	对子公司实施有效管理和风险隔离，能够保障子公司持续合规经营
	2.07	遵守廉洁从业相关规定，工作人员廉洁从业纳入管理体系
	2.08	信息公示和披露符合相关规定
3. 资本管理	3.01	正确计算各项风险监管指标
	3.02	按时编制和上报风险监管报表
	3.03	能够及时根据监管要求、市场变化及业务发展情况开展压力测试，有效使用压力测试结果
	3.04	建立动态的风险监控和资本补充机制，不存在严重影响资本补充和风险抵御能力的不利因素，能够确保净资本等风险监管指标持续符合标准

① 此为《期货公司分类监管规定》附件。

续表

评价指标	序号	评价标准
4. 业务管理	4.01	为客户开立或注销期货账户符合相关规定
	4.02	传递客户交易指令符合相关规定
	4.03	期货保证金账户管理符合相关规定，期货保证金封闭管理有效运行
	4.04	开展期货投资咨询业务符合相关规定
	4.05	开展资产管理业务的人员具备规定的资质条件
	4.06	资产管理业务投资范围符合相关规定
	4.07	资产管理计划运作管理、信息披露等符合相关规定
	4.08	开展资产管理业务与代理销售机构、托管机构、投资顾问等机构的合作符合相关规定
	4.09	开展基金销售业务符合相关规定
5. 客户管理	5.01	落实开户实名制和投资者适当性管理要求
	5.02	客户资产与自有资产相互独立、分别管理，确保客户资产安全
	5.03	妥善保存客户资料，依法为客户保密
	5.04	依法依规管理客户交易行为，按规定报备客户实际控制关系账户和程序化交易账户
	5.05	建立健全客户投诉处理制度，依法依规处理客户纠纷
	5.06	将投资者教育纳入各项业务流程和服务环节，依法依规做好打击防范非法期货活动相关工作
6. 信息技术管理	6.01	建立信息技术管理制度，具备符合相关要求的信息系统
	6.02	信息技术审查、测试、监测和应急处置机制符合相关规定
	6.03	信息系统安全稳定运行
	6.04	信息系统部署、数据存储与传输符合相关规定
	6.05	外部接入信息系统管理符合相关规定

此外，《期货公司风险监管指标管理办法》第五条、第八条、第九条、第十条①等一系列条文也详细规定了期货公司应当符合的风险监管标准及其具体内容。第五条规定：“期货公司应当及时根据监管要求、市场变化

① 《期货公司风险监管指标管理办法》，载中国政府网，http://www.gov.cn/gongbao/content/2017/content_5230287.htm，最后访问时间：2022 年 4 月 24 日。

及业务发展情况对公司风险监管指标进行压力测试。压力测试结果显示潜在风险超过期货公司承受能力的，期货公司应当采取有效措施，及时补充资本或控制业务规模，将风险控制在可承受范围内。”第八条规定：“期货公司应当持续符合以下风险监管指标标准：（一）净资本不得低于人民币 3000 万元；（二）净资本与公司风险资本准备的比例不得低于 100%；（三）净资本与净资产的比例不得低于 20%；（四）流动资产与流动负债的比例不得低于 100%；（五）负债与净资产的比例不得高于 150%；（六）规定的最低限额结算准备金要求。”第九条规定：“中国证监会对风险监管指标设置预警标准。规定‘不得低于’一定标准的风险监管指标，其预警标准是规定标准的 120%，规定‘不得高于’一定标准的风险监管指标，其预警标准是规定标准的 80%。最低限额结算准备金不设预警标准。”第十条指出，“期货公司净资本”是指，在净资产基础上，按照变现能力对资产负债项目及其他项目进行风险调整后得出的综合性风险监管指标。其中，净资本的计算公式为：净资本=净资产-资产调整值+负债调整值-/+其他调整项。第十一条、第十二条分别对何谓“期货公司风险资本准备”“最低限额结算准备金”作出界定。所谓“期货公司风险资本准备”，是指期货公司在开展各项业务过程中，为应对可能发生的风险损失所需要的资本。“最低限额结算准备金”是指期货公司按照交易所及登记结算机构的有关要求以自有资金缴存用于履约担保的最低金额。《期货公司风险监管指标管理办法》第二十七条规定了当出现经营风险时，证监会派出机构可以采取的措施，包括要求期货公司制定风险监管指标改善方案并定期对监管指标的改善情况进行书面报告；要求期货公司进行重大业务决策时，应当至少提前 5 个工作日向住所地中国证监会派出机构报送临时报告，说明有关业务对风险监管指标的影响；要求期货公司增加内部合规检查的频率，并提交合规检查报告等。期货公司未能有效履行相关要求的，中国证监会派出机构可以视情况采取出具警示函、监管谈话等监管措施。第三十一条规定：“期货公司逾期未改正或者经过整改风险监管指标仍不符合规定标准的，中国证监会及其派出机构可以依据《期货交易管理条例》第五十五条采取监管措施。”① 在本法生效后，《期货交易管理条例》第五十五条失效，期货公司逾期未改正或者经过整改风险监管指标仍不符合规定标准的，国务院期货监督管理机构可以依据本法第七十三条的规定采取措施。

---

① 《期货公司风险监管指标管理办法》，载中国政府网，http：//www. gov. cn/gongbao/content/2017/content_ 5230287. htm，最后访问时间：2022 年 4 月 24 日。

根据本条规定，期货经营机构逾期仍未作出改正，或者行为已经严重危及机构的稳健运行，损害交易者合法权益的，或者涉嫌严重违法违规正在被国务院期货监督管理机构调查的，国务院期货监督管理机构可以分情形采取限制或者暂停部分业务、停止核准新增业务、限制分配红利，限制向董事、监事、高级管理人员支付报酬、提供福利、限制转让财产或者在财产上设定其他权利，责令更换董事、监事、高级管理人员或者有关业务部门、分支机构的负责人员，或者限制其权利、限制期货经营机构自有资金或者风险准备金的调拨和使用，认定负有责任的董事、监事、高级管理人员为不适当人选以及责令负有责任的股东转让股权，限制负有责任的股东行使股东权利等措施。经过整改之后满足要求的期货经营机构，国务院期货监督管理机构应当于验收完毕之日起 3 日内解除相关措施，但仍未符合持续性经营规则要求或严重影响正常经营的期货经营机构，国务院期货监督管理机构有权作出撤销其部分或全部期货业务许可、关闭其部分或全部分支机构的决定。本条规定可以有效地防范期货经营机构不符合持续性经营规则或出现经营风险而带来的危害，保护交易者的合法权利，维护期货市场的正常秩序。

【关联规范】

《证券期货投资者适当性管理办法》第三十八条；《期货公司监督管理办法》第一百零九条、第一百一十条；《期货公司风险监管指标管理办法》第三十一条；《期货公司分类监管规定》第八条、第十六条、第二十五条、第二十九条。

第七十四条　【期货经营机构违法经营】 期货经营机构违法经营或者出现重大风险，严重危害期货市场秩序、损害交易者利益的，国务院期货监督管理机构可以对该期货经营机构采取责令停业整顿、指定其他机构托管或者接管等监督管理措施。

期货经营机构有前款所列情形，经国务院期货监督管理机构批准，可以对该期货经营机构直接负责的董事、监事、高级管理人员和其他直接责任人员采取以下措施：

（一）决定并通知出境入境管理机关依法阻止其出境；

（二）申请司法机关禁止其转移、转让或者以其他方式处分财产，或者在财产上设定其他权利。

【条文主旨】

本条是关于期货经营机构违法经营或出现重大风险时，国务院期货监督管理机构可以对该机构，直接负责的董事、监事、高级管理人员和其他直接责任人员采取的措施的规定。

【立法背景】

本条内容沿袭《期货交易管理条例》第五十六条规定："期货公司违法经营或者出现重大风险，严重危害期货市场秩序、损害客户利益的，国务院期货监督管理机构可以对该期货公司采取责令其停业整顿、指定其他机构托管或者接管等监管措施。经国务院期货监督管理机构批准，可以对该期货公司直接负责的董事、监事、高级管理人员和其他直接责任人员采取以下措施：（一）通知出境管理机关依法阻止其出境；（二）申请司法机关禁止其转移、转让或者以其他方式处分财产，或者在财产上设定其他权利。"本条延续了《期货交易管理条例》的主要内容，并将规制的主体扩展至所有期货经营机构。

【条文解读】

期货经营机构违法经营的行为，包括但不限于欺诈行为、操纵市场行为和私下对冲行为等。这些违法经营行为对市场的破坏力巨大、严重侵害交易者的利益。

监督管理措施则分为法律、行政法规规定的监督管理措施和国务院监督管理机构制定的监督管理措施，本条涉及的主要是责令停业整顿、指定其他机构托管或者接管、决定并通知出境入境管理机关依法阻止其出境、申请司法机关禁止其转移、转让或者以其他方式处分财产，或者在财产上设定其他权利等措施。

在比较法上，也存在将认定期货经营机构是否存在违法经营的权力交由法院行使的实例。比如，新加坡对期货市场违法行为的认定机构未设专门规定，也并未有关于行政处罚的规定，因此，当期货监管机构发现期货经营机构存在违法经营时，没有直接作出处罚的权力，实际操作中这一权力属于法院。①

在我国期货市场中，为保护交易者的合法利益以及维护期货市场的秩序，当期货经营机构存在违法经营行为或者出现重大风险时，国务院期货监督管理机构可以采取责令停业整顿、指定其他机构托管或者接管等监督管理措施。对期货违法行为的认定权限也由中国证监会期货监管部门和期货交易所行使。本条的风险能力评估应当参照第七十三条条文解读中的具体标准。本条所指的“重大风险”比本法第七十三条“出现经营风险”更为严重，如不及时处理将严重影响期货市场秩序，损害交易者利益。

同时，为更好地处理前述“违法经营”或“重大风险”的情况，经国务院期货监督管理机构批准，还可对该期货经营机构直接负责的董事、监事、高级管理人员和其他直接责任人员采取决定并通知出境入境管理机关依法阻止其出境、申请司法机关禁止其转移、转让或者以其他方式处分财产，或者在财产上设定其他权利等强制措施。此外，我国《期货交易管理条例》还授予期货交易所查处期货交易中违规行为的权力，制订并执行期货交易所违规管理办法和业务规则。

【关联规范】

《期货公司风险监管指标管理办法》第五条、第八条、第九条、第十条、第三十一条。

第七十五条　【虚假、抽逃出资】期货经营机构的股东有虚假出资、抽逃出资行为的，国务院期货监督管理机构应当责令其限期改正，并可责令其转让所持期货经营机构的股权。

在股东依照前款规定的要求改正违法行为、转让所持期货经营机构的股权前，国务院期货监督管理机构可以限制其股东权利。

---

① 唐波：《中国期货市场法律制度研究：新加坡期货市场相关法律制度借鉴》，北京大学出版社2010年版，第150页。

【条文主旨】

本条是关于对期货经营机构股东虚假出资、抽逃出资的处理的规定。

【立法背景】

本条内容沿袭《期货交易管理条例》第五十七条规定："期货公司的股东有虚假出资或者抽逃出资行为的，国务院期货监督管理机构应当责令其限期改正，并可责令其转让所持期货公司的股权。在股东按照前款要求改正违法行为、转让所持期货公司的股权前，国务院期货监督管理机构可以限制其股东权利。"本条延续《期货交易管理条例》的主要内容，并将规制的主体扩展至所有期货经营机构。

【条文解读】

"虚假出资"是指期货经营机构的股东未按规定交付货币、实物或转移财产权，针对的是公司成立前的未出资行为，常见的虚假出资表现为虚拟股东、虚拟股份、虚拟实债以及其他虚假出资行为。[①] 而"抽逃出资"则是虽按规定交付了货币、实物或转移财产权，但嗣后又以各种理由非法撤资，从而导致公司注册资本减少的情形。[②] 在期货经营机构股东虚假出资或抽逃出资后，国务院期货监督管理机构应当责令对其限期改正，并可以要求其转让所持有的该期货经营机构的股权。在该股东完成限期改正或转让所持有期货经营机构的股权之前，国务院期货监督管理机构可以限制其股东权利。

《期货公司监督管理办法》第一百一十二条规定："期货公司的股东、实际控制人或者其他关联人有下列情形之一的，中国证监会及其派出机构可以责令其限期整改：（一）虚假出资、出资不实、抽逃出资的；（二）违规使用委托资金、负债资金等投资入股的；（三）股权转让过程中，在股权转让完成前推荐股权受让方相关人员担任期货公司董事、监事、高级管理人员或者出让股权依法应经中国证监会批准的，在批准前，让渡或者变相让渡表决权予股权受让方；（四）占用期货公司资产；（五）直接任免期货公司董事、监事、高级管理人员，或者非法干预期货公司经营管理活

① 《商法学》编写组：《商法学》，高等教育出版社 2019 年版，第 138 页。
② 《商法学》编写组：《商法学》，高等教育出版社 2019 年版，第 138 页。

动；（六）股东未按照出资比例或者所持股份比例行使表决权；（七）报送、提供或者出具的材料、信息或者报告等存在虚假记载、误导性陈述或者重大遗漏；（八）违规开展关联交易；（九）拒绝或阻碍中国证监会或其派出机构进行调查核实；（十）不配合中国证监会或其派出机构开展风险处置；（十一）其他损害期货公司及其客户合法利益，扰乱期货市场秩序的行为。因前款情形致使期货公司不符合持续性经营规则或者出现经营风险的，中国证监会及其派出机构可以依据《期货交易管理条例》第五十五条的规定责令控股股东转让股权或者限制有关股东行使股东权利。"[①] 本条的情形即属于《期货公司监督管理办法》第一百一十二条第一款第一项的规定，在该股东未完成限期改正或未转让所持期货经营机构的股权时，国务院期货监督管理机构同时也可以限制其股东权利。可以限制的股东权利包括限制其表决权等基本权利，以此督促该股东尽快改正其违法行为，消除对公司产生的影响。现行条文对规制的主体扩展至所有期货经营机构，在参照既往条文时，应当明确该类针对期货公司的条文实际上同样适用于其他的期货经营机构。

【关联规范】

《期货公司监督管理办法》第一百一十二条。

第七十六条　【期货经营机构注销】期货经营机构有下列情形之一的，国务院期货监督管理机构应当依法办理相关业务许可证注销手续：

（一）营业执照被依法吊销；

（二）成立后无正当理由超过三个月未开始营业，或者开业后无正当理由停业连续三个月以上；

（三）主动提出注销申请；

（四）《中华人民共和国行政许可法》和国务院期货监督管理机构规定应当注销行政许可的其他情形。

---

① 《期货公司监督管理办法》，载中国政府网，http：//www. gov. cn/zhengce/zhengceku/2019-11/14/content_ 5452010. htm，最后访问时间：2022 年 4 月 22 日。

期货经营机构在注销相关业务许可证前，应当结清相关期货业务，并依法返还交易者的保证金和其他资产。

【条文主旨】

本条是关于国务院期货监督管理机构在特定情形下为期货经营机构办理相关业务许可证注销手续的规定。

【立法背景】

本条内容沿袭《期货交易管理条例》第二十条规定："期货公司或者其分支机构有《中华人民共和国行政许可法》第七十条规定的情形或者下列情形之一的，国务院期货监督管理机构应当依法办理期货业务许可证注销手续：（一）营业执照被公司登记机关依法注销；（二）成立后无正当理由超过3个月未开始营业，或者开业后无正当理由停业连续3个月以上；（三）主动提出注销申请；（四）国务院期货监督管理机构规定的其他情形。期货公司在注销期货业务许可证前，应当结清相关期货业务，并依法返还客户的保证金和其他资产。期货公司分支机构在注销经营许可证前，应当终止经营活动，妥善处理客户资产。"本条延续《期货交易管理条例》的主要内容，并将规制的主体扩展至所有期货经营机构。

【条文解读】

行政许可是指根据公民、法人或其他组织的申请，经依法审查后，行政机关准予该公民、法人或组织从事特定活动的行为。①规范行政许可的设定与实施对保障和监督行政机关的管理活动、维护公共利益和社会秩序有着重要作用。国务院期货监督管理机构是期货经营业务的行政许可办理机关。

本条列举了"营业执照被依法吊销""成立后无正当理由超过三个月未开始营业，或者开业后无正当理由停业连续三个月以上""主动提出注销申请"三种应当依法注销的情形，并规定兜底条款"《中华人民共和国

---

① 《行政法与行政诉讼法学》编写组：《行政法与行政诉讼法学》，高等教育出版社2018年版，第126页。

行政许可法》和国务院期货监督管理机构规定应当注销行政许可的其他情形”。

注销行政许可适用于特定客观事实的出现、行政许可失效的情形。适用前提是特定客观事实的出现，与被许可人取得行政许可是否合法无关。《中华人民共和国行政许可法》第七十条规定：“有以下情形之一的，行政机关应当依法办理有关行政许可的注销手续：（一）行政许可有效期届满未延续的；（二）赋予公民特定资格的行政许可，该公民死亡或者丧失行为能力的；（三）法人或者其他组织依法终止的；（四）行政许可依法被撤销、撤回，或者行政许可证件依法被吊销的；（五）因不可抗力导致行政许可事项无法实施的；（六）法律、法规规定的应当注销行政许可的其他情形。”上述情形除第二项针对的是公民外，其他几项均属于本条第一款第四项“《中华人民共和国行政许可法》和国务院期货监督管理机构规定应当注销行政许可的其他情形”的范围。

《期货公司监督管理办法》第三十五条规定：“期货公司因遭遇不可抗力等正当事由申请停业的，应当妥善处理客户资产，清退或者转移客户。期货公司恢复营业的，应当符合期货公司持续性经营规则。停业期限届满后，期货公司未能恢复营业或者不符合持续性经营规则的，中国证监会可以根据《期货交易管理条例》第二十条第一款规定注销其期货业务许可证。”第三十七条规定：“期货公司被撤销所有期货业务许可的，应当妥善处理客户资产，结清期货业务；公司继续存续的，应当依法办理名称、营业范围和公司章程等工商变更登记，存续公司不得继续以期货公司名义从事业务，其名称中不得有‘期货’或者近似字样。期货公司解散、破产的，应当先行妥善处理客户资产，结清业务。”[①] 同样，期货经营机构在注销相关业务许可证前，应当结清相关期货业务，并依法返还交易者的保证金和其他资产，这一规定是为了维护期货市场秩序以及保护交易者权益。

【关联规范】

《中华人民共和国行政许可法》第七十条；《期货公司监督管理办法》第三十五条、第三十七条。

① 《期货公司监督管理办法》，载中国政府网，http://www.gov.cn/zhengce/zhengceku/2019-11/14/content_5452010.htm，最后访问时间：2022年4月22日。

第七十七条　【期货经营机构资产评估】 国务院期货监督管理机构认为必要时，可以委托期货服务机构对期货经营机构的财务状况、内部控制状况、资产价值进行审计或者评估。具体办法由国务院期货监督管理机构会同有关主管部门制定。

【条文主旨】

本条规定赋予国务院期货监督管理机构在必要时可以委托期货服务机构对期货经营机构的财务状况、内部控制状况以及资产价值进行审计或评估的权力。

【立法背景】

本条与《期货交易管理条例》第六十一条有类似之处，《期货交易管理条例》第六十一条规定："会计师事务所、律师事务所、资产评估机构等中介服务机构向期货交易所和期货公司等市场相关参与者提供相关服务时，应当遵守期货法律、行政法规以及国家有关规定，并按照国务院期货监督管理机构的要求提供相关资料。"不同于《期货交易管理条例》第六十一条规定的期货服务机构按要求向国务院期货监督管理机构提供相关资料的义务，本条规定的是国务院期货监督管理机构主动在必要的情况下委托期货服务机构如会计师事务所、律师事务所等审计或评估期货经营机构的财务状况、内部控制状况、资产价值。

【条文解读】

国务院期货监督管理机构依法对期货市场进行监督管理，维护交易者的合法权益，维护期货市场的公开、公平、公正，促进期货市场的稳健发展。为维持期货市场稳健发展，国务院期货监督管理机构需要对期货经营机构的财务状况、内部控制状况、资产价值进行审计与评估，具体的审计或评估办法由国务院期货监督管理机构会同有关主管机构制定。我国期货市场目前的审计制度是以社会审计为主，国家审计和内部审计为辅的格局。国务院期货监督管理机构在必要情况下对期货经营机构的财务状况、内部控制状况以及资产价值等信息进行审计或评估，审计人员通过专业职能评定财务信息的真实性，保证信息披露的真实、准确和完整，从而保障交易人的利益。国务院期货监督管理机构通过委托期货服务机构对期货经营机构的财务状况、内部控制状况以及资产价值进行审计，实现对期货市场风险的监控。

本条所指“期货服务机构”，包括会计师事务所、律师事务所、资产评估机构、期货保证金存管机构、交割库、信息技术服务机构等。期货服务机构应当勤勉尽责、恪尽职守，按照相关业务规则为期货交易及相关活动提供服务，并按照国务院期货监督管理机构的要求提供相关资料。其中，会计师事务所、律师事务所以及资产评估机构等期货服务机构在经委托出具审计报告等文件时，应当核查和验证所依据的文件资料内容的真实性、准确性和完整性。

【关联规范】

《中华人民共和国证券法》第一百三十九条。

第七十八条　【期货经营机构禁止行为】禁止期货经营机构从事下列损害交易者利益的行为：

（一）向交易者作出保证其资产本金不受损失或者取得最低收益承诺；

（二）与交易者约定分享利益、共担风险；

（三）违背交易者委托进行期货交易；

（四）隐瞒重要事项或者使用其他不正当手段，诱骗交易者交易；

（五）以虚假或者不确定的重大信息为依据向交易者提供交易建议；

（六）向交易者提供虚假成交回报；

（七）未将交易者交易指令下达到期货交易场所；

（八）挪用交易者保证金；

（九）未依照规定在期货保证金存管机构开立保证金账户，或者违规划转交易者保证金；

（十）利用为交易者提供服务的便利，获取不正当利益或者转嫁风险；

（十一）其他损害交易者权益的行为。

【条文主旨】

本条是关于期货经营机构从业行为的禁止性规定。

【立法背景】

在本法出台之前，《期货交易管理条例》第六十七条实质上也对期货经营机构禁止从事的行为进行了规范，该条规定："期货公司有下列欺诈客户行为之一的，责令改正，给予警告，没收违法所得，并处违法所得1倍以上5倍以下的罚款；没有违法所得或者违法所得不满10万元的，并处10万元以上50万元以下的罚款；情节严重的，责令停业整顿或者吊销期货业务许可证：（一）向客户作获利保证或者不按照规定向客户出示风险说明书的；（二）在经纪业务中与客户约定分享利益、共担风险的；（三）不按照规定接受客户委托或者不按照客户委托内容擅自进行期货交易的；（四）隐瞒重要事项或者使用其他不正当手段，诱骗客户发出交易指令的；（五）向客户提供虚假成交回报的；（六）未将客户交易指令下达到期货交易所的；（七）挪用客户保证金的；（八）不按照规定在期货保证金存管银行开立保证金账户，或者违规划转客户保证金的；（九）国务院期货监督管理机构规定的其他欺诈客户的行为。期货公司有前款所列行为之一的，对直接负责的主管人员和其他直接责任人员给予警告，并处1万元以上10万元以下的罚款；情节严重的，暂停或者撤销期货从业人员资格。任何单位或者个人编造并且传播有关期货交易的虚假信息，扰乱期货交易市场的，依照本条第一款、第二款的规定处罚。"相较而言，本条将规制的主体扩展至所有期货经营机构，并明确规定期货经营机构禁止从事这些行为。关于期货经营机构从事这些行为的法律后果，可参见本法第一百三十五条的规定。

【条文解读】

期货市场信息交换和传递相当迅速，信息的重要性也因此不言而喻。

实践中个别期货交易所的工作人员为了牟取非法利益或因其他目的，采用各种手段编造虚假信息并散播，严重损害期货市场的正常交易秩序。这一行为危害性极大，迫切需要法律法规予以规制。

本条这样规定是为了保护期货交易者的权益，防范期货经营机构的不当行为对期货交易者的利益产生损害或是期货经营机构从中获取不正当利益。这些不当行为具体表现为作出虚假、不当承诺，违规分红，存在隐瞒或诱骗交易者等不当行为，以及挪用保证金、不履行交易操作等其他损害交易者权益的行为。本条所列举的禁止期货经营机构从事的损害交易者利益的行为不限于此，主要分为：（1）涉嫌欺诈、诱骗交易者的行为，譬如隐瞒重要事项或者使用其他不正当手段诱骗交易者交易、以虚假或者不确定的重大信息为依据向交易者提供交易建议、向交易者提供虚假成交回报等；（2）违反期货交易的相关规定，如挪用交易者保证金、未依照规定在期货保证金存管机构开立保证金账户，或者违规划转交易者保证金等情形，或是违背对交易者应尽的义务，如违背交易者委托进行期货交易、未将交易者交易指令下达到期货交易场所等；（3）利用职务便利，获取不正当利益或转移风险的行为，譬如与交易者约定分享利益、共担风险，或是利用为交易者提供服务的便利，获取不正当利益或者转嫁风险的情形。第十一项属于对前十项所列举的禁止行为之外的“其他损害交易者权益的行为”，具有兜底条款的性质。

2015 年度上海法院某金融商事审判案例——甲某等诉乙证券公司证券/期货内幕交易责任纠纷案（内幕交易行为人对投资者的损失应承担侵权赔偿责任案）即为本条列举的第四项情形。该案是我国首起内幕交易行为人被法院判决承担民事赔偿责任的内幕交易民事赔偿案。2013 年 8 月 16 日 11 时 5 分，乙证券公司在进行交易型开放式指数基金（以下简称 ETF）申赎套利交易时，因程序错误，其所使用的策略交易系统以 234 亿元的巨量资金申购股票，实际成交 72.7 亿元。在当日 13 时开市后，乙证券公司在未披露相关事实的情况下通过卖空股指期货、卖出 ETF 对冲风险，至 14 时 22 分才公告称“公司策略投资部自营业务在使用其独立套利系统时出现问题”。同年 11 月，中国证监会对乙证券公司作出行政处罚决定，认定乙证券公司在内幕信息公开前将所持股票转换为 ETF 卖出和卖出股指期货空头合约的行为构成内幕交易行为，作出没收非法所得及罚款 5.2 亿元等处罚。在乙证券公司错单交易过程中，甲某等投资者认为市场可能有重大利好消息，且乙证券公司董事会秘书通过媒体否认乌龙传闻，故进行了相关股票或股指期货合约的交易，造成了损失。甲某等投资者认为其损失与乙证券公司内幕交易之间具有因果关系，故起诉至法院，要求乙证券公司承担赔偿责任。上海市第二中级人民法院于 2015 年 9 月 30 日作出判决：乙证券公司赔偿甲某等部分投资者损失。乙证券公司不服一审判决提起上诉，上海市高级人民法院于 2016 年 1 月 18 日作出（2015）沪高民五（商）终字第 61 号等终审判决：驳回上诉，维持原判。①

【关联规范】

《中华人民共和国证券法》第一百三十五条。

① 参见上海市高级人民法院（2015）沪高民五（商）终字第 61 号民事判决书，载中国裁判文书网，https://wenshu.court.gov.cn/website/wenshu/181107ANFZ0BXSK4/index.html?docId=6f648f37898e4ced999cfa2d7ab461ba，最后访问时间：2022 年 4 月 9 日。

第六章　期货交易场所

本章概要

本章是对期货交易场所的规定，主要涉及期货交易所的公共利益原则、自律监管地位、交易所的批准、章程、名称使用、组织机制、业务规则效力、负责人资格、主要职责、收益使用、紧急措施、行情及其权益、突发性事件处置和民事责任豁免等内容。

第七十九条　【运作原则】期货交易场所应当遵循社会公共利益优先原则，为期货交易提供场所和设施，组织和监督期货交易，维护市场的公平、有序和透明，实行自律管理。

【条文主旨】

本条是关于期货交易所运作原则的规定。

【立法背景】

本条优化了《期货交易管理条例》第七条的规定。《期货交易管理条例》第七条第一款规定期货交易所不以营利为目的，按照其章程的规定实行自律管理。本法删除了期货交易所不以营利为目的的规定，规定期货交易所遵循公共利益优先原则，维护市场的公平、有序和透明，实行自律管理。

【条文解读】

本条确立了期货交易所的公共利益优先原则，明确了自律监管的法律地位。

一、期货交易场所的定义

本法中的场所分为期货交易场所和衍生品交易场所。本条将期货交易所修改为期货交易场所，主要是考虑到上海证券交易所、深圳证券交易所是证券交易所，但上市了ETF期权。可见，期货交易场所包括期货交易所、上海证券交易所和深圳证券交易所。

衍生品交易场所比较复杂，根据监管机构可以划分为证监会监管和中国人民银行监管的衍生品交易场所。一是证券公司和期货公司等机构开展收益互换、场外期权等场外衍生品活动，属于期货柜台市场，受证监会监管。二是中国人民银行监管的衍生品场所，主要包括中国外汇交易中心暨全国银行间同业拆借中心（“银行间市场”）、上海黄金交易所、商业银行柜台市场等。银行间市场主要品种包括利率互换、债券远期、标准债券远期、远期利率协议、利率期权等。上海黄金交易所主要品种是现货延期交收黄金合约、现金延期交收黄金合约等。标准债券远期、利率期权、现货延期交收黄金合约、现金延期交收黄金合约等品种尽管被称作场外衍生品，但其合约标准化程度与场内市场合约基本相同，交易也采取集中买卖的方式，与狭义期货基本无异。商业银行还开展柜台衍生品交易，这些柜台市场是中国人民银行、银保监会监管的衍生品交易场所。

二、期货交易所的主要职责

本条从宏观上确定了期货交易所的三个主要职责，即为期货交易提供场所和设施，组织和监督期货交易和维护市场的公平、有序和透明，微观职责规定在本法第八十五条。

三、期货交易所的双重属性和公共利益优先

双重属性。期货交易场所是进行期货交易的地方，有交易市场和法律主体两重含义，[①] 前者是指进行期货交易的市场，后者是指作为法律关系主体的法人。期货交易所有双重属性，作为金融基础设施具有明显的公共利益和公共服务特征，作为市场主体有明显的商业利益和追求营利特征。这两种特征和属性会存在利益冲突，在会员制交易所体现为公共利益与会员利益的冲突，在公司制交易所表现为公共利益和股东利益的冲突。[②]

公共利益优先。从1999年《期货交易管理暂行条例》（已废止）到历次《期货交易管理条例》修改，延续了“不以营利为目的”的规定。为进

---

① 叶林主编：《期货期权市场法律制度研究》，法律出版社2017年版，第186页。

② 程合红主编：《〈证券法〉修订要义》，人民出版社2020年版，第212页。

一步从正面突出期货市场的公共利益属性，本次修改借鉴 2019 年证券法第九十九条的规定，调整为公共利益优先，并通过本法第八十条章程由监管机构批准、第八十四条负责人由国务院期货监督管理机构提名或者任免等配套制度确保公共利益的实现。

四、自律管理

行业自律指由行业自身制定和执行一套伦理道德制度。行业自律的内在含义是行业自身在自律方案的制定和执行中同时充当立法者和法官的角色。[①]就期货交易所而言，自律管理是指交易所制定并执行交易所规则。对自律管理权的性质有权利说、权力说和混合说三种不同理解，其中混合说属于比较主流的观点，认为自律监管权兼具“权利”和“权力”的双重属性，既源于会员权利的让渡，也源于法律的授权，其中“权利”为自律机构的基本属性，[②] 但把自律监管权理解为权利似乎更为合理。

一是自律监管权是民事合同权利，来自交易所与相关市场机构的民事合同。其中，对会员、期货保证金存管银行、信息服务机构的自律监管权来自彼此间直接的合同关系，对客户自律监管权则来自交易所与会员以及会员与客户之间的双重合同关系。二是法律赋予交易所的自律管理权是民法上的权利，而非公法上的权力。民法典也有关于当事人权利和义务的规定，但这并不能否定这些权利的民事法律性质。证券法、《期货交易管理条例》是公法和私法结合的法律，笔者认为，关于交易所自律管理的规定可以理解为民事权利的私法规定，而非赋予交易所“权力”的公法规定，这些规定只有转化为民事性质的业务规则后才能对会员、客户及相关市场主体适用。比如本法第八十七条规定，当期货市场出现异常情况时，期货交易场所可以按业务规则采取紧急措施。2019 年证券法第一百一十一条第一款规定，“为维护证券交易正常秩序和市场公平，证券交易所可以按照业务规则采取技术性停牌、临时停市等处置措施”。这些都要求将相关法律规定转化为民事性质的交易所业务规则。

依据监管对象的不同，自律管理法律关系可以分为交易所与会员、与客户（投资者）、与期货保证金存管银行、与信息服务机构、与期货市场其他参与者之间的自律管理法律关系。依据管理内容的不同，自律监管可以分为交易行为监管和非交易行为监管，前者主要针对市场操纵、内幕交

---

① ［美］菲利普·麦克布莱德·约翰逊、［美］托马斯·李·哈森：《商品规制法》，小布朗公司 1989 年版，第 409 页。

② 叶林主编：《期货期权市场法律制度研究》，法律出版社 2017 年版，第 188 页。

易等交易类行为监管，后者主要针对客户管理、结算业务、交割业务等非交易类业务行为监管。

【关联规范】

《中华人民共和国证券法》第九十九条；《期货交易所管理办法》[①] 第三条；《商品期货交易财务管理暂行规定》[②] 第八条。

第八十条　【设立、变更和解散期货交易所】设立、变更和解散期货交易所，应当由国务院期货监督管理机构批准。

设立期货交易所应当制定章程。期货交易所章程的制定和修改，应当经国务院期货监督管理机构批准。

【条文主旨】

本条是关于期货交易所设立、变更和解散的规定。

【立法背景】

本条整合了《期货交易管理条例》第六条和第十三条关于期货交易所设立、章程的内容。此外，将未经设立期货交易场所或者组织期货交易活动的禁止性罚则规定在本法第一百三十六条中。

【条文解读】

一、境内期货交易所审批制的确立

期货交易所的发展起步。1988 年 9 月，国务院提出“逐步建立粮食批发市场，有秩序地组织市场调节”，“价格由供求双方议定”等要求，[③] 为

---

① 《期货交易所管理办法》，载中国证券监督管理委员会网站，http：//www. csrc. gov. cn/csrc/c106256/c1653889/content. shtml，最后访问时间：2022 年 5 月 3 日。

② 《商品期货交易财务管理暂行规定》，载中华人民共和国财政部网站，http：//jdjc. mof. gov. cn/fgzd/202204/t20220418_ 3803624. htm，最后访问时间：2022 年 5 月 3 日。

③ 《国务院关于加强粮食管理稳定粮食市场的决定》，载中国政府网，http：//www. gov. cn/zhengce/content/2011-08/31/content_ 3373. htm，最后访问时间：2022 年 5 月 2 日。

期货交易所的产生奠定了坚实基础。由于当时社会对期货的认知整体缺乏，也缺乏运行期货交易所的经验，没有使用期货交易或期货交易所的表述，而是采取了期现货在同一市场交易的方式，强调远期合同交易必须同现货交易严格区分。1990 年 10 月，郑州粮食批发市场正式开业，这是我国第一个拥有期货交易品种的市场。① 1992 年《国务院政府工作报告》提出“发展批发市场和期货市场”,② 第一次在官方文件中明确提出发展期货市场。1992 年 10 月，深圳有色金属交易所推出了中国第一个标准化期货合约——特级铝期货标准合同，实现了由远期合同向期货交易的过渡。③同年 12 月，上海证券交易所也在我国首次推出国债期货交易。初期只面向证券公司，为提升市场流动性，1993 年 10 月进一步向社会公众开放。1994 年至 1995 年年初，国债期货得到迅速发展，全国开设国债期货的交易场所从 2 家增加到 14 家。④

审批制的确立。1993 年，我国商品期货市场出现盲目发展的情况，各种商品期货交易所达到 50 家左右，交易品种重复，盲目发展境外期货交易，地下交易和欺诈时有发生。⑤ 1993 年底，期货市场进入清理整顿期。1993 年 11 月，国务院明确“除选择少数商品和地方进行试点探索外，必须严加控制”“未经证券委批准，不得设立期货交易所（中心）”。⑥ 1995 年 4 月，期货交易所被压缩到 14 家。⑦ 2006 年 9 月，中国金融期货交易所成立。2019 年 2 月，《粤港澳大湾区发展规划纲要》⑧ 发布，要求研究设立以碳排放为首个品种的创新型期货交易所。2021 年 4 月 19 日，广州期

---

① 姜洋：《中国期货市场发展回顾》，载《中国金融》2019 年第 19 期。

② 《1992 年国务院政府工作报告》，载中国政府网，http：//www. gov. cn/test/2006-02/16/content_ 200922. htm，最后访问时间：2022 年 5 月 2 日。

③ 中国证券监督管理委员会：《中国资本市场发展报告》，中国金融出版社 2008 年版，第 8 页。

④ 中国证券监督管理委员会：《中国资本市场发展报告》，中国金融出版社 2008 年版，第 18 页。

⑤ 中国证券监督管理委员会：《中国资本市场发展报告》，中国金融出版社 2008 年版，第 18 页。

⑥ 《关于坚决制止期货市场盲目发展的通知》（国发〔1993〕77 号），载中国政府网，http：//www. gov. cn/zhengce/content/2016-01/27/content_ 5036630. htm，最后访问时间：2022 年 4 月 30 日。

⑦ 中国证券监督管理委员会：《中国资本市场发展报告》，中国金融出版社 2008 年版，第 18 页。

⑧ 《中共中央、国务院印发〈粤港澳大湾区发展规划纲要〉》，载中国政府网，http：//www. gov. cn/zhengce/2019-02/18/content_ 5366593. htm，最后访问时间：2022 年 5 月 2 日。

货交易所举行揭牌活动。①

二、非法期货交易场所的清理整顿

随着计算机技术和网络技术的发展，成立期货交易场所、组织期货交易的技术门槛明显降低，非法期货交易场所呈较为多发态势。由于缺乏规范管理，在交易场所设立和交易活动中违法违规问题比较突出，风险不断暴露，为此相关部门开展了非法交易场所清理整顿工作。2007 年，《期货交易管理条例》第八十九条规定②同时采用以下交易机制或者具备以下交易机制特征之一的为变相期货交易：为参与集中交易的所有买方和卖方提供履约担保的；实行当日无负债结算制度和保证金制度，同时保证金收取比例低于合约（或者合同）标的额 20%的。

（一）主要规定

2011 年 11 月，《国务院关于清理整顿各类交易场所切实防范金融风险的决定》（国发〔2011〕38 号）③ 拉开清理整顿现货交易场所的序幕。该文规定现货交易场所不得进行权益拆分，不得进行持续挂牌交易，不得以集中竞价、电子撮合、匿名交易、做市商等集中交易方式进行标准化合约交易等，要求各省级人民政府对本地区各类交易场所进行集中清理整顿。

2011 年 12 月 20 日，中国人民银行、公安部、工商总局、银监会、中国证监会共同发布《关于加强黄金交易所或从事黄金交易平台管理的通知》④（银发〔2011〕301 号），规定除上海黄金交易所和上海期货交易所外，任何地方、机构或个人均不得设立黄金交易所（交易中心），也不得在其他交易场所（交易中心）内设立黄金交易平台。

2012 年 1 月，《国务院关于同意建立清理整顿各类交易场所部际联席会议制度的批复》（国函〔2012〕3 号）⑤ 决定建立由中国证监会牵头的清

---

① 姜洋：《中国期货市场发展回顾》，载《中国金融》2019 年第 19 期。

② 该项内容已被《期货交易管理条例》（2012 年）删除。

③ 《国务院关于清理整顿各类交易场所切实防范金融风险的决定》，载中国政府网，http://www.gov.cn/zwgk/2011-11/24/content_2002092.htm，最后访问时间：2022 年 5 月 2 日。

④ 《关于加强黄金交易所或从事黄金交易平台管理的通知》，载中国证券监督管理委员会网站，http://www.csrc.gov.cn/csrc/c100028/c1002550/content_shtml，最后访问时间：2022 年 5 月 2 日。

⑤ 《国务院关于同意建立清理整顿各类交易场所部际联席会议制度的批复》，载中国政府网，http://www.gov.cn/zwgk/2012-01/12/content_2042870.htm，最后访问时间：2022 年 5 月 2 日。

理整顿各类交易场所部际联席会议制度，以加强对清理整顿各类交易场所工作的组织领导。

2012 年 7 月，国务院办公厅发布《国务院办公厅关于清理整顿各类交易场所的实施意见》[①]（国办发〔2012〕37 号），进一步明确了集中交易方式的类型以及标准化合约的具体情形。

2012 年 10 月，国务院修订《期货交易管理条例》，明确规定未经国务院批准或者国务院期货监督管理机构批准，任何单位或者个人不得设立期货交易场所或者以任何形式组织期货交易及其相关活动。

2013 年年底，商务部、中国人民银行、中国证监会颁布了《商品现货市场交易特别规定（试行）》[②]，对商品现货市场的交易对象、交易方式等予以明确，并明确各证监局负责商品现货市场非法期货交易活动的认定等工作。

2017 年 8 月 4 日，最高人民法院发布《关于进一步加强金融审判工作的若干意见》[③]（法发〔2017〕22 号，已修改），第二十一条明确规定："规范整治地方交易场所的违法交易行为，防范和化解区域性金融风险。对地方交易场所未经许可或者超越经营许可范围开展的违法违规交易行为，要严格依照相关法律和行政法规的禁止性规定，否定其法律效力，明确交易场所的民事责任。切实加强涉地方交易场所案件的行政处置工作与司法审判工作的衔接，有效防范区域性金融风险。"

（二）非法期货交易场所的认定

一是认定部门。中国人民银行负责组织认定非法黄金期货交易等活动，中国证监会派出机构负责商品现货市场非法期货交易活动的认定工作。[④]

二是认定标准。商品现货市场非法期货交易包括《期货交易管理条例》第七十四条规定的"非法组织期货交易活动"和"擅自从事期货业务"等情形。认定的主要标准是目的要件和形式要件相结合。目的要件主要是以标准化合约为交易对象，允许交易者以对冲平仓方式了结交易，而

---

① 《国务院办公厅关于清理整顿各类交易场所的实施意见》，载中国政府网，http：//www. gov. cn/zwgk/2012-07/20/content_ 2187828. htm，最后访问时间：2022 年 5 月 2 日。

② 《商品现货市场交易特别规定（试行）》，载中国政府网，http：//www. gov. cn/gongbao/content/2014/content_ 2567175. htm，最后访问时间：2022 年 5 月 20 日。

③ 《关于进一步加强金融审判工作的若干意见》，载最高人民法院公报网，http：//gongbao. court. gov. cn/Details/63a3acb48cac9ae1c0c13bb35625b6. html，最后访问时间：2022 年 5 月 2 日。

④ 《商品现货市场交易特别规定（试行）》，载商务部网站，http：//www. mofcom. gov. cn/article/fgsjk/201311/20131102649868. shtml，最后访问时间：2022 年 6 月 9 日。

不以实物交收为目的或者不必交割实物。形式要件根据《国务院关于清理整顿各类交易场所切实防范金融风险的决定》[①]（国发〔2011〕38号）和《国务院办公厅关于清理整顿各类交易场所的实施意见》[②]（国办发〔2012〕37号）等有关规定，一般有如下特征：交易对象为标准化合约，交易方式为集中交易，集中交易又可细分为集合竞价、连续竞价、电子撮合、匿名交易、做市商机制等交易方式。

三是从民事认定标准看，司法系统认定非法期货交易主要包括以下因素：涉案交易除价格未确定外，其他要素均在交易前确定，投资者支付一定金额的保证金即可进行交易，构成集中交易的结果，符合做市商交易特征，符合非法期货交易的目的要件。[③] 此后，最高人民法院进一步完善认定标准，如涉案交易除买卖方向和手数外其他交易参数由交易系统事先设定，交易标的具有同质性或可替代性，相对固定，只缴纳一定比例保证金即可买入或者卖出，可以通过反向操作、对冲平仓方式了结持仓。[④]

三、期货交易所章程的审批制

期货交易所章程，是指由期货交易所会员大会或股东会制定的对期货交易所及其会员、内部组织机构具有约束力的，并经过国务院期货监督管理机构批准的内部行为规范。章程规定了期货交易所的设立目的、职责、

---

① 《国务院关于清理整顿各类交易场所切实防范金融风险的决定》，载中国政府网，http：//www. gov. cn/zwgk/2011-11/24/content_ 2002092. htm，最后访问时间：2022年5月2日。

② 《国务院办公厅关于清理整顿各类交易场所的实施意见》，载中国政府网，http：//www. gov. cn/zwgk/2012-07/20/content_ 2187828. htm，最后访问时间：2022年5月2日。

③ 最高人民法院（2016）民申1002号民事裁定书，载中国裁判文书网，https：//wenshu. court. gov. cn/website/wenshu/181107ANFZ0BXSK4/index. html? docId=9527dd9dbc594b88a0faa7d000fe1be2，最后访问时间：2022年5月22日。

④ 参见最高人民法院（2017）最高法民申3792号民事裁定书，载中国裁判文书网，https：//wenshu. court. gov. cn/website/wenshu/181107ANFZ0BXSK4/index. html? docId=5f6a17f4e10f4c18b829a8c500bda3c7，最后访问时间：2022年5月3日；最高人民法院（2017）最高法民申3794号民事裁定书，载中国裁判文书网，https：//wenshu. court. gov. cn/website/wenshu/181107ANFZ0BXSK4/index. html? docId = f6b2c94c2ee04c64b964a8c500bda3db，最后访问时间：2022年5月3日；最高人民法院（2017）最高法民申4790号民事裁定书，载中国裁判文书网，https：//wenshu. court. gov. cn/website/wenshu/181107ANFZ0BXSK4/index. html? docId=9c118ee2c8f64f0dbd6aa8c701159420，最后访问时间：2022年5月3日；最高人民法院（2017）最高法民申4792号民事裁定书，载中国裁判文书网，https：//wenshu. court. gov. cn/website/wenshu/181107ANFZ0BXSK4/index. html? docId = c7728b3a24c145dc879ea8c70115942b，最后访问时间：2022年5月3日；最高人民法院（2017）最高法民申4816号民事裁定书，载中国裁判文书网，https：//wenshu. court. gov. cn/website/wenshu/181107ANFZ0BXSK4/index. html? docId=0918807d17d04c00aca8a8c701159437，最后访问时间：2022年5月3日。

组织结构、基本业务制度等内容。期货交易所章程是设立期货交易所的必备条件，会员制和公司制交易所都要遵守该规定。1999 年《期货交易管理暂行条例》（已失效）第十七条第一项已经明确期货交易所制定或者修改章程应经中国证监会批准，该规定被延续至今。对章程进行批准也是各国期货交易法律法规的普遍做法。期货交易所章程由期货监督管理机构批准是本法第七十九条“社会公共利益优先原则”的配套制度，有利于维护期货市场的公平、有序和透明运行。

【关联规范】

《期货交易所管理办法》第六条、第九十二条；《股票期权交易试点管理办法》第五条。

第八十一条　【期货交易所名称】期货交易所应当在其名称中标明“商品交易所”或者“期货交易所”等字样。其他任何单位或者个人不得使用期货交易所或者其他可能产生混淆或者误导的名称。

【条文主旨】

本条是关于期货交易所名称的规定。

【立法背景】

与《期货交易管理条例》相比，本条新增了期货交易所名称的规定。本条借鉴 2019 年证券法第一百条的规定，将该规定上升至法律层面，明确规定了期货交易所的名称使用，即期货交易所必须在名称中使用“商品交易所”或者“期货交易所”等字样，其他单位和个人不得使用期货交易所或相似的名称。

【条文解读】

随着电子化交易技术的发展，设立交易场所的技术门槛相对降低。个别地方为推进权益（如股权、产权等）和商品市场发展，陆续批准设立了一些从事产权交易、文化艺术品交易和大宗商品中远期交易等各种类型的交易场所。为规范管理，避免交易场所设立和交易活动中出现违法违规问题从而带来风险，2011 年国务院发布的《关于清理整顿各类交易场所切实防范金融风险的决定》（国发〔2011〕38 号）① 第三条规定，凡使用“交易所”字样的交易场所，除经国务院或国务院金融管理部门批准的外，必须报省级人民政府批准；省级人民政府批准前，应征求联席会议意见。第四条规定，未经批准在交易场所名称中使用“交易所”字样的交易场所，应限期清理规范。本条明确其他任何单位或者个人不得使用期货交易所或者近似的可能产生混淆或者误导的名称。

【关联规范】

《中华人民共和国证券法》第一百条；《期货交易所管理办法》第七条。

第八十二条　【期货交易所组织形式】 期货交易所可以采取会员制或者公司制的组织形式。

会员制期货交易所的组织机构由其章程规定。

【条文主旨】

本条是关于期货交易所组织形式的规定。

【立法背景】

一、期货交易所的公司制改革

期货交易所公司制改革有诸多成因。②

法律和制度是约束条件下的产物，交易所组织形式也是。在信息技术和网络技术普及前，期货交易在物理交易大厅（trading pit）进行。交易大厅物理空间有限，能够容纳的人员有限，无法实现投资者直接进场交易，只能采取委托可以进场交易的会员（经纪商）代为交易。此时，会员是期货交易的核心，带有天然垄断地位，没有会员期货交易就难以进行。因

---

① 《国务院关于清理整顿各类交易场所切实防范金融风险的决定》，载中国政府网，http：//www. gov. cn/zwgk/2011-11/24/content_ 2002092. htm，最后访问时间：2022 年 5 月 2 日。

② 叶林等编：《期货期权市场法律制度研究》，法律出版社 2017 年版，第 186 页；王湘淳：《论我国期交所组织形式的选择》，载《河北法学》2018 年第 6 期。

此，期货交易所多由会员管理运营，会员制交易所也就成了常态。

20 世纪末，信息技术快速发展，电子化交易逐渐成为主流的交易方式，传统的在交易池进行的线下交易逐渐落伍，这对交易所组织机制产生重大影响。从外部看，电子化交易使得交易更容易组织，交易所之间的竞争越发激励。从内部看，会员在交易池所处的垄断地位不复存在。同时，电子化交易的基础技术设施投入需要大量资金，对交易所的融资能力提出更高要求。因此，20 世纪 90 年代，证券期货交易所的组织形式发生重大变革，由会员制转变为公司制。

证券交易所首先开始公司制改革。1993 年，瑞典斯德哥尔摩证券交易所（OM）公司化改制，成为全球第一家股份制的交易所。1998 年，澳大利亚证券交易所既改制为公司制，并公开上市，成为全球第一家上市的证券交易所。20 世纪 90 年代末，期货交易所开始公司化改革。芝加哥商业交易所（CME）、芝加哥期货交易所（CBOT）、纽约商业交易所（NYMEX）、芝加哥期权交易所（CBOE）以及伦敦金属交易所（LME）都先后完成了公司制改革，洲际交易所（ICE）与欧洲期货交易所（Eurex）设立时就采用了公司制的组织形式。新加坡证券交易所（SES）与新加坡国际金融交易所（SIMEX）合并成立了新加坡交易所（SGX），同时进行了公司化改制。澳大利亚的悉尼期货交易所（SFE）、日本的东京商品交易所（TOCOM）也先后完成公司制改革。[①] 公司化改制后，交易所的决策、激励、融资等能力有很大的提升。市场化的运营模式使得品种推出加速，成交量大幅提升。同时，公司化改制还推动了交易所在全球范围的合并进程。就我国情况而言，中国金融期货交易所成立之时，恰逢国际市场的交易所改制和并购趋势，作为改革试点采取了公司制形态，两家证券交易所和三家期货交易所是公司股东。2021 年成立的广州期货交易所也采取了公司制。

二、公共利益与股东利益的平衡

如何平衡营利与公共利益的关系是公司制交易所面临的主要挑战。公司制改革后，交易所不断提升营利能力，实现股东利益（stockholder）最大化是应有之义。同时，交易所还具有较明显的公共利益属性，涉及的利益相关者（stakeholder）比较多，交易所平稳运行关乎金融体系的效率与质量，关乎金融资源合理、有效地配置，交易所既是金融市场稳健高效运行的基础性保障，也是实施宏观审慎管理和强化风险防控的重要抓手。过

---

① 王湘淳：《论我国期交所组织形式的选择》，载《河北法学》2018 年第 6 期。

度强调以股东利益为中心，单纯强调营收要求，可能会带来监管标准的放松、监管投入的减少，甚至对投资者采取歧视性的制度安排，[①] 最终妨碍公共利益的实现。

为此公司制交易所均采取了应对措施，平衡交易所股东利益与公共利益的关系。在监管机构层面，交易所主要规则的修改需要向监管机构报告，如 CME 集团手续费的修改要向 CFTC 报备。在交易所层面，设置了相应的管理机制，如 CME 集团的市场监管部直接隶属于董事会，防范管理层过度重视短期营收，忽略确保市场平稳运行的市场监管。2006 年 3 月，纽约证券交易所（NYSE）上市后，为解决利益冲突问题，NYSE 将监管和运营完全分离，纽约证券交易所市场公司负责纽交所市场的具体运营，纽约证券交易所监管公司作为独立的非营利实体，主要通过委托协议的形式来承担履行交易所的自律监管职能。2007 年，又将会员的监管责任移交给金融业监管局（FINRA），委托其代表交易所对券商会员进行自律监管。2013 年，纽交泛欧交易所集团被洲际交易所并购后，监管机制也经历较大调整。纽交所市场公司和纽交所监管公司被注销，所有自律监管职责移交给董事会下设的监管委员会和首席监管官。[②]

【条文解读】

全球期货交易所大致分为会员制和公司制两种。作为组织形式的会员制指的是交易所管理运营方式，交易所由会员组成理事会进行决策管理和日常运营，不以营利为目的，更多是互助性质，与以营利为目的的公司的治理机制相对应。[③]

历史上，我国期货交易所都是会员制。一般认为，尽管 1999 年《期货交易管理暂行条例》（已失效）没有明确否定可以采取公司制，但 1999 年《期货交易所管理办法》（已失效）第六条、2002 年《期货交易所管理办法》（已失效）第十五条只规定了会员制交易所。2006 年 9 月 8 日，中国金融期货交易所成立，这是我国第一家公司制交易所。2007 年《期货交

---

① 谢增毅：《证券交易所自律监管的全球考察：困境与出路》，载《商事法论集》（第 11 卷）。

② 《纽约证券交易所自律监管模式的演变》，载上海证券交易所网，http：//www. sse. com. cn/aboutus/research/report/c/4146969. pdf，最后访问时间：2022 年 5 月 22 日。

③ 还有一种作为交易和结算机制的会员制，会员制和公司制交易所都可以在交易和结算机制中采用会员制。比如中金所是公司制交易所，上期所是会员制交易所，两者在交易和结算机制中均采取会员制度。银行以自营会员形式参与国债期货市场。

易所管理办法》（已修改）第四条首次明确规定期货交易所可以采用会员制或公司制。2021 年 4 月，广州期货交易所成立，成为我国第二家公司制期货交易所。

证券交易所也经历了相似的发展历程。一般认为，尽管 1998 年至 2014 年历次修订的证券法均没有明确否定可以采取公司制，但从文义解释可以得出只规定会员制的结论。一是 1998 年证券法（已修改）第九十八条规定："证券交易所的积累归会员所有，其权益由会员共同享有，在其存续期间，不得将其积累分配给会员。"该条被 2004 年证券法第九十八条第二款所延续。1997 年《证券交易所管理办法》（已废止）第三条规定，证券交易所是实行自律性管理的会员制事业法人。二是尽管 2005 年证券法（已修改）第一百零五条将该条修改为"实行会员制的证券交易所的财产积累归会员所有"，并延续至 2014 年证券法（已修改）第一百零五条，这似乎为公司制交易所提供了制度空间，但考虑到第一百零六条同时规定"证券交易所设理事会"，而不是董事会，这意味着证券交易所只能采取会员制。2017 年《证券交易所管理办法》（已废止）第十七条规定："证券交易所实行会员制，设会员大会、理事会、总经理和监事会。"

2019 年证券法为公司制交易所提供了制度空间。尽管 2019 年证券法第一百零一条第二款规定了"实行会员制的证券交易所的财产积累归会员所有"，这与此前证券法第一百零五条的规定相同，但第一百零二条第一款又规定了"实行会员制的证券交易所设理事会、监事会"，这意味着不实行会员制的证券交易所可以另有规定。但也有观点认为，证券交易所是特许经营行业，公司制证券交易所必须有法律的明确授权，否则违反法无明文规定不可为的原则。2021 年，为配合采取公司制的北京证券交易所的成立，《证券交易所管理办法》相应修订，第十七条第二款明确规定了"实行有限责任公司制的证券交易所设股东会、董事会、总经理和监事会"，为公司制证券交易所提供了明确的法律依据。

【关联规范】

《期货交易所管理办法》第四条；《证券交易所管理办法》第十七条。

第八十三条　【业务规则】期货交易所依照法律、行政法规和国务院期货监督管理机构的规定，制定有关业务规则；其中交易规则的制定和修改应当报国务院期货监督管理机构批准。

期货交易所业务规则应当体现公平保护会员、交易者等市场相关各方合法权益的原则。

在期货交易所从事期货交易及相关活动，应当遵守期货交易所依法制定的业务规则。违反业务规则的，由期货交易所给予纪律处分或者采取其他自律管理措施。

【条文主旨】

本条是关于期货交易所业务规则法律效力的规定。

【立法背景】

本条借鉴了2019年证券法第一百一十五条的规定，增加了期货交易所业务规则法律地位和效力的内容。

【条文解读】

一是明确业务规则的依据包括法律、行政法规和国务院期货监督管理机构的规定。二是明确业务规则的约束对象包括“在期货交易所从事期货交易及相关活动”的所有主体。三是明确自律管理措施包括纪律处分和其他自律管理措施，为期货交易所监管措施提供了法律依据。

期货交易所依法制定交易规则。各期货交易所业务规则一般包括交易规则、实施细则、业务指引、业务通知等，一般分为业务（如交易、结算、交割等业务规则）和产品（如国债期货、股指期货等产品规则）两大类。

明确期货交易所业务规则要坚持公平原则。期货交易所作为期货市场的组织者，具有明显的公共利益特点，是期货市场的“裁判员”，业务规则应持中立立场，公平保护会员、交易者等市场相关各方的合法权益。

明确业务规则的法律效力。理论上讲，期货交易所是自律管理主体，交易所与管理对象之间是民事法律关系，管理对象可以质疑交易所业务规则的合法性，进而否定交易所的管理。本条第三款规定，在期货交易所从事期货交易及相关活动，应当遵守期货交易所依法制定的业务规则，从法律上明确了交易所规则的强制执行效力，管理对象无权挑战交易所业务规则。同时，该款并未改变期货交易所自律管理的民事法律性质，交易所依据业务规则作出的决定并非行政行为。

【关联规范】

《中华人民共和国证券法》第一百一十五条；《期货交易所管理办法》第八条。

第八十四条　【期货交易所负责人资格】期货交易所的负责人由国务院期货监督管理机构提名或者任免。

有《中华人民共和国公司法》规定的不适合担任公司董事、监事、高级管理人员的情形或者下列情形之一的，不得担任期货交易所的负责人：

（一）因违法行为或者违纪行为被解除职务的期货经营机构的董事、监事、高级管理人员，或者期货交易场所、期货结算机构的负责人，自被解除职务之日起未逾五年；

（二）因违法行为或者违纪行为被吊销执业证书或者被取消资格的注册会计师、律师或者其他期货服务机构的专业人员，自被吊销执业证书或者被取消资格之日起未逾五年。

【条文主旨】

本条是关于期货交易所负责人资格的规定。

【立法背景】

本条在2017年《期货交易管理条例》第九条规定的基础上作了一定调整。规定期货交易所的负责人由国务院期货监督管理机构提名或者任免，优化了不得担任期货交易所负责人的情形，删除了对交易所财务人员任职的禁止性规定。

【条文解读】

本条规定了期货交易所负责人的负面清单。

第一，根据公司法第一百四十六条第一款的规定，下列人员不得担任期货交易所负责人：（1）无民事行为能力或者限制民事行为能力；（2）因贪污、贿赂、侵占财产、挪用财产或者破坏社会主义市场经济秩序，被判处刑罚，执行期满未逾五年，或者因犯罪被剥夺政治权利，执行期满未逾五年；（3）担任破产清算的公司、企业的董事或者厂长、经理，对该公司、企业的破产负有个人责任的，自该公司、企业破产清算完结之日起未逾三年；（4）担任因违法被吊销营业执照、责令关闭的公司、企业的法定代表人，并负有个人责任的，自该公司、企业被吊销营业执照之日起未逾三年；（5）个人所负数额较大的债务到期未清偿。

第二，下列两类人员不得担任期货交易所负责人。一是因违法行为或者违纪行为被解除职务的期货市场主体管理人员，包括期货经营机构的董事、监事、高级管理人员，期货交易场所、期货结算机构的负责人。二是因违法行为或者违纪行为被吊销执业证书或者被取消资格专业人员，包括注册会计师、律师或者其他期货服务机构的专业人员。

第三，本条未规定期货交易所负责人的外延，有观点认为证券交易所负责人一般包括理事、监事、总经理、副总经理等。①

【关联规范】

《中华人民共和国公司法》第一百四十六条；《中华人民共和国证券法》第一百零三条。

第八十五条　【期货交易场所职责】期货交易场所应当依照本法和国务院期货监督管理机构的规定，加强对交易活动的风险控制和对会员以及交易场所工作人员的监督管理，依法履行下列职责：

（一）提供交易的场所、设施和服务；

---

① 程合红主编：《〈证券法〉修订要义》，人民出版社 2020 年版，第 217 页。

（二）设计期货合约、标准化期权合约品种，安排期货合约、标准化期权合约品种上市；

（三）对期货交易进行实时监控和风险监测；

（四）依照章程和业务规则对会员、交易者、期货服务机构等进行自律管理；

（五）开展交易者教育和市场培育工作；

（六）国务院期货监督管理机构规定的其他职责。

期货交易场所不得直接或者间接参与期货交易。未经国务院批准，期货交易场所不得从事信托投资、股票投资、非自用不动产投资等与其职责无关的业务。

【条文主旨】

本条是关于期货交易场所职责的规定。

【立法背景】

本条对2017年《期货交易管理条例》第十条内容作了文字调整。鉴于本法第七章独立规定了期货结算机构，本条删除了结算、交割、履约担保等内容。

【条文解读】

本条规定了期货交易所职责的正面清单和负面清单。本条从1999年《期货交易管理暂行条例》（已失效）第十四条发展而来，基本框架未作变动，证券法未见相关规定。

第一，正面清单。一是提供交易的场所、设施和服务。作为期货交易的组织者，期货交易所的基本职责是为期货交易提供场所、设施和管理服务，这是期货交易得以开展的物质基础。二是设计合约、安排上市。期货和期权作为高度标准化的合约，其设计主体并非买卖双方而是期货交易所，这是期货交易所的主要工作。该环节工作类似证券一级市场，但主要工作由期货交易所完成。三是对期货交易进行实时监控和风险监测。作为市场组织者，期货交易所要确保“三公”原则在期货市场的落实落地，监控交易、监测风险是职责的应有之义。四是依照章程和业务规则对会员、交易者、期货服务机构等进行自律管理。根据本法第八十三条第三款的规定，在期货交易所从事期货交易及相关活动，应当遵守期货交易所依法制定的业务规则。五是开展交易者教育和市场培育工作。期货市场是专业化市场，其可持续发展离不开持续开展投资者教育和市场培育工作。

第二，负面清单。一是不得直接或者间接参与期货交易。期货交易所作为期货市场的组织者，是期货市场裁判员，这种中立方的地位决定了期货交易所不可以参与期货交易。同时，期货交易所了解期货市场最新信息，如允许其参加交易，将违背市场的“三公”原则。二是未经国务院批准，期货交易场所不得从事信托投资、股票投资、非自用不动产投资等与其职责无关的业务。期货交易所作为金融基础设施具有明显的公共利益特点，必须以稳健运行为基础，从事与职责无关的业务可能影响运营。同时，期货交易所也有购买自用办公楼、全球并购等业务需要，本条又作了例外规定。

【关联规范】

《期货交易所管理办法》第八条。

第八十六条　【期货交易所收益】期货交易所的所得收益按照国家有关规定管理和使用，应当首先用于保证期货交易的场所、设施的运行和改善。

【条文主旨】

本条是关于交易所所得收益管理和使用的规定。

【立法背景】

本条延续了2017年《期货交易管理条例》第十四条的规定。

【条文解读】

一是期货交易所收益。期货交易所所得收益主要是指经营过程中取得的各项收入，主要包括交易手续费、申报费、交割手续费、席位使用费、转托管费、惩罚性违约金等。在日常经营过程中，期货交易所可以收取费用。期货交易所的收入在扣除税费、人员薪酬等项目后，构成期货交易所的所得收益。

二是收益使用管理。本条规定“按照国家有关规定管理和使用”，而证券法第一百零一条规定“证券交易所可以自行支配的各项费用收入”，可见与证券市场相比期货交易所所得收益使用管理要求更高。《商品期货交易财务管理暂行规定》第八条规定，期货交易所税后利润不得用于分配红利，应全部转作盈余公积金；可以从年度净利润中提取一定数额的公益金，用于期货交易所购建职工集体福利设施支出；期货交易所在净资产达到足以抵御市场风险的一定规模时，可以在一定期间对会员给予降低或免收手续费的待遇。

三是主要用途。加强和完善资本市场基础设施建设，对于提高市场运行效率和降低交易成本、支持资本市场改革创新和对外开放、保护广大投资者合法权益、维护国家金融安全具有重要意义，是守住“交易不断、数据不断”底线的根本，交易所所得收益理应首先用于保证期货交易的场所、设施的运行和改善。

【关联规范】

《中华人民共和国证券法》第一百零一条。

第八十七条　【紧急措施】期货交易场所应当加强对期货交易的风险监测，出现异常情况的，期货交易场所可以依照业务规则，单独或者会同期货结算机构采取下列紧急措施，并立即报告国务院期货监督管理机构：

（一）调整保证金；

（二）调整涨跌停板幅度；

（三）调整会员、交易者的交易限额或持仓限额标准；

（四）限制开仓；

（五）强行平仓；

（六）暂时停止交易；

（七）其他紧急措施。

异常情况消失后，期货交易场所应当及时取消紧急措施。

【条文主旨】

本条规定了期货交易所可以采取的紧急措施。

【立法背景】

本条丰富了《期货交易管理条例》第十二条有关期货交易所紧急措施的种类，新增调整交易限额、限制开仓、强行平仓、暂时停止交易等措施的规定。

【条文解读】

本条是期货市场特有的制度，证券法第一百一十一条只规定了突发事件的处置。1999 年《期货交易管理暂行条例》（已失效）第十六条已有相关规定，并延续至今。期货市场采取保证金交易，风险控制具有特别重要的意义。期货交易所作为期货市场组织者，是期货市场风险控制的核心，为使期货交易所具备及时高效防范和化解市场风险的能力，在期货市场出现异常情况时，期货交易所可以采取本条规定的 6 类紧急管理措施。①

一是调整保证金。保证金是期货市场履约的基石，提高保证金可以增强交易者合约履约能力，降低市场信用风险。二是调整涨跌停板幅度。涨跌停板限定了合约的波动幅度，适当调整涨跌停板幅度，可以控制市场价格波动幅度，限制恐慌情绪等短期因素对市场的影响。三是调整会员、交易者的交易限额或持仓限额标准。调整交易限额设置，可以调节市场流动性，促进市场平稳运行。调整持仓限额标准，可以防范市场操纵风险，有序化解单边市风险。四是限制开仓。限制开仓可以调节市场流动性，限制单个投资者参与交易能力，促进市场平稳运行。五是强行平仓。未经会员同意，交易所可以按规则强行关闭会员持仓，这有利于化解期货市场存量风险。六是暂时停止交易。在异常情况结束或处置完毕后，再重启交易。

【关联规范】

《中华人民共和国证券法》第一百一十一条；《期货交易所管理办法》第八十七条。

---

① 姜洋等：《期货市场新法规解释与适用》，法律出版社 2007 年版，第 86 页。

第八十八条　【行情信息】期货交易场所应当实时公布期货交易即时行情，并按交易日制作期货市场行情表，予以公布。

期货交易行情的权益由期货交易场所享有。未经期货交易场所许可，任何单位和个人不得发布期货交易行情。

期货交易场所不得发布价格预测信息。

期货交易场所应当依照国务院期货监督管理机构的规定，履行信息报告义务。

【条文主旨】

本条是关于期货交易行情的规定。

【立法背景】

本条优化了《期货交易所管理条例》第二十七条的规定，新增了期货交易场所享有行情的权益以及期货交易所信息报告义务。

【条文解读】

1999 年《期货交易管理暂行条例》（已失效）第三十四条已规定了期货交易所应当及时公布相关信息等内容，并为后续历次《期货交易管理条例》所延续，证券法第一百零九条也有类似规定。

一是行情必须实时公布。实时行情是交易者投资判断的主要参考因素，实时准确地公开行情是公开、公平、公正和诚实信用原则的要求，是防范欺诈、内幕交易、市场操纵等违法行为的重要举措。为保障交易行情的实时性，资本市场已经发展出一套由地面高速光纤和空中卫星网络传播双向保障的专属路径，保障即时行情稳定、实时地显示在投资者行情终端。

二是交易所对行情有所有权。行情信息是交易所的重要资源，关乎期货交易所的核心竞争力，交易所对即时行情享有专属权益是国际惯例。在法律中明确权属，可以避免境外机构基于即时行情编制指数并推出相关产品等问题，维护境内市场定价权，维护国家金融安全。

三是期货交易场所不得公布价格预测信息。所谓价格预测，是指对未来市场价格走势做出的分析判断，这是期货投资咨询机构从事的业务。作为金融基础设施，期货交易所中立性、专业性特征明显，有较强的公信力，发布价格预测损害期货交易所的中立性和公信力，也可能误导投资者。自 1999 年《期货交易管理暂行条例》（已失效）起，期货市场严禁期货交易所发布价格预测信息。

【关联规范】

《期货交易所管理办法》第三十八条。

第八十九条　【突发性事件处置】因突发性事件影响期货交易正常进行时，为维护期货交易正常秩序和市场公平，期货交易场所可以按照本法和业务规则规定采取必要的处置措施，并应当及时向国务院期货监督管理机构报告。

因前款规定的突发性事件导致期货交易结果出现重大异常，按交易结果进行结算、交割将对期货交易正常秩序和市场公平造成重大影响的，期货交易场所可以按照业务规则采取取消交易等措施，并应当及时向国务院期货监督管理机构报告并公告。

【条文主旨】

本条是关于突发事件处置的规定。

【立法背景】

本条是新增条文，借鉴 2019 年证券法第一百一十一条规定，新增了期货交易所对突发事件的处置措施。

【条文解读】

一是突发事件影响期货交易正常运行。实践中，随着期货市场电子化交易改造的完成，因重大技术故障、重大人为差错等突发性事件引发的证券交易异常情况日益频繁。据不完全统计，自 2008 年以来，境内外证券市场因系统故障原因导致的大规模交易异常已有百余次，对证券市场的功能和秩序形成巨大威胁。[①]本条未规定突发事件的内容，2019 年证券法第一百一十一条规定了四种类型：（1）不可抗力。不可抗力是指不能预见、不能避免、不能克服的客观情况，如台风、地震等自然灾害，事故灾难、公共卫生事件、社会安全事件等社会事件。（2）意外事件。与不可抗力中的社会事件不同，意外事件可能是第三人原因造成的，往往只是针对特定当事人具有不可预见性和不可抗拒性。（3）技术故障。一般是指技术设备系统或相应零部件丧失其规定性能的状态。（4）人为差错。这是指在业务实施、流程衔接、操作运行等环节因人为原因出现的重大误差，比如“乌龙指”交易。[②]

二是取消交易。所谓取消交易是指对已达成的交易确认无效，包括交易所主动取消交易或根据当事人申请取消交易两者情形，这是对本法第二十六条交易终局性的例外规定。实践中，各交易所对取消交易持非常谨慎态度，设定较为严格的适用条件和程序，如芝加哥商品交易所规则手册第五百八十八条、新加坡交易所第 4. 1. 8 号监管通知等，而我国期货交易所因缺乏上位法依据尚未制定错单规则。通常，只有在极端市场环境下，为维护市场的公平、有序，并保护投资者和公众利益，交易所才会采取这种处理措施。[③] 证券市场的突发事件处置措施更为丰富，2019 年证券法第一百一十一条还规定了技术性停牌、临时停市、暂缓交收等措施。

【关联规范】

《中华人民共和国证券法》第一百一十一条。

第九十条　【民事赔偿责任】期货交易场所对其依照本法第八十七条、第八十九条规定采取措施造成的损失，不承担民事赔偿责任，但存在重大过错的除外。

【条文主旨】

本条是关于期货交易场所非重大过错免责的规定。

---

① 程合红主编：《〈证券法〉修订要义》，人民出版社 2020 年版，第 228 页。
② 程合红主编：《〈证券法〉修订要义》，人民出版社 2020 年版，第 228 页。
③ 程合红主编：《〈证券法〉修订要义》，人民出版社 2020 年版，第 229 页。

【立法背景】

本条将相关司法实践确定的原则上升到法律层面，明确了交易所非重大过错免责原则，与证券法第一百一十一条规定保持一致。

【条文解读】

期货市场具有复杂性、不可预见性特点，期货交易所作为风险输入性组织，应当被豁免除故意或者重大过失外造成损害的民事赔偿责任，否则容易导致期货交易所在履职时面临较多的约束条件，失去风险处置中的灵活性与及时性优势。

民事赔偿豁免应当适用于所有的自律监管职责，而不仅限于突发性事件和异常情况处置，我国已有司法判决支持这样的观点。在郭某某与某某证券股份有限公司等期货内幕交易责任纠纷案中①，法院认为，交易所作为证券、期货市场的自律管理组织，其除了依照章程或业务规则行使自律管理职责外，还具有为集中交易提供保障、发布信息的法定义务，并被赋予在法定条件下对特定市场主体采取单方、强制性、不利益措施的权力。法院判决，证券交易所、期货交易所的法律性质为证券自律管理组织，在行使其法定自律监管职权时，若其行为的程序正当、目的合法，且不具有主观故意，则交易所不应对投资者损失承担民事侵权责任。本案为金融期货交易所正当履行自律监管职责免除了后顾之忧，在金融期货市场法治建设过程中具有标志性意义。

【关联规范】

《中华人民共和国证券法》第一百一十一条。

---

① 参见《最高人民法院公报》2018 年第 12 期。

第七章　期货结算机构

本章概要

本章从第九十一条至第九十七条，共七个条文，专章规定了期货结算机构的有关内容。期货结算机构为期货交易提供结算、交割服务，作为中央对手方，为期货交易提供集中履约保障，对于期货交易正常进行、市场整体风险防范具有重要作用。因此，本章对期货结算机构的法律属性、组织形式、设立条件、中央对手方地位、职责、业务规则及其法律效力、流动性管理要求、负责人、收益使用、业务限制、信息发布和报告义务等进行了规定。与《期货交易管理条例》相比，本章属于新内容。

第九十一条　【法律属性和组织形式】期货结算机构是指依法设立，为期货交易提供结算、交割服务，实行自律管理的法人。

期货结算机构包括内部设有结算部门的期货交易场所、独立的期货结算机构和经国务院期货监督管理机构批准从事与证券业务相关的期货交易结算、交割业务的证券结算机构。

【条文主旨】

本条是关于期货结算机构法律属性和组织形式的规定。

【立法背景】

一、关于期货结算机构独立成章

第一，“交易”和“结算”相对独立，功能职责和制度需求存在差异。现代金融市场中，“交易”和“结算”业务上相互关联但也相对独立。在立法将期货交易与期货结算分章规定的基础上，独立规定期货结算机构可以更好地体现期货交易的业务流程和各类市场主体的职责定位。实践中，许多成熟期货市场都有独立设立的期货结算机构，虽然在交易所并购浪潮和集团化经营趋势下，这些期货结算机构很多都已隶属于某个交易所集团，但按照所在国家和地区的法律法规，上述期货结算机构仍需持有独立的结算机构牌照，并符合相应的监管要求，具有相当的独立性。

第二，有助于确立中央对手方制度，符合国际发展方向。中央对手方是期货市场重要的一项基础制度，在化解期货交易中的对手方风险、防范系统性风险、维护市场稳定方面发挥着重要作用。2008 年国际金融危机爆发后，G20 组织成立了金融稳定委员会（FSB），呼吁各国分别在金融市场建立中央对手方制度，减少系统性风险。在期货交易中，期货结算机构履行中央对手方职责，是重要的金融期货基础设施。专章规定期货结算机构有助于在立法层面肯定并确立中央对手方这项基本金融制度，突出强化期货结算机构的中央对手方地位，并明确期货结算机构履职的核心制度安排。

第三，专章规定期货结算机构符合境内外市场立法实践。从境外市场立法实践来看，普遍在立法中对期货结算机构作出专门规定。从境内相关市场立法来看，证券法也是采用交易场所和结算机构分别专章规定的模式，有助于明确各类市场主体的法律定位和功能职责。

二、期货结算机构的组织形式

从全球期货市场发展实践来看，期货结算机构主要有期货交易所内设结算部门和独立的期货结算机构两种模式。从 20 世纪 90 年代清理整顿以来，境内期货市场就一直采用期货交易所内设结算部门进行结算的模式。不同形态的期货结算机构具有不同的特点，能分别满足不同的需求：期货交易所内设结算部门，交易与结算可以无缝衔接，风险管理与控制相对高效，交易所会员与结算参与人均与期货交易所发生关系，关系相对简单直接；独立的期货结算机构，有利于结算风险的进一步隔离，并有助于期货结算机构业务的专业化和多样化发展，通过适度良性的市场化竞争提升结算服务水平，促进资源整合与优化配置。随着我国期货市场的不断深化发展，需要为期货结算机构的多样化发展预留相应的制度空间。

《期货交易管理条例》对期货结算机构的两种主要组织形式都有相应规定。关于期货交易所内设结算部门，《期货交易管理条例》第十条规定期货交易所履行组织结算的职责。实践中，各交易所通过内设结算部门具体履行相关职责。关于独立的期货结算机构，《期货交易管理条例》早在 2007 年修订时就引入相关规定，该规定一直沿用至今。根据现行《期货交易管理条例》第八十二条的规定，国务院期货监督管理机构可以批准设立期货专门结算机构，专门履行期货交易所的结算以及相关职责，并承担相应法律责任。

【条文解读】

一、期货结算机构的主要职责

为期货交易提供结算和交割服务，是期货结算机构的两项基本法定职能。

1. 结算。结算通常是指根据期货交易结果和期货交易所有关规定对会员交易保证金、盈亏、手续费、交割货款及其他有关款项进行计算、划拨的业务活动。[①] 整体上，期货结算主要包括两个环节：一是款项的计算，二是款项的划拨。实践中，目前境内期货交易的结算由期货交易所统一组织进行。在具体结算关系上，根据期货交易所实行的会员制度存在一定差异：实行全员结算制度的期货交易所会员均具有与期货交易所进行结算的资格，期货交易所对会员结算，会员对其受托的客户结算。实行会员分级结算制度的期货交易所会员由结算会员和非结算会员组成，结算会员具有与期货交易所进行结算的资格，非结算会员不具有与期货交易所进行结算的资格。期货交易所对结算会员结算，结算会员对非结算会员结算，非结算会员对其受托的客户结算。[②]

2. 交割。交割通常是指期货合约到期时，按照既定规则和程序，交易

---

① 参见《上海期货交易所结算细则》第二条，载上海期货交易所网站，http：//www. shfe. com. cn/regulation/regulation/Implementingrules/911341338. html，最后访问时间：2022 年 5 月 2 日；《郑州商品交易所结算细则》第二条，载郑州商品交易所网站，http：//www. czce. com. cn/cn/flfg/zcjywgz/ssxz/webinfo/2020/09/1597085638079690. htm，最后访问时间：2022 年 5 月 2 日；《大连商品交易所结算管理办法》第二条，载中国金融期货交易所网站，http：//www. dce. com. cn/dalianshangpin/fgfz/6142914/6142922/6191335/index. html，最后访问时间：2022 年 5 月 2 日；《中国金融期货交易所结算细则》第二条，载中国金融期货交易所网站，http：//www. cffex. com. cn/zgjrqhjysjsxz/，最后访问时间：2022 年 5 月 2 日。

② 参见《期货交易所管理办法》第六十一条至第六十七条。

双方通过该合约所载标的物所有权的转移，或者按照规定结算价格进行现金差价结算，了结到期未平仓合约的过程。根据交割的标的不同，期货交割可分为实物交割与现金交割。实物交割，一般是指期货合约到期时，交易双方通过该期货合约所载商品所有权的转移，了结到期未平仓合约的过程。① 在具体方式上，实物交割有仓库交割、厂库交割、车（船）板交割等交割方式。② 在业务操作上，实物交割可以适用期货转现货、提货单交割、滚动交割、每日选择交割、一次性交割以及交易所规定的其他流程。③ 现金交割，一般是指合约最后交易日收市后，交易所以交割结算价为基准，划付持仓双方的盈亏，了结到期未平仓合约。④ 在期货交易中，以交割进行平仓的期货合约占比较低，但期货交割是期货交易连接期货市场与现货市场的桥梁，有助于期货价格的回归与期货价格趋于一致。

二、期货结算机构的自律管理属性

从 1999 年《期货交易管理暂行条例》（已失效）出台以来，期货交易所的自律管理属性一直都是明确的。对期货市场而言，自律管理的内涵和实质主要是指期货交易所或者期货结算机构制定并执行其业务规则。期货结算机构的自律管理权主要是一种民事合同权利，来自期货结算机构与结算参与人等市场主体的民事协议。结算参与人等市场主体通过其与期货结算机构之间的民事协议，将制定和执行业务规则的权利进行让渡，期货结算机构由此取得相应的自律管理权。相关法律法规对期货结算机构自律管理权的规定，主要是对期货结算机构民事权利的私法规定和确认。期货结算机构的自律管理权需要在转化为民事性质的业务规则后，才能适用于结

---

① 参见《上海期货交易所交割细则》第三条，载上海期货交易所网站，http：//www.shfe.com.cn/regulation/regulation/Implementingrules/911341338.html，最后访问时间：2022 年 5 月 2 日；《郑州商品交易所交割细则》第二条，载郑州商品交易所网站，http：//www.czce.com.cn/cn/flfg/zcjywgz/ssxz/webinfo/2020/09/1597085638079690.htm，最后访问时间：2022 年 5 月 2 日；《大连商品交易所交割管理办法》第二条，载中国金融期货交易所网站，http：//www.dce.com.cn/dalianshangpin/fgfz/6142914/6142922/6191335/index.html，最后访问时间：2022 年 5 月 2 日。

② 参见《郑州商品交易所结算细则》第二条，载郑州商品交易所网站，http：//www.czce.com.cn/cn/flfg/zcjywgz/ssxz/webinfo/2020/09/1597085638079690.htm，最后访问时间：2022 年 5 月 2 日。

③ 《大连商品交易所交割管理办法》第五条，载中国金融期货交易所网站，http：//www.dce.com.cn/dalianshangpin/fgfz/6142914/6142922/6191335/index.html，最后访问时间：2022 年 5 月 2 日。

④ 《中国金融期货交易所结算细则》第九十四条，载中国金融期货交易所网站，http：//www.cffex.com.cn/zgjrqhjysjsxz/，最后访问时间：2022 年 5 月 2 日。

算参与人等市场主体。

三、期货结算机构的组织形式

基于境外期货结算的演变过程，期货结算分为垂直结算和水平结算两种模式。其中，垂直结算模式主要指“交易和结算一体式服务”，即结算机构作为交易所的内设部门或全资子公司；水平结算模式主要指“交易和结算相分离”，即结算机构与交易所是相互独立的机构。实践中，境内期货市场主要采用垂直结算模式，即由各期货交易所分别内设结算部门，为本期货交易所的期货交易履行结算职责。境外期货市场，既有类似境内目前的期货交易所结算方式的，即期货交易所内设结算部门进行结算，也有下设结算公司为本期货交易所进行结算的。无论是垂直结算模式还是水平结算模式，从长远发展看，独立期货结算结构在风险隔离和结算业务专业化、多元化发展方面均具有一定优势。为此，本法为期货结算机构的各种组织形式预留了充分制度空间，明确期货结算机构的三种主要形式，包括：一是内部设有结算部门的期货交易场所，二是独立的期货结算机构，三是经国务院期货监督管理机构批准从事与证券业务相关的期货交易结算、交割业务的证券结算机构。

近年来，ETF 期权等在证券交易所开展的与证券业务相关的期货交易不断发展，证券登记结算机构经批准为前述期货交易进行结算，承担中央对手方的职责①。由于在为与证券业务相关的期货交易办理结算、交割业务过程中，证券登记结算机构事实上履行期货结算机构的职责，根据同一法律关系由同一法律法规调整的基本原则，此时证券登记结算机构需要接受本法等期货市场法律法规的统一调整，适用相关法律法规关于期货结算机构的具体规定。

【关联规范】

《期货交易管理条例》第七条、第十条、第八十二条。

第九十二条　【设立条件】独立的期货结算机构的设立、变更和解散，应当经国务院期货监督管理机构批准。

---

① 《证券登记结算管理办法》第四十五条、第四十六条、第四十七条，载中国证券监督管理委员会网站，http：//www.csrc.gov.cn/csrc/c106256/c1654023/content.shtml，最后访问时间：2022 年 5 月 2 日。

设立独立的期货结算机构，应当具备下列条件：

（一）具备良好的财务状况，注册资本最低限额符合国务院期货监督管理机构的规定；

（二）有具备任职专业知识和业务工作经验的高级管理人员；

（三）具备完善的治理结构、内部控制制度和风险控制制度；

（四）具备符合要求的营业场所、信息技术系统以及与期货交易的结算有关的其他设施；

（五）国务院期货监督管理机构规定的其他条件。

承担期货结算机构职责的期货交易场所，应当具备本条第二款规定的条件。

国务院期货监督管理机构应当根据审慎监管原则进行审查，在六个月内作出批准或者不予批准的决定。

【条文主旨】

本条是关于独立期货结算机构设立的规定。

【立法背景】

作为重要金融市场基础设置，期货结算机构承担保障期货市场稳定、安全、高效运行的重要职责，立法需要明确其设立的基本程序和条件。一直以来，期货交易所内设的结算部门是我国期货结算机构的主要形式，由于《期货交易管理条例》等期货市场法规规章规定，期货交易所的设立由国务院期货监督管理机构批准，为此，我国期货结算机构的设立实际上也需由国务院期货监督管理机构批准。

【条文解读】

一、独立期货结算机构的设立审批

由于期货结算机构履行中央对手方职责，对期货市场的正常运转和稳定安全具有关键作用，应当严格规定其设立、变更和解散程序，由国务院期货监督管理机构批准。

1. 我国期货市场的重要制度安排和经验总结。20世纪90年代清理整顿之前，由于缺乏统一监管和有效制度约束，期货市场曾一度出现盲目竞争、无序发展的状况。为加强对期货市场的规范，国家出台了一系列举措进行清理整顿，其中一个重要的举措就是加强对期货交易所（期货结算机构，即内设结算部门的期货交易场所）的管理。1999年出台的《期货交易管理暂行条例》（已失效）明确，设立期货交易所由中国证监会审批，自此确立了期货交易所设立由国务院期货监督管理机构审批的管理模式，并在此后历次《期货交易管理条例》的修订中一直得以延续。我国市场的实践证明，上述举措与制度安排，有力地维护了期货市场的稳定，并且推动期货市场步入了平稳发展阶段，需要将相关成果在立法中予以进一步固化体现。

2. 境内外相关市场立法实践。从境外市场立法实践来看，设立期货结算机构普遍需要获得监管机构的许可并取得结算机构相关牌照。同时，境内相关市场立法也普遍对结算机构设置了审批要求，例如，证券法就明确规定设立证券登记结算机构必须经国务院证券监督管理机构批准。

3. 各类组织形式的结算机构适用相同审批要求。根据本法的规定，期货结算机构既包括内部设有结算部门的期货交易所也包括独立的期货结算机构。同时，本法也明确，设立、变更和解散期货交易所，应当由国务院期货监督管理机构批准。由于期货结算结构无论其组织形式，对期货市场而言都具有相同的系统重要性，需要适用相同的设立和管理要求，因此，其设立、变更和解散均应当由国务院期货监督管理机构批准。

二、期货结算机构的设立条件

期货结算机构是具有法定职责的重要机构，必须有一定人、财、物等基本条件来保证其实现各项法定职能。主要包括：一是具备良好的财务状况，注册资本最低限额符合国务院期货监督管理机构的规定。期货结算机构需要承担中央对手方职责，对资金要求非常高，需要具备良好的财务状况为其日常业务开展和极端情形下的风险处置提供必要保障。二是人员条件。期货结算业务专业性强，需要具备专业知识和业务工作经验的高级管理人员任职。三是内部治理及风险控制制度等条件。期货结算机构以中央对手方进行净额结算，并没有减少期货市场的信用风险，而是将各交易对手方的信用风险集于期货结算机构，因此，必须具备完善的治理结构、内部控制制度和风险控制制度。四是具备场所和设施条件。期货结算机构开展结算、交割服务，需要具备与之相适应的基本物质条件，包括相应的营业场所、信息技术系统和软硬件设施等作为基础支撑。

由于实践中期货结算机构的设立可能涉及许多专业性和技术性较强的具体条件，不宜也无法在国家法律层面一一列举穷尽，为此，本法主要对期货结算机构设立条件作出以上几方面原则性规定。有关期货结算机构设立的具体条件，需要国务院期货监督管理机构根据市场发展实际需要，适时出台具体的规章制度予以规范。

无论是设立独立的期货结算机构，还是承担期货结算机构职责的期货交易场所，都应当具备以上关于期货结算机构设立的各项条件。

【关联规范】

《期货交易管理条例》第六条。

第九十三条　【中央对手方】期货结算机构作为中央对手方，是结算参与人共同对手方，进行净额结算，为期货交易提供集中履约保障。

【条文主旨】

本条是关于期货结算机构中央对手方法律地位的规定。

【立法背景】

中央对手方制度是金融市场防范系统性风险的重器，是牢牢守住不发生系统性风险的制度保障。期货交易的基本规则之一，就是由期货结算机构作为交易各方的中央对手方，按照当日无负债制度统一对各方交易结果进行结算。中央对手方制度在预防交易对手方信用风险、控制多边净额结算风险以及保障期货交易安全有序进行等方面发挥了重要作用。目前国际上各主要期货市场无一例外地采用了这一制度，并在法律层面予以确认。

《期货交易管理条例》在2012年修订时，将期货交易所“保证合约的履行”的职责修改为“为期货交易提供集中履约担保”。修订前的《期货交易管理条例》已规定“期货交易的结算，由期货交易所统一组织进行”，期货交易所在统一组织结算中，作为交易各方的中央对手方的地位是明确的。为进一步明确期货交易所作为中央对手方为期货交易提供集中履约担保的职责，修改后的《期货交易管理条例》将期货交易所“保证合约的履行”的职责修改为“为期货交易提供集中履约担保”。根据《期货交易管理条例》的制度精神，中国证监会之后出台或者修订的一些规章中也明确规定了中央对手方制度，例如，《期货交易所管理办法》第八十一条就规定，“承担期货结算职责的期货交易所是期货交易的中央对手方，自期货交易达成后介入期货交易双方，成为所有买方的卖方和所有卖方的买方，承继双方在期货交易中的权利和义务，为期货交易提供集中履约保障”。再如，《境外交易者和境外经纪机构从事境内特定品种期货交易管理暂行办法》第十五条规定，“承担结算职能的期货交易所作为中央对手方，统一组织境内特定品种期货交易的结算”。“中央对手方，是指期货交易达成后介入期货交易双方，成为所有买方的卖方和所有卖方的买方，以净额方式结算，为期货交易提供集中履约保障的法人。”

虽然《期货交易管理条例》和中国证监会相关规章一定程度上明确了中央对手方制度安排，但作为一项基本金融制度，中央对手方制度需要在国家层面法律中予以明确。缺乏法律层面的规定，期货结算机构充当中央对手方，履行职责的法律依据不够充分，各结算参与主体之间的法律关系可能不够明确，在极端条件下，可能引发纠纷，影响中央对手方的正常履职和市场风险防范。为此，迫切需要在国家法律层面明确中央对手方制度。

【条文解读】

一、中央对手方

（一）运作机理

中央对手方机理是通过让中央对手方介入合同对手方之间，成为“买方的卖方”和“卖方的买方”，成为所有结算参与人唯一的交收对手。中央对手方介入买卖双方合同关系后，即承担对结算参与人的履约义务，且不以任何一个对手方正常履约为前提。如果买卖中的一方不能正常向中央对手方履约，中央对手方也应当先对守约一方履约，然后按照结算规则对违约方采取相应的处置措施，弥补其违约造成的损失。

中央对手方组织多边净额结算，简化了参与人交收过程，减少了其资金的实际交收数量，提高了结算效率，节约了结算成本，保证了匿名交易的顺利进行，有利于提高市场参与者的积极性，改善市场流动性。中央对手方可以掌握并提供全面准确的市场信息，有助于提高市场透明度。在中央对手方制度下，对于未结算的交易，市场参与者将承担中央对手方的标准信用风险，而不是分散化的市场参与者相互之间的风险；同时，分散化的市场参与者相互之间的风险也将由中央对手方统一承担、化解，因此，中央对手方具有降低市场整体风险的作用。

（二）法律基础

2012 年 4 月国际清算银行支付结算委员会和国际证监会组织发布的《金融市场基础设施原则》[①]，指出中央对手方除了基于债务更替与公开要约外，还包括其他类似法律设计，从而为缺失债务更替与公开要约制度的国家实行中央对手方提供了制度上的可能性。

英美法上的债务更替，形式上表现为债的主体的变更，本质上是债权债务概括转让。在我国，民法典第五百五十五条对债权债务概括转让进行了具体规定，可以成为我国中央对手方制度的法律基础。实践中，原始合同的双方与期货结算机构根据期货结算机构的业务规则转让合同权利义务，能够满足债权债务概括转让关于同意的形式要件。可以认为，我国民法典中有关债权债务概括转让规定，是我国中央对手方制度的主要法律基础。

二、净额结算

不同于全额结算中交易双方需对所有逐笔进行清算并交收，净额结算允许交易双方对全部交易进行抵销，以轧差的净额进行交收。在现代期货市场中，净额结算主要指期货结算机构以结算参与人为单位，对其买入和卖出交易的余额进行轧差，以轧差得到的净额组织结算参与人进行交收的制度安排。在期货结算机构组织的净额结算下，结算参与人无需再考虑其不同对手方的信用风险，只需考虑期货结算机构的标准信用风险。并且，为履行中央对手方职责，期货结算机构通常具有充足的财务资源和一系列严密的风险管理制度，有利于进一步提升市场整体的风险防控能力。为此，多边净额结算为境内外期货市场所普遍采用。

三、集中履约保障

期货结算机构保障期货合约的履行，是期货交易的重要特征之一。期货结算机构要对期货交易买卖双方的履约进行保障，任何一方不履行合约义务时，期货结算机构均要代为承担责任。即使违约方破产，期货结算机构也要承担责任，保障期货合约的履行。期货结算机构的这一职责使期货

---

① See International Organization of Securities Commissions：Principles for Financial Market Infrastructures，https：//www. iosco. org/library/pubdocs/pdf/IOSCOPD377 – PFMI. pdf，最后访问时间：2022 年 5 月 2 日。

交易者可以放心进场交易，不必担心对手方违约发生信用风险，保证了期货交易结算的顺利进行。

作为中央对手方，期货结算机构在期货交易达成后介入期货交易双方，成为所有买方的卖方和所有卖方的买方，通过集中分散的信用风险，减少了单个或者多个结算参与人违约对交易对手方和其他市场参与者的影响。实践中，中央对手方的集中履约保障功能有力地维护了期货和衍生品市场的安全运行。在2008年国际金融危机中，中央对手方制度成功管理了美国雷某公司破产带来的风险，较好地防范了风险在期货市场的蔓延和扩散。在危机期间，尽管当时倒闭的雷某公司有名义值近1万亿美元的期货合约敞口，但并没有出现违约。事实上，期货市场也是当时美国唯一没有出现违约的金融市场。同时，在场外衍生品市场，中央对手方制度在危机期间也发挥了积极的作用。例如，欧洲同城清算所清算网络公司运用中央对手方的风险管理和违约处置机制，仅用雷某公司20亿美元初始保证金的三分之一，即迅速有效处置了涉及5个币种、66390个合约、总名义本金达9万亿美元的利率互换（IRS），未对其他市场参与者造成任何损失。但同期雷某公司720亿美元的信用违约互换（CDS），因采用双边结算机制，处置中给相关市场参与者造成的净损失高达52亿美元。①

【关联规范】

《中华人民共和国民法典》第五百五十五条；《期货交易管理条例》第十条。

第九十四条　【职责】期货结算机构履行下列职责：

（一）组织期货交易的结算、交割；

（二）按照章程和业务规则对交易者、期货经营机构、期货服务机构、非期货经营机构结算参与人等进行自律管理；

（三）办理与期货交易的结算、交割有关的信息查询业务；

（四）国务院期货监督管理机构规定的其他职责。

① 宋跃升：《中央对手方的风险管理制度建设》，载《中国金融》2019年第11期。

【条文主旨】

本条是关于期货结算机构职责的规定。

【立法背景】

作为中央对手方，期货结算机构既是期货市场结算、交割活动的组织者也是监管者，科学明确的法定职责是期货结算机构有效履职的基础和前提。由于在境内期货市场，期货结算机构均采用期货交易所内设结算部门的组织形式，即期货结算机构和期货交易所在形式上是一体的，为此，现行《期货交易管理条例》《期货交易所管理办法》有关期货交易所职责的规定，既涵盖了期货交易所的职责，也涵盖了期货结算机构的职责。明确本法将期货交易所和期货结算机构作为两个专门的法律主体分别进行专章规定，为进一步明晰两个机构在期货交易中的定位和职责分工，需要根据期货结算机构的性质和业务特点，对期货结算机构的职责作出专门规定。

【条文解读】

期货结算机构主要有以下几方面职责：

一是组织期货交易的结算、交割。期货交易包括交易、结算和交割等主要环节。作为依法设立的专门机构，期货结算机构最主要的职责就是组织期货交易的结算和交割。在为期货交易提供结算与交割服务过程中，期货结算机构作为中央对手方为期货交易提供集中履约保障，这是期货交易得以顺利进行的基础，也是期货交易的重要特征之一。在期货结算机构的集中履约保障下，买卖双方任何一方违约时，期货结算机构均要代为承担责任，这一制度安排有效地保障了期货合约的履行，有助于期货交易的顺利进行。

二是按照章程和业务规则对交易者、期货经营机构、期货服务机构、非期货经营机构结算参与人等进行自律管理。期货结算机构进行自律管理，首先要建立、健全各项规章制度。期货结算机构是按照章程和业务规则的规定进行自律管理的机构。章程和业务规则是其自律管理的主要依据。期货结算机构应当在其章程、业务规则中规定结算参与人资格的取得和终止、相关市场参与者的权利及义务以及对市场参与者违规时的纪律处分等具体制度，加强对相关参与者的监督管理。

三是办理与期货交易的结算、交割有关的信息查询业务。一方面，交易者享有信息知情权，有权查询其委托记录、交易记录、保证金余额、与其接受服务有关的其他重要信息。另一方面，在提供期货交易结算与交割服务中，期货结算机构汇集了大量市场信息，期货监管机构、司法机关在依法履行职权过程中也可能需要查询监管执法所需的相关信息。

四是国务院期货监督管理机构规定的其他职责。这一项是兜底条款，以防列举的疏漏，同时也赋予了国务院期货监督管理机构随着市场需要适时赋予期货结算机构新的职责的权力。

【关联规范】

《期货交易管理条例》第十条。

第九十五条　【业务规则】 期货结算机构应当按照国务院期货监督管理机构的规定，在其业务规则中规定结算参与人制度、风险控制制度、信息安全管理制度、违规违约处理制度、应急处理及临时处置措施等事项。期货结算机构制定和修改章程、业务规则，应当经国务院期货监督管理机构批准。参与期货结算，应当遵守期货结算机构制定的业务规则。

期货结算机构制定和执行业务规则，应当与期货交易场所的相关制度衔接、协调。

【条文主旨】

本条是关于期货结算机构业务规则及其法律效力的规定。

【立法背景】

期货结算机构作为期货交易结算、交割的组织者，具有管理和维持市场秩序的职责。期货结算机构的管理不是基于行政职权的行政管理，而是基于其章程和业务规则进行的自律管理。一方面，明确规定期货结算机构业务规则中的必备制度，有利于确保期货结算机构在规范、透明的前提下安全、高效履职。另一方面，由于《期货交易管理条例》等期货市场法律制度缺乏对期货交易所（期货结算机构）业务规则效力的明确定位，业务规则对全体市场参与者的普遍约束力面临一定的不确定性，尤其对于公司制自律管理机构而言，有必要在法律层面明确相关机构业务规则的法律效力，进一步夯实自律管理的制度基础。

【条文解读】

一、章程、业务规则须经国务院期货监督管理机构批准

期货结算机构的章程和业务规则是期货交易所进行自律管理的重要依据。章程规定了期货结算机构的设立目的、职责、组织结构、基本业务制度等内容；业务规则规定了结算、交割、风险控制、异常情况的处理和监督管理等基本制度。期货结算机构的章程和业务规则确立了期货市场基本的结算、交割制度和相关管理制度，其内容与交易者、结算参与人和其他市场参与者各方的利益休戚相关。为了加强对期货市场的监管，切实保障各方合法权益，国务院期货监督管理机构有必要对期货结算机构制定或者修改其章程和业务规则进行批准，这也是各国期货市场法律法规的普遍做法。

不同于本法第八十三条要求期货交易所“交易规则”的制定和修改应当报国务院期货监督管理机构批准，本条要求期货结算机构制定和修改“业务规则”应当经国务院期货监督管理机构批准。换言之，期货结算机构制定和修改交易规则及其实施细则，均须经国务院期货监督管理机构批准。

二、业务规则的必备制度

为保障期货市场安全有序运转，防范市场风险，期货结算机构应当建立健全必要的业务制度。一是结算参与人制度。主要包括结算参与人体系、不同类别结算参与人的准入资格和结算范围、结算参与人的持续监管要求等。二是风险控制制度。主要包括保证金制度、当日无负债结算制度、强行平仓制度、风险准备金制度、结算担保金制度等。中央对手方制度降低了买卖双方的对手方信用风险和市场风险传递，但并没有消除信用风险，只是将分散的信用风险集中于期货结算机构，这就要求期货结算机构不仅要有强大的资金实力，同时更要有健全完备的风险控制制度，全方位增强期货结算机构有效控制和防范风险的能力。从这个意义上看，风险控制制度是期货结算机构最为核心的制度。三是信息安全管理制度。在电子化交易背景下，期货交易的结算、交割活动均通过计算机系统执行，相关数据和信息不仅涉及交易者隐私和商业秘密，并且对于期货市场乃至金融市场整体安全都具有重要意义。为此，期货结算机构必须建立健全各类结算、交割数据和信息的安全管理制度。四是违规违约处理制度，包括结算参与人违约时的处置安排以及结算参与人、期货保证金存管机构等市场

参与主体违反业务规则的违规处理制度。五是应急处理及临时处置措施等事项，包括建立一套规范、合理的突发事件管理体系，对结算、交割、技术、信息等风险事件进行识别、计量、监测和应急处置等。

三、业务规则的法律效力

本条明确了期货结算机构业务规则的法律效力，规定参与期货结算应当遵守期货结算机构制定的业务规则。从业务规则的功能和作用来看，作为重要的金融市场基础设施，期货结算机构依法制定的业务规则明确了结算和交割的具体制度安排以及市场参与各方的权利义务关系，既是确保结算和交割规范、安全、高效运行的重要依据，也是期货结算机构有效履行自律管理权的制度基础，需要在立法中明确其法律效力。同时，现行证券法在明确证券交易所业务规则法律效力的同时，也明确了证券登记结算机构业务规则的法律效力，为此，在期货立法中肯定期货结算机构业务规则的普遍约束力，也符合我国金融市场的最新立法趋势。

四、与期货交易所制度的衔接、协调

期货交易、结算、交割各业务环节内在紧密关联，风险控制等重要制度更是与期货交易所和期货结算机构都密切相关，为此，期货结算机构在制定和执行业务规则过程中，应当与期货交易所的相关制度保持协调、衔接。

当期货结算机构是期货交易所的内设部门时，期货交易所可以较为便捷地通过一部体系性的业务规则对交易、结算、交割等各业务环节进行全链条管理，保证各项制度之间的协调衔接。而当期货结算机构是与期货交易所相互独立的机构时，两个机构不仅需要根据自身职责制定相应的业务规则，相对独立地管理交易和结算、交割业务，同时，还需要建立必要的沟通协作机制，确保业务规则的制定和执行的有效衔接。实践中，期货交易所和独立期货结算机构往往通过签订协议的方式明确双方的协作关系，约定各自在重要业务事项上的职责、分工和实施程序。

【关联规范】

《中华人民共和国证券法》第一百一十五条、第一百四十九条。

第九十六条　【流动性管理要求】期货结算机构应当建立流动性管理制度，保障结算活动的稳健运行。

【条文主旨】

本条是关于期货结算机构流动性管理要求的规定。

【立法背景】

作为中央对手方，期货结算机构为期货交易提供集中履约保障，其流动性管理对结算活动乃至期货市场的稳健运行至关重要。《金融市场基础设施原则》[①] 也专门对中央对手方的流动性风险管理提出了具体要求。期货结算机构每日的运营与流动性风险紧密相关，结算参与人提取多余的保证金、结算参与人和存管银行系统发生故障、结算参与人违约等都可能使期货结算机构面临流动性风险。并且，流动性风险与期货结算机构的对手方信用风险关联度较大，相互作用可能产生风险传递。当结算参与人违约时，如果期货结算机构不能及时完成对未违约结算参与人的支付义务，未违约结算参与人可能由此产生资金缺口，无法向其交易对手方履行支付义务，导致风险传导，在极端情况下，甚至可能产生对期货结算机构的安全性和稳健性的质疑。考虑到期货结算机构的流动性管理对期货市场安全稳定具有重要意义，有必要在立法中明确期货结算机构的流动性管理要求。

【条文解读】

立法明确期货结算机构应当建立流动性管理制度，保障结算活动的稳健运行。《金融市场基础设施原则》概括了中央对手方可能面临的七大类主要风险，其中之一就是流动性风险。为确保中央对手方能够有效度量、监测和管理其流动性风险，《金融市场基础设施原则》对中央对手方的流动性风险管理提出了具体要求，主要包括：中央对手方应具有稳健的框架，管理来自所有结算参与人、存管银行和其他机构的流动性风险；具有有效的操作和分析工具，持续、及时地识别、度量、监测其结算和注资流程；持有足够的相关币种的流动性资源，满足各种潜在压力情景下按时结算；持有合格流动性资源规模足以满足流动性资源最低要求；可以通过其他形式的流动性资源补充其合格流动性资源；确定流动性资源规模，并通

① See International Organization of Securities Commissions：Principles for Financial Market Infrastructures，https：//www. iosco. org/library/pubdocs/pdf/IOSCOPD377 - PFMI. pdf，最后访问时间：2022 年 5 月 2 日。

过严格的压力测试定期测试流动性资源的充足性；制定明确的规则和程序，确保在单个或多个结算参与人共同违约时按时进行结算。考虑到流动性管理制度涉及期货结算机构业务的各个方面，并且，各期货结算机构在市场特点、结算参与人结构、基础制度等方面可能不尽相同，其流动性管理的实现路径和具体制度安排也可能存在差异，为此，立法仅原则性规定期货结算机构应当建立流动性管理制度，具体内容由期货结算机构在其业务规则中进一步细化规定。

从境外市场实践看，除了期货结算机构建立流动性管理制度外，流动性提供者安排也是极端情况下抵御流动性风险的有效手段。本质上，流动性提供者安排是流动性财务资源的一部分，流动性提供者一般泛指在中央对手方提供流动性资源支持的机构，可以是商业银行、专门的市场保障基金等，一些系统重要性中央对手方还使用央行作为其流动性提供者。一般而言，在出现结算风险，无法履行集中履约保障职责时，中央对手方可以向流动性提供者申请流动性支持。在各种流动性提供者中，从央行申请流动性支持安全性和可靠性最高，特别是在出现重大风险事件时，其他机构提供流动性的能力和及时性都可能存在不确定性。流动性提供者安排可以通过期货结算机构与流动性提供者之间的协议予以确认和实现，既可以是预先的资金额度授信，也可以是通过抵押担保品而获得资金支持。虽然暂未立法明确流动性支持安排，但作为重要金融市场基础设施，期货结算机构在建立流动性管理制度时，可以统筹考虑极端情况下获得流动性支持的可能途径，并结合自身实际做好相应安排，进一步增强期货结算机构抵御流动性风险的能力。

第九十七条　【法律适用】本法第八十四条，第八十五条第二款，第八十六条，第八十八条第三款、第四款的规定，适用于独立的期货结算机构和经批准从事期货交易结算、交割业务的证券结算机构。

【条文主旨】

本条是关于期货结算机构负责人任免条件和任职条件、业务限制、收益使用、信息发布要求和报告义务的规定。

【立法背景】

期货结算机构是重要的市场主体，立法除了规定其属性、组织形式、职责、主要业务制度外，有必要明确其负责人任免条件、业务限制、收益使用、信息发布要求和报告义务等管理要求，确保期货结算机构规范运作。

【条文解读】

在负责人的任免及任职条件、业务限制、收益使用、信息发布要求和报告义务等管理要求方面，期货结算机构与期货交易所适用同样的规定，并整体沿用现行《期货交易管理条例》的相关要求。

一、负责人任免及任职条件

《期货交易管理条例》已有相关规定，被认为符合我国期货市场实际，有助于加强对期货市场的监督管理，确保期货市场稳妥有序发展。立法延续现行《期货交易管理条例》规定，明确期货结算机构的负责人由国务院期货监督管理机构提名或者任免。

二、业务限制

（一）不得参与期货交易

期货结算机构为期货交易提供结算、交割服务，并作为中央对手方，为期货交易提供集中履约保障；同时，还将按照章程和业务规则对交易者、结算参与人、期货服务机构等进行自律管理。期货结算机构的性质和职责决定了其不能以任何方式参与期货交易。此外，期货结算机构能够了解结算参与人的资金动向，期货结算机构的一些决定也可能对期货交易所价格产生影响，作为这些内幕信息的知情人，如果允许期货结算机构参与交易，将有违公开、公平、公正的基本原则，有损市场秩序和社会公共利益。

（二）未经批准不得从事与其职责无关的业务

一方面，从事与其职责无关的业务可能会影响期货结算机构履行其应有职责，甚至可能给其自身安全运营带来额外风险，尤其是信托、股票、非自用不动产等具有风险性的投资活动。另一方面，期货结算机构在与自身业务相关的领域进行必要的对外投资，也有利于其业务专业化、多元化发展，促进其提升服务期货市场的整体能力和水平。为此，立法规定未经国务院批准，期货结算机构不得从事信托投资、股票投资、非自用不动产投资等与其职责无关的业务。

三、收益使用

作为期货交易结算、交割的组织者，期货结算机构应当为期货交易的结算、交割提供必要的场所、设施和管理服务，尤其在电子化条件下，期货结算机构还需要建设并维护一个安全、高效、可靠的计算机系统，保障结算、交割业务稳健运行。为此，期货结算机构的收益应当首先用于期货结算机构的场所、设施的运行和改善，这是由其基本职责决定的。

四、信息发布要求和报告义务

期货结算机构并非专业的交易咨询机构，本身就不具有发布价格预测信息的职责；同时，由于期货结算机构的性质和地位具有特殊性，其所发布的市场信息容易为交易者所信任并据此作出交易决策，如果允许期货结算机构发布价格预测信息，将会严重影响正常交易秩序和市场功能的发挥。为此，立法明确规定期货结算机构不得发布价格预测信息。此外，由于结算、交割等信息是监管机构掌握并判断期货结算机构运营情况、期货市场整体运行与风险状况的重要依据，期货结算机构应当依照国务院期货监督管理机构的规定，履行信息报告义务。

【关联规范】

《期货交易管理条例》第九条、第十条、第十四条、第二十七条。

第八章　期货服务机构

本章概要

本章是关于期货服务机构为期货交易及相关活动提供服务的规定。虽然本章的条文数量比较精简，但是具有丰富的内涵。首先，明确了期货服务机构的种类，改革了期货服务机构的市场准入机制；其次，强化了期货服务机构的义务，如勤勉尽责和恪尽职守义务、提供相关资料义务、核查和验证义务，等等；再次，关注期货市场特有的交割环节，规定了交割库的禁止性行为；最后，因应互联网、大数据、人工智能等科学技术发展，强化对信息技术服务机构的监管。

第九十八条　【一般规定】会计师事务所、律师事务所、资产评估机构、期货保证金存管机构、交割库、信息技术服务机构等期货服务机构，应当勤勉尽责、恪尽职守，按照相关业务规则为期货交易及相关活动提供服务，并按照国务院期货监督管理机构的要求提供相关资料。

【条文主旨】

本条是关于期货服务机构向期货市场主体提供服务的规定。

【立法背景】

期货市场具有发现价格和规避风险的功能，同时也存在个别内幕交易、操纵市场和编造、传播虚假信息或者误导性信息等违法行为。防止违法行为损害投资者合法权益、扰乱期货市场秩序和社会公共利益，不仅需要强化期货市场监管、培育合格投资者，也需要强化期货服务机构“看门人”职责，这业已成为理论界和实务界的普遍共识①，并可见诸域外国家的期货立法②。但与此同时，期货服务机构作为理性经济人，在接受委托提供专业化服务的同时也具有实现自身利益需求，可能参与或直接从事期货违法行为③。

鉴于各类服务机构在期货市场的特殊地位和独特功能，2007 年《期货交易管理条例》第六十五条明确规定“会计师事务所、律师事务所、资产评估机构等中介服务机构向期货交易所和期货公司等市场相关参与者提供相关服务时，应当遵守期货法律、行政法规以及国家有关规定，并按照国务院期货监督管理机构的要求提供相关资料”。证监会为加强期货从业人员的资格管理、规范期货从业人员的执业行为，于 2007 年制定了《期货从业人员管理办法》。除法条编号外，四次修订的《期货交易管理条例》均沿袭了 2007 年《期货交易管理条例》第六十五条的规定。

对比《期货交易管理条例》，本条有三处主要变化：一是将“中介服务机构”改为“期货服务机构”，凸显会计师事务所、律师事务所、资产评估机构、期货保证金存管机构、交割库、信息技术服务机构等机构的服务功能；二是结合期货市场特色的保证金交易制度，实物交割的需求，以及因应信息技术进步及其在期货市场得到应用的趋势，将“期货保证金存管机构、交割库、信息技术服务机构”列为期货服务机构；三是增加“勤勉尽责、恪尽职守”的规定。

【条文解读】

一、规范对象

本条的规范对象是会计师事务所、律师事务所、资产评估机构、期货保证金存管机构、交割库、信息技术服务机构等期货服务机构。

（一）会计师事务所

会计师事务所是依法设立并承办注册会计师业务的机构。会计师事务

① ［美］约翰·C. 科菲：《看门人机制：市场中介与公司治理》，黄辉、王长河等译，北京大学出版社 2011 年版，第 13 页。

② 例如美国《1934 年证券交易法》第 11（a）条。

③ 期货服务机构通常被认定为内幕信息的知情人，例如日本《金融商品交易法》第一百六十六条第一项，韩国《资本市场法》第一百七十三条第二款，德国《证券交易法》第 15b 条，欧盟第 2003/6/EC 号指令第二条、第三条。

所接受期货经营机构、期货交易场所、期货结算机构的委托制作、出具财务报表审计报告，应当向中国证监会和国务院有关主管部门备案。

（二）律师事务所

律师事务所是律师的执业机构。律师事务所接受期货经营机构、期货交易场所、期货结算机构的委托出具法律意见，应当向中国证监会和国务院有关主管部门备案。

（三）资产评估机构

资产评估机构是指根据期货经营机构、期货交易场所、期货结算机构的委托对期货市场主体的财务状况、内部控制状况、资产价值进行评定、估算，并出具评估报告的专业服务的机构。资产评估机构从事期货业务，应当选择登录资产评估机构备案信息管理系统或证监会会计师事务所与资产评估机构备案系统填报备案信息。

（四）期货保证金存管机构

期货保证金存管机构是指由交易所指定、协助交易所办理期货交易结算业务的机构。符合期货交易所规定条件的银行业金融机构应向期货交易所提出从事交易所期货保证金存管业务的申请，在通过资格预审且完成开展期货保证金存管业务相关筹备工作后，于交易所批准之日起 3 个工作日内向银行业监督管理机构报告，并且在开展期货保证金存管业务前与交易所签订协议①。

（五）交割库

交割库是指经交易所指定的，为期货合约履行实物交割提供仓储等服务的经营组织。交割库包括交割仓库和交割厂库，交割仓库是指以保管人身份提供仓储等服务的交割仓库；交割厂库是指以交易所认可的担保方式承诺提供货物及相关服务的交割仓库。申请成为交割仓库、交割厂库的，需要符合期货交易所规定的条件，并且应当在经交易所核定批准后依法办

---

① 《中国金融期货交易所指定存管银行管理办法》，载中国金融期货交易所网站，http：//www. cffex. com. cn/u/cms/www/202003/27164418jcv9. pdf，最后访问时间：2021 年 12 月 15 日；《郑州商品交易所指定存管银行管理办法》，载郑州商品交易所网站，http：//www. czce. com. cn/cn/flfg/zcjywgz/ssxz/webinfo/2021/11/1605604596965689. htm，最后访问时间：2021 年 12 月 15 日；《大连商品交易所指定存管银行管理办法》，载大连商品交易所网站，http：//www. dce. com. cn/dalianshangpin/fgfz/6142914/6142922/6146438/index. html，最后访问时间：2021 年 12 月 15 日；《上海期货交易所指定存管银行管理办法》，载上海期货交易所网站，http：//www. shfe. com. cn/regulation/regulation/Implementingrules/911340923. html，最后访问时间：2021 年 12 月 15 日。

理相关备案、培训事宜[①]。

（六）信息技术服务机构

信息技术服务机构是为期货经营机构、期货交易场所、期货结算机构和非期货经营机构结算参与人等提供软硬件产品、信息技术系统或者技术服务的机构，应当向证监会科技监管局备案[②]。

二、义务类型

（一）勤勉尽责、恪尽职守的义务

勤勉尽责、恪尽职守义务是指勤勉义务。期货服务机构及其从业人员勤勉尽责的义务既包括应当对本专业相关业务事项履行的特别注意义务，也包括对其他业务事项履行的一般注意义务[③]。特别注意义务是指符合本行业中一个合理人在相同或相似条件下所应采取的行为标准，一般注意义务则以社会大众的行为为标准。

“勤勉尽责、恪尽职守”不能理解或解释为忠实义务，忠实义务的核心要义是防止利益冲突。

未尽勤勉义务的期货服务机构应当依法承担责任。会计师事务所、律师事务所、资产评估机构未勤勉尽责，所制作、出具的文件有虚假记载、误导性陈述或者重大遗漏的，依照本法第一百四十条承担责任；交割库依照本法第一百四十一条承担责任。

（二）按照相关业务规则为期货交易及相关活动提供服务的义务

期货服务机构是独立的市场主体，期货服务机构从业人员恪守独立、

---

① 《郑州商品交易所指定商品交割仓库管理办法》，载郑州商品交易所网站，http：//www.czce.com.cn/cn/flfg/zcjywgz/ssxz/webinfo/2021/01/1605576321637904.htm，最后访问时间：2021年12月15日；《大连商品交易所指定交割仓库管理办法》，载大连商品交易所网站，http：//www.dce.com.cn/dalianshangpin/fgfz/6142914/6142922/6163315/index.html，最后访问时间：2021年12月15日；《上海期货交易所指定交割仓库管理办法》，载上海期货交易所网站，http：//www.shfe.com.cn/regulation/regulation/Implementingrules/911337271.html，最后访问时间：2021年12月15日。

② 《证券服务机构从事证券服务业务备案管理规定》，载中国证券监督管理委员会网站，http：//www.csrc.gov.cn/csrc/c101799/c1003743/content.shtml，最后访问时间：2021年12月15日；《〈证券服务机构从事证券服务业务备案管理规定〉第九条的适用意见——证券期货法律适用意见第16号》，载中国证券监督管理委员会网站，http：//www.csrc.gov.cn/csrc/c101950/c1047979/content.shtml，最后访问时间：2021年12月15日；《监管规则适用指引——科技监管类第1号》，载中国证券监督管理委员会网站，http：//www.csrc.gov.cn/csrc/c105947/c1570923/content.shtml，最后访问时间：2021年12月15日。

③ 邢会强：《证券市场虚假陈述中的勤勉尽责标准与抗辩》，载《清华法学》2021年第5期。

客观和公正的原则，依法为期货交易提供客观公正的服务，维护社会公众利益，是其基本的职业准则，这可以见诸律师法、注册会计师法等有关法律法规。例如注册会计师应当对其出具的审计报告的真实性和合法性负责。对于会计师事务所从事期货会计服务，中国证监会、财政部发布了《注册会计师执行证券期货相关业务许可证管理规定》① 等规范；律师事务所从事期货法律服务的规则，参照适用《律师事务所从事证券法律业务管理办法》②《律师事务所证券法律业务执业规则（试行）》③；资产评估机构从事资产评估服务的规则，适用《资产评估基本准则》④；期货保证金存管机构提供期货保证金存管服务、交割库提供交割服务的规则，参见各期货交易所的交易规则、实施细则；信息技术服务机构提供软硬件产品、信息技术系统或者技术服务的规则，适用《证券期货业信息安全保障管理办法》⑤。

（三）提供相关资料的义务

首先，会计师事务所、律师事务所、资产评估机构、期货保证金存管机构、交割库、信息技术服务机构等期货服务机构应当妥善保存客户委托文件、核查和验证资料、工作底稿以及与质量控制、内部管理、业务经营有关的信息和资料，保存期限不得少于法定期限，并且不得泄露、隐匿、伪造、篡改或者毁损。其次，各类期货服务机构应当按照国务院期货监督管理机构的要求报送相关财务会计、业务活动、内部控制等资料。最后，各类期货服务机构未按照要求提供相关资料应当根据本法第一百三十九条、第一百四十四条承担法律责任。

---

① 《注册会计师执行证券期货相关业务许可证管理规定》，载中华人民共和国财政部网站，http：//www.mof.gov.cn/gkml/caizhengwengao/caizhengbuwengao2000/caizhengbuwengao20001/200805/t20080519_ 21585.htm，最后访问时间：2021 年 12 月 25 日。

② 《律师事务所从事证券法律业务管理办法》，载中国证券监督管理委员会网站，http：//www.csrc.gov.cn/csrc/c106256/c1653914/content.shtml，最后访问时间：2021 年 12 月 25 日。

③ 《律师事务所证券法律业务执业规则（试行）》，载中国证券监督管理委员会网站，http：//www.csrc.gov.cn/csrc/c101950/c1048233/content.shtml，最后访问时间：2021 年 12 月 25 日。

④ 《关于印发〈资产评估基本准则〉的通知》，载中华人民共和国财政部网站，http：//zcgls.mof.gov.cn/zhengcefabu/201709/t20170901_ 2689559.htm，最后访问时间：2021 年 12 月 25 日。

⑤ 《证券期货业信息安全保障管理办法》，载中国证券监督管理委员会网站，http：//www.csrc.gov.cn/csrc/c106256/c1653967/content.shtml，最后访问时间：2021 年 12 月 25 日。

【关联规范】

《中华人民共和国注册会计师法》第十八条、第十九条、第二十条、第二十一条、第二十二条；《中华人民共和国律师法》第三十条、第三十八条、第四十条；《中华人民共和国资产评估法》第十三条、第十四条、第十七条、第二十条、第二十六条；《期货从业人员管理办法》第十四条、第十七条。

第九十九条　【核查和验证义务】会计师事务所、律师事务所、资产评估机构等期货服务机构接受期货经营机构、期货交易场所、期货结算机构的委托出具审计报告、法律意见书等文件，应当对所依据的文件资料内容的真实性、准确性、完整性进行核查和验证。

【条文主旨】

本条是关于期货服务机构核查和验证义务的规定。

【立法背景】

会计师事务所、律师事务所、资产评估机构等期货服务机构接受期货经营机构、期货交易场所、期货结算机构的委托，依照委托合同向委托人履行相关义务。尽管在委托合同的法律关系中，会计师事务所、律师事务所、资产评估机构等期货服务机构为委托人提供审计和会计服务、法律服务、资产评估服务等。但是在此过程中，各类期货服务机构独立于委托人，其实是用自身的专业知识和声誉为期货交易把关，以保护期货投资者的价值为核心要义，为投资者提供相关信息的收集、加工、传输和验证等服务，最大限度地确保相关信息的真实性、准确性与完整性，解决期货市场主体之间的信息不对称问题，帮助投资者在尽可能充分知悉相关信息的基础之上作出投资选择。因此，会计师事务所、律师事务所、资产评估机构等期货服务机构通常被视为期货市场的“看门人”，通过审计、尽职调查、资产评估等方式对委托人的相关文件资料内容进行核查和验证，有利于确保委托人信息披露真实准确完整，是保护期货投资者合法权益，平衡期货市场各方主体之间信息不对称的重要制度安排，是期货市场治理体系不可或缺的内容[①]。

但长期以来，期货服务机构在审计、尽职调查、评估程序中违反、未充分履行核查、验证的义务，未能有效发挥资本市场“看门人”的监督功能，未能遏制期货交易和衍生品交易及相关活动中的虚假陈述或者信息误导等违法行为[②]。本条规定将期货服务机构的“看门人”监督功能予以法定化，要求各类期货服务机构在为委托人提供服务时，履行核查和验证义务，防止和避免出具的审计报告、法律意见书等文件存在虚假记载、误导性陈述或者重大遗漏。

【条文解读】

一、核查和验证的对象

期货服务机构包括会计师事务所、律师事务所、资产评估机构等；各类服务机构提供的服务种类不同，因此其核查和验证的对象也有所区别。

（一）会计师事务所的核查和验证对象

会计师事务所是依法设立并接受委托，承办审计和会计咨询、会计服务业务的期货服务机构，承办期货相关机构的财务报表审计、净资产验证、实收资本（股本）的审验以及盈利预测审核等业务。会计师事务所在出具审计报告时，应当审查委托人的财务报表，包括资产负债表、利润表、股东权益变动表和现金流量表以及财务报表附注，并对财务报表是否按照适用的会计准则和相关会计制度的规定编制、是否作出公允反映等内容作出判断，并可以根据需要查看委托人的业务现场和设施，要求委托人提供其他必要的协助。

（二）律师事务所的核查和验证对象

根据《期货交易管理条例》《期货公司管理办法》以及中国证监会相关规章，律师事务所出具的法律意见书包括期货公司设立法律意见书、股指期货法律意见书、期货公司股权变更法律意见书、期货公司变更注册资本法律意见书、期货公司合并（解散）法律意见书。一般而言，律师事务所与期货经营机构、期货交易场所、期货结算机构等委托人签订合同之后，通过对委托事项进行法律尽职调查，形成是否符合相关法律法规的法

---

① 陈洁：《证券虚假陈述中审验机构连带责任的厘清与修正》，载《中国法学》2021年第6期。

② 侯东德：《证券服务机构自律治理机制研究》，载《法商研究》2020年第1期。

律意见书。例如律师事务所接受期货公司委托对合并、解散进行调查，判断其是否履行了相应的审批手续、是否通知了债权人等，并基于调查结果出具关于期货公司合并（解散）事宜符合/不符合法律、法规和中国证监会规章规定的法律意见书。

（三）资产评估机构的核查和验证对象

资产评估机构的评估专业人员可以要求委托人提供相关的权属证明、财务会计信息和其他资料，或者向有关国家机关或者其他组织查阅从事业务所需的文件、证明和资料，但应当履行对评估活动中使用的有关文件、证明和资料的真实性、准确性、完整性进行核查和验证的义务。此外，在委托人拒绝提供或者不如实提供执行评估业务所需的权属证明、财务会计信息和其他资料时，评估机构有权依法拒绝其履行合同的要求。

二、核查和验证的标准

根据本法，会计师事务所、律师事务所、资产评估机构等期货服务机构核查和验证所依据的文件资料内容的标准是真实性、准确性、完整性。

（一）真实性

真实性标准是指基于客观事实或有事实基础的客观判断，判断委托人的文件资料是否有虚假记载、误导性陈述，是否扭曲和以不加粉饰的方式再现或反映真实状态，能否如实地反映客观情况。例如会计师事务所在判断委托人的会计信息是否真实可靠时，应当判断委托人是否以实际发生的交易或者事项为依据进行确认、计量，是否将符合会计要素定义及其确认条件的资产、负债、所有者权益、收入、费用和利润等如实反映在财务报表中，是否根据虚构的、没有发生的或者尚未发生的交易或者事项进行确认、计量和报告。

（二）准确性

准确性标准要求委托人应当使用精确的语言撰写相关文件资料，避免使人产生误解的文字或者表述方式。在期货交易实践中，各期货市场主体的知识水平、投资经验、语言理解能力存在差异，而投资者往往处于劣势地位。为了防止委托人利用语音的多义性或者模糊的表达方式将误解的法律风险转嫁给投资者，要求会计师事务所、律师事务所、资产评估机构等期货服务机构对委托人文件资料的内容准确性进行核查和验证。客观地说，判断委托人的文件资料内容是否含混不清的标准应当来自信息的接收者，而不是信息的提供者，会计师事务所、律师事务所、资产评估机构等期货服务机构一般应当以普通投资者的判断能力作为核查和验证标准，即查验委托人的文件资料内容用词是否准确精当，概念是否清楚完整，是否合乎逻辑事理，是否遵循语法规则，语义有无歧义，能否准确地表达对事物的认识、理解、评价、要求和意见。例如会计信息，企业编制财务报告、提供会计信息的目的在于让使用者有效使用会计信息，因此应当能让其了解会计信息的内涵，弄懂会计信息的内容，这就要求财务报告所提供的会计信息应当清晰明了，易于理解。

（三）完整性

完整性标准是指文件资料的内容应当齐全，符合法定要求，不得有重大遗漏。文件资料内容的完整性，对正确分析委托人的状况至关重要，不完整的内容可能导致投资者得出错误的结论。因此，委托人文件资料内容不能缺项、漏项，不能回避不利于自身的信息。需要说明的是，文件资料内容应当具有完整性，是指委托人应当完整记载或者披露对期货交易价格和投资决策有重大影响的信息，而不是要求委托人必须披露所有事项，那样不仅会过度加重委托人的成本，也会造成信息过度冗余，不利于投资者发现有价值的信息。例如会计信息的完整性。会计师事务所在核查和验证委托人的会计信息是否反映与其财务状况、经营成果和现金流量有关的所有重要交易或者事项；委托人应当在符合重要性和成本效益原则的前提下，保证会计信息的完整性，其中包括应当编报的报表及其附注内容等应当保持完整，不能随意遗漏或者减少应予披露的信息，与使用者决策相关的有用信息都应当充分披露。

【关联规范】

《中华人民共和国注册会计师法》第十七条、第二十条、第二十一条、第二十二条；《中华人民共和国律师法》第二十九条；《中华人民共和国资产评估法》第十三条、第十七条、第十九条、第二十条、第二十三条、第二十七条。

第一百条　【交割库】交割库包括交割仓库和交割厂库等。交割库为期货交易的交割提供相关服务，应当符合期货交易场所规定的条件。期货交易场所应当与交割库签订协议，明确双方的权利和义务。

交割库不得有下列行为：

（一）出具虚假仓单；

（二）违反期货交易场所的业务规则，限制交割商品的出库、入库；

（三）泄露与期货交易有关的商业秘密；

（四）违反国家有关规定参与期货交易；

（五）违反国务院期货监督管理机构规定的其他行为。

【条文主旨】

本条是关于交割库为期货交易交割提供相关服务的规定。

【立法背景】

期货交割是期货结算中除对冲平仓外的另一种形式，是指到期未平仓期货合约的交易双方根据期货交易所的规则和程序，通过期货合约中标的物转移条款转移标的物所有权，或者按照规定结算价格进行现金差价阶段，将该到期未平仓合约进行了结的行为①。期货交割是实现期货市场“发现价格”功能的必要条件②，在期货交割时，期货价格和现货价格应趋于一致，若期货价格高于现货价格，期货合约的卖方可能希望成交更多的期货合约，但与此同时买方显然不会购买，因此现货价格将低于期货价格，形成买方市场，卖方将对期货进行降价，直至与现货价格持平。反之，在期货价格低于现货价格时，卖方因可以选择持有期货合约进行实物交割，所以可能不会卖出，此时买方将提高购买期货的价格并直至其与现货价格一致。此外，期货交割的对冲平仓方式可能让参与者获利，但却无法按照预期的价格、质量等条件获得所需的商品，因此期货交割亦是发挥期货市场套期保值功能的前提。

鉴于期货交割的重要性，1999 年《期货交易管理暂行条例》（已失效）第四十二条、第四十三条分别规定了期货交割的一般规定和期货交割仓库

---

① 叶林主编：《期货期权市场法律制度研究》，法律出版社 2017 年版，第 151 页。

② 霍瑞戎：《期货交割理论的演变及我国期货市场的选择》，载《北京工商大学学报（社会科学版）》2009 年第 1 期。

的禁止性行为，2007 年《期货交易管理条例》第三十九条则对《期货交易管理暂行条例》第四十二条、第四十三条进行了合并。对比《期货交易管理条例》，本法明确将交割厂库作为一种类型的交割库。

【条文解读】

一、交割库的类型

交割仓库和交割厂库是最为常见的两种交割库①，是由期货交易所指定的，为期货交易中的到期未平仓期货合约进行实物交割的交割商品提供存储服务的仓储机构，其中仓库交割是指卖方通过将制定仓库开具的相关商品仓库仓单转移给买方以完成实物交割的交割方式，厂库交割是指卖方通过将制定厂库开具的相关商品标准仓单转移给买方以完成实物交割的交割方式。

交割仓库和交割厂库的区别在于生成仓单和提货流程不同。具体而言，在生成仓单环节，仓库交割包括交割预报、商品入库、验收、指定交割仓库签发、交易所注册等环节，而厂库交割包括厂库签发和交易所注册等环节；就提货流程而言，在仓单提货环节，如果是仓库交割，货主需要在《提货通知单》开具 10 个工作日内到仓库提货，而且需在实际提货前 3 天通知仓库，如果是厂库交割，厂库的发货速度和时间以及货主的提货时间需要按交易所规定执行，《提货通知单》开具 3 日内，厂库和货主就需要进行发货和接货，厂库发货时不得低于最低日发货速度，货主则要在规定的时间内完成所有货物的接收。相比而言，厂库交割省去了交割预报、商品入库、验收三个环节。除了交割仓库和交割厂库外，期货交割还可以以其他方式进行，例如车（船）板交割。车（船）板交割是指卖方在交易所指定交割计价点将货物装至买方汽车板、火车板或轮船板，完成货物交收的一种实物交割方式。

二、交割库应当符合期货交易场所规定的条件

期货交割的参与者除交割库外，还包括期货买方、期货卖方、期货结算机构买方结算会员、期货结算机构卖方结算会员、期货结算机构，但只有期货合约的主体（期货结算会员和期货结算结构）才是期货交割的真正法律主体，以自己名义主张权利并履行义务。在此过程中，交割库只为期货实物交割提供仓储等服务，只是代表期货卖方将货物交付给期货合约买

---

① 《郑州商品交易所期货交割细则》第一条、第三条，载郑州商品期货交易所网站，http：//www. czce. com. cn/cn/flfg/zcjywgz/ssxz/webinfo/2021/12/1640082037834429. htm，最后访问时间：2021 年 12 月 30 日。

方。交割库由期货交易所审批确定，因此应当符合期货交易场所规定的条件。一般而言，申请成为交割库应当具备以下条件[①]：（1）国家工商行政管理部门颁发的营业执照应载明相关商品生产或贸易业务；（2）净资产和注册资本应当达到交易所要求的数额；（3）生产量或贸易量应当达到交易所要求的数量；（4）财务状况良好，具有较强的抗风险能力；（5）具有良好的商业信誉，完善的规章制度，未发现严重违法行为记录；（6）承认并遵守交易所的章程、交易规则、交割细则等规定；（7）有保管相应交割商品的条件，设备完好、计量符合规定要求；（8）有相应交割商品所需要的管理、检化验等制度；（9）交通便利，具有较强的装卸发货能力；（10）交易所规定的其他材料。申请者应当向期货交易场所提供下列材料[②]：（1）申请书；（2）国家工商行政管理部门颁发的营业执照（复印件）；（3）会计师事务所出具的近两年审计报告或经交易所认可的相关部门审计的年度财务报表；（4）申请单位上级主管部门或董事会出具的同意申请厂库的批准文件；（5）交易所要求的担保文件；（6）近三年年度和月度生产量或贸易量，每月出库量；（7）近三年产品质量、销售方向和数量；（8）经交易所批准租赁厂房经营的企业，应提供与厂房所有者之间的租赁合同（协议）等文件；（9）企业生产、检验、货物出厂等方面的管理规章制度文件；（10）企业近三年银行保函的使用情况；（11）交易所要求提供的其他材料。在收到申请文件后，期货交易场所通过对上述材料进行初审、对申请企业进行实地调查和评估等程序，综合考量保持一定数量的交割库、注意交割库的地区分布、注意交割库的软件和硬件质量等因素，进行择优选用。

三、交割库应当与期货交易场所签订协议

在期货交易场所和交割库之间的合同法律关系中，交割库的权利一般包括[③]：（1）按交易所规定享有向交易所申请仓单注册权；（2）按交易所审定的收费项目、标准和方法收取有关费用；（3）对交易所制定的有关实物交割的规定享有建议权；（4）经交易所批准，指定提货点；（5）交

---

① 《郑州商品交易所指定商品交割仓库管理办法》第四条，载郑州商品交易所网站，http：//www.czce.com.cn/cn/flfg/zcjywgz/ssxz/webinfo/2021/01/1605576321637904.htm，最后访问时间：2021 年 12 月 30 日。

② 《郑州商品交易所指定商品交割仓库管理办法》第四条，载郑州商品交易所网站，http：//www.czce.com.cn/cn/flfg/zcjywgz/ssxz/webinfo/2021/01/1605576321637904.htm，最后访问时间：2021 年 12 月 30 日。

③ 《郑州商品交易所指定商品交割仓库管理办法》第十一条，载郑州商品交易所网站，http：//www.czce.com.cn/cn/flfg/zcjywgz/ssxz/webinfo/2021/01/1605576321637904.htm，最后访问时间：2021 年 12 月 30 日。

易所期货交割细则和厂库协议书约定的其他权利。交割库的义务包括①：（1）遵守交易所期货交割细则和标准仓单管理办法及其他有关规定，接受交易所的监管，及时向交易所提供有关情况。（2）按标准仓单要求及交易所的业务规则提供交割商品，并积极协助货主安排出库。（3）对货物质量和数量承担全部责任。（4）保守与商品交割有关的商业秘密。（5）接受交易所组织的年审。（6）缴纳交割担保金。（7）配合并监督指定质检机构取样。（8）监督管理提货点交割业务，并对指定提货点的交割行为负全部责任。（9）交割库应当保证用于期货交割的商品优先办理出库。（10）变更单位名称、法定代表人、注册资本、股东或股权结构、仓储场地等，出现可能危及交割商品安全、法律诉讼等问题，以及生产线调整，及时向交易所通报；发生厂库土地或房产质押、对外担保等重大事项，事先向交易所通报。（11）按照交易所要求，及时向交易所提供企业相关商品价格、产能、产量、库存量等信息。（12）交易所期货交割细则、标准仓单管理办法和厂库协议书等规定或约定的其他义务。

四、交割库的禁止性行为

一是出具虚假仓单。仓单是指由交割库签发并经过期货交易场所认定，可以从交割库提取货物的权利凭证。交割库出具的仓单不仅应当满足按照期货交易场所规定的程序并经期货交易场所认定的形式要件，还需要符合交易所规定的交割质量标准等实质要件②，否则即为虚假仓单。

二是违反期货交易场所的业务规则，限制交割商品的出库、入库。基于与期货交易场所之间的合同，交割库承担应当严格按照期货交易场所的业务规则对实物交割的义务③，如果交割库违反期货交易场所的业务规则，限制交割商品的出库、入库，那么将使合法持有仓单的人难以实现自己的物权，进而阻碍期货交割顺利进行。

三是泄露与期货交易有关的商业秘密。交割库基于业务和地位的便利条件，可能知悉与期货交易相关的某些商业秘密，例如有关期货交易的内

---

① 《郑州商品交易所指定商品交割仓库管理办法》第十二条，载郑州商品交易所网站，http：//www. czce. com. cn/cn/flfg/zcjywgz/ssxz/webinfo/2021/01/1605576321637904. htm，最后访问时间：2021 年 12 月 30 日。

② 《郑州商品交易所标准仓单管理办法》第四条、第五条、第六条、第七条、第八条、第九条，载郑州商品交易所网站，http：//www. czce. com. cn/cn/flfg/zcjywgz/ssxz/webinfo/2021/12/1640082038837600. htm，最后访问时间：2021 年 12 月 30 日。

③ 《郑州商品交易所指定商品交割仓库管理办法》第二十五条，载郑州商品交易所网站，http：//www. czce. com. cn/cn/flfg/zcjywgz/ssxz/webinfo/2021/01/1605576321637904. htm，最后访问时间：2021 年 12 月 30 日。

幕信息、有关交割会员或者客户的业务经营方面的商业秘密、有关交割商品供求关系的商业秘密，上述商业秘密关系着期货市场的正常运行，一旦泄露可能会严重损害期货市场的正常秩序。因此，期货交易所通常将保守与交割有关的商业秘密纳入与交割库签订的合同之中①。

四是违反国家有关规定参与期货交易。一旦被期货交易场所指定为交割库，仓储机构便成为持有到期未平仓期货合约交易者实现实物交割的中介。如果此时仍允许交割库参与期货交易，那么其有可能基于自己掌握的信息等优势条件操纵期货市场价格，严重影响期货市场正常交易。所以期货交易所一般将不得参与期货交易写入与交割库签订的合同之中②。

五是违反国务院期货监督管理机构规定的其他行为。此为兜底条款，意在通过开放式规定避免列举上的不周延，同时赋予了国务院期货监督管理机构根据实际情况的需要增加规定禁止期货交割库禁止性行为。

【关联规范】

《最高人民法院关于审理期货纠纷案件若干问题的规定》第四十四条、第四十八条。

第一百零一条　【信息技术系统服务机构】为期货交易及相关活动提供信息技术系统服务的机构，应当符合国家及期货行业信息安全相关的技术管理规定和标准，并向国务院期货监督管理机构备案。

国务院期货监督管理机构可以依法要求信息技术服务机构提供前款规定的信息技术系统的相关材料。

【条文主旨】

本条是关于信息技术服务机构提供服务的规定。

---

① 《郑州商品交易所指定商品交割仓库管理办法》第十二条，载郑州商品交易所网站，http：//www.czce.com.cn/cn/flfg/zcjywgz/ssxz/webinfo/2021/01/1605576321637904.htm，最后访问时间：2021 年 12 月 30 日。

② 《郑州商品交易所交易规则》第八十四条，载郑州商品交易所网站，http：//www.czce.com.cn/cn/flfg/zcjywgz/jygz/H77050302index_ 1.htm，最后访问时间：2021 年 12 月 30 日。

【立法背景】

技术是促进期货市场繁荣发展的关键要素之一，交易系统的撮合速度、交易系统的稳定性直接影响着期货市场的业务量。以信息技术对期货交易所的促进作用为例。德国期货交易所和伦敦国际金融期货交易所都交易德国政府债券期货合约，德国期货交易所采用电子化交易，伦敦国际金融期货交易所采用公开喊价交易方式。德国期货交易所的市场份额从 1991 年的 19%增加到 1997 年的约 42%，而伦敦国际金融期货交易所则于 1998 年 8 月不得不关闭自己的债券、指数期货、货币合约和股票期权交易大厅[①]。所以为了获取竞争优势，各期货交易所均投入了大量资金更新、升级交易技术。针对我国期货市场成立初期曾存在的交易软件性能不稳定、交易系统容量低和硬件条件差、期货公司对技术重视程度低、从事期货技术研发的人员不足等问题，证监会和期货交易所均意识到强大的期货技术系统对于市场发展的重要性。从理论上讲，期货经营机构、期货交易场所、期货结算机构和非期货经营机构结算参与人既可以选择自己组建研究团队研发软硬件产品、信息技术系统或者技术，也可以委托给信息技术公司，而信息技术公司往往具有更为专业的人才、更加丰富的经验以及更加充足的研发资金。鉴于期货技术在期货市场中的重要作用，证监会、期货业协会及期货交易所纷纷制定了与期货行业信息安全相关的技术管理规定和标准，那么信息技术公司接受期货经营机构、期货交易场所、期货结算机构和非期货经营机构结算参与人的委托，研发软硬件产品、信息技术系统或者技术时，应当严格遵循上述管理规定和标准。

加强有关期货服务机构从事期货服务业务的备案管理，是获取期货信息技术服务机构从事期货服务业务基础信息、强化事中事后监管的有效途径，也是开展风险监测与预警、提高监管工作针对性的基础性安排。证监会政务服务平台 2020 年 10 月 23 日正式上线“信息技术系统服务机构备案信息采集系统”，启动信息技术系统服务机构备案工作，至 2020 年 12 月 14 日已公示两批 92 家信息技术系统服务机构[②]。

---

① 何剑平、孙秋鹏、关路祥：《从环境角度分析期货交易所非互助化改造的动因》，载《南开经济研究》2005 年第 5 期。

② 《证监会：加强对信息技术服务机构监管》，载《中国证券报》2021 年 1 月 19 日。

【条文解读】

一、信息技术服务机构应当符合相关的技术管理规定和标准

为了保障证券期货信息系统安全运行、加强证券期货业信息安全管理工作、促进证券期货市场稳定健康发展、保护投资者合法权益，中国证监会于2012年审议通过《证券期货业信息安全保障管理办法》①。根据该管理办法，为期货经营机构、期货交易场所、期货结算机构和非期货经营机构结算参与人等提供软硬件产品、信息技术系统或者技术服务的信息技术服务机构应当具有合格的基础设施，机房、电力、空调、消防、通信等基础设施的建设符合行业信息安全管理的有关规定；应当设置合理的网络结构，划分安全区域，各安全区域之间应当进行有效隔离，并具有防范、监控和阻断来自内外部网络攻击破坏的能力；信息系统应当具有合理的架构，足够的性能、容量、可靠性、扩展性和安全性，能够支持业务的运行和发展；应当对交易、行情、开户、结算、风控、通信等重要信息系统具有自主开发能力，拥有执行程序和源代码并安全可靠存放，在重要信息系统上线前对执行程序和源代码进行严格的审查和测试；应当具有防范木马、病毒等恶意代码的能力，防止恶意代码对信息系统造成破坏，防止信息泄露或者被篡改；应当建立完善的信息技术治理架构，明确信息技术决策、管理、执行和内部监督的权责机制；应当建立完善的信息技术管理制度和操作规程，并严格执行；应当提供多种互为备份的远程接入方式，保证市场相关主体安全接入，并对市场相关主体的远程接入进行监控与管理；等等。

中国期货业协会制定了一系列关系信息技术的自律性管理规定，包括《期货公司信息技术管理指引》②《期货公司核心应用软件产品与技术服务合同指引》③ 等。其中《期货公司信息技术管理指引》旨在进一步促进期货公司信息系统建设，提高运维保障水平。根据此管理指引，信息技术服务机构为期货公司提供服务时，应当签订服务保障协议，承担保密义务，

---

① 《证券期货业信息安全保障管理办法》，载中国证券监督管理委员会网站，http：//www. csrc. gov. cn/csrc/c106256/c1653967/content. shtml，最后访问时间：2022年1月15日。

② 《关于发布实施〈期货公司信息技术管理指引〉（2019年10月修订）的通知》，载中国期货业协会网站，http：//www. cfachina. org//governmentrules/selfdisciplinerules/businessspecificationclass/201410/t20141008_ 1273. html，最后访问时间：2022年1月17日。

③ 《关于发布〈期货公司核心应用软件产品与技术服务合同指引〉的通知》，载中国期货业协会网站，http：//www. cfachina. org//aboutassociation/associationannouncement/201307/t20130719_ 12091. html，最后访问时间：2022年1月17日。

应当接受期货公司对其资质、经营行为、业绩、服务体系、服务品质和违法违规等要素的评估。信息技术服务机构为期货公司提供的软硬件产品、信息技术系统或者技术服务应当符合此管理指引的要求，例如交易系统应实现数据与应用分离以防止客户终端绕过应用程序界面直接访问核心数据、应具备对客户进行实时风险控制的功能、应产生并记录和存储必要的日志信息供审计使用，等等。

信息技术服务机构也应当遵守期货交易场所制定的关于信息安全的相关规定。以《中国金融期货交易所信息管理办法》① 为例。根据该管理办法，信息服务业务分为信息传播服务业务和信息增值服务业务。信息传播服务业务是指经交易所许可或者授权，向其他机构传输，或者向信息终端用户、社会公众传播交易所信息的服务业务；信息增值服务业务是指经交易所许可或者授权，对交易所信息进行加工，产生增值的服务业务。信息技术服务机构从事信息服务业务，应当经期货交易所许可或者授权，并与交易所签订信息经营许可协议，应当严格依照交易信息经营许可协议接收、储存、在许可的区域内传播交易信息或者在其基础上进行增值开发，履行交易信息经营许可协议规定的义务。具体而言，信息技术服务机构在从事信息传播服务业务时，应当采取必要的技术措施以防止该信息被盗用、窃取或者外接使用，应当将每日传输或者传播的信息内容保留 30 日以上以备交易所随时检查，应当准确记录其客户的信息以及与收费有关的记录和资料，等等；信息技术服务机构在从事信息增值服务时，应当保证信息的真实、准确、完整，对于经其加工处理后的信息应当明显标示增值开发机构名称及加注说明并承担法律责任；等等。

二、信息技术服务机构应当向国务院期货监督管理机构备案

区别于行政审批，信息技术服务机构提供服务向国务院期货监督管理机构备案属于“事后备案”“告知性备案”的法律性质②，而非为国务院期货监督管理机构备案对信息技术服务机构从事期货服务业务设定前置性条件。信息技术服务机构在以下情况应当向国务院期货监督管理机构备案③：

---

① 《中国金融期货交易所信息管理办法》，载中国金融期货交易所网站，http：//www.cffex.com.cn/u/cms/www/202003/271646475n34.pdf，最后访问时间：2022 年 1 月 17 日。

② 《证监会征求意见：明确证券服务机构备案属于“事后备案”》，载新京报网，参见 https：//baijiahao.baidu.com/s？id = 1659875296744871169&wfr = spider&for = pc，最后访问时间：2022 年 1 月 17 日。

③ 《监管规则适用指引——科技监管类第 1 号》，载中国证券监督管理委员会网站，http：//www.csrc.gov.cn/csrc/c105947/c1570923/content.shtml，最后访问时间：2022 年 1 月 17 日。

一是在首次为期货市场主体提供软硬件产品、信息技术系统或者技术服务时备案。信息技术服务机构应当在签订服务协议之日起10个工作日内备案；首次从事期货服务业务的实际时间早于签订服务协议时间的，应当在实际从事期货服务业务之日起10个工作日内备案。首次备案应当提供下列材料：（1）信息技术系统服务机构备案表；（2）信息技术系统服务机构营业执照、在行业主管部门取得的执业许可或者备案文件；（3）信息技术系统服务机构及其依照本规定备案的从业人员因执业行为涉嫌违法违规被立案调查，或者被司法机关立案侦查，以及近三年因执业行为受到刑事处罚、行政处罚、监督管理措施、自律监管措施和纪律处分的情况；（4）控股股东、实际控制人和从业人员情况；（5）商业计划书；（6）合规管理制度；（7）产品和服务情况；（8）产品类客户情况和服务类客户情况；（9）上一年度财务报表审计报告。

二是在信息技术服务机构发生下列重大事项之日起10个工作日内备案：（1）信息技术系统服务机构名称变更；（2）信息技术系统服务机构住所变更；（3）信息技术系统服务机构法定代表人或者主要负责人变更；（4）信息技术系统服务机构质量控制负责人变更；（5）信息技术系统服务机构风险控制负责人变更；（6）持有信息技术系统服务机构5%以上股份的股东，实际控制人，及其董事、监事或者高级管理人员，合伙人变更；（7）信息技术系统服务机构与证券服务业务有关的质量控制制度、风险控制制度等内部管理制度发生重大变更；（8）信息技术系统服务机构及其依照本规定备案的从业人员因执业行为涉嫌违法违规被立案调查，或者被司法机关立案侦查，以及因执业行为受到刑事处罚、行政处罚、监督管理措施、自律监管措施和纪律处分；（9）信息技术系统服务机构及其依照本规定备案的从业人员因执业行为与委托人、投资者发生民事纠纷，进行诉讼或者仲裁；（10）信息技术系统服务机构设立或撤销分所或者分支机构。

三是每年4月30日前进行年度备案，年度备案材料内容包括：（1）信息技术系统服务机构基本情况和经营情况；（2）依照本规定备案的从业人员的变动情况；（3）内部管理制度的执行情况和变动情况。

信息技术服务机构通过备案信息采集系统提供的备案材料完备的，国务院期货监督管理机构自收齐备案材料之日起20个工作日内，以通过网站公示证券服务机构基本情况的方式，为信息技术服务机构办结备案手续。

三、信息技术服务机构承担提供相关材料的义务

信息技术服务机构接受期货经营机构、期货交易场所、期货结算机构和非期货经营机构结算参与人等主体的委托，在研发信息技术系统时，会形成关于产品或者服务的技术架构、业务逻辑和操作流程等相关资料。上述资料是评判信息技术服务机构提供的软硬件产品、信息技术系统或者技术服务是否符合委托人的要求或者相关标准的重要依据。因此信息技术服务机构按照国务院期货监督管理机构的要求提供软硬件产品、信息技术系统或者技术服务的相关材料，有助于国务院期货监督管理机构了解相关软硬件产品、信息技术系统或者技术服务的情况，判断信息技术服务机构在研发产品或者服务的过程中是否存在违法行为。

信息技术服务机构应当及时、准确、完整地向国务院期货监督管理机构提供相关资料。及时性是指信息技术服务机构应当以最快的速度向国务院期货监督管理机构提供相关资料，并保持所提供的资料处于最新状态；准确性则要求信息技术服务机构提供的相关资料与实际情况应当符合，其内容、表述方式应当确切，不得有误导性陈述；完整性则意味着信息技术服务机构提供的相关资料应当齐全，符合法定要求，不得有重大遗漏。

【关联规范】

《证券服务机构从事证券服务业务备案管理规定》第九条、第十五条、第十七条。

第九章　期货业协会

本章概要

在国家对期货业实行集中统一监督管理的前提下，进行期货业自律管理，有利于发挥政府与期货行业间的桥梁和纽带作用，促进期货市场的公开、公平、公正，维护期货业的正当竞争秩序，保护投资者利益，推动期货市场的健康稳定发展。本法以法律的形式明确期货业协会作为行业自律组织的定位，专门设置“期货业协会”一章，对期货业协会的法律地位、组织形式和职能作出明确规定，为协会的发展指明方向。同时，本法明确协会承担的具体职责，使得协会的各项工作有法可依、有章可循，为协会职能的发挥和各项工作的开展创造有利的条件，是行业自律管理强有力的法律保障。①

第一百零二条　【定义和会员制度】期货业协会是期货行业的自律性组织，是社会团体法人。

期货经营机构应当加入期货业协会。期货服务机构可以加入期货业协会。

【条文主旨】

本条是关于期货业协会定义和会员制度的规定。

---

①　陈雷：《组织法视野下证券市场自律组织法人治理的完善——以证券行业协会为例》，载《现代经济探讨》2018 年第 9 期。

【立法背景】

行业自律是期货行业监督管理体系的重要组成部分，是政府行政监管的重要补充。[①] 中国期货业协会自成立以来，实行行业自律管理，维护会员的合法权益，维护期货市场的公开、公平、公正原则，开展对期货从业人员的职业道德教育、专业技术培训和严格管理，促进中国期货市场规范、健康、稳定地发展。自此，期货业协会迅速成为保障众多投资者利益、协调从业机构平衡的重要工具，在行业“自律、服务、传导”方面发挥着越来越大的作用，是政府对期货市场进行宏观调控管理的得力助手。

2000 年 12 月底中国期货业协会的成立，标志着以证监会的行政监管和以交易所、期货业协会的自律管理监管体系的建立。[②] 在期货市场发展过程中，重视和发挥行业自律组织的作用，既符合我国行政管理体制改革的要求，也是体现行业自我发展能力和成熟程度的重要标志。

本条相关内容之前规定在 2007 年《期货交易管理条例》第四十七条，对应现行《期货交易管理条例》第四十三条。

【条文解读】

一、期货业协会的法律性质

（一）期货业协会是自律性组织

社会团体自律管理是指社会团体依法登记后，在存续和发展过程中对自身及其会员严格要求，实行自我管理、自我约束、自我规范、自我促进。

期货业是一个特殊的行业，其交易、结算、交割和经纪服务等业务有着极强的特殊性，期货交易纠纷多、风险大，处理起来相当复杂。因此，需要在依法治市的前提下，借助行业自律形式解决期货业的特殊问题。

在新兴市场，往往是政府主导市场发展，承担培育和监管市场的多重职能，市场机制发育不全；自律组织作用弱小，创新不足，缺乏活力，许多本应由自律组织承担的职能实际由政府代行，甚至有些发达市场并不存在自律行业协会。在我国期货市场发展过程中，强化自律组织职能，发挥其在行业自律和市场发展中的作用，将有力地提高监管效能。而期货业协会通过建立从业规范等工作的开展，将使自律管理与行政管理形成一种有

---

① 陈凤琴：《期货行业协会法律规制研究》，载《商业研究》2003 年第 8 期。

② 姚林：《我国期货市场违法行为与法律规制研究》，载《管理现代化》2019 年第 3 期。

机互补、良性互动的关系，提升自律管理的公信力和权威性，不断提高期货市场监管的效率。[①]

交易所的自我管理、期货业协会的行业自律管理和政府的监督管理，三个层面互相配合、互为补充，共同保证期货市场正常运行。

（二）期货业协会是社会团体法人

《民法典》第七十六条规定："以取得利润并分配给股东等出资人为目的成立的法人，为营利法人。营利法人包括有限责任公司、股份有限公司和其他企业法人等。"第八十七条规定："为公益目的或者其他非营利目的成立，不向出资人、设立人或者会员分配所取得利润的法人，为非营利法人。非营利法人包括事业单位、社会团体、基金会、社会服务机构等。"法人分为企业法人、事业单位法人和社会团体法人等。期货业协会属于社会团体法人。社会团体法人，是指为了共同目的，由一定数量的成员自愿组成，并依法取得法人资格，具有民事权利能力和民事行为能力，依法独立享有民事权利和承担民事义务的社会组织。社会团体法人具有以下特点：一是依法成立；二是有必要的财产和经费；三是有自己的名称，组织机构和场所；四是能够独立承担民事责任；五是不以营利为目的，即社会团体法人具有非营利性。

中国期货业协会成立于2000年12月29日，协会的注册地和常设机构设在北京。协会最早筹建于1995年，是根据《社会团体登记管理条例》[②]设立的全国期货行业自律性组织，为非营利性的社会团体法人。[③]

二、期货业协会的会员组成

根据本条规定，期货业协会实行自愿入会和强制入会相结合的办法。期货经营机构应当加入期货业协会，期货服务机构采取自愿入会制。《中国期货业协会会员管理办法》[④] 第三条规定："协会由会员、特别会员和联系会员组成。"期货公司及从事期货及衍生品业务的期货经营机构作为期货市场主要组成部分，是期货市场的中介，联系着广大投资者，其合规经营程度直接影响着期货市场的稳定与发展，因此，对其强化自律管理是期

① 叶林主编：《期货期权市场法律制度研究》，法律出版社2017年版，第188~189页。

② 《社会团体登记管理条例》，载中国政府网，http：//www. gov. cn/zhengce/2020-12/26/content_ 5574295. htm，最后访问时间：2022年5月2日。

③ 姜洋主编：《期货市场新法规解释与适用》，法律出版社2007年版，第117页。

④ 《中国期货业协会会员管理办法》，载中国期货业协会网站，http：//www. cfachina. org/governmentrules/selfdisciplinerules/membermanagement/201603/t20160322_ 1286. html，最后访问时间：2022年5月2日。

货市场监管的重要内容之一。期货公司等机构的强制入会制度，能够保证将其纳入协会自律管理的体系中，是自律管理真正发挥作用的前提。

【关联规范】

《期货公司监督管理办法》第五条；《境外交易者和境外经纪机构从事境内特定品种期货交易管理暂行办法》第三条；《期货从业人员管理办法》第五条；《证券期货经营机构私募资产管理业务管理办法》第八条；《期货市场客户开户管理规定》第七条；《证券期货投资者适当性管理办法》第五条。

第一百零三条　【权力机构、章程、理事会】期货业协会的权力机构为会员大会。

期货业协会的章程由会员大会制定，并报国务院期货监督管理机构备案。

期货业协会设理事会。理事会成员依照章程的规定选举产生。

【条文主旨】

本条是关于期货业协会权力机构、章程制定、理事会制度的规定。

【立法背景】

期货业协会作为社会团体法人，即具备法人主体资格，以自己的名义、财产独立地对外承担责任，以成员集合为其成立基础，不以营利为目的，不参与期货经营活动，从而保证其中立地位。① 因此，期货业协会的经费来源于会员入会费、年会费、特别会员费、社会捐赠以及在核准业务范围内开展活动或服务的收入。②

本条相关内容之前规定在2007年《期货交易管理条例》第四十八条，对应现行《期货交易管理条例》第四十五条。

---

① 叶林主编：《期货期权市场法律制度研究》，法律出版社2017年版，第223页。

② 胡茂刚：《我国股指期货三层监管体系的法律思考》，载《政治与法律》2008年第5期。

【条文解读】

一、期货业协会的权力机构

期货业协会的权力机构是会员大会，会员大会由全体会员组成。会员大会有权决定协会的重大事项。《中国期货业协会章程》① 第二十五条规定："会员大会是协会的最高权力机构，其职责是：（一）制定和修改章程；（二）审议理事会工作报告和财务报告；（三）选举和罢免理事；（四）决定协会合并、分立和终止事宜；（五）理事会提交的其他重大事项。"

二、期货业协会的章程

期货业协会章程是由会员大会制定，报国务院期货监督管理机构备案，并对所有会员具有约束力的协议。《社会团体登记管理条例》② 第十四条规定："社会团体的章程应当包括下列事项：（一）名称、住所；（二）宗旨、业务范围和活动地域；（三）会员资格及其权利、义务；（四）民主的组织管理制度，执行机构的产生程序；（五）负责人的条件和产生、罢免的程序；（六）资产管理和使用的原则；（七）章程的修改程序；（八）终止程序和终止后资产的处理；（九）应当由章程规定的其他事项。"

三、期货业协会的理事会

理事会是期货业协会会员大会闭会期间的协会常设权力机构，对会员大会负责。理事会依照章程规定执行会员大会决议。理事会成员按照章程的规定选举产生。期货业协会的章程中可以规定理事会成员的数量、选举产生的程序、任职期限等。根据《中国期货业协会章程》③ 第三十七条的规定，理事会的职责包括："（一）筹备召开会员大会，贯彻、执行大会的决议；（二）向会员大会报告工作和财务状况；（三）决定设立专业委员会、专项基金管理委员会；（四）选举和罢免协会会长、副会长；（五）聘任和解聘秘书长、副秘书长；（六）聘任和解聘各专业委员会主任委员、副主任委员；（七）在会员大会闭会期间，对不履职会员理事暂停理事资格；（八）制定和颁布协会的自律规则、行业标准和业务规范；（九）决定

---

① 《中国期货业协会章程》，载中国期货业协会网站，http：//www.cfachina.org/aboutassociation/associationintroduction/associationconstitution/，最后访问时间：2022年5月2日。

② 《社会团体登记管理条例》，载中国政府网，http：//www.gov.cn/zhengce/2020-12/26/content_5574295.htm，最后访问时间：2022年5月2日。

③ 《中国期货业协会章程》，载中国期货业协会网站，http：//www.cfachina.org/aboutassociation/associationintroduction/associationconstitution/，最后访问时间：2022年5月2日。

协会年度工作计划和预决算；（十）决定会员的吸收或除名；（十一）表彰、奖励、处分会员；（十二）决定其他重大事项。”

【关联规范】

《期货交易所管理办法》第十九条、第三十六条；《中国期货业协会章程》第二十五条、第二十八条；《社会团体登记管理条例》第十四条。

第一百零四条　【职责】期货业协会履行下列职责：

（一）制定和实施行业自律规则，监督、检查会员的业务活动及从业人员的执业行为，对违反法律、行政法规、国家有关规定、协会章程和自律规则的，按照规定给予纪律处分或者实施其他自律管理措施；

（二）对会员之间、会员与交易者之间发生的纠纷进行调解；

（三）依法维护会员的合法权益，向国务院期货监督管理机构反映会员的建议和要求；

（四）组织期货从业人员的业务培训，开展会员间的业务交流；

（五）教育会员和期货从业人员遵守期货法律法规和政策，组织开展行业诚信建设，建立行业诚信激励约束机制；

（六）开展交易者教育和保护工作，督促会员落实交易者适当性管理制度，开展期货市场宣传；

（七）对会员的信息安全工作实行自律管理，督促会员执行国家和行业信息安全相关规定和技术标准；

（八）组织会员就期货行业的发展、运作及有关内容进行研究，收集整理、发布期货相关信息，提供会员服务，组织行业交流，引导行业创新发展；

（九）期货业协会章程规定的其他职责。

【条文主旨】

本条是关于期货业协会具体职责的规定。

【立法背景】

为建立有效的自律管理体系，推动期货市场的稳步发展，本法以法律的形式明确期货业协会的法律职责。

期货业协会的职责在《期货交易管理条例》第四十五条已有规定，具体为：“（一）教育和组织会员遵守期货法律法规和政策；（二）制定会员应当遵守的行业自律性规则，监督、检查会员行为，对违反协会章程和自律性规则的，按照规定给予纪律处分；（三）负责期货从业人员资格的认定、管理以及撤销工作；（四）受理客户与期货业务有关的投诉，对会员之间、会员与客户之间发生的纠纷进行调解；（五）依法维护会员的合法权益，向国务院期货监督管理机构反映会员的建议和要求；（六）组织期货从业人员的业务培训，开展会员间的业务交流；（七）组织会员就期货业的发展、运作以及有关内容进行研究；（八）期货业协会章程规定的其他职责。期货业协会的业务活动应当接受国务院期货监督管理机构的指导和监督。”

本条相较于《期货交易管理条例》第四十五条有如下变化：（1）在先前法条第一款第二项的自律管理职责中新增对从业人员执业行为的监督、检查，应当遵守的规则新增“法律、行政法规、国家有关规定”，惩戒手段新增“实施其他自律管理措施”，移至第一款第一项；（2）将先前法条第一款第四项的纠纷调解职责，删除“受理客户与期货业务有关的投诉”，保留“对会员之间、会员与交易者之间发生的纠纷进行调解”，移至第一款第二项；（3）将先前法条第一款第五项的权益维护职责移至第一款第三项；（4）将先前法条第一款第六项的培训交流职责移至第一款第四项；（5）在先前法条第一款第一项中新增对“期货从业人员”的教育职责，并新增要求期货业协会“组织开展行业诚信建设，建立行业诚信激励约束机制”，移至第一款第五项；（6）新增第一款第六项的交易者教育和保护职责；（7）新增第一款第七项的信息安全职责；（8）新增第一款第八项的组织研究职责。

【条文解读】

期货业协会的职责主要体现在行业自律管理、从业人员管理、服务会员、宣传教育、内部建设等方面，从而建立有效的自律管理体系，推动期货市场的稳步发展。

（一）自律管理

期货业协会制定和实施行业自律规则，监督、检查会员的业务活动及从业人员的执业行为，对违反法律、行政法规、国家有关规定、协会章程和自律规则的，按照规定给予纪律处分或者实施其他自律管理措施。首先，期货业协会应根据期货法律规范和政策，及时制定和实施行业的自律规则。其次，期货业协会应认真、定期地监督、检查会员行为，督促会员认真遵守期货法律法规、国家有关规定、协会章程和自律规则。最后，期货业协会对违反上述规定的会员或从业人员，给予其纪律处分或者实施其他自律管理措施。[①]

（二）纠纷调解

期货业协会对会员之间、会员与交易者之间发生的纠纷进行调解。期货公司会员之间、期货公司会员与客户之间发生期货业务纠纷时，可以提请中国期货业协会进行调解。协会的合规调查部具体受理纠纷调解申请，包括：（1）受理投诉，即受理对协会会员或期货从业人员违法违规行为的投诉与举报；（2）调查，根据法律法规及协会的自律规则，对期货从业人员从事期货业务过程中涉嫌违规的行为进行调查；（3）根据协会章程及协会的自律规则，对涉嫌违规的期货公司会员进行调查；（4）促进会员经营合规，即根据纠纷调解与合规调查的情况，督促期货公司会员合规经营。

（三）权益维护

期货业协会依法维护会员的合法权益，向国务院期货监督管理机构反映会员的建议和要求。期货业协会是期货行业的自律性组织，应当把维护会员的合法权益放在重要地位，并及时向国务院期货监督管理机构反映会员的建议和要求，充当会员与国务院期货监督管理机构之间的桥梁和纽带。

（四）培训交流

期货业协会负责组织期货从业人员的业务培训，开展会员间的业务交流。为提高期货从业人员职业道德素养与专业素质，保证从业质量，期货业协会对期货从业人员就期货法律法规、职业道德规范、期货专业知识等方面进行培训。此外，期货业协会开展会员间的业务交流，组织开展期货研究，推动业务创新，为会员创造更大的市场空间和发展机会。

（五）教育职责

期货法律法规和政策是维护期货市场秩序、保障当事人合法权益、促

---

① 叶萍、陈世伟：《美中两国期货市场监管体制比较——兼论金融危机背景下中国期货市场监管体制改革方向》，载《浙江学刊》2009 年第 5 期。

进期货市场稳步健康发展的制度基础和根本保障。期货业协会作为期货业的自律性组织，有义务组织会员学习期货法律法规和政策，进行期货基础知识及风险教育，组织开展行业诚信建设，建立行业诚信激励约束机制，并教育督促会员认真贯彻、遵守，为期货业发展创造良好的外部环境。①

（六）交易者教育和保护

期货业协会负责开展交易者教育和保护工作，促进协会会员落实交易者适当性管理制度，开展期货市场宣传。交易者适当性管理制度是规范交易者和期货经营机构之间权利义务关系的重要制度。期货经营机构向客户提供金融产品或服务时，应确保其所提供的金融产品或服务与特定客户的财务状况、投资目标、知识经验以及风险承受能力等相匹配，不得将高风险产品或服务推荐或销售给低风险承受能力的客户而导致客户利益受损。②

（七）信息安全

期货业协会对会员的信息安全工作实行自律管理，督促会员执行国家和行业信息安全相关规定和技术标准，促进期货市场稳定健康发展，保护投资者合法权益。

（八）组织研究

期货业协会组织会员就期货行业的发展、运作及有关内容进行研究，收集整理、发布期货相关信息，提供会员服务，组织行业交流，引导行业创新发展。

（九）期货业协会章程规定的其他职责

除上述八项职责外，期货业协会可以根据期货业协会的任务和宗旨、会员的要求以及期货市场发展的实际情况和需要，从事相应的自律管理和服务职责。

由于协会的自律管理是政府监管的补充，为保证其自律活动符合期货法律法规和政策，期货业协会的业务活动应当接受国务院期货监督管理机构的指导和监督。

【关联规范】

《中华人民共和国证券法》第一百六十四条。

---

① 姜洋主编：《期货市场新法规解释与适用》，法律出版社2007年版，第182页。

② 杨东、武雨佳：《智能投顾中投资者适当性制度研究》，载《国家检察官学院学报》2019年第2期。

第十章　监督管理

本章概要

本章是关于期货和衍生品监督管理的规定。一方面，本章为国务院期货监督管理机构履行监督管理职能提供了较为详细的执法依据，规定了国务院期货监督管理机构职能与职责、执法措施、执法程序、执法行为操守、规章制定公开、行政执法承诺、守法诚信档案、保证金安全监控、风险准备金。另一方面，本章也规定了被调查对象的权利和义务，包括被调查对象配合义务、有奖举报、档案保存期限，等等。此外，本章也规定了行政执法与刑事司法如何衔接。

第一百零五条　【期货监管职能与职责】 国务院期货监督管理机构依法对期货市场实行监督管理，维护期货市场公开、公平、公正，防范系统性风险，维护交易者合法权益，促进期货市场健康发展。

国务院期货监督管理机构在对期货市场实施监督管理中，依法履行下列职责：

（一）制定有关期货市场监督管理的规章、规则，并依法进行审批、核准、注册，办理备案；

（二）对品种的上市、交易、结算、交割等期货交易及相关活动，进行监督管理；

（三）对期货经营机构、期货交易场所、期货结算机构、期货服务机构和非期货经营机构结算参与人等市场相关参与者的期货业务活动，进行监督管理；

（四）制定期货从业人员的行为准则，并监督实施；

（五）监督检查期货交易的信息公开情况；

（六）维护交易者合法权益、开展交易者教育；

（七）对期货违法行为进行查处；

（八）监测监控并防范、处置期货市场风险；

（九）对期货行业金融科技和信息安全进行监管；

（十）对期货业协会的自律管理活动进行指导和监督；

（十一）法律、行政法规规定的其他职责。

国务院期货监督管理机构根据需要可以设立派出机构，依照授权履行监督管理职责。

【条文主旨】

本条是关于国务院期货监督管理机构，即证监会的职能、职责的规定。

【立法背景】

期货市场初创时期没有明确统一的监管机构，而是由各个部门各自按职责分工对期货市场进行管理，从而形成了专业部门、行业、地方对期货市场交叉管理、各自为政的混乱局面。1993 年 11 月 4 日，国务院发布《关于坚决制止期货市场盲目发展的通知》①，明确期货市场的试点工作统一由国务院证券委员会领导下的证券监督管理委员会负责。1993 年，中国证监会成立了期货部，负责对全国期货市场试点工作进行指导和监管。1998 年，国务院证券委员会职能并入中国证券监督管理委员会，国务院办公厅发布《中国证券监督管理委员会的职能配置、内设机构和人员编制》（以下简称“三定”方案），明确中国证券监督管理委员会为国务院直属正部级事业单位，对全国期货市场试行垂直领导，是全国期货市场的主管部

① 《关于坚决制止期货市场盲目发展的通知》，载中国政府网，http：//www.gov.cn/zhengce/content/2016-01/27/content_ 5036630.htm，最后访问时间：2022 年 4 月 30 日。

门，期货市场集中统一监管体制形成。① 1999 年 9 月国务院颁布的《期货交易管理暂行条例》（已失效）明确规定，证监会集中统一行使对期货市场的监管职权。但 1999 年《期货交易管理暂行条例》（已失效）并没有明确规定证监会的职能与职责。1999 年《期货交易管理暂行条例》（已失效）第一条规定了该法规的宗旨，即“为了规范期货交易行为，加强对期货交易的监督管理，维护期货市场秩序，防范风险，保护期货交易各方的合法权益和社会公共利益”。2007 年《期货交易管理条例》出台，第一条增加了“促进期货市场积极稳妥发展，制定本条例”。现行《期货交易管理条例》维持了该规定。

本法第一条宗旨条款在 2012 年《期货交易管理条例》基础上有几个新的变化：一是规范对象上增加了“衍生品交易行为”；二是新增加了一个宗旨，即“维护国家经济安全”；三是将“防范风险”进一步明确为“防范化解金融风险”（这一方面明确了防范的风险是金融风险，另一方面强调不仅要防，还要对已暴露的风险进行化解）；四是对宗旨进行了重新排序。将保障各方权益、维护市场秩序和社会公共利益的宗旨放到最前面，而将促进期货市场和衍生品市场服务国民经济、防范化解金融风险、维护国家安全放到后面。

1999 年《期货交易管理暂行条例》并无国务院期货监管机构职能和具体职责的规定。2007 年《期货交易管理条例》增加职责条款，列举国务院证券期货监管机构九项职责，其中第九项为兜底条款，即法律、行政法规规定的其他职责。现行《期货交易管理条例》维持不变。但《期货交易管理条例》并没有关于监管机构职能的规定，也没有关于派出机构职责的规定。

本法作了许多重大调整。

1. 明确了期货监管机构，即证监会的监管职能，即“维护期货市场公开、公平、公正，防范系统性风险，维护交易者合法权益，促进期货市场健康发展”。

2. 将证监会的职责由九项增加到十一项，增加了两项职责，即第六项“维护交易者合法权益、开展交易者教育”和第八项“监测监控并防范、处置期货市场风险”。这与第一款赋予证监会的三项职能中“防范系统性风险”和“维护交易者合法权益”相呼应。

---

① 陈世伟、王珏：《我国期货市场监管体制演进：回顾与展望》，载《江西社会科学》2008 年第 8 期。

3. 明确了派出机构的法律地位与职责。即第三款派出机构是证监会授权履行监管职责的机构，其职权由证监会授予。

【条文解读】

这是规范国务院期货监管职能及职责的条款。它既对国务院期货监管机构赋能赋权，同时也对监管机构的监管权加以约束规范。它包含三个方面内容：一是第一款明确了国务院期货监管机构的职能；二是第二款采取正面清单的方式列举了监管机构必须履行的职责，实际上是明确了监管机构履行其职能所必须承担的职责范畴，即监管享有职权即必须承担责任；三是赋权监管机构可以设立派出机构，并明确了派出机构的法律地位及职责。

一、监管机构的职能

中国证监会为国务院直属正部级事业单位，依照法律、法规和国务院授权，统一监督管理全国证券期货市场，维护证券期货市场秩序，保障其合法运行。[①] 这是证监会对承担期货市场集中统一监管使命近 30 年来的自我地位，本法实际上是认可了证监会对自己职能的理解。

第一款明确了证监会的四个职能：一是维护期货市场公平、公正、公开；二是防范系统性风险；三是维护交易者合法权益；四是促进期货市场健康发展。

（一）维护市场公平、公开与公正

市场公平、公开与公正主要体现在以下几个方面：

1. 公平与公正的底线就是要禁止欺诈、市场操纵与内幕交易。本法第六条明确宣示，期货交易和衍生品交易活动应当遵循公开、公平与公正原则，禁止欺诈、操纵市场和内幕交易的行为。第十二条规定，任何单位和个人不得操纵期货市场或者衍生品市场，并列举了九类市场操纵行为和作了兜底规定。第十三条明确禁止内幕信息知情人和非法获取内幕信息的人泄露内幕信息或从事内幕交易。第十六条禁止任何编造、传播虚假信息或误导性信息以扰乱市场。

2. 确保市场足够公开透明是最有效的防止和减少欺诈、内幕交易和市场操纵的手段。（1）对交易者的课费应当合理并公开透明。本法第二十五条规定，期货交易所的收费应当合理，收费项目、收费标准和管理办法应

---

① 《证监会介绍》，载中国证券监督管理委员会网站，http：//www. csrc. gov. cn/csrc/jggk/index. shtml，最后访问时间：2022 年 6 月 9 日。

当公开。（2）交易者身份应当是真实的、可识别的。第十八条规定了账户实名制，第二十四条规定了交易者实际控制关系报备管理制度。（3）行情信息公开透明。第八十八条规定，期货交易场所应当实时公布期货交易即时行情，并按交易日制作期货市场行情表，予以公布。（4）期货经营机构服务的公开透明。第五十条规定，期货经营机构向交易者提供服务时，应如实说明服务的重要内容，充分揭示交易风险；提供与交易者上述状况相匹配的服务。

3. 对处于信息弱势一方提供更多的保护。这主要体现在本法单列一章，即第四章，规定对期货交易者，尤其是普通交易者的保护。

4. 限制过度投机的同时鼓励套期保值，公平维护各方合理利益诉求。这主要体现在第二十三条持仓限额和对套期保值持仓限额豁免的规定上。

（二）防范系统性风险

防止发生系统性金融风险是金融工作的永恒主题。必须将系统性风险与系统风险相区别。后者也称为市场风险或不可分散风险，是指影响所有金融资产的价值的、不能通过资产组合而消除的风险。而系统性风险则是引发整个金融体系不稳定并可能导致金融危机的风险。世界银行将系统性风险定义为“在金融系统中的一个参与者不能履约引起的其他参与者违约，由此引发的连锁反应从而导致大规模的金融系统崩溃的可能性”。系统性风险通常是由一个事件（单个金融机构违约倒闭）在很多相互关联的金融机构和市场形成的整体系统中引起的一连串损失，即产生多米诺骨牌效应。它具有以下几个特征：（1）传染性。市场或机构倒闭触发（由于恐慌或其他原因）的经济震荡。或由于市场或机构连锁倒闭，或金融机构遭受巨大损失引起连锁反应。（2）破坏性。导致资本成本增加或供给减少，通常表现出巨大金融市场价格波动。① 一旦系统性风险暴露，就会引发金融危机和整个经济动荡，极具破坏性。

期货市场的交易都集中在集合交易场所——交易所，现行期货交易所同时提供集中清算服务，即它不仅提供交易场所，撮合交易，同时又充当交易结算的中央对手方。期货交易对手方的违约风险都集中到了中央对手方，交易所就成了系统性重要金融机构。从历史经验来看，期货交易的高杠杆性对投机者具有很强的吸引力，容易导致不负责任的投机者过度冒

---

① ［美］史蒂文·L. 施瓦茨：《系统风险》，载《乔治城法律杂志》第 97 卷（2008 年），第 193~249 页。

险，过度投机会引发市场动荡和风险集聚，投机失败导致的巨大违约风险很有可能就通过中央对手方结算系统传递到整个金融体系，引发系统性风险。为限制过度投机，防范化解系统性风险，监管机构必须加强期货经营机构、期货交易所和结算机构审慎监管，监督期货结算机构、期货经营机构、期货交易所严格执行保证金、当日无负债、强行平仓、持仓限额、风险监测与处置、重大突发情况处置等规则。

（三）维护期货交易者合法权益

本法移植了2019年证券法的经验，第四章专章规定了期货交易者保护。所谓期货交易者，根据第四章第四十九条规定，是指从事期货交易，承担交易结果的自然人、法人和非法人组织。在这之前，通常都将期货交易者称为“投资者”。[①] 中国证监会《适当性管理办法》[②] 将证券期货投资者分为普通投资者和专业投资者，并规定普通投资者在信息告知、风险警示、适当性匹配方面享有特别保护。期货经营机构向普通投资者提供高风险产品或者相关服务，应当履行特别注意义务，包括制定专门的工作程序，追加了解相关信息，并告知特别的风险点，给予普通投资者更多的考虑时间，或者增加回访频次。我国期货市场投资者仍以个人投资者为主，机构投资者，尤其是产业客户参与程度较低。2017年以来，我国期货市场机构投资者持仓占比仅为48%。[③] 本法吸收《适当性管理办法》[④] 对投资者的划分及分类保护方法，将交易者划分为普通交易者和专业交易者分类保护。普通交易者与专业交易者的划分标准由国务院期货监督管理机构规定，并将投资者适当性作为保护期货交易者的主要手段（第五十条），对期货经营机构科以投资者适当性义务，违反投资者适当性义务给投资者造成损失的，应当承担相应赔偿责任。除了投资者适当性义务外，对于普通交易者给予以下特别保护：一是对于普通交易者与期货经营机构发生纠纷的，期货经营机构不能证明其行为符合法律、行政法规以及国务院监督管

---

① 现行金融法采用“投资者”概括交易主，现行法规交叉使用“投资者”“客户”概念。多数主张“客户”“投资者”不能涵盖套期保值者。期货立法尝试使用“交易者”指代下达交易指令、最终承担交易结果、直接或间接参与交易的主体。尹中卿：《我国期货立法的难点》，载《人民日报》2014年7月21日。

② 《证券期货投资者适当性管理办法》，载中国证券监督管理委员会网站，http://www.csrc.gov.cn/csrc/c101950/c1048083/content.shtml，最后访问时间：2022年4月29日。

③ 孙王奎、谢亚：《我国场内衍生品市场发展现状的国际比较》，载《中国证券期货》2018年第3期。

④ 《证券期货投资者适当性管理办法》，载中国证券监督管理委员会网站，http://www.csrc.gov.cn/csrc/c101950/c1048083/content.shtml，最后访问时间：2022年4月29日。

理机构的规定，不存在误导、欺诈等情形的，应当承担相应的赔偿责任（第五十一条）。二是规定了代表人诉讼制度，以便利期货交易者提起操纵市场、内幕交易等期货民事赔偿诉讼（第五十七条）。三是在民事责任基础上，还规定了期货经营机构违反适当性义务的行政处罚。本法第一百三十五条规定：期货经营机构违反第五十条交易者适当性管理规定的，期货监管机构可责令改正，给予警告，没收违法所得，并处以违法所得一倍以上十倍以下的罚款；没有违法所得或者违法所得不足五十万元的，处以五十万元以上五百万元以下的罚款，情节严重的，撤销相关业务许可。

（四）促进期货市场健康发展

这有三层含义：一是期货市场由证监会集中统一监管是确保期货市场健康发展的必然选择；二是我国期货市场必须要发展，而且要大力发展；三是发展必须是健康的。健康就是期货市场能够正常发挥其功能，不健康就是期货市场功能失灵或对实体经济具有破坏性。

1992 年我国开始试办期货市场，期货业进入试点阶段。在此阶段，各地各部门竞相争办期货交易所，期货经纪公司发展盲目，一些不法分子乘机“浑水摸鱼”。1992 年 6 月 10 日，深圳有色金属交易所成立，并在 1992 年 10 月正式推出了第一个标准化期货合约，也是中国第一家以标准化期货为交易对象的交易所。1992 年 5 月 28 日，上海金属交易所开业，并在一年后推出标准化期货合约。1993 年 5 月 28 日，中国郑州粮食批发市场完成期货市场转制，正式更名为郑州期货交易所。至 1993 年底，全国范围内的期货交易所已有 38 家，加上类期货交易市场，总数达到上千家。全国范围内的期货经纪公司达到 300 余家，期货兼营机构达到 2000 多家。与此同时，各类投机、炒作、逼仓、违规和坑害客户的事件也接连发生。1993 年 11 月 4 日，国务院发布《国务院关于坚决制止期货市场盲目发展的通知》对期货市场进行清理整顿。① 同时，期货立法工作——《期货交易暂行条例》也启动了起草工作。期货市场试点乱象让决策者意识到，建立全国统一期货监管机构，对期货市场进行集中统一监管，采取有力监管措施，才能消除各种乱象，并促进和维护期货市场健康发展。②

期货市场对于活跃商品流通、推动产业升级、促进经济高质量发展具有重要意义，因此，期货市场持续健康稳定发展异常重要。但与成熟市场

① 邢全伟：《中国期货市场发展的历史阶段和向成熟状态的嬗变》，载《中国经济史研究》2018 年第 2 期。

② 高尚全：《〈期货交易暂行条例〉的起草工作》，载《中国金融》2021 年第 7 期。

相比，我国在金融期货市场品种、规模和交易者结构方面仍存在较大差距。从品种看，全球范围内汇率类期货、期权的占比超过10%，而我国境内尚未推出外汇期货。从成交量上看，我国股值、国债期货成交量占总成交量不足1%，而全球权益和利率类期货成交量占比均超过15%。从品种类型上看，我国期权、金融期货品种较少，且缺乏外汇类品种。全球期权及金融期货类合约种数占全部合约种数比例达到59.3%。①

2000年到2018年，美国利用自我认证上市机制上市了1万多个衍生品合约，目前交易活跃的超过2000个。2018年算法、高频交易的成交量和指令信息流量分别占芝加哥商业交易所（CME）市场总量的63%和72%。②

根据美国期货业协会对全球80家衍生品交易的统计，目前全球市场内衍生品合约共计达到2822种。其中美国市场合约种类丰富，合约总数占到全球四分之一以上，许多同类商品同时上市大合约、迷你合约和微型合约。而我国合约设计较为单一，一般一种商品只上市一种期货合约，合约总数占全球比例的2%。③ 我国商品期货成交量全球领先，但是交易单位普遍偏小。自2008年以来，我国已经成为全球交易量最大的商品期货市场，2016年，我国商品期货交易量占到全球市场的61.85%。但我国三家商品期货交易量成交金额合计低于美国CME集团一家商品期货成交金额。④ 从风险覆盖看，2018年我国金融期货总成交额与GDP的比值仅为0.19，远低于发达国家10%~20%的水平。从投资者机构看，持有股债期货的主体与期货市场参与者不匹配。商业银行法规定非经国务院银行业监督管理机构的批准，商业银行不可从事期货业务。⑤

2017年全国金融工作会议明确提出“要引导期货市场健康发展”。

---

① 中证金融研究院：《关于促进期货和衍生品市场健康发展的研究意见》，载《中证证研简报》2019年第12期。http://www.csrc.gov.cn/pub/newsite/，最后访问时间：2022年4月21日。

② 中证金融研究院：《关于促进期货和衍生品市场健康发展的研究意见》，载《中证证研简报》2019年第12期。http://www.csrc.gov.cn/pub/newsite/，最后访问时间：2022年4月21日。

③ 孙玉奎、谢亚：《我国场内衍生品市场发展现状的国际比较》，载《中国证券期货》2018年第3期。

④ 孙玉奎、谢亚：《我国场内衍生品市场发展现状的国际比较》，载《中国证券期货》2018年第3期。

⑤ 中证金融研究院：《关于促进期货和衍生品市场健康发展的研究意见》，载《中证证研简报》2019年第12期。http://www.csrc.gov.cn/pub/newsite/，最后访问时间：2022年4月21日。

2021年4月26日，十三届全国人大常委会第二十八次会议首次审议《期货法（草案）》，全国人大财经委主任就指出，随着期货市场改革深化，产品业务不断创新，市场结构趋于复杂，市场规模不断扩大，需要从法律层面保障整套风险防控体系的有效运行。①

二、监管机构的职责（职权）

第二款规定了期货监管机构的十一项职责，其中第十一项是兜底条款，也就是除了前十项职责外，其他相关法律、行政法规还可增加证监会的职责。立法赋予证监会这些职责，也即立法赋予监管机构权力以履行职能、实现使命，承担法定职责而享有职权。这些职权从其内容来说，可归纳为五个方面：

1. 准立法权。即第一项规定的“制定有关期货市场监督管理的规章、规则”的权力。本法明确授予期货监管机构制定规则的事项包括：（1）第十一条有关期货交易方式。它规定，期货交易采取集中交易方式或国务院期货监管机构规定的其他方式进行。（2）第十四条有关内幕信息的外延。赋予监管机构兜底解释权力，即该条所列第五项，国务院监督管理机构规定的对期货交易价格有重大影响的其他信息。行使这一权力的最合适的方式，应该是根据第十四条授权制定解释性规则，而不是在具体个案中突击扩大内幕信息的范围。（3）第十五条有关内幕信息知情人的外延，该条所列第三项规定，国务院期货监管机构规定的可以获取内幕信息的其他单位和个人。（4）第十九条授权国务院期货监管机构可以规定除会员以外其他参与者进入期货交易场所进行期货交易（或符合国务院期货监管机构规定的其他参与者）。（5）有关自动化交易的规则。第二十一条自动化交易应当符合国务院期货监管机构的规定。（6）有关保证金的形式规则。第二十二条规定，保证金的形式，除国债、股票、基金份额、标准仓单等流动性强的有价证券，还包括国务院期货监管机构规定的其他财产。（7）有关投机性仓位限制的规则。第二十三条第三款规定，持仓限额、套期保值的具体管理办法由国务院期货监督管理机构制定。（8）有关交易实际控制关系的规则，第二十四条规定，交易者实际控制关系报备具体管理办法由国务院期货监管机构规定。（9）有关结算结构、结算参与人收取的保证金、权利金的保管规则，第四十条规定，结算机构、结算参与人收取的保证金、

① 《首次审议期货法草案，规范和促进期货市场健康发展》，载中国政府网，http：//www. npc. gov. cn/npc/c30834/202104/a5fdd25b834d49ba88d8acb1f50f9b87. shtml，最后访问时间：2022年2月20日。

权利金的存管应遵循国务院期货监管机构的规定。（10）有关期货交易者采取委托期货经营机构以外其他方式进行期货交易的规则。第四十九条第二款规定，期货交易者从事期货交易，除国务院期货监管机构另有规定外，应当委托期货经营机构进行。（11）有关专业交易者的标准的规则，第五十一条第一款规定，专业交易者的标准由国务院期货监管机构规定。（12）有关禁止从事期货交易的人员的规则。第五十三条规定，国务院期货监管机构规定禁止参与期货交易的其他人员不得进行期货交易。（13）有关期货交易保障金筹集、管理和使用的规则。第五十八条规定，期货交易保障基金的筹集、管理和使用的具体办法，由国务院期货监督管理机构会同国务院财政部门制定。（14）有关期货经营机构第三方审计或评估的规则。第七十七条规定，国务院期货监管机构委托期货服务机构对期货经营机构的财务状况、内部控制状况、资产价值进行审计或者评估的具体办法。（15）有关交易所职责的规则。第八十五条列举的期货交易所职责的第六项兜底条款赋权国务院期货监管机构规定除该条所列举的其他职责。（16）有关期货交易所信息报告义务的规则。第八十八条第四款规定，期货交易场所按照国务院期货监管机构规定履行信息报告义务。（17）有关期货结算机构设立条件的规则。第九十二条规定，期货结算机构注册资本最低限额符合国务院期货监管机构的规定，第五项兜底条款，满足除该条所列举的国务院期货监管机构规定的其他条件。（18）有关交割库禁止性行为的规则。第一百条有关交割库禁止性行为之第五项兜底条款，授权国务院期货监管机构通过规则增加其他禁止性行为。

2. 市场准入监管。机构产品市场准入监管权（包括行政许可、注册与备案），即本条第二款第一项所规定的“依法进行审批、核准、注册，办理备案”等权力。

本法明确规定需要期货监管机构审批的事项包括：

（1）期货交易所设立、变更和终止。第八十条规定，期货交易所设立、变更和解散应当经国务院期货监督管理机构批准。期货交易所章程的制定与修改应当经国务院期货监督管理机构批准。

（2）提供集中清算服务市场准入审批。第三十七条规定，提供集中结算，并作为衍生品交易中央对手方的结算机构必须由期货监督管理机构批准。

（3）第八十三条规定的期货交易所业务规则的制定。

（4）第九十二条规定的期货结算机构的设立、变更和解散。

（5）第九十五条规定的期货结算机构制定和修改章程、业务规则。

（6）第一百二十二条有关境外期货经营机构以及其他境外机构在境内直接，或设立分支机构从事期货市场营销、推介及招揽活动。

依据本法，必须经国务院期货监管机构核准事项包括：

（1）第六十条规定，期货公司设立必须经国务院期货监督管理机构核准。

（2）第六十二条规定，期货公司重大事项变更（包括合并、分立、停业、解散或者申请破产、变更主要股东或者公司的实际控制人、变更注册资本且调整股权结构、变更业务范围以及国务院期货监督管理机构规定的其他重大事项）须经国务院期货监督管理机构核准。

（3）第六十三条规定，期货公司从事期货业务范围须经国务院证券期货监督管理机构核准。

依据本法，必须向国务院期货监管机构注册的事项包括：

（1）第十七条规定，期货合约品种和标准化合约品种上市报经国务院期货监管机构注册。

（2）第一百一十八条规定，境外期货交易场所向境内单位和个人提供直接接入该交易场所交易系统进行交易服务的，应当向国务院期货监督管理机构申请注册，接受国务院期货监督管理机构的监督管理。

依据本法，必须向期货监管机构备案的事项包括：

（1）第十七条规定，期货合约和标准化期权合约品种上市必须依法报经国务院期货监督管理机构注册，中止上市、恢复上市、终止上市应当符合国务院期货监督管理机构的规定，由期货交易所决定并向国务院期货监督管理机构备案。

（2）第三十三条规定，组织开展衍生品交易，应当将主协议等合同范本报送国务院授权部门或者国务院期货监管机构备案。

（3）第六十四条规定，期货公司任免董事、监事、高管人员必须报备。

（4）第一百零一条规定，为期货经营机构、期货交易场所、期货结算机构和非期货经营机构结算参与人提供软硬件产品、信息技术或者技术服务的信息技术服务机构，向国务院期货监督管理机构备案。

（5）第一百零三条规定，期货业协会章程报国务院期货监督管理机构备案。

（6）第一百二十一条规定，境外期货交易场所在境内设立代表机构，应当向国务院期货监督管理机构备案。

3. 监督检查权。所列十一项职责中的第三项对期货经营机构、期货交易场所、期货结算机构、期货服务机构和非期货经营机构结算参与人等市场相关参与者的期货业务活动进行监督管理；第四项制定期货从业人员的行为准则，并监督实施；第五项监督检查期货交易的信息公开情况；第八项监测监控并防范、处置期货市场风险；第九项对期货行业金融科技和信息安全进行监督和第十项对期货业协会的自律活动进行指导和监督。

4. 执法权。即十一项职责中的第七项对期货违法性进行查处。

5. 其他职权。即十一项职责中的第六项维护交易者合法权益、开展交易者教育和第十一项法律、行政法规规定的其他职责。

三、派出机构

证监会官网显示，证监会目前在全国共设立36个派出机构，即在省、自治区、直辖市和计划单列市设立了36个证监局。其主要职责是：根据证监会授权，对辖区内上市公司，证券、期货经营机构，证券、期货投资咨询机构和从事证券业务的律师事务所、会计师事务所、资产评估机构等中介机构的证券、期货业务活动进行监督管理；查处监管辖区范围内的证券期货违法、违规活动。①

【关联规范】

《中华人民共和国证券法》第一百六十九条。

第一百零六条 【监管措施】国务院期货监督管理机构依法履行职责，有权采取下列措施：

（一）对期货经营机构、期货交易场所、期货结算机构进行现场检查，并要求其报送有关的财务会计、业务活动、内部控制等资料；

（二）进入涉嫌违法行为发生场所调查取证；

（三）询问当事人和与被调查事件有关的单位和个人，要求其对与被调查事件有关的事项作出说明，或者要求其按照指定的方式报送与被调查事件有关的文件和资料；

（四）查阅、复制与被调查事件有关的财产权登记、通讯记录等文件和资料；

---

① 《中国证监会派出机构主要职责及名录》，载中国证券监督管理委员会网站，http：//www.csrc.gov.cn/csrc/c101795/c1444899/content.shtml，最后访问时间：2022年2月21日。

（五）查阅、复制当事人和与被调查事件有关的单位和个人的期货交易记录、财务会计资料及其他相关文件和资料；对可能被转移、隐匿或者毁损的文件资料，可以予以封存、扣押；

（六）查询当事人和与被调查事件有关的单位和个人的保证金账户和银行账户以及其他具有支付、托管、结算等功能的账户信息，可以对有关文件和资料进行复制；对有证据证明已经或者可能转移或者隐匿违法资金等涉案财产或者隐匿、伪造、毁损重要证据的，经国务院期货监督管理机构主要负责人或者其授权的其他负责人批准，可以冻结、查封，期限为六个月；因特殊原因需要延长的，每次延长期限不得超过三个月，最长期限不得超过二年；

（七）在调查操纵期货市场、内幕交易等重大违法行为时，经国务院期货监督管理机构主要负责人或者其授权的其他负责人批准，可以限制被调查事件当事人的交易，但限制的时间不得超过三个月；案情复杂的，可以延长三个月；

（八）决定并通知出境入境管理机关依法阻止涉嫌违法人员、涉嫌违法单位的主管人员和其他直接责任人员出境。

为防范期货市场风险，维护市场秩序，国务院期货监督管理机构可以采取责令改正、监管谈话、出具警示函等措施。

【条文主旨】

本条是关于国务院期货监管机构行使期货市场监管职能、履行监管职责可采取的常规监督检查措施和对涉嫌违法违规采取调查取证的执法措施（以下统称监管措施）[①] 的规定。

【立法背景】

1998 年证券法第一百六十八条规定了四项监管措施，即（1）进入违

① 这里监管措施是指狭义意义上的，是指监管机构得到违法违规线索，对涉嫌违法违规的行为进行调查所采取的措施，即案件稽查。

法行为发生场地调查取证；（2）询问当事人及有关单位和个人，要求其作出说明；（3）查阅、复制相关文件和资料，对可能被转移或隐匿的文件和资料进行封存；（4）查询当事人或有关单位和个人账户，对有证据证明转移或者隐匿违法资金、证券的，申请司法机关予以冻结。

2005 年证券法将该部分内容反映于其第一百七十九条："国务院证券监督管理机构在对证券市场实施监督管理中履行下列职责：（一）依法制定有关证券市场监督管理的规章、规则，并依法行使审批或者核准权；（二）依法对证券的发行、上市、交易、登记、存管、结算，进行监督管理；（三）依法对证券发行人、上市公司、证券公司、证券投资基金管理公司、证券服务机构、证券交易所、证券登记结算机构的证券业务活动，进行监督管理；（四）依法制定从事证券业务人员的资格标准和行为准则，并监督实施；（五）依法监督检查证券发行、上市和交易的信息公开情况；（六）依法对证券业协会的活动进行指导和监督；（七）依法对违反证券市场监督管理法律、行政法规的行为进行查处；（八）法律、行政法规规定的其他职责。国务院证券监督管理机构可以和其他国家或者地区的证券监督管理机构建立监督管理合作机制，实施跨境监督管理。"

2005 年证券法把给予公安机关和检察院的冻结和查封权赋予了证监会，同时为了防止证监会滥用权力，2006 年证监会颁布了《中国证券监督管理委员会冻结、查封实施办法》① 对该权力的行使程序作了严格规定。对该权力，有学者认为，冻结、查封权构成一般意义上的准司法权②，也有学者认为是特别行政权。③

2019 年证券法第一百七十条将证券监管措施从七项增加到八项。主要有以下几个新的变化：（1）对询问当事人或有关单位和个人，不仅可以要求其作出说明，还可以要求其按照指定的方式报送与被调查事件有关的文件和资料。（2）对有关文件和资料，可能被转移、隐匿或毁损的文件和资料，在封存基础上增加了"扣押"措施。（3）增加资金、证券账户、重要证据冻结或查封的期限为 6 个月，因特殊原因续延的，最长不超过 2 年。

---

① 《中国证券监督管理委员会冻结、查封实施办法》，载中国证券监督管理委员会网站，http：//www. csrc. gov. cn/csrc/c106256/c1653994/content. shtml，最后访问时间：2022 年 4 月 29 日。

② 王波、郜峰：《中国证监会的准司法权：保留、废除抑或扩张——以法理学分析为中心》，载《陕西行政学院学报》2012 年第 2 期。

③ 中国政法大学李曙光教授持此种观点。载法治网，http：//www. legaldaily . com. cn/bm/content/2006-04/13/content_ 298984. htm，最后访问时间：2022 年 2 月 12 日。

(4) 限制买卖证券，限制期限从15个交易日延长到3个月，案情复杂的，再延长3个月。(5) 通知入境管理机关依法阻止涉嫌违法人员或涉嫌违法单位的主管人员和其他直接责任人员出境。(6) 可采取责令改正、监管谈话、出具警示函等措施。

对于期货市场的执法，1999年《期货交易管理暂行条例》（已失效）第五十条只是简单地规定，期货交易所和期货经纪公司应当定期向中国证监会报送财务会计报表、有关资料和审计报告。

2007年《期货交易管理条例》第五十二条规定，期货交易所、期货公司及其他期货经营机构、期货保证金安全存管监控机构，应当向国务院期货监督管理机构报送财务会计报告、业务资料和其他有关资料。

对期货公司及其他期货经营机构报送的年度报告，国务院期货监督管理机构应当指定专人进行审核，并制作审核报告。审核人员应当在审核报告上签字。审核中发现问题的，国务院期货监督管理机构应当及时采取相应措施。

必要时，国务院期货监督管理机构可以要求非期货公司结算会员、交割仓库，以及期货公司股东、实际控制人或者其他关联人报送相关资料。

2007年《期货交易管理条例》增订了一个被检查机构和个人配合调查的义务。即第五十三条：国务院期货监督管理机构依法履行职责，进行监督检查或者调查时，被检查、调查的单位和个人应当配合，如实提供有关文件和资料，不得拒绝、阻碍和隐瞒；其他有关部门和单位应当给予支持和配合。

现行《期货交易管理条例》第四十八条、第四十九条维持上述规定。本次立法参考了2019年证券法第一百七十条。

【条文解读】

这一条实际上包含了三个方面的内容：一是日常监督检查；二是违法违规调查；三是对违法违规采取矫正措施。

一、检查权

本条第一款第一项赋予了监管机构现场检查与非现场检查权。第一百零五条第二款第三项至第五项、第八项至第十项对国务院期货监管机构科以了对期货经营机构、期货交易场所、期货结算机构、期货服务机构和非期货经营机构结算参与人等市场参与者、从业人员活动与行为及行业协会自律活动的监督管理职责，以及对期货交易信息公开、市场风险、金融科技和信息安全监督管理、监测监控和监督的职责。履行这些职责的一个重要手段就是对相关监管对象进行现场检查与非现场检查。现场检查与非现场检查是常规监督手段，它是监管机构获得第一手信息，全面了解掌握被监管对象及其行为或活动的重要手段。

现场检查就是监管机构人员进入期货经营机构、期货交易场所、期货结算机构、期货服务机构和非期货经营机构结算参与人等市场相关参与者经营场所进行检查，包括要求其提供有关的资料、文件，听取汇报，以及要求有关人员解释说明。非现场检查则是远程要求其报送有关的财务会计、业务活动、内部控制等资料，通过对这些材料的审查进行检查。

检查权是监管机构常规监管手段，法律没有对监管机构行使检查权科以任何条件或程序限制，监管机构可在认为合适的时间，采取认为合适的检查手段（现场检查或非现场检查）行使该权力，被检查对象都负有接受并配合检查的义务。本法也明确规定了期货经营机构、期货交易场所、期货结算机构、期货服务机构和非期货经营机构结算参与人等市场参与者接受并配合国务院期货监管机构监督检查的义务，包括接受并配合监管机构的现场检查和非现场检查。如第七十一条第一款规定，期货经营机构应当按照规定向国务院期货监管机构报送业务、财务等经营管理信息和资料。国务院期货监管机构有权要求期货经营机构及其主要股东、实际控制人、其他关联人在指定的期限内提供有关信息、资料。

检查过程中如发现违法违规的线索，监管机构认为有必要时，就可立案调查。

二、调查取证权

监管机构一旦认定其掌握的涉嫌违法违规线索，就可立案展开调查。本条第一款第二项至第八项就规定了监管机构享有的调查取证权。

1. 现场调查取证权。第一款第二项赋予期货监管机构进入涉嫌违法违规行为发生场所调查取证的权利。违法行为发生的场所可能是个人住所、企业的经营场所，监管机构进入时，当事人不得加以阻拦，必须予以配合。

2. 传唤取证权。第一款第三项赋予了监管机构对当事人和与被调查事件有关的单位和个人的传唤取证权。传唤的方式可以是在进行上述现场调查时口头传唤，也可以是非现场书面传唤，在指定地点、指定时间进行取证，取证的方式可以是对当事人、有关单位和个人进行询问，作询问笔录。如果当事人和与被调查事件有关单位和个人掌握被调查事件有关文件和资料，监管机构可要求提供有关文件和资料。

3. 向第三方取证权。第一款第四项赋予监管机构向有关登记机关、通信运营机构调取与被调查事件有关的财产权登记记录、通信记录等文件和资料，并予以查阅复制的权力，相关第三方应予以配合协助。

4. 查阅复制有关书证及对有关书证封存、扣押权。第一款第五项赋予监管机构对当事人和与被调查事件有关的单位和个人掌握的期货交易记录、财务会计资料及其他文件和资料查阅与复制，并在有关证据可能被转移、隐匿或者毁损时，采取强制性保全措施，对有关文件资料予以封存、扣押的权力。

5. 账户查询、冻结、查封权。第一款第六项赋予监管机构对涉案的保证金账户、银行账户及其他财产账户查询，并在必要时行使冻结、查封的权力，但对查封、冻结权的行使附加了严格的条件限制：（1）必须是有证据证明已经或者可能转移、隐匿违法资金或涉案财产，或者隐匿、伪造、毁损重要证据的情形；（2）必须经过监管机构主要负责人或者其授权的其他负责人批准；（3）查封、冻结期限一般不超过 6 个月，特殊原因需要延长的，每次延长不得超过 3 个月，最长期限不得超过 2 年。

6. 限制当事人交易权。第一款第七项赋予监管机构对涉嫌操纵期货市场、内幕交易等重大违法行为的当事人采取限制交易的权力。对于从事交易者为专业机构与当事人而言，限制交易实际上就是限制了从业，这一方面可以防止其继续为非，同时也给有关当事人施加了很大的压力，迫使其配合监管机构调查工作，有利于监管机构对案件的查处。但鉴于限制措施对当事人而言具有一定的惩罚性质，故立法对该权力行使施加了严格的条件限制：（1）只适用于操纵期货市场、内幕交易等涉交易的重大违法案件；（2）必须经过监管机构主要负责人或其授权的其他负责人批准；（3）被限制的主体必须是被调查案件的当事人，即涉嫌从事操纵市场、内幕交易的人；（4）限制的时间一般不得超过 3 个月，因案情复杂延长的，不得超过 6 个月。

7. 出境限制权。第一款第八项赋予监管机构通知出入境管理机关对嫌疑人采取限制出境措施的权力，限制嫌疑人出境是为了防止其逃逸到境外，加大案件查办的难度。行使该权力涉及对有关当事人的人身自由权利加以限制，故立法施加了严格条件限制：（1）被限制主体必须是涉嫌违法人员、涉嫌违法单位的主管人员和其他直接责任人员。（2）必须是监管机构作出了决定并通知出入境管理机关协助执行。

三、采取矫正措施权

第二款赋予监管机构对调查发现的违法违规行为可采取责令改正、监管谈话、出具警示函等矫正措施的权力。这三种措施通常被学界称为“申诫类”监管措施，行政法学界对其法律性质存在争论，有的学者认为是行政处罚[1]，但有的学者认为，上述措施无法归入任何一类行政法上的行政行为中，无法依据现行行政法对其规范与制约。[2] 责令改正、监管谈话、出具警示函适用于监管机构监督检查或对违法违规行为调查后发现并认定的轻微的、能够及时纠正，而且当事人具有整改的意愿的违法违规，对重大违法违规行为不适用。

【关联规范】

《中华人民共和国证券法》第一百七十条；《中国证券监督管理委员会冻结、查封实施办法》。

第一百零七条 【执法程序】 国务院期货监督管理机构依法履行职责，进行监督检查或者调查，其监督检查、调查的人员不得少于二人，并应当出示执法证件和检查、调查、查询等相关执法文书。监督检查、调查的人员少于二人或者未出示执法证件和有关执法文书的，被检查、调查的单位或者个人有权拒绝。

【条文主旨】

本条是关于国务院期货监管机构监管执法的程序规则。

【立法背景】

1998 年证券法就对证监会证券监管执法规定了程序，2005 年证券法修订予以了完善。但有关期货市场执法，《期货交易管理条例》始终没有类似条款，本法参考了证券法相关条款，填补了期货监管执法程序规则的空白。

1998 年证券法第一百六十九条规定：国务院证券监督管理机构工作人员依法履行职责，进行监督检查或者调查时，应当出示有关证件，并对知悉的有关单位和个人的商业秘密负有保密义务。2005 年证券法第一百八十

① 吴高盛：《〈中华人民共和国行政处罚法〉释义及实用指南》，中国民主法制出版社 2015 年版，第 33~37 页。

② 张红：《证券监管措施：挑战与应对》，载《政法论坛》2015 年第 4 期。

一条规定：国务院证券监督管理机构依法履行职责，进行监督检查或者调查，其监督检查、调查人员不得少于二人，并应当出示合法证件和监督检查、调查通知书。监督检查、调查的人员少于二人或者未出示证件和监督检查、调查通知书的，被检查、调查的单位有权拒绝。第一百八十二条规定，国务院证券监督管理机构工作人员必须忠于职守，依法办事、公正廉洁，不得利用职务便利牟取不正当利益，不得泄露所知悉的有关单位和个人的商业秘密。2019 年证券法第一百七十二条维持了该规定。

【条文解读】

本条款实际包含了两个内容：一是规范监管执法程序；二是赋予相对人对非规范监管执法的拒绝配合权，以加强对监管执法的监督约束。

一、监督检查、调查的程序

本条首先要求监管机构监管执法人员依法履行监管职责，即必须在其法定职责范围内行使其职权，有关执法人员在行使监督检查、调查权时必须遵循以下程序：（1）出示监督检查、调查通知书。通知书具有两个功能：一是告知功能。通知书是监管机构签发的告知相对人监管机构监督检查、调查的决定以及监督检查、调查的内容的。二是证明功能。证明监督检查、调查人员得到监管机构合法授权，有权代表监管机构行使监督检查、调查权。（2）出示合法证件。证件是证明执法人员合法身份的有效凭证，出示证件表明了身份，也便于相对人对执法人员监督检查、调查行为的监督。（3）监督检查、调查人员不得少于二人。就监督检查、调查而言，二人就是双岗双责，在履行监督检查、调查相对人职责的同时，执法人员也承担了相互监督的责任，通过此种控制与相互监督机制可以防止执法人员徇私枉法、乱作为或不作为的道德风险。

二、相对人的拒绝配合权

本条同时赋予相对人，即被调查、检查单位对不符合上述程序的监督检查或调查拒绝接受的权利。赋予被检查、调查单位拒绝配合权可以有效反制不合法的检查、调查。当然，被检查、调查单位不仅可以拒绝，还有权依法向监管机构以及其他部门举报投诉，纠正不法的检查、调查。

【关联规范】

《中华人民共和国行政强制法》第十八条；《中华人民共和国证券法》第一百七十二条。

第一百零八条　【执法行为操守】 国务院期货监督管理机构的工作人员，应当依法办事，忠于职守，公正廉洁，保守国家秘密和有关当事人的商业秘密，不得利用职务便利牟取不正当利益。

【条文主旨】

本条是关于对期货监管执法人员执法行为操守的基本要求。

【立法背景】

1998 年证券法第一百六十九条规定：“国务院证券监督管理机构工作人员依法履行职责，进行监督检查或者调查时，应当出示有关证件，并对知悉的有关单位和个人的商业秘密负有保密的义务。”第一百七十条规定：“国务院证券监督管理机构工作人员必须忠于职守，依法办事，公正廉洁，不得利用自己的职务便利牟取不正当的利益。”

1999 年《期货交易管理暂行条例》并无执法工作人员行为操守规则。2007 年《期货交易管理条例》参考了 2005 年证券法第一百八十二条规定，增订了第六十七条，规定：国务院期货监督管理机构、期货交易所、期货保证金安全存管监控机构和期货保证金存管银行等相关工作人员，应当忠于职守，依法办事，公正廉洁，保守国家秘密和有关当事人的商业秘密，不得利用职务便利牟取不正当的利益。对应现行《期货交易管理条例》第六十三条。

本法第一百零八条基本上沿袭了《期货交易管理条例》的规定，但将行为主体限缩为国务院期货监管机构工作人员。

【条文解读】

本条为有关国务院期货监管机构工作人员履职行为操守的规定。它是对所有公职人员履职行为规范的基本要求，我国公务员法、保守国家秘密法、证券法对此也有明确规定。此处重点阐释期货监管工作人员保护有关当事人商业秘密的义务。

按照反不正当竞争法的定义，商业秘密是指不为公众所知悉、具有商业价值并经权利人采取相应保密措施的技术信息和经营信息。商业秘密是当事人拥有的财产权利，它是以保密方式维持其商业价值的财产权利。因此，要确保商业秘密权利人对商业秘密享有正当权益，必须做到以下两点：一是防止商业秘密泄露。商业秘密泄露范围扩大到一定程度，秘密就不再是秘密了，而一旦商业秘密被公开，其财产权利或价值就归于消灭和毁损。二是商业秘密被他人窃取利用。此举虽然没有公开秘密，但严重侵犯了权利人对商业秘密享有的排他性财产权益。如果被竞争对手所获得，用于与权利人竞争，权利人建立在商业秘密基础上的竞争优势就会受到极大削弱。因此，窃取或利用他人商业秘密也构成不正当竞争行为。

商业秘密不仅受到反不正当竞争法的保护，也受到证券法、期货和衍生品法的保护。即便是负有公开披露义务的市场参与者，也享有豁免披露商业秘密的义务，换句话说，任何人都无权要求信息披露义务人披露其商业秘密。但期货监管机构在行使监督检查、调查权及其他监管权，履行监督职责过程中，期货交易所、期货经营机构、期货结算机构及其他市场参与者不得以非公开信息、商业秘密等拒绝接受监管机构及工作人员的检查、调查，拒绝提供有关文件或资料，但有权要求监管机构或工作人员承担保密义务以及不得泄露给他人或利用的义务。无论口头提供还是提供书面文件，只要涉及商业秘密，权利人均可在提供前向监管机构及其工作人员表明其提供的信息属于其商业秘密，处于保密状态，只要其明确向监管机构及其工作人员表明其所提供信息属于商业秘密，监管机构及其工作人员就对接触或取得的有关信息负有保密义务。违反该义务，就要按照有关法律规定承担侵权责任。

【关联规范】

《中华人民共和国保守国家秘密法》第三条；《中华人民共和国反不正当竞争法》第九条第二款；《中华人民共和国公务员法》第十四条；《中华人民共和国行政处罚法》第三十三条、第三十四条第一款、第三十八条。

第一百零九条　【被调查对象配合义务】国务院期货监督管理机构依法履行职责，被检查、调查的单位和个人应当配合，如实作出说明或者提供有关文件和资料，不得拒绝、阻碍和隐瞒。

国务院期货监督管理机构与其他相关部门，应当建立信息共享等监督管理协调配合机制。国务院期货监督管理机构依法履行职责，进行监督检查或者调查时，有关部门应当予以配合。

【条文主旨】

本条是关于被调查的单位和个人配合调查的义务的规定。

【立法背景】

1998 年证券法第一百七十一条规定了被检查、调查的单位和个人配合，如实提供有关文件和资料的义务。第二百零八条还规定，以暴力、威胁方法阻碍证券监督管理机构依法行使监督检查职权的，依法追究刑事责任；拒绝、阻碍证券监督管理机构及其工作人员依法行使监督检查职权未使用暴力、威胁方法的，依照治安管理处罚条例的规定进行处罚。

2005 年证券法第一百八十三条维持了该规定。将原第二百零八条的规定拆分成两条。第二百三十条规定：拒绝、阻碍证券监督管理机构及其工作人员依法行使监督检查、调查职权未使用暴力、胁迫方法的，依法给予治安管理处罚。第二百三十一条规定：违反本法规定，构成犯罪的，依法追究刑事责任。

2019 年证券法第一百七十三条基本维持原第一百八十三条规定，但对违反该规定的法律责任加以完善。第二百一十八条规定：拒绝、阻碍证券监督管理机构及其工作人员依法行使监督检查、调查职权，由证券监督管理机构责令改正，处以十万元以上一百万元以下的罚款，并由公安机关依法给予治安管理处罚。第二百一十九条规定：违反本法规定，构成犯罪的，依法追究刑事责任。

期货市场方面，1999 年《期货交易管理暂行条例》无关于被检查、调查单位配合义务的规定，也没有专门针对违反此条款的法律责任的规定。

2007 年《期货交易管理条例》第五十三条规定：国务院期货监督管理机构依法履行职责，进行监督检查时，被检查、调查的单位和个人应当配合，如实提供有关文件和资料，不得拒绝、阻碍和隐瞒；其他有关部门和单位应当给予支持和配合。但仍没有专门针对此条款的法律责任的规定。

现行《期货交易管理条例》第四十九条维持了上述规定。

本法在《期货交易管理条例》基础上增加了专门针对违反本条的法律责任，即参考了证券法相关条款，增加了第一百四十九条，规定：拒绝、阻碍国务院期货监督管理机构或者国务院授权的部门及其工作人员依法行使监督检查、调查职权的，责令改正，处以十万元以上一百万元以下的罚款，并由公安机关依法给予治安管理处罚。

【条文解读】

被检查和被调查的单位和个人配合义务是与监管机构工作人员检查权与调查取证权相对应的。没有有关单位、个人的配合，监管机构工作人员就无法完成监督检查、调查取证的监管工作，掌握和采集到证明被检查、被调查的单位和个人是否依法合规的有关证据与事实，或无法及时取得真实、准确、完整的资料、证据，也就无法准确对其行为或活动是否合法合规作出认定，以及对是否应采取相应监管措施作出决定。被检查、被调查的单位和个人如果不存在违法违规行为，就根本没有必要对监管执法人员调查、检查设置任何障碍，任何拒绝、阻碍和隐瞒都意味着，被检查、被调查的单位和个人存在违法违规的行为，拒绝、阻碍和隐瞒就可能让监管机构无法及时发现潜在危害金融稳定和安全的金融风险，或即将发生或正在发生或已经发生对交易者构成侵害的违法违规行为，采取有效监管措施防范和化解风险，防止损害发生或损害扩大。

经过不断完善，本条相关法律责任条款加大了对不配合的处罚力度，不仅有治安处罚、刑事处罚，还增加了罚金处罚，加重了对责任人的处罚力度和违法违规成本。

【关联规范】

《中华人民共和国刑法》第二百七十七条。

第一百一十条　【有奖举报】对涉嫌期货违法、违规行为，任何单位和个人有权向国务院期货监督管理机构举报。

对涉嫌重大违法、违规行为的实名举报线索经查证属实的，国务院期货监督管理机构按照规定给予举报人奖励。

国务院期货监督管理机构应当对举报人的身份信息保密。

【条文主旨】

本条是有关有奖举报的规定，通过奖励和保密来激励知情人提供违法线索，保障举报者的安全（免遭打击报复的风险）。

【立法背景】

知情者举报是监管执法机关发现违法线索的一个主要信息源。举报的知情者通常是被动或主动参与或卷入的了解内情的人，其举报提供有价值的违法违规线索质量非常高，可以大大降低监管执法机关获得违法线索的成本。为激励举报，给予举报者适当金钱奖励和对举报者提供有效的法律保护，让其有获得感和安全感，可以极大地激励知情者举报违法违规行为。

证监会 2014 年 6 月颁布的《证券期货违法违规行为举报暂行规定》[①]，建立了证券领域举报及奖励制度。共 25 个条款，其中第十四条规定，举报奖励限于举报下列违法违规行为的实名举报：（1）内幕交易或利用未公开信息交易；（2）操纵证券、期货市场；（3）信息披露违法违规；（4）欺诈发行证券。第十五条规定：举报事实清楚、线索明确，经调查属实，已依法作出行政处罚且罚没金额在 10 万元以上的，按罚没金额的 1%对举报人进行奖励；已依法移送司法机关后作出生效的有罪判决的，酌情给予奖励。奖励金额不超过 10 万元。对于举报在全国有重大影响，或涉案数额巨大的案件线索，经调查属实的，奖励金额不受前款的限制，但最高不超过 30 万元。

2019 年证券法第一百七十六条规定，对涉嫌证券违法、违规行为，任何单位和个人有权向国务院证券监督管理机构举报。对涉嫌重大违法、违规行为的实名举报线索经查证属实的，国务院证券监督管理机构按照规定给予举报人奖励。国务院证券监督管理机构应当对举报人的身份信息保密。

【条文解读】

本条包含三方面内容：第一款是有关违法违规举报一般性原则的宣

---

① 《证券期货违法违规行为举报暂行规定》，载中国证券监督管理委员会网站，http://www.csrc.gov.cn/csrc/c100028/c1002103/content.shtml，最后访问时间：2022 年 4 月 29 日。

示；第二款则是有关实名举报奖励制度；第三款则是有关举报者的保护的规定。

一、社会公众监督权：违法违规举报

证券违法违规带来的伤害通常包括两个层面：一是对特定对象的伤害，即对与违法违规行为人进行交易或被违法违规行为侵权的市场参与者（包括个人和实体），造成经济损失；二是对不特定对象的伤害，即损害公共利益或破坏公共秩序，如损害市场诚信，伤害公众投资者对资本市场的信任与信心，提高了企业融资成本，或扰乱资本市场健康秩序，加大金融风险，破坏金融安全与稳定等。对于前者，受到违法违规行为侵害的受害人可以通过民事司法救济渠道主张自己的权利，追究违法违规者的违约责任或侵权责任。与此同时，受害者也可以向期货监管机构举报投诉，提请期货监管机构启动监管执法。对于后者，广大社会公众都是间接受害者，是利害关系人，故法律赋予其享有向监管机构投诉举报的权利。通过赋予公众（包括实体和个人）举报的权利，将违法违规和对违法违规的监管执法置于社会监督之下。

二、实名举报奖励制度

举报奖励制度是对举报的一种激励机制，鼓励掌握违法违规线索的知情人向期货监管机构提供违法线索，以便监管机构能够更有效地查处违法违规行为。对于监管机构而言，任何举报都需要监管机构对举报信息进行审慎评估、核实，才能确定举报的真实价值。简言之，监管机构处理举报信息也是有成本的，需要耗费不少监管资源，同时奖励还可能导致有人不负责任地“告密”，或捕风捉影地陷害他人等。因此，这里对奖励附加了条件限制：（1）必须是实名举报。实名就要求举报者必须对自己举报的真实性负责，这会吓阻那些不负责任的不实举报。（2）举报的线索必须是经查证属实的。经查证属实的举报线索才具有打击违法违规的真正价值，这一条件限制可为那些真正掌握违法违规内情的人提供有效激励，同时也有助于遏阻出于牟利动机而捕风捉影的举报人。（3）举报线索涉及的违法违规是重大的。不过立法将“重大”的解释裁量权留给了监管执法机构。

三、对举报人的保护：对举报人身份信息保密

这是对举报人的一种保护机制，它对受理举报的监管机构科以一个法定义务，就是对举报人的身份信息保密。保密是为了防止举报人遭到涉案有关责任人的打击报复。通常提供有价值举报线索的人与被举报的实体具有雇佣与被雇佣的关系，一旦举报人的身份信息被被举报的实体掌握，举报人很容易遭到打击报复。所以防止被举报的实体知晓举报人身份信息是防止举报人遭受打击报复的最基本保障。但同时也需要指出的是，仅靠监管机构对举报人身份信息保密是不充分、不完备的。因为通常知晓内情的人限定在一个特定范畴，即便监管机构对举报人身份信息保密，被举报的单位或个人也有可能通过内部排查识别出举报人，并对举报人进行打击报复。

【关联规范】

《最高人民检察院、公安部、财政部关于保护、奖励、职务犯罪举报人的若干规定》。

第一百一十一条 【规章制定公开】国务院期货监督管理机构制定的规章、规则和监督管理工作制度应当依法公开。

国务院期货监督管理机构依据调查结果，对期货违法行为作出的处罚决定，应当依法公开。

【条文主旨】

本条是关于期货监管机构监管执法过程及结果做到公开透明的要求的规定。

【立法背景】

对于证券市场早在1998年证券法中就有相关规定。其第一百七十二条规定：国务院证券监督管理机构制定的规章、规则和监督管理工作制度应当依法公开。国务院证券监督管理机构依据调查结果，对证券违法行为作出的处罚决定，应当公开。

2005年证券法第一百八十四条和2019年证券法第一百七十四条维持了该规定。

在期货市场《期货交易管理条例》无相应的规定。但2000年通过的立法法第八十条规定，国务院各部、委员会、中国人民银行、审计署和具有行政管理职能的直属机构，可以根据法律和国务院的行政法规、决定、命令，在本部门的权限范围内，制定规章。第八十三条还规定，国务院部门规章和地方政府规章制定的程序，参照立法法第三章的规定，由国务院规定。立法法第三章第六十七条要求行政法规草案必须向社会公布并征求意见。第七十一条进一步规定，行政法规签署公布后，及时在国务院公报和中国政府法制信息网以及全国范围内发行的报纸上刊载。2001 年国务院根据立法法的授权颁布了《规章制定程序条例》不仅对规章起草公开程序作出了明确规定，还专章（第五章）就完成立法程序的规章的公开作了明确具体的规定。因此，尽管《期货交易管理条例》没有对期货监管机构规章的制定与公开作出明确规定，但作为证券期货监管机构的证监会一直以来都按照法律、行政法规的要求，并参照证券法规定予以公开。对于期货市场依据调查结果对期货违法行为作出的处罚决定也按照该条规定予以公开。

【条文解读】

本条涉及的两个“公开”实际上是要求期货监管机构对期货市场监管执法做到公开透明，以便接受相对人与社会公众监督。第一个公开实际上强调监管执法过程的公开透明。制定规章、规则是期货监管机构一个重要监管手段，而监督管理工作制度则通常是规范期货监管机构工作人员实施监管执法的规则体系，涵盖监督检查和对涉嫌违法违规行为的调查、核实，以及对违法违规行为的处罚等各个方面。规章、规则、监督管理工作制度的公开实际上要求监管执法过程的公开透明，它具有以下几个方面的意义：（1）便于公众对规章、规则是否与上位法冲突进行监督。如果公众认为规章与上位法存在冲突，可依据立法法有关规定申请予以改变或撤销。（2）便于相关实体或个人进行合规管理。（3）便于社会公众对监管机构依法履职进行监督。

第二个公开则强调的是监管执法结果的公开透明。对通过监督检查或其他渠道获得的违法违规线索展开调查，并根据调查结果对查实的违法违规行为进行处罚是期货监管机构履行监管职责的重要监管手段。调查结果即行政处罚公开具有以下几个方面意义：（1）公开对市场参与者具有警示教育作用。通过调查结果及行政处罚公开，不仅可以让监管机构进一步释明相关监管法律法规及规章规则含义，还可以宣示监管机构立场和态度，让所有市场参与者进一步了解可为与不可为的边界。（2）调查结果及行政处罚公开也发挥了“声誉”约束机制的作用。对于没有违法违规的被调查者而言，调查结果公开可以起到正名的作用，消除市场对其声誉的质疑。而对于经调查证实违法违规存在的被调查者，行政处罚公开则必然对其声誉带来重大不利影响，这反过来会加大违法违规的成本，对潜在违法违规产生吓阻作用。(3) 公开也便于公众对监管执法的监督，防止监管执法机构徇私舞弊，有法不依，执法不严。

【关联规范】

《中华人民共和国立法法》第八十条、第八十三条。

第一百一十二条　【行政执法承诺】国务院期货监督管理机构对涉嫌期货违法的单位或者个人进行调查期间，被调查的当事人书面申请，承诺在国务院期货监督管理机构认可的期限内纠正涉嫌违法行为，赔偿有关交易者损失，消除损害或者不良影响的，国务院期货监督管理机构可以决定中止调查。被调查的当事人履行承诺的，国务院期货监督管理机构可以决定终止调查；被调查的当事人未履行承诺或者有国务院规定的其他情形的，应当恢复调查。具体办法由国务院规定。

国务院期货监督管理机构中止或者终止调查的，应当按照规定公开相关信息。

【条文主旨】

本条是有关期货行政执法当事人承诺制度的规定。

【立法背景】

2006年开始，我国学界就提出创新证券监管执法，引入证券监管和解制度。[①] 2014年时任中国证监会主席指出监管执法中的行政和解可以解决及时弥补投资者经济损失、稳定市场预期、定分止争、解决制度供给不足

---

① 林丽霞、薛承勇比较早地提出将证券监管和解作为创新监管方式的主张。林丽霞、薛承勇：《我国试行证券监管和解制度问题初探》，载《证券市场导报》2006年第10期；叶林、张辉、张昊：《证券执法和解制度的比较研究》，载《西部法学评论》2009年第4期；任莉：《证券监管和解理论与制度研究》，载《中财法律评论》第3卷，就证券监管和解立法进行探讨，任莉在文章中提出证监会先行实践，然后再行立法。

的难题，要稳妥推进行政和解执法模式试点工作，积极推动行政和解执法模式的法律基础建设，为行政和解法律制度提供立法经验。① 2015 年证监会颁布了《行政和解试点实施办法》②（以下简称《和解办法》），开始证券期货领域行政和解工作。2019 年证券法将此项制度纳入立法。第一百七十一条规定：国务院证券监督管理机构对涉嫌证券违法的单位或者个人进行调查期间，被调查的当事人书面申请，承诺在国务院证券监督管理机构认可的期限内纠正涉嫌违法行为，赔偿有关投资者损失，消除损害或者不良影响的，国务院证券监督管理机构可以决定中止调查。被调查的当事人履行承诺的，国务院证券监督管理机构可以决定终止调查；被调查的当事人未履行承诺或者有国务院规定的其他情形的，应当恢复调查。具体办法由国务院规定。同时还规定：国务院证券监督管理机构决定中止或者终止调查的，应当按照规定公开相关信息。

自 2015 年《和解办法》试点实施直到 2019 年证券法开始实施，在长达五年的试点中，仅有两例和解案例，即证监会与某有限责任公司、北京某证券有限责任公司达成行政和解③和证监会与某贸易有限公司等五家机构及其有关工作人员达成行政和解④，且这两例和解案例都属于非虚假陈述、内幕交易、操纵市场等一般违法案例。⑤

2019 年证券法第一百七十一条并没有使用“行政和解”的表述，而是使用了“当事人承诺”的表述。2021 年中共中央办公厅、国务院办公厅印发的《关于依法打击证券违法活动的意见》明确要求加快制定证券期货行政执法当事人承诺制度实施办法。2021 年 10 月 26 日，国务院颁布了《证券期货行政执法当事人承诺制度实施办法》⑥（以下简称《当事人承诺制度实施办法》）。司法部、证监会负责人在答记者问时解释说，《当事人承诺制度实施办法》就是落实 2019 年证券法第一百七十一条对证券领域行

---

① 参见《积极探索监管执法的行政和解新模式》，载《行政管理改革》2014 年 1 月。

② 《行政和解试点实施办法》，载中国证券监督管理委员会网站，http：//www. csrc. gov. cn/csrc/c106256/c1653992/content. shtml，最后访问时间：2022 年 4 月 30 日。

③ 《证监会与相关申请人达成行政和解协议》，载中国证券监督管理委员会网站，http：//www. csrc. gov. en/csrc/c100028/c1001025/content. shtml，最后访问时间：2022 年 4 月 30 日。

④ 《证监会与某贸易有限公司等五家机构及其有关工作人员达成行政和解》，载中国证券监督管理委员会网站，http：//www. csrc. gov. cn/csrc/c100028/c1000844/content. shtml，最后访问时间：2022 年 4 月 30 日。

⑤ 参见席涛：《证券行政和解制度分析》，载《比较法研究》2020 年第 3 期。

⑥ 《证券期货行政执法当事人承诺制度实施办法》，载中国政府网，http：//www. gov. cn/zhengce/2021-11/30/content_ 5654972. htm，最后访问时间：2022 年 4 月 30 日。

政执法当事人承诺制度的规定。而第一百七十一条规定的证券领域行政执法当事人承诺制度就是2015年证监会开始在证券期货领域开展的行政和解试点。①

2019年证券法第一百七十一条并不只是证监会证券期货行政和解制度立法位阶的简单升级，而是在试点基础上对制度进行改进以丰富和完善证券期货监管执法手段。证券法对制度改名称的也不仅仅只是停留在形式层面上的改头换面，《当事人承诺制度实施办法》明确了当事人承诺制度适用范围、适用程序、适用效力以及相关各方相应救济渠道，这预示着该制度将脱离传统的行政法演绎路径，将依循证券期货监管法确立的宗旨与目标建构自己特有的演绎逻辑与发展路径。

值得注意的是，尽管有关期货市场监管执法的《期货交易管理暂行条例》《期货交易管理条例》均无“行政和解”的有关规定，但证监会2015年《和解办法》及开展试点也涵盖了期货市场和期货行业。《关于依法打击证券违法活动的意见》明确要求即将制定的《当事人承诺制度实施办法》同时适用于证券市场、证券行业与期货市场、期货行业。国务院颁布《当事人承诺制度实施办法》落实该要求，也就是说，配套行政法规已经提前为期货市场行政执法当事人承诺制度实施进行布局。

【条文解读】

本条第一款包括两个方面的内容：一是当事人承诺制度的适用条件；二是当事人承诺的法律效力。

一、当事人承诺制度的适用条件

行政执法当事人承诺制度主要目的是提高监管执法的效率，以及降低被调查当事人纠错的成本。但该制度使用不当，也可能被滥用。滥用的原因可能是监管机构监管执法人员与被调查当事人合谋徇私舞弊，借当事人承诺将大事化小，小事化了；也可能是当事人利用监管承诺作为缓兵之计，利用中止调查期间销毁证据、转移资产以逃避查处或承担责任。立法设置适用条件就是要确保在提高执法效率与防止徇私舞弊或被当事人滥用以逃避惩罚之间保持恰当的平衡。

---

① 《为完善资本市场基础制度建设提供法治保障——司法部、中国证监会负责人就〈证券期货行政执法当事人承诺制度实施办法〉有关问题答记者问》，载中国政府网，http：//www. gov. cn/zhengce/2021-11/29/content_ 5654792. htm，最后访问时间：2022年4月30日。

1. 适用时间必须是国务院期货监管机构对涉嫌期货违法单位和个人进行调查期间，也就是不能是调查已经完成，监管机构已经掌握对违法违规进行处罚的足够证据之后。

2. 被调查当事人主动认错，且采取有效措施消除了违法违规带来的危害或不良影响。满足这一条件必须要同时符合以下要件：（1）当事人主动向监管机构提出申请，主动认错。主动认错就是在申请中应充分、完整和准确地交代所有违法违规行为，承认所有违法违规事实。不能避重就轻，有所隐匿，或误导监管机构。（2）主动纠错，作出纠错的监管机构认可接受的纠错承诺。就是在主动认错基础上，向监管机构作出承诺，承诺就所有违法违规行为作出在期货监管机构认可期限内纠正违法违规行为，赔偿有关交易者损失，消除损害或者不良影响。（3）履行承诺，纠正一些违法违规行为，消除违法违规带来的一切危害。总之，当事人承诺履行最终达到效果原则上不应该比监管机构按正常执法程序走完调查、作出处理并强制实施所产生的效果差，即在赔偿有关交易者损失、消除损害或不良影响上，当事人承诺及履行与监管机构适用相关法律法规对当事人违法违规进行查处所产生效果是等同的，但同时可大大降低监管执法资源的支出和当事人配合监管执法所产生的成本。

二、当事人承诺的法律效力

当事人承诺产生中止调查的效力和终止调查的效力。进入调查程序后，当事人提出申请并向监管机构作出整改承诺并被监管机构接受的，产生中止调查效力。中止调查只是按了监管执法的暂停键，一旦当事人未能履行承诺，监管机构就可立即重新启动调查工作。只有当事人履行其承诺才能产生终止调查的效力。终止调查，就是对立案调查的当事人涉嫌违法违规行为的案件结案，与监管机构对当事人进行处罚并强制执行产生结案的效果相同。

本条第二款是要求行政执法当事人承诺做到公开透明，接受社会监督。当事人作出监管机构接受的承诺并中止调查时必须向社会公开；当事人履行完承诺，监管机构终止调查也必须向社会公开。但立法对公开哪些信息并没有作出明确具体规定，只是原则性规定。《当事人承诺实施办法》也没有作出具体明确规定，这有待将来进一步明确完善。

【关联规范】

《证券期货行政执法当事人承诺制度实施办法》。

第一百一十三条　【守法诚信档案】国务院期货监督管理机构依法将有关期货市场主体遵守本法的情况纳入期货市场诚信档案。

【条文主旨】

本条是关于期货市场守法诚信档案的规定。

【立法背景】

《期货交易管理条例》没有关于诚信档案的规定。

1998 年证券法、2005 年修订的证券法也没有关于诚信档案的规定。2019 年修订的证券法增订了有关证券诚信档案的规定。第二百一十五条规定："国务院证券监督管理机构依法将有关市场主体遵守本法的情况纳入证券市场诚信档案。"该条款被放到第十三章"法律责任"下，也许反映了记入诚信档案也是违法行为承担的一种法律责任。这就提出了一个问题：它是何种性质的法律责任?

第十八届三中全会提出了"建立健全社会征信体系，褒扬诚信、惩戒失信"的总体要求。[①] 2012 年证监会颁布了《证券期货市场诚信监督管理暂行办法》[②]（以下简称《暂行办法》），规范证券期货市场诚信档案制度建设。2014 年 9 月，证监会对 2012 年《暂行办法》进行了修订。它规定，证监会在中国证监会网站建立资本市场违法失信信息公开查询平台，社会公众可通过该平台查询被监管对象违法失信信息。2018 年证监会再次对《暂行办法》进行修订，去掉了原名称中"暂行"二字，完善了证券期货市场诚信监管，通过事中阶段创新诚信监管方式、机制和手段，丰富监管"工具箱"，加强诚信约束机制对传统监管手段的"补充""补强"作用。2019 年修订的证券法颁布后，2020 年 3 月，证监会修改了《证券期货市场诚信监督管理办法》第一条，突出了"加强证券期货市场诚信建设"的宗旨。

---

① 《社会信用体系建设规划纲要》，载中国政府网，http://www.gov.cn/gongbao/content/2014/content_2711418.htm，最后访问时间：2022 年 5 月 20 日。

② 《证券期货市场诚信监督管理暂行办法》，载中国证券监督管理委员会网站，http://www.csrc.gov.cn/csrc/c101930/c1044457/content.shtml，最后访问时间：2022 年 4 月 29 日。

本法参考了2019年修订的证券法相关条款，但不是放到“法律责任”一章，而是放到“监督管理”一章，将其主要作为一种监管手段。

【条文解读】

本条有关期货市场诚信档案的规定包括三个方面的内容：

1. 建立和维护期货诚信档案的主体是国务院期货监管机构。也就是说，对于监管者而言，期货市场诚信档案是立法赋予国务院期货监督管理机构的一个新型监管工具；而对于期货市场主体而言，诚信档案是一种新的约束机制；对于那些违法失信的市场主体而言，由于诚信档案记录的违法失信信息是向社会公开的，诚信档案是对违法失信者的一种“声誉罚”，故具有一定惩罚效果。

2. 纳入诚信档案的内容是市场主体遵守本法的情况。市场主体守法情况包括市场主体合法合规守信信息，也包括市场主体违法违规失信信息。但从证监会2020年《证券期货市场诚信监督管理办法》第二章“诚信信息采集”第八条规定来看，纳入诚信档案所采集的信息主要是市场主体违法失信信息。

3. 期货证券监管机构对市场主体诚信信息采集与诚信档案管理与维护必须依法进行。这里所说的“法”包括本法和证监会的规章，也包括其他有关诚信档案的立法，如保护个人隐私的民法典。

【关联规范】

《期货公司分类监管规定》第四十二条。

第一百一十四条　【职务犯罪案件移送】国务院期货监督管理机构依法履行职责，发现期货违法行为涉嫌犯罪的，应当依法将案件移送司法机关处理；发现公职人员涉嫌职务违法或者职务犯罪的，应当依法移送监察机关处理。

【条文主旨】

本条是关于公职人员职务违法或犯罪与非公职人员的期货违法犯罪的行政执法与刑事司法如何衔接的规定。

【立法背景】

刑事诉讼法第三条规定："对刑事案件的侦查、拘留、执行逮捕、预审，由公安机关负责。检察、批准逮捕、检察机关直接受理的案件的侦查、提起公诉，由人民检察院负责。审判由人民法院负责。除法律特别规定的以外，其他任何机关、团体和个人都无权行使这些权力。"故 1998 年证券法第一百七十三条规定，国务院证券监督管理机构依法履行职责，发现证券违法行为涉嫌犯罪的，应当将案件移送司法机关处理。2005 年证券法第一百八十六条维持了该规定。

监察法第三条规定："各级监察委员会是行使国家监察职能的专责机关，依照本法对所有行使公权力的公职人员（以下称公职人员）进行监察，调查职务违法和职务犯罪，开展廉政建设和反腐败工作，维护宪法和法律的尊严。"第四条进一步规定："监察机关办理职务违法和职务犯罪案件，应当与审判机关、检察机关、执法部门互相配合，互相制约。"监察机关成为刑事诉讼法第三条规定的专门负责公职人员违法犯罪调查的机关。因此，2019 年修订的证券法第一百七十八条据此对公职人员证券违法犯罪作出了相应修订。规定："国务院证券监督管理机构依法履行职责，发现证券违法行为涉嫌犯罪的，应当依法将案件移送司法机关处理；发现公职人员涉嫌职务违法或者职务犯罪的，应当依法移送监察机关处理。"

《期货交易管理条例》缺乏有关的专门规定，本次立法参考了 2019 年证券法的相关条款，制定了本条。

【条文解读】

本条要求期货监管机构在行政执法中发现公职人员涉嫌职务犯罪按照两套相关法律规定分别向相关侦办机关移送。对于非公职人员期货违法行为涉嫌犯罪的，按照刑事诉讼法规定的案件管辖权移送有关侦办机关，涉及公职人员职务违法或职务犯罪案件移送有管辖权的监察委进行调查。

【关联规范】

《中华人民共和国刑事诉讼法》第三条；《中华人民共和国监察法》第三条、第五条；《中华人民共和国证券法》第一百七十八条。

第一百一十五条 【保证金安全监控】国务院期货监督管理机构应当建立健全期货市场监测监控制度，通过专门机构加强保证金安全存管监控。

【条文主旨】

本条是关于期货保证金安全存管监控制度的规定。

【立法背景】

1999 年《期货交易管理暂行条例》并无有关期货保证金安全存管监控制度的规定。

期货保证金安全存管监控制度是在经过期货监管部门、期货公司、期货交易所、期货保证金存管银行不断探索和论证下，形成各方共识，并在前期期货保证金封闭管理制度基础上改进完善后建立起来的。该制度运作的基本原理是：通过存管监控主动监测和客户查询都可发现保证金被挪用或占用等异常情况，并及时进行化解处理。主动监测就是成立专门的存管监控机构，主动实时核对系统，对期货交易所、期货公司、存管银行报送的保证金相关信息进行核对，及时发现保证金被挪用或占用等异常情况。与此同时，期货交易者也可实时通过查询系统，查询本人交易结算报告等信息，一旦发现账户信息出现异常，可及时向存管监控机构反馈。2006 年，监管部门报请国务院批准后正式成立了期货保证金安全存管监控机构——中国期货保证金安全监控中心有限责任公司[①]。公司由上海期货交易所、郑州商品交易所、大连商品交易所共同出资，于 2006 年 3 月 16 日在原国家工商管理总局注册登记为非营利性公司制法人。2007 年 6 月，证监会、财政部联合指定监控中心作为保障基金代管机构，负责基金的筹集、管理和使用。[②]

2007 年《期货交易管理条例》将期货保证金安全存管制度纳入了立法，新增第五十五条、第五十六条对期货保证金安全存管监控制度作出了

---

① 《大事记》，载中国期货市场监控中心有限责任公司网站，http：//www. cfmmc. com/main/views/zxjs/index. html？ id=dsj，最后访问时间：2022 年 4 月 29 日。

② 《大事记》，载中国期货市场监控中心有限责任公司网站，http：//www. cfmmc. com/main/views/zxjs/index. html？ id=dsj，最后访问时间：2022 年 4 月 29 日。

具体明确的规定。第五十三条规定，国务院期货监管机构建立健全保证金安全存管监控制度、设立期货保证金安全存管监控机构。客户、期货交易所、期货公司及其他期货经营机构、非期货公司结算会员以及期货保证金存管银行都必须遵守监管机构有关保证金安全存管监控的规定。第五十二条规定了期货保证金安全存管监控机构与证监会在保证安全存管监控上的职责分工。

2008 年 6 月 23 日，证监会印发《关于进一步充实中国期货保证金监管监控中心职能的通知》[①]，授权监控中心负责期货市场运行监测控制系统建设，并承担期货市场运行的监测、监控及研究分析等工作职能。2008 年 7 月，证监会授权监控中心组织实施统一开户工作。2009 年 8 月 11 日，期货市场统一开户实施即首批线上工作正式启动，同年 11 月 26 日，期货市场统一开户线上工作完成了全国范围部署，标志着期货市场统一开户系统全面建成。[②] 2009 年 9 月 1 日，《期货市场客户开户管理规定》试行。

2013 年 5 月，期货市场运行监测系统正式建成并投入使用。2015 年，监控中心更名为“中国期货市场监控中心有限责任公司”（以下简称监控中心），其职能也调整为：（1）期货市场统一开户；（2）期货保证金安全监控；（3）为期货投资者提供交易结算信息查询；（4）期货市场运行监测监控；（5）宏观和产业分析研究；（6）期货中介机构监测监控；（7）建设运营期货及衍生品交易报告库；（8）代管期货投资者保障基金；（9）为监管机构和期货交易所提供信息服务；（10）期货市场调查；（11）协助风险公司处置。[③]

2007 年《期货交易管理条例》第五十五条和第五十六条对应现行《期货交易管理条例》第五十一条和第五十二条。

【条文解读】

国务院期货监督管理机构应当建立健全期货市场监测监控制度，通过专门机构加强保证金安全存管监控。

---

① 《大事记》，载中国期货市场监控中心有限责任公司网站，http：//www. cfmmc. com/main/views/zxjs/index. html? id=dsj，最后访问时间：2022 年 4 月 29 日。

② 《大事记》，载中国期货市场监控中心有限责任公司网站，http：//www. cfmmc. com/main/views/zxjs/index. html? id=dsj，最后访问时间：2022 年 4 月 29 日。

③ 《职能介绍》，载中国期货市场监控中心有限责任公司网站，http：//www. cfmmc. com/main/views/zxjs/index. html，最后访问时间：2022 年 4 月 29 日。

本条有以下几个含义。

1. 要求国务院期货监管机构建立健全期货市场监测监控制度。这些制度包括已经建立的期货市场监测监控系统、期货开户管理制度、保证金制度以及对违反保证金制度行为的查处制度等。

2. 设立专门机构，履行保证金安全存管监控职责。专门机构就是指上述监控中心。监控的对象包括期货交易者、期货交易所、期货公司、其他期货经营机构、非期货公司结算会员以及期货保证金存管银行等市场参与者，确保这些市场参与者遵守有关保证金交存与存管的规定（如第二十二条、第二十三条、第三十九条、第四十条等）。

3. 目标诉求。监测监控的目的是确保期货保证金安全存管。所谓安全存管，就是保证金依法合规足额缴纳，专户存放，分别管理，不被挪用或侵占，确保保证金能够有效覆盖和化解交易与结算风险。

【关联规范】

《期货交易所管理办法》第七十四条、第七十五条、第七十六条；《期货公司管理办法》第八十一条 、第八十二条、第八十三条、第八十四条、第八十五条、第八十六条、第八十七条。

第一百一十六条　【风险准备金】为防范交易及结算的风险，期货经营机构、期货交易场所、期货结算机构和非期货经营机构结算参与人应当从业务收入中按照国务院期货监督管理机构、国务院财政部门的规定提取、管理和使用风险准备金。

【条文主旨】

本条是关于防范交易及结算风险的审慎监管机制的规定。

【立法背景】

中国证监会2021年公布了修订的《期货交易所管理办法》，主要涉及四个方面的修订：一是完善期货交易内部治理结构，增加监事会组成、职责和产生方式等内容；优化会员大会召集、表决方式等规定。二是完善期货交易所一线监管规则，防范市场风险。增加实际控制关系账户管理规定，明确实际控制关系账户的定义、具体情形以及认定要求等内容；规定期货交易所应明确会员对客户交易行为的管理责任。三是增加对外开放相关规则。增加期货交易所合格中央对手方地位、理事会应设立风险管理委员会、净额结算以及结算最终性等相关规定；同时，原则规定境外期货交易场所、境外结算机构在境内开展业务，应当遵守国家相关规定。四是进一步完善业务规则。要求期货交易所应在自律规则中明确可以作为保证金的有价证券的种类、基准计算标准以及折扣率等内容；明确期货交易所组织期货交易，应当在行情发布、机柜托管、信息系统接入、订单报送等方面公平对待市场参与者。

【条文解读】

1. 风险准备金是防范和化解结算风险的重要保障机制。本法第四十二条规定，结算参与人在结算过程中违约的，期货结算机构按照业务规则动用结算参与人的保证金、结算担保金以及结算机构的风险准备金、自有资金等完成结算。第四十三条规定，期货结算机构依照其业务规则收取和提取保证金、权利金、结算担保金、风险准备金等资产，应当优先用于结算和交割，不得被查封、冻结、扣押或者强制执行。对于期货经营机构，第七十条规定，国务院期货监督管理机构应当制定期货经营机构持续性经营规则，对期货经营机构及其分支机构的经营条件、风险管理、内部控制、保证金存管、合规管理、风险监管指标、关联交易等方面作出规定。

2. 负有提取风险准备金义务的市场主体包括期货经营机构、期货交易场所、期货结算机构和非期货经营机构结算参与人。

3. 风险准备金是从上述机构业务收入中提取。

4. 风险准备金提取、管理和使用必须按照国务院期货监督管理机构、国务院财政部门的规定执行。

【关联规范】

《期货交易所管理办法》第七十七条；《期货公司监督管理办法》第八十八条。

第一百一十七条　【档案保存期限】 期货经营机构、期货交易场所、期货结算机构、期货服务机构和非期货经营机构结算参与人等应当按照规定妥善保存与业务经营相关的资料和信息，任何人不得泄露、隐匿、伪造、篡改或者毁损。期货经营机构、期货交易场所、期货结算机构和非期货经营机构结算参与人的信息和资料的保存期限不得少于二十年；期货服务机构的信息和资料的保存期限不得少于十年。

【条文主旨】

本条是关于期货经营机构、期货交易场所、期货结算机构、期货服务机构和非期货经营机构结算参与人资料和信息保存义务的规定。

【立法背景】

证券法、《期货交易管理条例》均无相似条款，本条是本法的重要创新。

【条文解读】

一、负有保存义务的主体

负有保存与业务经营相关资料和信息保存义务的主体涵盖了国务院期货监管机构监管职责范围内所有被监管对象，即期货经营机构、期货交易所、期货结算机构、期货服务机构和非期货经营结算参与人以及其他将来可被纳入国务院期货监管机构监管管辖权范围内的市场参与者。

二、保存的信息和资料是与业务经营有关的资料和信息

负有保存义务的资料与信息范围是与各市场参与主体业务经营有关的资料和信息，即国务院期货监管机构履行监管职责，对这些市场参与者的经营活动进行日常监督检查和对经营中涉嫌违法违规进行调查需要取证的所有相关资料和信息。

三、保存期限

保存期限应该与相关经营活动可能涉嫌违法犯罪的追诉时效相关联。我国刑法规定的追诉时效根据罪刑轻重分别为 5 年、10 年、15 年和 20 年；一般情况下，行政处罚法针对违法活动的诉讼时效为 2 年。其中，对涉及

公民生命健康安全、金融安全且有危害后果的违法行为，追责期为 5 年。本条将资料和信息保存期限针对不同市场参与主体分为两档，期货经营机构、期货交易场所、期货结算机构和非期货经营机构结算参与人保存期限不低于 20 年，期货服务机构保存期限不得少于 10 年。

四、保存具体要求

除了按规定期限保存外，对保存资料和信息的真实完整性与保密性也作了要求，即保存义务人要确保保存的资料与信息不得泄露、隐匿、伪造、篡改或者毁损。不得泄露的应该是依法依规不宜公开的非公开并需要依法保密的信息与资料，不包括无需保密的信息与资料。

【关联规范】

《中华人民共和国档案法》第十三条、第二十条、第二十一条。

第十一章　跨境交易与监管协作

本章概要

扩大对外开放是提高我国期货市场核心竞争力和国际影响力的必由之路，伴随着我国期货市场对外开放水平的不断提高，期货交易市场的全球化格局正在形成。有鉴于此，需要为期货跨境交易提供制度依据，同时，由此所引发的跨境交易风险和违法违规行为，也需要更具体的跨境监管协作框架提供规制依据。随着我国期货市场的不断开放，期货跨境交易和期货跨境监管协作的规制需求也在不断增加。本法首次将期货跨境交易与期货监管协作的内容采用专章规定，填补了涉外期货交易法律制度的空白，并在《期货交易管理条例》的基础上为期货跨境监管提供了更加具体的框架性规则。

第一百一十八条　【境外期货交易所】 境外期货交易场所向境内单位或者个人提供直接接入该交易场所交易系统进行交易服务的，应当向国务院期货监督管理机构申请注册，接受国务院期货监督管理机构的监督管理，国务院期货监督管理机构另有规定的除外。

【条文主旨】

本条是关于境外期货交易所的监管规定。

【立法背景】

2019 年，国务院发布 11 条金融业对外开放措施[①]，标志着我国主动有序扩大金融业高水平开放的格局已经奠定。而进一步扩大期货市场高水平双向开放，则需要从“引进来”和“走出去”两个方面进行制度构建，境外期货交易所提供境内服务的监管规则显然属于“引进来”的制度建设内容。

境外期货交易场所向境内单位或者个人提供直接接入该交易场所交易系统进行交易服务，相当于境内交易者在进行期货交易时，可以不通过作为中间商的期货经营机构，直接向境外期货交易场所发送交易指令。如果发生相应的期货市场违法行为，基于期货和衍生品法第二条的规定，中国证监会有权将监管权限扩大至境外期货交易场所，境外期货交易所的注册行为，为我国在期货跨境监管中行使长臂管辖权提供了法律基础。

另外，从金融基础设施（Financial Market Infrastructure，FMI）国际认可的角度来看，期货交易所可以作为金融基础设施。国际清算银行支付结算体系委员会（Committee on Payment and Settlement Systems，CPSS）和国际证监会组织（IOSCO）技术委员会在《金融市场基础设施原则》[②]中，将金融基础设施分为“系统重要性支付系统”“中央证券存管”“证券结算系统”“中央对手方”和“交易数据库”五大系统，我国期货交易所采用自办期货交易的结算和交割，并充当期货交易的中央对手方，是金融基础设施。[③]

考虑到期货交易所作为合格中央对手方，作为金融基础设施的期货交易所需要按照《金融市场基础设施原则》要求进行信息披露，[④]因此，境外期货交易所如果接受中国证监会的监管，也应负有信息披露的义务。基

---

① 《国务院金融委推出 11 条金融业对外开放措施 金融业对外开放再获实质性进展》，载中国政府网，http：//www.gov.cn/xinwen/2019-07/21/content_ 5412241.htm，最后访问时间：2022 年 3 月 30 日。

② See International Organization of Securities Commissions：Principles for Financial Market Infrastructures，https：//www.iosco.org/library/pubdocs/pdf/IOSCOPD377 - PFMI.pdf，最后访问时间：2022 年 3 月 30 日。

③ 叶林：《金融基础设施的金融法解读》，载《社会科学》2019 年第 11 期。

④ 国内期货交易所每年会发布基于《金融市场基础设施原则》的信息披露内容，例如，《中国金融期货交易所〈金融市场基础设施原则〉信息披露（2020）》，载中国金融期货交易所网站，http：//www.cffex.com.cn/PFMIxxpl/20210528/25184.html，最后访问时间：2022 年 3 月 30 日。

于信息披露要求和跨境监管协议形成的监管框架，金融基础设施在全球范围内的跨境互联互通，不仅有助于期货交易者更为便捷地参与全球期货交易，还能有效降低期货跨境监管成本。本条为金融基础设施的双边认可和多边认可提供了制度空间。

【条文解读】

本条的监管对象是境外期货交易所。所谓境外期货交易场所，包括境外期货交易所、境外期货自动报价或者电子交易系统或市场以及中国证监会认定的其他境外期货交易所。

本条中所谓境外期货交易场所提供的境内服务，即直接市场接入服务（Direct Market Access，DMA），是指境内交易者的交易指令不经过作为中间商的期货公司，直接传送入期货交易所的交易技术。直接市场接入服务兴起于20世纪90年代，随着期货交易技术的升级，越来越多的投资者希望跨越中间商，自己直接交易。直接市场接入服务分为传统型和纯粹型。传统型直接市场接入，依然需要期货公司提供指令分配系统，而纯粹型市场接入，则允许客户通过应用程序直接接入交易所。①

直接市场接入服务在执行速度、交易费用和交易者控制权方面具有相对优势，可以为期货跨境交易提供便利性，但同时也会诱发期货交易违法行为，为期货跨境监管制造难题。在进行期货外盘交易时，境内交易者的交易数据和结算交割信息会存在于境外交易场所的交易系统中，如果出现期货交易违法违规行为，根据期货和衍生品法第二条规定，“在中华人民共和国境外的期货交易和衍生品交易及相关活动，扰乱中华人民共和国境内市场秩序，损害境内交易者合法权益的，依照本法有关规定处理并追究法律责任”，境外期货交易场所也当然成为中国证监会的监管对象。

注册监管要求。根据本条规定，境外期货交易场所应向我国证监会注册并接受监督，我国对境外期货交易场所的监管要求不应低于境内期货交易所。从金融基础设施国家互认的角度看，我国与境外的期货监督管理机构存在双边协定或者多边协定，在平等互惠的基础上，存在境外期货交易所注册豁免的可能性。本条“国务院期货监督管理机构另有规定的除外”即为这种可能性保留了足够的法律制度空间。

---

① 张志勇、王海挺：《直接市场接入（DMA）在国外期货市场的应用及风险管理》，载《期货与金融衍生品》2012年第5期。

【关联规范】

《中华人民共和国期货和衍生品法》第二条、第十四条。

第一百一十九条　【境外期货产品】境外期货交易场所上市的期货合约、期权合约和衍生品合约，以境内期货交易场所上市的合约价格进行挂钩结算的，应当符合国务院期货监督管理机构的规定。

【条文主旨】

本条是关于境外期货产品的监管规定。

【立法背景】

期货交易市场的对外开放，有“引进来”和“走出去”两部分。所谓“引进来”即持续扩大特定品种的范围，优化制度环境，提升境外交易者的参与度，支持具有良好声誉和经营业绩的金融机构进行参股、控股境内期货公司。所谓“走出去”，是指证监会将进一步支持境内期货交易所与境外交易所、境外金融机构开展结算价的授权合作，支持境内符合条件的期货公司设立、收购、参股境外的期货类经营机构，进一步增强境外子公司的资本实力，提升跨境服务的能力。①

以期货交割价格进行挂钩结算为路径的期货市场开放显然属于“走出去”的开放模式。由于期货产品市场的高度国际化，不同国家和地区的金融监管政策存在一定差异，造成产业客户跨市场风险管理存在不便利性。期货和衍生品法第四条首次明确了套期保值的定义，为参与套期保值的企业提供明确指引，同时也明确了国家支持期货市场健康发展，发挥发现价格、管理风险、配置资源功能的基本态度。境外期货产品交割价格的挂钩结算，有利于从事现货产品贸易的企业在日益国际化的期货交易市场，参

---

①　满乐、陈芳：《“引进来”“走出去”多措并举，证监会规划推进期货市场高水平双向开放》，载21世纪经济报道，https：//m.21jingji.com/article/20201226/c96697337716081c7bf2e197c048306e.html，最后访问时间：2022年3月30日。

考期货价格作为出口定价依据，从而达到套期保值和风险管理的目的。

2020 年 9 月，经中国证监会批准，上海期货交易所将纸浆期货交割结算价授权挪威浆纸交易所，用于其上市以上海期货交易所纸浆期货交割结算价为基准进行现金结算的期货合约，是中国期货市场价格在国际金融市场的首次直接应用。①

【条文解读】

境外上市境内结算期货产品的种类。本条第一款明确了境外上市境内结算的期货品种为期货合约、期权合约和衍生品合约。根据期货和衍生品法第三条的规定，期货合约，是指期货交易场所统一制定的、约定在将来某一特定的时间和地点交割一定数量标的物的标准化合约。期权合约，是指约定买方有权在将来某一时间以特定价格买入或者卖出约定标的物（包括期货合约）的标准化或非标准化合约。衍生品交易，是指期货交易以外的，以非标准化期权合约、互换合约和远期合约及其组合为交易标的的交易活动。易言之，可以进行结算价格授权的期货产品做到了期货交易品种的全覆盖，这也为未来期货市场对外开放提供了丰富的法律空间。

境外期货产品基于境内期货价格挂钩结算的法律基础。首先，需要境内交易所与境外交易所签订相关的《合作备忘录》，期货交易所是不以营利为目的按照章程和交易规则实行自律管理的法人，进行期货交割价格挂钩结算合作的法律依据是双方的合作协议。

其次，需要中国证监会批准。《期货交易所管理办法》第九十二条规定："期货交易所制定或者修改章程、交易规则，上市、中止、取消或者恢复交易品种，应当经中国证监会批准。期货交易所上市、修改或者终止合约，应当事前向中国证监会报告。"目前，对于期货产品国际化的监管，中国证监会尚未形成细化的相关法律文件，本条规定为我国今后进一步推动期货产品结算价格的国际化提供了法律依据。

【关联规范】

《中华人民共和国期货和衍生品法》第三条、第四条；《期货交易所管理办法》第九十二条。

---

① 《交割结算价授权从纸浆期货开闸，开创中国期货市场"两个第一次"》，载澎湃网，https：//www. thepaper. cn/newsDetail_ forward_ 9262980？ msclkid＝9d197267c7e211ec9d0bf129e45e561e，最后访问时间：2022 年 3 月 30 日。

第一百二十条　【境外期货经营机构】境内单位或者个人从事境外期货交易，应当委托具有境外期货经纪业务资格的境内期货经营机构进行，国务院另有规定的除外。

境内期货经营机构转委托境外期货经营机构从事境外期货交易的，该境外期货经营机构应当向国务院期货监督管理机构申请注册，接受国务院期货监督管理机构的监督管理，国务院期货监督管理机构另有规定的除外。

【条文主旨】

本条是关于境外期货经营机构为境内期货交易者提供期货经纪服务的监管规定。

【立法背景】

随着期货交易市场的国际化，一方面需要境内期货产品国际化，使得境外投资者可以参与境内投资；另一方面需要境内交易国际化，即境内的期货交易者可以进行境外的期货产品交易。这离不开期货经营机构在期货交易市场中所扮演的重要角色，期货经营机构额对外开放有两类典型方式，一类是境内外机构投资者直接从事境外期货市场交易，根据《期货交易管理条例》第四十二条的规定，境内单位从事境外期货市场交易的办法，需要报国务院批准后实施，目前境内机构投资者还不能直接从事境外期货交易。另一类则是境内外期货经营机构以外国直接投资（Foreign Direct Investment，FDI）从事跨境期货市场交易。①

早在 20 世纪 90 年代初，国内期货公司就代理过境外期货交易。在缺乏有效监控情况下，一度发生了一系列违法违规事件。1994 年 3 月 31 日，国务院办公厅发文明确要求各期货经纪公司均不得从事境外期货业务②。1999 年《期货交易管理暂行条例》（已失效）对企业进行境外期货交易实行了非常严格的控制。2001 年 5 月，国务院转发了《国有企业境外期货套

---

① 叶林主编：《期货期权市场法律制度研究》，法律出版社 2017 年版，第 252~253 页。

② 《国务院关于坚决制止期货市场盲目发展的通知》，载中国政府网，http：//www.gov.cn/zhengce/content/2016-01/27/content_ 5036630.htm，最后访问时间：2022 年 3 月 10 日。

期保值业务管理办法》[①]，允许某些企业经严格审批后进行外盘套期保值业务。目前仅有少量大型国企可以参与境外期货套期保值，普通单位和个人投资者参与境外期货交易的渠道尚未放开。

《期货交易管理条例》第十七条规定："期货公司除申请经营境内期货经纪业务外，还可以申请经营境外期货经纪、期货投资咨询以及国务院期货监督管理机构规定的其他期货业务。"

期货机构"走出去"战略，既是当务之急，又是大势所趋。境内期货公司被允许代理境外期货业务，一方面可以拓宽其业务渠道和资金来源，服务于境内交易者参与全球期货交易。另一方面对于境内期货公司间接委托境外期货公司的监管注册要求，也体现了我国证监会在期货跨境交易中的长臂管辖权。

【条文解读】

本条规定了境内交易者通过期货经营机构（期货公司）进行境外交易的两种模式。第一种为直接委托模式，即境内交易者通过与具有境外期货经纪业务资格的境内期货公司签订委托合同，进行境外期货品种的投资交易。期货和衍生品法第六十三条规定，期货公司的业务可分为期货经纪、期货投资咨询、期货做市交易、资产管理业务和其他期货业务，除资产管理业务外，所有业务都需要证监会进行核准。《期货公司监督管理办法》[②] 第十五条规定："从事金融期货经纪、境外期货经纪、期货投资咨询的，应当取得相应业务资格。"《期货公司监督管理办法》第十八条规定："期货公司申请境外期货经纪、期货投资咨询以及经批准或者备案的其他业务的条件，由中国证监会另行规定。"因此，境内期货公司从事境外期货经纪业务，除了要取得相应资质外，还需要证监会批准。对于采取外国直接投资模式，境内期货公司需要设立境外子公司，并取得相应境外期货经纪资格，证监会在2021年起草了《期货公司子公司管理暂行办法（征求意见稿）》[③]，为我

---

① 《国有企业境外期货套期保值业务管理办法（2001年5月24日起施行）》，载上海期货交易所网，http：//www. shfe. com. cn/regulation/exchangelaw/78172164. html，最后访问时间：2022年5月20日。

② 《期货公司监督管理办法》，载中国证券监督管理委员会网站，http：//www. csrc. gov. cn/csrc/c106256/c1654011/content. shtml，最后访问时间：2022年3月10日。

③ 《关于就〈期货公司子公司管理暂行办法（征求意见稿）〉公开征求意见的通知》，载中国证券监督管理委员会网站，http：//www. csrc. gov. cn/csrc/c101902/c8fe5b3b00ba940bcaf65c4b90bc1b542/content. shtml，最后访问时间：2022年3月10日。

国境内期货公司参与境外业务进行法律制度方面的相关准备。

第二种为转委托模式，即通过“境内期货经营机构转委托境外期货经营机构从事境外期货交易”，在这种模式下，境外期货公司负有注册义务，并受到中国证监会的监管，本条第二款规定：“……该境外期货经营机构应当向国务院期货监督管理机构申请注册，接受国务院期货监督管理机构的监督管理……”，进一步强调中国证监会在期货跨境交易方面的域外监管效力。同时，考虑与不同国家监管主管部门的监管协调与监管对等，基于监管合作的协议框架，也可能豁免境外期货公司的注册义务，因此本条规定了“国务院期货监督管理机构另有规定的除外”，为跨境监管合作提供了灵活的法律制度空间。

证监会在2015年颁布《境外交易者和境外经纪机构从事境内特定品种期货交易管理暂行办法》①，为境外交易者参与境内期货品种交易提供了制度依据。其后国内期货交易所先后颁布了相应的自律规则，如郑州商品交易所和大连商品交易所都颁布了《期货公司会员接受境外经纪机构委托开展期货交易业务管理办法》②。就境内期货公司委托境外期货交易开展期货交易业务而言，期货和衍生品法第一百二十二条对境外期货业务的境内营销委托问题，已经提供了初步的制度框架。

【关联规范】

《中华人民共和国期货和衍生品法》第一百四十五条、第一百二十二条；《期货公司监督管理条例》第十五条、第十八条、第七十二条。

---

① 《境外交易者和境外经纪机构从事境内特定品种期货交易管理暂行办法》，载中国证券监督管理委员会网站，http：//www. csrc. gov. cn/csrc/c106256/c1653998/content. shtml，最后访问时间：2022年3月10日。

② 《期货公司会员接受境外经纪机构委托开展期货交易业务管理办法》，载郑州商品交易所网站，http：//www. czce. com. cn/cn/flfg/zcjywgz/ssxz/webinfo/2018/11/1538464114908586. htm，最后访问时间：2022年3月10日；《大连商品交易所期货公司会员接受境外中介机构委托开展特定品种期货交易业务管理办法》，载大连商品交易所网站，http：//www. dce. com. cn/dalianshangpin/fgfz/6142914/6142922/6146391/index. html，最后访问时间：2022年3月10日。

第一百二十一条　【境外期货交易场所代表机构】 境外期货交易场所在境内设立代表机构的，应当向国务院期货监督管理机构备案。

境外期货交易场所代表机构及其工作人员，不得从事或者变相从事任何经营活动。

【条文主旨】

本条是关于境外期货交易场所代表机构的监管规定。

【立法背景】

随着我国逐步推荐金融业的对外开放，期货市场国际化格局的逐步加强，期货市场双向开放不断取得新成果。在此背景下，除对期货交易所进行监管以外，将境外期货交易所代表机构纳入监管正当时。

2007 年颁布的《境外证券交易所驻华代表机构管理办法》已经为境外证券交易所代表处的监管提供了必要的法律依据。但随着我国期货市场不断对外开放，境外期货交易所代表机构的监管空白需要填补。2019 年证监会颁布修订后的《境外证券期货交易所驻华代表机构管理办法》[①] 正式将境外期货交易所代表机构纳入监管范围。同时基于全国深化“放管服”改革转变政府职能和深入营商环境改造的需要，新修订的规则将境外期货交易所驻华代表处的设立由原先的批准制改为备案制，明确备案材料、备案程序等具体要求，并增加公示备案材料环节。同时，对于代表处的日常活动监管有了更加细化的规定。

本条规定从基本法层面确立了境外期货交易所代表机构的设立采取备案制，并明确了境外期货交易所代表机构及工作人员日常活动，同时，期货和衍生品法第一百四十六条规定了境外期货交易所代表机构的监管处罚规定。从而在基本法层面为境外期货交易所代表机构的监管工作提供了法律基础。

---

① 《境外证券期货交易所驻华代表机构管理办法》，载中国证券监督管理委员会网站，http：//www. csrc. gov. cn/csrc/c106256/c1654007/content. shtml，最后访问时间：2022 年 3 月 10 日。

【条文解读】

本条中境外期货交易场所在境内设立代表机构，是指境外交易所在中国境内依法设立并专门从事联络、调研等非营利性活动的常驻代表机构，以及中国证监会认定的其他代表机构，即境外期货交易所驻华代表处。

境外期货交易所驻华代表处的设立采取备案制，首先在代表处所在地的市场监督管理机关进行注册登记，然后向证监会进行登记备案。《境外证券期货交易所驻华代表机构管理办法》[①] 第四条规定，境外交易所应当在代表处完成登记注册后5个工作日内向其所在地中国证监会派出机构提交下列备案材料。第五条规定，备案材料齐备的，代表处所在地中国证监会派出机构应当将备案材料及时报送中国证监会，中国证监会应当在5个工作日内对备案代表处的名称、变更、撤销及相关材料等信息予以公示；备案材料不齐备的，代表处所在地中国证监会派出机构应当要求境外交易所补充齐备。

《境外证券期货交易所驻华代表机构管理办法》第二条将境外期货交易所驻华代表机构定位在中国境内依法设立并专门从事联络、调研等非营利性活动的常驻代表机构。因此本条规定，境外期货交易场所代表机构及其工作人员，不得从事或者变相从事任何经营活动。

鉴于我国对境外金融机构在境内进行金融主营业务的监管底线，境外期货交易所及其工作人员的行为被限制在非营利活动的范围之内，《境外证券期货交易所驻华代表机构管理办法》进一步明确相关禁止事项，主要包括代表处及其工作人员不得与法人或者自然人签订可能给代表处或者其境外交易所带来收入的协议或者合同等方面。其一，不得向境内单位或者个人提供交易直接接入服务，不得通过境外交易所会员等机构以任何形式向境内单位或者个人提供交易服务以及其他法律、法规规定的禁止性活动。其二，代表处及其工作人员进行市场介绍时，不得涉及具体产品；不得介绍开户、交易方式、交易费用等具有交易导向的内容；不得提出或者接受买卖任何证券、期货合约和其他金融产品的要约。

如果境外代表处及工作人员在业务活动中，违反了上述禁止性规定，本法第一百四十六条规定了相应处罚措施。在境外代表处备案过程中以及

---

① 《境外证券期货交易所驻华代表机构管理办法》，载中国证券监督管理委员会网站，http：//www.csrc.gov.cn/csrc/c106256/c1654007/content.shtml，最后访问时间：2022年3月10日。

接受监管过程中的违规行为，《境外证券期货交易所驻华代表机构管理办法》第十四条、第十六条规定了相关处罚措施。

【关联规范】

《中华人民共和国期货和衍生品法》第一百四十六条、第一百四十七条；《境外证券期货交易所驻华代表机构管理办法》第二条、第四条、第五条、第九条。

第一百二十二条　【跨境期货营销】境外机构在境内从事期货市场营销、推介及招揽活动，应当经国务院期货监督管理机构批准，适用本法的相关规定。

境内机构为境外机构在境内从事期货市场营销、推介及招揽活动，应当经国务院期货监督管理机构批准。

任何单位或者个人不得从事违反前两款规定的期货市场营销、推介及招揽活动。

【条文主旨】

本条是关于境外期货经营机构跨境期货营销活动的监管规定。

【立法背景】

2018年以来，在国务院金融委员会的统筹协调下，人民银行、银保监会等部门先后宣布并推动实施了50余条具体开放措施[①]，我国金融业对外开放步伐明显加快。但同时需要考虑我国的金融市场秩序的稳定和金融安全，更加注重风险防控，加强宏观审慎管理，完善风险防控体系，结合中国的国情，并参考国际上的最佳实践，完善监管标准、会计准则等制度和安排，使监管能力和开放水平相适应。

出于金融安全和国内金融业保护的需要，我国金融监管机构对于境外金融机构未经许可在境内营销推广境外金融产品或者服务一直持审慎和保

---

① 《以开放促改革促发展 金融业开放步伐明显加快》，载《人民日报》2020年8月28日。

守的态度，国务院于 1998 年发布并实施了《非法金融机构和非法金融业务活动取缔办法》（已失效）[①]，禁止未经批准在中国境内从事金融业务活动。

在 WTO 的规则体系下，特别是服务贸易总协定的框架下（General Agreement on Trade in Services，GATS），跨境金融服务分为四种形式：分别是跨境交付、境外消费、商业存在和自然人移动。境外期货公司进行跨境营销显然对应的是商业存在和自然人移动两种形式。但基于金融服务行业的敏感性，各国在双边和多边条约中的金融服务开放承诺并未列明。我国外商投资法框架下的《外商投资准入特别管理措施（负面清单）》[②]，在金融领域也并未列明与行政审批、资质条件、国家安全等相关措施。

境外期货公司的跨境市场营销、推介及招揽活动，已经涉及期货公司的经纪业务。因此，从事跨境市场营销、推介及招揽活动可能被视为非法从事金融业务活动，而受到较为严格的法律管制。基于我国期货市场开放的需求以及对于期货跨境交易的谨慎监管态度，本条规定为境外期货公司开展跨国营销活动提供了合法性的制度框架。

【条文解读】

本条规定了境外期货经营机构跨境营销活动采取行为监管模式而非主体监管模式。本条第一款规定，境外期货经营机构跨境营销活动应当经过中国证监会的批准，即直接跨境营销。所谓营销，是指市场营销、推介及招揽活动。所谓跨境是指在境内直接或者间接设立分支机构进行营销的方式，这两种方式对应的是跨国金融服务中的商业存在和自然人移动。

考虑到期货营销活动也会被视为期货主营业务的一部分，如果基于期货和衍生品法第一百二十条的规定，境外期货公司的期货经纪业务通过转委托的方式，通过注册方式已经受到中国证监会监管，在理论上存在其跨境营销业务被主营业务所吸收而获得批准豁免的可能性。另外，期货营销活动内容有的可能仅涉及一般性宣传，有的则可能涉及期货产品的详细介绍，如何根据内容差异给予批准豁免的范围，也需要证监会在本法的基础

---

① 《非法金融机构和非法金融业务活动取缔办法》，载广东省人民政府网站，http://www.gd.gov.cn/zwgk/gongbao/1998/23/content/post_3359226.html，最后访问时间：2022 年 3 月 10 日。

② 《外商投资准入特别管理措施（负面清单）（2021 年版）》，载中国政府网，http://www.gov.cn/zhengce/zhengceku/2021-12/28/content_5664886.htm，最后访问时间：2022 年 3 月 10 日。

上制定更具可操作性的细则规定。

本条第二款强调，境内机构为境外机构在境内从事期货市场营销、推介及招揽活动，也需要得到国务院期货监督管理机构的批准，即间接跨境营销。依据《期货公司监督管理办法》第十五条规定，期货公司“从事金融期货经纪、境外期货经纪、期货投资咨询的，应当取得相应业务资格。从事资产管理业务的，应当依法登记备案”。对于境内期货经营机构而言，市场营销活动并不在批准或备案之列，属于监管豁免范围。但本条第二款表明，如果境内期货经营机构涉及为境外期货经营机构进行跨境营销，则无法进入监管豁免范围。

本条第三款规定，任何单位或者个人不得为境外期货经营机构进行跨境营销，这里的单位或个人并不包含境内期货经营机构。这意味着我国对于期货经营机构的跨境经销行为采用行为监管模式，如果跨境经销行为不被中国证监会批准，则与之相关的所有行为都将被视为非法从事金融业务活动而被禁止。

如果出现违反本条规定之行为，按照本法第一百四十八条的规定，将受到证监会的行政处罚。

【关联规范】

《中华人民共和国期货和衍生品法》第一百二十条、第一百四十八条；《期货公司监督管理办法》第十五条。

第一百二十三条　【期货跨境监管合作】国务院期货监督管理机构可以和境外期货监督管理机构建立监督管理合作机制，或者加入国际组织，实施跨境监督管理。

国务院期货监督管理机构应境外期货监督管理机构请求提供协助的，应当遵循国家法律、法规的规定和对等互惠的原则，不得泄露国家秘密，不得损害国家利益和社会公共利益。

【条文主旨】

本条是关于我国期货跨境监管合作机制的规定。

【立法背景】

随着期货交易市场的逐渐国际化，跨境的期货类违法行为屡见不鲜，有效实施跨境监管合作，对于充分保护境内外投资者的合法权益，具有特别重大的现实意义。

期货交易与金融衍生品交易具有很强的杠杆交易特性，其在发挥风险管理作用的同时，自身也蕴含着巨大的风险。任何一家交易者的风险控制不力，都会导致机构风险，由此引发连锁反应，从而可能给整个金融市场甚或是世界范围内的经济活动带来震荡。各国资本市场的不同监管要求，乃至宽严不均的监管环境，都有可能导致监管套利，并最终诱发金融秩序的系统性风险。①

我国《期货交易管理条例》仅在第六十二条第二款规定："国务院期货监督管理机构可以和其他国家或者地区的期货监督管理机构建立监督管理合作机制，实施跨境监督管理。"调整范围局限于境内市场，在期货交易的流程中没有考虑境外机构的参与和监管安排。

对比境外的期货法律制度，在对外开放的同时，期货法层面应当建立更为详细的跨境监管机制。在进一步推进高水平对外开放背景下，加强期货跨境监管合作、完善期货跨境交易的监管协作机制，既是新形势下完善监管体系的迫切要求，也是坚定推进对外开放的应有之义。在《期货交易管理条例》第六十二条的基础上，本条对期货市场的跨境监管提供了更加具体的规制框架。

【条文解读】

本条的规范内容是跨境监管合作机制的基本模式和跨境监管合作的基本要求。

跨境交易监管的国际协调可分为双边、区域和多边合作方式。双边合作监管的主要目的在于寻求他国相关部门共同对跨境交易行为的监管进行协调，以使本国法律具有域外效力，形式主要为双边司法互助协定和谅解备忘录。而目前在区域合作监管中，只有欧盟各国之间的国际合作监管具有实质性内容。多边合作监管则主要通过加入国际证监会组织（Interna-

① 唐波、李轶鸣：《中国期货市场跨境监管协作的思考》，载《商法界论集》（第2卷），法律出版社2018年版，第4~5页。

tional Organization of Securities Commissions，IOSCO）进行。①

所谓双边监管，是政府监管部门之间通过签订谅解备忘录，以此加强监管合作与交流，这是跨境监管的重要方式。根据证券法第一百七十七条和本条规定，中国证监会可以和其他国家或地区的证券期货监管机构建立监管合作机制，实施跨境监管。在实践中，签署双边监管合作谅解备忘录是中国证监会加强国际监管合作的重要手段，也是境外金融机构进入中国资本市场必备条件之一。截至 2021 年 12 月，中国证监会已经与 67 个国家或地区的证券期货监管机构签署了监管合作备忘录。②

所谓多边监管，是指证券业领域的国际组织通过制定国际统一的证券交易监管规则对跨境证券交易行为进行监督和管理的模式。中国证监会支持国际证监会组织作为全球证券市场的标准制定者在妥善解决全球危机、促进证券市场监管与诚信、维护金融稳定等方面发挥更大的作用，于 2007 年签署 IOSCO 发布的《关于咨询、合作与信息交换的多边备忘录》（Multilateral Memorandum of Understanding，MMoU）。2017 年国际证监会组织发布了增强版《多边备忘录》，增加了签署方在维护市场诚信和稳定、保护投资者、震慑市场不当行为和欺诈时所能使用的执法权力。③

关于跨境监管合作的基本要求，当境外期货监管机构提出监管协助时，我方的监管合作的基本原则是遵循国家法律框架和条约框架。所谓对等互惠原则，是指在监管合作过程中，监管合作双方应当在平等尊重的基础上，相互给予监管协助工作上的优待。不得泄露国家秘密，不得损害国家利益和社会公共利益。这是我国跨境监管合作的基本底线。

【关联规范】

《中华人民共和国证券法》第一百七十七条；《中华人民共和国期货和衍生品法》第二条。

---

① 邱润根：《证券跨境交易的监管模式研究》，载《当代法学》2006 年第 2 期。

② 参见证监会官方网站，http：//www.csrc.gov.cn/csrc/c102081/c1672777/content.shtml，最后访问时间：2022 年 3 月 30 日。

③ 廖凡：《中美证券跨境监管合作觅路》，载《中国外汇》2020 年第 11 期。

第一百二十四条 【跨境调查取证】国务院期货监督管理机构可以按照与境外期货监督管理机构达成的监管合作安排，接受境外期货监督管理机构的请求，依照本法规定的职责和程序为其进行调查取证。境外期货监督管理机构应当提供有关案件材料，并说明其正在就被调查当事人涉嫌违反请求方当地期货法律法规的行为进行调查。境外期货监督管理机构不得在中华人民共和国境内直接进行调查取证等活动。

未经国务院期货监督管理机构和国务院有关主管部门同意，任何单位和个人不得擅自向境外监督管理机构提供与期货业务活动有关的文件和资料。

国务院期货监督管理机构可以依照与境外期货监督管理机构达成的监管合作安排，请求境外期货监督管理机构进行调查取证。

【条文主旨】

本条是关于跨境调查取证的规定。

【立法背景】

随着全球期货市场国际化格局的日益加深，跨境期货交易所带来的金融风险的传递速度日趋加快，给各国期货监管带来困难，进而也影响了全球金融系统的稳定，对期货交易进行跨境监管的重要性不言而喻。

尽管跨境监管引起了各国的相当重视，但由于关系到一国主权，在政治、经济体制不同，资本市场整体环境不同，投资者行为习惯、文化背景不同的情况下，对于期货全球市场的统一的跨境监管框架在短时间内难以形成，只能在现有监管协议的基础上逐步对接。

《期货交易管理条例》第六十二条第二款规定：“国务院期货监督管理机构可以和其他国家或者地区的期货监督管理机构建立监督管理合作机制，实施跨境监督管理。”这是首次提出对期货市场进行跨境监管规制的条文。本法第一百二十四条则更进一步，就跨境监管合作中最为重要的跨境调查取证合作提供了框架性规则。

【条文解读】

一、跨境调查取证合作的法律依据

跨境调查取证合作的展开基于期货监管部门已经签署的双边协定和多边协定。根据协定内容，一国或地区的证券监管部门可以向对方提出监管合作请求。因此，本条第一款和第三款规定，我国证监会可以接受境外期货监管机构调查取证请求，也可以请求境外期货监督管理机构进行调查取证。

二、跨境调查取证合作的法律程序

由于不同国家或地区的期货监管部门自身拥有的监管权限和监管措施并不相同，因此为了维护跨境监管合作中的执法主权，调查取证工作的权限和程序应当依据期货违法所在国和所在地区的法律规范。调查取证行为属于中国证监会的法定监管措施，其依据是《中华人民共和国期货和衍生品法》第一百零六条。同时，关于调查取证工作的具体展开，也需要依据《证券期货违法行为行政处罚办法》①，境外期货监管部门的调查取证请求，不应超越《中华人民共和国期货和衍生品法》第一百零六条以及《证券期货违法行为行政处罚办法》中对调查取证具体权限和程序的规定。同时，本条第一款规定了境外期货监督管理机构请求调查取证的前置程序，即“应当提供有关案件材料，并说明其正在就被调查当事人涉嫌违反请求方当地期货法律法规的行为进行调查”。

基于维护国家主权和金融市场安全的多重考虑，2019 年《中华人民共和国证券法》第一百七十七条规定：“境外证券监督管理机构不得在中华人民共和国境内直接进行调查取证等活动。未经国务院证券监督管理机构和国务院有关主管部门同意，任何单位和个人不得擅自向境外提供与证券业务活动有关的文件和资料。”《中华人民共和国期货和衍生品法》第一百二十四条第一款、第二款采取了类似规定。

跨境调查取证合作可能会产生金融基础设施信息出境的管制问题。金融市场基础设施数据跨境流动，涉及客户资料保密、个人金融信息保护以及个人信息和重要数据保护等诸多方面。期货跨境调查取证过程中可能产生个人数据、涉及国家安全和公共利益的重要数据等不同类型信息的识别问题，需要依赖网络安全法、数据安全法、个人信息保护法等多部法律规

---

① 《证券期货违法行为行政处罚办法》，载中国证券监督管理委员会网站，http://www.csrc.gov.cn/csrc/c106256/c1653976/content.shtml，最后访问时间：2022 年 3 月 30 日。

范予以规制。[1]因此，基于信息出境管制的需要，本条第二款规定，未经国务院期货监督管理机构和国务院有关主管部门同意，任何单位和个人不得擅自向境外监督管理机构提供与期货业务活动有关的文件和资料。即原则上禁止信息出境，同时强调“未经同意”，为跨境监管合作保留了灵活的法律制度空间。

【关联规范】

《中华人民共和国期货和衍生品法》第一百零五条、第一百零六条；《中华人民共和国证券法》第一百七十七条。

---

① 程红星、王超：《金融市场基础设施数据跨境流动法律问题研究》，载《证券法律评论（2019年卷）》，中国法制出版社2019年版，第184~187页。

第十二章　法律责任

本章概要

本章是关于期货和衍生品市场违法行为法律责任的规定，共计三十条，基本构建起科学、严密的法律责任体系。具体而言：一是增加民事责任类型，完善法律责任体系。行政责任、刑事责任和民事责任在责任要件、严厉程度、实施方式、实施成本及对社会的影响等方面都存在差异，三者相互补充，有机结合。二是明确了民事责任优先的责任承担顺序，彰显了以人为本的法治理念。三是加大了对违法行为的惩罚力度。本法大幅度提高了对违法行为的处罚水平，罚款金额大幅度提高，罚款倍率从原来的一倍至三倍普遍提高至一倍至十倍。

第一百二十五条　【操纵期货和衍生品市场的法律责任】 违反本法第十二条的规定，操纵期货市场或者衍生品市场的，责令改正，没收违法所得，并处以违法所得一倍以上十倍以下的罚款；没有违法所得或者违法所得不足一百万元的，处以一百万元以上一千万元以下的罚款。单位操纵市场的，还应当对直接负责的主管人员和其他直接责任人员给予警告，并处以五十万元以上五百万元以下的罚款。

操纵市场行为给交易者造成损失的，应当依法承担赔偿责任。

【条文主旨】

本条是关于操纵期货市场或者衍生品市场法律责任的规定。

【立法背景】

操纵期货市场或者衍生品市场通常被界定为行为人违反国家期货管理法律法规，采取不正当手段扭曲期货和衍生品合约交易价格，扰乱期货和衍生品市场秩序的行为①。但如果以操纵期货市场或者衍生品市场所运用的手段和方法作为类型化的标准，期货市场和衍生品市场操纵行为可以划分为市场力量型操纵、交易型操纵和信息型操纵。② 市场力量型操纵是指操纵者利用对现货的支配性地位以及在期货市场的优势，扭曲期货交易价格的行为，具体可以再划分为囤积和挤压轧空两种行为。交易型操纵行为主要表现为行为人通过期货市场和衍生品市场的买卖行为致使期货合约和衍生品合约价格出现人为波动，具体又可以分为真实交易型和虚假交易型操纵，真实交易型操纵包括连续交易操纵、特定时间段操纵③等，虚假交易型操纵包括约定交易操纵、洗售操纵和虚假申报操纵④等。信息型操纵是指行为人利用可能对期货和衍生品行情产生影响的信息，人为控制或者影响信息的生成、披露、传播，蛊惑交易和“抢帽子交易”等均属于信息型操纵。⑤ 本法第十二条列举了典型的期货市场或者衍生品市场操纵行为。

法律责任是行为人因实施违法行为而必须承担的法律后果，作为保障法律实施的机制，是期货立法所不可缺少的内容。我国传统法律责任采取

---

① 彭真明：《论操纵期货市场行为及其法律责任》，载《华中师范大学学报（人文社会科学版）》1998 年第 4 期；马卫锋、黄运成：《期货市场操纵的认定：美国经验及其启示》，载《上海管理科学》2006 年第 2 期；温观音：《如何认定期货操纵》，载《人民司法》2008 年第 11 期；杨振能：《股指期货市场操纵的法律界定》，载《河北法学》2009 年第 6 期。

② 佟伟民：《股指期货交易中操纵行为识别方法研究》，哈尔滨工业大学 2008 年博士学位论文；张红娜：《我国期货市场操纵行为防范的研究》，载《南方金融》2004 年第 8 期；杜惟毅、张永开：《期货市场操纵行为的类型及认定标准研究》，载《证券法苑（第 9 卷）》，法律出版社 2013 年版，第 736 ~ 752 页；胡光志、张美玲：《我国期货市场操纵立法之完善——基于英美的经验》，载《法学》2016 年第 1 期。

③ 陈煜：《证券期货市场交易型操纵行为主观认定问题探讨——以非市场化交易手段为视角》，载《证券市场导报》2017 年第 8 期。

④ 张孟霞：《高频交易的频繁报撤单与市场操纵认定——以美国国债期货“虚假报单操纵”案例为视角》，载《证券市场导报》2016 年第 5 期。

⑤ 陈晨：《证券市场信息型操纵认定难点及监管对策研究》，载《证券市场导报》2017 年第 8 期。

三分法模式，即以适用对象、构成要件、责任方式为标准，将法律责任分为民事责任、行政责任和刑事责任。《中华人民共和国民事诉讼法》《中华人民共和国行政诉讼法》《中华人民共和国刑事诉讼法》便在此逻辑下展开。期货市场或者衍生品市场的操纵行为人可能承担民事责任、行政责任以及刑事责任。期货民事责任旨在修复与矫正被破坏的平等交易主体之间的民事法律关系，赔偿因操纵行为遭受损失的投资者。期货行政责任和期货刑事责任侧重于修复国家与违法行为人失衡的社会关系，具有公法属性。期货行政责任要求行为人为或不为一定行为，具有矫正受损行政法律关系的救济功能和通过剥夺能力以减少再次实施违法行为可能性的预防功能；期货刑事责任主旨在于惩治严重破坏期货市场秩序、严重侵害投资者利益的犯罪行为。本条主要规定了操纵期货市场或者衍生品市场的行政责任和民事责任，相较于《期货交易管理条例》，不仅加重了法律责任，还明确规定了民事责任。操纵期货市场或者衍生品市场的刑事责任则见诸刑法。

【条文解读】

一、责任类型

（一）行政责任

1. 责令改正

责令改正是指行政主体以命令或者禁止令的形式要求违法行为人作出或者不得作出特定行为。证监会对操纵期货市场或者衍生品市场的任何个人和单位均可适用责令改正。

2. 没收违法所得

没收违法所得是指有处罚权的行政主体依法将违法行为人从事违法行为获取的违法所得收归国有的处罚形式。操纵期货市场或者衍生品市场的违法所得指通过操纵期货市场或者衍生品市场所获的利益或者避免的损失。证监会对操纵期货市场或者衍生品市场的任何个人和单位均可适用没收违法所得。

3. 罚款

罚款是指有行政处罚权的行政主体依法强制违反法律法规的行为人在一定期限内向国家缴纳一定数额的金钱的处罚方式。证监会对操纵期货市场或者衍生品市场的违法行为人罚款，可以采取“数值数距式”或“倍率数距式”计算方法。具体而言，对操纵期货市场或者衍生品市场的个人和单位，以“违法所得”是否达到一百万元为界限，未达到的适用“数值数距式”计算方法，即“没有违法所得或者违法所得不足一百万元的，处以一百万元以上一千万元以下的罚款”；违法所得达到一百万元的，适用“倍率数距式”计算方法，即“处以违法所得一倍以上十倍以下的罚款”。对操纵期货市场或者衍生品市场的单位直接负责的主管人员和其他直接责任人员，仅适用“数值数距式”计算方法，即“处以五十万元以上五百万元以下的罚款”。

4. 警告

警告是指行政主体对违法行为人予以谴责和告诫的处罚形式，目的在于通过对违法行为人予以精神上的惩戒，申明其有违法行为，以使其不再违法。对操纵期货市场或者衍生品市场的单位，给予直接负责的主管人员和其他直接责任人员警告。

（二）民事责任

本条第二款要求操纵期货市场或者衍生品市场的个人和单位承担赔偿损失的责任。目前，证券期货相关法律法规和规章尚未对操纵期货市场和衍生品市场民事赔偿的计算方法作出详细规定。在确定操纵期货市场和衍生品市场民事赔偿的范围和计算方法时，需要综合考量以下问题①：

1. 期货市场和衍生品市场的投资者范围

参照《最高人民法院关于审理证券市场虚假陈述侵权民事赔偿案件的若干规定》② 中对违法行为与投资者损失采用的推定因果关系，在认定期货市场和衍生品市场操纵行为与期货市场投资者损失的因果关系时，可以按照上述思路，即在操纵行为实施期间，如果投资者从事了与操纵行为交易方向相反的交易行为且最终遭受了损失，则应当将此部分投资者纳入民事赔偿的对象范畴。

能够获得赔偿的投资者应具备以下条件：一是交易合约，即投资者与操纵行为人交易同一期货合约或衍生品合约；二是交易时间，即投资者是在从总行为对期货市场或衍生品市场产生影响的时间段内进行交易；三是投资者的交易方向与操纵行为人最终交易的方向相反；四是投资者因交易而遭受损失。

通常而言，因期货市场和衍生品市场操纵行为可能获得赔偿的投资者

---

① 程红星、王超：《美国期货市场操纵行为认定研究》，载《期货及衍生品法律评论》2018年第1期。

② 《最高人民法院关于审理证券市场虚假陈述侵权民事赔偿案件的若干规定》，载最高人民法院网站，https：//www. court. gov. cn/fabu－xiangqing－343221. html，最后访问时间：2022年5月2日。

主要有以下三类：一是在操纵行为时间段内持仓，但在操纵行为时间段内反向平仓而遭受损失的投资者；二是在操纵行为时间段内无持仓，但在操纵行为时间段内反向开仓而遭受损失的投资者；三是无论在操纵行为时间段之前有无持仓，在操纵行为时间段内既有开仓又有平仓交易，且该时间段内的开平仓相关冲抵之后，形成与操纵行为人平仓交易方向相反的净头寸的受损失的投资者。

2. 损失金额的计算

可以以投资者在操纵时间段内的交易价格与基准价格的差额，乘以交易的具体数量计算损失金额。在基准价格的认定方面，需要综合考虑违法行为及其涉及的交易品种特点、当时的市场情况等因素。考虑到期货市场对于各类信息具有较强的价格敏感性，市场对于各类信息消化和吸收的速度较快，可以在较短的时间内对相关信息作出反应，如果操纵行为持续时间较短，可以认为当日计算时市场基本已消化和吸收操纵行为的相关影响，当日结算价能够反映操纵行为影响消除后的价格，可以作为基准价格。不过如果操纵行为持续时间较长，或者是以操纵交割结算价的方式进行，则考虑采用操纵行为开始之前的价格作为基准价格，同时适当考虑操纵行为持续期间其他价格影响因素。可以采用以下便捷计算原则来认定投资者的具体损失额：一是每一日操纵行为时间段内的所有反向交易（无论是开仓还是平仓）价格减去基准价格形成的差额，乘以交易的具体数量，以此作为该日损失额；二是在每一日操纵行为时间段内还存在同向交易的，则应将反向交易与同向交易在同等交易量（手）基础上先结算冲抵计算交易盈亏额，剩余的反向交易按第一项原则计算交易盈亏额，然后两项盈亏额相加，以此作为该日损失额；三是操纵行为分布在多个交易日的，每个交易日的损失额相加，作为投资者最终的具体损失额。

（三）刑事责任

刑法第一百八十二条的操纵证券、期货市场罪规定了操纵期货市场或者衍生品市场的刑事责任类型及幅度，包括有期徒刑、拘役罚金。

二、责任主体

（一）直接从事操纵期货市场或者衍生品市场的任何单位和个人

以上主体作为直接行为主体，基于责任自负的理念，应当对自己实施的违法行为承担法律责任。

（二）直接负责的主管人员和其他直接责任人员

对于操纵期货市场或者衍生品市场的单位而言，因为其无法像自然人一样从事实意义上形成自己的意志、作出自己的行为，其意志形成、行为实施均需要借助自然人完成，所以为有效防止法人违法，除必须追究法人的责任外，负有重大责任的法人成员也必须承担其相应的责任。本条规定对操纵期货市场或者衍生品市场的单位的直接负责的主管人员和其他直接责任人员给予警告，并处以五十万元以上五百万元以下的罚款，但未明确直接负责的主管人员与其他直接责任人员的内涵和外延。通常可以根据成员在违法行为中所起的作用进行界定，如起决定、批准、授意、纵容、指挥等作用的人员是直接负责的主管人员，具体实施违法行为并起较大作用的人员是其他直接责任人员。

【关联规范】

《最高人民法院、最高人民检察院关于办理操纵证券、期货市场刑事案件适用法律若干问题的解释》。

第一百二十六条　【内幕交易的法律责任】违反本法第十三条的规定从事内幕交易的，责令改正，没收违法所得，并处以违法所得一倍以上十倍以下的罚款；没有违法所得或者违法所得不足五十万元的，处以五十万元以上五百万元以下的罚款。单位从事内幕交易的，还应当对直接负责的主管人员和其他直接责任人员给予警告，并处以二十万元以上二百万元以下的罚款。

国务院期货监督管理机构、国务院授权的部门、期货交易场所、期货结算机构的工作人员从事内幕交易的，从重处罚。

内幕交易行为给交易者造成损失的，应当依法承担赔偿责任。

【条文主旨】

本条是关于从事期货市场内幕交易法律责任的规定。

【立法背景】

内幕交易的概念源于证券市场，证券内幕交易又称内部人交易或内线交易，其并无公认的明确定义，但一般指“内幕人员或其他非法获取内幕信息的人员以获取利益或减少损失为目的，自己或者建议他人或泄露内幕信息使他人利用信息进行证券交易的活动”[①]。期货内幕信息系从证券市场内幕交易发展而来的，这一事实[②]，一方面，为期货市场内幕交易的发展提供了一定的理论基础；但另一方面，正因为证券市场的内幕信息普遍被定义为与发行人密切相关，而作为契约型衍生品的期货并不存在发行人，所以认为期货市场不存在内幕交易的观点也并非鲜见。毫无疑问，影响期货价格的非公开信息肯定存在，且该等信息与证券市场的发行人相关信息迥然有别。在证券市场上，除了发行人相关信息之外，确实也存在能影响证券价格的非公开信息。非公开信息是否能纳入内幕信息，是理解期货市场是否存在内幕信息并进而存在内幕交易的关键。有观点认为，未公开信息区别于内幕信息，指不为公众所知悉的、对相关证券期货交易价格有重要影响的、金融机构和监管部门以及行业协会按照规定采取规范管理的投资经营、技术分析、监督管理、行业资讯、调控政策等信息。[③] 以此而论，则期货市场只存在未公开信息而没有证券市场意义上的内幕信息。不过，分析刑法第一百八十条的行文，该条的“内幕信息”有重大性的要求，而“其他未公开的信息”则并无重大性的要求，因此，在法律解释上，可以认为二者的区别并不在于是否与发行人相关，而“其他未公开的信息”是“内幕信息”以外的信息，其本身虽不具有重大性，但因为该等信息为特定金融机构从业人员及有关监管部门或行业协会工作人员利用职务便利所获取，所以应予以特别规制。毫无疑问的是，肯定存在影响期货价格的非公开信息。期货市场内幕交易与证券市场内幕交易在内幕信息及内幕人方面存在显著的区别，但这些只可能构成制度技术上的区别，所以不能因此否认期货市场内幕交易。本法肯定期货市场存在内幕交易，且第十四条以“概括+列举”的方式界定了内幕信息，第十五条以“概括+列举”的方式界定了内幕信息知情人。

我国当前期货交易中投资者结构不合理，机构投资者比重偏低而投机者众多，对内幕信息的灵敏度更高，信息性和信任性是期货市场的两大基

---

① 符启林主编：《证券法学》，中国金融出版社 2003 年版，第 149 页。

② 张国炎：《期货内幕交易》，载《政治与法律》1999 年第 6 期；李明良、李虹：《期货市场内幕交易的内涵：以美国为中心的考察》，载《证券法苑（第 13 卷）》，法律出版社 2014 年版，第 276~293 页。

③ 古加锦：《利用未公开信息交易罪司法适用的疑难问题研究》，载《政治与法律》2015 年第 2 期。

本属性，内幕信息成为重要的资源。由于根本不存在一个有足够信息依据来确定期货真实价值的完全有效市场，因此市场诚信和形式公平就显得更为必要。而且内幕交易人并非零和游戏的偶然参加者，其与庄家一起利用市场机制与投资者的信赖损害了投资者利益，它的危害结果是导致不公平竞争、欺诈、非诚实信用，常常还会涉及期货内幕交易与其他行为的竞合现象。利益驱动过度投机，丧失信用根基，最终会损害资本市场的投资和融资功能。因此，内幕交易法律责任不仅是期货法学研究的热点，亦是法院审判实践最突出的问题。期货内幕交易行为所造成的损害包括但不限于：（1）对公司造成损害；（2）对投资者造成损害；（3）对期货市场造成损害；（4）违反公平原则；（5）促使内部人采取风险较大的投资方式；（6）引发道德风险；（7）引发柠檬市场问题；（8）公共信心、市场正值性问题。内幕交易行为人承担法律责任的目的在于对投资者利益以及市场秩序的双重保护。

【条文解读】

对内幕交易行为法律责任的规定和追究，在我国经历了一个从行政处罚到刑事立法以及民事赔偿贯穿其中的过程。行政责任和刑事责任属于公法意义上的责任，其立法宗旨侧重于站在社会整体的公共利益的角度，维护国家和社会秩序，保障公共权力的行使，并保护公众的自由和权利；民事责任则属于私法性质责任，其本质意义侧重于私力救济和损害补偿的诉讼过程。刑事、行政、民事责任互补，共同实现立法目的主要体现在不同责任的不同功能相互补充，有机结合，形成严密的内幕交易调整体系。三者形式各异，调整手段不同，在责任要件、严厉程度、实施方式、实施成本及对社会的影响等方面都存在差异。因此，它们的功能互不相同，彼此不可相互替代。只有有机结合才能形成一个轻重结合、层次递进，涵盖全面的内幕交易法律调整体系，实现对违法行为的全面防控。

一、责任类型

本条是关于从事期货市场内幕交易行政责任和民事责任的规定，从事期货市场内幕交易的刑事责任见诸刑法第一百八十条，该条款对从事期货市场内幕交易的行为人适用有期徒刑、拘役和罚金。

（一）行政责任

1. 责令改正

责令改正可对违反本法第十三条的规定从事内幕交易的任何违法行为主体适用。

2. 没收违法所得

没收违法所得可适用于所有违反本法第十三条的规定从事内幕交易的违法行为主体。内幕交易非法所得的计算有多种方法①，以美国为例，有净差额法、净差额修正法、补偿法、吐出非法获利等多种方法。② 上述计算方法反映出两种不同的救济逻辑思路：一是证券欺诈损害赔偿的一般方法，即净损差额赔偿法及其修正，请求权人的赔偿范围仅限于欺诈所造成的损失，而将其他因素排除在外；二是证券欺诈损害赔偿的特殊方法如毛损益法、吐出非法利润法等，这些方法认为导致请求权人的损失除了欺诈行为之外，还应考虑其他因素的影响。

3. 罚款

对违反本法第十三条的规定从事内幕交易的违法行为主体同时适用“数值数距式”和“倍率数距式”两种计算方法，具体而言，以“违法所得”是否达到五十万元为界限，对“没有违法所得或者违法所得不足五十万元的”，依照“数值数距式”计算方法“处以五十万元以上五百万元以下的罚款”；否则，处以违法所得一倍以上十倍以下的罚款。对单位的直接负责的主管人员和其他直接责任人员，仅适用“数值数距式”计算方法，即“处以二十万元以上二百万元以下的罚款”。

4. 警告

对违反本法第十三条的规定从事内幕交易的违法单位的直接负责的主管人员和其他直接责任人员给予警告。

（二）民事责任

内幕交易民事责任制度构建的重要任务是对相互冲突的价值目标进行恰当的协调和平衡，其中包括：威慑、监控内幕交易行为、保护投资者信心与防止滥诉、保护公司利益之间的平衡；补偿投资者损失与防止民事责任成为投资者保险之间的平衡；保护受害者诉讼权利与抑制过度诉讼之间的平衡等。③ 内幕交易民事损害赔偿已经成为学界共识，并为立法者重视，本条第三款便规定“内幕交易行为给交易者造成损失的，应当依法承担赔偿责任”。然而在具体适用该条款时，亟待解决主体难以认定（我国并未将其规定为一种“大规模侵权”）、因果关系认定困难等问题。各国一般都确立了民事责任优先原则，政府对内幕交易人的处罚其最终目的是保护

① 刘宪权：《内幕交易违法所得司法判断规则研究》，载《中国法学》2015 年第 6 期。

② 杨亮：《内幕交易论》，北京大学出版社 2001 年版，第 346~352 页。

③ 赵旭东：《内幕交易民事责任的价值平衡与规则互补——以美国为研究范本》，载《比较法研究》2014 年第 2 期。

每一个投资者的利益。所以在对内幕交易人进行财产处罚和对受害者给予损害赔偿出现冲突时，应当优先进行民事救济。

二、从重处罚

本条第二款规定："国务院期货监督管理机构、国务院授权的部门、期货交易场所、期货结算机构的工作人员从事内幕交易的，从重处罚。"从重处罚是指在第一款规定的处罚幅度和范围内，对国务院期货监督管理机构、国务院授权的部门、期货交易场所、期货结算机构的工作人员适用比从事内幕交易的其他行为人更重的行政责任。之所以作如此规定，主要是基于此类主体通常具有期货交易的监督者、组织者的特殊身份，能够接触并且获得有关期货交易的内幕信息，如果他们利用特殊身份便利从事内幕交易牟取非法利益，性质更为恶劣，且会给期货市场带来更为严重的危害，亦会减损社会公众对期货市场的信心。

三、责任主体

（一）违反本法第十三条的规定从事内幕交易的任何单位和个人

以上主体作为直接行为主体，基于责任自负的理念，应当对自己实施的违法行为承担法律责任。

（二）直接负责的主管人员和其他直接责任人员

对于违反本法第十三条的规定从事内幕交易的单位而言，因为其无法像自然人一样从事实意义上形成自己的意志、作出自己的行为，其意志形成、行为实施均需要借助自然人完成，所以为有效防止法人违法，除必须追究法人的责任外，负有重大责任的法人成员也必须承担其相应的责任。本条规定对违反本法第十三条的规定从事内幕交易的单位的直接负责的主管人员和其他直接责任人员给予警告，并处以二十万元以上二百万元以下的罚款，但未明确直接负责的主管人员与其他直接责任人员的内涵和外延。通常可以根据成员在违法行为中所起的作用进行界定，如起决定、批准、授意、纵容、指挥等作用的人员是直接负责的主管人员，具体实施违法行为并起较大作用的人员是其他直接责任人员。

【关联规范】

《最高人民法院、最高人民检察院关于办理内幕交易、泄露内幕信息刑事案件具体应用法律若干问题的解释》。

第一百二十七条　【编造、传播虚假信息或者误导性信息以及虚假陈述的法律责任】 违反本法第十六条第一款、第三款的规定，编造、传播虚假信息或者误导性信息，扰乱期货市场、衍生品市场的，没收违法所得，并处以违法所得一倍以上十倍以下的罚款；没有违法所得或者违法所得不足二十万元的，处以二十万元以上二百万元以下的罚款。对直接负责的主管人员和其他直接责任人员给予警告，并处以十万元以上一百万元以下的罚款。

违反本法第十六条第二款的规定，在期货交易、衍生品交易活动中作出虚假陈述或者信息误导的，责令改正，处以二十万元以上二百万元以下的罚款；属于国家工作人员的，还应当依法给予处分。

传播媒介及其从事期货市场、衍生品市场信息报道的工作人员违反本法第十六条第三款的规定，从事与其工作职责发生利益冲突的期货交易、衍生品交易的，没收违法所得，并处以违法所得一倍以下的罚款，没有违法所得或者违法所得不足十万元的，处以十万元以下的罚款。

编造、传播有关期货交易、衍生品交易的虚假信息，或者在期货交易、衍生品交易中作出信息误导，给交易者造成损失的，应当依法承担赔偿责任。

【条文主旨】

本条是关于编造、传播有关期货交易、衍生品交易的虚假信息，或者在期货交易、衍生品交易中作出信息误导法律责任的规定。

【立法背景】

编造、传播有关期货交易、衍生品交易的虚假信息，或者在期货交易、衍生品交易中作出信息误导均属于欺诈行为，① 是指行为人在期货交

① 吴礼洪：《期货欺诈行为及其法律责任探究》，载《法商研究（中南政法学院学报）》1996 年第 2 期。

易活动中，为了谋取非法利益，违背公开、公平、公正和诚实信用原则，故意隐瞒实情或制造虚假事实，使客户产生错误认识并实施一定行为的商业欺诈行为[①]。期货欺诈行为的危害主要表现为：

1. 损害投资者利益

在期货市场上，各种信息的传播都会对期货交易造成影响，公布真实、准确、完整的信息，有助于投资者了解市场真实情况，作出正确的投资选择；而编造、传播虚假信息或者误导性信息，则会使投资者作出错误的判断，利益受到损失。在实践中，部分期货经纪公司可能为了招揽业务、赚取更多佣金，夸大宣传其业绩和期货的获利性，对期货的风险性却避而不谈或不作充分说明。因此，规制期货市场欺诈行为应当成为期货法律的重要内容。

2. 扭曲期货市场功能

期货市场具有风险转移和价格发现两大功能。如果期货市场信息畅通，市场透明度很高，投资者集中在交易所里公开叫价，通过计算机成交，那么期货市场活动和市场价格只受竞争因素的影响，期货市场的价格成为现货市场价格的参照物。而如果期货市场上广泛存在有关期货交易、衍生品交易的虚假信息或者信息误导的行为，期货市场的价格则将偏离现货价格而趋向扭曲，套期保值者难以通过在期货市场上买卖与现货价值相等但交易方向相反的期货合约来规避现货价格波动风险，套利者难以通过期现套利、跨市套利、跨商品套利、跨期套利之间的价格差赚取收益。

【条文解读】

一、规制的行为

（一）编造、传播有关期货交易、衍生品交易的虚假信息

虚假信息是内容不真实，与实际情况不符的信息。编造虚假信息，是指捏造虚假信息，既包括虚构本不存在的信息，也包括篡改、加工、隐瞒真实的信息。传播虚假信息，是指使用各种方式使虚假信息处于不特定人或者多数人知悉或可能知悉的状态。

传播虚假信息的途径很多，如在报刊、电台、电视台等传统媒体上发布，在人数众多的公开场合发布，在网站、社交软件等电子网络媒体上发布，或者形式上通过传真、短信、电子信箱、电话、软件等工具点对点发送但实质上向大量投资者发送。虚假信息传播路径由前几年的以“广场

① 高明生：《期货欺诈行为及其认定》，载《政治与法律》1996年第3期。

式”公开散布为主，转变为以“茶坊式”社交网络集聚、传播后转公开为主。有的人将微信群或朋友圈内的不实信息变造拼接、恶意删减、修改信源、篡改标题后公开散布，造成严重后果，还有财经网站过度依赖自动抓取软件，在信息审核方面严重失职。

（二）作出信息误导

“误导性信息”，一般是指信息虽然真实，但是仅陈述了部分事实，容易引发错误联想的信息。例如，将监管机构到上市公司日常检查、了解情况描述为上市公司存在重大违法行为等。

二、规制的主体

（一）任何单位和个人

这类有较大影响力的自然人、法人、非法人组织（如俗称的“网络大V”等），这些主体没有统一的身份特征，但应当注意的是，我国公民均享有言论自由，因此有观点主张，除因其特定身份、特定职责而承担特殊注意义务外，不能仅因编造、传播的信息不真实、不准确就一律禁止其发表；区分合法与否的界限，就在于是否会“扰乱期货市场”。[①]

（二）期货经营机构、期货交易场所、期货结算机构、期货服务机构及其从业人员，组织开展衍生品交易的场所及其从业人员，期货和衍生品行业协会、国务院期货监督管理机构、国务院授权的部门及其工作人员

期货经营机构、期货交易场所、期货结算机构、期货服务机构、期货和衍生品行业协会、国务院期货监督管理机构、国务院授权的部门及其工作人员在期货市场的公信力高、影响力大，而且其工作之一就是制作、评价、报告、核准、公开诸如期货市场即时行情信息、法律意见书、财务会计报告、资产评估报告等文件和材料。如果上述机构在期货交易活动中作出虚假陈述或者信息误导，必将对期货市场产生极大的影响。而上述机构的从业人员或者工作人员，由于工作性质的需要，可能会接触到期货市场的许多信息，他们发布的信息比一般人发布的信息更具影响力。因此，本法禁止此类机构和人员在期货交易活动中作出虚假陈述或者信息误导。

（三）各种传播媒介及其工作人员

期货市场信息主要通过各种传播媒介进行传播，其影响范围广，传播速度快，通常具有一定的权威性。如果各种传播媒介传播证券市场信息不真实、不客观，必将误导广大投资者，因此应当严格禁止。传播媒介及其

---

① 《传播期货虚假信息行为认定与规则完善》，载期货日报网，http：//www.qhrb.com.cn/articles/265006，最后访问时间：2022年5月20日。

从事信息报道的工作人员距离信息源近，接触证券市场敏感信息早，相对于普通投资者具备信息优势。如果他们利用这些信息从事相关证券交易，就可能损害其他投资者的利益，损害证券市场秩序，因此应予严格禁止。

三、责任类型

（一）行政责任

1. 没收违法所得

根据本条，没收违法所得适用于：编造、传播虚假信息或者误导性信息，扰乱期货市场、衍生品市场的任何单位或个人；从事与其工作职责发生利益冲突的期货交易、衍生品交易的传播媒介及其从事期货市场、衍生品市场信息报道的工作人员。

2. 罚款

对编造、传播虚假信息或者误导性信息，扰乱期货市场、衍生品市场的任何单位或个人罚款的，首先，可以采取“数值数距式”或“倍率数距式”计算方法确定对直接违法主体的罚款数额，具体而言，以“违法所得”是否达到二十万元为界限，未达到的适用“数值数距式”计算方法，即“没有违法所得或者违法所得不足二十万元的，处以二十万元以上二百万元以下的罚款”；违法所得达到二十万元的，适用“倍率数距式”计算方法，即“处以违法所得一倍以上十倍以下的罚款”。其次，适用“数值数距式”计算方法确定对编造、传播虚假信息或者误导性信息，扰乱期货市场、衍生品市场的单位直接负责的主管人员和其他直接责任人员，仅适用“数值数距式”计算方法，即“处以十万元以上一百万元以下的罚款”。

对违反本法第十六条第二款的规定，在期货交易、衍生品交易活动中作出虚假陈述或者信息误导的期货经营机构、期货交易场所、期货结算机构、期货服务机构及其从业人员，组织开展衍生品交易的场所及其从业人员，期货和衍生品行业协会、国务院期货监督管理机构、国务院授权的部门及其工作人员，仅适用“数值数距式”计算方法，即“处以二十万元以上二百万元以下的罚款”。对违反本法第十六条第三款规定的传播媒介及其从事期货市场、衍生品市场信息报道的工作人员，可以采取“数值数距式”或“倍率数距式”计算方法确定对直接违法主体的罚款数额，具体而言，以“违法所得”是否达到十万元为界限，未达到的适用“数值数距式”计算方法，即“没有违法所得或者违法所得不足十万元的，处以十万元以下的罚款”；违法所得达到十万元的，适用“倍率数距式”计算方法，即“处以违法所得一倍以下的罚款”。

3. 警告

对违反本法第十六条第一款、第三款的规定，编造、传播虚假信息或者误导性信息的任何单位的直接负责的主管人员和其他直接责任人员给予警告。

4. 责令改正

对违反本法第十六条第二款的规定，在期货交易、衍生品交易活动中作出虚假陈述或者信息误导的期货经营机构、期货交易场所、期货结算机构、期货服务机构及其从业人员，组织开展衍生品交易的场所及其从业人员，期货和衍生品行业协会、国务院期货监督管理机构、国务院授权的部门及其工作人员均可适用责令改正。

5. 处分

处分的对象是违反本法第十六条第二款的规定，在期货交易、衍生品交易活动中作出虚假陈述或者信息误导的国家工作人员，主要是国务院期货监督管理机构的工作人员。对违法参与期货交易的国家工作人员进行处分的法律依据包括监察法、公务员法等。根据公务员法第六十一条、第六十二条、第六十四条的规定，公务员因违法违纪应当承担纪律责任的，依照公务员法给予处分，处分分为警告、记过、记大过、降级、撤职、开除。受处分的期间为：警告，六个月；记过，十二个月；记大过，十八个月；降级、撤职，二十四个月。受撤职处分的，按照规定降低级别。有处分权的单位可根据违法的国家工作人员所犯违法行为的情节轻重，分别对其给予不同的处分，以达到教育惩戒的目的。

（二）民事责任

编造、传播有关期货交易、衍生品交易的虚假信息，或者在期货交易、衍生品交易中作出信息误导往往会对投资者造成欺骗、误导，影响投资者决策，从而扰乱期货市场、给投资者造成损失。因此，本条第四款规定了民事赔偿责任。需要注意的是，为了避免对个人言论自由造成过多干涉，本条对编造、传播有关期货交易、衍生品交易的虚假信息，或者在期货交易、衍生品交易中作出信息误导的民事责任设置了后果要件，即只有给投资者造成了损失，才需要承担民事赔偿责任。

此外，编造、传播有关期货交易、衍生品交易的虚假信息，或者在期货交易、衍生品交易中作出信息误导应当依照刑法第一百八十一条第一款的规定承担刑事责任，即编造并且传播影响证券、期货交易的虚假信息，扰乱证券、期货交易市场，造成严重后果的，处五年以下有期徒刑或者拘役，并处或者单处一万元以上十万元以下罚金。

【关联规范】

《最高人民法院关于审理证券市场虚假陈述侵权民事赔偿案件的若干规定》。

第一百二十八条　【出借、借用期货账户交易的法律责任】违反本法第十八条第二款的规定，出借自己的期货账户或者借用他人的期货账户从事期货交易的，责令改正，给予警告，可以处五十万元以下的罚款。

【条文主旨】

本条是关于违反规定出借、借用期货账户交易的法律责任的规定。

【立法背景】

期货账户专门记载投资者所持有的期货合约种类和数量，是投资者开展期货交易活动、期货监督管理机构以及有关部门对期货交易进行监督管理的基础。但在实践中，有的自然人、法人或者其他组织通过出借自己的期货账户或者借用他人的期货账户，从事内幕交易、操纵市场以及规避期货市场禁入限制等期货违法行为，严重扰乱了期货交易秩序，给其他投资者造成损失，迫切需要进一步加以规范。因此，本法对期货账户实名制作了严格的规定。期货账户实名制的主要内容有二：

一是开立账户环节。2007 年 11 月 5 日，证监会向各大期货公司下发《关于进一步加强期货公司开户环节实名制工作的通知》[①]，要求从 2007 年 12 月 1 日起，进一步加强实名制工作，投资者首次办理开户手续或申请新的交易编码时，期货公司必须在开户时实时采集并按要求保存投资者的影像资料；对于该通知实施前已经开户的投资者，允许存在 6 个月的过渡期，在过渡期内，投资者必须及时补齐相关资料，满足实名制的新要求；否

---

① 《关于进一步加强期货公司开户环节实名制工作的通知》，载中国证券监督管理委员会网站，http：//www.csrc.gov.cn/csrc/c100028/c1002702/content.shtml，最后访问时间：2022 年 5 月 2 日。

则，期货公司应当限制其开立新仓。因此，在开立期货账户阶段，一方面，要求客户遵守以下要求：（1）客户开户时应当提供有效身份证明文件；（2）个人客户应当本人亲自办理开户手续，签署开户资料，不得委托他人代为办理；（3）单位客户应当出具单位客户的授权委托书、开户代理人的有效身份证明文件和其他开户证件；（4）期货经纪合同、期货结算账户中客户姓名或者名称与其有效身份证明文件中的姓名或者名称一致；（5）在期货经纪合同及其他开户资料中真实、完整、准确地填写客户资料信息。另一方面，要求期货公司应当对客户进行以下实名制审核：（1）对照有效身份证明文件，核实个人客户是否本人亲自开户，核实单位客户是否由经授权的开户代理人开户；（2）确保客户交易编码申请表、期货结算账户登记表、期货经纪合同等开户资料所记载的客户姓名或者名称与其有效身份证明文件中的姓名或者名称一致。此外，要求期货公司实时采集并按照监控中心要求及时提交客户以下影像资料：（1）个人客户头部正面照和有效身份证明文件扫描件；（2）单位客户开户代理人头部正面照、开户代理人有效身份证明文件扫描件、单位客户有效身份证明文件扫描件；（3）监控中心在实施细则中规定的其他影像资料。证券公司等依法接受期货公司委托协助办理开户手续的，也应当依法对照核实客户真实身份，核对客户期货结算账户户名与其有效身份证明文件中姓名或者名称一致，采集并留存客户影像资料，并随同其他开户资料一并提交期货公司审核开户和存档。

二是使用账户阶段。在此阶段，任何单位和个人不得违反规定，出借自己的期货账户或者借用他人的期货账户从事期货交易，否则应当承担法律责任。例如，某公司未严格履行账户实名制的要求，于 2017 年 12 月 28 日被中国证券监督管理委员会采取责令改正的行政监管措施及“公开谴责”的纪律惩戒。①

【条文解读】

一、规制的行为

本条禁止违反规定出借自己的期货账户或者借用他人的期货账户从事期货交易。出借和借用本属于民法中借用合同的一组概念，在此是指期货账户出借人与借用人就账户使用达成合意，期货账户使用人与其名义持有

---

① 中国证监会〔2017〕98 号行政监管措施决定，载中国证券监督管理委员会网站，http://www.csrc.gov.cn/csrc/c106067/c1569319/content.shtml，最后访问时间：2022 年 5 月 2 日。

人发生分离的情形。期货账户出借人是指在期货公司开立账户的自然人、法人或者其他组织，期货账户使用人通常是指下单操作者、交易决策人、实际承担盈亏的人等。实践中认定期货账户使用人的难题是，当下单操作者、交易决策人、实际承担盈亏的人并非同一主体时，哪一主体的行为属于本条所称的“借用他人的期货账户从事期货交易”。从行政监管及司法实践看，是以账户决策权为核心判断账户的实际使用人。

应当区分违反规定出借自己的期货账户或者借用他人的期货账户从事期货交易和利用技术手段盗用或骗取他人期货账户、违背账户持有人意思而使用其账户的情形①。在出借和借用期货账户的语境中，出借人和借用人达成了关于账户使用是否有偿、是否限定使用期限、是否有约定收益归属的合意，出借账户或借用证券账户的行为人均需提供或获取期货账号和密码。在利用技术手段盗用或骗取他人期货账户、违背账户持有人意思而使用其账户的情形中，账户持有人并没有与对方达成合意。

本条仅是原则性禁止规定，而非完全禁止投资者出借自己的期货账户或者借用他人的期货账户从事期货交易。因为在实践中自然人的家人之间、亲戚朋友之间共同使用、相互借用期货账户交易，是一种常见的现象，除非从事期货违法行为，否则没有必要一律禁止，所以本条款增加了“违反规定”的限定，交由国务院或者有关主管部门对如何区分合法和违法情形作进一步的细化规定。

二、责任类型

（一）责令改正

对违反规定出借自己的期货账户或者借用他人的期货账户从事期货交易的违法主体可适用责令改正。

（二）警告

对违反规定出借自己的期货账户或者借用他人的期货账户从事期货交易的违法主体可以予以警告。

（三）罚款

根据本条，适用于违反规定出借自己的期货账户或者借用他人的期货账户从事期货交易的违法主体的罚款计算方法是“数值数距式”，也即处五十万元以下的罚款。

---

①　王志明：《新〈证券法〉证券账户实名制的理解和适用研究》，载《证券法苑（第30卷）》，法律出版社2020年版，第338~360页。

【关联规范】

《期货市场客户开户管理规定》第九条至第二十二条。

第一百二十九条 【程序化交易的法律责任】 违反本法第二十一条的规定，采取程序化交易影响期货交易场所系统安全或者正常交易秩序的，责令改正，并处以五十万元以上五百万元以下的罚款。对直接负责的主管人员和其他直接责任人员给予警告，并处以十万元以上一百万元以下的罚款。

【条文主旨】

本条是关于采取程序化交易影响期货交易所系统安全或者正常交易秩序的违法行为所应当承担的法律责任的规定。

【立法背景】

随着互联网、大数据、人工智能等信息技术的迅猛发展及其在期货交易中的运用，期货交易方式发生了重大变化，通过计算机程序自动生成或者下达交易指令进行程序化交易，已经成为非常普遍的现象。所谓程序化交易（Program Trading），是指通过既定程序或者特定软件，自动确定订单的执行价格、执行数量、执行时机等参数，自动生成或执行交易指令的交易行为。一般是应用计算机和现代化网络系统，按照预先设置好的交易模型和规则，模型条件被触发的时候，由计算机瞬间完成组合交易指令，实现自动交易。[①] 高频交易是一种常见的程序化交易，是指采用自动化交易，决策制定、委托订单启动、产生、发送或者执行的算法，每一项都非人工指导，采用低延迟技术，毗邻主机、协同定位服务，尽可能减少交易的时间。高频交易可以在短时间内进行大量的下单或者撤单，通过

---

① 刘春彦、赵雯佳、王乙童：《程序化交易监管的国际经验及中国的制度构建》，载《证券法律评论（2016 年卷）》，中国法制出版社 2016 年版，第 139~154 页。

多次交易在市场流动性失衡或者短期价格失效中获取交易利润。[①] 对于期货市场而言，一方面，高频交易是资本市场应对金融科技发展的产物，其出现为市场带来了积极的流动性，提升了市场价格发现机制的效率，维持了一定的稳定性，已然成为近年来最重要的市场结构之一；[②] 但另一方面，高频交易具有频繁申报等特征，利用算法交易技术和速度优势，以微量时差提前获取交易信息，赚取微量利差，通过交易量优势获取高额报酬的操作手法导致了诸如“闪电崩盘”等极端市场系统性风险和其他负面影响。[③]

为规制程序化交易，美国 SEC 正式提议禁止“闪电交易”、德国政府通过规范程序化交易的立法草案、欧洲会议通过欧洲金融工具市场指令Ⅱ草案。鉴于我国期货市场上还不具备域外期货市场的设备条件，期货市场竞争态势远远不及欧美那么激烈，期货交易所的报价系统的交易信息发送频率低于欧美国家期货市场，因此相比其他国家高频交易的发展态势，我国受高频交易等程序化交易的负面影响较小，所以建立规制高频交易等程序化交易法律法规体系的时间也较晚。[④]

我国监管部门开展了对程序化交易的系统排查，程序化交易成为期货监管重要内容，业已形成以法律法规、自律性规则为主体的规范群。在法律法规层面，证券法已经将不以成交为目的进行大量或者频繁的申报并撤销申报的行为视为禁止的交易行为；高频交易的幌骗、塞单等行为可以被归于刑法中的操纵证券、期货市场的行为的兜底性条款。在自律性规则方面，期货交易所将高频交易视为异常交易行为，例如《郑州商品交易所异常交易行为管理办法》[⑤] 第五条中的“（二）频繁报撤单行为，即频繁申报并撤销定单的行为；（三）大额报撤单行为，即多次申报并撤销大额定单的行为；（四）程序化交易扰乱交易秩序行为，即采取程序化交易方式下达交易指令，可能影响交易所系统安全或者正常交易秩序的行为”便属于高频交易和程序化交易。

---

① 叶伟：《高频交易给国内证券期货监管带来的机遇与挑战》，载《清华金融评论》2014 年第 12 期；肖凯：《高频交易与操纵市场》，载《交大法学》2016 年第 2 期。

② 吴晓灵、李剑阁、王忠民：《高频交易对市场的影响》，载《清华金融评论》2016 年第 2 期。

③ 姜哲：《程序化交易的潜在风险和监管体系研究》，载《金融监管研究》2017 年第 6 期。

④ 雍晨：《证券期货市场的高频交易监管研究》，载《金融与经济》2019 年第 2 期。

⑤ 《郑州商品交易所异常交易行为管理办法》，载郑州商品交易所网站，http：//www.czce.com.cn/cn/flfg/zcjywgz/ssxz/webinfo/2021/11/1605604067765103.htm，最后访问时间：2022 年 5 月 2 日。

【条文解读】

一、规制的行为

本条禁止采用程序化交易影响期货交易场所系统安全或者正常交易秩序。以高频交易为例，高频交易影响期货交易场所系统安全或者正常交易秩序主要表现为：

（一）成为操纵期货市场的新型手段

主要有三种情况。一是“幌骗”。“幌骗”通常表现为高频交易商不以成交为目的申报订单后又迅速撤销所申报订单，以引诱其他投资者见势跟随买入或卖出此期货产品，一旦其他投资者见势跟随买入或卖出，其迅速进行反向交易。二是“塞单”。“塞单”是指高频交易商在期货市场上瞬间投入大量的买卖订单，然后又迅速取消或更新。三是“试单”。“试单”通常针对机构投资者，是指高频交易商通过不断发出小量订单而后撤销，试探市场中大宗订单的反应并测算其体量，进而利用其信息获取速度上的优势抢先在机构投资者之前买入相应的期货产品，然后报出更高的卖价，迫使机构投资者提价买入，形成对报价的操纵。

（二）增加期货市场系统性风险

高频交易依赖先进的计算机硬件系统，其最为明显的特征就是利用先进的算法软件行为大量交易。一旦交易软件和程序发生故障或者算法出现错误，尽管可以通过错误撤销制度弥补一些损失，但仍有可能对整个期货市场带来冲击。

（三）损害中小投资者利益，破坏期货市场流动性

从表面上看，高频交易商在一天内频繁报单和撤单可以增加期货市场的流动性，但其实是通过速度优势提前获取交易信息，再利用短时间获取巨额利润，获得的收益实际上基本都是来源于中小投资者。由于高频交易的速度快、算法复杂等，监管机构很难发现高频交易者何时从事操纵或者非法行为，最终导致中小投资者纷纷退场，因此从长远上看高频交易可能致使期货市场丧失流动性。

二、责任类型

（一）责令改正

对采用程序化交易影响期货交易场所系统安全或者正常交易秩序的违法主体可适用责令改正。

（二）警告

对采用程序化交易影响期货交易场所系统安全或者正常交易秩序的违

法主体的直接负责的主管人员和其他直接责任人员可以予以警告。

（三）罚款

根据本条，适用于采用程序化交易影响期货交易场所系统安全或者正常交易秩序的违法主体的罚款计算方法是“数值数距式”，也即处以五十万元以上五百万元以下的罚款；适用于直接负责的主管人员和其他直接责任人员的罚款计算方法是“数值数距式”，也即处以十万元以上一百万元以下的罚款。

三、责任主体

（一）采用程序化交易影响期货交易场所系统安全或者正常交易秩序的自然人或法人

以上主体作为独立的法律主体，应当基于自己责任的理念承担法律责任。

（二）直接负责的主管人员和其他直接责任人员

对于采用程序化交易影响期货交易场所系统安全或者正常交易秩序的法人而言，因为法人无法像自然人一样从事实意义上形成自己的意志、作出自己的行为，其意志形成、行为实施均需要借助自然人完成，所以为有效防止法人违法，除必须追究法人的责任外，负有重大责任的法人成员也必须承担其相应的责任。本条规定对采用程序化交易影响期货交易场所系统安全或者正常交易秩序的违法主体的直接负责的主管人员和其他直接责任人员给予警告，并处以十万元以上一百万元以下的罚款，但未明确直接负责的主管人员与其他直接责任人员的内涵和外延。通常可以根据成员在违法行为中所起的作用进行界定，如起决定、批准、授意、纵容、指挥等作用的人员是直接负责的主管人员，具体实施违法行为并起较大作用的人员是其他直接责任人员。

【关联规范】

《证券期货业信息系统托管基本要求》①。

第一百三十条　【未报告有关重大事项的法律责任】 违反本法第二十七条规定，未报告有关重大事项的，责令改正，给予警告，可以处一百万元以下的罚款。

① 《证券期货业信息系统托管基本要求》，载中国证券监督管理委员会网站，http://www.csrc.gov.cn/csrc/c101950/c1048109/content.shtml，最后访问时间：2022年5月2日。

【条文主旨】

本条是关于期货交易场所会员和交易者未报告有关交易、持仓、保证金等重大事项的法律责任的规定。

【立法背景】

期货市场不仅会因为杠杆交易诱发风险，还存在来自汇率变动、经济周期、通货膨胀等多方面的风险。伴随金融活动全球化、金融市场一体化和金融业务信息化的深入发展，期货市场的风险对社会经济的影响程度日益加重，风险传播速度也不断加快，风险传播链条趋于复杂和隐蔽，相应地，监管机构发现和应对期货市场风险的时间和空间余地都在缩减。监管机构要求期货交易场所会员和交易者报告有关交易、持仓、保证金等重大事项，是有序、有效地应对和处理期货市场风险的前提。

关于交易重大事项的报告义务，通常涉及发生异常交易。一般而言，期货交易场所的期货公司会员有义务及时报告客户的下列异常交易行为：（1）自成交行为，即以自己为交易对象进行自买自卖的行为；（2）频繁报撤单行为，即频繁申报并撤销定单的行为；（3）大额报撤单行为，即多次申报并撤销大额定单的行为；（4）程序化交易扰乱交易秩序行为，即采取程序化交易方式下达交易指令，可能影响交易所系统安全或者正常交易秩序的行为；（5）中国证监会规定或者交易所认定的其他行为。[①]

关于持仓量重大事项的报告义务，期货交易场所会员和交易者在某一合约上的持仓量，达到规定的持仓报告标准时应当向期货交易所报告，这就是大户持仓报告制度。期货交易所通常根据市场风险状况制定、公布、修改大户持仓报告标准。一般而言，会员向期货交易场所履行大户持仓报告义务，除了应当提交大户持仓报告表，载明会员名称、会员号、客户名称和客户号、合约代码、持仓量、交易保证金、可动用资金等以外，还应当提交资金来源、实际控制关系账户资料、开户资料以及当日结算单据、交割意愿以及交割数量、持有现货相关信息等资料。大户持仓报告可以使期货交易所更好地检查会员和投资者持仓集中的情况，防范大户操纵市场价格，因而能更好地控制市场风险。

---

① 参见《郑州商品交易所异常交易行为管理办法》第五条，载郑州商品交易所网站，http：//www. czce. com. cn/cn/flfg/zcjywgz/ssxz/webinfo/2021/11/1605604067765103. htm，最后访问时间：2022 年 5 月 8 日。

期货交易场所会员和交易者的保证金重大事项报告义务，包括保证金账户发生被相关机关依法冻结、扣划等情况。例如，人民法院依法通知期货交易所或期货公司不准被申请人提取或者转移其保证金，通知期货交易所或期货公司依照法律的规定以及有权机关扣划的要求将期货公司或交易者账户内的全部或部分保证金划拨到指定账户上。

此外，期货交易场所的会员和交易者自身发生重大事项时也需要依法报告。例如，作为期货交易所会员的期货公司发生下列事项，应当及时向交易所书面报告：（1）法定代表人变更；（2）注册资本总额或者股权结构变更；（3）名称、住所、经营范围及联系方式变更；（4）分支机构的设立、合并、关闭；（5）经营状况发生重大变化；（6）发生重大仲裁、诉讼案件或者经济纠纷；（7）停止期货、期权业务；（8）取得其他交易所会员资格；（9）因违法、违规受到期货市场管理部门、行政执法部门、司法机关或者其他交易所处罚。①

期货交易场所会员和交易者报告有关交易、持仓、保证金等重大事项的对象不尽相同，有的重大事项应当向国务院期货监督管理机构报告，有的则要向期货交易所报告，有的则需要同时向国务院期货监督管理机构和期货交易所报告，如期货公司发现客户交易指令涉嫌违法违规或者出现交易异常的，应当及时向期货交易所、期货保证金安全存管监控机构及住所地的中国证监会派出机构报告。

【条文解读】

一、责令改正

即行政主体以命令或者禁止令的形式要求违法行为人作出或者不得作出特定行为。对未依法履行报告义务的期货交易场所会员和交易者可适用责令改正。

二、警告

即行政主体对违法行为人予以谴责和告诫的处罚形式，目的在于通过对违法行为人予以精神上的惩戒，申明其有违法行为，以使其不再违法。对未依法履行报告义务的期货交易场所会员和交易者可以予以警告。

---

① 《郑州商品交易所会员管理办法》第二十八条，载郑州商品交易所网站，http://www.czce.com.cn/cn/flfg/zcjywgz/ssxz/webinfo/2020/07/1597082176316501.htm，最后访问时间：2022年5月2日。

三、罚款

即有行政处罚权的行政主体依法强制违反法律法规的行为人在一定期限内向国家缴纳一定数额的金钱的处罚方式。根据本条，适用于未依法履行报告义务的期货交易场所会员和交易者的罚款计算方法是“数值数距式”，也即对违法人员处一百万元以下的罚款。

【关联规范】

《期货公司监督管理办法》第四十五条；《期货公司保证金封闭管理办法》第二十六条、第二十八条、第二十九条、第三十条。

第一百三十一条 【禁止参与期货交易的人员从事期货交易的法律责任】法律、行政法规和国务院期货监督管理机构规定禁止参与期货交易的人员，违反本法第五十三条的规定，直接或者以化名、借他人名义参与期货交易的，责令改正，给予警告，没收违法所得，并处以五万元以上五十万元以下的罚款；属于国家工作人员的，还应当依法给予处分。

【条文主旨】

本条是关于禁止参与期货交易的人员直接或者以化名、借他人名义参与期货交易的法律责任的规定。

【立法背景】

期货交易活动必须遵循公开、公平、公正的原则。期货交易场所、期货结算机构、期货经营机构的从业人员，国务院期货监督管理机构、期货业协会的工作人员，基于其地位、职务等便利条件，往往能先于其他投资者获得相关交易信息。因此，参与期货交易的期货交易场所、期货结算机构、期货经营机构的从业人员，国务院期货监督管理机构、期货业协会的工作人员，有可能利用其特殊地位或机会取得内部消息，先行对市场作出反应，从而增加其他投资者蒙受损失的可能性，影响期货市场的公平秩序。不允许期货交易的期货交易场所、期货结算机构、期货经营机构的从业人员，国务院期货监督管理机构、期货业协会的工作人员直接或者以化名、借他人名义参与期货交易，不仅是防止内幕交易的重要措施，也是为了保护其他广大投资者的合法权益，有利于维护期货市场公开、公正、公平。

1999 年《期货交易管理暂行条例》（已失效）第三十条规定："下列单位和个人不得从事期货交易，期货经纪公司不得接受其委托为其进行期货交易：（一）金融机构、事业单位和国家机关；（二）中国证监会的工作人员；（三）期货市场禁止进入者；（四）未能提供开户证明文件的单位；（五）中国证监会规定不得从事期货交易的其他单位和个人。"伴随我国金融市场监管体制和监管经验的不断完善以及金融机构内控制度的逐渐健全，2007 年《期货交易管理条例》第二十六条删除了"金融机构"不得从事期货交易的规定，有利于为推出股指期货、利率期货等金融期货消除法律障碍。根据此条款，国家机关和事业单位、国务院期货监督管理机构、期货交易所、期货保证金安全存管监控机构和期货业协会的工作人员、证券期货市场禁止进入者、未能提供开户证明材料的单位和个人以及国务院期货监督管理机构规定不得从事期货交易的其他单位和个人不能从事期货交易。

本法亦对参与期货交易的主体作出了规定。一方面，本法第十九条规定了期货交易的主体，在期货交易场所进行期货交易的，应当是期货交易场所会员或者符合国务院期货监督管理机构规定的其他参与者。另一方面，本法第五十三条规定了期货交易主体的消极资格，即期货交易场所、期货结算机构、期货经营机构的从业人员，国务院期货监督管理机构、期货业协会的工作人员，以及法律、行政法规和国务院期货监督管理机构规定禁止参与期货交易的其他人员，不得进行期货交易。本条则是规定了禁止参与期货交易的人员直接或者以化名、借他人名义参与期货交易的法律责任。

【条文解读】

一、规制对象

（一）期货交易场所、期货结算机构、期货经营机构的从业人员，国务院期货监督管理机构、期货业协会的工作人员

期货交易场所、期货结算机构、期货经营机构的从业人员，因其所在的机构或组织是专业从事期货交易和期货经营业务的单位，故他们不仅有获得信息的便利条件，而且有业务上的优势。为防止他们利用其业务和信息优势参与期货交易而不利于其他投资者，保证期货交易活动的公开、公正、公平，本法第五十三条将期货交易场所、期货结算机构、期货经营机构的从业人员列入禁止参与期货交易的主体范围。国务院期货监督管理机

构工作人员因其参与对期货交易的监督管理，其中包括拟定和制定有关期货市场监督管理的规章、规则，参与对期货交易实施调查和检查等，知悉关系期货交易的几乎所有能引起期货市场价格涨跌的内幕信息，故如果允许其参与期货交易活动，很有可能引起期货内幕交易等违法行为，破坏期货市场的交易知悉，损害投资者的合法权益。与国务院期货监督管理机构相类似，期货业协会享有对期货市场的自律监管权，其工作人员亦掌握着大量内幕信息，亦属于禁止参与期货交易的主体。

（二）法律、行政法规和国务院期货监督管理机构规定禁止参与期货交易的其他人员

基于避免列举式规定的不周延，或者因应实践中可能会出现新的应当被禁止从事期货交易的主体，本法第五十三条规定法律、行政法规和国务院期货监督管理机构规定禁止参与期货交易的其他人员，不得进行期货交易。一般而言，下列主体不得从事期货交易①：（1）非营利法人和机关法人。非营利法人是指为公益目的或者其他非营利目的成立，不向出资人、设立人或者会员分配所取得利润的法人，包括事业单位、社会团体、基金会、社会服务机构等。现行法律对此的立法态度是非营利法人仅能从事与其目的相关的营利活动，而期货交易往往属于无涉非营利法人目的的营利活动。机关法人作为特殊法人，参与期货交易不仅背离其宗旨及其职责，而且其掌握着有关期货市场的宏观调控等信息，容易诱发期货内幕交易，因此也属于不得参与期货交易的主体。（2）期货市场禁入者。期货市场禁入，是指期货市场主体因为实施了内幕交易、操纵市场等违法行为，而被国务院期货监督管理机构剥夺进入期货市场的能力。由于信用是市场主体特殊经济能力的表现，是在社会上与其经济能力相对应的经济评价，而期货市场禁入者往往不具有良好的信用且可能破坏正常的期货交易秩序，因此期货市场禁入者不得在禁入期限内从事期货交易。（3）未能提供开户证明材料的单位和个人。单位或个人委托期货公司进行期货交易时，应当以自己的名义向期货公司提出开户申请，并且出具合法有效的单位、个人身份证明或者其他证明材料，如实提供相关信息和材料。如果未能依法提供开户证明材料，单位和个人则不能委托期货公司进行期货交易。

二、规制行为

期货交易场所、期货结算机构、期货经营机构的从业人员，国务院期

---

① 姜洋主编：《期货市场新法规解释与适用》，法律出版社 2007 年版，第 126~128 页。

货监督管理机构、期货业协会的工作人员以及法律、行政法规和国务院期货监督管理机构规定禁止参与期货交易的其他人员不得直接或者以化名、借他人名义参与期货交易。直接参与期货交易是指以自己的名义委托期货公司进行交易；以化名参与期货交易是指以虚假的名字参与期货交易；借他人名义参与期货交易是指实际是自己却以家庭成员或者其他人员的名义参与期货交易。

在期货交易实行实名认证制度的前提下，为防止上述主体直接或者以化名、借他人名义参与期货交易，期货公司需要对客户开户信息和资料进行审核，包括客户申报的姓名或名称的真实性、同一客户开立的资金账户和期货账户的姓名或者名称应当一致，等等。对于开户信息和资料不真实、不准确和不完整的，期货公司不得为其办理开户手续。

三、责任类型

（一）责令改正

对违反法律、行政法规的参与期货交易的期货交易场所、期货结算机构、期货经营机构的从业人员，或者国务院期货监督管理机构、期货业协会的工作人员均可适用责令改正。

（二）警告

对违反法律、行政法规的参与期货交易的期货交易场所、期货结算机构、期货经营机构的从业人员，或者国务院期货监督管理机构、期货业协会的工作人员均可以予以警告。

（三）没收违法所得

期货交易场所、期货结算机构、期货经营机构的从业人员，或者国务院期货监督管理机构、期货业协会的工作人员违反法律、行政法规参与期货交易的所得，通常是参与期货交易所获的利益，也可能是避免的损失。

（四）罚款

根据本条，适用于违反法律、行政法规的参与期货交易的期货交易场所、期货结算机构、期货经营机构的从业人员，或者国务院期货监督管理机构、期货业协会的工作人员的罚款计算方法是“数值数距式”，也即对违法人员处以五万元以上五十万元以下的罚款。

（五）处分

处分的对象是违反法律、行政法规参与期货交易的国家工作人员，主要是国务院期货监督管理机构的工作人员。对违法参与期货交易的国家工作人员进行处分的法律依据包括监察法、公务员法等。根据公务员法第六十一条、第六十二条、第六十四条的规定，公务员因违法违纪应当承担纪律责任的，依照公务员法给予处分，处分分为警告、记过、记大过、降级、撤职、开除。受处分的期间为：警告，六个月；记过，十二个月；记大过，十八个月；降级、撤职，二十四个月。受撤职处分的，按照规定降低级别。有处分权的单位可根据违法的国家工作人员所犯违法行为的情节轻重，分别对其给予不同的处分，以达到教育惩戒的目的。

【关联规范】

《证券市场禁入规定》第三条、第五条、第六条；《期货公司监督管理办法》第六十二条、第六十三条。

第一百三十二条　【非法设立期货公司或者未经核准从事期货相关业务的法律责任】非法设立期货公司，或者未经核准从事相关期货业务的，予以取缔，没收违法所得，并处以违法所得一倍以上十倍以下的罚款；没有违法所得或者违法所得不足一百万元的，处以一百万元以上一千万元以下的罚款。对直接负责的主管人员和其他直接责任人员给予警告，并处以二十万元以上二百万元以下的罚款。

【条文主旨】

本条是关于非法设立期货公司或者未经核准从事期货相关业务的法律责任的规定。

【立法背景】

设立公司，是指发起人为促成公司成立并取得法人资格，而依照法律规定的条件和程序进行所谓的一系列法律行为的总称。在我国，设立一般的有限责任公司和股份有限公司均适用准则主义原则，但从事诸如金融、烟草、食品、医药等特殊行业和特定经营目的的公司通常适用更为严格的程序。① 期货公司作为接受投资者委托和管理投资者资金的主要金融机构，是期货市场的重要参与者，没有规范、守法的期货公司，就不可能有稳

① 朱锦清：《公司法学（修订本）》，清华大学出版社 2019 年版，第 139 页。

定、健康的期货市场。作为期货市场的重要参与主体，期货公司接受投资者的委托进行期货交易，直接关系到公共利益和公众资金安全。[①] 期货公司从事的期货经纪、期货投资咨询、期货做市交易及其他期货业务，具有高流动性和高风险性的特点，需要有专门的人才、健全的内部管理机制和必要的经营条件。此外，期货公司的数量也要与期货市场的规模、期货业务量的大小以及经济发展的需要相适应。因此，由国务院证券监督管理机构依照法定条件和审慎监管原则对期货公司的设立进行审批，有利于提高期货公司的规范化程度，有利于保护投资者的合法权利，能从源头上防范期货市场风险、维护期货市场秩序。

期货公司从事的期货相关业务包括期货经纪、期货投资咨询、期货做市交易等。期货经纪业务，是指期货公司接受客户委托，代客户买卖期货合约，并收取佣金作为报酬的期货中介业务；期货投资咨询业务，是指期货公司基于客户委托从事的风险管理顾问、研究分析、交易咨询等服务；期货做市交易业务，是指期货公司不断向交易者报出期货合约的买入和卖出价，并根据报出的价格结合投资者买卖要求等及时促成期货合约。为确保期货公司具备开展相关期货业务的能力，我国对期货公司从事期货相关业务实行审批制，即期货公司申请从事期货相关业务应当符合相应的条件，且经国务院证券监督管理机构审查批准，否则不得开展期货相关业务活动。期货公司申请从事不同的期货业务应当具备不同的条件。以期货公司期货经纪业务为例，一般而言，依法设立的期货公司即可从事商品期货经纪业务，若从事金融期货经纪业务或者境外期货经纪业务，需要符合其他法定条件，这些条件通常主要包括财务状况、人员素质和质量、业务管理制度等。但应当注意的是，期货公司取得期货相关业务许可证仅是期货公司取得期货业务资格的凭证，而非从事期货相关业务的充分条件，因为期货公司还应当依法进行市场主体登记取得营业执照。

【条文解读】

一、规制的行为

（一）非法设立期货公司

为保护公共利益，维护市场秩序，我国对设立期货公司实行审批制，由国务院期货监管机构对申请人提交的申请材料依照法定条件、法定程序和审慎监管原则进行审查，对符合法定条件的设立申请予以核准，对不符

① 王晓燕：《我国期货公司的市场准入制度研究》，中南大学 2007 年硕士学位论文。

合法定条件的设立申请不予核准；未经国务院期货监督管理机构核准，任何单位不得以经营为目的在名称中使用“期货”“期权”字样。非法设立期货公司，通常是指变相设立期货公司，即设立的公司名称中不使用“期货”“期权”字样，但其运作、作用类似于期货公司。

（二）未经核准从事期货相关业务

未经核准从事期货相关业务，是指未获得国务院期货监督管理机构批准就从事该项特定期货业务，既包括未获得任何一项期货业务许可证而从事期货业务，也包括从事的期货业务与获得的期货业务许可证属于不同种类。例如仅获得国务院期货监督管理机构批准从事境内期货经纪业务的期货公司开展境外期货经纪业务。

变相从事期货业务也属于本条所规制的行为。变相从事期货业务是指期货公司通过代理合同、委托合同等形式实质接受投资者委托从事期货交易的活动。

二、责任类型

（一）取缔

取缔是指行政机关对未取得许可而从事某项活动的当事人予以明令取消、关闭、禁止，属于责令停产停业的行政处罚。非法设立期货公司，或者未经核准从事期货相关业务的，国务院期货监督管理机构应当予以取缔。

（二）没收违法所得

通过非法设立期货公司，或者未经核准从事期货相关业务的违法行为所获得的利益，国务院期货监督管理机构应当予以没收。

（三）罚款

根据本条，适用于非法设立期货公司，或者未经核准从事期货相关业务的违法主体罚款计算方法是“数值数距式”或“倍率数距式”。具体而言，以“违法所得”是否达到一百万元为界限，未达到的适用“数值数距式”计算方法，即“没有违法所得或者违法所得不足一百万元的，处以一百万元以上一千万元以下的罚款”；违法所得满一百万元的，适用“倍率数距式”计算方法，即“处以违法所得一倍以上十倍以下的罚款”。对直接负责的主管人员和其他直接责任人员仅适用“数值数距式”计算方法，即“处以二十万元以上二百万元以下的罚款”。

（四）警告

对非法设立期货公司，或者未经核准从事期货相关业务的违法主体的直接负责的主管人员和其他直接责任人员可以给予警告。

三、责任主体

（一）非法设立期货公司的自然人或法人、未经核准从事期货相关业务的期货公司

以上主体作为独立的法律主体，应当基于自己责任的理念承担法律责任。

（二）直接负责的主管人员和其他直接责任人员

对于非法设立期货公司的法人、未经核准从事期货相关业务的期货公司而言，因为法人无法像自然人一样从事实意义上形成自己的意志、作出自己的行为，其意志形成、行为实施均需要借助自然人完成，所以为有效防止法人违法，除必须追究法人的责任外，负有重大责任的法人成员也必须承担其相应的责任。本条规定对非法设立期货公司，或者未经核准从事期货相关业务的违法主体的直接负责的主管人员和其他直接责任人员给予警告，并处以二十万元以上二百万元以下的罚款，但未明确直接负责的主管人员与其他直接责任人员的内涵和外延。通常可以根据成员在违法行为中所起的作用进行界定，如起决定、批准、授意、纵容、指挥等作用的人员是直接负责的主管人员，具体实施违法行为并起较大作用的人员是其他直接责任人员。

【关联规范】

《期货公司监督管理办法》第十三条、第十五条、第十六条、第十七条。

第一百三十三条　【采取欺诈手段骗取设立、经营许可和变更核准的法律责任】 提交虚假申请文件或者采取其他欺诈手段骗取期货公司设立许可、重大事项变更核准或者期货经营机构期货业务许可的，撤销相关许可，没收违法所得，并处以违法所得一倍以上十倍以下的罚款；没有违法所得或者违法所得不足二十万元的，处以二十万元以上二百万元以下的罚款。对直接负责的主管人员和其他直接责任人员给予警告，并处以二十万元以上二百万元以下的罚款。

【条文主旨】

本条是关于提交虚假申请文件或者采取其他欺诈手段骗取期货公司设立许可、重大事项变更核准或者期货经营机构期货业务许可法律责任的规定。

【立法背景】

设立期货公司应当依法获得相关许可。根据本法第六十条，设立期货公司，应当经国务院期货监督管理机构核准。国务院期货监督管理机构应当自受理期货公司设立申请之日起六个月内依照法定条件、法定程序和审慎监管原则进行审查，作出核准或者不予核准的决定，并通知申请人。证监会2019年制定的《期货公司监督管理办法》则规定了设立期货公司应当具备的条件，如注册资本不低于人民币1亿元、具有期货从业人员资格的人员不少于15人、具备任职条件的高级管理人员不少于3人，并且规定了期货公司的法人股东、自然人股东应当具备的系列条件，并为本法第六十条所吸收。基于上述规定，只有具备了法律法规规定的各项条件，才可以凭各种证明文件向国务院期货监督管理机构提出设立期货公司并从事相关业务的申请，之后再由国务院期货监督管理机构通过审查所提交的证明文件来核准期货公司的设立，并颁发经营相关期货业务的许可证。

期货公司重大事项变更应当经国务院期货监督管理机构核准。期货公司发生上述重大事项变更，对公司股东、债权人及期货投资者的利益具有重要影响。为了保证交易安全，维护期货市场各方主体的利益，本法第六十二条第一款规定，期货公司办理下列事项，应当经国务院期货监督管理机构核准：（1）合并、分立、停业、解散或者申请破产；（2）变更主要股东或者公司的实际控制人；（3）变更注册资本且调整股权结构；（4）变更业务范围；（5）国务院期货监督管理机构规定的其他重大事项。若期货公司通过提交虚假申请文件或者采取其他欺诈手段报经国务院期货监督管理机构核准上述重大事项，则应当依照本条款承担责任。

期货公司开展期货经纪业务应当依法获得相关许可。期货经纪业务是指期货公司在核定业务范围内，通过收取期货买卖佣金，促成买卖双方期货交易的中介业务活动。在期货市场交易的期货产品种类繁多，数额巨大，交易所交易席位有限，投资者一般不能直接进入证券交易所进行交易；此外，期货投资者直接从事期货交易成本高，不易成交。因此，有必要通过专门的中介机构——期货公司促成证券交易。在期货经纪业务中，期货公司与投资者之间属于委托关系，也即投资者是委托方，期货公司为受托方，投资者向期货公司发出交易指令，期货公司依照该指令办理期货买卖。期货公司属于与银行、保险、证券和信托等并存的金融机构，期货公司必须领取国务院期货监督管理机构颁发的期货业务许可证，未经国务院期货监督管理机构批准任何单位或者个人不得从事期货经纪业务。

《期货公司监督管理办法》规定，依法设立的期货公司可以从事商品期货经纪活动，但从事金融期货经纪、境外期货经纪、期货投资咨询的，应当取得相应业务资格。以期货公司申请从事金融期货经纪业务为例，期货公司应当具备下列条件：（1）申请日前2个月的风险监管指标持续符合规定的标准；（2）具有健全的公司治理、风险管理制度和内部控制制度，并有效执行；（3）符合中国证监会期货保证金安全存管监控的规定；（4）具有从事金融期货经纪业务的详细计划；（5）业务设施和技术系统符合相关技术规范且运行状况良好；（6）高级管理人员近2年内未受过刑事处罚，未因违法违规经营受过行政处罚，无不良信用记录，且不存在因涉嫌违法违规经营正在被有权机关调查的情形；（7）不存在被中国证监会及其派出机构采取《期货交易管理条例》第五十九条第二款、第六十条规定的监管措施的情形；（8）不存在因涉嫌违法违规经营正在被行政、司法机关立案调查的情形；（9）近2年内未因违法违规经营受过刑事处罚或者行政处罚。但期货公司控股股东或者实际控制人变更，高级管理人员变更比例超过50%，对出现上述情形负有责任的高级管理人员和业务负责人已不在公司任职，且已整改完成并经期货公司住所地的中国证监会派出机构验收合格的，可不受此限制；（10）控股股东净资产不低于人民币3000万元；（11）控股股东和实际控制人近2年内未受过刑事处罚，未因违法违规经营受过行政处罚，且不存在因涉嫌违法违规经营正在被有权机关立案调查的情形；（12）中国证监会根据审慎监管原则规定的其他条件。①

【条文解读】

一、规制的行为：提交虚假申请文件或者采取其他欺诈手段骗取行政许可

申请设立期货公司、期货公司重大事项变更或者期货经营机构期货业

---

① 《期货公司监督管理办法》第十六条，载中国证券监督管理委员会网站，http://www.csrc.gov.cn/csrc/c106256/c1654011/content.shtml，最后访问时间：2022年5月2日。

务应当满足法律法规所设定的条件。《期货公司监督管理办法》第六条和第十七条规定了申请设立期货公司、期货公司申请金融期货经纪业务资格应当向中国证监会提交的申请材料。

要求申请人完整、如实地提交资料的目的在于确保中国证监会基于真实意思表示判断申请者是否具备法定条件，是维护期货市场秩序和交易者合法权益的必要举措。而申请人通过提交虚假申请文件或者其他欺诈手段骗取行政许可，会致使中国证监会难以判断申请人是否符合法定条件，进而作出原本不会作出的错误行政许可。实践中，申请人骗取行政许可的方式分为以下两种：一是提供虚假申请文件，行为方式包括变造、伪造，前者是指申请人更改本来无权变更的文件，后者则是指申请人冒用他人名义制作申请文件。例如，设立期货公司应当向中国证监会提交最近 3 年经会计师事务所审计的财务报告，申请人擅自更改会计师事务所出具的审计报告中的内容属于变造行为，若自己以某会计师事务所的名义制作财务报告则是伪造行为。二是申请人故意隐瞒重要事实或增添不存在的事实，使得中国证监会处于信息不对称的地位，从而作出错误的行政许可。

申请人以欺诈形式骗取行政许可通常要符合以下要件：第一，申请人有欺诈的故意，也即明知自己不符合设立期货公司、期货公司重大事项变更或者期货经营机构期货业务的法定条件。第二，申请人实施了欺诈行为，也即向中国证监会提供了虚假文件、故意隐瞒了重要事实或增添了不存在的事实。第三，申请人的欺诈行为使得中国证监会背离了真实的意思表示，并作出了错误的行政许可。

二、责任类型

（一）撤销相关许可

撤销相关许可是指行政主体撤销之前授予的许可证或执照等形式，禁止特定的行政相对方从事某种活动或实施某种行为的权利或资格的行政行为。申请者在领取国务院期货监督管理机构颁发的许可证之后才能设立期货公司，期货公司仅在取得国务院期货监督管理机构许可之后才可以变更股权等重大事项、开展期货经纪业务，因此撤销相关许可之后，申请者或期货公司需要重新向国务院期货监督管理机构申请。

（二）没收违法所得

没收违法所得是指有处罚权的行政主体依法将违法行为人从事违法行为获取的违法所得收归国有的处罚形式。

（三）罚款

本条的罚款计算方法是“数值数距式”或“倍率数距式”。具体而言，以“违法所得”是否达到二十万元为界限，未达到的适用“数值数距式”计算方法，即“没有违法所得或者违法所得不足二十万元的，处以二十万元以上二百万元以下的罚款”；违法所得满二十万元的，适用“倍率数距式”计算方法，即“处以违法所得一倍以上十倍以下的罚款”。对直接负责的主管人员和其他直接责任人员仅适用“数值数距式”计算方法，即“处以二十万元以上二百万元以下的罚款”。

（四）警告

对提交虚假申请文件或者采取其他欺诈手段骗取期货公司设立许可、重大事项变更核准或者期货经营机构期货业务许可的申请人或期货公司可以予以警告，同时对直接负责的主管人员和其他直接责任人员也给予警告。

三、责任主体

（一）申请设立期货公司的自然人或法人

以上主体作为独立的法律主体，应当基于自己责任的理念承担法律责任。

（二）直接负责的主管人员和其他直接责任人员

对于申请设立的期货公司的法人和期货公司而言，因为法人无法像自然人一样从事实意义上形成自己的意志、作出自己的行为，其意志形成、行为实施均需要借助自然人完成，所以为有效防止法人违法，除必须追究法人的责任外，负有重大责任的法人成员也必须承担其相应的责任。本条规定对提交虚假申请文件或者采取其他欺诈手段骗取期货公司设立许可、重大事项变更核准或者期货经营机构期货业务许可的直接负责的主管人员与其他直接责任人员给予警告，并处以二十万元以上二百万元以下的罚款，但未明确直接负责的主管人员与其他直接责任人员的内涵和外延。通常可以根据成员在违法行为中所起的作用进行界定，如起决定、批准、授意、纵容、指挥等作用的人员是直接负责的主管人员，具体实施违法行为并起较大作用的人员是其他直接责任人员。

【关联规范】

《期货公司监督管理办法》第一百一十条、第一百一十五条、第一百一十九条。

第一百三十四条　【期货经营机构违法经营的法律责任】 期货经营机构违反本法第四十条、第六十二条、第六十五条、第六十八条、第七十一条、第七十二条的，责令改正，给予警告，没收违法所得，并处以违法所得一倍以上十倍以下的罚款；没有违法所得或者违法所得不足二十万元的，处以二十万元以上二百万元以下的罚款；情节严重的，责令停业整顿或者吊销期货业务许可证。对直接负责的主管人员和其他直接责任人员给予警告，并处以五万元以上五十万元以下的罚款。

期货经营机构有前款所列违法情形，给交易者造成损失的，应当依法承担赔偿责任。

期货经营机构的主要股东、实际控制人或者其他关联人违反本法第七十一条规定的，依照本条第一款的规定处罚。

【条文主旨】

本条是关于期货经营机构违反本法第四十条、第六十二条、第六十五条、第六十八条、第七十一条、第七十二条的法律责任的规定。

【立法背景】

长期以来，我国的相关文件中并不使用“期货经营机构”的概念，主要原因是在期货市场中从事期货经营业务的仅为期货公司，而期货公司的业务范围曾长期被限制于期货经纪业务。[①] 至证监会发布《关于进一步推进期货经营机构创新发展的意见》[②]，才将期货行业的主要参与者由期货公司扩展至期货经营机构，以鼓励证券公司、基金公司、商业银行等金融机构逐渐参与期货及衍生品业务，培育和推动私募期货基金、场外衍生品交易商、风险管理公司等新型业态的发展，不断满足实体经济

① 叶林主编：《期货期权市场法律制度研究》，法律出版社2017年版，第205页。

② 《关于进一步推进期货经营机构创新发展的意见》，载中国证券监督管理委员会网站，http://www.csrc.gov.cn/csrc/c100028/c1002073/content.shtml，最后访问时间：2022年5月2日。

的需要。[①] 期货经营机构是经营期货业务的金融机构，主要从事以下三种业务：（1）执行客户指令，代理买卖期货合约，办理结算与交割；（2）向客户提供交易咨询；（3）管理客户账户。

作为专门从事期货经营业务的机构，期货经营机构是期货业和期货市场的重要参与者和不可或缺的中介组织，其所从事的业务风险性较高，且这种风险具有扩散性，关系着广大投资者的合法权益以及期货市场的良好秩序，因此本法对期货经营机构的设立、运行等事项采取了较为严格的态度。例如，与一般公司的设立采取准则主义不同，期货公司的设立适用审批制，也即需要经国务院期货监督管理机构核准，并且其设立门槛也高于普通公司，如注册资本不低于人民币一亿元，且应当为实缴货币资本。本法第四十条、第六十二条、第六十五条、第六十八条、第七十一条、第七十二条是关于规范期货经营机构运行的规定，违反上述规定，则需要按照本条承担法律责任。

【条文解读】

一、规制的行为

（一）期货经营机构未专户存放，分别管理或者违规挪用收取的保证金、权利金

为了保证客户的保证金、权利金能够专款专用，本法第四条规定了资金区隔制度，即期货经营机构必须将自有资金与客户的保证金严格分离，并在商业银行单独开立专门账户存放。因此，期货经营机构为客户在本机构开户时，必须一个客户一个账户，并将收取的客户保证金、权利金存放到对应账户。这样，客户可以直接在期货经营机构的账户上监督自己缴纳的保证金、权利金增减情况，期货监管部门可以更为严密地监督保证金的使用情况。

期货公司向客户收取的保证金，属于客户所有，用于：（1）为该客户向期货交易所交存保证金。客户需要委托期货经营机构将其交易指令下达到期货交易所内成交，但在期货经营机构将某一客户的交易指令下达到期货交易所进行成交之前，必须先按照交易所规定的标准，替客户向期货交易所缴纳该笔交易的保证金。通常而言，期货经营机构比照期货交易所收

---

① 《证监会发布〈关于进一步推进期货经营机构创新发展的意见〉》，载人民网，http：//finance. people. com. cn/stock/n/2014/0916/c67815 - 25673033. html？ _ fin，最后访问时间：2022 年 1 月 28 日。

取保证金的比例向客户收取更高的保证金，客户缴纳的保证金部分留在期货经营机构以作为所持合约的履行担保。（2）进行交易结算。期货经营机构作为自己客户与其他主体进行交易的中介机构，在客户保证金账户划转盈亏进行交易结算，交易盈利时要自动计入该客户的保证金账户，交易亏损时要从该客户的保证金账户划走相应的资金，并通知该客户。

根据市场实践，本法允许期货经营机构收取的保证金仅可以在以下情况进行划转，其他划转行为将被视为挪用保证金的违法行为：（1）根据客户的要求支付可用资金；（2）为客户交存保证金，支付手续费、税款；（3）国务院期货监督管理机构规定的其他情形。

（二）期货经营机构未履行重大事项报批义务

本法第六十二条要求期货经营机构在办理下列事项时，应当经国务院期货监督管理机构核准：（1）合并、分立、停业、解散或者申请破产；（2）变更主要股东或者公司的实际控制人；（3）变更注册资本且调整股权结构；（4）变更业务范围；（5）国务院期货监督管理机构规定的其他重大事项。上述事项，部分涉及期货经营机构主体资格的变更，部分涉及业务活动的取得和终止，部分涉及财务状况的重大变动，部分涉及股东的条件，均对期货经营机构的经营和存续具有重大影响。为了从源头防控风险，本法要求期货经营机构在办理上述事项之前取得国务院期货监督管理机构核准。

期货经营机构在申请国务院期货监督管理机构核准时，应当遵守法律规定在规定的时间按照要求提供相关材料，不同事项的申请要求也不尽相同。以期货公司变更股权为例。变更控股股东、第一大股东的，应当提交下列相关申请材料：（1）申请书；（2）关于变更股权的决议文件；（3）股权转让或者变更出资合同，以及有限责任公司其他股东放弃优先购买权的承诺书；（4）所涉及股东的基本情况报告、变更后期货公司股东股权背景情况图以及期货公司关于变更后股东是否存在关联关系、期货公司是否为股权受让方提供任何形式财务支持的情况说明；（5）所涉及股东的股东会、董事会或者其他决策机构做出的相关决议；（6）所涉及股东的最近3年经会计师事务所审计的财务报告或者个人金融资产证明以及不存在对所投资企业经营失败或重大违法违规行为负有直接责任未逾3年的说明；（7）律师事务所出具的法律意见书；（8）中国证监会规定的其他材料。单个境外股东的持股比例或者有关联关系的境外股东合计持股比例增加到5%以上的，还应当提交国家关于加强非金融企业投资金融机构监管的有关规定和相关指导意见要求的其他材料。存在非金融企业为期货公司主要股东、控股股东、第一大股东情形的，还应当提交国家关于加强非金融企业投资金融机构监管的有关规定和相关指导意见要求的其他材料。[①] 但是，期货公司股权变更并非变更控股股东、第一大股东，或者单个股东的持股比例或者有关联关系的股东合计持股比例增加到5%以上，且涉及境外股东的，且股权登记管理未在证券登记结算机构实施的，应当自完成工商变更登记手续之日起5个工作日内向公司住所地的中国证监会派出机构报备下列书面材料：（1）变更持有5%以下股权股东情况报告；（2）股权受让方相关背景材料；（3）股权背景情况图；（4）股权变更相关文件；（5）公司章程、准予变更登记文件、营业执照复印件；（6）中国证监会规定的其他材料。[②]

（三）期货经营机构未依法经营

期货经营机构如果过分追求业务发展，极可能出现内幕交易、操纵市场、欺诈等违法行为，损害投资者利益，扰乱期货市场秩序。因此，不仅有必要对期货公司的经营基本原则予以明确，即期货经营机构应当依法经营，勤勉尽责，诚实守信，同时需要辅以具体规则以加强对期货经营机构的监管，要求期货经营机构从设立时起就建立健全完善的风险管理与内部控制制度。

期货经营机构的风险管理与内部控制，是指期货经营机构对经营与管理过程中的风险进行识别、评价和管理的制度安排、组织体系和控制措施。完善的风险管理与内部控制制度应当符合健全、合理、制衡、独立的原则。健全是指风险管理与内部控制应当覆盖期货经营机构的所有业务、部门和人员，落实到经营管理的各个环节。合理是指风险管理与内部控制应当与期货经营机构经营规模、业务范围、风险状况及经营环境相适应。制衡是指期货经营机构部门和岗位的设置应当权责分明、相互制约。独立是指期货经营机构专门负责风险管理与内部控制的部门应当独立于证券公司其他部门。期货经营机构应当按照法律法规要求和业务的内在需要，建立健全内部控制制度，采取有效隔离措施，主要包括经营与管理中的授权与审批、复核与查证、业务规程与操作程序、岗位权限与职责分工、相互独立与制衡、应急与预防等措施，以防范公司与客户之间、不同客户之间出现利益冲突。

---

① 《期货公司监督管理办法》，载中国政府网，http：//www.gov.cn/gongbao/content/2019/content_5456812.htm，最后访问时间：2022年5月20日。

② 《期货公司监督管理办法》，载中国政府网，http：//www.gov.cn/gongbao/content/2019/content_5456812.htm，最后访问时间：2022年5月20日。

期货经营机构依法经国务院期货监督管理机构核准，可以从事期货经纪、期货投资咨询、期货做市交易、其他期货业务和资产管理业务，且利润分别归属于自己或者不同的客户，这些利益或者获利机会可能会发生冲突。为了防止有的期货经营机构将本属于某个客户的利益或者获利机会转给自己或者其他客户，本法要求期货经营机构将上述业务分开办理，不得混合操作，这是期货经营机构建立健全内部控制制度的最重要的要求。这里所说的分开办理，指的是期货经营机构应当分别开立自有资金账户、客户资金账户和证券账户，分别存储其自有资金、客户的交易结算资金和证券，同时，从事某项业务的人员不得办理其他业务。

洗钱行为具有严重的社会危害性，它不仅损害了期货市场的安全和期货经营机构的信誉，而且对我国正常的经济秩序和社会稳定，具有极大的破坏作用。中国人民银行发布的《金融机构反洗钱和反恐怖融资监督管理办法》[①] 适用于我国境内经有权部门批准或者备案设立的，依法经营互联网金融业务的机构。该办法主要从五方面规范了互联网金融从业机构反洗钱和反恐怖融资工作：一是建立健全反洗钱和反恐怖融资内部控制机制。二是有效进行客户身份识别。三是提交大额和可疑交易报告。四是开展涉恐名单监控。五是保存客户身份资料和交易记录。期货经营机构应当遵守以上办法，并据此建立和执行反洗钱制度。

（四）期货经营机构违反规定为其股东、实际控制人或者股东、实际控制人的关联人提供融资或者担保，违反规定对外担保

期货经营机构的股东、实际控制人或者股东、实际控制人的关联人可能利用股东地位或者关联关系的影响要求期货经营机构向其提供各种形式的资金支持，如期货经营机构将资金借给股东、实际控制人或股东、实际控制人的关联人，或者期货经营机构允许股东、实际控制人或股东、实际控制人的关联人进行透支交易。

期货经营机构对外担保是指期货经营机构对非因自身经营活动产生的债务提供各种形式的担保，如为其他公司的债务提供保证。

（五）期货经营机构未依法提交相关信息、资料

期货经营机构在经营过程中会生成、收集并占有大量信息和资料，而这些资料往往是证监会了解期货经营机构经营管理状况和相关市场信息，

---

① 《中国人民银行发布〈金融机构反洗钱和反恐怖融资监督管理办法〉》，载中国政府网，http：//www.gov.cn/xinwen/2021-04/17/content_ 5600258.htm，最后访问时间：2022 年 5 月 2 日。

分析期货市场运行状况和发现违法行为的依据，同时也是证监会制定有关政策和法规的重要参考，因此本法要求期货经营机构依法提交相关信息、资料，具体而言：

首先，报送的信息和资料是关于业务、财务等的经营管理信息和资料，例如会计报表、会计报表附注和财务情况说明书、业务规则、经营成果及其客户资产状况等。

其次，报送信息和资料的主体有二，一是期货经营机构，二是期货经营机构及其主要股东、实际控制人、其他关联人。

最后，报送的信息和资料的标准是真实、准确、完整。

（六）期货经营机构发生重大事件未提交书面报告

首先，重大事件的内涵和范围。本法并未明确界定重大事件的概念和认定方法，仅列举了三种典型的重大事件：重大诉讼、仲裁、股权被冻结或者用于担保，与这三种事件相当的事件均有可能触发期货经营机构报告义务，如期货经营机构发生重大债务和未能清偿到期重大债务的违约情况、发生重大亏损或者重大损失、生产经营的外部条件发生的重大变化等。

其次，报告的义务主体：一是期货经营机构；二是期货经营机构的控股股东或者实际控制人。

再次，报告的时间：事件发生之日起五日内。

最后，报告的形式要求是书面报告，但本法并未明确书面报告的内容，通常期货经营机构应在报告中列明重大事件的起因、目前的状态和可能产生的法律后果。

二、责任类型

（一）责令改正

证监会对任何违反本法第四十条、第六十二条、第六十五条、第六十八条、第七十一条、第七十二条的期货经营机构均可适用责令改正。

（二）警告

对任何违反本法第四十条、第六十二条、第六十五条、第六十八条、第七十一条、第七十二条的期货经营机构及其直接负责的主管人员和其他直接责任人员可以予以警告。

（三）没收违法所得

违反本法第四十条、第六十二条、第六十五条、第六十八条、第七十一条、第七十二条的期货经营机构的违法所得既可能是所获利益也可能是避免的损失。证监会对任何违反本法第四十条、第六十二条、第六十五条、第六十八条、第七十一条、第七十二条的期货经营机构均可适用没收违法所得。

（四）罚款

证监会对违反本法第四十条、第六十二条、第六十五条、第六十八条、第七十一条、第七十二条的期货经营机构的罚款，可以采取“数值数距式”或“倍率数距式”计算方法。具体而言，以“违法所得”是否达到二十万元为界限，未达到的适用“数值数距式”计算方法，即“没有违法所得或者违法所得不足二十万元的，处以二十万元以上二百万元以下的罚款”；违法所得满二十万元的，适用“倍率数距式”计算方法，即“处以违法所得一倍以上十倍以下的罚款”。对直接负责的主管人员和其他直接责任人员，仅适用“数值数距式”计算方法，即“处以五万元以上五十万元以下的罚款”。

（五）停业整顿

停业整顿是指行政机关要求从事违法生产经营活动的公民、法人或其他组织停止生产、停止经营，要求其查找存在的违法违规行为或者存在的重大风险，并主动采取措施予以改正。仅在期货经营机构违反本法第四十条、第六十二条、第六十五条、第六十八条、第七十一条、第七十二条且情节严重时适用停业整顿。

（六）吊销期货业务许可证

吊销许可证是指从事某种特许权利或资格的处罚形式，吊销期货业务许可证是指证监会依法收回违反本法第四十条、第六十二条、第六十五条、第六十八条、第七十一条、第七十二条的期货经营机构的已依法获得的从事期货经纪、期货投资咨询、期货做市交易、其他期货业务和资产管理业务的权利和资格。

（七）民事赔偿责任

本条要求违反本法第四十条、第六十二条、第六十五条、第六十八条、第七十一条、第七十二条的期货经营机构承担赔偿损失的责任，即给交易者造成损失的，应当依法承担赔偿责任。

三、责任主体

（一）期货经营机构

以上主体作为独立的法律主体，应当基于自己责任的理念承担法律责任。

（二）直接负责的主管人员和其他直接责任人员

对于期货经营机构而言，因为法人无法像自然人一样从事实意义上形成自己的意志、作出自己的行为，其意志形成、行为实施均需要借助自然人完成，所以为有效防止法人违法，除必须追究法人的责任外，负有重大责任的法人成员也必须承担其相应的责任。本条规定对违反本法第四十条、第六十二条、第六十五条、第六十八条、第七十一条、第七十二条的期货经营机构给予警告，并处以五万元以上五十万元以下的罚款，但未明确直接负责的主管人员与其他直接责任人员的内涵和外延。通常可以根据成员在违法行为中所起的作用进行界定，如起决定、批准、授意、纵容、指挥等作用的人员是直接负责的主管人员，具体实施违法行为并起较大作用的人员是其他直接责任人员。

（三）期货经营机构的股东、实际控制人或者其他关联人

股东是指持有期货经营机构股份的自然人、法人或其他组织；实际控制人是指虽不是期货经营机构的股东，但通过投资关系、协议或者其他安排，能够实际支配期货经营机构行为的人；其他关联人通常是期货经营机构直接或者间接控制的企业，或直接或者间接控制期货经营机构的法律主体。上述主体对期货经营机构具有重要影响，往往是期货经营机构的实际决策者，为避免其利用决策权和影响，期货经营机构的股东、实际控制人或者其他关联人未依法向国务院期货监督管理机构报送或者提供的信息、资料不真实、准确、完整的，要依照本条第一款的规定承担法律责任。

【关联规范】

《期货公司监督管理办法》第十九条至第二十二条、第四十八条、第五十六条、第八十一条至第八十八条、第九十九条；《互联网金融从业机构反洗钱和反恐怖融资管理办法》第二条、第七条。

第一百三十五条　【期货经营机构损害交易者利益的法律责任】期货经营机构违反本法第五十条交易者适当性管理规定，或者违反本法第六十六条规定从事经纪业务接受交易者全权委托，或者有第七十八条损害交易者利益行为的，责令改正，给予警告，没收违法所得，并处以违法所得一倍以上十倍以下的罚款；没有违法所得或者违法所得不足五十万元的，处以五十万元以上五百万元以下的罚款；情节严重的，吊销相关业务许可。对直接负责的主管人员和其他直接责任人员给予警告，并处以二十万元以上二百万元以下的罚款。

期货经营机构有本法第七十八条规定的行为，给交易者造成损失的，应当依法承担赔偿责任。

【条文主旨】

本条是关于期货经营机构违反本法第五十条、第六十六条或者有本法第七十八条损害交易者利益行为的法律责任的规定。

【立法背景】

本法第五十条是关于交易者适当性管理的规定。期货投资者适当性管理制度是指，根据期货产品的属性和风险特性，区分投资者的产品认知能力和风险承受能力，选择适当的投资者审慎参与期货交易，并建立适应性监管制度安排。[①] 这是因为期货市场是一个有风险的专业化市场，各种期货产品的功能、特点、复杂程度和风险收益特征千差万别，而广大投资者在专业水平、风险承受能力、风险收益偏好等方面都存在很大差异，对期货产品的需求也不尽相同，资本市场的长期稳定发展需要投资者的专业化程度和风险承受能力与产品相匹配。[②] 期货投资者适当性管理制度的法律内涵有二，一是期货投资者需要符合一定的资质要求，这一意义上的期货投资者适当性管理制度即为合格投资者制度，实际上是一种市场准入制度。[③] 二是期货经营机构应当将适当的期货产品销售给合适的投资者，防止不当销售产品或提供服务。[④] 我国资本市场以中小投资者为主，有必要采取针对性措施来保护投资者特别是中小投资者的权益，引导期货市场健康、有序发展，建立投资者适当性制度尤显重要。期货经营机构与投资者同为期货市场的参与者，但投资者往往处于信息不对称的相对弱势地位，因此在期货产品日益丰富、产品结构日益复杂、交叉销售日益频繁的市场环境中，投资者适当性管理制度不仅可以平衡期货经营机构与投资者利益诉求、

---

① 曾洋：《投资者适当性制度：解读、比较与评析》，载《南京大学学报（哲学·人文科学·社会科学版）》2012 年第 2 期。

② 赵晓钧：《中国资本市场投资者适当性规则的完善——兼论〈证券法〉中投资者适当性规则的构建》，载《证券市场导报》2012 年第 2 期。

③ 叶林主编：《期货期权市场法律制度研究》，法律出版社 2017 年版，第 183~185 页。

④ 张付标、刘鹏：《投资者适当性的法律定位及其比较法分析》，载《证券市场导报》2014 年第 5 期。

约束经营机构短期利益冲动，而且能提升投资者自我保护意识和能力。

本法第六十六条规定期货经营机构从事经纪业务不得接受交易者全权委托。全权委托，又称授权委托，是指交易者在委托期货经营机构进行期货交易时，对买进或者卖出期货产品，或者买卖期货产品的种类、数量、价格不加任何限制，完全由期货经营机构决定。[①] 全权委托的基础是投资者对期货经营机构的充分信任：对于缺乏专门的证券知识和投资技巧的投资者而言，期货经营机构往往具有资金、技术、人才和信息等方面的优势，因此不少投资者为了减少投资风险，希望全权委托期货经营机构代其买卖期货产品。但现实情况则是，期货市场受到社会、经济等各个方面因素的影响很大，行市变幻莫测，即使是具有资金、技术、人才和信息等方面的优势的期货经营机构也难免失误，况且不是所有的期货经营机构及其从业人员都能忠实地履行诚信义务，有些甚至利用投资者的授权牟取私利。为了防止过度投机和保护中小投资者的利益，本法禁止期货经营机构接受投资者全权委托进行期货交易，即期货经营机构在接受投资者委托进行期货交易时，不得接受全权委托，投资者应自行决定是否买进或者卖出期货产品以及买卖期货产品的种类、数量、价格。

本法第七十八条是关于期货经营机构损害交易者利益行为的规定。期货经营机构从事的业务包括期货经纪业务、投资咨询业务和资产管理业务，虽然其在向交易者提供不同类型的服务时可能形成诸如委托代理关系、买卖关系、信托关系等多种不同性质法律关系，但上述不同性质法律关系的核心均是信任，那么期货经营机构便应当遵循诚实信用原则，以专业的技能，勤勉尽责地执行投资者的委托，维护投资者的合法权益。

【条文解读】

一、规制的行为

（一）违反交易者适当性管理的规定

关于交易者适当性管理，在法律法规层面，有《期货交易管理条例》和证监会制定的《适当性管理办法》[②]。《期货交易管理条例》第二十五条规定期货交易者的消极资格，即期货公司不得接受以下单位和个人委托为其进行期货交易：国家机关和事业单位；国务院期货监督管理机构、期货

---

① 党亦恒：《期货经纪中全权委托的法律问题》，载《法学》1996 年第 2 期。

② 《证券期货投资者适当性管理办法》，载中国证券监督管理委员会网站，http：//www. csrc. gov. cn/csrc/c106256/c1653849/content. shtml，最后访问时间：2022 年 5 月 2 日。

交易所、期货保证金安全存管监控机构和期货业协会的工作人员；证券、期货市场禁止进入者；未能提供开户证明材料的单位和个人；国务院期货监督管理机构规定不得从事期货交易的其他单位和个人。《适当性管理办法》则更为全面、详细地构建了投资者适当性管理制度，如依据多维度指标对投资者进行分类的体系，统一投资者分类标准和管理要求；明确产品分级的底线要求和职责分工，建立层层把关、严控风险的产品分级机制；规定经营机构在适当性管理各个环节应当履行的义务，全面从严规范相关行为；突出对于普通投资者的特别保护，向投资者提供有针对性的产品及差别化服务；强化监管职责与法律责任，确保适当性义务落到实处。同时，各期货交易所已经制定了相关的自律性规定，如《郑州商品交易所期货交易者适当性管理办法》①《中国金融期货交易所交易者适当性制度管理办法》② 等。因此，期货经营机构向交易者提供服务时，不得违反上述关于交易者适当性制度的法律法规和自律性规定。

（二）从事经纪业务接受交易者全权委托

正如前述分析，期货经营机构有可能借全权委托的名义去进行期货的投机和炒作，既可能严重损害投资者的利益，还可能造成期货市场的价格波动。为了防止过度投机和保护中小投资者的利益，本法禁止期货经营机构接受投资者全权委托买卖期货。所以期货经营机构在接受投资者委托进行期货交易时，应当由投资者自行决定是否买进或者卖出期货产品以及买卖期货产品的种类、数量、价格。

（三）损害交易者利益的行为

本法第七十八条规定了期货经营机构损害交易者利益的十种典型违法行为和兜底性条款。期货经营机构一旦出现本法第七十八条规定的损害交易者利益的行为，便应当依照本条承担法律责任。

二、责任类型

（一）行政责任

1. 责令改正

对违反本法第五十条交易者适当性管理规定，或者违反本法第六十六

---

① 《郑州商品交易所期货交易者适当性管理办法》，载郑州商品交易所网站，http：//www.czce.com.cn/cn/flfg/zcjywgz/ssxz/webinfo/2019/06/1558749417526300.htm，最后访问时间：2022 年 5 月 2 日。

② 《中国金融期货交易所交易者适当性制度管理办法》，载中国金融期货交易所网站，http：//www.cffex.com.cn/u/cms/www/202003/271635174xwg.pdf，最后访问时间：2022 年 5 月 2 日。

条规定从事经纪业务接受交易者全权委托，或者有第七十八条损害交易者利益行为的期货经营机构，可适用责令改正。

2. 警告

对违反本法第五十条交易者适当性管理规定，或者违反本法第六十六条规定从事经纪业务接受交易者全权委托，或者有第七十八条损害交易者利益行为的期货经营机构可以予以警告，同时对直接负责的主管人员和其他直接责任人员也可给予警告。

3. 没收违法所得

违反本法第五十条交易者适当性管理规定，或者违反本法第六十六条规定从事经纪业务接受交易者全权委托，或者有第七十八条损害交易者利益行为的期货经营机构的违法所得，通常是指期货经营机构获得的利益。

4. 罚款

本条的罚款计算方法是“数值数距式”或“倍率数距式”。具体而言，以“违法所得”是否达到五十万元为界限，未达到的适用“数值数距式”计算方法，即“没有违法所得或者违法所得不足五十万元的，处以五十万元以上五百万元以下的罚款”；违法所得满五十万元的，适用“倍率数距式”计算方法，即“处以违法所得一倍以上十倍以下的罚款”。对直接负责的主管人员和其他直接责任人员仅适用“数值数距式”计算方法，即“处以二十万元以上二百万元以下的罚款”。

5. 吊销相关业务许可

吊销相关业务许可是指行政主体撤销之前授予的许可证或执照等，禁止特定的行政相对方从事某种活动或实施某种行为的权利或资格的行政行为。期货经营机构需要在领取国务院期货监督管理机构颁发的期货业务许可证之后才能开展相关业务，因此吊销相关业务许可之后，期货经营机构需要重新向国务院期货监督管理机构申请。

（二）民事责任

期货经营机构有本法第七十八条规定的行为，给交易者造成损失的，应当依法承担赔偿责任。

三、责任主体

（一）期货经营机构

作为独立的法律主体，期货经营机构应当基于自己责任的理念承担法律责任。

（二）直接负责的主管人员和其他直接责任人员

由于期货经营机构无法像自然人一样从事实意义上形成自己的意志、

作出自己的行为，其意志形成、行为实施均需要借助自然人完成。本条规定对违反本法第五十条交易者适当性管理规定，或者违反本法第六十六条规定从事经纪业务接受交易者全权委托，或者有第七十八条损害交易者利益行为的期货经营机构的直接负责的主管人员与其他直接责任人员给予警告，并处以二十万元以上二百万元以下的罚款，但未明确直接负责的主管人员与其他直接责任人员的内涵和外延。通常可以根据成员在违法行为中所起的作用进行界定，如起决定、批准、授意、纵容、指挥等作用的人员是直接负责的主管人员，具体实施违法行为并起较大作用的人员是其他直接责任人员。

【关联规范】

《证券期货投资者适当性管理办法》第三十七条至第四十二条。

第一百三十六条　【非法设立期货交易场所、期货结算机构以及未经批准组织开展衍生品交易的法律责任】违反本法第十一条、第八十条、第九十二条规定，非法设立期货交易场所、期货结算机构，或者以其他形式组织期货交易的，没收违法所得，并处以违法所得一倍以上十倍以下的罚款；没有违法所得或者违法所得不足一百万元的，处以一百万元以上一千万元以下的罚款。对直接负责的主管人员和其他直接责任人员给予警告，并处以二十万元以上二百万元以下的罚款。非法设立期货交易场所的，由县级以上人民政府予以取缔。

违反本法第三十条规定，未经批准组织开展衍生品交易的，或者金融机构违反本法第三十一条规定，未经批准、核准开展衍生品交易的，依照前款规定处罚。

【条文主旨】

本条是关于非法设立期货交易场所、期货结算机构，或者以其他形式组织期货交易，或者未经批准组织开展衍生品交易，或者金融机构未经批准、核准开展衍生品交易的法律责任的规定。

【立法背景】

期货交易是以期货合约或者标准化期权合约为交易标的的交易活动，应当在依法设立的期货交易所和国务院期货监督管理机构依法批准组织开展期货交易的其他期货交易场所采用公开的集中交易方式或者国务院期货监督管理机构批准的其他方式进行。期货交易场所是为期货集中交易提供场所和设施，组织和监督期货交易，维护市场的公平、有序和透明，实行自律管理的法人。中国证监会于2020年10月9日宣布，经国务院批准决定成立广州期货交易所筹备组，并于2021年1月22日批准设立广州期货交易所，广州期货交易所以碳排放为首个品种，定位为创新型期货交易所。①

期货结算机构是指依法设立，为期货交易提供结算、交割服务，实行自律管理的法人，包括内部设有结算部门的期货交易场所、独立的期货结算机构和经国务院期货监督管理机构批准从事与证券业务相关的期货交易结算、交割业务的证券结算机构。目前，我国期货结算机构为"内部设有结算部门的期货交易场所"，即郑州商品交易所、大连商品交易所、上海期货交易所、中国金融期货交易所内部设立结算部门履行本法规定的组织期货交易的结算、交割等职责。

衍生品交易是指期货交易以外的，以非标准化期权合约、互换合约和远期合约及其组合为交易标的的交易活动。我国的衍生品市场可以分为场外交易市场和场内交易市场，场内交易市场是指经审批而成立的郑州商品交易所、大连商品交易所、上海期货交易所和中国金融期货交易所，场外交易市场则是指在前述交易所之外的交易场所，我国场外衍生品市场包括银行间场外衍生品市场、证券期货场外衍生品市场和外资机构柜台市场三大市场体系。银行间场外衍生品市场通常是指在人民银行管辖范围内的场外衍生品市场，包括在人民银行认可的交易系统上达成的场外衍生品交易和在商业银行柜台开展的场外衍生品交易。

证券期货场外衍生品市场是指在中国证券监督管理委员会管辖范围内，以证券期货经营机构为核心市场参与者的场外衍生品市场，由证券公司柜台市场和报价系统、期货风险管理公司柜台市场、大连商品交易所以及沪深交易所共同组成，交易品种包括远期、互换、期权和信用保护工

---

① 《证监会批准设立广州期货交易所》，载中国证券监督管理委员会网站，http：//www.csrc.gov.cn/csrc/c100028/c1444700/content.shtml，最后访问时间：2022年5月2日。

具，标的类型以权益类、商品类等为主。外资机构柜台市场主要应用于有外资金融机构参与的场外衍生品交易，根据交易对手类型的不同，可以进一步分为与中资金融机构间的交易和与中资工商企业间的交易。《国务院关于清理整顿各类交易所切实防范金融风险的决定》[①]《国务院办公厅关于清理整顿各类交易场所的实施意见》[②] 等文件曾指出，应当对从事权益类交易、大宗商品中远期交易以及其他标准化合约交易的各类交易场所进行清理整顿。

【条文解读】

一、规制的行为

（一）非法设立期货交易场所、期货结算机构

期货交易场所是为期货交易提供场所和设施，组织和监督期货交易，维护市场的公平、有序和透明，实行自律管理的法人。本法第八十条第一款规定，设立、变更和解散期货交易所，应当由国务院期货监督管理机构批准。第八十一条禁止其他任何单位或者个人使用期货交易所或者近似的可能产生混淆或者误导的名称。期货结算机构是指依法设立，为期货交易提供结算、交割服务，实行自律管理的法人。本法第九十二条第一款规定，独立的期货结算机构的设立、变更和解散，应当经国务院期货监督管理机构批准。内部设有结算部门的期货交易场所的设立、变更和解散根据本法第八十条第一款亦需要经国务院期货监督管理机构批准。而经国务院期货监督管理机构批准从事与证券业务相关的期货交易结算、交割业务的证券结算机构亦需要经过批准。从上述条款可知，我国对设立期货交易场所、期货结算机构采取审批制。相应地，未依法获得国务院期货监督管理机构批准，擅自设立期货交易所和期货结算机构便属非法。

（二）以其他形式组织期货交易

以其他形式组织期货交易和衍生品交易及其结算活动主要是变相开展期货交易和衍生品交易及其结算活动，是指设立的机构虽不以期货交易所、期货结算机构或者衍生品交易和结算场所为名称，但实际运作类似于期货交易所、期货结算机构或者衍生品交易和结算场所。

---

① 《国务院关于清理整顿各类交易场所切实防范金融风险的决定》，载中国政府网，http：//www. gov. cn/zwgk/2011-11/24/content_ 2002092. htm，最后访问时间：2022 年 5 月 2 日。

② 《国务院办公厅关于清理整顿各类交易场所的实施意见》，载中国政府网，http：//www. gov. cn/zwgk/2012-07/20/content_ 2187828. htm，最后访问时间：2022 年 5 月 2 日。

（三）未经批准组织开展衍生品交易

根据本法第三十条，组织开展衍生品交易需要经国务院期货监督管理机构或者国务院授权的部门审批。那么，在未依法获得国务院期货监督管理机构或者国务院授权的部门批准时，不能组织开展衍生品交易。

（四）金融机构未经批准、核准开展衍生品交易

根据本法第三十一条，金融机构开展衍生品交易业务，应当依法经过批准或者核准。那么，在未依法获得批准或者核准时，金融机构组织开展衍生品交易的行为属于违法行为，应当依照本条承担法律责任。

二、法律责任

（一）责任类型

1. 没收违法所得

对非法设立期货交易场所、期货结算机构，或者未经批准组织开展衍生品交易、结算，或者以其他形式组织期货交易和衍生品交易及其结算活动的违法行为主体，国务院期货监督管理机构可以采取没收违法所得。

2. 罚款

对非法设立期货交易场所、期货结算机构，或者未经批准组织开展衍生品交易、结算，或者以其他形式组织期货交易和衍生品交易及其结算活动的违法行为人罚款，可以采取“数值数距式”或“倍率数距式”计算方法。具体而言，以“违法所得”是否达到一百万元为界限，未达到的适用“数值数距式”计算方法，即“没有违法所得或者违法所得不足一百万元的，处以一百万元以上一千万元以下的罚款”；违法所得满一百万元的，适用“倍率数距式”计算方法，即“处以违法所得一倍以上十倍以下的罚款”。对直接负责的主管人员和其他直接责任人员，仅适用“数值数距式”计算方法，即“处以二十万元以上二百万元以下的罚款”。

3. 警告

对非法设立期货交易场所、期货结算机构，或者未经批准组织开展衍生品交易、结算，或者以其他形式组织期货交易和衍生品交易及其结算活动的违法主体，给予直接负责的主管人员和其他直接责任人员警告。

4. 取缔

取缔是指行政机关对未取得许可而从事某项活动的当事人予以明令取消、关闭、禁止，属于责令停产停业的行政处罚。由县级以上人民政府对非法设立期货交易场所予以取缔。

（二）责任主体

1. 自然人或者法人

也即任何单位或者个人只要未经批准非法设立期货交易场所、期货结算机构，或者未经批准组织开展衍生品交易、结算，或者以其他形式组织期货交易和衍生品交易及其结算活动，那么应当基于自己责任的理念承担法律责任。

2. 直接负责的主管人员和其他直接责任人员

当非法设立期货交易场所、期货结算机构，或者未经批准组织开展衍生品交易、结算，或者以其他形式组织期货交易和衍生品交易及其结算活动的违法行为主体是法人时，直接负责的主管人员和其他直接责任人员需要承担法律责任，这是因为法人无法像自然人一样从事实意义上形成自己的意志、作出自己的行为，其意志形成、行为实施均需要借助自然人完成。本条规定对非法设立期货交易场所、期货结算机构，或者未经批准组织开展衍生品交易、结算，或者以其他形式组织期货交易和衍生品交易及其结算活动的违法行为主体的直接负责的主管人员与其他直接责任人员给予警告，并处以二十万元以上二百万元以下的罚款，但未明确直接负责的主管人员与其他直接责任人员的内涵和外延。通常可以根据成员在违法行为中所起的作用进行界定，如起决定、批准、授意、纵容、指挥等作用的人员是直接负责的主管人员，具体实施违法行为并起较大作用的人员是其他直接责任人员。

【关联规范】

《期货交易所管理办法》第九条、第一百零一条。

第一百三十七条　【期货交易场所、期货结算机构违法经营的法律责任】期货交易场所、期货结算机构违反本法第十七条、第四十条、第八十五条第二款规定的，责令改正，给予警告，没收违法所得，并处以违法所得一倍以上十倍以下的罚款；没有违法所得或者违法所得不足二十万元的，处以二十万元以上二百万元以下的罚款；情节严重的，责令停业整顿。对直接负责的主管人员和其他直接责任人员处以五万元以上五十万元以下的罚款。

【条文主旨】

本条是关于期货交易场所、期货结算机构违反本法第十七条、第四十条、第八十五条第二款的法律责任的规定。

【立法背景】

本法第十七条是关于期货合约品种和标准化期权合约品种上市、中止上市、恢复上市、终止上市的规定。针对各期货交易所在20世纪90年代曾盲目推出现货品种的期货交易致使期货交易品种重复、期货交易品种的开发脱离现货市场、期货品种创新不足等乱象，1993年11月国务院下发的《关于坚决制止期货市场盲目发展的通知》[①] 对上市期货品种进行限制，对爆发严重风险事故的期货品种采取暂停交易等措施，停止金融期货试点，1994年《国务院办公厅转发国务院证券委〈关于停止钢材、食糖、煤炭期货交易请示〉的通知》[②] 明确"各交易所今后一律不得自行决定上市新的期货品种。新品种上市要经过充分的论证后，报中国证券监督管理委员会审批"。1999年《期货交易管理暂行条例》（已失效）和《期货交易管理条例》均采取审批制，规定期货交易所上市、终止、取消或者恢复交易品种，上市、修改或者终止期货合约均必须经过中国证监会批准。在期货市场发展尚不成熟的阶段采取较为严格的审批程序，确保优先推出关系国计民生的大宗商品期货交易，其次推出估值、利率等金融期货，保障期货市场健康有序发展，有必要由国务院期货监督管理机构统筹安排期货合约品种和标准化期权合约品种的上市、中止上市、恢复上市、终止上市。这是因为期货交易品种涉及现货品种，会对现货价格产生影响，期货合约品种和标准化期权合约品种的设计、修改和终止是否合理关系到整个期货市场的稳定。[③] 在我国期货市场开放向全面纵深推进的背景下，伴随期货市场的不断成熟，政府的过度介入可能不利于提升我国期货市场的国际竞争力。因此，本法第十七条将期货交易品种上市审批制度改为由"期货交

---

① 《国务院关于坚决制止期货市场盲目发展的通知》，载中国政府网，http：//www.gov.cn/zhengce/content/2016-01/27/content_5036630.htm，最后访问时间：2022年5月2日。

② 《国务院办公厅转发国务院证券委〈关于停止钢材、食糖、煤炭期货交易请示〉的通知》，载中国政府网，http：//www.gov.cn/zhengce/content/2016-10/18/content_5120656.htm，最后访问时间：2022年5月2日。

③ 姜洋主编：《期货市场新法规解释与适用》，法律出版社2007年版，第187页。

易场所依法报经国务院期货监督管理机构注册”的注册制度，为期货交易所上市新的期货合约品种和标准化期权合约品种去除了管制性程序的前提，期货交易所可以针对不同类型的交易者推出多元化交易合约，如针对中小投资者推出迷你化、小型化期货合约，允许外国投资者在交易国内期货交易所上市期货合约品种和标准化期权合约品种，还可以上市其他国家的期货合约。

第四十条是关于期货结算机构、结算参与人收取的保证金、权利金的规定。保证金也称为杠杆保证金，仅用于结算和保证履约，通常由期货交易者按照所交易的期货合约价值的一定比例向期货经营机构缴纳的保证金，由期货经营机构按照交易的期货合约价值的一定比例向期货交易所缴纳保证金。权利金是指购买或售出期权合约的价格，是期权的买方要向卖方支付的费用，也就是获得权利而必须支付的费用。保证金和权利金均属于缴纳者的财产，因此有别于期货结算机构的自有资金，可见诸 2017 年《期货交易管理条例》第二十八条。

期货交易所依法承担组织期货交易，为期货交易提供场所、设施和服务，同时对期货交易实施自律监管的职责。期货交易所的职责决定了其作为期货交易的组织者和期货市场的管理者的地位，既要负责期货交易各个环节的组织工作，也要对期货交易进行监督管理，因此其只能独立于期货交易买卖双方，不能以任何方式参与期货交易。此外，期货交易所在依法履行提供交易的场所、设施和服务，设计期货合约、标准化期权合约品种，安排期货合约、标准化期权合约品种上市，对期货交易进行实时监控和风险监测等职责的过程中，掌握了期货市场大量的内幕信息，若允许其直接或者间接参与期货交易，则无疑背离了期货市场公开、公正、公平的基本原则，减损投资者的合法权益。与期货交易所类似，期货结算机构是独立于期货交易者的法律主体，因此亦不能直接或者间接参与期货交易。

【条文解读】

一、违法行为

（一）期货交易场所未依法向国务院期货监督管理机构注册期货合约品种和标准化期权合约品种的上市，未依法向国务院期货监督管理机构报备期货合约品种和标准化期权合约品种的中止上市、恢复上市、终止上市，或者是上市的期货合约品种和标准化期权合约品种不具有经济价值、容易被操纵、不符合社会公共利益

在审批制下，上市期货合约品种和标准化期权合约品种的基本流

程是[1]：期货交易所先向中国证监会提出申请，中国证监会认为具备上市条件后，征求国家相关部委、现货管理部门、相关行业协会等单位的意见，并在汇总各方意见后上报国务院，由国务院作出同意或者不同意的批示，然后再由中国证监会向期货交易所作出批复。在实践中，期货交易所往往会在向中国证监会提出正式申请之前，对期货合约品种和标准化期权合约品种进行初步研究，并与证监会进行多次沟通。审批制度既有利于各期货交易所之间扬长避短、分工合作，因地制宜开发期货合约品种和标准化期权合约品种，也可以确保期货合约品种和标准化期权合约品种上市之前得到充分论证，实现期货市场发现价格、管理风险的功能。但也可能存在影响市场创新、造成资源浪费、法律性质不清、责任界限模糊等问题。[2]

在社会对期货市场重要作用逐渐形成共识、期货市场近年来取得长足发展的前提下，本法第十七条对期货合约品种和标准化期权合约品种采取备案制。[3] 备案制与审批制的核心区别在于期货合约品种和标准化期权合约品种决定权归属。在备案制下，期货交易所对期货合约品种和标准化期权合约品种的上市、中止上市、恢复上市、终止上市拥有决定权，法律通常不对期货合约品种和标准化期权合约品种作出限制，期货交易所在对期货合约品种和标准化期权合约品种进行了充分的研究和论证之后，即可上市，无需获得政府主管机构的批准。然而，期货市场本身蕴含较大的风险，可能存在操纵、欺诈等违法行为，且并非任何品种都适合进行期货交易，开展期货交易需要具备易于标准化、一定市场规模、价格形成市场化等条件。因此，在开发期货合约品种和标准化期权合约品种的源头环节要求合约品种具备抗操纵且具有经济价值的属性就成为共识。本法第十七条第三款亦规定“期货合约品种和标准化期权合约品种应当具有经济价值，合约不易被操纵，符合社会公共利益”。

（二）期货结算机构未专户存放、分别管理保证金和权利金或挪用保证金和权利金

正如上述分析，保证金和权利金属于缴纳者所有，各期货交易所已经制定了相应的交易规则将收取的保证金、权利金等与其自有资金分开，且保证金仅能用于结算和担保履约。例如，《中国金融期货交易所指定存管

---

① 叶林主编：《期货期权市场法律制度研究》，法律出版社 2017 年版，第 46~50 页。

② 焦增军：《期货品种上市制度研究》，载《期货及衍生品法律评论（第 1 卷）》，法律出版社 2018 年版，第 175~196 页。

③ 雷晓冰：《我国期货品种上市机制面临的问题及解决——〈期货交易管理条例〉实施两周年之际的反思》，载《河北法学》2009 年第 4 期。

银行管理办法》[1] 第十一条规定，存管银行应当根据交易所提出的申请为交易所开立专用结算账户、结算担保金专用账户等账户，账户信息应当体现业务性质。第十二条规定，存管银行应当根据交易所结算会员的申请和交易所签发的专用通知书为结算会员开立、变更或者注销专用资金账户、结算担保金专用账户等账户，账户信息应当体现业务性质。第十三条规定，交易所与会员之间期货业务资金的往来通过第十一条与第十二条中开设的专用账户办理。

为保证实现保证金和权利金专款专用，期货结算机构应当将自有资金和收取的保证金和权利金严格分离，并且在银行单独开立专门的账户存放。这不仅可以有效避免期货结算机构将收取的保证金、权利金与自有资金混合使用、乘机挪用，也可以防止期货结算机构破产时，投资者的保证金和权利金归入破产财产，此外也有利于监管机构通过银行对期货交易进行监管。

保证金和权利金属于投资者所有，虽然交由期货结算机构保管，但期货结算机构只能将这笔资金用于该投资者交易账户盈亏划转等法律规定的目的，如期货交易所内设的结算部门在每日结算之后，需要在会员的保证金账户上进行盈亏划转，并将交易结果及时通知该会员，该会员缴纳的保证金除了用于结算交易亏损金额、手续费、税费等之外不得用于其他目的。所有将投资者缴纳的保证金和权利金用于与该投资者无关的其他目的或者为期货结算机构谋取利益的行为均属于挪用保证金。

（三）期货交易场所和期货结算机构直接或者间接参与期货交易

直接参与期货交易是指期货交易场所和期货结算机构以自己的名义进行交易，间接参与期货交易包括期货交易场所和期货结算机构委托他人进行交易等。

二、法律责任

（一）责任类型

1. 责令改正

期货交易场所、期货结算机构违反本法第十七条、第四十条、第八十五条第二款的，国务院期货监督管理机构可以要求其责令改正。

2. 警告

对违反本法第十七条、第四十条、第八十五条第二款的期货交易场

---

①《中国金融期货交易所指定存管银行管理办法》，载中国金融期货交易所网站，http://www.cffex.com.cn/u/cms/www/202003/27164418jcv9.pdf，最后访问时间：2022年5月2日。

所、期货结算机构可以给予警告。

3. 没收违法所得

没收违法所得是指有处罚权的行政主体依法将违法行为人从事违法行为获取的违法所得收归国有的处罚形式。

4. 罚款

期货交易场所、期货结算机构违反本法第十七条、第四十条、第八十五条第二款时，根据“数值数距式”或“倍率数距式”确定对期货交易所和期货结算机构的罚款数额，即以“违法所得”是否达到二十万元为界限，未达到的适用“数值数距式”计算方法，即“没有违法所得或者违法所得不足二十万元的，处以二十万元以上二百万元以下的罚款”；违法所得满二十万元的，适用“倍率数距式”计算方法，即“处以违法所得一倍以上十倍以下的罚款”。对操纵期货市场或者衍生品市场的单位直接负责的主管人员和其他直接责任人员，仅适用“数值数距式”计算方法，即“处以五万元以上五十万元以下的罚款”。

5. 停业整顿

停业整顿是指行政机关要求从事违法生产经营活动的公民、法人或其他组织停止生产、停止经营，要求其查找存在的违法违规行为或者存在的重大风险，并主动采取措施予以改正。仅在期货交易场所、期货结算机构违反本法第十七条、第四十条、第八十五条第二款且情节严重时适用停业整顿。

（二）责任主体

1. 期货交易场所、期货结算机构

期货交易场所和期货结算机构对外作为独立的法律主体，作为整体承担其责任。

2. 直接负责的主管人员和其他直接责任人员

作为组织体，期货交易所和期货结算机构无法像自然人一样从事实意义上形成自己的意志、作出自己的行为，其意志形成、行为实施均需要借助自然人完成。本条规定对违反本法第十七条、第四十条、第八十五条第二款的期货交易所和期货结算机构的直接负责的主管人员与其他直接责任人员处以五万元以上五十万元以下的罚款，但未明确直接负责的主管人员与其他直接责任人员的内涵和外延。通常可以根据成员在期货交易所和期货结算机构违反本法第十七条、第四十条、第八十五条第二款中所起的作用进行界定，如起决定、批准、授意、纵容、指挥等作用的人员是直接负责的主管人员，具体实施违法行为并起较大作用的人员是其他直接责任人员。

【关联规范】

《期货交易所管理办法》第六十八条至第七十五条、第九十二条。

第一百三十八条　【违法发布价格预测信息的法律责任】 期货交易场所、期货结算机构违反本法第八十八条第三款规定发布价格预测信息的，责令改正，给予警告，并处以二十万元以上二百万元以下的罚款。对直接负责的主管人员和其他直接责任人员处以五万元以上五十万元以下的罚款。

【条文主旨】

本条是关于期货交易场所、期货结算机构违法发布价格预测信息的法律责任的规定。

【立法背景】

期货交易所和期货结算机构作为期货市场交易活动的组织者，承担公布交易信息的法律责任。这是防范欺诈、内幕交易和操纵市场行为发生的重要举措之一，也是使投资者基于对期货市场基本情况的了解作出是否进行投资的重要判断依据。

期货交易信息按照时效的不同分为即时行情和历史行情。即时行情是期货交易的数字记录，一般是指由电子系统进行处理后形成的一组数据信息，是在期货交易所和期货结算机构的系统中产生后立即予以发布的信息，其不仅是期货交易所和期货结算机构内期货交易与结算情况的即时体现，而且是投资者作出投资决策的重要依据。通常而言，即时行情包括下列信息：（1）上市品种期货合约的成交量，即某一时间内买进或卖出的期货合约总量。（2）成交价，即每一张已经成交的期货合约的价格。（3）持仓量，即期货客户持有的尚未对冲平仓的未到期进行交割的期货合约总量。（4）最高价与最低价，指某一种期货合约在某一时间段内的最高交易价格和最低交易价格。（5）开盘价与收盘价，前者是每一个交易日开市后第一笔成交的价格，若开始后一段时间内没有成交则为该合约前一交易日的收盘价，若连续几日均未有成交则基于会员交易指令对该合约买卖指令价趋势确定指导性交割并以促成的成交价作为开盘价；收盘价则是每一交易日闭市前最后一笔的成交价格。（6）其他应当公布的信息，即对期货交易价格产生影响的价格。期货交易的历史行情与即时行情相对，是指已经公布的期货交易所和期货结算机构电子系统生成的系列数据。

1999 年的《期货交易管理暂行条例》（已失效）第三十四条规定期货交易所应当及时公布上市品种期货合约的成交量、成交价、持仓量、最高价与最低价、开盘价与收盘价和其他应当公布的信息，并保证信息的真实性和准确性。期货交易所不得公布价格预测信息。《期货交易管理条例》则将原来的“信息”改为“即时信息”，同时增加“未经期货交易所许可，任何单位和个人不得发布期货交易即时行情”。相比《期货交易管理暂行条例》和《期货交易管理条例》，本条增加了期货结算机构违法发布价格预测信息的法律责任。

【条文解读】

一、规制的对象

本条的规制对象是期货交易所和期货结算机构。期货交易所为期货交易提供场所和设施并且组织和监督期货交易，期货结算机构为期货交易提供结算和交割服务，二者均是期货市场的组织者，承担着公布上市品种期货合约的成交量、成交价、持仓量、最高价与最低价、开盘价与收盘价和其他应当公布的即时行情信息的义务，且应当保障其公布的信息是真实和确定的。本条并不禁止其他主体发布价格预测信息，如期货投资咨询机构。期货投资咨询机构最大的特点就是接受投资人或者客户委托，收集大量的基础信息资料，并完整、客观、准确地运用有关信息、资料为期货投资人或者客户提供期货投资分析和预测或者建议等直接或者间接有偿咨询服务的活动。

二、规制的行为

本条禁止期货交易所和期货结算机构公布价格预测信息。价格预测信息，是指从过去和现在已知的价格状况出发，利用一定的方法和技巧模拟未知的中间过程，对期货市场未来价格变化趋势作预见性测算和判断，通常是期货交易者、期货投资咨询机构或者研究期货的学者的个人观点，仅供特定的期货投资者进行投资或者期货专家进行研究时参考。与上市品种期货合约的成交量、成交价、持仓量、最高价与最低价、开盘价与收盘价和其他应当公布的即时行情信息相比，价格预测信息是未来的、虚拟的、不确定的信息。期货交易者往往认为期货交易所和期货结算机构公布的信息是真实和准确的，如果期货交易所和期货结算机构将这些不确定的价格预测信息公之于众，便有可能误导期货交易者，致使投资者根据公布的不确定的信息作出投资决定，进而遭受投资损失。

三、法律责任

（一）责任类型

1. 责令改正

期货交易场所、期货结算机构违反本法第八十八条第三款规定发布价格预测信息的，国务院期货监督管理机构可以要求其责令改正。

2. 警告

对违反本法第八十八条第三款规定发布价格预测信息的期货交易场所、期货结算机构可以给予警告。

3. 罚款

对期货交易所和期货结算机构违反本法第八十八条第三款规定发布价格预测信息的，一方面，根据“数值数距式”计算方法确定对期货交易所和期货结算机构的罚款数额，即对其处以二十万元以上二百万元以下的罚款；另一方面，根据“数值数距式”计算方法对直接负责的主管人员和其他直接责任人员处以五万元以上五十万元以下的罚款。

（二）责任主体

1. 期货交易所和期货结算机构

期货交易所和期货结算机构对外作为独立的法律主体，作为整体承担其责任。违法发布价格预测信息的期货交易所和期货结算机构的责任包括责令改正、警告和罚款。

2. 直接负责的主管人员和其他直接责任人员

作为组织体，期货交易所和期货结算机构无法像自然人一样从事实意义上形成自己的意志、作出自己的行为，其意志形成、行为实施均需借助自然人完成，也即期货交易所和期货结算机构公布价格预测信息意志的形成离不开其成员的意志、期货交易所和期货结算机构预测信息行为的实施离不开其成员的行为。本条规定对违法发布价格预测信息的期货交易所和期货结算机构的直接负责的主管人员与其他直接责任人员处以五万元以上五十万元以下的罚款，但未明确直接负责的主管人员与其他直接责任人员的内涵和外延。通常可以根据成员在期货交易所和期货结算机构违法发布价格预测信息中所起的作用进行界定，如起决定、批准、授意、纵容、指挥等作用的人员是直接负责的主管人员，具体实施发布价格预测信息行为并起较大作用的人员是其他直接责任人员。

【关联规范】

《期货交易所管理办法》第八十九条。

第一百三十九条　【期货服务机构未按照要求提供相关资料的法律责任】期货服务机构违反本法第九十八条的规定，从事期货服务业务未按照要求提供相关资料的，责令改正，可以处二十万元以下的罚款。

【条文主旨】

本条是关于期货服务机构未按照要求提供相关资料的法律责任的规定。

【立法背景】

各类期货服务机构在接受客户委托为期货交易及相关活动提供审计报告、资产评估、尽调等服务的过程中，会生成、收集一些诸如财务会计、业务活动、内部控制等资料和信息。要求各类期货服务机构在从事期货服务业务时提供相关资料，一方面，有利于国务院期货监督管理机构及时、准确地了解各类期货服务机构的运营情况，适时地对各类期货服务机构进行监督，以便及时发现、纠正各类期货服务机构的违法行为，保证各类期货服务机构依法合规经营，从而最终实现控制各类期货服务机构风险、保护广大投资者利益的目的；另一方面，有利于国务院期货监督管理机构分析期货市场运行实况，将获取的信息作为制定期货法律法规的依据和参考。因此，本法第九十八条要求会计师事务所、律师事务所、资产评估机构、期货保证金存管机构、交割库、信息技术服务机构等期货服务机构按照国务院期货监督管理机构的要求提供相关资料。对于此规定，各类期货服务机构不得违反，否则就要根据本条承担相应的法律责任。此外，国务院期货监督管理机构依法履行职责时，可以根据本法第一百零六条要求期货服务机构报送有关的财务会计、业务活动、内部控制等资料。

【条文解读】

一、规制的行为

1. 未提供相关资料

各期货服务机构未提供相关资料主要是指未向证监会等部门提交资料。

2. 提供的相关资料不符合要求

各期货服务机构提供的服务不尽相同，在为委托人提供服务时生成、收集和保存的资料也有所差异，所以向证监会等部门提交资料的种类、内容也不同，但提供的相关资料应当符合真实性、准确性、完整性的要求。真实性要求各类期货服务机构基于客观事实作出判断，不得有虚假记载、误导或者陈述；准确性要求各类期货服务机构应当使用精确的语言撰写相关文件资料，避免易使人误解的文字或者表述方式；完整性要求各类期货服务机构提供的文件资料的内容应当齐全，不得有重大遗漏。

二、法律责任

本条规定了期货服务机构违反本法第九十八条的规定，从事期货服务业务未按照要求提供相关资料的行政责任，分别是：

1. 责令改正

即行政主体以命令或者禁止令的形式要求违法行为人作出或者不得作出特定行为。证监会对未按照要求提供相关资料的任何期货服务机构均可适用责令改正。

2. 罚款

即有行政处罚权的行政主体依法强制违反法律法规的行为人在一定期限内向国家缴纳一定数额的金钱的处罚方式。证监会对未按照要求提供相关资料的任何期货服务机构罚款，可以采取“数值数距式”计算方法，处以二十万元以下的罚款。

【关联规范】

《期货从业人员管理办法》第二十一条。

第一百四十条 【期货服务机构未勤勉尽责，所制作、出具的文件有虚假记载、误导性陈述或者重大遗漏的法律责任】会计师事务所、律师事务所、资产评估机构等期货服务机构违反本法第九十九条的规定，未勤勉尽责，所制作、出具的文件有虚假记载、误导性陈述或者重大遗漏的，责令改正，没收业务收入，并处以业务收入一倍以上十倍以下的罚款；没有业务收入或者业务收入不足五十万元的，处以五十万元以上五百万元以下的罚款。对直接负责的主管人员和其他直接责任人员给予警告，并处以二十万元以上二百万元以下的罚款。

期货服务机构有前款所列违法行为，给他人造成损失的，依法承担赔偿责任。

【条文主旨】

本条是关于会计师事务所、律师事务所、资产评估机构等期货服务机构未勤勉尽责，所制作、出具的文件有虚假记载、误导性陈述或者重大遗漏的法律责任的规定。

【立法背景】

在现实经济生活中，市场参与者所获得的信息不仅是不完全的，而且是非对称性的。[①] 所谓信息不完全是指由于人的有限理性，其所掌握的信息无法预见一切，由于外在环境的复杂性、不确定性，人们所获得的信息无法做到完全充分。信息不完全会使经济均衡的性质发生一定程度的扭曲，影响到市场均衡的状态和经济效率。非对称性信息是指某些参与人拥有但另一些参与人不拥有的信息。市场信息的非对称性可能导致某些参与人因为信息难以获取而无法清楚地把握信息中的全部内容，从而难以真实地把握问题的实质。当市场参与人对经济变量掌握的信息量存在差异，部分市场参与人拥有更确切、更充分的信息，而另一部分参与人信息不足

---

① 廖东声、谢元：《非对称信息与会计舞弊——××事件给我们的启示》，载《华南农业大学学报（社会科学版）》2003 年第 S1 期。

时，则导致信息非对称现象产生。受客观条件的限制，信息的非对称现象在市场中普遍存在，因此需要会计师事务所、律师事务所、资产评估机构等期货服务机构作为连接公司和市场参与人的桥梁，从而保证信息的透明度，为市场参与人提供充分、有效的信息。例如，会计师事务所对公司提供的财务信息进行独立审计，正是现代资本市场制度中保证信息披露真实有效性的一个非常重要的中间环节。

在国际上，各国一般通过行业自律和外部监管等手段保证上述期货服务机构在履行职责的过程中遵守诚信原则，保持中立性，为公众提供及时、准确的财务状况等信息。然而，由中介机构的不实陈述所引起的损害投资者利益，给衍生品市场等金融市场带来负面影响的事件仍时有发生。例如，甲公司及乙会计师事务所事件即未尽审计职责的重要事件。

甲公司成立于 1985 年，是一家天然气管道公司，主业是维护和操作横跨北美的天然气与石油输送网络。但在 20 世纪 80 年代后期，随着美国政府解除对能源市场的管制，甲公司开始发生变化，不仅进行天然气期货交易，还发明了一系列令专业人士都不甚了解的复杂金融工具。随着上述转变，甲公司的利润构成发生重大变化，其主要收入来源于相关能源合同及其他衍生金融产品的收益。但直到甲公司破产前，公众对其财务都了解甚少，因为从事衍生交易的具体资金并未出现在通常的资产负债表中，甲公司在进行财务披露时仅将衍生交易的利得作为收入进行记载，传统的会计制度很难对这些合约收益加以确认，给会计师事务所提供虚假数据创造条件。[①] 在甲公司破产后，事件还远远没有结束。甲公司和乙会计师事务所长期以来通过复杂的财务合伙形式掩盖巨额债务和虚报盈余，在丑闻公开前后，乙会计师事务所销毁了甲公司的大量相关文件，因而于 2002 年 6 月被判妨碍司法罪。[②]

事件发生后，美国颁布了一项新的法案——《会计改革和投资人保护法案》。该法案的目的是通过提高公司信息披露的准确性和可靠性，增加公司责任，对上市公司会计和审计的不适当行为规定更加严厉的处罚以及保护投资者的措施。同时，其意图还在于呼吁公众对相关丑闻的关注，增强会计师、审计师等从业人员的职业道德意识，营造更为透明的金融市场

---

① See Reynolds Vaughn K, Financial Accounting and Derivatives: the Citigroup and J. P. Morgan Chase Enron Settlements: the Impact on the Financial Services Industry, *North Carolina Banking Institute*, 2004, 8 (4): 248.

② 陈欣:《〈期货交易管理条例〉解读》，北京大学出版社 2007 年版，第 200 页。

环境。①

在我国，会计法、注册会计师法、律师法、刑法等相关法律法规中均存在对中介机构法律责任的规定，本条沿用《期货交易管理条例》第七十六条的规定，要求期货服务机构勤勉尽责，规定在其出具的文件存在虚假记载、误导性陈述或者重大遗漏时予以相关的处罚，同时追究直接负责的主管人员和其他直接责任人员的责任。此外，本条作出以下修改：（1）不仅强调期货服务机构出具的文件，而且涉及其制作的文件；（2）删除“暂停或者撤销相关业务许可”的行政处罚；（3）加重期货服务机构违法行为法律责任的罚款力度；（4）增加期货服务机构对他人造成损失所应承担的赔偿责任。

【条文解读】

期货服务机构在向期货市场相关参与者提供服务时的义务，即会计师事务所、律师事务所、资产评估机构等期货服务机构向期货交易所和期货公司等市场相关参与者提供相关服务时，应当遵守期货市场法律、行政法规以及国家有关规定，并按照国务院期货监督管理机构的要求提供相关资料。即符合本法第九十九条“会计师事务所、律师事务所、资产评估机构等期货服务机构接受期货经营机构、期货交易场所、期货结算机构的委托出具审计报告、法律意见书等文件，应当对所依据的文件资料内容的真实性、准确性、完整性进行核查和验证”的规定。

（一）规范主体

本条规定的主体是特殊主体，即会计师事务所、律师事务所、资产评估机构等期货服务机构，是单位，而非个人。期货活动是一项复杂的商业活动，需要各种专业机构为其提供服务。在期货市场上，若会计师事务所、律师事务所、资产评估机构等期货服务机构未勤勉尽责，所出具的审计报告、法律意见书、资产评估报告等文件，存在虚假记载、误导性陈述或者重大遗漏，不仅会对某个公司投资者或债权人造成损害，而且极有可能给依赖于该期货服务机构制作、出具的文件作出投资、交易决策的利害关系人造成损失，损害其合法利益。②

---

① See Young, Stewart M, Whistleblowing in a Foreign Key: the Consistency of Ethics Regulation under Sarbanes-Oxley with the WTO GATS Provisions, *Denver Journal of International Law and Policy*, 2003, 32 (Winter): 56.

② 谢贵春、吴瑕：《存托凭证持有人保护机制比较研究》，载《证券市场导报》2018年第7期。

（二）法律责任

1. 勤勉尽责

勤勉尽责是指期货服务机构按照本行业公认的业务标准和道德规范进行尽职调查，对出具文件内容的真实性、准确性和完整性进行核查和验证。具体的标准包括：期货服务机构具备相应的专业知识，提供专业性的服务，遵守相应的工作程序等。比如，按照执业规则，注册会计师应对其出具的审计报告真实性和合法性负责。审计报告的真实性是指应如实反映注册会计师的审计范围、审计依据、实施的审计程序和应发表的审计意见；审计报告的合法性是指审计报告的编制和出具必须符合有关法律和职业规范的规定。

2. 虚假记载、误导性陈述或者重大遗漏

虚假记载是指期货服务机构出具的文件中所记载的事项与事实不符，存在错误，与真实性的要求不符，如将不存在的事实予以记载。误导性陈述是指期货服务机构出具的文件内容虽然真实，但是采用容易引人误解的表达方式，如故意采用语义模糊的词语，或者对期货交易及其相关活动的事实性质、前景等事项作出误导性的陈述，从而可能使投资者产生重大误解，往往致使投资者在不了解事实真相的情况下作出投资决定，与准确性的要求不符。重大遗漏是指对于应当披露的重大事实未披露或者未完全披露，与完整性的要求不符。

以上违法行为严重扰乱期货市场的正常秩序，本条规定其应当承担的法律责任有：

一是针对会计师事务所、律师事务所、资产评估机构等期货服务机构：责令其改正，没收业务收入，并处以业务收入一倍以上十倍以下的罚款。没有业务收入或者业务收入不足五十万元的，处以五十万元以上五百万元以下的罚款。

二是针对直接负责的主管人员和其他直接责任人员：警告，并处以二十万元以上二百万元以下的罚款。

三是针对期货服务机构：若其存在上述违法行为，给他人造成损失的，依法承担赔偿责任。

【关联规范】

《中华人民共和国期货和衍生品法》第九十九条；《期货公司风险监管指标管理办法》第五条。

第一百四十一条 【交割库违法行为的法律责任】交割库有本法第一百条所列行为之一的，责令改正，给予警告，没收违法所得，并处以违法所得一倍以上十倍以下的罚款；没有违法所得或者违法所得不足十万元的，处以十万元以上一百万元以下的罚款；情节严重的，责令期货交易场所暂停或者取消其交割库资格。对直接负责的主管人员和其他直接责任人员给予警告，并处以五万元以上五十万元以下的罚款。

【条文主旨】

本条是关于交割库违法行为的法律责任的规定。

【立法背景】

交割仓库，是指经期货交易所指定的为期货合约履行实物交割的交割地点，是独立法人。期货交割的具体流程是卖方按照合约规定的交割时间与地点将商品交给交割仓库，再由交割仓库转移给买方。而买方则按照合约规定的交割时间将款项移交给期货交易所，再由后者移交给卖方。交割仓库具有强化期货交易所作为期货交易“担保人”或者“中介人”地位，降低实物交割过程中的风险之功能，主要体现在以下三个方面：第一，交割仓库的存在，使得买卖双方无须见面，消除了因买卖双方身份而引发交割风险。第二，随着交割仓库自身开展代储业务与自储业务，延期交货风险被极大地降低：在卖方因各种原因延迟交付时，仓库通过将其储存的商品进行调剂，使得买方可以按时提货。第三，交割仓库建立了质量保证体系，有助于消除实物交割中的质量纠纷。总之，实物交割仓库的建立，使得从买卖合约的订立到交割这整个交易过程都可以在期货交易所及期货结算机构内完成，让交易所最终成为期货市场。①

交割仓库违法行为的法律责任之前规定在《期货交易管理暂行条例》（已失效）第六十三条，2007 年《期货交易管理条例》第七十五条摒弃原条文对直接负责的主管人员和其他直接责任人员给予纪律处分的规定，修改为“给予警告”，并增加财产处罚，即“并处 1 万元以上 10 万元以下的

① 叶林主编：《期货期权市场法律制度研究》，法律出版社 2017 年版，第 221～222 页。

罚款”。后《期货交易管理条例》修订，移至第七十一条，本条沿用该条的规定，仅对交割库及其直接负责的主管人员和其他直接责任人员的法律责任中的罚款数额作出修改。

【条文解读】

本法第一百条规定：“交割库包括交割仓库和交割厂库等。交割库为期货交易的交割提供相关服务，应当符合期货交易场所规定的条件。期货交易场所应当与交割库签订协议，明确双方的权利和义务。交割库不得有下列行为：（一）出具虚假仓单；（二）违反期货交易场所的业务规则，限制交割商品的出库、入库；（三）泄露与期货交易有关的商业秘密；（四）违反国家有关规定参与期货交易；（五）违反国务院期货监督管理机构规定的其他行为。”

交割仓库违反本法第一百条的法律责任包括：

一是针对交割库：违反法律规定，擅自从事上述禁止性行为，则应根据情节轻重，分别给予不同的行政处罚。一般情况下，责令改正，给予警告，没收违法所得，并处以违法所得一倍以上十倍以下的罚款；没有违法所得或者违法所得不足十万元的，处以十万元以上一百万元以下的罚款。情节严重的，除依照以上规定从重处罚外，还应责令期货交易所暂停其交割仓库的资格，或者取消其充当交割仓库的资格，不再允许其进行期货交割商品仓储业务。

二是针对直接负责的主管人员和其他直接责任人员：给予警告，并处以五万元以上五十万元以下的罚款。

【关联规范】

《中华人民共和国期货和衍生品法》第一百条。

第一百四十二条　【信息技术服务机构违反法律规定未报备案、提供的服务不符合国家及期货行业信息安全相关的技术管理规定和标准的法律责任】信息技术服务机构违反本法第一百零一条规定未报备案的，责令改正，可以处二十万元以下的罚款。

> 信息技术服务机构违反本法第一百零一条规定，提供的服务不符合国家及期货行业信息安全相关的技术管理规定和标准的，责令改正，没收业务收入，并处以业务收入一倍以上十倍以下的罚款；没有业务收入或者业务收入不足五十万元的，处以五十万元以上五百万元以下的罚款。对直接负责的主管人员和其他直接责任人员给予警告，并处以二十万元以上二百万元以下的罚款。

【条文主旨】

本条是关于信息技术服务机构违反法律规定未报备案、提供的服务不符合国家及期货行业信息安全相关的技术管理规定和标准所应当承担的法律责任的规定。

【立法背景】

证监会于2020年发布《证券服务机构从事证券服务业务备案管理规定》①。为做好相关配套工作，方便从事信息技术系统服务业务的证券服务机构开展备案工作，证监会制定《〈证券服务机构从事证券服务业务备案管理规定〉第九条的适用意见——证券期货法律适用意见第16号》② 及《监管规则适用指引——科技监管类第1号》③，自发布之日起施行。

在立法过程中，有意见认为，证券期货市场的安全平稳运行高度依赖信息技术系统。近年来，大数据、云计算、人工智能、区块链等金融科技在证券期货市场得到广泛的应用，它们有利于降低成本、提高效率，成为市场创新发展的重要推动力之一，同时，其安全问题和规范问题也备

---

① 《证券服务机构从事证券服务业务备案管理规定》，载中国证券监督管理委员会网站，http：//www. csrc. gov. cn/csrc/c101799/c1003743/content. shtml，最后访问时间：2022年5月2日。

② 《〈证券服务机构从事证券服务业务备案管理规定〉第九条的适用意见——证券期货法律适用意见第16号》，载中国证券监督管理委员会网站，http：//www. csrc. gov. cn/csrc/c101950/c1047979/content. shtml，最后访问时间：2022年5月2日。

③ 《监管规则适用指引——科技监管类第1号》，载中国证券监督管理委员会网站，http：//www. csrc. gov. cn/csrc/c105947/c1570923/content. shtml，最后访问时间：2022年5月2日。

受关注。[①] 证券法第一百六十条规定从事信息技术系统服务的证券服务机构，应当报国务院证券监督管理机构和国务院有关主管部门备案，并应当勤勉尽责、恪尽职守，按照相关业务规则为证券的交易及相关活动提供服务。本法第一百零一条亦有相关规定。

上述规定将信息技术服务机构备案作为一项制度明确下来，充分体现了对证券期货业信息技术和信息安全的高度重视。《监管规则适用指引——科技监管类第 1 号》包括备案范围、备案系统、备案程序等，主要内容有三个方面：

一是借助信息化手段优化备案工作。应用信息技术系统服务机构备案信息采集系统开展备案工作，对备案信息采集系统的访问地址、用户账号注册方式等作出具体说明；将《证券服务机构从事证券服务业务备案管理规定》[②] 的备案事项概括为首次备案、重大事项备案和年度备案三种备案类型，结合备案信息采集系统的各个报送栏目，分别说明三种备案类型所需报送的材料内容、材料载体、材料提交的具体栏目、提交流程等事项。

二是细化备案程序。依次对信息技术系统服务机构报送备案材料、证监会科技监管局查阅备案材料、备案材料补正、办结备案、备案信息公示的具体程序和时限要求作出说明。

三是优化基金信息技术服务机构的备案安排。鉴于部分信息技术系统服务机构同时从事证券、基金信息技术系统服务业务，为减轻市场机构负担，要求基金信息技术服务机构比照本指引有关要求开展备案工作；同时，从事证券和基金信息技术系统服务业务的，信息技术系统服务机构仅需进行一次首次备案即可。

【条文解读】

证券公司借助信息技术手段从事证券基金业务活动时，常委托信息技术服务机构提供产品或服务。信息技术服务是指为客户提供信息技术服务的企业。服务内容包括软件测试服务和硬件测试服务两种。该技术主要使

---

① 《2020 年 10 月 23 日新闻发布会》，载中国证券监督管理委员会网站，http：//www.csrc.gov.cn/csrc/c100029/c1000025/content.shtml，最后访问时间：2022 年 5 月 20 日。

② 《证券服务机构从事证券服务业务备案管理规定》，载中国证券监督管理委员会网站，http：//www.csrc.gov.cn/csrc/c101799/c1003743/content.shtml，最后访问时间：2022 年 5 月 2 日。

用在互联网技术行业。[①] 其中，信息技术服务是指通过促进信息技术系统效能的发挥，来帮助用户实现自身目标的服务。

本法第一百零一条规定："为期货交易及相关活动提供信息技术系统服务的机构，应当符合国家及期货行业信息安全相关的技术管理规定和标准，并向国务院期货监督管理机构备案。国务院期货监督管理机构可以依法要求信息技术服务机构提供前款规定的信息技术系统的相关材料。"从积极角度对提供信息技术服务的机构提出要求。

本条第一款从消极角度规定，若信息技术服务机构违反本法第一百零一条规定，存在未报备案的违法行为，应承担法律责任，包括责令改正，以及酌情进行罚款。

第二款规定信息技术服务机构提供的服务不符合国家及期货行业信息安全相关的技术管理规定和标准的，属于本条规定的违法行为，依法承担法律责任：

一是针对信息技术服务机构：责令改正，没收业务收入，并处以业务收入一倍以上十倍以下的罚款；没有业务收入或者业务收入不足五十万元的，处以五十万元以上五百万元以下的罚款。

二是针对直接负责的主管人员和其他直接责任人员：给予警告，并处以二十万元以上二百万元以下的罚款。

【关联规范】

《中华人民共和国期货和衍生品法》第一百零一条；《中华人民共和国证券法》第一百六十条；《证券服务机构从事证券服务业务备案管理规定》。

第一百四十三条　【未按照规定提取、管理和使用风险准备金的法律责任】违反本法第一百一十六条的规定，期货经营机构、期货交易场所、期货结算机构和非期货经营机构结算参与人未按照规定提取、管理和使用风险准备金的，责令改正，给予警告。对直接负责的主管人员和其他直接责任人员给予警告，并处以十万元以上一百万元以下的罚款。

---

① 邢会强：《数字经济视角下的新〈证券法〉——修订解读、实施支撑与未来展望》，载《浙江工商大学学报》2020年第4期。

【条文主旨】

本条是关于期货经营机构、期货交易场所、期货结算机构和非期货经营机构结算参与人未按照规定提取、管理和使用风险准备金的法律责任的规定。

【立法背景】

风险准备金是指由交易所设立，用于为维护期货市场正常运转提供财务担保和弥补因交易所不可预见风险带来的亏损的资金。[①] 风险准备金必须单独核算，专户存储，除用于弥补风险损失外，不能挪作他用。风险准备金的动用应遵循法定程序，经交易所理事会批准，报中国证监会备案后按规定的用途和程序进行。风险准备金的设立，是为了维护期货市场正常运转而提供财务担保，以及弥补因不可预见的风险带来的亏损。

期货市场的风险主要来自价格的不确定性、运作的复杂性和部分投资者的投机行为。客观上，期货市场涉及面广（不仅涉及现货市场，还涉及其他金融市场；不仅包含商品期货，还包含金融期货），敏感度高，社会生活中的许多变化均会对市场风险的集聚产生影响，任何重大政治、经济事件都可能触发危机。因此，人们对市场中的所有风险因素难以全面把握和控制。主观上，受监管能力和市场自律程度的局限，各类不规范行为难以杜绝，对违法、违规行为的发现和纠正也需要时间。面对这样一个高风险的市场，期货经营机构、期货交易场所、期货结算机构和非期货经营机构结算参与人等作为主要的参与者和重要的中介组织，其抗风险能力如何，不仅事关自身的交易安全，同时还牵连广大投资者的利益。

为了防范和化解市场风险，巩固期货市场主体自身的财产基础和保护投资者的利益，本法第一百一十六条从积极角度对期货经营机构、期货交易场所、期货结算机构和非期货经营机构结算参与人提出要求，规定："为防范交易及结算的风险，期货经营机构、期货交易场所、期货结算机构和非期货经营机构结算参与人应当从业务收入中按照国务院期货监督管理机构、国务院财政部门的规定提取、管理和使用风险准备金。"此外，《期货交易管理条例》第十一条"期货交易所应当按照国家有关规定建立、健全下列风险管理制度……（五）风险准备金制度……"和第三十一条

---

① 陈晨、邵俭：《当前国内期货市场系统性风险及对策研究》，载《经济问题》2005年第7期。

“期货交易所、期货公司、非期货公司结算会员应当按照国务院期货监督管理机构、财政部门的规定提取、管理和使用风险准备金，不得挪用”的规定对此也有涉及。

本条相关内容之前规定在《期货交易管理暂行条例》（已失效）第五十七条：“期货交易所有下列行为之一的，责令改正，给予警告，没收违法所得……（七）不按照规定提取、管理和使用风险准备金的……”2007年《期货交易管理条例》为了充实有关市场主体的法律责任，第六十八条规定“期货交易所、非期货公司结算会员有下列行为之一的，责令改正，给予警告，没收违法所得……（八）不按照规定提取、管理和使用风险准备金的”，从消极角度对行为人的违法行为作出规定，要求其承担法律责任。后《期货交易管理条例》修订，移至第六十四条，本条沿用该条的规定，并作出以下修改：（1）增加“期货经营机构”和“期货结算机构”作为责任主体；（2）删除“没收违法所得”的处罚措施；（3）增加对直接负责的主管人员和其他直接责任人员的法律责任，要求给予其警告，并处以十万元以上一百万元以下的罚款。

【条文解读】

期货交易所作为期货交易活动的组织者，对期货交易的买卖双方均具有担保期货合约履行的责任。期货交易所承担责任的能力，不仅直接影响到其能否代违约会员承担责任，以确保交易的另一方会员的盈利不会因该会员违约而落空，而且关系到投资者对期货市场的信心。为增强期货交易所担保履约的能力，降低期货交易中的信用风险，中国证监会和财政部规定期货交易所必须提取其手续费收入的20%作为风险准备金。[①] 风险准备金制度的建立健全，为期货交易所承担履约责任确保稳定的资金来源，大大增强期货交易所的履约能力，使其不至于因担保履约而在财力上遭受重创甚至破产。

会员在期货交易中违约，会员的保证金不足以承担违约责任的，期货交易所应当以风险准备金和自有资金代为承担违约责任，并由此取得对该会员的相应追偿权；实行会员分级结算制度的期货交易所，仅对结算会员以风险准备金代为承担违约责任。期货经营机构、期货交易场所、期货结算机构和非期货经营机构结算参与人未按照国务院期货监督管理机构、国

---

① 巫文勇：《金融市场侵权损害的多重民事法律救助制度》，载《甘肃社会科学》2014年第4期。

务院财政部门的规定提取、管理和使用风险准备金，违反有关风险准备金的提取标准、财务管理制度和使用范围的规定，甚至将风险准备金挪作他用的，则属于本条所规定的违法行为，依法承担法律责任：

一是针对期货经营机构、期货交易场所、期货结算机构和非期货经营机构结算参与人：责令改正，并给予警告。

二是针对直接负责的主管人员和其他直接责任人员：给予警告，并处以十万元以上一百万元以下的罚款。

【关联规范】

《中华人民共和国期货和衍生品法》第一百一十六条；《证券期货经营机构私募资产管理业务管理办法》第七十条；《期货公司监督管理办法》第八十八条。

第一百四十四条　【未按照规定妥善保存与业务经营相关的资料和信息，泄露、隐匿、伪造、篡改或者毁损有关文件资料的法律责任】违反本法第一百一十七条的规定，期货经营机构、期货交易场所、期货结算机构、期货服务机构和非期货经营机构结算参与人等未按照规定妥善保存与业务经营相关的资料和信息的，责令改正，给予警告，并处以十万元以上一百万元以下的罚款；泄露、隐匿、伪造、篡改或者毁损有关文件资料的，责令改正，给予警告，并处以二十万元以上二百万元以下的罚款；情节严重的，处以五十万元以上五百万元以下的罚款，并暂停、吊销相关业务许可或者禁止从事相关业务。对直接负责的主管人员和其他直接责任人员给予警告，并处以十万元以上一百万元以下的罚款。

【条文主旨】

本条是关于期货经营机构、期货交易场所、期货结算机构、期货服务机构和非期货经营机构结算参与人等未按照规定妥善保存与业务经营相关的资料和信息，泄露、隐匿、伪造、篡改或者毁损有关文件资料的法律责任的规定。

【立法背景】

证券法第一百三十七条规定："证券公司应当建立客户信息查询制度，确保客户能够查询其账户信息、委托记录、交易记录以及其他与接受服务或者购买产品有关的重要信息。证券公司应当妥善保存客户开户资料、委托记录、交易记录和与内部管理、业务经营有关的各项信息，任何人不得隐匿、伪造、篡改或者毁损。上述信息的保存期限不得少于二十年。"第一百五十三条规定："证券登记结算机构应当妥善保存登记、存管和结算的原始凭证及有关文件和资料。其保存期限不得少于二十年。"第一百六十二条规定："证券服务机构应当妥善保存客户委托文件、核查和验证资料、工作底稿以及与质量控制、内部管理、业务经营有关的信息和资料，任何人不得泄露、隐匿、伪造、篡改或者毁损。上述信息和资料的保存期限不得少于十年，自业务委托结束之日起算。"

本法为顺应上述条款规定，在第一百一十七条要求：期货经营机构、期货交易场所、期货结算机构、期货服务机构和非期货经营机构结算参与人等应当按照规定妥善保存与业务经营相关的资料和信息，任何人不得泄露、隐匿、伪造、篡改或者毁损。同时，规定了不同机构对资料和信息的保存期限。

对于有关机构违反上述规定，证券法及本法分别要求其承担法律责任。

证券法第二百一十四条规定："发行人、证券登记结算机构、证券公司、证券服务机构未按照规定保存有关文件和资料的，责令改正，给予警告，并处以十万元以上一百万元以下的罚款；泄露、隐匿、伪造、篡改或者毁损有关文件和资料的，给予警告，并处以二十万元以上二百万元以下的罚款；情节严重的，处以五十万元以上五百万元以下的罚款，并处暂停、撤销相关业务许可或者禁止从事相关业务。对直接负责的主管人员和其他直接责任人员给予警告，并处以十万元以上一百万元以下的罚款。"本法第一百四十四条为顺应该条规定，作出类似规定，并在其基础上，增加对"泄露、隐匿、伪造、篡改或者毁损有关文件资料"情形"责令改正"的行政责任，对于"情节严重"的，除罚款外，处"暂停、吊销相关业务许可或者禁止从事相关业务"的行政处罚。

【条文解读】

本法第一百一十七条规定："期货经营机构、期货交易场所、期货结算机构、期货服务机构和非期货经营机构结算参与人等应当按照规定妥善保存与业务经营相关的资料和信息，任何人不得泄露、隐匿、伪造、篡改或者毁损。期货经营机构、期货交易场所、期货结算机构和非期货经营机构结算参与人的信息和资料的保存期限不得少于二十年；期货服务机构的信息和资料的保存期限不得少于十年。”该条从积极角度对期货经营机构、期货交易场所、期货结算机构、期货服务机构和非期货经营机构结算参与人等提出要求，其应当按照规定妥善保存与业务经营相关的资料和信息，期货经营机构、期货交易场所、期货结算机构和非期货经营机构结算参与人的信息和资料的保存期限不得少于二十年；期货服务机构的信息和资料的保存期限不得少于十年。此外，该条还从消极角度提出要求，即对于上述资料和信息，任何人不得泄露、隐匿、伪造、篡改或者毁损，否则应依据本法第一百四十四条，要求行为人承担相应的法律责任：

一是针对期货经营机构、期货交易场所、期货结算机构、期货服务机构和非期货经营机构结算参与人：一般情况下，责令改正，给予警告，并处以十万元以上一百万元以下的罚款。情节严重的，处以五十万元以上五百万元以下的罚款，并暂停、吊销相关业务许可或者禁止从事相关业务。

二是针对直接负责的主管人员和其他直接责任人员：给予警告，并处以十万元以上一百万元以下的罚款。

【关联规范】

《中华人民共和国期货和衍生品法》第一百一十七条；《中华人民共和国证券法》第二百一十四条。

第一百四十五条　【境外期货交易场所和期货经营机构未向国务院期货监督管理机构申请注册的法律责任】境外期货交易场所和期货经营机构违反本法第一百一十八条和第一百二十条的规定，未向国务院期货监督管理机构申请注册的，责令改正，没收违法所得，并处以违法所得一倍以上十倍以下的罚款；没有违法所得或者违法所得不足五十万元的，处以五十万元以上五百万元以下的罚款。对直接负责的主管人员和其他直接责任人员给予警告，并处以十万元以上一百万元以下的罚款。

【条文主旨】

本条是关于境外期货交易场所和期货经营机构未向国务院期货监督管理机构申请注册的法律责任的规定。

【立法背景】

为顺应期货市场国际化发展趋势，护航期货市场对外开放，本法对期货市场跨境监管与协作作出制度安排。

境外期货交易场所向境内单位或者个人提供直接接入该交易场所交易系统进行交易服务的，应当向国务院期货监督管理机构注册或者申请豁免注册，接受国务院期货监督管理机构的监督管理。因此，本法规定境外期货公司经获准可以在境内开户做境外产品，国内投资者通过境外期货公司可以合理合法做外盘，与目前期货市场发展非常契合。①

此外，本法第一百二十三条规定："国务院期货监督管理机构可以和境外期货监督管理机构建立监督管理合作机制，或者加入国际组织，实施跨境监督管理。国务院期货监督管理机构应境外期货监督管理机构请求提供协助的，应当遵循国家法律、法规的规定和对等互惠的原则，不得泄露国家秘密，不得损害国家利益和社会公共利益。"因此，对于在境外设有子公司的期货公司而言，其在开展境外业务时更有监管保障，可以有效促进跨境业务的开展，推进全球化进程。

本法一方面规定期货交易规则与国际接轨，有利于提高我国期货市场国际地位；另一方面对境外期货交易作出全面的规定，为国内期货经营机构"走出去"提供制度依据。

【条文解读】

本法第一百一十八条规定："境外期货交易场所向境内单位或者个人提供直接接入该交易场所交易系统进行交易服务的，应当向国务院期货监督管理机构申请注册，接受国务院期货监督管理机构的监督管理，国务院期货监督管理机构另有规定的除外。"该条从积极角度对境外期货交易场所提出要求，若其在境内提供直接接入该交易场所交易系统进行交易的服务，除另有规定外，应当向国务院期货监督管理机构申请注册，接受国务

---

① 李铭：《原油期货市场跨境监管合作》，载《中国金融》2018 年第 6 期。

院期货监督管理机构的监督管理。

本法第一百二十条规定："境内单位或者个人从事境外期货交易，应当委托具有境外期货经纪业务资格的境内期货经营机构进行，国务院另有规定的除外。境内期货经营机构转委托境外期货经营机构从事境外期货交易的，该境外期货经营机构应当向国务院期货监督管理机构申请注册，接受国务院期货监督管理机构的监督管理，国务院期货监督管理机构另有规定的除外。"该条从积极角度对境内单位或者个人提出要求，若其从事境外期货交易，除另有规定外，应当委托具有境外期货经纪业务资格的境内期货经营机构进行。此外，境内期货经营机构转委托境外期货经营机构从事境外期货交易的，该境外期货经营机构应当向国务院期货监督管理机构申请注册，接受国务院期货监督管理机构的监督管理。

境外期货交易场所和期货经营机构未向国务院期货监督管理机构申请注册的法律责任包括：

一是针对境外期货交易场所和期货经营机构：责令改正，没收违法所得，并处以违法所得一倍以上十倍以下的罚款；没有违法所得或者违法所得不足五十万元的，处以五十万元以上五百万元以下的罚款。

二是针对直接负责的主管人员和其他直接责任人员：给予警告，并处以十万元以上一百万元以下的罚款。

【关联规范】

《中华人民共和国期货和衍生品法》第一百一十八条、第一百二十条、第一百二十三条。

第一百四十六条　【境内单位或者个人从事境外期货交易，未委托具有境外期货经纪业务资格的境内期货经营机构的法律责任】境内单位或者个人违反本法第一百二十条第一款规定的，责令改正，给予警告，没收违法所得，并处以十万元以上一百万元以下的罚款；情节严重的，暂停其境外期货交易。对直接负责的主管人员和其他直接责任人员给予警告，并处以五万元以上五十万元以下的罚款。

【条文主旨】

本条是关于境内单位或者个人从事境外期货交易，未委托具有境外期货经纪业务资格的境内期货经营机构所应当承担的法律责任的规定。

【立法背景】

本条相关内容之前规定在《期货交易管理暂行条例》（已失效）第六十五条第一款，其中规定的主体为“任何单位或者个人”，考虑到境外的单位和个人可能涉及境外的规定，而后 2007 年《期货交易管理条例》第七十七条修改为“境内单位或者个人”，后因修订移至第七十三条。

本条强调“违反本法第一百二十条第一款规定”，不同于《期货交易管理条例》第七十三条的“违反规定”以及《期货交易管理暂行条例》的“违反本条例规定”。《期货交易管理条例》不仅指违反该条例的规定，还包括国家对境外期货交易制定的其他有关规定。较之《期货交易管理条例》及《期货交易管理暂行条例》（已失效）单位有关人员的纪律处分的规定，本条加重直接负责的主管人员和其他直接责任人员的法律责任，从原先的一万元以上十万元以下的罚款，提升至五万元以上五十万元以下。

本法第一百五十三条沿用《期货交易管理条例》第七十三条的规定，加重直接负责的主管人员和其他直接责任人员的法律责任，若其违反本法规定，构成犯罪的，依法追究刑事责任。

【条文解读】

本条规定的主体为不特定主体，为境内任何单位或者个人。境内任何单位或者个人若违反本法第一百二十条第一款“境内单位或者个人从事境外期货交易，应当委托具有境外期货经纪业务资格的境内期货经营机构进行，国务院另有规定的除外”之规定，均为本条规定的违法行为的主体。

境内单位违反本法第一百二十条第一款从事境外期货交易行为应当承担的法律责任包括：

一是针对境内单位或者个人：责令改正，并根据情节轻重给予相应的行政处罚。一般情况下，对该单位或者个人给予警告，有违法所得的，没收违法所得，并处以十万元以上一百万元以下的罚款。情节严重的，除了依照以上规定从重处罚外，还应暂停该单位或者个人境外期货交易。

二是针对直接负责的主管人员和其他直接责任人员：给予警告，并处以五万元以上五十万元以下的罚款。

【关联规范】

《中华人民共和国期货和衍生品法》第一百二十条。

第一百四十七条　【境外期货交易场所在境内设立的代表机构及其工作人员从事或者变相从事任何经营活动的法律责任】境外期货交易场所在境内设立的代表机构及其工作人员违反本法第一百二十一条的规定，从事或者变相从事任何经营活动的，责令改正，给予警告，没收违法所得，并处以违法所得一倍以上十倍以下的罚款；没有违法所得或者违法所得不足五十万元的，处以五十万元以上五百万元以下的罚款。对直接负责的主管人员和其他直接责任人员给予警告，并处以十万元以上一百万元以下的罚款。

【条文主旨】

本条是关于境外期货交易场所在境内设立的代表机构及其工作人员从事或者变相从事任何经营活动的法律责任的规定。

【立法背景】

近年来，我国期货市场总体健康平稳运行，行业规范发展能力显著增强，市场功能逐步发挥。但我国期货市场对外开放的不足制约了市场向广度和深度的拓展，与国际发达期货市场有较大的差距。①

我国期货市场的法治建设近年来取得了丰硕的成果。但与此同时，期货市场逐渐增多的法规及规范性文件，迫切需要一部基础性法律进行统一和整合。期货市场对外开放也需要法律层面的规范与确认。

期货市场的对外开放应当包括“走出去”和“引进来”两个部分。

---

① 姜哲：《期货市场国际化：现状、问题与应对》，载《证券市场导报》2021年第7期。

“走出去”和“引进来”是相互促进的、相互依托的。一个国际化的期货市场应该是这两个方面开放的结合。①

期货市场的对外开放是期货市场运行过程中各个要素的对外开放。无论是“引进来”还是“走出去”，都应当包括主体的开放和业务的开放两个方面。

（一）主体的开放

期货市场主体由期货交易所、期货公司、客户以及其他不同类型的参与者共同构成。期货市场主体的对外开放，在期货交易所层面，包括吸收境外会员，参与国际交易所之间的并购活动，最终成为全球性的交易平台；在期货公司层面，包括以一种开放的态度允许境外期货经纪机构以直接或间接的方式参与我国期货市场，并考虑适时允许境内符合条件的期货公司参与境外期货市场；在客户层面，着力引进以机构投资者为主的外国投资者参与境内期货市场，以改善市场参与者结构，增加市场的流动性。

（二）业务的开放

期货业务的对外开放体现在期货市场的交易、交割、结算等各业务领域。其包括两个方面的含义：

一是允许境外期货经营机构在境内期货市场上为期货产品的投资和交易活动提供各种服务，使得境内外市场实现双向流动；二是适时允许境内符合条件的期货经营机构在境外期货市场上为期货产品的投资和交易活动提供各种服务，目的是拓展境内期货经营机构的业务范围，提升其经营能力。

“走出去”存在优质客户资源可能流失、国内期货市场规模可能萎缩、不利于定价中心的形成等不利因素，应当慎行、缓行。相对而言，“引进来”对于我国期货市场成为国际化的期货市场，增强我国对大宗商品的定价影响意义重大。

因此，本法第一百二十一条要求对“引进来”进行备案规定，即境外期货交易场所在境内设立代表机构应当向国务院期货监督管理机构备案，若违反该规定，则依据第一百四十六条对其处罚。

【条文解读】

本法第一百二十一条规定：“境外期货交易场所在境内设立代表机构的，应当向国务院期货监督管理机构备案。境外期货交易场所代表机构及

① 胡俞越：《中国期货市场的发展回顾与展望》，载《北京工商大学学报（社会科学版）》2020年第4期。

其工作人员，不得从事或者变相从事任何经营活动。”该条从积极角度对境外期货交易场所提出要求，若其在境内设立代表机构，应当向国务院期货监督管理机构备案。同时，从消极角度对境外期货交易场所代表机构及其工作人员提出要求，其不得从事或者变相从事任何经营活动。

若违反第一百二十一条，未向国务院期货监督管理机构备案，从事或者变相从事任何经营活动，则依据第一百四十六条，对违法行为人进行处罚。此外，代表机构及其工作人员不得与法人或者自然人签订可能给代表机构或者其境外期货交易所带来收入的协议或者合同，不得从事或者变相从事任何营利性活动，不得向境内单位或者个人提供交易直接接入服务，以及其他法律、法规规定的禁止性活动。

境外期货交易场所在境内设立的代表机构及其工作人员违法从事或者变相从事任何经营活动的法律责任包括：

一是针对境外期货交易场所和期货经营机构：责令改正，给予警告，没收违法所得，并处以违法所得一倍以上十倍以下的罚款；没有违法所得或者违法所得不足五十万元的，处以五十万元以上五百万元以下的罚款。

二是针对直接负责的主管人员和其他直接责任人员：给予警告，并处以十万元以上一百万元以下的罚款。

【关联规范】

《中华人民共和国期货和衍生品法》第一百二十一条；《境外证券期货交易所驻华代表机构管理办法》。

第一百四十八条　【境外机构违法在境内从事市场营销、推介及招揽活动的法律责任】违反本法第一百二十二条的规定在境内从事市场营销、推介及招揽活动的，责令改正，给予警告，没收违法所得，并处以违法所得一倍以上十倍以下的罚款；没有违法所得或者违法所得不足五十万元的，处以五十万元以上五百万元以下的罚款。对直接负责的主管人员和其他直接责任人员给予警告，并处以十万元以上一百万元以下的罚款。

【条文主旨】

本条是关于境外期货经营机构以及其他境外机构违法在境内从事市场营销、推介及招揽活动的法律责任的规定。

【立法背景】

“跨境营销”并非简单的问题，而金融服务的跨境提供则更为复杂，根据世界贸易组织（World Trade Organization，WTO）体系项下的分类规则，涉及“跨境交付”“境外消费”“商业存在”“自然人流动”等多个方式。而中国加入世界贸易组织时对于通过“跨境交付”“自然人流动”方式提供银行金融服务未作出市场开放的具体承诺，因此我国监管机构对于境外金融机构未经许可在我国营销推广境外金融产品或者服务一直持审慎和保守的态度。[①]

国际市场参与者在以“跨境交付”和“自然人流动”方式提供跨境金融服务时往往慎之又慎。国务院于 1998 年发布并实施《非法金融机构和非法金融业务活动取缔办法》[②]，规定禁止未经批准在中国境内从事金融业务活动；此外，中国外汇监管框架下资本项目尚未完全开放，外汇管理部门面临较大的资金外流压力，对跨境金融服务仍持审慎监管态度。针对前述风险，具体而言，有两种解决思路：一是避免在跨境营销活动中开展实质的金融业务活动；二是将实质服务的提供地或发生地保持在境外。

因此，大多数境外金融机构所制定的跨境合规操作手册或类似制度均将其业务人员在境内的营销活动限于：不涉及具体境外产品和服务的一般营销活动，投资者教育，以及金融机构品牌宣传。该原则既适用于境外金融机构业务人员身处境内时与境内客户（无论新客户还是老客户）的活动模式，也适用于其在境外时向境内客户主动发起的活动模式。为严格践行该原则，境外金融机构的业务人员在这一业务模式中不得谈及具体的境外产品或服务，也不应发送或携带涉及具体产品或服务的宣传资料或交易文件。

相反，仅在境内客户发起相关咨询时，境外金融机构方可有针对性地从境外提供与具体产品和服务有关的营销推介活动。境外金融机构希望用该方式构建一种新的关系模式，即境外金融机构是应境内客户的要求而被

---

① 邱润根：《证券跨境交易的监管模式研究》，载《当代法学》2006 年第 2 期。

② 《非法金融机构和非法金融业务活动取缔办法》，载中国政府网，http：//www.gov.cn/gongbao/content/2011/content_ 1860858.htm，最后访问时间：2022 年 5 月 2 日。

动地在境外提供产品或服务的资料和介绍，而非积极主动地“在中国境内开展金融业务活动”或“主要针对中国境内客户展开金融业务”，从而缓解前述的合规担忧情绪，使境内关联机构成为境外金融机构营销行为的代理，进而放大跨境金融营销的风险。

因此，本法第一百二十二条规定，境外机构在境内从事期货市场营销、推介及招揽活动，应当经国务院期货监督管理机构批准，适用本法的相关规定。境内机构为境外机构在境内从事期货市场营销、推介及招揽活动，应当经国务院期货监督管理机构批准。任何单位或者个人不得从事违反前两款规定的期货市场营销、推介及招揽活动。本条规定了对境外期货经营机构以及其他境外机构违法在境内从事市场营销、推介及招揽活动的法律责任。

【条文解读】

本法第一百二十二条第一款规定：“境外机构在境内从事期货市场营销、推介及招揽活动，应当经国务院期货监督管理机构批准，适用本法的相关规定。”该条从积极角度与消极角度对境外期货经营机构以及其他境外机构提出要求，若其在境内直接或者设立分支机构从事期货市场营销、推介及招揽活动，应当经国务院期货监督管理机构批准，适用本法的相关规定；未经批准，不得从事上述活动。

若违反第一百二十二条的规定，未经国务院期货监督管理机构批准，擅自为境外期货交易场所、期货经营机构从事期货市场营销、推介以及招揽活动的法律责任包括：

一是针对境外期货经营机构以及其他境外机构：责令改正，给予警告，没收违法所得，并处以违法所得一倍以上十倍以下的罚款；没有违法所得或者违法所得不足五十万元的，处以五十万元以上五百万元以下的罚款。

二是针对直接负责的主管人员和其他直接责任人员：给予警告，并处以十万元以上一百万元以下的罚款。

【关联规范】

《中华人民共和国期货和衍生品法》第一百二十二条。

第一百四十九条　【拒绝、阻碍国务院期货监督管理机构或者国务院授权的部门及其工作人员依法行使监督检查、调查职权的法律责任】拒绝、阻碍国务院期货监督管理机构或者国务院授权的部门及其工作人员依法行使监督检查、调查职权的，责令改正，处以十万元以上一百万元以下的罚款，并由公安机关依法给予治安管理处罚。

【条文主旨】

本条是关于拒绝、阻碍国务院期货监督管理机构或者国务院授权的部门及其工作人员依法行使监督检查、调查职权的法律责任的规定。

【立法背景】

现实中，几乎任何一个存在期货市场的国家均存在明显的政府管制，政府对于期货市场的监管活动是期货经济及其市场运行的主要组成部分之一。①

证券监督管理机构是国务院授权的依法对证券市场实行监督管理、维护证券市场秩序的国家机关。证券监督管理机构及其工作人员代表国家行使证券监督管理职责的权威，必须得到尊重。因此，证券法第二百一十八条规定：“拒绝、阻碍证券监督管理机构及其工作人员依法行使监督检查、调查职权，由证券监督管理机构责令改正，处以十万元以上一百万元以下的罚款，并由公安机关依法给予治安管理处罚。”

国务院期货监督管理机构或者国务院授权的部门及其工作人员作为期货市场实行监督管理、维护期货市场秩序的国家机关，依法监督检查、调查职权、责令改正。本条采相同规定。

【条文解读】

本法第一百零六条规定：“国务院期货监督管理机构依法履行职责，有权采取下列措施：（一）对期货经营机构、期货交易场所、期货结算机

---

① 黄运成、王爱华、邹惠：《国际期货市场机构投资者的发展及借鉴》，载《证券市场导报》2007 年第 5 期。

构进行现场检查，并要求其报送有关的财务会计、业务活动、内部控制等资料；（二）进入涉嫌违法行为发生场所调查取证；（三）询问当事人和与被调查事件有关的单位和个人，要求其对与被调查事件有关的事项作出说明，或者要求其按照指定的方式报送与被调查事件有关的文件和资料；（四）查阅、复制与被调查事件有关的财产权登记、通讯记录等文件和资料；（五）查阅、复制当事人和与被调查事件有关的单位和个人的期货交易记录、财务会计资料及其他相关文件和资料；对可能被转移、隐匿或者毁损的文件资料，可以予以封存、扣押；（六）查询当事人和与被调查事件有关的单位和个人的保证金账户和银行账户以及其他具有支付、托管、结算等功能的账户信息，可以对有关文件和资料进行复制；对有证据证明已经或者可能转移或者隐匿违法资金等涉案财产或者隐匿、伪造、毁损重要证据的，经国务院期货监督管理机构主要负责人或者其授权的其他负责人批准，可以冻结、查封，期限为六个月；因特殊原因需要延长的，每次延长期限不得超过三个月，最长期限不得超过二年；（七）在调查操纵期货市场、内幕交易等重大违法行为时，经国务院期货监督管理机构主要负责人或者其授权的其他负责人批准，可以限制被调查事件当事人的交易，但限制的时间不得超过三个月；案情复杂的，可以延长三个月；（八）决定并通知出境入境管理机关依法阻止涉嫌违法人员、涉嫌违法单位的主管人员和其他直接责任人员出境。为防范期货市场风险，维护市场秩序，国务院期货监督管理机构可以采取责令改正、监管谈话、出具警示函等措施。”任何人对于国务院期货监督管理机构依法实施的上述监督检查行为，应当予以配合，不得拒绝或者妨碍，否则即构成违法行为。

本条对上述违法行为人规定法律责任，具体包括：责令改正，处以十万元以上一百万元以下的罚款，并由公安机关依法给予治安管理处罚。

【关联规范】

《中华人民共和国期货和衍生品法》第一百零六条；《中华人民共和国证券法》第二百一十八条。

第一百五十条 【期货市场禁入】违反法律、行政法规或者国务院期货监督管理机构的有关规定，情节严重的，国务院期货监督管理机构可以对有关责任人员采取期货市场禁入的措施。

前款所称期货市场禁入，是指在一定期限内直至终身不得进行期货交易、从事期货业务，不得担任期货经营机构、期货交易场所、期货结算机构的董事、监事、高级管理人员或者负责人的制度。

【条文主旨】

本条是关于国务院期货监督管理机构对有关责任人员因违法行为采取期货市场禁入的规定。

【立法背景】

期货市场禁入制度的发展趋于稳定。1999 年《期货交易管理暂行条例》（已失效）第六十七条、2007 年《期货交易管理条例》第八十一条及修订后的《期货交易管理条例》第七十七条、本法第一百五十条都仅规定期货市场禁入制度和期货市场禁入后果，未详细规定期货市场禁入制度的其他具体规则。证监会在 2006 年《证券市场禁入规定》中规定涉及自然人的期货市场禁入参照该规定实施，这意味着自此证券期货市场禁入制度开始适用统一规则。

【条文解读】

市场禁止进入制度是指各期货交易所、期货从业机构对被宣布为“市场禁入者”的单位和个人，不得接受其从事期货交易，达到预防其再次实施证券期货违法行为的制度。[①] 有关责任人员违反法律、行政法规或者国务院期货监督管理机构的有关规定，情节严重的，如接受不符合规定条件的单位或个人委托、违规办理开户手续、违反交易编码、席位管理或窃取商业秘密、破坏交易所系统；欺诈客户行为（如向客户做获利保证或不按

---

① 宋华琳：《禁入的法律性质及设定之道》，载《华东政法大学学报》2020 年第 4 期。

规定出示风险说明书、与客户约定分享利益共担风险或诱骗客户发出交易指令等)；未将交易会员的交易指令下达到期货交易所、向交易会员提供虚假成交回报、不按照规定接受交易会员委托或者不按照交易会员委托内容擅自进行期货交易等行为；影响交易价格行为，在进行套期保值额度申请和交易时，欺诈或者违反交易所规定；期货保证金存管银行及期货市场其他参与者具有故意规避、拒绝、阻挠检查或虚假性陈述等，都有可能被宣布为市场禁止进入者。在宣布生效之日起若干个交易日内，其应当按要求了结持仓、交易业务和相关债权债务，并在市场禁止进入一定期限内直至终身不得进行期货交易，不得从事期货业务，不得担任期货经营机构、期货交易场所、期货结算机构的董事、监事、高级管理人员或者负责人。①

【关联规范】

《中华人民共和国证券法》第二百二十一条。

第一百五十一条　【行政处罚的决定主体】 本法规定的行政处罚，由国务院期货监督管理机构、国务院授权的部门按照国务院规定的职责分工作出决定；法律、行政法规另有规定的，适用其规定。

【条文主旨】

本条是关于期货交易管理中行政处罚的决定主体的规定。

【立法背景】

任何单位和个人违反期货市场监督管理法律法规，均应承担相应的法律责任，包括民事责任、行政责任和刑事责任。对于本法的规定，当事人是否违反、是否应当承担相应的行政处罚、在承担行政责任时由谁去处理，需要有一定的机构去负责。《期货交易管理暂行条例》（已失效）第六十九条规定："对期货交易所及其会员、期货经纪公司及其客户、期货从

---

① 陈欣：《〈期货交易管理条例〉解读》，北京大学出版社 2007 年版，第 201~202 页。

业人员、交割仓库的行政处罚，由中国证监会决定；对其他单位或者个人的行政处罚，由有关部门依照法定职权决定。”此即以执法对象来划分。然而，期货市场上参与者种类很多，并且不断变化发展，因此，2007 年《期货交易管理条例》第八十四条新增期货保证金安全存管监控机构、期货保证金存管银行等，赋予国务院期货监督管理机构在一般情况下的违法行为的行政处罚权以及两类特殊情况下的管辖权，防止违法行为得不到及时处理。后《期货交易管理条例》修订，移至第八十条。

目前，随着法律、行政法规的不断完善，本条以“法律、行政法规另有规定的，适用其规定”取而代之。

【条文解读】

根据本条的规定，国务院期货监督管理机构对期货市场实行集中统一的监督管理。在本法第十章监督管理中赋予国务院期货监督管理机构对期货市场广泛的监督管理权限。本法第一百零五条第二款规定，国务院期货监督管理机构在对期货市场实施监督管理中依法履行的职责之一是对期货违法行为进行查处。一般情况下，当期货市场中发生违反本法规定的行为时，国务院期货监督管理机构应当及时进行调查，在查明事实真相的基础上，及时、依法作出行政处罚，以维护期货交易的正常秩序。

此外，“法律、行政法规另有规定的，适用其规定”。明确国务院期货监督管理机构管辖之外的情形，有利于加强不同部门之间的合作与配合，提高对期货市场的监督管理效率和执法力度。

第一百五十二条　【不履行本法规定的职责，滥用职权、玩忽职守，利用职务便利牟取不正当利益，或者泄露所知悉的有关单位和个人的商业秘密的法律责任】国务院期货监督管理机构或者国务院授权的部门的工作人员，不履行本法规定的职责，滥用职权、玩忽职守，利用职务便利牟取不正当利益，或者泄露所知悉的有关单位和个人的商业秘密的，依法追究法律责任。

【条文主旨】

本条是对国务院期货监督管理机构或者国务院授权的部门的工作人员，不履行本法规定的职责，滥用职权、玩忽职守，利用职务便利牟取不正当利益，或者泄露所知悉的有关单位和个人的商业秘密的法律责任的规定。

【立法背景】

本法第一百零八条对国务院期货监督管理机构工作人员的行为从积极角度提出要求，明确其应当依法办事，忠于职守，公正廉洁，保守国家秘密和有关当事人的商业秘密，不得利用职务便利牟取不正当利益。

本条是从消极角度对存在渎职行为的相关单位的工作人员作出规定，要求其承担法律责任。该内容最早规定在《期货交易管理暂行条例》（已失效）第六十六条及第六十八条。第六十六条规定："期货交易所的工作人员在任职期间或者离开期货交易所未满一年，在该期货交易所的会员单位任职的，或者泄露知悉的国家秘密和会员、客户商业秘密的，给予纪律处分；构成犯罪的，依法追究刑事责任。"第六十八条规定："中国证监会的工作人员泄露知悉的国家秘密以及会员、客户商业秘密，或者徇私舞弊、玩忽职守、滥用职权、收受贿赂，构成犯罪的，依法追究刑事责任；尚不构成犯罪的，依法给予行政处分。"2007 年《期货交易管理条例》第八十二条对其作出三方面的调整：（1）修改责任主体，《期货交易管理暂行条例》（已失效）第六十六条和第六十八条规定的责任主体为期货交易所和中国证监会的工作人员，2007 年《期货交易管理条例》第八十二条将责任主体修改为"国务院期货监督管理机构、期货交易所、期货保证金安全存管监控机构和期货保证金存管银行等相关单位的工作人员"。（2）在行政责任上增加纪律处分的规定。2007 年《期货交易管理条例》第八十二条规定的主体是特殊主体，即国务院期货监督管理机构、期货交易所、期货保证金安全存管监控机构和期货保证金存管银行等相关单位的工作人员。这些工作人员，有些属于国家工作人员。比如，国务院期货监督管理机构的工作人员，其适用公务员法和监察法等有关规定。对于其他工作人员，根据单位内部规章给予纪律处分。（3）删除期货交易所工作人员不得在任职期间或者离开交易所未满 1 年，在该期货交易所的会员单位任职的规定。后《期货交易管理条例》修订，移至第七十八条。

本法相较于《期货交易管理条例》第七十八条有如下发展：（1）修改责任主体，将原责任主体中的“期货交易所、期货保证金安全存管监控机构和期货保证金存管银行等相关单位的工作人员”改为“国务院授权的部门的工作人员”；（2）删除“泄露知悉的国家秘密”，仅保留“商业秘密”的规定；（3）将原违法行为“徇私舞弊、玩忽职守、滥用职权、收受贿赂”修改为“滥用职权、玩忽职守，利用职务便利牟取不正当利益”；（4）将“依法给予行政处分或者纪律处分”统一改为“依法追究法律责任”。因为之前的规定主要是违反工作纪律的违纪行为，所以并未规定行政处罚，仅规定依法给予行政处分或者纪律处分，即根据该工作人员违纪行为的情节轻重，分别给予警告、记过、记大过、降级、降职、撤职、开除等。对于情节严重，构成犯罪的，根据《期货交易管理条例》第七十八条的规定，依法追究刑事责任。刑事法律责任规定在第一百五十三条。

【条文解读】

本法第一百零八条规定：“国务院期货监督管理机构的工作人员，应当依法办事，忠于职守，公正廉洁，保守国家秘密和有关当事人的商业秘密，不得利用职务便利牟取不正当利益。”该条对国务院期货监督管理机构的工作人员基本行为规则作出明确规定。除此之外，本法其他条文也有相关规定。比如，第五十五条规定：“期货经营机构、期货交易场所、期货结算机构、期货服务机构及其工作人员应当依法为交易者的信息保密，不得非法买卖、提供或者公开交易者的信息。期货经营机构、期货交易场所、期货结算机构、期货服务机构及其工作人员不得泄露所知悉的商业秘密。”具体而言，本条规定的违法行为存在以下两种形式：

（一）滥用职权、玩忽职守，利用职务便利牟取不正当利益

滥用职权，是指本条所指的工作人员在工作中，违反法律规定的权限和程序，故意逾越职权，擅自处理其无权决定、处理的事项，或者拒绝实施按照其职务的规定应当实施的行为等不作为行为。[1] 玩忽职守，是指本条所指的工作人员在工作中，违反工作纪律、规章制度，擅离职守，不履行法律所规定的职责或者不认真、不正确或者放弃履行职责，致使国家利益、公共利益遭受重大损失的行为。利用职务便利牟取不正当利益，是指利用本人职务范围内的权力，为本人或他人牟取名利等不正当利益。“职

① 江岚、祝炳岩：《滥用职权罪中“滥用职权”再析》，载《中国刑事法杂志》2013年第11期。

务范围内的权力”是指职务上主管、负责或者承办某项公共事务的职权及其所形成的便利条件，既包括利用本人职务上主管、负责、承办某项公共事务的职权，也包括利用职务上有隶属、制约关系的其他国家工作人员的职权。根据刑法第三百八十八条规定，国家工作人员利用本人职权或者地位形成的便利条件，通过其他国家工作人员职务上的行为，为请托人谋取不正当利益也属于“利用职务的便利”。

（二）泄露所知悉的有关单位和个人的商业秘密

商业秘密是指不为公众所知悉，能为权利人带来经济利益，具有实用性并经权利人采取保密措施的技术信息和经营信息。由于国务院期货监督管理机构或者国务院授权的部门的工作人员在期货交易活动中具有特殊地位和作用，有可能了解有关单位、会员和客户的财务会计资料和经营管理情况以及交易和资金信息，因此容易知悉有关单位、会员和客户的商业秘密。期货交易所的会员是在中华人民共和国境内注册登记的企业法人，期货公司的客户大多也是经营工商业的企业法人、其他经济组织和个人，商业秘密若被泄露，将直接影响到其利益。[①] 是故，本条规定了泄露商业秘密的国务院期货监督管理机构或者国务院授权的部门工作人员的法律责任。

【关联规范】

《中华人民共和国期货和衍生品法》第一百零八条、第一百五十三条；《中华人民共和国刑法》第三百八十八条。

第一百五十三条　【刑事责任】违反本法规定，构成犯罪的，依法追究刑事责任。

【条文主旨】

本条是对违反期货和衍生品法的违法行为应承担的刑事责任的规定。

① 姜洋主编：《期货市场新法规解释与适用》，法律出版社 2007 年版，第 296~297 页。

【立法背景】

就期货犯罪刑事责任而言，《期货交易管理暂行条例》（已失效）在对某些期货违法违规行为予以行政处罚的表述后，一般均有一句规定："构成犯罪的，依法追究刑事责任。"2007 年《期货交易管理条例》将期货犯罪的刑事责任统一于第八十三条，在其他条文规定的违法行为的法律责任中，不再规定依法承担刑事责任。如此做法，既不影响法条的转引效果，又使得整个"法律责任"一章表述更加简洁、明了。后《期货交易管理条例》修订，移至第七十九条，本条沿用《期货交易管理条例》的该条规定。

事实上，刑法对期货市场的介入仅适用于严重的违法违规行为。因为期货市场是市场经济的产物，其存在本身需要一定的自由度，失去这种自由度，就不会有期货市场的存在，若刑法介入太深，并不利于期货市场的发展。另外，期货市场上存在的许多违法行为多少带有一定的投机性，但是，投机性也是期货市场不可避免的属性之一，期货市场的活跃在某种程度上需要投机者的存在。若刑法介入期货市场过深，有可能将某些合理存在的投机行为也一并消灭，从而阻碍期货市场的发展。因此，刑法仅对一些危害较大的期货违法行为规定为犯罪，并规定低于处罚传统犯罪的法定刑。①

【条文解读】

刑事责任是国家刑事法律规定的犯罪行为所应承担的法律后果。期货活动中的当事人若存在本法规定的违法行为，且其行为符合刑法所规定的犯罪构成要件，则应依据刑法有关条款追究相应的刑事责任。违反本法规定，可能同时构成刑法规定罪名的，主要有以下违法行为：

（一）擅自设立期货交易所、期货公司或者其他金融机构，伪造、变造、转让期货交易所、期货公司或者其他金融机构的经营许可证或者批准文件的，可能构成刑法第一百七十四条规定的擅自设立金融机构罪或伪造、变造、转让金融机构经营许可证、批准文件罪

刑法第一百七十四条规定："未经国家有关主管部门批准，擅自设立商业银行、证券交易所、期货交易所、证券公司、期货经纪公司、保险公司或者其他金融机构的，处三年以下有期徒刑或者拘役，并处或者单处二万元以上二十万元以下罚金；情节严重的，处三年以上十年以下有期徒

① 刘宪权：《证券、期货犯罪的刑事立法及其完善》，载《法学》2004 年第 5 期。

刑，并处五万元以上五十万元以下罚金。伪造、变造、转让商业银行、证券交易所、期货交易所、证券公司、期货经纪公司、保险公司或者其他金融机构的经营许可证或者批准文件的，依照前款的规定处罚。单位犯前两款罪的，对单位判处罚金，并对其直接负责的主管人员和其他直接责任人员，依照第一款的规定处罚。”

（二）擅自从事期货业务的，可能构成刑法第二百二十五条规定的非法经营罪

刑法第二百二十五条规定：“违反国家规定，有下列非法经营行为之一，扰乱市场秩序，情节严重的，处五年以下有期徒刑或者拘役，并处或者单处违法所得一倍以上五倍以下罚金；情节特别严重的，处五年以上有期徒刑，并处违法所得一倍以上五倍以下罚金或者没收财产：（一）未经许可经营法律、行政法规规定的专营、专卖物品或者其他限制买卖的物品的；（二）买卖进出口许可证、进出口原产地证明以及其他法律、行政法规规定的经营许可证或者批准文件的；（三）未经国家有关主管部门批准非法经营证券、期货、保险业务的，或者非法从事资金支付结算业务的；（四）其他严重扰乱市场秩序的非法经营行为。”

（三）期货交易内幕信息的知情人员或者非法获取期货交易内幕信息的人员违反本法泄露内幕信息或者进行内幕交易，可能构成刑法第一百八十条规定的内幕交易、泄露内幕信息罪或利用未公开信息交易罪

刑法第一百八十条规定：“证券、期货交易内幕信息的知情人员或者非法获取证券、期货交易内幕信息的人员，在涉及证券的发行，证券、期货交易或者其他对证券、期货交易价格有重大影响的信息尚未公开前，买入或者卖出该证券，或者从事与该内幕信息有关的期货交易，或者泄露该信息，或者明示、暗示他人从事上述交易活动，情节严重的，处五年以下有期徒刑或者拘役，并处或者单处违法所得一倍以上五倍以下罚金；情节特别严重的，处五年以上十年以下有期徒刑，并处违法所得一倍以上五倍以下罚金。单位犯前款罪的，对单位判处罚金，并对其直接负责的主管人员和其他直接责任人员，处五年以下有期徒刑或者拘役。内幕信息、知情人员的范围，依照法律、行政法规的规定确定。证券交易所、期货交易所、证券公司、期货经纪公司、基金管理公司、商业银行、保险公司等金融机构的从业人员以及有关监管部门或者行业协会的工作人员，利用因职务便利获取的内幕信息以外的其他未公开的信息，违反规定，从事与该信息相关的证券、期货交易活动，或者明示、暗示他人从事相关交易活动，情节严重的，依照第一款的规定处罚。”

（四）编造并且传播影响期货交易的虚假信息，扰乱期货交易市场，可能构成刑法第一百八十一条规定的编造并传播证券、期货交易虚假信息罪或诱骗投资者买卖证券、期货合约罪

刑法第一百八十一条规定："编造并且传播影响证券、期货交易的虚假信息，扰乱证券、期货交易市场，造成严重后果的，处五年以下有期徒刑或者拘役，并处或者单处一万元以上十万元以下罚金。证券交易所、期货交易所、证券公司、期货经纪公司的从业人员，证券业协会、期货业协会或者证券期货监督管理部门的工作人员，故意提供虚假信息或者伪造、变造、销毁交易记录，诱骗投资者买卖证券、期货合约，造成严重后果的，处五年以下有期徒刑或者拘役，并处或者单处一万元以上十万元以下罚金；情节特别恶劣的，处五年以上十年以下有期徒刑，并处二万元以上二十万元以下罚金。单位犯前两款罪的，对单位判处罚金，并对其直接负责的主管人员和其他直接责任人员，处五年以下有期徒刑或者拘役。"

（五）操纵期货市场的，可能构成刑法第一百八十二条规定的操纵证券、期货市场罪

刑法第一百八十二条规定："有下列情形之一，操纵证券、期货市场，影响证券、期货交易价格或者证券、期货交易量，情节严重的，处五年以下有期徒刑或者拘役，并处或者单处罚金；情节特别严重的，处五年以上十年以下有期徒刑，并处罚金：（一）单独或者合谋，集中资金优势、持股或者持仓优势或者利用信息优势联合或者连续买卖的；（二）与他人串通，以事先约定的时间、价格和方式相互进行证券、期货交易的；（三）在自己实际控制的帐户之间进行证券交易，或者以自己为交易对象，自买自卖期货合约的；（四）不以成交为目的，频繁或者大量申报买入、卖出证券、期货合约并撤销申报的；（五）利用虚假或者不确定的重大信息，诱导投资者进行证券、期货交易的；（六）对证券、证券发行人、期货交易标的公开作出评价、预测或者投资建议，同时进行反向证券交易或者相关期货交易的；（七）以其他方法操纵证券、期货市场的。单位犯前款罪的，对单位判处罚金，并对其直接负责的主管人员和其他直接责任人员，依照前款的规定处罚。"

（六）期货交易所、期货公司或者其他金融机构的工作人员利用职务上的便利，挪用本单位或者客户资金的，期货交易所、期货公司或者其他金融机构擅自运用客户资金或者其他委托、信托的财产的，可能构成刑法第一百八十五条规定的挪用资金罪或挪用公款罪；国有期货交易所、期货

公司或者其他金融机构的工作人员利用职务上的便利，挪用本单位或者客户资金的，可能构成刑法第三百八十四条规定的挪用公款罪

刑法第一百八十五条规定：“商业银行、证券交易所、期货交易所、证券公司、期货经纪公司、保险公司或者其他金融机构的工作人员利用职务上的便利，挪用本单位或者客户资金的，依照本法第二百七十二条的规定定罪处罚。国有商业银行、证券交易所、期货交易所、证券公司、期货经纪公司、保险公司或者其他国有金融机构的工作人员和国有商业银行、证券交易所、期货交易所、证券公司、期货经纪公司、保险公司或者其他国有金融机构委派到前款规定中的非国有机构从事公务的人员有前款行为的，依照本法第三百八十四条的规定定罪处罚。”第二百七十二条第一款规定：“公司、企业或者其他单位的工作人员，利用职务上的便利，挪用本单位资金归个人使用或者借贷给他人，数额较大、超过三个月未还的，或者虽未超过三个月，但数额较大、进行营利活动的，或者进行非法活动的，处三年以下有期徒刑或者拘役；挪用本单位资金数额巨大的，处三年以上七年以下有期徒刑；数额特别巨大的，处七年以上有期徒刑。”

刑法第三百八十四条规定：“国家工作人员利用职务上的便利，挪用公款归个人使用，进行非法活动的，或者挪用公款数额较大、进行营利活动的，或者挪用公款数额较大、超过三个月未还的，是挪用公款罪，处五年以下有期徒刑或者拘役；情节严重的，处五年以上有期徒刑。挪用公款数额巨大不退还的，处十年以上有期徒刑或者无期徒刑。挪用用于救灾、抢险、防汛、优抚、扶贫、移民、救济款物归个人使用的，从重处罚。”

（七）国务院期货监督管理机构或者国务院授权的部门的工作人员泄露知悉的国家秘密或者会员、客户商业秘密的，可能构成刑法第三百九十八条规定的故意泄露国家秘密罪、过失泄露国家秘密罪或刑法第二百一十九条规定的侵犯商业秘密罪

刑法第三百九十八条规定：“国家机关工作人员违反保守国家秘密法的规定，故意或者过失泄露国家秘密，情节严重的，处三年以下有期徒刑或者拘役；情节特别严重的，处三年以上七年以下有期徒刑。非国家机关工作人员犯前款罪的，依照前款的规定酌情处罚。”第二百一十九条规定：“有下列侵犯商业秘密行为之一，情节严重的，处三年以下有期徒刑，并处或者单处罚金；情节特别严重的，处三年以上十年以下有期徒刑，并处罚金：（一）以盗窃、贿赂、欺诈、胁迫、电子侵入或者其他不正当手段获取权利人的商业秘密的；（二）披露、使用或者允许他人使用以前项手

段获取的权利人的商业秘密的；（三）违反保密义务或者违反权利人有关保守商业秘密的要求，披露、使用或者允许他人使用其所掌握的商业秘密的。明知前款所列行为，获取、披露、使用或者允许他人使用该商业秘密的，以侵犯商业秘密论。本条所称权利人，是指商业秘密的所有人和经商业秘密所有人许可的商业秘密使用人。”

（八）国务院期货监督管理机构或者国务院授权的部门收受贿赂的，可能构成刑法第三百八十五条规定的受贿罪和刑法第一百六十三条规定的非国家工作人员受贿罪

刑法第三百八十五条规定：“国家工作人员利用职务上的便利，索取他人财物的，或者非法收受他人财物，为他人谋取利益的，是受贿罪。国家工作人员在经济往来中，违反国家规定，收受各种名义的回扣、手续费，归个人所有的，以受贿论处。”刑法第三百八十六条规定了受贿罪的处罚：“对犯受贿罪的，根据受贿所得数额及情节，依照本法第三百八十三条的规定处罚。索贿的从重处罚。”

刑法第一百六十三条规定：“公司、企业或者其他单位的工作人员，利用职务上的便利，索取他人财物或者非法收受他人财物，为他人谋取利益，数额较大的，处三年以下有期徒刑或者拘役，并处罚金；数额巨大或者有其他严重情节的，处三年以上十年以下有期徒刑，并处罚金；数额特别巨大或者有其他特别严重情节的，处十年以上有期徒刑或者无期徒刑，并处罚金。公司、企业或者其他单位的工作人员在经济往来中，利用职务上的便利，违反国家规定，收受各种名义的回扣、手续费，归个人所有的，依照前款的规定处罚。国有公司、企业或者其他国有单位中从事公务的人员和国有公司、企业或者其他国有单位委派到非国有公司、企业以及其他单位从事公务的人员有前两款行为的，依照本法第三百八十五条、第三百八十六条的规定定罪处罚。”

（九）国务院期货监督管理机构或者国务院授权的部门的工作人员徇私舞弊、玩忽职守、滥用职权的，可能构成刑法第三百九十七条规定的滥用职权罪和玩忽职守罪

刑法第三百九十七条规定：“国家机关工作人员滥用职权或者玩忽职守，致使公共财产、国家和人民利益遭受重大损失的，处三年以下有期徒刑或者拘役；情节特别严重的，处三年以上七年以下有期徒刑。本法另有规定的，依照规定。国家机关工作人员徇私舞弊，犯前款罪的，处五年以下有期徒刑或者拘役；情节特别严重的，处五年以上十年以下有期徒刑。本法另有规定的，依照规定。”

【关联规范】

《中华人民共和国刑法》第一百六十三条、第一百七十四条、第一百八十条、第一百八十一条、第一百八十二条、第一百八十五条、第二百一十九条、第二百二十五条、第三百八十四条、第三百八十五条、第三百九十七条、第三百九十八条。

第一百五十四条　【民事赔偿责任的优先承担】违反本法规定，应当承担民事赔偿责任和缴纳罚款、罚金、违法所得，违法行为人的财产不足以支付的，优先用于承担民事赔偿责任。

【条文主旨】

本条是关于违法行为人承担法律责任时民事赔偿优先的规定。

【立法背景】

从法理的角度来分析，法律责任作为法律义务履行的保障机制和法律义务违反的矫正机制，是实现法治不可或缺的元素。民事、行政和刑事三种法律责任共同构成期货法的责任体系。[①]

事实上，在期货市场上，民事责任、行政责任与刑事责任发挥着不同的制度功能，其中，民事责任制度的主旨在于修复被破坏的投资者与责任主体之间的民事法律关系，弥补投资者遭受的损失，维护受害投资者的民事权利和微观个体利益；行政责任制度的主旨在于修复被破坏的监管者与违法者之间的行政法律关系，恢复应有的期货市场监管秩序，维护广大投资者的整体利益；刑事责任制度的主旨在于惩治严重破坏期货市场秩序、严重侵害投资者利益的犯罪行为。三大法律责任之间相互配合，实现功能之间的互补和协调，进而构成一个均衡的责任体系。理想的期货法律责任均衡状态中，投资者维护自身权利，充当着“私人检察官”的角色，通过追求和实现自身利益而促进公共利益；而监管者既要确保期货市场交易的

① 吴凌翔：《关于完善我国期货市场法制的几点思考》，载《新金融》2017 年第 8 期。

安全，也要保证交易的效率，需要合理划定其权力边界，实现监管的动态平衡。

期货违法违规行为的民事责任是指期货违法违规行为者因为违反合同义务或法定义务而应该承担的民事责任。由于期货违法违规行为的种类多样，每一种期货违法违规行为的表现形式各不相同，不同期货违法违规行为的责任形态、因果关系及责任的承担等并不完全相同。因此，期货法律责任的协调，需要妥善处理法益保护的冲突问题。例如，倘若违法主体的财产状况非常脆弱或者严重恶化，无法同时支付民事赔偿金、罚款与罚金，何者享有优先权？对此，证券法第二百二十条规定："违反本法规定，应当承担民事赔偿责任和缴纳罚款、罚金、违法所得，违法行为人的财产不足以支付的，优先用于承担民事赔偿责任。"立法规定期货违法行为的民事责任是为了弥补投资者因期货违法行为人所受的利益损害，民事赔偿优先原则的确立有助于维护投资者权益。然而，实践中，由于证据方面的原因，对于期货违法行为，往往是在期货监督机关查处或者法院裁决之后，受害投资者才会相应提起追究民事责任的诉讼，这可能会不利于民事赔偿优先原则的实现。有学者认为，可以由中国证监会在行政处罚中追缴非法所得，直接分配给投资者，具体内容为：在一些证券欺诈案件中，中国证监会应在确认违法行为之后，用追缴代替罚款和没收违法所得，然后制定分配方案，将追缴来的资金分配给在内幕交易和操纵市场中受到损害的投资者。① 该建议有助于减少执法成本，克服行政处罚程序的不确定性，具有制度启示意义。

为与证券法第二百二十条的规定及民事赔偿优先原则相一致，本条采相同规定。

【条文解读】

期货民事责任，是指参与期货活动的主体违反期货和衍生品法有关规定给投资者造成损失而应承担的民事法律后果。这一概念意味着：首先，期货民事责任是期货和衍生品法的民事责任。对期货民事责任本质的认识应当立足于它相对于一般民事责任制度与原理的独特之处，如果只是泛泛地从一般民事责任的制度与原理来认识期货民事责任，则势必看不清其本质。换言之，只有适用期货和衍生品法认定和处理的民事责任才是期货民

---

① 彭冰：《建立补偿投资者的证券行政责任机制——针对内幕交易和操纵市场行为》，载《中外法学》2004 年第 5 期。

事责任，期货和衍生品法的特别规定是认知期货民事责任的逻辑起点。其次，期货民事责任制度以保护期货投资者权益为宗旨。期货和衍生品法以保护投资者权益为宗旨，这一宗旨贯穿于期货民事责任制度的建构与实施过程中。因此，期货民事责任应当限定为参与期货活动的民事主体给投资者造成损失而应承担的民事责任。

根据民事赔偿优先原则，在期货法律责任的实现程序上，优先承担民事赔偿责任，将保护投资者的合法权益置于更为突出的地位上。换言之，违法行为人在应当承担民事赔偿责任和缴纳罚款、罚金、违法所得的情形下，其财产状况不足以同时支付民事赔偿金、罚款与罚金时，优先赔偿因其违法行为所受损害的投资者的损失，即先支付民事赔偿金，支付完成后，若财产仍有剩余，再支付罚款与罚金，以保证投资者合法权益得以实现。

【关联规范】

《中华人民共和国证券法》第二百二十条。

第十三章　附　　则

第一百五十五条　【施行日期】本法自 2022 年 8 月 1 日起施行。

【条文主旨】

本条是关于期货和衍生品法施行时间的规定。

【立法背景】

法律的生效是指法律从何时开始具有效力，从立法角度来看，即立法者向社会宣示法律在其适用的时间、地域、对象、事项四个维度中具有作用力。[①]《中华人民共和国立法法》将其称为“施行”。立法法第五十七条规定：“法律应当明确规定施行日期。”第五十八条规定：“签署公布法律的主席令载明该法律的制定机关、通过和施行日期。”“法律签署公布后，及时在全国人民代表大会常务委员会公报和中国人大网以及在全国范围内发行的报纸上刊载。在常务委员会公报上刊登的法律文本为标准文本。”

法律的生效不同于法律的通过、公布。法律的通过是立法机关通过对法律草案的审议，经法定人数表决同意法律草案的内容，使法律草案成为法律。法律的公布是有权机关或人员、在特定时间内、采用特定方式将法公之于众。[②] 法律的通过和公布都是重要的立法程序。法律草案未经立法机关通过，不能成为法律；未经公布，则立法程序未完成，法律不能产生效力。因此，法律只有经制定机关通过、公布才能产生效力，但法律的通

① 张根大：《法律效力论》，法律出版社 1999 年版，第 112 页。
② 周旺生：《立法学》，法律出版社 2009 年版，第 245 页。

过与公布并不当然使法律生效，法律的生效有其特殊的要求。法律的生效日可能与通过日、公布日重合，但也可能晚于通过日和公布日。

根据法律的生效宣告是否明确，法律的生效可分为明定生效和推定生效两种形式。[①] 明定生效是法律生效的宣告者明确宣告某法于某个特定的时间生效的法律生效形式。在明定生效形式中，宣告者指明法律于某年某月某日起生效，故法律的生效时间是具体、明确的。推定生效形式是指某一法律虽没有宣告明确而又具体的某个生效日期，但可以根据相关因素推知该法律生效时间的一种法律生效形式。推定生效形式又可分为权威推定和学理推定，前者是指根据法律条文或法律文件进行的推定，后者是指根据法学理论或法律意识进行的推定。权威推定与明定生效形式不同，它虽有法律条文或法律文件的依据，但法律条文或法律文件没有明确法律生效的具体时间，欲知法律生效的具体时间还必须经过推理。学理推定是法学工作者在一个国家法制尚不完善的情况下对法律的生效时间所作的理论上的推定。

根据某个法的生效日是否明确，法律的生效分为确定生效和不定生效两种形式。确定生效形式是指通过明定宣示和通过推定最终可以确定某一法律具体生效时间的法律生效形式。绝大多数的法律的生效形式都是确定生效形式，都可以直接或间接地知道某一法律自某年某月某日开始生效。不定生效形式是指法律在公布后无法知道该法生效的具体生效日，其生效日要待未来的某一事件的发生才能确定的法律的生效形式。确定生效形式中法律生效时间较为明确，不容易产生争议。

根据法律公布之后是否立即生效，法律的生效形式分为即时生效和定时生效。即时生效形式是指某一法律自公布之日起即生效的法律生效形式。定时生效形式是指某一法律自公布之后经过一段时间才开始生效的法律生效形式。法律是以国家的强制力来保证执行的、人人必须遵守的行为规则，为了使一切国家机关、公职人员、社会团体和每一个公民执行和遵守法律，首先要使他们知晓法律的内容，而一部法律从公布，到国家机关、公民了解法律，这需要一个过程、一定的时间，故应尽量少使用即时生效形式。我国当前绝大多数民商事法律主要采用明定、确定、定时的生效形式。

---

① 张根大：《法律效力论》，法律出版社 1999 年版，第 116~117 页。

【条文解读】

本条规定期货和衍生品法的施行日期，即该法的生效时间。

本法于 2022 年 4 月 20 日第十三届全国人民代表大会常务委员会第三十四次会议通过，中华人民共和国主席令第一一一号公布。依据本条规定，本法自 2022 年 8 月 1 日起施行。

【关联规范】

《中华人民共和国立法法》第五十七条。

附　录

中华人民共和国期货和衍生品法

（2022 年 4 月 20 日第十三届全国人民代表大会常务委员会第三十四次会议通过　2022 年 4 月 20 日中华人民共和国主席令第 111 号公布　自 2022 年 8 月 1 日起施行）

目　录

第一章　总　　则

第一条　为了规范期货交易和衍生品交易行为，保障各方合法权益，维护市场秩序和社会公共利益，促进期货市场和衍生品市场服务国民经济，防范化解金融风险，维护国家经济安全，制定本法。

第二条　在中华人民共和国境内，期货交易和衍生品交易及相关活动，适用本法。

在中华人民共和国境外的期货交易和衍生品交易及相关活动，扰乱中华人民共和国境内市场秩序，损害境内交易者合法权益的，依照本法有关规定处理并追究法律责任。

第三条　本法所称期货交易，是指以期货合约或者标准化期权合约为交易标的的交易活动。

本法所称衍生品交易，是指期货交易以外的，以互换合约、远期合约和非标准化期权合约及其组合为交易标的的交易活动。

本法所称期货合约，是指期货交易场所统一制定的、约定在将来某一特定的时间和地点交割一定数量标的物的标准化合约。

本法所称期权合约，是指约定买方有权在将来某一时间以特定价格买入或者卖出约定标的物（包括期货合约）的标准化或非标准化合约。

本法所称互换合约，是指约定在将来某一特定时间内相互交换特定标的物的金融合约。

本法所称远期合约，是指期货合约以外的，约定在将来某一特定的时间和地点交割一定数量标的物的金融合约。

第四条　国家支持期货市场健康发展，发挥发现价格、管理风险、配置资源的功能。

国家鼓励利用期货市场和衍生品市场从事套期保值等风险管理活动。

国家采取措施推动农产品期货市场和衍生品市场发展，引导国内农产品生产经营。

本法所称套期保值，是指交易者为管理因其资产、负债等价值变化产生的风险而达成与上述资产、负债等基本吻合的期货交易和衍生品交易的活动。

第五条　期货市场和衍生品市场应当建立和完善风险的监测监控与化解处置制度机制，依法限制过度投机行为，防范市场系统性风险。

第六条　期货交易和衍生品交易活动，应当遵守法律、行政法规和国家有关规定，遵循公开、公平、公正的原则，禁止欺诈、操纵市场和内幕交易的行为。

第七条　参与期货交易和衍生品交易活动的各方具有平等的法律地位，应当遵守自愿、有偿、诚实信用的原则。

第八条　国务院期货监督管理机构依法对全国期货市场实行集中统一监督管理。国务院对利率、汇率期货的监督管理另有规定的，适用其规定。

衍生品市场由国务院期货监督管理机构或者国务院授权的部门按照职责分工实行监督管理。

第九条　期货和衍生品行业协会依法实行自律管理。

第十条　国家审计机关依法对期货经营机构、期货交易场所、期货结算机构、国务院期货监督管理机构进行审计监督。

第二章 期货交易和衍生品交易

第一节 一般规定

第十一条 期货交易应当在依法设立的期货交易所或者国务院期货监督管理机构依法批准组织开展期货交易的其他期货交易场所（以下统称期货交易场所），采用公开的集中交易方式或者国务院期货监督管理机构批准的其他方式进行。

禁止在期货交易场所之外进行期货交易。

衍生品交易，可以采用协议交易或者国务院规定的其他交易方式进行。

第十二条 任何单位和个人不得操纵期货市场或者衍生品市场。

禁止以下列手段操纵期货市场，影响或者意图影响期货交易价格或者期货交易量：

（一）单独或者合谋，集中资金优势、持仓优势或者利用信息优势联合或者连续买卖合约；

（二）与他人串通，以事先约定的时间、价格和方式相互进行期货交易；

（三）在自己实际控制的账户之间进行期货交易；

（四）利用虚假或者不确定的重大信息，诱导交易者进行期货交易；

（五）不以成交为目的，频繁或者大量申报并撤销申报；

（六）对相关期货交易或者合约标的物的交易作出公开评价、预测或者投资建议，并进行反向操作或者相关操作；

（七）为影响期货市场行情囤积现货；

（八）在交割月或者临近交割月，利用不正当手段规避持仓限额，形成持仓优势；

（九）利用在相关市场的活动操纵期货市场；

（十）操纵期货市场的其他手段。

第十三条 期货交易和衍生品交易的内幕信息的知情人和非法获取内幕信息的人，在内幕信息公开前不得从事相关期货交易或者衍生品交易，明示、暗示他人从事与内幕信息有关的期货交易或者衍生品交易，或者泄露内幕信息。

第十四条 本法所称内幕信息，是指可能对期货交易或者衍生品交易的交易价格产生重大影响的尚未公开的信息。

期货交易的内幕信息包括：

（一）国务院期货监督管理机构以及其他相关部门正在制定或者尚未发布

的对期货交易价格可能产生重大影响的政策、信息或者数据；

（二）期货交易场所、期货结算机构作出的可能对期货交易价格产生重大影响的决定；

（三）期货交易场所会员、交易者的资金和交易动向；

（四）相关市场中的重大异常交易信息；

（五）国务院期货监督管理机构规定的对期货交易价格有重大影响的其他信息。

第十五条　本法所称内幕信息的知情人，是指由于经营地位、管理地位、监督地位或者职务便利等，能够接触或者获得内幕信息的单位和个人。

期货交易的内幕信息的知情人包括：

（一）期货经营机构、期货交易场所、期货结算机构、期货服务机构的有关人员；

（二）国务院期货监督管理机构和其他有关部门的工作人员；

（三）国务院期货监督管理机构规定的可以获取内幕信息的其他单位和个人。

第十六条　禁止任何单位和个人编造、传播虚假信息或者误导性信息，扰乱期货市场和衍生品市场。

禁止期货经营机构、期货交易场所、期货结算机构、期货服务机构及其从业人员，组织、开展衍生品交易的场所、机构及其从业人员，期货和衍生品行业协会、国务院期货监督管理机构、国务院授权的部门及其工作人员，在期货交易和衍生品交易及相关活动中作出虚假陈述或者信息误导。

各种传播媒介传播期货市场和衍生品市场信息应当真实、客观，禁止误导。传播媒介及其从事期货市场和衍生品市场信息报道的工作人员不得从事与其工作职责发生利益冲突的期货交易和衍生品交易及相关活动。

第二节　期 货 交 易

第十七条　期货合约品种和标准化期权合约品种的上市应当符合国务院期货监督管理机构的规定，由期货交易场所依法报经国务院期货监督管理机构注册。

期货合约品种和标准化期权合约品种的中止上市、恢复上市、终止上市应当符合国务院期货监督管理机构的规定，由期货交易场所决定并向国务院期货监督管理机构备案。

期货合约品种和标准化期权合约品种应当具有经济价值，合约不易被操纵，符合社会公共利益。

第十八条　期货交易实行账户实名制。交易者进行期货交易的，应当持有证明身份的合法证件，以本人名义申请开立账户。

任何单位和个人不得违反规定，出借自己的期货账户或者借用他人的期货账户从事期货交易。

第十九条 在期货交易场所进行期货交易的，应当是期货交易场所会员或者符合国务院期货监督管理机构规定的其他参与者。

第二十条 交易者委托期货经营机构进行交易的，可以通过书面、电话、自助终端、网络等方式下达交易指令。交易指令应当明确、具体、全面。

第二十一条 通过计算机程序自动生成或者下达交易指令进行程序化交易的，应当符合国务院期货监督管理机构的规定，并向期货交易场所报告，不得影响期货交易场所系统安全或者正常交易秩序。

第二十二条 期货交易实行保证金制度，期货结算机构向结算参与人收取保证金，结算参与人向交易者收取保证金。保证金用于结算和履约保障。

保证金的形式包括现金，国债、股票、基金份额、标准仓单等流动性强的有价证券，以及国务院期货监督管理机构规定的其他财产。以有价证券等作为保证金的，可以依法通过质押等具有履约保障功能的方式进行。

期货结算机构、结算参与人收取的保证金的形式、比例等应当符合国务院期货监督管理机构的规定。

交易者进行标准化期权合约交易的，卖方应当缴纳保证金，买方应当支付权利金。

前款所称权利金是指买方支付的用于购买标准化期权合约的资金。

第二十三条 期货交易实行持仓限额制度，防范合约持仓过度集中的风险。

从事套期保值等风险管理活动的，可以申请持仓限额豁免。

持仓限额、套期保值的管理办法由国务院期货监督管理机构制定。

第二十四条 期货交易实行交易者实际控制关系报备管理制度。交易者应当按照国务院期货监督管理机构的规定向期货经营机构或者期货交易场所报备实际控制关系。

第二十五条 期货交易的收费应当合理，收费项目、收费标准和管理办法应当公开。

第二十六条 依照期货交易场所依法制定的业务规则进行的交易，不得改变其交易结果，本法第八十九条第二款规定的除外。

第二十七条 期货交易场所会员和交易者应当按照国务院期货监督管理机构的规定，报告有关交易、持仓、保证金等重大事项。

第二十八条 任何单位和个人不得违规使用信贷资金、财政资金进行期货交易。

第二十九条 期货经营机构、期货交易场所、期货结算机构、期货服务机构等机构及其从业人员对发现的禁止的交易行为，应当及时向国务院期货监督管理机构报告。

第三节 衍生品交易

第三十条 依法设立的场所，经国务院授权的部门或者国务院期货监督管理机构审批，可以组织开展衍生品交易。

组织开展衍生品交易的场所制定的交易规则，应当公平保护交易参与各方合法权益和防范市场风险，并报国务院授权的部门或者国务院期货监督管理机构批准。

第三十一条 金融机构开展衍生品交易业务，应当依法经过批准或者核准，履行交易者适当性管理义务，并应当遵守国家有关监督管理规定。

第三十二条 衍生品交易采用主协议方式的，主协议、主协议项下的全部补充协议以及交易双方就各项具体交易作出的约定等，共同构成交易双方之间一个完整的单一协议，具有法律约束力。

第三十三条 本法第三十二条规定的主协议等合同范本，应当按照国务院授权的部门或者国务院期货监督管理机构的规定报送备案。

第三十四条 进行衍生品交易，可以依法通过质押等方式提供履约保障。

第三十五条 依法采用主协议方式从事衍生品交易的，发生约定的情形时，可以依照协议约定终止交易，并按净额对协议项下的全部交易盈亏进行结算。

依照前款规定进行的净额结算，不因交易任何一方依法进入破产程序而中止、无效或者撤销。

第三十六条 国务院授权的部门、国务院期货监督管理机构应当建立衍生品交易报告库，对衍生品交易标的、规模、对手方等信息进行集中收集、保存、分析和管理，并按照规定及时向市场披露有关信息。具体办法由国务院授权的部门、国务院期货监督管理机构规定。

第三十七条 衍生品交易，由国务院授权的部门或者国务院期货监督管理机构批准的结算机构作为中央对手方进行集中结算的，可以依法进行终止净额结算；结算财产应当优先用于结算和交割，不得被查封、冻结、扣押或者强制执行；在结算和交割完成前，任何人不得动用。

依法进行的集中结算，不因参与结算的任何一方依法进入破产程序而中止、无效或者撤销。

第三十八条 对衍生品交易及相关活动进行规范和监督管理的具体办法，由国务院依照本法的原则规定。

第三章　期货结算与交割

第三十九条　期货交易实行当日无负债结算制度。在期货交易场所规定的时间，期货结算机构应当在当日按照结算价对结算参与人进行结算；结算参与人应当根据期货结算机构的结算结果对交易者进行结算。结算结果应当在当日及时通知结算参与人和交易者。

第四十条　期货结算机构、结算参与人收取的保证金、权利金等，应当与其自有资金分开，按照国务院期货监督管理机构的规定，在期货保证金存管机构专户存放，分别管理，禁止违规挪用。

第四十一条　结算参与人的保证金不符合期货结算机构业务规则规定标准的，期货结算机构应当按照业务规则的规定通知结算参与人在规定时间内追加保证金或者自行平仓；结算参与人未在规定时间内追加保证金或者自行平仓的，通知期货交易场所强行平仓。

交易者的保证金不符合结算参与人与交易者约定标准的，结算参与人应当按照约定通知交易者在约定时间内追加保证金或者自行平仓；交易者未在约定时间内追加保证金或者自行平仓的，按照约定强行平仓。

以有价证券等作为保证金，期货结算机构、结算参与人按照前两款规定强行平仓的，可以对有价证券等进行处置。

第四十二条　结算参与人在结算过程中违约的，期货结算机构按照业务规则动用结算参与人的保证金、结算担保金以及结算机构的风险准备金、自有资金等完成结算；期货结算机构以其风险准备金、自有资金等完成结算的，可以依法对该结算参与人进行追偿。

交易者在结算过程中违约的，其委托的结算参与人按照合同约定动用该交易者的保证金以及结算参与人的风险准备金和自有资金完成结算；结算参与人以其风险准备金和自有资金完成结算的，可以依法对该交易者进行追偿。

本法所称结算担保金，是指结算参与人以自有资金向期货结算机构缴纳的，用于担保履约的资金。

第四十三条　期货结算机构依照其业务规则收取和提取的保证金、权利金、结算担保金、风险准备金等资产，应当优先用于结算和交割，不得被查封、冻结、扣押或者强制执行。

在结算和交割完成之前，任何人不得动用用于担保履约和交割的保证金、进入交割环节的交割财产。

依法进行的结算和交割，不因参与结算的任何一方依法进入破产程序而中止、无效或者撤销。

第四十四条 期货合约到期时，交易者应当通过实物交割或者现金交割，了结到期未平仓合约。

在标准化期权合约规定的时间，合约的买方有权以约定的价格买入或者卖出标的物，或者按照约定进行现金差价结算，合约的卖方应当按照约定履行相应的义务。标准化期权合约的行权，由期货结算机构组织进行。

第四十五条 期货合约采取实物交割的，由期货结算机构负责组织货款与标准仓单等合约标的物权利凭证的交付。

期货合约采取现金交割的，由期货结算机构以交割结算价为基础，划付持仓双方的盈亏款项。

本法所称标准仓单，是指交割库开具并经期货交易场所登记的标准化提货凭证。

第四十六条 期货交易的实物交割在期货交易场所指定的交割库、交割港口或者其他符合期货交易场所要求的地点进行。实物交割不得限制交割总量。采用标准仓单以外的单据凭证或者其他方式进行实物交割的，期货交易场所应当明确规定交割各方的权利和义务。

第四十七条 结算参与人在交割过程中违约的，期货结算机构有权对结算参与人的标准仓单等合约标的物权利凭证进行处置。

交易者在交割过程中违约的，结算参与人有权对交易者的标准仓单等合约标的物权利凭证进行处置。

第四十八条 不符合结算参与人条件的期货经营机构可以委托结算参与人代为其客户进行结算。不符合结算参与人条件的期货经营机构与结算参与人、交易者之间的权利义务关系，参照本章关于结算参与人与交易者之间权利义务的规定执行。

第四章 期货交易者

第四十九条 期货交易者是指依照本法从事期货交易，承担交易结果的自然人、法人和非法人组织。

期货交易者从事期货交易，除国务院期货监督管理机构另有规定外，应当委托期货经营机构进行。

第五十条 期货经营机构向交易者提供服务时，应当按照规定充分了解交易者的基本情况、财产状况、金融资产状况、交易知识和经验、专业能力等相关信息；如实说明服务的重要内容，充分揭示交易风险；提供与交易者上述状况相匹配的服务。

交易者在参与期货交易和接受服务时，应当按照期货经营机构明示的要求提供前款所列真实信息。拒绝提供或者未按照要求提供信息的，期货经营机构应当告知其后果，并按照规定拒绝提供服务。

期货经营机构违反第一款规定导致交易者损失的，应当承担相应的赔偿责任。

第五十一条 根据财产状况、金融资产状况、交易知识和经验、专业能力等因素，交易者可以分为普通交易者和专业交易者。专业交易者的标准由国务院期货监督管理机构规定。

普通交易者与期货经营机构发生纠纷的，期货经营机构应当证明其行为符合法律、行政法规以及国务院期货监督管理机构的规定，不存在误导、欺诈等情形。期货经营机构不能证明的，应当承担相应的赔偿责任。

第五十二条 参与期货交易的法人和非法人组织，应当建立与其交易合约类型、规模、目的等相适应的内部控制制度和风险控制制度。

第五十三条 期货经营机构、期货交易场所、期货结算机构的从业人员，国务院期货监督管理机构、期货业协会的工作人员，以及法律、行政法规和国务院期货监督管理机构规定禁止参与期货交易的其他人员，不得进行期货交易。

第五十四条 交易者有权查询其委托记录、交易记录、保证金余额、与其接受服务有关的其他重要信息。

第五十五条 期货经营机构、期货交易场所、期货结算机构、期货服务机构及其工作人员应当依法为交易者的信息保密，不得非法买卖、提供或者公开交易者的信息。

期货经营机构、期货交易场所、期货结算机构、期货服务机构及其工作人员不得泄露所知悉的商业秘密。

第五十六条 交易者与期货经营机构等发生纠纷的，双方可以向行业协会等申请调解。普通交易者与期货经营机构发生期货业务纠纷并提出调解请求的，期货经营机构不得拒绝。

第五十七条 交易者提起操纵市场、内幕交易等期货民事赔偿诉讼时，诉讼标的是同一种类，且当事人一方人数众多的，可以依法推选代表人进行诉讼。

第五十八条 国家设立期货交易者保障基金。期货交易者保障基金的筹集、管理和使用的具体办法，由国务院期货监督管理机构会同国务院财政部门制定。

第五章 期货经营机构

第五十九条 期货经营机构是指依照《中华人民共和国公司法》和本法

设立的期货公司以及国务院期货监督管理机构核准从事期货业务的其他机构。

第六十条　设立期货公司，应当具备下列条件，并经国务院期货监督管理机构核准：

（一）有符合法律、行政法规规定的公司章程；

（二）主要股东及实际控制人具有良好的财务状况和诚信记录，净资产不低于国务院期货监督管理机构规定的标准，最近三年无重大违法违规记录；

（三）注册资本不低于人民币一亿元，且应当为实缴货币资本；

（四）从事期货业务的人员符合本法规定的条件，董事、监事和高级管理人员具备相应的任职条件；

（五）有良好的公司治理结构、健全的风险管理制度和完善的内部控制制度；

（六）有合格的经营场所、业务设施和信息技术系统；

（七）法律、行政法规和国务院期货监督管理机构规定的其他条件。

国务院期货监督管理机构根据审慎监管原则和各项业务的风险程度，可以提高注册资本最低限额。

国务院期货监督管理机构应当自受理期货公司设立申请之日起六个月内依照法定条件、法定程序和审慎监管原则进行审查，作出核准或者不予核准的决定，并通知申请人；不予核准的，应当说明理由。

第六十一条　期货公司应当在其名称中标明“期货”字样，国务院期货监督管理机构另有规定的除外。

第六十二条　期货公司办理下列事项，应当经国务院期货监督管理机构核准：

（一）合并、分立、停业、解散或者申请破产；

（二）变更主要股东或者公司的实际控制人；

（三）变更注册资本且调整股权结构；

（四）变更业务范围；

（五）国务院期货监督管理机构规定的其他重大事项。

前款第三项、第五项所列事项，国务院期货监督管理机构应当自受理申请之日起二十日内作出核准或者不予核准的决定；前款所列其他事项，国务院期货监督管理机构应当自受理申请之日起六十日内作出核准或者不予核准的决定。

第六十三条　期货公司经国务院期货监督管理机构核准可以从事下列期货业务：

（一）期货经纪；

（二）期货交易咨询；

（三）期货做市交易；

（四）其他期货业务。

期货公司从事资产管理业务的，应当符合《中华人民共和国证券投资基金法》等法律、行政法规的规定。

未经国务院期货监督管理机构核准，任何单位和个人不得设立或者变相设立期货公司，经营或者变相经营期货经纪业务、期货交易咨询业务，也不得以经营为目的使用“期货”、“期权”或者其他可能产生混淆或者误导的名称。

第六十四条 期货公司的董事、监事、高级管理人员，应当正直诚实、品行良好，熟悉期货法律、行政法规，具有履行职责所需的经营管理能力。期货公司任免董事、监事、高级管理人员，应当报国务院期货监督管理机构备案。

有下列情形之一的，不得担任期货公司的董事、监事、高级管理人员：

（一）存在《中华人民共和国公司法》规定的不得担任公司董事、监事和高级管理人员的情形；

（二）因违法行为或者违纪行为被解除职务的期货经营机构的董事、监事、高级管理人员，或者期货交易场所、期货结算机构的负责人，自被解除职务之日起未逾五年；

（三）因违法行为或者违纪行为被吊销执业证书或者被取消资格的注册会计师、律师或者其他期货服务机构的专业人员，自被吊销执业证书或者被取消资格之日起未逾五年。

第六十五条 期货经营机构应当依法经营，勤勉尽责，诚实守信。期货经营机构应当建立健全内部控制制度，采取有效隔离措施，防范经营机构与客户之间、不同客户之间的利益冲突。

期货经营机构应当将其期货经纪业务、期货做市交易业务、资产管理业务和其他相关业务分开办理，不得混合操作。

期货经营机构应当依法建立并执行反洗钱制度。

第六十六条 期货经营机构接受交易者委托为其进行期货交易，应当签订书面委托合同，以自己的名义为交易者进行期货交易，交易结果由交易者承担。

期货经营机构从事经纪业务，不得接受交易者的全权委托。

第六十七条 期货经营机构从事资产管理业务，接受客户委托，运用客户资产进行投资的，应当公平对待所管理的不同客户资产，不得违背受托义务。

第六十八条 期货经营机构不得违反规定为其股东、实际控制人或者股东、实际控制人的关联人提供融资或者担保，不得违反规定对外担保。

第六十九条 期货经营机构从事期货业务的人员应当正直诚实、品行良好，具备从事期货业务所需的专业能力。

期货经营机构从事期货业务的人员不得私下接受客户委托从事期货交易。

期货经营机构从事期货业务的人员在从事期货业务活动中，执行所属的期货经营机构的指令或者利用职务违反期货交易规则的，由所属的期货经营机构承担全部责任。

第七十条　国务院期货监督管理机构应当制定期货经营机构持续性经营规则，对期货经营机构及其分支机构的经营条件、风险管理、内部控制、保证金存管、合规管理、风险监管指标、关联交易等方面作出规定。期货经营机构应当符合持续性经营规则。

第七十一条　期货经营机构应当按照规定向国务院期货监督管理机构报送业务、财务等经营管理信息和资料。国务院期货监督管理机构有权要求期货经营机构及其主要股东、实际控制人、其他关联人在指定的期限内提供有关信息、资料。

期货经营机构及其主要股东、实际控制人或者其他关联人向国务院期货监督管理机构报送或者提供的信息、资料，应当真实、准确、完整。

第七十二条　期货经营机构涉及重大诉讼、仲裁，股权被冻结或者用于担保，以及发生其他重大事件时，应当自该事件发生之日起五日内向国务院期货监督管理机构提交书面报告。

期货经营机构的控股股东或者实际控制人应当配合期货经营机构履行前款规定的义务。

第七十三条　期货经营机构不符合持续性经营规则或者出现经营风险的，国务院期货监督管理机构应当责令其限期改正；期货经营机构逾期未改正的，或者其行为严重危及该期货经营机构的稳健运行、损害交易者合法权益的，或者涉嫌严重违法违规正在被国务院期货监督管理机构调查的，国务院期货监督管理机构可以区别情形，对其采取下列措施：

（一）限制或者暂停部分业务；

（二）停止核准新增业务；

（三）限制分配红利，限制向董事、监事、高级管理人员支付报酬、提供福利；

（四）限制转让财产或者在财产上设定其他权利；

（五）责令更换董事、监事、高级管理人员或者有关业务部门、分支机构的负责人员，或者限制其权利；

（六）限制期货经营机构自有资金或者风险准备金的调拨和使用；

（七）认定负有责任的董事、监事、高级管理人员为不适当人选；

（八）责令负有责任的股东转让股权，限制负有责任的股东行使股东权利。

对经过整改符合有关法律、行政法规规定以及持续性经营规则要求的期货经营机构，国务院期货监督管理机构应当自验收完毕之日起三日内解除对其采取的有关措施。

对经过整改仍未达到持续性经营规则要求，严重影响正常经营的期货经营机构，国务院期货监督管理机构有权撤销其部分或者全部期货业务许可、关闭其部分或者全部分支机构。

第七十四条 期货经营机构违法经营或者出现重大风险，严重危害期货市场秩序、损害交易者利益的，国务院期货监督管理机构可以对该期货经营机构采取责令停业整顿、指定其他机构托管或者接管等监督管理措施。

期货经营机构有前款所列情形，经国务院期货监督管理机构批准，可以对该期货经营机构直接负责的董事、监事、高级管理人员和其他直接责任人员采取以下措施：

（一）决定并通知出境入境管理机关依法阻止其出境；

（二）申请司法机关禁止其转移、转让或者以其他方式处分财产，或者在财产上设定其他权利。

第七十五条 期货经营机构的股东有虚假出资、抽逃出资行为的，国务院期货监督管理机构应当责令其限期改正，并可责令其转让所持期货经营机构的股权。

在股东依照前款规定的要求改正违法行为、转让所持期货经营机构的股权前，国务院期货监督管理机构可以限制其股东权利。

第七十六条 期货经营机构有下列情形之一的，国务院期货监督管理机构应当依法办理相关业务许可证注销手续：

（一）营业执照被依法吊销；

（二）成立后无正当理由超过三个月未开始营业，或者开业后无正当理由停业连续三个月以上；

（三）主动提出注销申请；

（四）《中华人民共和国行政许可法》和国务院期货监督管理机构规定应当注销行政许可的其他情形。

期货经营机构在注销相关业务许可证前，应当结清相关期货业务，并依法返还交易者的保证金和其他资产。

第七十七条 国务院期货监督管理机构认为必要时，可以委托期货服务机构对期货经营机构的财务状况、内部控制状况、资产价值进行审计或者评估。具体办法由国务院期货监督管理机构会同有关主管部门制定。

第七十八条 禁止期货经营机构从事下列损害交易者利益的行为：

（一）向交易者作出保证其资产本金不受损失或者取得最低收益承诺；

（二）与交易者约定分享利益、共担风险；

（三）违背交易者委托进行期货交易；

（四）隐瞒重要事项或者使用其他不正当手段，诱骗交易者交易；

（五）以虚假或者不确定的重大信息为依据向交易者提供交易建议；

（六）向交易者提供虚假成交回报；

（七）未将交易者交易指令下达到期货交易场所；

（八）挪用交易者保证金；

（九）未依照规定在期货保证金存管机构开立保证金账户，或者违规划转交易者保证金；

（十）利用为交易者提供服务的便利，获取不正当利益或者转嫁风险；

（十一）其他损害交易者权益的行为。

第六章　期货交易场所

第七十九条　期货交易场所应当遵循社会公共利益优先原则，为期货交易提供场所和设施，组织和监督期货交易，维护市场的公平、有序和透明，实行自律管理。

第八十条　设立、变更和解散期货交易所，应当由国务院期货监督管理机构批准。

设立期货交易所应当制定章程。期货交易所章程的制定和修改，应当经国务院期货监督管理机构批准。

第八十一条　期货交易所应当在其名称中标明“商品交易所”或者“期货交易所”等字样。其他任何单位或者个人不得使用期货交易所或者其他可能产生混淆或者误导的名称。

第八十二条　期货交易所可以采取会员制或者公司制的组织形式。

会员制期货交易所的组织机构由其章程规定。

第八十三条　期货交易所依照法律、行政法规和国务院期货监督管理机构的规定，制定有关业务规则；其中交易规则的制定和修改应当报国务院期货监督管理机构批准。

期货交易所业务规则应当体现公平保护会员、交易者等市场相关各方合法权益的原则。

在期货交易所从事期货交易及相关活动，应当遵守期货交易所依法制定的业务规则。违反业务规则的，由期货交易所给予纪律处分或者采取其他自律管理措施。

第八十四条　期货交易所的负责人由国务院期货监督管理机构提名或者

任免。

有《中华人民共和国公司法》规定的不适合担任公司董事、监事、高级管理人员的情形或者下列情形之一的，不得担任期货交易所的负责人：

（一）因违法行为或者违纪行为被解除职务的期货经营机构的董事、监事、高级管理人员，或者期货交易场所、期货结算机构的负责人，自被解除职务之日起未逾五年；

（二）因违法行为或者违纪行为被吊销执业证书或者被取消资格的注册会计师、律师或者其他期货服务机构的专业人员，自被吊销执业证书或者被取消资格之日起未逾五年。

第八十五条 期货交易场所应当依照本法和国务院期货监督管理机构的规定，加强对交易活动的风险控制和对会员以及交易场所工作人员的监督管理，依法履行下列职责：

（一）提供交易的场所、设施和服务；

（二）设计期货合约、标准化期权合约品种，安排期货合约、标准化期权合约品种上市；

（三）对期货交易进行实时监控和风险监测；

（四）依照章程和业务规则对会员、交易者、期货服务机构等进行自律管理；

（五）开展交易者教育和市场培育工作；

（六）国务院期货监督管理机构规定的其他职责。

期货交易场所不得直接或者间接参与期货交易。未经国务院批准，期货交易场所不得从事信托投资、股票投资、非自用不动产投资等与其职责无关的业务。

第八十六条 期货交易所的所得收益按照国家有关规定管理和使用，应当首先用于保证期货交易的场所、设施的运行和改善。

第八十七条 期货交易场所应当加强对期货交易的风险监测，出现异常情况的，期货交易场所可以依照业务规则，单独或者会同期货结算机构采取下列紧急措施，并立即报告国务院期货监督管理机构：

（一）调整保证金；

（二）调整涨跌停板幅度；

（三）调整会员、交易者的交易限额或持仓限额标准；

（四）限制开仓；

（五）强行平仓；

（六）暂时停止交易；

（七）其他紧急措施。

异常情况消失后，期货交易场所应当及时取消紧急措施。

第八十八条　期货交易场所应当实时公布期货交易即时行情，并按交易日制作期货市场行情表，予以公布。

期货交易行情的权益由期货交易场所享有。未经期货交易场所许可，任何单位和个人不得发布期货交易行情。

期货交易场所不得发布价格预测信息。

期货交易场所应当依照国务院期货监督管理机构的规定，履行信息报告义务。

第八十九条　因突发性事件影响期货交易正常进行时，为维护期货交易正常秩序和市场公平，期货交易场所可以按照本法和业务规则规定采取必要的处置措施，并应当及时向国务院期货监督管理机构报告。

因前款规定的突发性事件导致期货交易结果出现重大异常，按交易结果进行结算、交割将对期货交易正常秩序和市场公平造成重大影响的，期货交易场所可以按照业务规则采取取消交易等措施，并应当及时向国务院期货监督管理机构报告并公告。

第九十条　期货交易场所对其依照本法第八十七条、第八十九条规定采取措施造成的损失，不承担民事赔偿责任，但存在重大过错的除外。

第七章　期货结算机构

第九十一条　期货结算机构是指依法设立，为期货交易提供结算、交割服务，实行自律管理的法人。

期货结算机构包括内部设有结算部门的期货交易场所、独立的期货结算机构和经国务院期货监督管理机构批准从事与证券业务相关的期货交易结算、交割业务的证券结算机构。

第九十二条　独立的期货结算机构的设立、变更和解散，应当经国务院期货监督管理机构批准。

设立独立的期货结算机构，应当具备下列条件：

（一）具备良好的财务状况，注册资本最低限额符合国务院期货监督管理机构的规定；

（二）有具备任职专业知识和业务工作经验的高级管理人员；

（三）具备完善的治理结构、内部控制制度和风险控制制度；

（四）具备符合要求的营业场所、信息技术系统以及与期货交易的结算有关的其他设施；

（五）国务院期货监督管理机构规定的其他条件。

承担期货结算机构职责的期货交易场所，应当具备本条第二款规定的条件。

国务院期货监督管理机构应当根据审慎监管原则进行审查，在六个月内作出批准或者不予批准的决定。

第九十三条 期货结算机构作为中央对手方，是结算参与人共同对手方，进行净额结算，为期货交易提供集中履约保障。

第九十四条 期货结算机构履行下列职责：

（一）组织期货交易的结算、交割；

（二）按照章程和业务规则对交易者、期货经营机构、期货服务机构、非期货经营机构结算参与人等进行自律管理；

（三）办理与期货交易的结算、交割有关的信息查询业务；

（四）国务院期货监督管理机构规定的其他职责。

第九十五条 期货结算机构应当按照国务院期货监督管理机构的规定，在其业务规则中规定结算参与人制度、风险控制制度、信息安全管理制度、违规违约处理制度、应急处理及临时处置措施等事项。期货结算机构制定和修改章程、业务规则，应当经国务院期货监督管理机构批准。参与期货结算，应当遵守期货结算机构制定的业务规则。

期货结算机构制定和执行业务规则，应当与期货交易场所的相关制度衔接、协调。

第九十六条 期货结算机构应当建立流动性管理制度，保障结算活动的稳健运行。

第九十七条 本法第八十四条，第八十五条第二款，第八十六条，第八十八条第三款、第四款的规定，适用于独立的期货结算机构和经批准从事期货交易结算、交割业务的证券结算机构。

第八章 期货服务机构

第九十八条 会计师事务所、律师事务所、资产评估机构、期货保证金存管机构、交割库、信息技术服务机构等期货服务机构，应当勤勉尽责、恪尽职守，按照相关业务规则为期货交易及相关活动提供服务，并按照国务院期货监督管理机构的要求提供相关资料。

第九十九条 会计师事务所、律师事务所、资产评估机构等期货服务机构接受期货经营机构、期货交易场所、期货结算机构的委托出具审计报告、法律意见书等文件，应当对所依据的文件资料内容的真实性、准确性、完整性进行核查和验证。

第一百条　交割库包括交割仓库和交割厂库等。交割库为期货交易的交割提供相关服务，应当符合期货交易场所规定的条件。期货交易场所应当与交割库签订协议，明确双方的权利和义务。

交割库不得有下列行为：

（一）出具虚假仓单；

（二）违反期货交易场所的业务规则，限制交割商品的出库、入库；

（三）泄露与期货交易有关的商业秘密；

（四）违反国家有关规定参与期货交易；

（五）违反国务院期货监督管理机构规定的其他行为。

第一百零一条　为期货交易及相关活动提供信息技术系统服务的机构，应当符合国家及期货行业信息安全相关的技术管理规定和标准，并向国务院期货监督管理机构备案。

国务院期货监督管理机构可以依法要求信息技术服务机构提供前款规定的信息技术系统的相关材料。

第九章　期货业协会

第一百零二条　期货业协会是期货行业的自律性组织，是社会团体法人。

期货经营机构应当加入期货业协会。期货服务机构可以加入期货业协会。

第一百零三条　期货业协会的权力机构为会员大会。

期货业协会的章程由会员大会制定，并报国务院期货监督管理机构备案。

期货业协会设理事会。理事会成员依照章程的规定选举产生。

第一百零四条　期货业协会履行下列职责：

（一）制定和实施行业自律规则，监督、检查会员的业务活动及从业人员的执业行为，对违反法律、行政法规、国家有关规定、协会章程和自律规则的，按照规定给予纪律处分或者实施其他自律管理措施；

（二）对会员之间、会员与交易者之间发生的纠纷进行调解；

（三）依法维护会员的合法权益，向国务院期货监督管理机构反映会员的建议和要求；

（四）组织期货从业人员的业务培训，开展会员间的业务交流；

（五）教育会员和期货从业人员遵守期货法律法规和政策，组织开展行业诚信建设，建立行业诚信激励约束机制；

（六）开展交易者教育和保护工作，督促会员落实交易者适当性管理制度，开展期货市场宣传；

（七）对会员的信息安全工作实行自律管理，督促会员执行国家和行业信息安全相关规定和技术标准；

（八）组织会员就期货行业的发展、运作及有关内容进行研究，收集整理、发布期货相关信息，提供会员服务，组织行业交流，引导行业创新发展；

（九）期货业协会章程规定的其他职责。

第十章　监督管理

第一百零五条　国务院期货监督管理机构依法对期货市场实行监督管理，维护期货市场公开、公平、公正，防范系统性风险，维护交易者合法权益，促进期货市场健康发展。

国务院期货监督管理机构在对期货市场实施监督管理中，依法履行下列职责：

（一）制定有关期货市场监督管理的规章、规则，并依法进行审批、核准、注册，办理备案；

（二）对品种的上市、交易、结算、交割等期货交易及相关活动，进行监督管理；

（三）对期货经营机构、期货交易场所、期货结算机构、期货服务机构和非期货经营机构结算参与人等市场相关参与者的期货业务活动，进行监督管理；

（四）制定期货从业人员的行为准则，并监督实施；

（五）监督检查期货交易的信息公开情况；

（六）维护交易者合法权益、开展交易者教育；

（七）对期货违法行为进行查处；

（八）监测监控并防范、处置期货市场风险；

（九）对期货行业金融科技和信息安全进行监管；

（十）对期货业协会的自律管理活动进行指导和监督；

（十一）法律、行政法规规定的其他职责。

国务院期货监督管理机构根据需要可以设立派出机构，依照授权履行监督管理职责。

第一百零六条　国务院期货监督管理机构依法履行职责，有权采取下列措施：

（一）对期货经营机构、期货交易场所、期货结算机构进行现场检查，并要求其报送有关的财务会计、业务活动、内部控制等资料；

（二）进入涉嫌违法行为发生场所调查取证；

（三）询问当事人和与被调查事件有关的单位和个人，要求其对与被调查事件有关的事项作出说明，或者要求其按照指定的方式报送与被调查事件有关的文件和资料；

（四）查阅、复制与被调查事件有关的财产权登记、通讯记录等文件和资料；

（五）查阅、复制当事人和与被调查事件有关的单位和个人的期货交易记录、财务会计资料及其他相关文件和资料；对可能被转移、隐匿或者毁损的文件资料，可以予以封存、扣押；

（六）查询当事人和与被调查事件有关的单位和个人的保证金账户和银行账户以及其他具有支付、托管、结算等功能的账户信息，可以对有关文件和资料进行复制；对有证据证明已经或者可能转移或者隐匿违法资金等涉案财产或者隐匿、伪造、毁损重要证据的，经国务院期货监督管理机构主要负责人或者其授权的其他负责人批准，可以冻结、查封，期限为六个月；因特殊原因需要延长的，每次延长期限不得超过三个月，最长期限不得超过二年；

（七）在调查操纵期货市场、内幕交易等重大违法行为时，经国务院期货监督管理机构主要负责人或者其授权的其他负责人批准，可以限制被调查事件当事人的交易，但限制的时间不得超过三个月；案情复杂的，可以延长三个月；

（八）决定并通知出境入境管理机关依法阻止涉嫌违法人员、涉嫌违法单位的主管人员和其他直接责任人员出境。

为防范期货市场风险，维护市场秩序，国务院期货监督管理机构可以采取责令改正、监管谈话、出具警示函等措施。

第一百零七条 国务院期货监督管理机构依法履行职责，进行监督检查或者调查，其监督检查、调查的人员不得少于二人，并应当出示执法证件和检查、调查、查询等相关执法文书。监督检查、调查的人员少于二人或者未出示执法证件和有关执法文书的，被检查、调查的单位或者个人有权拒绝。

第一百零八条 国务院期货监督管理机构的工作人员，应当依法办事，忠于职守，公正廉洁，保守国家秘密和有关当事人的商业秘密，不得利用职务便利牟取不正当利益。

第一百零九条 国务院期货监督管理机构依法履行职责，被检查、调查的单位和个人应当配合，如实作出说明或者提供有关文件和资料，不得拒绝、阻碍和隐瞒。

国务院期货监督管理机构与其他相关部门，应当建立信息共享等监督管理协调配合机制。国务院期货监督管理机构依法履行职责，进行监督检查或者调查时，有关部门应当予以配合。

第一百一十条 对涉嫌期货违法、违规行为，任何单位和个人有权向国务院期货监督管理机构举报。

对涉嫌重大违法、违规行为的实名举报线索经查证属实的，国务院期货监督管理机构按照规定给予举报人奖励。

国务院期货监督管理机构应当对举报人的身份信息保密。

第一百一十一条 国务院期货监督管理机构制定的规章、规则和监督管理工作制度应当依法公开。

国务院期货监督管理机构依据调查结果，对期货违法行为作出的处罚决定，应当依法公开。

第一百一十二条 国务院期货监督管理机构对涉嫌期货违法的单位或者个人进行调查期间，被调查的当事人书面申请，承诺在国务院期货监督管理机构认可的期限内纠正涉嫌违法行为，赔偿有关交易者损失，消除损害或者不良影响的，国务院期货监督管理机构可以决定中止调查。被调查的当事人履行承诺的，国务院期货监督管理机构可以决定终止调查；被调查的当事人未履行承诺或者有国务院规定的其他情形的，应当恢复调查。具体办法由国务院规定。

国务院期货监督管理机构中止或者终止调查的，应当按照规定公开相关信息。

第一百一十三条 国务院期货监督管理机构依法将有关期货市场主体遵守本法的情况纳入期货市场诚信档案。

第一百一十四条 国务院期货监督管理机构依法履行职责，发现期货违法行为涉嫌犯罪的，应当依法将案件移送司法机关处理；发现公职人员涉嫌职务违法或者职务犯罪的，应当依法移送监察机关处理。

第一百一十五条 国务院期货监督管理机构应当建立健全期货市场监测监控制度，通过专门机构加强保证金安全存管监控。

第一百一十六条 为防范交易及结算的风险，期货经营机构、期货交易场所、期货结算机构和非期货经营机构结算参与人应当从业务收入中按照国务院期货监督管理机构、国务院财政部门的规定提取、管理和使用风险准备金。

第一百一十七条 期货经营机构、期货交易场所、期货结算机构、期货服务机构和非期货经营机构结算参与人等应当按照规定妥善保存与业务经营相关的资料和信息，任何人不得泄露、隐匿、伪造、篡改或者毁损。期货经营机构、期货交易场所、期货结算机构和非期货经营机构结算参与人的信息和资料的保存期限不得少于二十年；期货服务机构的信息和资料的保存期限不得少于十年。

第十一章　跨境交易与监管协作

第一百一十八条 境外期货交易场所向境内单位或者个人提供直接接入该交易场所交易系统进行交易服务的，应当向国务院期货监督管理机构申请注册，接受国务院期货监督管理机构的监督管理，国务院期货监督管理机构另有规定的除外。

第一百一十九条　境外期货交易场所上市的期货合约、期权合约和衍生品合约，以境内期货交易场所上市的合约价格进行挂钩结算的，应当符合国务院期货监督管理机构的规定。

第一百二十条　境内单位或者个人从事境外期货交易，应当委托具有境外期货经纪业务资格的境内期货经营机构进行，国务院另有规定的除外。

境内期货经营机构转委托境外期货经营机构从事境外期货交易的，该境外期货经营机构应当向国务院期货监督管理机构申请注册，接受国务院期货监督管理机构的监督管理，国务院期货监督管理机构另有规定的除外。

第一百二十一条　境外期货交易场所在境内设立代表机构的，应当向国务院期货监督管理机构备案。

境外期货交易场所代表机构及其工作人员，不得从事或者变相从事任何经营活动。

第一百二十二条　境外机构在境内从事期货市场营销、推介及招揽活动，应当经国务院期货监督管理机构批准，适用本法的相关规定。

境内机构为境外机构在境内从事期货市场营销、推介及招揽活动，应当经国务院期货监督管理机构批准。

任何单位或者个人不得从事违反前两款规定的期货市场营销、推介及招揽活动。

第一百二十三条　国务院期货监督管理机构可以和境外期货监督管理机构建立监督管理合作机制，或者加入国际组织，实施跨境监督管理。

国务院期货监督管理机构应境外期货监督管理机构请求提供协助的，应当遵循国家法律、法规的规定和对等互惠的原则，不得泄露国家秘密，不得损害国家利益和社会公共利益。

第一百二十四条　国务院期货监督管理机构可以按照与境外期货监督管理机构达成的监管合作安排，接受境外期货监督管理机构的请求，依照本法规定的职责和程序为其进行调查取证。境外期货监督管理机构应当提供有关案件材料，并说明其正在就被调查当事人涉嫌违反请求方当地期货法律法规的行为进行调查。境外期货监督管理机构不得在中华人民共和国境内直接进行调查取证等活动。

未经国务院期货监督管理机构和国务院有关主管部门同意，任何单位和个人不得擅自向境外监督管理机构提供与期货业务活动有关的文件和资料。

国务院期货监督管理机构可以依照与境外期货监督管理机构达成的监管合作安排，请求境外期货监督管理机构进行调查取证。

第十二章　法律责任

第一百二十五条　违反本法第十二条的规定，操纵期货市场或者衍生品市场的，责令改正，没收违法所得，并处以违法所得一倍以上十倍以下的罚款；没有违法所得或者违法所得不足一百万元的，处以一百万元以上一千万元以下的罚款。单位操纵市场的，还应当对直接负责的主管人员和其他直接责任人员给予警告，并处以五十万元以上五百万元以下的罚款。

操纵市场行为给交易者造成损失的，应当依法承担赔偿责任。

第一百二十六条　违反本法第十三条的规定从事内幕交易的，责令改正，没收违法所得，并处以违法所得一倍以上十倍以下的罚款；没有违法所得或者违法所得不足五十万元的，处以五十万元以上五百万元以下的罚款。单位从事内幕交易的，还应当对直接负责的主管人员和其他直接责任人员给予警告，并处以二十万元以上二百万元以下的罚款。

国务院期货监督管理机构、国务院授权的部门、期货交易场所、期货结算机构的工作人员从事内幕交易的，从重处罚。

内幕交易行为给交易者造成损失的，应当依法承担赔偿责任。

第一百二十七条　违反本法第十六条第一款、第三款的规定，编造、传播虚假信息或者误导性信息，扰乱期货市场、衍生品市场的，没收违法所得，并处以违法所得一倍以上十倍以下的罚款；没有违法所得或者违法所得不足二十万元的，处以二十万元以上二百万元以下的罚款。对直接负责的主管人员和其他直接责任人员给予警告，并处以十万元以上一百万元以下的罚款。

违反本法第十六条第二款的规定，在期货交易、衍生品交易活动中作出虚假陈述或者信息误导的，责令改正，处以二十万元以上二百万元以下的罚款；属于国家工作人员的，还应当依法给予处分。

传播媒介及其从事期货市场、衍生品市场信息报道的工作人员违反本法第十六条第三款的规定，从事与其工作职责发生利益冲突的期货交易、衍生品交易的，没收违法所得，并处以违法所得一倍以下的罚款，没有违法所得或者违法所得不足十万元的，处以十万元以下的罚款。

编造、传播有关期货交易、衍生品交易的虚假信息，或者在期货交易、衍生品交易中作出信息误导，给交易者造成损失的，应当依法承担赔偿责任。

第一百二十八条　违反本法第十八条第二款的规定，出借自己的期货账户或者借用他人的期货账户从事期货交易的，责令改正，给予警告，可以处五十万元以下的罚款。

第一百二十九条　违反本法第二十一条的规定，采取程序化交易影响期货交易场所系统安全或者正常交易秩序的，责令改正，并处以五十万元以上五百万元以下的罚款。对直接负责的主管人员和其他直接责任人员给予警告，并处以十万元以上一百万元以下的罚款。

第一百三十条　违反本法第二十七条规定，未报告有关重大事项的，责令改正，给予警告，可以处一百万元以下的罚款。

第一百三十一条　法律、行政法规和国务院期货监督管理机构规定禁止参与期货交易的人员，违反本法第五十三条的规定，直接或者以化名、借他人名义参与期货交易的，责令改正，给予警告，没收违法所得，并处以五万元以上五十万元以下的罚款；属于国家工作人员的，还应当依法给予处分。

第一百三十二条　非法设立期货公司，或者未经核准从事相关期货业务的，予以取缔，没收违法所得，并处以违法所得一倍以上十倍以下的罚款；没有违法所得或者违法所得不足一百万元的，处以一百万元以上一千万元以下的罚款。对直接负责的主管人员和其他直接责任人员给予警告，并处以二十万元以上二百万元以下的罚款。

第一百三十三条　提交虚假申请文件或者采取其他欺诈手段骗取期货公司设立许可、重大事项变更核准或者期货经营机构期货业务许可的，撤销相关许可，没收违法所得，并处以违法所得一倍以上十倍以下的罚款；没有违法所得或者违法所得不足二十万元的，处以二十万元以上二百万元以下的罚款。对直接负责的主管人员和其他直接责任人员给予警告，并处以二十万元以上二百万元以下的罚款。

第一百三十四条　期货经营机构违反本法第四十条、第六十二条、第六十五条、第六十八条、第七十一条、第七十二条的，责令改正，给予警告，没收违法所得，并处以违法所得一倍以上十倍以下的罚款；没有违法所得或者违法所得不足二十万元的，处以二十万元以上二百万元以下的罚款；情节严重的，责令停业整顿或者吊销期货业务许可证。对直接负责的主管人员和其他直接责任人员给予警告，并处以五万元以上五十万元以下的罚款。

期货经营机构有前款所列违法情形，给交易者造成损失的，应当依法承担赔偿责任。

期货经营机构的主要股东、实际控制人或者其他关联人违反本法第七十一条规定的，依照本条第一款的规定处罚。

第一百三十五条　期货经营机构违反本法第五十条交易者适当性管理规定，或者违反本法第六十六条规定从事经纪业务接受交易者全权委托，或者有第七十八条损害交易者利益行为的，责令改正，给予警告，没收违法所得，并处以违法所得一倍以上十倍以下的罚款；没有违法所得或者违法所得不足五十万元的，处以五十万元以上五百万元以下的罚款；情节严重的，吊销相关业务许可。对直接负责的主管人员和其他直接责任人员给予警告，并处以二十万元以上二百万元以下的罚款。

期货经营机构有本法第七十八条规定的行为，给交易者造成损失的，应当依法承担赔偿责任。

第一百三十六条 违反本法第十一条、第八十条、第九十二条规定，非法设立期货交易场所、期货结算机构，或者以其他形式组织期货交易的，没收违法所得，并处以违法所得一倍以上十倍以下的罚款；没有违法所得或者违法所得不足一百万元的，处以一百万元以上一千万元以下的罚款。对直接负责的主管人员和其他直接责任人员给予警告，并处以二十万元以上二百万元以下的罚款。非法设立期货交易场所的，由县级以上人民政府予以取缔。

违反本法第三十条规定，未经批准组织开展衍生品交易的，或者金融机构违反本法第三十一条规定，未经批准、核准开展衍生品交易的，依照前款规定处罚。

第一百三十七条 期货交易场所、期货结算机构违反本法第十七条、第四十条、第八十五条第二款规定的，责令改正，给予警告，没收违法所得，并处以违法所得一倍以上十倍以下的罚款；没有违法所得或者违法所得不足二十万元的，处以二十万元以上二百万元以下的罚款；情节严重的，责令停业整顿。对直接负责的主管人员和其他直接责任人员处以五万元以上五十万元以下的罚款。

第一百三十八条 期货交易场所、期货结算机构违反本法第八十八条第三款规定发布价格预测信息的，责令改正，给予警告，并处以二十万元以上二百万元以下的罚款。对直接负责的主管人员和其他直接责任人员处以五万元以上五十万元以下的罚款。

第一百三十九条 期货服务机构违反本法第九十八条的规定，从事期货服务业务未按照要求提供相关资料的，责令改正，可以处二十万元以下的罚款。

第一百四十条 会计师事务所、律师事务所、资产评估机构等期货服务机构违反本法第九十九条的规定，未勤勉尽责，所制作、出具的文件有虚假记载、误导性陈述或者重大遗漏的，责令改正，没收业务收入，并处以业务收入一倍以上十倍以下的罚款；没有业务收入或者业务收入不足五十万元的，处以五十万元以上五百万元以下的罚款。对直接负责的主管人员和其他直接责任人员给予警告，并处以二十万元以上二百万元以下的罚款。

期货服务机构有前款所列违法行为，给他人造成损失的，依法承担赔偿责任。

第一百四十一条 交割库有本法第一百条所列行为之一的，责令改正，给予警告，没收违法所得，并处以违法所得一倍以上十倍以下的罚款；没有违法所得或者违法所得不足十万元的，处以十万元以上一百万元以下的罚款；情节严重的，责令期货交易场所暂停或者取消其交割库资格。对直接负责的主管人员和其他直接责任人员给予警告，并处以五万元以上五十万元以下的罚款。

第一百四十二条　信息技术服务机构违反本法第一百零一条规定未报备案的，责令改正，可以处二十万元以下的罚款。

信息技术服务机构违反本法第一百零一条规定，提供的服务不符合国家及期货行业信息安全相关的技术管理规定和标准的，责令改正，没收业务收入，并处以业务收入一倍以上十倍以下的罚款；没有业务收入或者业务收入不足五十万元的，处以五十万元以上五百万元以下的罚款。对直接负责的主管人员和其他直接责任人员给予警告，并处以二十万元以上二百万元以下的罚款。

第一百四十三条　违反本法第一百一十六条的规定，期货经营机构、期货交易场所、期货结算机构和非期货经营机构结算参与人未按照规定提取、管理和使用风险准备金的，责令改正，给予警告。对直接负责的主管人员和其他直接责任人员给予警告，并处以十万元以上一百万元以下的罚款。

第一百四十四条　违反本法第一百一十七条的规定，期货经营机构、期货交易场所、期货结算机构、期货服务机构和非期货经营机构结算参与人等未按照规定妥善保存与业务经营相关的资料和信息的，责令改正，给予警告，并处以十万元以上一百万元以下的罚款；泄露、隐匿、伪造、篡改或者毁损有关文件资料的，责令改正，给予警告，并处以二十万元以上二百万元以下的罚款；情节严重的，处以五十万元以上五百万元以下的罚款，并暂停、吊销相关业务许可或者禁止从事相关业务。对直接负责的主管人员和其他直接责任人员给予警告，并处以十万元以上一百万元以下的罚款。

第一百四十五条　境外期货交易场所和期货经营机构违反本法第一百一十八条和第一百二十条的规定，未向国务院期货监督管理机构申请注册的，责令改正，没收违法所得，并处以违法所得一倍以上十倍以下的罚款；没有违法所得或者违法所得不足五十万元的，处以五十万元以上五百万元以下的罚款。对直接负责的主管人员和其他直接责任人员给予警告，并处以十万元以上一百万元以下的罚款。

第一百四十六条　境内单位或者个人违反本法第一百二十条第一款规定的，责令改正，给予警告，没收违法所得，并处以十万元以上一百万元以下的罚款；情节严重的，暂停其境外期货交易。对直接负责的主管人员和其他直接责任人员给予警告，并处以五万元以上五十万元以下的罚款。

第一百四十七条　境外期货交易场所在境内设立的代表机构及其工作人员违反本法第一百二十一条的规定，从事或者变相从事任何经营活动的，责令改正，给予警告，没收违法所得，并处以违法所得一倍以上十倍以下的罚款；没有违法所得或者违法所得不足五十万元的，处以五十万元以上五百万元以下的罚款。对直接负责的主管人员和其他直接责任人员给予警告，并处以十万元以上一百万元以下的罚款。

第一百四十八条 违反本法第一百二十二条的规定在境内从事市场营销、推介及招揽活动的，责令改正，给予警告，没收违法所得，并处以违法所得一倍以上十倍以下的罚款；没有违法所得或者违法所得不足五十万元的，处以五十万元以上五百万元以下的罚款。对直接负责的主管人员和其他直接责任人员给予警告，并处以十万元以上一百万元以下的罚款。

第一百四十九条 拒绝、阻碍国务院期货监督管理机构或者国务院授权的部门及其工作人员依法行使监督检查、调查职权的，责令改正，处以十万元以上一百万元以下的罚款，并由公安机关依法给予治安管理处罚。

第一百五十条 违反法律、行政法规或者国务院期货监督管理机构的有关规定，情节严重的，国务院期货监督管理机构可以对有关责任人员采取期货市场禁入的措施。

前款所称期货市场禁入，是指在一定期限内直至终身不得进行期货交易、从事期货业务，不得担任期货经营机构、期货交易场所、期货结算机构的董事、监事、高级管理人员或者负责人的制度。

第一百五十一条 本法规定的行政处罚，由国务院期货监督管理机构、国务院授权的部门按照国务院规定的职责分工作出决定；法律、行政法规另有规定的，适用其规定。

第一百五十二条 国务院期货监督管理机构或者国务院授权的部门的工作人员，不履行本法规定的职责，滥用职权、玩忽职守，利用职务便利牟取不正当利益，或者泄露所知悉的有关单位和个人的商业秘密的，依法追究法律责任。

第一百五十三条 违反本法规定，构成犯罪的，依法追究刑事责任。

第一百五十四条 违反本法规定，应当承担民事赔偿责任和缴纳罚款、罚金、违法所得，违法行为人的财产不足以支付的，优先用于承担民事赔偿责任。

第十三章　附　　则

第一百五十五条 本法自 2022 年 8 月 1 日起施行。

图书在版编目（CIP）数据

中华人民共和国期货和衍生品法理解与适用 / 叶林主编 . —北京：中国法制出版社，2022. 5
ISBN 978-7-5216-2683-4

Ⅰ. ①中… Ⅱ. ①叶… Ⅲ. ①期货交易-证券法-法律解释-中国②期货交易-证券法-法律适用-中国
Ⅳ. ①D922. 287. 5

中国版本图书馆 CIP 数据核字（2022）第 078105 号

策划编辑　王熹（wx2015hi@ sina. com）
责任编辑　赵律玮　孙静　吕静云　　　封面设计　杨泽江

中华人民共和国期货和衍生品法理解与适用
ZHONGHUA RENMIN GONGHEGUO QIHUO HE YANSHENGPINFA LIJIE YU SHIYONG

主编/叶林
经销/新华书店
印刷/三河市紫恒印装有限公司
开本/730 毫米×1030 毫米　16 开　　　印张 / 32. 75　字数 / 466 千
版次/2022 年 5 月第 1 版　　　2022 年 5 月第 1 次印刷

中国法制出版社出版
书号 ISBN 978-7-5216-2683-4　　　定价：138. 00 元

北京市西城区西便门西里甲 16 号西便门办公区
邮政编码：100053　　　传真：010-63141600
网址：http：//www. zgfzs. com　　　编辑部电话：010-63141795
市场营销部电话：010-63141612　　　印务部电话：010-63141606

（如有印装质量问题，请与本社印务部联系。）